U0896160

国家统计局贸易外经统计司 编
Compiled by
Department of Trade and External Economic Relations Statistics,
National Bureau of Statistics,People's Republic of China

2013

中国贸易外经统计年鉴

CHINA TRADE AND EXTERNAL ECONOMIC STATISTICAL YEARBOOK

中国统计出版社
China Statistics Press

图书在版编目(CIP)数据

中国贸易外经统计年鉴. 2013 / 国家统计局贸易外经统计司编. —北京 : 中国统计出版社, 2013.9

ISBN 978-7-5037-6942-9

Ⅰ. ①中… Ⅱ. ①国… Ⅲ. ①对外贸易-统计资料-中国-2013-年鉴-汉-英 Ⅳ. ①F752-54

中国版本图书馆 CIP 数据核字(2013)第 206849 号

中国贸易外经统计年鉴-2013
2013 China Trade and External Economic Statistical Yearbook

作　　者/国家统计局贸易外经统计司
责任编辑/马　平
封面设计/李雪燕
出版发行/中国统计出版社
通信地址/北京市丰台区西三环南路甲 6 号 邮政编码/100073
电　　话/邮购(010)63376909 书店(010)68783171
网　　址/http://csp.stats.gov.cn
印　　刷/河北天普润印刷厂
经　　销/新华书店
开　　本/880×1230mm　1/16
字　　数/1340 千字
印　　张/43
版　　别/2013 年 9 月第 1 版
版　　次/2013 年 9 月第 1 次印刷
定　　价/420.00 元　　Price:420.00yuan (RMB)

如有印装差错,由本社发行部调换。

《中国贸易外经统计年鉴-2013》
编辑委员会

2013 CHINA TRADE AND EXTERNAL ECONOMIC STATISTICAL YEARBOOK
Editorial Staff

Adviser: Ma Jiantang

Editor-in-Chief: Xu Yifan

Associate Editor-in-Chief: Song Yuezheng Yan Jianhui

Editorial Director: Lin Tao Wang Kechen

Editorial Staff: (in order of the number of strokes the Chinese character of the surname)

Men Wei Wang Guiluan Wang Zhi Lu Shan

Ye Sheng Shen Junli Liu Xiaoyan Liu Xuling

Chen Qunlin Du Yan Li Min Yan Xianpu

Zhang Min Luo Weihua Meng Hao Yang Zhuang

Zheng Yunyu Hu Chunlin Zhao Zeyong Yuan Yan

Cui Xiaohong

Executive Editor: Ma Ping

English Translator: She Jingxong

编辑说明

一、《中国贸易外经统计年鉴-2013》是一部全面反映中国国内贸易、对外经济贸易和旅游业发展情况的资料性年刊。本年鉴收录了2012年中国国内消费品市场、批发和零售业、住宿和餐饮业、对外贸易与合作和国内、国际旅游的主要统计数据，以及分各省、自治区、直辖市和一些重要历史年份的相关统计数据。

二、本年鉴正文内容分为9个部分：1. 综合；2. 消费品市场；3. 批发和零售业；4. 住宿和餐饮业；5. 国际收支；6. 对外贸易；7. 外资；8 对外合作；9. 旅游。为便于读者使用，本年鉴对所用略语和主要统计指标的含义、统计范围和统计方法作了简要说明。

三、本年鉴中所涉及的全国性统计数据，均未包括香港、澳门特别行政区和台湾省数据。

四、本年鉴所列对外经济贸易和旅游统计资料由国家统计局贸易外经司根据商务部、海关总署、国家外汇管理局、公安部、国家旅游局、国家工商行政管理总局等部门的资料加工整理，由于各部门职能不同，统计口径、范围和方法亦有所不同，因此书中有些数据可能不一致，使用统计数据时请参看附录。

五、本年鉴表中所使用的度量衡单位，均为国际统一标准计量单位。

六、年鉴表中的“空格”表示该项统计指标数据不足本表最小单位数、不详或无该项数据；“#”表示其中的主要项；“*”或“①”表示本表下有注释。

七、年鉴中没有标明年份的数据均为2012年的数据。

PREFACE

I. *2013 China Trade and External Economic Statistical Yearbook* reflects the situation of China in the development of the domestic and foreign trade, the external economic transactions and the tourism synthetically. The yearbook covers the main data of the domestic trade, the foreign trade, the external economic transactions and the tourism of China in 2012, and embodies the data from national level and all the provinces, autonomous regions and municipalities. It also lists the time series relative data of important indicators by years.

II. The yearbook contains the following 9 chapters: 1. Integration; 2. Consumer Goods Market; 3. Wholsale and Retail Trades; 4. Hotels and Catering Services; 5. Balance of Payments; 6. Foreign Trade; 7. Foreign Capital; 8. International Cooperation; 9. Tourism. In addition, Explanatory Notes on Main Statistical Indicators are provided at the end of book.

III. The national data in the book do not include that of Hongkong Special Administrative Region, Macao Special Administrative Region and Taiwan Province.

IV. The major sources of data except these in the domestic trade are the regular statistical reporting forms provided by sectors such as the Ministry of Public Security, the Ministry of Commerce, the General Administration of Customs, the State Administration of Industrial & Commerce, the General Administration of Travel and Tourism, the State Administration of Foreign Exchange. The book is edited by the Department of Trade and External Economic Relation Statistics of the National Bureau of Statistics. Since the functions of sectors mentioned above are different, the requirement, the scope, the calculating specification and the method of statistics are not in the same, and some of the figures may not be in conformity. Readers who want to use the data please consult the explanatory note.

V. The units of measurement used in this yearbook are internationally standard measurement units.

VI. Notations used in the yearbook: (blank space) indicates that the figure is not large enough to be measured with the smallest unit in the table, or data are unknown or are not available; "#" indicates a major breakdown of the total; and " * " or "①" indicates footnotes at the end of the table.

VII. The data belong to 2012 in the table of without year in the yearbook.

目 录

CONTENTS

第 1 篇 综合

Integration

第 2 篇 消费品市场

Consumer Goods Market

第 3 篇 批发和零售业

Wholesale And Retail Trades

第4篇 住宿和餐饮业

Hotels And Catering Services

第 5 篇 国际收支

Balance Of Payments

第 6 篇 对外贸易

Foreign Trade

第7篇　外资
Foreign Capital

第8篇　对外合作
International Cooperation

第9篇　旅游

Tourism

综　合

INTEGRATION

第1篇

1-1 国内生产总值指数

Indices of Gross Domestic Product

(不变价,上年=100；Constant Price, Preceding Year=100)

年 份 Year	国民总收入 Gross National Income	国内生产总值 Gross Domestic Product	第一产业 Primary Industry	第二产业 Secondary Industry	第三产业 Tertiary Industry	#批发与零售业 Wholesale and Retail Trades	人均国内生产总值 Per Capita GDP
1978	111.7	111.7	104.1	115.0	113.8	123.1	110.2
1979	107.6	107.6	106.1	108.2	107.9	108.7	106.1
1980	107.8	107.8	98.5	113.6	106.0	98.1	106.5
1981	105.2	105.2	107.0	101.9	110.4	129.5	103.9
1982	109.2	109.1	111.5	105.6	113.0	99.3	107.5
1983	111.1	110.9	108.3	110.4	115.2	121.2	109.3
1984	115.3	115.2	112.9	114.5	119.3	124.7	113.7
1985	113.2	113.5	101.8	118.6	118.2	133.5	111.9
1986	108.5	108.8	103.3	110.2	112.0	109.4	107.2
1987	111.5	111.6	104.7	113.7	114.4	114.7	109.8
1988	111.3	111.3	102.5	114.5	113.2	111.8	109.5
1989	104.2	104.1	103.1	103.8	105.4	89.3	102.5
1990	104.1	103.8	107.3	103.2	102.3	94.7	102.3
1991	109.1	109.2	102.4	113.9	108.9	105.2	107.7
1992	114.1	114.2	104.7	121.2	112.4	110.5	112.8
1993	113.7	114.0	104.7	119.9	112.2	108.6	112.7
1994	113.1	113.1	104.0	118.4	111.1	108.2	111.8
1995	109.3	110.9	105.0	113.9	109.8	108.2	109.7
1996	110.2	110.0	105.1	112.1	109.4	107.6	108.9
1997	109.6	109.3	103.5	110.5	110.7	108.8	108.2
1998	107.3	107.8	103.5	108.9	108.4	106.5	106.8
1999	107.9	107.6	102.8	108.1	109.3	108.7	106.7
2000	108.6	108.4	102.4	109.4	109.7	109.4	107.6
2001	108.1	108.3	102.8	108.4	110.3	109.1	107.5
2002	109.5	109.1	102.9	109.8	110.4	108.8	108.4
2003	110.6	110.0	102.5	112.7	109.5	109.9	109.3
2004	110.4	110.1	106.3	111.1	110.1	106.6	109.4
2005	110.7	111.3	105.2	112.1	112.2	113.0	110.7
2006	113.3	112.7	105.0	113.4	114.1	119.5	112.0
2007	114.6	114.2	103.7	115.1	116.0	120.2	113.6
2008	110.1	109.6	105.4	109.9	110.4	115.9	109.1
2009	108.3	109.2	104.2	109.9	109.6	112.1	108.7
2010	110.2	110.4	104.3	112.3	109.8	114.3	109.9
2011	108.7	109.3	104.3	110.3	109.4	112.6	108.8
2012	108.2	107.8	104.5	108.1	108.1	111.9	107.2

1-2 国内生产总值构成

Composition of Gross Domestic Product

(当年价, Current Price)

年 份 Year	国内生产总值 Gross Domestic Product (%)	第一产业 Primary Industry	第二产业 Secondary Industry	第三产业 Tertiary Industry	#批发与零售业 Wholesale and Retail Trades
1978	100	28.2	47.9	23.9	6.6
1979	100	31.3	47.1	21.6	4.9
1980	100	30.2	48.2	21.6	4.3
1981	100	31.9	46.1	22.0	4.7
1982	100	33.4	44.8	21.8	3.2
1983	100	33.2	44.4	22.4	3.3
1984	100	32.1	43.1	24.8	5.0
1985	100	28.4	42.9	28.7	8.9
1986	100	27.2	43.7	29.1	8.3
1987	100	26.8	43.6	29.6	8.8
1988	100	25.7	43.8	30.5	9.9
1989	100	25.1	42.9	32.0	9.0
1990	100	27.1	41.3	31.6	6.8
1991	100	24.5	41.8	33.7	8.4
1992	100	21.8	43.4	34.8	8.9
1993	100	19.7	46.6	33.7	8.0
1994	100	19.8	46.6	33.6	7.8
1995	100	19.9	47.2	32.9	7.9
1996	100	19.7	47.5	32.8	7.9
1997	100	18.3	47.5	34.2	8.0
1998	100	17.6	46.2	36.2	8.2
1999	100	16.5	45.8	37.7	8.4
2000	100	15.1	45.9	39.0	8.2
2001	100	14.4	45.1	40.5	8.3
2002	100	13.7	44.8	41.5	8.3
2003	100	12.8	46.0	41.2	8.2
2004	100	13.4	46.2	40.4	7.8
2005	100	12.1	47.4	40.5	7.6
2006	100	11.1	47.9	40.9	7.6
2007	100	10.8	47.3	41.9	7.9
2008	100	10.7	47.4	41.8	8.3
2009	100	10.3	46.2	43.4	8.5
2010	100	10.1	46.7	43.2	8.9
2011	100	10.1	46.8	43.1	9.3
2012	100	10.1	45.3	44.6	9.7

1-3 三次产业贡献率

Share of the Contributions of the Three Strata of Industry to the Increase of GDP

(按不变价格计算, Data in this table are calculated at constant prices)

年 份 Year	国内生产总值 Gross Domestic Product (%)	第一产业 Primary Industry	第二产业 Secondary Industry	#工 业 Industry	第三产业 Tertiary Industry
1990	100	41.7	41.0	39.7	17.3
1991	100	7.1	62.8	58.0	30.1
1992	100	8.4	64.5	57.6	27.1
1993	100	7.9	65.5	59.1	26.6
1994	100	6.6	67.9	62.6	25.5
1995	100	9.1	64.3	58.5	26.6
1996	100	9.6	62.9	58.5	27.5
1997	100	6.8	59.7	58.3	33.5
1998	100	7.6	60.9	55.4	31.5
1999	100	6.0	57.8	55.0	36.2
2000	100	4.4	60.8	57.6	34.8
2001	100	5.1	46.7	42.1	48.2
2002	100	4.6	49.7	44.4	45.7
2003	100	3.4	58.5	51.9	38.1
2004	100	7.8	52.2	47.7	39.9
2005	100	5.6	51.1	43.4	43.3
2006	100	4.8	50.0	42.4	45.2
2007	100	3.0	50.7	44.0	46.3
2008	100	5.7	49.3	43.4	45.0
2009	100	4.5	51.9	40.0	43.6
2010	100	3.8	56.8	48.5	39.3
2011	100	4.9	53.5	46.3	41.6
2012	100	5.6	49	41.1	45.4

注：产业贡献率指各产业增加值增量与GDP增量之比。

Note: Share of the three industries refers to the proportion of the increment of every industrial value added to the increment of GDP.

1-4 三大需求对国内生产总值增长的贡献率和拉动

Share and Contribution of the Three Components of GDP by Expenditure Approach to the Growth of GDP

(按不变价格计算, Data in value terms in this table are calculated at constant prices)

年 份 Year	最终消费支出 Final Consumption Expenditure		资本形成总额 Gross Capital Formation		货物和服务净出口 Net Exports of Goods and Services	
	贡献率 Share (%)	拉动(百分点) Contribution (percentage points)	贡献率 Share (%)	拉动(百分点) Contribution (percentage points)	贡献率 Share (%)	拉动(百分点) Contribution (percentage points)
1978	39.4	4.6	66	7.7	-5.4	-0.6
1979	87.3	6.6	15.4	1.2	-2.7	-0.2
1980	71.8	5.6	26.4	2.1	1.8	0.1
1981	93.4	4.9	-4.3	-0.2	10.9	0.5
1982	64.7	5.9	23.8	2.2	11.5	1.0
1983	74.1	8.1	40.4	4.4	-14.5	-1.6
1984	69.3	10.5	40.5	6.2	-9.8	-1.5
1985	85.5	11.5	80.9	10.9	-66.4	-8.9
1986	45.0	4.0	23.2	2.0	31.8	2.8
1987	50.3	5.8	23.5	2.7	26.2	3.1
1988	49.6	5.6	39.4	4.5	11.0	1.2
1989	39.6	1.6	16.4	0.7	44.0	1.8
1990	47.8	1.8	1.8	0.1	50.4	1.9
1991	65.1	6.0	24.3	2.2	10.6	1.0
1992	72.5	10.3	34.3	4.9	-6.8	-1.0
1993	59.5	8.3	78.6	11.0	-38.1	-5.3
1994	30.2	4.0	43.8	5.7	26.0	3.4
1995	44.7	4.9	55.0	6.0	0.3	
1996	60.1	6.0	34.3	3.4	5.6	0.6
1997	37.0	3.4	18.6	1.7	44.4	4.2
1998	57.1	4.4	26.4	2.1	16.5	1.3
1999	74.7	5.7	23.7	1.8	1.6	0.1
2000	65.1	5.5	22.4	1.9	12.5	1
2001	50.2	4.2	49.9	4.1	-0.1	
2002	43.9	4.0	48.5	4.4	7.6	0.7
2003	35.8	3.6	63.2	6.3	1.0	0.1
2004	39.5	4.0	54.5	5.5	6.0	0.6
2005	38.7	4.4	38.5	4.3	22.8	2.6
2006	40.4	5.1	43.6	5.5	16.0	2.1
2007	39.6	5.6	42.5	6.0	17.9	2.6
2008	44.1	4.2	46.9	4.5	9.0	0.9
2009	49.8	4.6	87.6	8.1	-37.4	-3.5
2010	43.1	4.5	52.9	5.5	4.0	0.4
2011	56.5	5.3	47.7	4.4	-4.2	-0.4
2012	51.8	4.1	50.4	3.9	-2.2	-0.2

注：1.三大需求指支出法国内生产总值的三大构成项目，即最终消费支出、资本形成总额、货物和服务净出口。
2.贡献率指三大需求增量与支出法国内生产总值增量之比。
3.拉动指国内生产总值增长速度与三大需求贡献率的乘积。

Note: a) Three components of GDP by expenditure approach are final consumption expenditure, gross capital formation and net exports of goods and services.
b) Contribution share of the three components refers to the proportion of the increment of the each component of GDP to the increment of GDP.
c) Contribution of the three components refers to the growth rate of GDP multiplies the constribution share of the three components.

1-5 人口数及构成

Population and Its Composition

单位：万人
Unit: 10000 persons

年 份 Year	年底人口数 Total Population (year-end)	按性别分 by Sex				按城乡分 by Residence			
		男 Male		女 Female		城 镇 Urban		乡 村 Rural	
		人口数 Population	比重(%) Structure	人口数 Population	比重(%) Structure	人口数 Population	比重(%) Structure	人口数 Population	比重(%) Structure
1978	96259	49567	51.49	46692	48.51	17245	17.92	79014	82.08
1980	98705	50785	51.45	47920	48.55	19140	19.39	79565	80.61
1985	105851	54725	51.7	51126	48.3	25094	23.71	80757	76.29
1989	112704	58099	51.55	54605	48.45	29540	26.21	83164	73.79
1990	114333	58904	51.52	55429	48.48	30195	26.41	84138	73.59
1991	115823	59466	51.34	56357	48.66	31203	26.94	84620	73.06
1992	117171	59811	51.05	57360	48.95	32175	27.46	84996	72.54
1993	118517	60472	51.02	58045	48.98	33173	27.99	85344	72.01
1994	119850	61246	51.1	58604	48.9	34169	28.51	85681	71.49
1995	121121	61808	51.03	59313	48.97	35174	29.04	85947	70.96
1996	122389	62200	50.82	60189	49.18	37304	30.48	85085	69.52
1997	123626	63131	51.07	60495	48.93	39449	31.91	84177	68.09
1998	124761	63940	51.25	60821	48.75	41608	33.35	83153	66.65
1999	125786	64692	51.43	61094	48.57	43748	34.78	82038	65.22
2000	126743	65437	51.63	61306	48.37	45906	36.22	80837	63.78
2001	127627	65672	51.46	61955	48.54	48064	37.66	79563	62.34
2002	128453	66115	51.47	62338	48.53	50212	39.09	78241	60.91
2003	129227	66556	51.50	62671	48.50	52376	40.53	76851	59.47
2004	129988	66976	51.52	63012	48.48	54283	41.76	75705	58.24
2005	130756	67375	51.53	63381	48.47	56212	42.99	74544	57.01
2006	131448	67728	51.52	63720	48.48	58288	44.34	73160	55.66
2007	132129	68048	51.50	64081	48.50	60633	45.89	71496	54.11
2008	132802	68357	51.47	64445	48.53	62403	46.99	70339	53.01
2009	133450	68647	51.44	64803	48.56	64512	48.34	68938	51.66
2010	134091	68748	51.30	65343	48.70	66978	49.90	67113	50.10
2011	134735	69068	51.30	65667	48.70	69079	51.30	65656	48.70
2012	135404	69395	51.3	66009	48.7	71182	52.6	64222	47.4

1-6 居民消费价格指数和商品零售价格指数

Consumer Price Indices and Retail Price Indices

(上年价格=100，Preceding Year=100)

年 份 Year	居民消费价格指数 Consumer Price Index	城 市 Urban Areas	农 村 Rural Areas	商品零售价格指数 Retail Price Index	城 市 Urban Areas	农 村 Rural Areas
1978	100.7	100.7		100.7		
1979	101.9	101.9		102.0		
1980	107.5	107.5		106.0		
1981	102.5	102.5		102.4		
1982	102.0	102.0		101.9		
1983	102.0	102.0		101.5		
1984	102.7	102.7		102.8		
1985	109.3	111.9	107.6	108.8		
1986	106.5	107.0	106.1	106.0		
1987	107.3	108.8	106.2	107.3		
1988	118.8	120.7	117.5	118.5		
1989	118.0	116.3	119.3	117.8		
1990	103.1	101.3	104.5	102.1		
1991	103.4	105.1	102.3	102.9		
1992	106.4	108.6	104.7	105.4		
1993	114.7	116.1	113.7	113.2		
1994	124.1	125.0	123.4	121.7	120.9	122.9
1995	117.1	116.8	117.5	114.8	113.5	116.4
1996	108.3	108.8	107.9	106.1	105.8	106.4
1997	102.8	103.1	102.5	100.8	100.8	100.7
1998	99.2	99.4	99.0	97.4	97.4	97.6
1999	98.6	98.7	98.5	97.0	97.0	97.1
2000	100.4	100.8	99.9	98.5	98.5	98.5
2001	100.7	100.7	100.8	99.2	98.9	99.6
2002	99.2	99.0	99.6	98.7	98.5	99.1
2003	101.2	100.9	101.6	99.9	99.6	100.5
2004	103.9	103.3	104.8	102.8	102.1	104.2
2005	101.8	101.6	102.2	100.8	100.5	101.4
2006	101.5	101.5	101.5	101.0	100.9	101.4
2007	104.8	104.5	105.4	103.8	103.3	104.9
2008	105.9	105.6	106.5	105.9	105.5	106.7
2009	99.3	99.1	99.7	98.8	98.7	99.0
2010	103.3	103.2	103.6	103.1	102.8	103.6
2011	105.4	105.3	105.8	104.9	104.7	105.5
2012	102.6	102.7	102.5	102.0	101.9	102.2

1-7 城乡居民人民币储蓄存款

Savings Deposit in Urban and Rural Areas

单位：亿元
Unit: 100 million yuan

年份 Year	年底余额 Outstanding Amount			年增加额 Increased Amount		
	总计 Total	定期 Time Deposits	活期 Demand Deposits	总计 Total	定期 Time Deposits	活期 Demand Deposits
1978	210.6	128.9	81.7	29.0	17.2	11.8
1980	395.8	304.9	90.9	114.8	138.5	-23.7
1985	1622.6	1225.2	397.4	407.9	324.3	83.6
1989	5196.4	4215.4	981.0	1374.2	1366.9	7.3
1990	7119.6	5909.4	1210.2	1935.1	1700.9	234.2
1991	9244.9	7634.9	1610.0	2125.3	1725.5	399.8
1992	11757.3	9445.0	2312.3	2512.4	1810.1	702.3
1993	15203.5	12108.3	3095.2	3446.2	2663.3	782.9
1994	21518.8	16838.7	4680.1	6315.3	4730.4	1584.9
1995	29662.3	23778.3	5884.1	8143.5	6939.6	1203.9
1996	38520.8	30873.2	7647.6	8858.6	7095.0	1763.6
1997	46279.8	36226.7	10053.1	7759.0	5353.5	2405.4
1998	53407.5	41791.6	11615.9	7127.7	5564.8	1562.8
1999	59621.8	44955.1	14666.7	6214.4	3163.5	3050.8
2000	64332.4	46141.7	18190.7	4710.6	1186.6	3524.0
2001	73762.4	51434.9	22327.6	9430.1	5293.2	4136.9
2002	86910.7	58788.9	28121.7	13148.2	7354.1	5794.1
2003	103617.7	68498.7	35119.0	16707.0	9709.7	6997.3
2004	119555.4	78138.9	41416.5	15937.7	9640.2	6297.6
2005	141051.0	92263.5	48787.5	21495.6	14124.7	7370.9
2006	161587.3	103011.4	58575.9	20544.0	10777.3	9766.7
2007	172534.2	104934.5	67599.7	10946.9	1923.1	9023.8
2008	217885.4	139300.2	78585.2	45351.2	34365.7	10985.5
2009	260771.7	160230.4	100541.3	42886.4	20930.2	21956.1
2010	303302.5	178413.9	124888.6	42530.8	18183.5	24347.3
2011	343635.9			40333.4		
2012	399551.0			55915.2		

1-8 城镇居民家庭基本情况

Basic Conditions of Urban Households

项　目	Item	1990	1995	2000	2010	2011	2012
调查户数(户)	**Number of Households Surveyed (household)**	**35660**	**35520**	**42220**	**65607**	**65655**	**65981**
平均每户家庭人口(人)	**Average Household Size (person)**	**3.50**	**3.23**	**3.13**	**2.88**	**2.87**	**2.86**
平均每户就业人口(人)	**Average Number of Employed Persons Per Household (persons)**	**1.98**	**1.87**	**1.68**	**1.49**	**1.48**	**1.49**
平均每户就业面(%)	**Proportion of Employment per Household (%)**	**56.57**	**57.89**	**53.67**	**51.74**	**51.57**	**52.1**
平均每一就业者负担人数(包括就业者本人)(人)	**Number of Dependents per Employee(Including the Employee Himself or Herself)(person)**	**1.77**	**1.73**	**1.86**	**1.93**	**1.94**	**1.92**
平均每人全部年收入(元)	**Per Capita Annual Income (yuan)**	**1516.21**	**4279.02**	**6295.91**	**21033.4**	**23979.2**	**26959.0**
工薪收入	Income of Wages and Salaries	1149.70	3390.21	4480.50	13707.70	15411.90	17335.60
经营净收入	Net Business Income	22.50	72.62	246.24	1713.50	2209.70	2548.30
财产性收入	Income from Properties	15.60	90.43	128.38	520.30	649.00	707.00
转移性收入	Income from Transfer	328.41	725.76	1440.78	5091.90	5708.60	6368.10
#可支配收入	Disposable Income	1510.16	4282.95	6279.98	19109.40	21809.80	24564.70
平均每人消费性支出(元)	**Per Capita Annual Consumption Expenditures (yuan)**	**1278.89**	**3537.57**	**4998.00**	**13471.50**	**15160.90**	**16674.30**
食　品	Food	693.77	1771.99	1971.32	4804.70	5506.30	6040.90
衣　着	Clothing	170.90	479.20	500.46	1444.30	1674.70	1823.40
家庭设备用品及服务	Household Appliances and Service	108.45	263.36	374.49	908.00	1023.20	1116.10
医疗保健	Health Care and Medical Services	25.67	110.11	318.07	871.80	969.00	1063.70
交通通信	Transport and Communications	40.51	183.22	426.95	1983.70	2149.70	2455.50
教育文化娱乐服务	Education, Cultural and Recreation Services	112.26	331.01	669.58	1627.60	1851.70	2033.50
居住	Residence	60.86	283.76	565.29	1332.10	1405.00	1484.30
杂项商品与服务	Miscellaneous Goods and Services	66.57	114.92	171.83	499.20	581.30	657.10
平均每人消费性支出构成(人均消费性支出=100)	**Composition of Per Capita Annual Consumption Expenditures (%)**						
食　品	Food	54.25	50.09	39.44	35.67	36.32	36.20
衣　着	Clothing	13.36	13.55	10.01	10.72	11.05	10.93
家庭设备用品及服务	Household Appliances and Service	10.14	7.44	7.49	6.74	6.75	6.69
医疗保健	Health Care and Medical Services	2.01	3.11	6.36	6.47	6.39	6.38
交通通信	Transport and Communications	1.20	5.18	8.54	14.73	14.18	14.73
教育文化娱乐服务	Education, Cultural and Recreation Services	11.12	9.36	13.40	12.08	12.21	12.19
居住	Residence	6.98	8.02	11.31	9.89	9.27	8.90
杂项商品与服务	Miscellaneous Goods and Services	0.94	3.25	3.44	3.71	3.83	3.94

注：1.本表为城镇居民家庭收支抽样调查资料。

2.从2002年起，城镇住户调查对象由原来的非农业人口改为城市市区和县城关镇区常住人口

Note: a) Data from the table is obtained from the sample survey on income and expenditures of urban households.

b) Since 2002,the objects of urban households survey are permanent residents and county towns.

1-9 农村居民家庭基本情况

Basic Conditions of Rural Households

项　目	Item	2000	2002	2008	2010	2011	2012
调查户数(户)	**Number of Households Surveyed (household)**	**68116**	**68190**	**68190**	**68190**	**73630**	**73750**
调查户人口(人)	**Number of Residents Surveyed (person)**						
平均每户常住人口	Average Number of Permanent Residents Per Household	4.20	4.13	4.01	3.95	3.90	3.88
平均每户整半劳动力	Average Number of Full/Semi Labour Force Per Household	2.76	2.76	2.85	2.85	2.78	2.76
平均每个劳动力负担人口(含本人)	Average Number of Dependents per Employee (including the laborer himself or herself)	1.52	1.50	1.41	1.39	1.40	1.40
平均每人年收入(元)	**Per Capita Annual Income (yuan)**						
总收入(元)	Total Income (yuan)	3146.21	3448.62	6700.69	8119.50	9833.10	10990.70
工资性收入	Income from Wages and Salaries	702.30	840.22	1853.73	2431.10	2963.40	3447.50
家庭经营收入	Income from Household Operations	2251.30	2380.51	4302.08	4937.50	5939.80	6461.00
财产性收入	Income from Properties	45.04	50.68	148.08	202.20	228.60	249.10
转移性收入	Income from Transfers	147.60	177.21	396.79	548.70	701.40	833.20
现金收入(元)	Cash Income (yuan)	2381.60	2712.95	5736.99	7088.80	8638.50	9787.20
工资性收入	Income from Wages and Salaries	700.41	839.17	1850.58	2427.90	2959.70	3443.50
家庭经营收入	Income from Household Operations	1498.81	1653.65	3370.48	3955.40	4810.40	5313.10
财产性收入	Income from Properties	38.89	47.65	126.95	168.30	185.80	219.30
转移性收入	Income from Transfers	143.49	172.48	388.99	537.20	682.60	811.20
平均每人年支出(元)	**Per Capita Annual Expenditures (yuan)**						
总支出(元)	Total Expenditure (yuan)	2652.42	2923.60	5915.67	6991.80	8641.60	9605.50
家庭经营费用支出	Expenditure for Household Operations	654.27	731.01	1704.53	1915.60	2431.10	2626.00
购置生产性固定资产	Purchase of Productive Fixed Assets	63.90	85.50	161.58	193.30	265.80	272.60
税费支出	Taxes and Fees	95.52	78.70	11.59	8.60	11.70	10.00
生活消费支出	Expenses on Household Consumption	1670.13	1834.31	3660.68	4381.80	5221.10	5908.00
现金支出(元)	Cash Expenditure (yuan)	2140.37	2437.72	5257.89	6307.40	7984.90	8961.90
家庭经营费用支出	Expenditure for Household Operations	544.49	617.41	1550.99	1757.60	2269.20	2483.00
生活消费支出	Expenses on Household Consumption	1284.74	1467.62	3159.40	3859.30	4733.40	5414.50
平均每人年纯收入(元)	**Per Capita Annual Net Income (yuan)**	**2253.42**	**2475.63**	**4760.62**	**5919.00**	**6977.30**	**7916.60**
工资性收入	Income from Wages and Salaries	702.30	840.22	1853.73	2431.10	2963.40	3447.50
家庭经营纯收入	Income from Household Operations	1427.27	1486.54	2435.56	2832.80	3222.00	3533.40
财产性收入	Income from Properties	45.04	50.68	148.08	202.20	228.60	249.10
转移性收入	Income from Transfers	78.81	98.19	323.24	452.90	563.30	686.70

注：本表为农村住户抽样调查资料。

Note: Data from this table is obtained from the sample surveys on rural households.

消费品市场

CONSUMER GOODS MARKET

第2篇

2-1 历年社会消费品零售总额
Total Retail Sales of Consumer Goods

年 份 Year	社会消费品零售总额(亿元) Total Retail Sales of Consumer Goods (100 million yuan)	比上年增长(%) Increase Over the Previous Year (%)
1952	276.8	
1963	604.5	0.1
1964	638.2	5.6
1965	670.3	5.0
1966	732.8	9.3
1967	770.5	5.1
1968	737.3	-4.3
1969	801.5	8.7
1970	858.0	7.0
1971	929.2	8.3
1972	1023.3	10.1
1973	1106.7	8.2
1974	1163.6	5.1
1975	1271.1	9.2
1976	1339.4	5.4
1977	1432.8	7.0
1978	1558.6	8.8
1979	1800.0	15.5
1980	2140.0	18.9
1981	2350.0	9.8
1982	2570.0	9.4
1983	2849.4	10.9
1984	3376.4	18.5
1985	4305.0	27.5
1986	4950.0	15.0
1987	5820.0	17.6
1988	7440.0	27.8
1989	8101.4	8.9
1990	8300.1	2.5
1991	9415.6	13.4
1992	10993.7	16.8
1993	14270.4	29.8
1994	18622.9	30.5
1995	23613.8	26.8
1996	28360.2	20.1
1997	31252.9	10.2
1998	33378.1	6.8
1999	35647.9	6.8
2000	39105.7	9.7
2001	43055.4	10.1
2002	48135.9	11.8
2003	52516.3	9.1
2004	59501.0	13.3
2005	68352.6	14.9
2006	79145.2	15.8
2007	93571.6	18.2
2008	114830.1	22.7
2009	132678.4	15.5
2010	156998.4	18.3
2011	183918.6	17.1
2012	210307.0	14.3

2-2 各地区社会消费品零售总额

Total Retail Sales of Consumer Goods by Region

单位：亿元
Unit:100 million yuan

地　区	Region	2007	2008	2009	2010	2011	2012
北　京	Beijing	3835.2	4645.5	5309.9	6229.3	6900.3	7702.8
天　津	Tianjin	1650.6	2078.7	2430.8	2860.2	3395.1	3921.4
河　北	Hebei	4053.8	4991.1	5764.9	6821.8	8035.5	9254.0
山　西	Shanxi	1953.3	2421.1	2809.0	3318.2	3903.4	4506.8
内蒙古	Inner Mongolia	1964.0	2463.0	2855.3	3384.0	3991.7	4572.5
辽　宁	Liaoning	4097.8	5032.4	5812.6	6887.6	8095.3	9346.6
吉　林	Jilin	2038.3	2549.2	2957.3	3504.9	4119.8	4772.9
黑龙江	Heilongjiang	2386.2	2928.3	3401.8	4039.2	4750.1	5491.0
上　海	Shanghai	3873.3	4577.2	5173.2	6070.5	6814.8	7412.3
江　苏	Jiangsu	7985.9	9905.1	11484.1	13606.8	15988.4	18331.3
浙　江	Zhejiang	6271.3	7533.3	8622.3	10245.4	12028.0	13588.3
安　徽	Anhui	2451.9	3045.2	3527.8	4197.7	4955.1	5736.6
福　建	Fujian	3212.3	3866.7	4481.0	5310.0	6276.2	7256.5
江　西	Jiangxi	1718.9	2142.0	2484.4	2956.2	3485.1	4027.2
山　东	Shandong	8607.5	10658.8	12363.0	14620.3	17155.5	19651.9
河　南	Henan	4690.3	5815.4	6746.4	8004.2	9453.6	10915.6
湖　北	Hubei	4115.8	5109.7	5928.4	7013.9	8275.2	9562.5
湖　南	Hunan	3419.2	4222.6	4913.7	5839.5	6884.7	7921.9
广　东	Guangdong	10731.3	12986.6	14891.8	17458.4	20297.5	22677.1
广　西	Guangxi	1932.7	2395.8	2790.7	3312.0	3908.2	4516.6
海　南	Hainan	370.9	463.2	537.5	639.3	759.5	870.8
重　庆	Chongqing	1711.1	2147.1	2479.0	2938.6	3487.8	4033.7
四　川	Sichuan	4105.6	4944.8	5758.7	6810.1	8006.6	9268.6
贵　州	Guizhou	858.2	1075.2	1247.3	1482.7	1751.6	2027.6
云　南	Yunnan	1422.5	1764.7	2051.1	2542.4	3038.1	3511.6
西　藏	Tibet	112.6	130.0	156.6	185.3	219.0	254.6
陕　西	Shaanxi	1837.3	2317.1	2699.7	3195.7	3790.0	4383.8
甘　肃	Gansu	854.4	1023.6	1183.0	1394.5	1648.0	1906.5
青　海	Qinghai	212.6	259.7	300.5	350.8	410.5	476.0
宁　夏	Ningxia	239.5	295.4	339.3	403.6	477.6	548.8
新　疆	Xinjiang	857.5	1041.5	1177.5	1375.1	1616.3	1858.6

2-3 各地区社会消费品零售总额构成

Total Retail Sales of Consumer Goods by Region

单位：亿元
Unit:100 million yuan

地区	Region	社会消费品零售总额 Total Retail Sales of Consumer Goods	城市 City	城区 Urban	镇区 Town	乡村 Village
全国	**National Total**	**210307.0**	**182413.8**	**143285.7**	**39128.1**	**27893.2**
北京	Beijing	7702.8	7580.4	7200.4	380.0	122.4
天津	Tianjin	3921.4	3767.8	3250.8	517.0	153.7
河北	Hebei	9254.0	7101.4	4646.4	2455.0	2152.6
山西	Shanxi	4506.8	3682.5	2442.2	1240.3	824.3
内蒙古	Inner Mongolia	4572.5	4006.0	3121.7	884.3	566.6
辽宁	Liaoning	9346.6	8565.3	7456.9	1108.4	781.3
吉林	Jilin	4772.9	4236.2	3635.4	600.8	536.8
黑龙江	Heilongjiang	5491.0	4815.5	3844.9	970.6	675.5
上海	Shanghai	7412.3	7087.4	6895.2	192.2	324.9
江苏	Jiangsu	18331.3	16489.3	13062.5	3426.9	1842.0
浙江	Zhejiang	13588.3	11450.5	8177.8	3272.7	2137.8
安徽	Anhui	5736.6	4721.7	3297.6	1424.2	1014.8
福建	Fujian	7256.5	6563.6	5273.0	1290.5	693.0
江西	Jiangxi	4027.2	3352.2	2072.4	1279.9	675.0
山东	Shandong	19651.9	15879.7	11947.0	3932.8	3772.2
河南	Henan	10915.6	9021.7	6312.7	2709.0	1893.9
湖北	Hubei	9562.5	8112.6	6873.8	1238.8	1449.9
湖南	Hunan	7921.9	7184.3	4824.9	2359.4	737.6
广东	Guangdong	22677.1	19768.0	17328.0	2440.0	2909.2
广西	Guangxi	4516.6	3989.4	2652.6	1336.9	527.2
海南	Hainan	870.8	767.4	621.9	145.5	103.4
重庆	Chongqing	4033.7	3838.0	2701.2	1136.8	195.7
四川	Sichuan	9268.6	7496.9	5698.2	1798.7	1771.7
贵州	Guizhou	2027.6	1667.4	1316.8	350.6	360.3
云南	Yunnan	3511.6	3043.3	2276.4	766.9	468.3
西藏	Tibet	254.6	211.8	134.6	77.1	42.9
陕西	Shaanxi	4383.8	3862.9	2953.4	909.5	520.9
甘肃	Gansu	1906.5	1530.0	1153.4	376.6	376.5
青海	Qinghai	476.0	416.4	330.3	86.2	59.6
宁夏	Ningxia	548.8	502.3	356.7	145.6	46.5
新疆	Xinjiang	1858.6	1701.8	1426.7	275.2	156.7

2-4 亿元以上商品交易市场基本情况

Basic Statistics on Commodity Exchange Markets of Transaction Value over 100 Million Yuan

市场	Market	市场数量（个）Number of Markets (unit)	摊位数（个）Number of Booths (unit)	营业面积（万平方米）Operational Area (10000 sq.m)	成交额（亿元）Turnover (100 million yuan)	批发 Wholesale Value	零售 Retail Value
总计	**Total**	**5194**	**3494122**	**27899.4**	**93023.8**	**80141.8**	**12882.0**
综合市场	**Integrated Markets**	**1392**	**1208959**	**6724.2**	**18159.9**	**14295.6**	**3864.3**
生产资料综合市场	Production Comprehensive Markets	49	55635	751.2	1406.3	1406.3	
工业消费品综合市场	Industrial Consumable Comprehensive Markets	330	495431	2612.9	6464.4	5041.4	1423.0
农产品综合市场	Farm Produce Comprehensive Markets	715	423936	2055.6	7012.9	5234.6	1778.3
其他综合市场	Other Comprehensive Markets	298	233957	1304.5	3276.3	2613.3	663.0
专业市场	**Special Markets**	**3802**	**2285163**	**21175.2**	**74863.9**	**65846.2**	**9017.7**
生产资料市场	Production Markets	731	276403	6258.5	32034.5	31983.9	50.6
农业生产用具市场	Agricultural Production Equipment Markets	21	6162	141.2	197.6	197.6	
农用生产资料市场	Agricultural Production Markets	33	5657	106.6	165.8	165.8	
煤炭市场	Coal and Charcoal Markets	16	2144	686.6	606.1	606.1	
木材市场	Wood Markets	61	20682	570.9	692.9	692.9	
建材市场	Building Material Markets	189	80499	1455.3	1601.9	1555.5	46.4
化工材料及制品市场	Chemical Materials and Products Markets	41	18748	211.0	2627.6	2627.6	
金属材料市场	Metal Materials Markets	284	100564	2600.6	23049.5	23049.5	
机械设备市场	Mechanical Equipments Markets	49	25673	267.0	604.2	604.2	
其他生产资料市场	Others	37	16274	219.3	2488.9	2484.7	4.2
农产品市场	Farm Produce Markets	1044	596542	4271.7	13713.6	12878.7	835.0
粮油市场	Grain and Oil Markets	111	45036	395.0	1641.3	1585.8	55.4
肉禽蛋市场	Meat, Poultry and Eggs Markets	121	38238	277.6	1029.1	872.6	156.5
水产品市场	Aquatic Products Markets	160	105609	489.0	2974.1	2819.7	154.4
蔬菜市场	Vegetables Markets	312	234367	1558.9	3601.1	3521.5	79.6
干鲜果品市场	Dried and Fresh Melons and Fruits Markets	147	65915	582.4	2004.5	1982.0	22.4
棉麻土畜、烟叶市场	Cotton, Local & Livestock Products, and Tobacco Markets	24	14281	402.5	628.9	627.0	1.9
其他农产品市场	Others	169	93096	566.3	1834.8	1470.1	364.6
食品、饮料及烟酒市场	Food, Beverages, Tobacco and Liquor Markets	159	86377	475.8	1692.8	1460.0	232.8
食品饮料市场	Food and Beverages Markets	56	33566	122.7	449.5	303.4	146.1
茶叶市场	Tea Markets	29	13268	97.9	226.2	204.8	21.4
烟酒市场	Tobacco and Liquor Markets	15	4834	33.4	87.3	55.0	32.3
其他食品饮料及烟酒市场	Others	59	34709	221.7	929.9	896.9	33.0
纺织、服装、鞋帽市场	**Textiles, Clothing, Shoes and Hats Markets**	**578**	**713557**	**2924.3**	**11898.8**	**10859.5**	**1039.3**
布料及纺织品市场	Cloth and Textiles Markets	75	102420	712.6	4956.8	4943.7	13.1
服装市场	Clothing Markets	353	436863	1646.2	4881.9	4229.4	652.5
鞋帽市场	Shoes and Hats Markets	40	24692	142.3	360.2	350.1	10.1
其他纺织服装鞋帽市场	Others	110	149582	423.1	1699.9	1336.3	363.6
日用品及文化用品市场	Daily Use Articles and Cultural Goods Markets	95	67924	281.2	1178.8	1078.4	100.4
小商品市场	Merchandise Markets	32	38630	99.9	304.0	285.3	18.7
箱包市场	Luggage Markets	5	5125	52.3	215.8	215.8	

2-4 续表 Continued

市场	Market	市场数量(个) Number of Markets (unit)	摊位数(个) Number of Booths (unit)	营业面积(万平方米) Operational Area (10000 sq.m)	成交额(亿元) Turnover (100 million yuan)	批发 Wholesale Value	零售 Retail Value
玩具市场	Toys Markets	3	1126	11.9	22.2	22.2	
文具市场	Stationary Markets	4	1614	11.4	27.2	27.2	
图书、报刊杂志市场	Books, Newspapers and Magazines Markets	12	1722	10.1	39.1	26.5	12.5
音像制品及电子出版物市场	Video Products and E-journal Markets	3	988	2.9	21.6		21.6
体育用品市场	Sports Markets	1	80	0.7	1.2		1.2
其他日用品及文化用品市场	Others	35	18639	92.0	547.7	501.3	46.4
黄金、珠宝、玉器等首饰市场	Gold, Jeweller, Jade Markets	28	16592	93.3	426.1	374.1	52.0
电器、通讯器材、电子设备市场	Electrical Appliances, Communication Appliances and Electronical Appliances Markets	168	78616	382.4	1287.8	437.3	850.4
家电市场	Household Appliances Markets	45	15197	169.3	307.3	220.5	86.8
通讯器材市场	Communication Appliances Markets	27	20120	45.2	121.3	58.6	62.7
照相、摄像器材市场	Cameras and Video Equipments Markets	2	532	2.1	7.4	3.9	3.5
计算机及辅助设备市场	Computer and Auxillary Equipments Markets	82	36460	147.2	792.0	113.0	679.0
其他电器、通讯器材、电子设备市场	Others	12	6307	18.5	59.7	41.3	18.4
医药、医疗用品及器材市场	Medicine, Medical Materials and Medical Instruments Markets	26	25531	153.2	814.8	793.1	21.6
中药材市场	Chinese Medicine Markets	25	25348	143.6	797.9	776.3	21.6
其他医药、医疗用品及器材市场	Others	1	183	9.6	16.9	16.9	
家具、五金及装饰材料市场	Furniture, Hardware and Decoration Materials Markets	572	280991	3831.8	4832.9	3034.7	1798.2
家具市场	Furniture Markets	158	72048	1275.0	1240.6	650.6	590.0
装饰材料市场	Decoration Materials Markets	248	107328	1466.0	1623.5	857.6	765.9
灯具市场	Lamps Markets	15	6551	93.1	171.6	149.6	21.9
厨具、盥洗设备市场	Kitchen Utensils, Washing Equipments Markets	4	1306	10.4	20.1	17.6	2.4
五金材料市场	Hardware Materials Markets	80	51232	489.8	961.5	860.5	101.0
其他装修市场	Others	67	42526	497.5	815.6	498.7	316.9
汽车、摩托车及零配件市场	Cars, Motorcycles and Spare Parts Markets	291	79701	1459.3	5707.2	1902.9	3804.3
汽车市场	Cars Markets	195	38782	1105.7	4636.7	936.6	3700.0
摩托车市场	Motocycles Markets	13	4225	30.1	90.8	73.6	17.2
机动车零配件市场	Vehicle Spare Parts Markts	83	36694	323.5	979.7	892.6	87.1
花、鸟、鱼、虫市场	Flower, Bird, Fish and Insects Markets	29	20642	666.9	379.8	354.2	25.6
花卉市场	Flower Markets	25	19688	660.9	364.8	349.7	15.1
鸟市场	Bird Markets						
观赏鱼市场	Fish Markets						
其他花鸟鱼虫市场	Others	4	954	6.0	15.0	4.5	10.5
旧货市场	Second Hand Markets	21	9864	43.0	80.8	34.6	46.2
古玩、古董、字画市场	Antiques,Calligraphy and Painting Markets	3	1831	3.8	5.8	1.1	4.8
邮票、硬币市场	Stamps and Coins Markets	1	707	0.7	1.1	1.1	
其他旧货市场	Others	17	7326	38.5	73.8	32.4	41.4
其他专业市场	Others	60	32423	333.9	816.1	654.8	161.3

2-5 亿元以上商品交易市场摊位分类情况

Classification of Booths of Commodity Exchange Markets of Transaction Value over 100 Million Yuan

单位：亿元

Unit: 100 million

类　别	Classification	摊位数（个）Number of Booths (unit)	成交额（亿元）Turnover (100 million yuan)	批　发 Wholesale Value	零　售 Retail Value
总　计	**Total**	**3494122**	**93023.8**	**80141.8**	**12882.0**
1.食品、饮料、烟酒类	Food, Beverages, Tobacco and Liquor	1132817	23197.5	20124.2	3073.2
(1)食品类	Food	1035469	21347.2	18558.8	2788.5
#粮油类	Grain and Oil	93056	2831.8	2581.0	250.7
肉禽蛋类	Meat,Poultry and Eggs	138813	2998.1	2122.6	875.5
水产品类	Aquatic Products	162403	4227.6	3567.1	660.5
蔬菜类	Vegetables	434187	5925.3	5346.9	578.3
干鲜果品类	Dried and Fresh Melons and Fruits	161726	4403.2	4146.2	257.0
(2)饮料类	Beverages	51705	928.4	799.0	129.3
(3)烟酒类	Tobacco and Liquor	45643	921.9	766.4	155.4
2.服装鞋帽、针、纺织品类	Clothing, Shoes, Hats and Textiles	973694	13897.2	12238.0	1659.2
(1)服装类	Shoes and Hats	591211	6090.0	4980.6	1109.4
(2)鞋帽类	Footgear, Hats	147098	1458.3	1169.4	288.8
(3)针、纺织品类	Knitwear and Textiles	235385	6348.9	6088.0	260.9
3.化妆品类	Cosmetics	31463	306.1	235.3	70.7
4.金银珠宝类	Gold,Silver and Jewelry	23971	501.5	421.3	80.2
5.日用品类	Articles for Daily Use	184695	2873.5	2443.9	429.6
#洗涤用品类	Washing Articles	42840	470.6	411.1	59.6
儿童玩具类	Children Toys	31299	349.7	304.6	45.1
6.五金、电料类	Hardware & Electrical Materials	111889	2041.1	1778.2	262.9
7.体育、娱乐用品类	Sports & Recreational Articles	12273	168.3	137.8	30.4
8.书报杂志类	Newspapers and Magazines	5255	72.6	56.0	16.6
9.电子出版物及音像制品类	E-journal and Video Products	10514	224.1	172.9	51.1
10.家用电器和音像器材类	Household Appliances and Video Equipments	35963	682.7	472.9	209.8
11.中西药品类	Traditional Chinese and Western Medicine	27576	880.1	842.4	37.7
#西药类	Western Medicine	1219	31.6	22.7	8.9
中草药及中成药类	Traditional Chinese	25589	814.7	789.9	24.8
12.文化办公用品类	Cultural and Official Goods	70951	1316.3	578.1	738.2
13.家具类	Furniture	97700	1709.9	921.2	788.7
14.通讯器材类	Communication Appliances	29887	263.0	141.3	121.7
15.煤炭及制品类	Coal and Related Products	2365	684.8	682.4	2.4
16.木材及制品类	Wood and Wooden Products	32066	934.7	903.5	31.2
17.石油及制品类	Petroleum and Related Products	1059	2259.8	2258.3	1.5
18.化工材料及制品类	Raw Chemical Materials and Related Products	38593	3077.6	3055.3	22.3
#化肥类	Fertilizer	4326	124.4	111.3	13.1
19.金属材料类	Metal Materials	106427	23122.7	23101.6	21.1
20.建筑及装潢材料类	Building and Decoration Materials	240404	4350.9	3358.7	992.2
21.机电产品及设备类	Mechanical & Electrical Products	55663	1325.3	1271.9	53.4
#农机类	Agricultural Machinery	6486	193.6	186.8	6.7
22.汽车类	Automobile	76346	5790.5	2021.8	3768.7
23.种子饲料类	Seed and Feedstuff	7337	134.3	129.1	5.2
24.棉麻类	Cotton and Hemp	4491	495.3	486.8	8.5
25.其他类	Others	180723	2714.2	2308.7	405.5

2-6 各地区亿元以上商品交易市场基本情况
Basic Statistics on Commodity Exchange Markets of Transaction Value over 100 Million Yuan by Region

年份 Year	地区 Region	市场数量(个) Number of Markets (unit)	摊位数(个) Number of Booths (unit)	营业面积(万平方米) Operational Area (10000 sq.m)	成交额(亿元) Turnover (100 million yuan)	批发 Wholesale Value	零售 Retail Value
2000		3087	2115115	8261.6	16358.9	11648.0	4710.9
2001		3273	2200662	9397.3	17719.1	12562.5	5156.5
2002		3258	2190814	10313.2	19840.0	15450.9	4389.2
2003		3265	2148866	10984.0	21514.5	16832.6	4681.9
2004		3365	2229818	12477.5	26102.7	21116.9	4985.8
2005		3323	2248803	13140.8	30020.9	24544.2	5476.7
2006		3876	2527987	18072.3	37137.5	29679.9	7457.5
2007		4121	2681630	19814.6	44085.1	35871.5	8213.6
2008		4567	2839070	21225.2	52458.0	43120.0	9337.9
2009		4687	2994781	23230.3	57963.8	48308.2	9655.5
2010		4940	3193365	24832.3	72703.5	60954.9	11748.6
2011		5075	3334787	26234.5	82017.3	69390.8	12626.5
2012		5194	3494122	27899.4	93023.8	80141.8	12882.0
北 京	Beijing	143	115526	737.1	3045.7	1858.5	1187.2
天 津	Tianjin	78	49450	503.4	2276.3	2181.5	94.8
河 北	Hebei	268	312614	2862.0	4774.0	4475.9	298.1
山 西	Shanxi	41	31724	262.8	517.3	493.8	23.5
内蒙古	Inner Mongolia	71	35696	664.6	698.8	565.8	133.0
辽 宁	Liaoning	227	177911	882.2	4329.0	3672.8	656.3
吉 林	Jilin	65	53264	306.3	706.5	477.3	229.2
黑龙江	Heilongjiang	99	67693	330.6	1077.6	845.9	231.7
上 海	Shanghai	188	79512	963.9	10778.6	10279.8	498.8
江 苏	Jiangsu	562	355612	3314.7	15659.2	13661.3	1998.0
浙 江	Zhejiang	764	457275	2874.7	13769.3	11601.9	2167.3
安 徽	Anhui	143	112124	1068.3	2428.8	2185.7	243.1
福 建	Fujian	161	55547	351.0	1585.9	1237.6	348.3
江 西	Jiangxi	95	67904	364.0	1440.2	1245.6	194.6
山 东	Shandong	569	381965	3832.1	8021.0	7065.9	955.1
河 南	Henan	180	134510	1111.5	2474.7	2101.9	372.8
湖 北	Hubei	182	89202	596.4	1855.5	1443.7	411.8
湖 南	Hunan	320	184624	1036.8	2969.7	2248.5	721.2
广 东	Guangdong	384	215863	2098.0	5506.5	4833.1	673.4
广 西	Guangxi	95	70244	473.0	1116.2	935.9	180.2
海 南	Hainan	8	4324	9.7	18.5	3.5	15.0
重 庆	Chongqing	133	87047	655.0	3130.7	2645.8	484.9
四 川	Sichuan	114	112559	637.4	1714.2	1473.4	240.7
贵 州	Guizhou	39	21680	146.3	418.0	369.5	48.5
云 南	Yunnan	56	64430	408.8	690.2	519.7	170.4
西 藏	Tibet						
陕 西	Shaanxi	44	28967	163.6	360.1	263.1	96.9
甘 肃	Gansu	46	31029	191.9	461.4	426.8	34.6
青 海	Qinghai	12	7063	44.3	59.0	45.2	13.8
宁 夏	Ningxia	31	22089	390.3	231.3	191.4	39.9
新 疆	Xinjiang	76	66674	618.6	909.8	790.9	118.8

批发和零售业

WHOLESALE AND RETAIL TRADES

第3篇

3-1-1 限额以上批发和零售业企业基本情况

Basic Conditions of Enterprises above Designated Size of Wholesale and Retail Trades

项　目	Item	法人单位数 (个) Number of Corporation Enterprises (unit)	年末从业人数 (人) Engaged Persons at the Year-end (person)
总　计	**Total**	**138865**	**9856498**
一、批发业	**Wholesale Trade**	**72944**	**4104308**
#国有控股	State-controlled Enterprises	7529	1212309
(一)按登记注册类型分	**by Type of Registration**		
1.内资企业	**Domestic Funded Enterprises**	**69356**	**3512493**
国有企业	State-owned Enterprises	4005	634886
集体企业	Collective-owned Enterprises	944	62436
股份合作企业	Cooperative Enterprises	352	18355
联营企业	Joint Ownership Enterprises	131	10262
国有联营企业	State Joint Ownership Enterprises	57	3018
集体联营企业	Collective Joint Ownership Enterprises	23	1435
国有与集体联营企业	Joint State-collective Enterprises	20	2065
其他联营企业	Other Joint Ownership Enterprises	31	3744
有限责任公司	Limited Liability Corporations	18847	1055477
国有独资公司	State Sole Funded Corporations	597	70019
其他有限责任公司	Other Limited Liability Corporations	18250	985458
股份有限公司	Share-holding Corporations Ltd.	1606	408951
私营企业	Private Enterprises	41650	1246530
私营独资企业	Private-funded Enterprises	2343	66504
私营合伙企业	Private Partnership Enterprises	460	13975
私营有限责任公司	Private Limited Liability Corporations	37652	1119662
私营股份有限公司	Private Share-holding Corporations Ltd.	1195	46389
其他企业	Other Enterprises	1821	75596
2.港、澳、台商投资企业	**Enterprises with Funds from Hongkong, Macao and Taiwan**	**1327**	**249741**
合资经营企业	Joint-venture Enterprises	215	33126
合作经营企业	Cooperative Enterprises	18	6470
独资经营企业	Enterprises with Sole Investment	1056	197460
投资股份有限公司	Share-holding Corporations Ltd. with Investment	35	11250
其他港澳台商投资企业	Other Enterprises with Funds from Hongkong, Macao and Taiwan	3	1435
3.外商投资企业	**Foreign Funded Enterprises**	**2261**	**342074**
中外合资经营企业	Joint-venture Enterprises	354	41133
中外合作经营企业	Cooperative Enterprises	23	2854
外资企业	Enterprises with Sole Foreign Investment	1837	290356
外商投资股份有限公司	Share-holding Corporations Ltd. with Foreign Investment	33	5299
其他外商投资企业	Other Foreign Funded Enterprises	14	2432

3-1-1 续表 1 Continued 1

项 目	Item	法人单位数（个）Number of Corporation Enterprises (unit)	年末从业人数（人）Engaged Persons at the Year-end (person)
(二)按国民经济行业分	**by Sector**		
农、林、牧产品批发	Wholesale of Agricultural, Forestry and Livestock Products	2922	150051
食品、饮料及烟草制品批发	Wholesale of Food, Beverages and Tobaccos	6370	758844
米、面制品及食用油批发	Wholesale of Rice, Flour and Edible Oil	1171	80151
肉、禽、蛋、奶及水产品批发	Wholesale of Meal, Fowls, Eggs, Milk and Aquatic Products	830	75880
酒、饮料及茶叶批发	Wholesale of Wine, Beverages and Teas	1360	153311
烟草制品批发	Wholesale of Tobaccos	598	261202
纺织、服装及家庭用品批发	Wholesale of Textiles, Wearing Apparel and Household Articles	8764	697477
服装批发	Wholesale of Garments	2043	200945
鞋帽批发	Wholesale of Shoes and Hats	613	51642
家用电器批发	Wholesale of Household Electrical Appliances	1266	154155
文化、体育用品及器材批发	Wholesale of Culture, Sports Appliances and Equipments	1645	133647
文具用品批发	Wholesale of Stationeries	585	19805
体育用品及器材批发	Wholesale of Sporting Appliances and Equipment	128	10191
图书批发	Wholesale of Books	221	30412
医药及医疗器材批发	Wholesale of Medicines and Medical Appliances	4335	378440
西药批发	Wholesale of Western Medicine	2504	221876
中药批发	Wholesale of Chinese Traditional Medicine	1040	100624
矿产品、建材及化工产品批发	Wholesale of Mineral Products, Building Materials and Chemical Products	33376	1217866
煤炭及制品批发	Wholesale of Coal and Related Products	5215	196343
石油及制品批发	Wholesale of Petroleum and Related Products	3417	448037
金属及金属矿批发	Wholesale of Metal Materials	12487	232856
建材批发	Wholesale of Building Materials	3514	97244
化肥批发	Wholesale of Chemical Fertilizer	1424	70094
农药批发	Wholesale of Pesticides	168	9207
机械设备、五金产品及电子产品批发	Wholesale of Machinery, Hardware and Electronics	11491	617907
汽车批发	Wholesale of Motor Vehicles	1258	93867
计算机、软件及辅助设备批发	Wholesale of Computer, Software and Assistant Appliances	1420	66683
通讯及广播电视设备批发	Wholesale of Communication, Radios and Televisions Equipments	569	71513
贸易经纪与代理	Trade Broker and Agency	949	41017
其他批发业	Other Wholesale not Classified Elsewhere	3092	109059

3-1-1 续表 2 Continued 2

项 目	Item	法人单位数 (个) Number of Corporation Enterprises (unit)	年末从业人数 (人) Engaged Persons at the Year-end (person)	年末零售营业面积 (平方米) Business Area of Retail Trade at the Year-end (㎡)
二、零售业	**Retail Trade**	**65921**	**5752190**	**251348862**
#国有控股	State-controlled Enterprises	5268	871498	47345281
(一)按登记注册类型分	**by Type of Registration**			
1.内资企业	**Domestic Funded Enterprises**	**64086**	**5007215**	**221163064**
国有企业	State-owned Enterprises	2887	295231	11697368
集体企业	Collective-owned Enterprises	2180	121181	4323509
股份合作企业	Cooperative Enterprises	589	40841	1728893
联营企业	Joint Ownership Enterprises	239	12461	424348
国有联营企业	State Joint Ownership Enterprises	72	4987	186414
集体联营企业	Collective Joint Ownership Enterprises	58	2975	58267
国有与集体联营企业	Joint State-collective Enterprises	55	2038	100043
其他联营企业	Other Joint Ownership Enterprises	54	2461	79624
有限责任公司	Limited Liability Corporations	19152	2025033	88823076
国有独资公司	State Sole Funded Corporations	264	25535	1255241
其他有限责任公司	Other Limited Liability Corporations	18888	1999498	87567835
股份有限公司	Share-holding Corporations Ltd.	1951	535215	34050204
私营企业	Private Enterprises	34411	1820458	74247860
私营独资企业	Private-funded Enterprises	6114	197354	10180730
私营合伙企业	Private Partnership Enterprises	856	29222	1329566
私营有限责任公司	Private Limited Liability Corporations	26139	1496505	59277548
私营股份有限公司	Private Share-holding Corporations Ltd.	1302	97377	3460016
其他企业	Other Enterprises	2677	156795	5867806
2.港、澳、台商投资企业	**Enterprises with Funds from Hongkong, Macao and Taiwan**	**915**	**351523**	**11745229**
合资经营企业	Joint-venture Enterprises	225	76059	2972468
合作经营企业	Cooperative Enterprises	34	7083	183499
独资经营企业	Enterprises with Sole Investment	616	237475	7437686
投资股份有限公司	Share-holding Corporations Ltd. with Investment	29	7171	232023
其他港澳台商投资企业	Other Enterprises with Funds from Hongkong, Macao and Taiwan	11	23735	919553
3.外商投资企业	**Foreign Funded Enterprises**	**920**	**393452**	**18440569**
中外合资经营企业	Joint-venture Enterprises	296	166611	8830477
中外合作经营企业	Cooperative Enterprises	41	16988	665619
外资企业	Enterprises with Sole Foreign Investment	542	202449	8645736
外商投资股份有限公司	Share-holding Corporations Ltd. with Foreign Investment	30	5346	208714
其他外商投资企业	Other Foreign Funded Enterprises	11	2058	90023

项　目	Item	法人单位数(个) Number of Corporation Enterprises (unit)	年末从业人数(人) Engaged Persons at the Year-end (person)	年末零售营业面积(平方米) Business Area of Retail Trade at the Year-end (㎡)
(二)按国民经济行业分	**by Sector**			
综合零售	Integrated Retail	10726	2432614	117906281
百货零售	Retail of General Merchandise	4933	1055734	64208226
超级市场零售	Retail of Supermarkets	4482	1250052	47589641
食品、饮料及烟草制品专门零售	Special Retail of Food, Beverages and Tobaccos	4374	238637	5682216
粮油零售	Retail of Cereal and Oil	573	26376	1192180
肉、禽、蛋、奶及水产品零售	Retail of Meat, Poultry, Eggs, Milk and Aquatic Products	661	42698	991391
酒、饮料及茶叶零售	Retail of Wine, Beverages and Teas	1434	52560	1009883
烟草制品零售	Retail of Tobaccos	365	18250	481707
纺织、服装及日用品专门零售	Special Retail of Textiles, Garments and Daily Consumer Articles	3779	434724	11692389
服装零售	Retail of Garments	1994	289500	9134285
文化、体育用品及器材专门零售	Special Retail of Culture, Sports Appliances and Equipments	3155	214162	4931340
体育用品及器材零售	Retail of Sports Appliances and Equipment	117	14295	332214
图书、报刊零售	Retail of Books, Newspapers and Magazines	1437	119291	3050008
医药及医疗器材专门零售	Special Retail of Medicines and Medical Appliances	3762	376202	5815590
药品零售	Retail of Medicines	3165	360241	5597023
汽车、摩托车、燃料及零配件专门零售	Special Retail of Motor Vehicles, Motorcycles, Fuel and Parts	24396	1306382	70635087
汽车零售	Retail of Motor Vehicles	17365	966081	41706263
机动车燃料零售	Retail of Fuel of Motor Vehicles	4815	290826	26396985
家用电器及电子产品专门零售	Special Retail of Household Electric Appliances and Electronic Products	9127	460261	17045884
日用家电设备零售	Retail of Household Electric Appliances	4012	230333	11399563
计算机、软件及辅助设备零售	Retail of Computer, Software and Assistant Appliances	2545	81541	1145215
通信设备零售	Retail of Communication Equipments	829	64860	746148
五金、家具及室内装饰材料专门零售	Special Retail of Hardware, Furniture and Interior Decoration Materials	3660	150572	12397522
货摊、无店铺及其他零售业	Stalls, Non-shop and Other Retails	2942	138636	5242553
互联网零售	Retails on the Internet	148	45461	180080
(三)按零售业态分	**by Mode of Business Operation**			
有店铺零售	Store-based Retailing	65318	5665667	250924397
超市	Supermarket	5040	456295	8934360
大型超市	Hypermarket	1940	1094402	55182445
百货店	Department Store	5408	977819	59327972
专业店	Speciality Store	29765	1650397	69707056
专卖店	Exclusive Shop	19177	1155838	41745602
无店铺零售	Non-Store Selling	603	86523	424465

3-1-2 各地区限额以上批发业企业基本情况
Basic Conditions of Enterprises above Designated Size of Wholesale Trade by Region

地 区	Region	批发业 Wholesale Trade		# 国有控股 State-controlled Enterprises	
		法人单位数(个) Number of Corporation Enterprises (unit)	年末从业人数(人) Engaged Persons at the Year-end (person)	法人单位数(个) Number of Corporation Enterprises (unit)	年末从业人数(人) Engaged Persons at the Year-end (person)
全 国	**National Total**	**72944**	**4104308**	**7529**	**1212309**
北 京	Beijing	5384	369409	834	109515
天 津	Tianjin	3519	98187	384	21930
河 北	Hebei	1327	124282	166	39087
山 西	Shanxi	1092	98201	352	56469
内蒙古	Inner Mongolia	677	40851	99	18878
辽 宁	Liaoning	3321	100245	274	34028
吉 林	Jilin	439	30806	120	17505
黑龙江	Heilongjiang	813	48296	175	26412
上 海	Shanghai	5076	384803	516	58566
江 苏	Jiangsu	7871	340723	487	76471
浙 江	Zhejiang	9237	332714	360	61507
安 徽	Anhui	1376	107209	198	41181
福 建	Fujian	3523	141892	289	34745
江 西	Jiangxi	474	54902	107	30691
山 东	Shandong	6408	336544	334	76307
河 南	Henan	2089	149567	341	66449
湖 北	Hubei	1857	128494	228	51084
湖 南	Hunan	1101	24154	151	11634
广 东	Guangdong	8697	560155	741	105203
广 西	Guangxi	975	64506	136	26169
海 南	Hainan	245	16686	24	2391
重 庆	Chongqing	1732	104372	238	36234
四 川	Sichuan	1949	132644	210	35798
贵 州	Guizhou	487	51372	111	35107
云 南	Yunnan	1110	80661	137	43216
西 藏	Tibet	16	1602	12	1116
陕 西	Shaanxi	571	69059	139	35521
甘 肃	Gansu	416	26914	75	10978
青 海	Qinghai	104	10230	29	6811
宁 夏	Ningxia	196	10574	32	5670
新 疆	Xinjiang	862	64254	230	35636

3-1-3 各地区限额以上批发业企业基本情况(按登记注册类型分)

Basic Conditions of Enterprises above Designated Size of Wholesale Trade by Region and Type of Registration

地区	Region	内资企业 Domestic Funded Enterprises		国有企业 State-owned Enterprises	
		法人单位数(个) Number of Corporation Enterprises (unit)	年末从业人数(人) Engaged Persons at the Year-end (person)	法人单位数(个) Number of Corporation Enterprises (unit)	年末从业人数(人) Engaged Persons at the Year-end (person)
全国	**National Total**	**69356**	**3512493**	**4005**	**634886**
北京	Beijing	5011	255654	217	19246
天津	Tianjin	3255	75920	175	12333
河北	Hebei	1320	123877	86	20576
山西	Shanxi	1084	97003	213	37771
内蒙古	Inner Mongolia	673	40409	77	13444
辽宁	Liaoning	3223	94675	153	19515
吉林	Jilin	434	29926	101	13897
黑龙江	Heilongjiang	810	47687	117	17007
上海	Shanghai	3588	172498	193	14413
江苏	Jiangsu	7646	287027	315	29050
浙江	Zhejiang	9111	321885	147	14807
安徽	Anhui	1359	102081	90	18826
福建	Fujian	3415	132216	185	23250
江西	Jiangxi	464	51058	74	20582
山东	Shandong	6306	323042	219	31448
河南	Henan	2081	148622	213	46990
湖北	Hubei	1823	118638	160	37760
湖南	Hunan	1091	23931	86	10081
广东	Guangdong	8097	449725	391	55240
广西	Guangxi	969	64072	74	13053
海南	Hainan	233	15546	17	2186
重庆	Chongqing	1710	99923	126	16715
四川	Sichuan	1925	128444	131	23060
贵州	Guizhou	486	51213	72	31517
云南	Yunnan	1097	78657	67	31878
西藏	Tibet	16	1602	12	1116
陕西	Shaanxi	564	66777	94	25691
甘肃	Gansu	413	26694	44	7926
青海	Qinghai	101	9796	19	3646
宁夏	Ningxia	193	10061	19	2438
新疆	Xinjiang	858	63834	118	19424

地区	Region	集体企业 Collective-owned Enterprises 法人单位数(个) Number of Corporation Enterprises (unit)	集体企业 Collective-owned Enterprises 年末从业人数(人) Engaged Persons at the Year-end (person)	股份合作企业 Cooperative Enterprises 法人单位数(个) Number of Corporation Enterprises (unit)	股份合作企业 Cooperative Enterprises 年末从业人数(人) Engaged Persons at the Year-end (person)
全国	**National Total**	**944**	**62436**	**352**	**18355**
北京	Beijing	42	1278	58	1544
天津	Tianjin	43	1031	24	865
河北	Hebei	30	1912	8	853
山西	Shanxi	43	8835	2	29
内蒙古	Inner Mongolia	6	207	1	7
辽宁	Liaoning	40	1044	14	217
吉林	Jilin	4	68	1	40
黑龙江	Heilongjiang	17	593	5	1708
上海	Shanghai	48	2103	8	175
江苏	Jiangsu	57	1709	26	3152
浙江	Zhejiang	45	2078	23	449
安徽	Anhui	21	1393	4	408
福建	Fujian	37	1377	9	204
江西	Jiangxi	10	393	4	122
山东	Shandong	116	10942	31	1121
河南	Henan	93	12225	8	571
湖北	Hubei	24	1288	20	2557
湖南	Hunan	12	213	7	35
广东	Guangdong	94	4094	36	1166
广西	Guangxi	20	866	5	165
海南	Hainan	1	34	2	116
重庆	Chongqing	17	857	15	545
四川	Sichuan	28	1752	17	1120
贵州	Guizhou	18	953	6	263
云南	Yunnan	28	1227	10	531
西藏	Tibet				
陕西	Shaanxi	17	1087	3	100
甘肃	Gansu	9	706	3	86
青海	Qinghai	1	29	1	6
宁夏	Ningxia	2	171		
新疆	Xinjiang	21	1971	1	200

地 区	Region	联营企业 Joint Ownership Enterprises 法人单位数(个) Number of Corporation Enterprises (unit)	联营企业 Joint Ownership Enterprises 年末从业人数(人) Engaged Persons at the Year-end (person)	有限责任公司 Limited Liability Corporations 法人单位数(个) Number of Corporation Enterprises (unit)	有限责任公司 Limited Liability Corporations 年末从业人数(人) Engaged Persons at the Year-end (person)	股份有限公司 Share-holding Corporations Ltd. 法人单位数(个) Number of Corporation Enterprises (unit)	股份有限公司 Share-holding Corporations Ltd. 年末从业人数(人) Engaged Persons at the Year-end (person)
全 国	**National Total**	**131**	**10262**	**18847**	**1055477**	**1606**	**408951**
北 京	Beijing	2	36	1604	136673	76	8832
天 津	Tianjin	7	143	696	23286	41	1821
河 北	Hebei	2	51	487	29833	70	43915
山 西	Shanxi	2	134	223	26332	14	1386
内蒙古	Inner Mongolia	1	5	218	10698	25	5641
辽 宁	Liaoning	3	285	678	20531	72	10174
吉 林	Jilin			128	6867	17	1933
黑龙江	Heilongjiang			284	14755	39	5460
上 海	Shanghai	18	1455	645	52487	58	16873
江 苏	Jiangsu	8	373	1102	62510	148	51321
浙 江	Zhejiang	5	128	1738	85946	138	57253
安 徽	Anhui	1	54	517	30284	56	21148
福 建	Fujian	8	230	1144	44930	44	5158
江 西	Jiangxi	2	126	194	17698	25	5845
山 东	Shandong	10	763	1330	81268	118	41811
河 南	Henan	5	461	836	40148	98	16491
湖 北	Hubei	5	137	615	30330	56	11227
湖 南	Hunan	1		265	4786	44	456
广 东	Guangdong	34	5150	2990	146425	159	33901
广 西	Guangxi			260	14720	42	12383
海 南	Hainan			147	10316	13	872
重 庆	Chongqing	7	267	664	36598	50	12973
四 川	Sichuan	1	30	735	45066	65	9668
贵 州	Guizhou			249	13030	12	1498
云 南	Yunnan	5	188	290	13336	54	8667
西 藏	Tibet			2	240		
陕 西	Shaanxi	1	112	299	24253	21	8064
甘 肃	Gansu	1	110	178	9246	14	1543
青 海	Qinghai			25	1537	3	2704
宁 夏	Ningxia	1	9	40	1471	7	2832
新 疆	Xinjiang	1	15	264	19877	27	7101

3-1-3 续表 3 Continued 3

地区	Region	私营企业 Private Enterprises 法人单位数(个) Number of Corporation Enterprises (unit)	私营企业 Private Enterprises 年末从业人数(人) Engaged Persons at the Year-end (person)	港、澳、台商投资企业 Enterprises with Funds from Hongkong, Macao and Taiwan 法人单位数(个) Number of Corporation Enterprises (unit)	港、澳、台商投资企业 Enterprises with Funds from Hongkong, Macao and Taiwan 年末从业人数(人) Engaged Persons at the Year-end (person)	外商投资企业 Foreign Funded Enterprises 法人单位数(个) Number of Corporation Enterprises (unit)	外商投资企业 Foreign Funded Enterprises 年末从业人数(人) Engaged Persons at the Year-end (person)
全国	**National Total**	**41650**	**1246530**	**1327**	**249741**	**2261**	**342074**
北京	Beijing	3012	88045	112	24239	261	89516
天津	Tianjin	2145	34382	78	9383	186	12884
河北	Hebei	602	25193	2	251	5	154
山西	Shanxi	570	21893	4	1094	4	104
内蒙古	Inner Mongolia	294	8366	3	114	1	328
辽宁	Liaoning	2162	41117	24	2551	74	3019
吉林	Jilin	152	6095	2	475	3	405
黑龙江	Heilongjiang	314	7542	2	555	1	54
上海	Shanghai	2577	82360	403	69031	1085	143274
江苏	Jiangsu	5855	134765	106	20839	119	32857
浙江	Zhejiang	6980	159894	62	7237	64	3592
安徽	Anhui	608	25855	5	1028	12	4100
福建	Fujian	1874	52682	67	5017	41	4659
江西	Jiangxi	141	5136	8	3530	2	314
山东	Shandong	4101	136711	33	7739	69	5763
河南	Henan	780	29519	5	867	3	78
湖北	Hubei	896	33198	13	3878	21	5978
湖南	Hunan	625	7537	4	50	6	173
广东	Guangdong	4215	193965	349	83815	251	26615
广西	Guangxi	542	19480	4	353	2	81
海南	Hainan	44	1703	9	1032	3	108
重庆	Chongqing	743	29372	10	1625	12	2824
四川	Sichuan	857	43359	7	1622	17	2578
贵州	Guizhou	117	3505			1	159
云南	Yunnan	589	21355	7	979	6	1025
西藏	Tibet	2	246				
陕西	Shaanxi	116	7079	3	2119	4	163
甘肃	Gansu	152	6699	2	155	1	65
青海	Qinghai	47	1800	2	130	1	304
宁夏	Ningxia	119	2862			3	513
新疆	Xinjiang	419	14815	1	33	3	387

3-1-4 各地区限额以上批发业企业基本情况(按国民经济行业分)

Basic Conditions of Enterprises above Designated Size of Wholesale Trade by Region and Sector

地区	Region	农、林、牧产品批发 Wholesale of Agricultural, Forestry and Livestock Products		食品、饮料及烟草制品批发 Wholesale of Food, Beverages and Tobaccos	
		法人单位数(个) Number of Corporation Enterprises (unit)	年末从业人数(人) Engaged Persons at the Year-end (person)	法人单位数(个) Number of Corporation Enterprises (unit)	年末从业人数(人) Engaged Persons at the Year-end (person)
全　国	**National Total**	**2922**	**150051**	**6370**	**758844**
北　京	Beijing	78	4771	389	43474
天　津	Tianjin	58	1722	157	8809
河　北	Hebei	87	4284	115	18013
山　西	Shanxi	43	4802	103	14688
内蒙古	Inner Mongolia	98	4581	61	8599
辽　宁	Liaoning	169	4247	263	19300
吉　林	Jilin	148	8132	45	6114
黑龙江	Heilongjiang	123	7483	79	11555
上　海	Shanghai	36	1732	302	37349
江　苏	Jiangsu	357	10784	432	39672
浙　江	Zhejiang	143	3898	495	48597
安　徽	Anhui	98	5982	213	33211
福　建	Fujian	64	2961	324	35286
江　西	Jiangxi	30	4810	71	17706
山　东	Shandong	362	14219	684	68615
河　南	Henan	231	21419	228	43496
湖　北	Hubei	146	7877	242	34221
湖　南	Hunan	63	830	130	9433
广　东	Guangdong	143	7153	799	85937
广　西	Guangxi	34	1915	94	16016
海　南	Hainan	10	167	29	3056
重　庆	Chongqing	41	2409	240	21815
四　川	Sichuan	74	4162	408	39947
贵　州	Guizhou	2	95	67	25243
云　南	Yunnan	37	1214	138	30481
西　藏	Tibet	2	90	6	884
陕　西	Shaanxi	24	1162	78	18634
甘　肃	Gansu	21	886	72	8548
青　海	Qinghai			14	1412
宁　夏	Ningxia	7	175	18	2440
新　疆	Xinjiang	193	16089	74	6293

地区	Region	纺织、服装及家庭用品批发 Wholesale of Textiles, Wearing Apparel and Household Articles		文化、体育用品及器材批发 Wholesale of Culture, Sports Appliances and Equipment	
		法人单位数（个） Number of Corporation Enterprises (unit)	年末从业人数（人） Engaged Persons at the Year-end (person)	法人单位数（个） Number of Corporation Enterprises (unit)	年末从业人数（人） Engaged Persons at the Year-end (person)
全　国	**National Total**	**8764**	**697477**	**1645**	**133647**
北　京	Beijing	488	76841	286	24624
天　津	Tianjin	139	13330	42	2135
河　北	Hebei	37	2817	3	556
山　西	Shanxi	29	2921	10	1450
内蒙古	Inner Mongolia	16	1542	7	322
辽　宁	Liaoning	210	7457	49	1544
吉　林	Jilin	14	988	5	642
黑龙江	Heilongjiang	47	2455	12	568
上　海	Shanghai	715	113027	135	8553
江　苏	Jiangsu	1235	91490	138	10787
浙　江	Zhejiang	2327	95519	253	9444
安　徽	Anhui	106	12662	27	1674
福　建	Fujian	951	34902	67	2582
江　西	Jiangxi	45	2273	8	1162
山　东	Shandong	365	36262	94	10327
河　南	Henan	109	7894	31	2383
湖　北	Hubei	130	9296	26	6994
湖　南	Hunan	74	844	29	46
广　东	Guangdong	1304	140756	309	36201
广　西	Guangxi	63	5993	15	853
海　南	Hainan	16	1212	5	594
重　庆	Chongqing	82	10338	22	5461
四　川	Sichuan	127	10147	25	1112
贵　州	Guizhou	17	1320	11	509
云　南	Yunnan	39	2124	10	426
西　藏	Tibet			1	77
陕　西	Shaanxi	24	9125	10	640
甘　肃	Gansu	15	1120	4	880
青　海	Qinghai	3	162	1	239
宁　夏	Ningxia	4	139	4	159
新　疆	Xinjiang	33	2521	6	703

3-1-4 续表 2 Continued 2

地 区	Region	医药及医疗器材批发 Wholesale of Medicines and Medical Appliances		矿产品、建材及化工产品批发 Wholesale of Mineral Products, Building Material and Chemical Products	
		法人单位数 (个) Number of Corporation Enterprises (unit)	年末从业人数 (人) Engaged Persons at the Year-end (person)	法人单位数 (个) Number of Corporation Enterprises (unit)	年末从业人数 (人) Engaged Persons at the Year-end (person)
全 国	**National Total**	**4335**	**378440**	**33376**	**1217866**
北 京	Beijing	352	31471	1743	64693
天 津	Tianjin	85	5335	2168	37522
河 北	Hebei	129	12227	771	48872
山 西	Shanxi	58	5774	714	62136
内蒙古	Inner Mongolia	29	2416	373	19831
辽 宁	Liaoning	180	8776	1757	39304
吉 林	Jilin	65	3928	101	8349
黑龙江	Heilongjiang	88	5304	320	16351
上 海	Shanghai	195	37979	1989	62308
江 苏	Jiangsu	172	29686	4034	104911
浙 江	Zhejiang	240	23682	4107	101072
安 徽	Anhui	189	14531	436	25156
福 建	Fujian	130	8920	1418	35966
江 西	Jiangxi	80	12095	149	12870
山 东	Shandong	242	21175	3566	135163
河 南	Henan	133	13667	1003	44540
湖 北	Hubei	213	14736	726	38867
湖 南	Hunan	120	3216	455	7082
广 东	Guangdong	712	46509	3531	132843
广 西	Guangxi	71	6447	503	24928
海 南	Hainan	86	7831	61	1674
重 庆	Chongqing	146	13178	832	36307
四 川	Sichuan	302	22286	713	32399
贵 州	Guizhou	52	3995	267	16763
云 南	Yunnan	103	10388	623	29446
西 藏	Tibet	3	249		
陕 西	Shaanxi	49	4366	294	29113
甘 肃	Gansu	57	3819	188	8994
青 海	Qinghai	9	1017	64	6604
宁 夏	Ningxia	5	331	111	5582
新 疆	Xinjiang	40	3106	359	28220

3-1-4 续表 3 Continued 3

地区	Region	机械设备、五金产品及电子产品批发 Wholesale of Machinery, Hardware and Electronics		贸易经纪与代理 Trade Broker and Agency		其他批发业 Other Wholesale not Classified Elsewhere	
		法人单位数 (个) Number of Corporation Enterprises (unit)	年末从业人数 (人) Engaged Persons at the Year-end (person)	法人单位数 (个) Number of Corporation Enterprises (unit)	年末从业人数 (人) Engaged Persons at the Year-end (person)	法人单位数 (个) Number of Corporation Enterprises (unit)	年末从业人数 (人) Engaged Persons at the Year-end (person)
全国	**National Total**	**11491**	**617907**	**949**	**41017**	**3092**	**109059**
北京	Beijing	1904	114547	68	4370	76	4618
天津	Tianjin	500	17657	48	5684	322	5993
河北	Hebei	163	36607	4	157	18	749
山西	Shanxi	108	5428	3	142	24	860
内蒙古	Inner Mongolia	80	3272	1	8	12	280
辽宁	Liaoning	624	16119	8	1165	61	2333
吉林	Jilin	52	2492	1	12	8	149
黑龙江	Heilongjiang	118	3801	9	106	17	673
上海	Shanghai	1199	96144	194	9785	311	17926
江苏	Jiangsu	982	41604	108	2229	413	9560
浙江	Zhejiang	1165	41696	147	2103	360	6703
安徽	Anhui	194	9234	11	160	102	4599
福建	Fujian	362	14460	48	2320	159	4495
江西	Jiangxi	57	3008	2	35	32	943
山东	Shandong	811	40812	44	1799	240	8172
河南	Henan	259	11852	4	73	91	4243
湖北	Hubei	296	12387	10	2290	68	1826
湖南	Hunan	141	1768	4	18	85	917
广东	Guangdong	1297	82557	203	7750	399	20449
广西	Guangxi	150	7412	10	250	35	692
海南	Hainan	31	1838			7	314
重庆	Chongqing	267	11402			102	3462
四川	Sichuan	240	17573	7	165	53	4853
贵州	Guizhou	57	2908			14	539
云南	Yunnan	124	5239	3	129	33	1214
西藏	Tibet	4	302				
陕西	Shaanxi	79	5008	2	116	11	895
甘肃	Gansu	49	2237			10	430
青海	Qinghai	10	675	1	10	2	111
宁夏	Ningxia	38	1375			9	373
新疆	Xinjiang	130	6493	9	141	18	688

3-1-5 各地区限额以上零售业企业基本情况

Basic Conditions of Enterprises above Designated Size of Retail Trade by Region

地区	Region	零售业 Retail Trade		#国有控股 State-controlled Enterprises	
		法人单位数(个) Number of Corporation Enterprises (unit)	年末从业人数(人) Engaged Persons at the Year-end (person)	法人单位数(个) Number of Corporation Enterprises (unit)	年末从业人数(人) Engaged Persons at the Year-end (person)
全　国	**National Total**	**65921**	**5752190**	**5268**	**871498**
北　京	Beijing	2726	350491	400	76307
天　津	Tianjin	1015	101609	138	23683
河　北	Hebei	1888	214019	98	17800
山　西	Shanxi	1827	151100	239	26711
内蒙古	Inner Mongolia	990	97854	71	17521
辽　宁	Liaoning	2955	232734	191	46877
吉　林	Jilin	907	87498	58	12027
黑龙江	Heilongjiang	1126	100813	119	12026
上　海	Shanghai	1586	313565	336	67152
江　苏	Jiangsu	5740	495591	270	36029
浙　江	Zhejiang	3680	308776	324	31146
安　徽	Anhui	2660	207297	177	32177
福　建	Fujian	2731	204298	163	27312
江　西	Jiangxi	1024	91414	52	13006
山　东	Shandong	7253	533783	265	46398
河　南	Henan	4279	304836	443	43669
湖　北	Hubei	3310	283810	298	77501
湖　南	Hunan	2414	65442	223	9444
广　东	Guangdong	5450	574886	400	84076
广　西	Guangxi	1210	100126	129	14323
海　南	Hainan	240	25377	21	5823
重　庆	Chongqing	1936	157785	106	45082
四　川	Sichuan	3303	260370	134	35114
贵　州	Guizhou	798	55068	102	10254
云　南	Yunnan	1506	117873	128	13112
西　藏	Tibet	65	5903	14	1724
陕　西	Shaanxi	1754	169503	177	21387
甘　肃	Gansu	676	56156	100	8145
青　海	Qinghai	110	11904	7	1448
宁　夏	Ningxia	236	25390	27	2084
新　疆	Xinjiang	526	46919	58	12140

3-1-6 各地区限额以上零售业企业基本情况(按登记注册类型分)

Basic Conditions of Enterprises above Designated Size of Retail Trade by Region and Type of Registration

地　区	Region	内资企业 Domestic Funded Enterprises		国有企业 State-owned Enterprises	
		法人单位数 (个) Number of Corporation Enterprises (unit)	年末从业人数 (人) Engaged Persons at the Year-end (person)	法人单位数 (个) Number of Corporation Enterprises (unit)	年末从业人数 (人) Engaged Persons at the Year-end (person)
全　国	**National Total**	**64086**	**5007215**	**2887**	**295231**
北　京	Beijing	2570	275220	104	8535
天　津	Tianjin	949	77718	66	12706
河　北	Hebei	1875	208761	63	8123
山　西	Shanxi	1815	148491	167	14193
内蒙古	Inner Mongolia	984	97227	45	12220
辽　宁	Liaoning	2873	208548	117	11994
吉　林	Jilin	892	83265	17	1043
黑龙江	Heilongjiang	1107	93791	91	5695
上　海	Shanghai	1377	201187	118	11850
江　苏	Jiangsu	5577	375706	140	10332
浙　江	Zhejiang	3552	271420	84	5724
安　徽	Anhui	2601	190592	82	10168
福　建	Fujian	2638	165952	70	7656
江　西	Jiangxi	1003	85469	29	2673
山　东	Shandong	7158	511272	178	21302
河　南	Henan	4244	295424	364	30791
湖　北	Hubei	3258	263979	202	20339
湖　南	Hunan	2375	64485	145	3846
广　东	Guangdong	5116	447321	187	34791
广　西	Guangxi	1192	96424	81	4766
海　南	Hainan	234	23269	12	1636
重　庆	Chongqing	1900	137260	41	6243
四　川	Sichuan	3229	229648	63	13415
贵　州	Guizhou	779	51223	72	4348
云　南	Yunnan	1477	108622	83	6763
西　藏	Tibet	64	5885	12	1623
陕　西	Shaanxi	1715	152608	124	13071
甘　肃	Gansu	671	54450	71	4120
青　海	Qinghai	109	11830	6	1414
宁　夏	Ningxia	235	25308	22	1150
新　疆	Xinjiang	517	44860	31	2701

3-1-6 续表 1 Continued 1

地区	Region	集体企业 Collective-owned Enterprises		股份合作企业 Cooperative Enterprises	
		法人单位数 (个) Number of Corporation Enterprises (unit)	年末从业人数 (人) Engaged Persons at the Year-end (person)	法人单位数 (个) Number of Corporation Enterprises (unit)	年末从业人数 (人) Engaged Persons at the Year-end (person)
全　国	**National Total**	**2180**	**121181**	**589**	**40841**
北　京	Beijing	70	3036	50	1145
天　津	Tianjin	36	1404	10	1946
河　北	Hebei	88	5022	24	5370
山　西	Shanxi	84	4471	4	129
内蒙古	Inner Mongolia	6	420	6	164
辽　宁	Liaoning	102	3862	20	570
吉　林	Jilin	36	726	8	2063
黑龙江	Heilongjiang	40	2063	21	1066
上　海	Shanghai	45	2398	15	456
江　苏	Jiangsu	119	4806	34	3086
浙　江	Zhejiang	61	2838	18	445
安　徽	Anhui	37	2930	18	1863
福　建	Fujian	74	2365	9	330
江　西	Jiangxi	9	293	22	1332
山　东	Shandong	383	26619	56	5339
河　南	Henan	388	23307	36	2258
湖　北	Hubei	109	13203	29	2495
湖　南	Hunan	34	1297	22	304
广　东	Guangdong	175	6207	39	1747
广　西	Guangxi	33	1624	8	484
海　南	Hainan	1	27		
重　庆	Chongqing	21	1350	24	953
四　川	Sichuan	65	2009	33	1687
贵　州	Guizhou	7	81	7	1021
云　南	Yunnan	35	2083	44	2439
西　藏	Tibet	1	110		
陕　西	Shaanxi	95	5266	23	1461
甘　肃	Gansu	23	1263	6	342
青　海	Qinghai			1	12
宁　夏	Ningxia	1	16	1	240
新　疆	Xinjiang	2	85	1	94

3-1-6 续表 2 Continued 2

地区 Region		联营企业 Joint Ownership Enterprises		有限责任公司 Limited Liability Corporations	
		法人单位数 (个) Number of Corporation Enterprises (unit)	年末从业人数 (人) Engaged Persons at the Year-end (person)	法人单位数 (个) Number of Corporation Enterprises (unit)	年末从业人数 (人) Engaged Persons at the Year-end (person)
全 国	**National Total**	**239**	**12461**	**19152**	**2025033**
北 京	Beijing	7	286	934	140646
天 津	Tianjin	9	194	286	34756
河 北	Hebei	2	306	667	83982
山 西	Shanxi	3	77	281	30468
内蒙古	Inner Mongolia			394	38841
辽 宁	Liaoning	6	579	705	74468
吉 林	Jilin			296	39293
黑龙江	Heilongjiang	5	210	364	35733
上 海	Shanghai	40	872	453	101313
江 苏	Jiangsu	10	731	1037	124976
浙 江	Zhejiang	26	411	1002	108209
安 徽	Anhui	6	223	858	81465
福 建	Fujian	8	244	878	67002
江 西	Jiangxi	2	47	359	36581
山 东	Shandong	20	1640	1654	184013
河 南	Henan	16	1081	1279	116840
湖 北	Hubei	6	861	1132	92267
湖 南	Hunan	3	136	379	14147
广 东	Guangdong	42	2440	2063	210670
广 西	Guangxi			344	37641
海 南	Hainan			164	15069
重 庆	Chongqing	9	766	507	58334
四 川	Sichuan	10	1026	1010	98160
贵 州	Guizhou	2	58	363	26670
云 南	Yunnan	2	198	414	36528
西 藏	Tibet			18	2305
陕 西	Shaanxi	5	75	790	84040
甘 肃	Gansu			271	25237
青 海	Qinghai			38	5178
宁 夏	Ningxia			63	9173
新 疆	Xinjiang			149	11028

3-1-6 续表 3 Continued 3

地　区	Region	股份有限公司 Share-holding Corporations Ltd.		私营企业 Private Enterprises	
		法人单位数 (个) Number of Corporation Enterprises (unit)	年末从业人数 (人) Engaged Persons at the Year-end (person)	法人单位数 (个) Number of Corporation Enterprises (unit)	年末从业人数 (人) Engaged Persons at the Year-end (person)
全　国	**National Total**	**1951**	**535215**	**34411**	**1820458**
北　京	Beijing	48	50316	1357	71256
天　津	Tianjin	12	2517	483	22030
河　北	Hebei	91	22066	869	76773
山　西	Shanxi	31	7354	1187	87553
内蒙古	Inner Mongolia	42	6525	408	34347
辽　宁	Liaoning	76	31268	1793	82020
吉　林	Jilin	49	13338	402	23134
黑龙江	Heilongjiang	59	12840	446	30461
上　海	Shanghai	36	16275	652	66639
江　苏	Jiangsu	151	29141	3972	195179
浙　江	Zhejiang	73	23098	2277	130227
安　徽	Anhui	85	16613	1375	70174
福　建	Fujian	55	12455	1393	65710
江　西	Jiangxi	49	14010	469	27308
山　东	Shandong	227	59832	4164	180901
河　南	Henan	204	26034	1860	88333
湖　北	Hubei	99	55434	1515	71732
湖　南	Hunan	99	9370	1601	33937
广　东	Guangdong	111	37098	2278	142155
广　西	Guangxi	46	12003	630	37506
海　南	Hainan	6	3123	46	3209
重　庆	Chongqing	49	14787	1127	49891
四　川	Sichuan	106	22859	1746	80965
贵　州	Guizhou	17	3457	283	12679
云　南	Yunnan	36	4759	768	50019
西　藏	Tibet	4	156	20	722
陕　西	Shaanxi	51	11994	531	30021
甘　肃	Gansu	22	5467	247	16674
青　海	Qinghai	5	562	52	4187
宁　夏	Ningxia	6	3425	137	10927
新　疆	Xinjiang	6	7039	323	23789

3-1-6 续表 4 Continued 4

地　区	Region	港、澳、台商投资企业 Enterprises with Funds from Hongkong, Macao and Taiwan		外商投资企业 Foreign Funded Enterprises	
		法人单位数(个) Number of Corporation Enterprises (unit)	年末从业人数(人) Engaged Persons at the Year-end (person)	法人单位数(个) Number of Corporation Enterprises (unit)	年末从业人数(人) Engaged Persons at the Year-end (person)
全　国	**National Total**	**915**	**351523**	**920**	**393452**
北　京	Beijing	67	20478	89	54793
天　津	Tianjin	31	12487	35	11404
河　北	Hebei	2	292	11	4966
山　西	Shanxi	8	1620	4	989
内蒙古	Inner Mongolia	6	627		
辽　宁	Liaoning	44	10539	38	13647
吉　林	Jilin	6	2497	9	1736
黑龙江	Heilongjiang	11	3494	8	3528
上　海	Shanghai	117	57221	92	55157
江　苏	Jiangsu	84	62045	79	57840
浙　江	Zhejiang	67	15408	61	21948
安　徽	Anhui	24	6826	35	9879
福　建	Fujian	35	17783	58	20563
江　西	Jiangxi	10	4033	11	1912
山　东	Shandong	46	12263	49	10248
河　南	Henan	14	5990	21	3422
湖　北	Hubei	27	9631	25	10200
湖　南	Hunan	24	833	15	124
广　东	Guangdong	182	60746	152	66819
广　西	Guangxi	13	3012	5	690
海　南	Hainan	2	293	4	1815
重　庆	Chongqing	20	15630	16	4895
四　川	Sichuan	27	11424	47	19298
贵　州	Guizhou	8	1271	11	2574
云　南	Yunnan	14	3426	15	5825
西　藏	Tibet			1	18
陕　西	Shaanxi	17	10286	22	6609
甘　肃	Gansu	4	731	1	975
青　海	Qinghai	1	74		
宁　夏	Ningxia			1	82
新　疆	Xinjiang	4	563	5	1496

3-1-7 各地区限额以上零售业企业基本情况(按国民经济行业分)

Basic Conditions of Enterprises above Designated Size of Retail Trade by Region and Sector

地区	Region	综合零售 Integrated Retail		食品、饮料及烟草制品专门零售 Special Retail of Food, Beverages and Tobaccos	
		法人单位数(个) Number of Corporation Enterprises (unit)	年末从业人数(人) Engaged Persons at the Year-end (person)	法人单位数(个) Number of Corporation Enterprises (unit)	年末从业人数(人) Engaged Persons at the Year-end (person)
全国	**National Total**	**10726**	**2432614**	**4374**	**238637**
北京	Beijing	230	135386	119	13964
天津	Tianjin	117	41629	62	4923
河北	Hebei	452	129649	60	1664
山西	Shanxi	312	55922	117	5902
内蒙古	Inner Mongolia	127	28754	27	1353
辽宁	Liaoning	349	112812	131	4254
吉林	Jilin	182	44615	54	2386
黑龙江	Heilongjiang	238	44606	39	1608
上海	Shanghai	248	122906	100	21120
江苏	Jiangsu	797	228083	453	19905
浙江	Zhejiang	432	113952	116	9640
安徽	Anhui	531	104416	234	10320
福建	Fujian	421	75171	354	21370
江西	Jiangxi	174	37910	43	5456
山东	Shandong	1227	244733	545	20513
河南	Henan	1112	143645	205	11879
湖北	Hubei	573	136377	390	23605
湖南	Hunan	425	27183	138	2185
广东	Guangdong	692	187842	291	14978
广西	Guangxi	218	41990	41	1682
海南	Hainan	44	6055	9	495
重庆	Chongqing	209	75389	150	5844
四川	Sichuan	485	97488	331	14231
贵州	Guizhou	111	17660	58	1731
云南	Yunnan	272	33277	146	9501
西藏	Tibet	11	1501	4	225
陕西	Shaanxi	457	88399	105	4464
甘肃	Gansu	151	22850	36	2819
青海	Qinghai	15	5087	1	27
宁夏	Ningxia	33	11534	4	315
新疆	Xinjiang	81	15793	11	278

3-1-7 续表 1 Continued 1

地 区	Region	纺织、服装及日用品专门零售 Special Retail of Textiles, Garments and Daily Consumer Articles 法人单位数（个） Number of Corporation Enterprises (unit)	纺织、服装及日用品专门零售 年末从业人数（人） Engaged Persons at the Year-end (person)	文化、体育用品及器材专门零售 Special Retail of Culture, Sports Appliances and Equipments 法人单位数（个） Number of Corporation Enterprises (unit)	文化、体育用品及器材专门零售 年末从业人数（人） Engaged Persons at the Year-end (person)
全 国	**National Total**	**3779**	**434724**	**3155**	**214162**
北 京	Beijing	260	43722	225	16495
天 津	Tianjin	72	8010	60	3371
河 北	Hebei	80	9856	36	5219
山 西	Shanxi	101	13819	119	5417
内 蒙 古	Inner Mongolia	57	12584	45	2107
辽 宁	Liaoning	194	11185	151	7306
吉 林	Jilin	65	4951	55	3017
黑 龙 江	Heilongjiang	72	7349	73	6460
上 海	Shanghai	173	68147	123	12542
江 苏	Jiangsu	330	22751	391	23924
浙 江	Zhejiang	158	19885	193	11747
安 徽	Anhui	126	9220	86	4697
福 建	Fujian	178	11821	80	3634
江 西	Jiangxi	39	3618	21	5564
山 东	Shandong	416	25933	221	12495
河 南	Henan	284	16780	191	13043
湖 北	Hubei	215	20142	157	6803
湖 南	Hunan	103	2375	155	2283
广 东	Guangdong	338	65163	235	26434
广 西	Guangxi	23	1979	70	3041
海 南	Hainan	8	2090	18	791
重 庆	Chongqing	119	9564	45	5436
四 川	Sichuan	178	18385	61	12391
贵 州	Guizhou	18	1469	57	1724
云 南	Yunnan	36	4836	68	7218
西 藏	Tibet	2	28	3	62
陕 西	Shaanxi	74	9603	102	5372
甘 肃	Gansu	26	3417	64	2095
青 海	Qinghai	3	1223	5	272
宁 夏	Ningxia	8	1482	21	701
新 疆	Xinjiang	23	3337	24	2501

3-1-7 续表 2 Continued 2

地　区	Region	医药及医疗器材专门零售 Special Retail of Medicines and Medical Appliances		汽车、摩托车、燃料及零配件专门零售 Special Retail of Motor Vehicles, Motorcycles, Fuel and Parts	
		法人单位数（个）Number of Corporation Enterprises (unit)	年末从业人数（人）Engaged Persons at the Year-end (person)	法人单位数（个）Number of Corporation Enterprises (unit)	年末从业人数（人）Engaged Persons at the Year-end (person)
全　国	**National Total**	**3762**	**376202**	**24396**	**1306382**
北　京	Beijing	381	18034	734	62137
天　津	Tianjin	28	3303	400	29712
河　北	Hebei	66	8530	718	37608
山　西	Shanxi	71	7182	707	45676
内蒙古	Inner Mongolia	49	3800	509	37082
辽　宁	Liaoning	188	21539	1150	48454
吉　林	Jilin	66	5872	298	19278
黑龙江	Heilongjiang	109	13172	346	14074
上　海	Shanghai	84	13544	605	36279
江　苏	Jiangsu	329	31717	2097	103566
浙　江	Zhejiang	190	19179	1849	102375
安　徽	Anhui	131	13714	866	40730
福　建	Fujian	94	8286	931	55897
江　西	Jiangxi	48	8001	421	17297
山　东	Shandong	378	34302	2606	112397
河　南	Henan	211	22720	1282	62286
湖　北	Hubei	252	19163	846	44587
湖　南	Hunan	122	3642	865	19744
广　东	Guangdong	290	34038	2233	154777
广　西	Guangxi	69	9922	474	27787
海　南	Hainan	3	1456	108	10677
重　庆	Chongqing	121	11025	718	28028
四　川	Sichuan	157	12292	1384	73019
贵　州	Guizhou	42	5644	354	19878
云　南	Yunnan	83	20123	625	32493
西　藏	Tibet	2	1187	35	2261
陕　西	Shaanxi	86	10968	575	31469
甘　肃	Gansu	42	5428	253	13329
青　海	Qinghai	14	1326	55	3266
宁　夏	Ningxia	21	2013	100	6777
新　疆	Xinjiang	35	5080	252	13442

3-1-7 续表 3 Continued 3

地区	Region	家用电器及电子产品专门零售 Special Retail of Household Electric Appliances and Electronic Products		五金、家具及室内装饰材料专门零售 Special Retail of Hardware, Furnitureand Interior Decoration Materials		货摊、无店铺及其他零售业 Stalls,Non-shop and Other Retails	
		法人单位数（个） Number of Corporation Enterprises (unit)	年末从业人数（人） Engaged Persons at the Year-end (person)	法人单位数（个） Number of Corporation Enterprises (unit)	年末从业人数（人） Engaged Persons at the Year-end (person)	法人单位数（个） Number of Corporation Enterprises (unit)	年末从业人数（人） Engaged Persons at the Year-end (person)
全　国	**National Total**	**9127**	**460261**	**3660**	**150572**	**2942**	**138636**
北　京	Beijing	463	30485	117	6881	197	23387
天　津	Tianjin	88	5955	64	1887	124	2819
河　北	Hebei	379	16982	68	2890	29	1621
山　西	Shanxi	223	8650	91	3271	86	5261
内蒙古	Inner Mongolia	101	6515	38	4197	37	1462
辽　宁	Liaoning	396	16806	215	5911	181	4467
吉　林	Jilin	97	5006	38	787	52	1586
黑龙江	Heilongjiang	141	10181	42	1554	66	1809
上　海	Shanghai	99	20145	80	6162	74	12720
江　苏	Jiangsu	779	44670	366	9590	198	11385
浙　江	Zhejiang	501	24407	92	2617	149	4974
安　徽	Anhui	471	15681	126	6405	89	2114
福　建	Fujian	373	18772	193	4996	107	4351
江　西	Jiangxi	215	10738	32	1855	31	975
山　东	Shandong	862	36666	583	34475	415	12269
河　南	Henan	618	22780	236	7901	140	3802
湖　北	Hubei	528	20229	219	7155	130	5749
湖　南	Hunan	368	4817	136	1622	102	1591
广　东	Guangdong	625	60884	360	11125	386	19645
广　西	Guangxi	243	10183	26	650	46	2892
海　南	Hainan	35	3102	6	380	9	331
重　庆	Chongqing	325	15163	194	5769	55	1567
四　川	Sichuan	486	20547	143	6881	78	5136
贵　州	Guizhou	128	4751	9	104	21	2107
云　南	Yunnan	185	6934	37	2013	54	1478
西　藏	Tibet	6	604			2	35
陕　西	Shaanxi	204	10497	122	7351	29	1380
甘　肃	Gansu	60	2403	14	3079	30	736
青　海	Qinghai	10	424	1	43	6	236
宁　夏	Ningxia	40	1863	5	356	4	349
新　疆	Xinjiang	78	3421	7	2665	15	402

3-2-1 限额以上批发和零售业企业商品购、销、存情况

项　目	Item	商品购进额 Total Purchases Value	#进口 Imports
总　计	**Total**	**3783148300**	**315246642**
一、批发业	**Wholesale Trade**	**3042868686**	**292886601**
#国有控股	State-controlled Enterprises	1415329284	108288925
(一)按登记注册类型分	**by Type of Registration**		
1.内资企业	**Domestic Funded Enterprises**	**2708920212**	**183385198**
国有企业	State-owned Enterprises	613573804	38199535
集体企业	Collective-owned Enterprises	18849920	1893786
股份合作企业	Cooperative Enterprises	7827441	365729
联营企业	Joint Ownership Enterprises	7421380	211206
国有联营企业	State Joint Ownership Enterprises	3858950	153485
集体联营企业	Collective Joint Ownership Enterprises	390704	4371
国有与集体联营企业	Joint State-collective Enterprises	2130898	7175
其他联营企业	Other Joint Ownership Enterprises	1040828	46176
有限责任公司	Limited Liability Corporations	1007927126	90473982
国有独资公司	State Sole Funded Corporations	116589864	11606124
其他有限责任公司	Other Limited Liability Corporations	891337263	78867858
股份有限公司	Share-holding Corporations Ltd.	330166332	12821916
私营企业	Private Enterprises	686047325	37983591
私营独资企业	Private-funded Enterprises	26544866	481618
私营合伙企业	Private Partnership Enterprises	8586981	53099
私营有限责任公司	Private Limited Liability Corporations	630005124	35813213
私营股份有限公司	Private Share-holding Corporations Ltd.	20910354	1635660
其他企业	Other Enterprises	37106883	1435454
2.港、澳、台商投资企业	**Enterprises with Funds from Hongkong, Macao and Taiwan**	**89092088**	**24088415**
合资经营企业	Joint-venture Enterprises	15274688	1876625
合作经营企业	Cooperative Enterprises	1032123	469
独资经营企业	Enterprises with Sole Investment	71071476	22176226
投资股份有限公司	Share-holding Corporations Ltd. with Investment	1631313	34917
其他港澳台商投资企业	Other Enterprises with Funds from Hongkong, Macao and Taiwan	82489	177
3.外商投资企业	**Foreign Funded Enterprises**	**244856386**	**85412988**
中外合资经营企业	Joint-venture Enterprises	60684234	3589307
中外合作经营企业	Cooperative Enterprises	8131188	55628
外资企业	Enterprises with Sole Foreign Investment	172808617	81660311
外商投资股份有限公司	Share-holding Corporations Ltd. with Foreign Investment	3044834	82971
其他外商投资企业	Other Foreign Funded Enterprises	187513	24771

Total Purchases, Sales and Inventory of Enterprises above Designated Size of Wholesale and Retail Trades

单位：万元

Unit: 10000 yuan

商品销售额 Total Sales Value	#出 口 Exports	期末商品库存额 Inventory (year-end)
4105326515	**200048354**	**290006057**
3270913219	**199398382**	**212652452**
1497008059	62940243	85547439
2863885895	**170490135**	**181925806**
668794928	28768318	38111002
19967027	996074	1902083
8181792	180139	957928
7685519	354957	595950
3962419	233908	224993
431550	51372	53810
2181475	42559	119937
1110075	27118	197211
1055869629	66135489	63621433
127542171	5445412	8422475
928327459	60690077	55198957
337728768	15207304	28938607
726004799	57689859	45330005
28125374	1374141	1201589
8894772	480590	304808
666522715	54392690	42298127
22461938	1442438	1525482
39653432	1157994	2468798
103131159	**9240745**	**9456567**
16466734	448837	1371963
1138983	7898	29795
83672757	8766272	7857176
1763551	17738	179922
89133		17712
303896166	**19667503**	**21270079**
82213562	1916110	3654475
8562585	688	172726
209205893	17398616	17259451
3695770	341241	167175
218357	10847	16252

项　目	Item	商品购进额 Total Purchases Value	# 进 口 Imports
(二)按国民经济行业分	**by Sector**		
农、林、牧产品批发	Wholesale of Agricultural, Forestry and Livestock Products	58405389	8304529
食品、饮料及烟草制品批发	Wholesale of Food, Beverages and Tobaccos	229424284	10060574
米、面制品及食用油批发	Wholesale of Rice, Flour and Edible Oil	36298455	4881583
肉、禽、蛋、奶及水产品批发	Wholesale of Meal, Fowls, Eggs and Aquatic Products	14013568	869176
酒、饮料及茶叶批发	Wholesale of Beverages and Teas	32989123	1377635
烟草制品批发	Wholesales of Tobaccos	110532640	1285582
纺织、服装及家庭用品批发	Wholesale of Textiles, Wearing Apparel and Household Articles	228715334	26612737
服装批发	Wholesale of Garments	56172723	4739928
鞋帽批发	Wholesale of Shoes and Hats	10113137	1022159
家用电器批发	Wholesale of Household Electrical Appliances	76607981	12162874
文化、体育用品及器材批发	Wholesale of Culture, Sports Appliances and Equipments	46709453	3114572
文具用品批发	Wholesale of Stationeries	11050586	873032
体育用品及器材批发	Wholesale of Sporting Appliances and Equipment	1778510	69359
图书批发	Wholesale of Books	6123768	120782
医药及医疗器材批发	Wholesale of Medicines and Medical Appliances	111431396	9168306
西药批发	Wholesale of Western Medicine	75536970	4030346
中药批发	Wholesale of Chinese Traditional Medicine	24117611	1019833
矿产品、建材及化工产品批发	Wholesale of Mineral Products, Building Materials and Chemical Products	1898632546	133896079
煤炭及制品批发	Wholesale of Coal and Related Products	264306153	10551142
石油及制品批发	Wholesale of Petroleum and Related Products	584479570	36560002
金属及金属矿批发	Wholesale of Metal Materials	688843146	52342421
建材批发	Wholesale of Building Materials	94499681	8171609
化肥批发	Wholesale of Chemical Fertilizer	46299975	1708864
农药批发	Wholesale of Pesticides	3635656	679463
机械设备、五金产品及电子产品批发	Wholesale of Machinery, Hardware and Electronics	366650540	83285007
汽车批发	Wholesale of Motor Vehicles	117857321	35367580
计算机、软件及辅助设备批发	Wholesale of Computer, Software and Assistant Appliances	39229617	7893564
通讯及广播电视设备批发	Wholesale of Communication, Radios and Televisions Equipments	54199191	14349462
贸易经纪与代理	Trade Broker and Agency	36832373	6039885
其他批发业	Other Wholesale not Classified Elsewhere	66067371	12404912

3-2-1 Continued 1

单位：万元
Unit: 10000 yuan

商品销售额 Total Sales Value	#出口 Exports	期末商品库存额 Inventory (year-end)
59857507	1102952	12131831
278556361	5714893	25134113
37806837	1244735	7935408
15561172	1990846	694417
41896326	431609	3190208
143306015	261409	10480711
258255705	70076372	20531516
66190514	24469710	5104481
13044952	6083352	925491
81293496	7484614	7249903
51622354	4277479	6263020
11602947	648704	736005
2372022	682881	269899
6077022	53591	1405767
122979861	2834934	12196214
81242054	1818711	7927799
26641895	328548	2365830
1966244674	49863523	95530197
277177683	2736913	9478894
606654882	7648761	21282333
704405990	19172684	44056344
99806826	4736630	4900990
47936580	1476031	6112392
3488106	456754	537410
421686425	43524795	33456491
151776393	3121796	11918299
41406463	2892279	3206012
56269819	3204815	3297593
40354985	10757059	2326111
71355347	11246375	5082960

项 目	Item	商品购进额 Total Purchases Value	# 进 口 Imports
二、零售业	**Retail Trade**	**740279614**	**22360041**
#国有控股	State-controlled Enterprises	160129481	1709471
(一)按登记注册类型分	**by Type of Registration**		
1.内资企业	**Domestic Funded Enterprises**	**651463499**	**16858377**
国有企业	State-owned Enterprises	53376609	483606
集体企业	Collective-owned Enterprises	13439466	17755
股份合作企业	Cooperative Enterprises	4713840	18329
联营企业	Joint Ownership Enterprises	2194873	20705
国有联营企业	State Joint Ownership Enterprises	885990	4197
集体联营企业	Collective Joint Ownership Enterprises	337372	4946
国有与集体联营企业	Joint State-collective Enterprises	565288	2562
其他联营企业	Other Joint Ownership Enterprises	406223	9000
有限责任公司	Limited Liability Corporations	247085161	8293571
国有独资公司	State Sole Funded Corporations	3593372	286208
其他有限责任公司	Other Limited Liability Corporations	243491788	8007363
股份有限公司	Share-holding Corporations Ltd.	90701671	408033
私营企业	Private Enterprises	222335175	6740318
私营独资企业	Private-funded Enterprises	21236019	292484
私营合伙企业	Private Partnership Enterprises	3530991	21754
私营有限责任公司	Private Limited Liability Corporations	185403536	6159429
私营股份有限公司	Private Share-holding Corporations Ltd.	12164628	266650
其他企业	Other Enterprises	17616706	876061
2.港、澳、台商投资企业	**Enterprises with Funds from Hongkong, Macao and Taiwan**	**41406851**	**3810152**
合资经营企业	Joint-venture Enterprises	10339805	1220967
合作经营企业	Cooperative Enterprises	4581122	
独资经营企业	Enterprises with Sole Investment	22626646	2402460
投资股份有限公司	Share-holding Corporations Ltd. with Investment	737620	130150
其他港澳台商投资企业	Other Enterprises with Funds from Hongkong, Macao and Taiwan	3121657	56576
3.外商投资企业	**Foreign Funded Enterprises**	**47409265**	**1691511**
中外合资经营企业	Joint-venture Enterprises	22829568	281071
中外合作经营企业	Cooperative Enterprises	2432458	2712
外资企业	Enterprises with Sole Foreign Investment	21309288	1338783
外商投资股份有限公司	Share-holding Corporations Ltd. with Foreign Investment	575899	8817
其他外商投资企业	Other Foreign Funded Enterprises	262052	60129

3-2-1 Continued 2

单位：万元
Unit: 10000 yuan

商品销售额 Total Sales Value	#出口 Exports	期末商品库存额 Inventory (year-end)
834413296	**649972**	**77353605**
199006498	116268	11477065
727556792	**509682**	**67431725**
60635868	59860	3595088
14447433	1085	822615
5349098	100	332404
2377710		144784
975408		56818
357374		38566
618774		19477
426153		29923
269096317	141968	28035022
3801708	334	420093
265294609	141633	27614929
117732581	23381	7192612
239081281	266670	25343259
22575987	6574	1657049
3734503	4683	297274
199797406	250890	21765461
12973385	4523	1623475
18836505	16618	1965942
49364418	**115441**	**5074991**
12714072	19044	967805
4515124		169886
28340253	7088	3570104
950072	89309	148573
2844897		218624
57492086	**24850**	**4846889**
28643668	2863	1595045
2738360		165486
25081451	19788	2964587
696921	2200	65213
331685		56559

项 目	Item	商品购进额 Total Purchases Value	#进 口 Imports
(二)按国民经济行业分	**by Sector**		
综合零售	Integrated Retail	185106331	1421034
百货零售	Retail of General Merchandise	100344844	930859
超级市场零售	Retail of Supermarkets	76198311	469690
食品、饮料及烟草制品专门零售	Special Retail of Food, Beverages and Tobaccos	21808112	116296
粮油零售	Retail of Cereal and Oil	6475614	8534
肉、禽、蛋、奶及水产品零售	Retail of Meat, Poultry, Eggs, Milk and Aquatic Products	3141709	3608
酒、饮料及茶叶零售	Retail of Wine, Beverages and Teas	4655831	31315
烟草制品零售	Retail of Tobaccos	2042732	43655
纺织、服装及日用品专门零售	Special Retail of Textiles, Garments and Daily Consumer Articles	26835365	1300063
服装零售	Retail of Garments	18047887	910733
文化、体育用品及器材专门零售	Special Retail of Culture, Sports Appliances and Equipments	19303200	814653
体育用品及器材零售	Retail of Sports Appliances and Equipment	1523320	65
图书报刊零售	Retail of Books, Newspapers and Magazines	8054032	256386
医药及医疗器材专门零售	Special Retail of Medicines and Medical Appliances	35321419	272660
药品零售	Retail of Medicines	33149369	31854
汽车、摩托车、燃料及零配件专门零售	Special Retail of Motor Vehicles, Motorcycles Fuel and Parts	347369683	17227256
汽车零售	Retail of Motor Vehicles	242491910	16956050
机动车燃料零售	Retail of Fuel of Motor Vehicles	97615351	101639
家用电器及电子产品专门零售	Special Retail of Household Electric Appliances and Electronic Products	61909165	353312
日用家电设备零售	Retail of Household Electric Appliances	30686369	49352
计算机、软件及辅助设备零售	Retail of Computer, Software and Assistant Appliances	15241383	126631
通信设备零售	Retail of Communication Equipments	6832326	97545
五金、家具及室内装饰材料专门零售	Special Retail of Hardware, Furniture and Interior Decoration Materials	17999256	80933
货摊、无店铺及其他零售业	Stalls, Non-shop and Other Retails	24627082	773835
互联网零售	Retails on the Internet	9258919	362604
(三)按零售业态分	**by Mode of Business Operation**		
有店铺零售	Store-based Retailing	720260257	21880022
超市	Supermarket	22052068	108836
大型超市	Hypermarket	77254761	303110
百货店	Department Store	97226106	1276370
专业店	Speciality Store	275588227	6865819
专卖店	Exclusive Shop	213845058	12738426
无店铺零售	Non-Store Selling	20019357	480019

3-2-1 Continued 3

单位：万元

Unit: 10000 yuan

商品销售额 Total Sales Value	#出 口 Exports	期末商品库存额 Inventory (year-end)
216455438	54699	19637094
121954454	40843	9224742
85116014	7043	9659319
24052982	55827	2252972
6396000	842	562163
3399517	6099	135823
5279095	1803	716168
2410015	36314	416974
33781246	166720	5838202
22290270	102580	3439961
20780718	42441	5312803
1440892	2758	541457
8314912	6993	1699568
38638008	2772	3838962
36065177	566	3627782
382925422	175318	30653285
249531772	131355	26702979
125704715	10047	3011392
69030626	58941	6265748
36101886	18343	3361203
15913726	2807	1065088
7284146	6476	815209
20670106	45365	1340118
28078750	47891	2214421
11223013	2217	1126073
811476650	635699	75393406
23145499	6297	2842058
86714137	2334	9554268
119038012	49675	9009416
311991037	272602	24853177
232858492	195885	25788378
22936646	14273	1960199

3-2-2 各地区限额以上批发业企业商品购、销、存情况

Total Purchases, Sales and Inventory of Enterprises above Designated Size of Wholesale Trade by Region

单位：万元

Unit: 10000 yuan

地 区	Region	商品购进额 Total Purchases Value	#进 口 Imports	商品销售额 Total Sales Value	#出 口 Exports	期末商品库存额 Inventery (year-end)
全 国	**National Total**	**3042868686**	**292886601**	**3270913219**	**199398382**	**212652452**
北 京	Beijing	424358951	80655909	453905055	17974314	41315938
天 津	Tianjin	200685950	13106149	210484126	5622096	8829120
河 北	Hebei	66902605	896018	72234459	753401	3024307
山 西	Shanxi	84564749	3657465	88951349	994809	2755569
内蒙古	Inner Mongolia	22166908	1458493	24620001	726808	2360936
辽 宁	Liaoning	111262272	3738486	119577492	2587633	6290171
吉 林	Jilin	18516048	873254	19606185	129047	1481024
黑龙江	Heilongjiang	35122940	9063877	37388250	1625459	3186787
上 海	Shanghai	373875857	71566901	425335252	29974376	24277403
江 苏	Jiangsu	256902603	15260199	277093879	21243478	14635917
浙 江	Zhejiang	252628491	23289043	270000642	39860887	12793818
安 徽	Anhui	48793017	1232521	52935587	1924825	2743000
福 建	Fujian	100601475	9966308	107556700	13988934	7485719
江 西	Jiangxi	14871196	72004	19386379	791817	1171968
山 东	Shandong	157844825	10527897	167861508	9973571	7734684
河 南	Henan	58293081	1237956	57550335	776275	14130117
湖 北	Hubei	80207838	734589	84473642	1036337	5022846
湖 南	Hunan	33636881	399360	30954347	676088	2489272
广 东	Guangdong	351869365	30814270	373878097	39580165	22534077
广 西	Guangxi	32596337	494598	32675571	581971	2762496
海 南	Hainan	14009808	923491	14693496	494921	527827
重 庆	Chongqing	55962511	1004636	59565360	1408175	3495094
四 川	Sichuan	55742057	939276	60036825	1405770	4883412
贵 州	Guizhou	14192923	869346	19079910	1266500	1758048
云 南	Yunnan	47897973	1459447	52791172	2109988	5822501
西 藏	Tibet	365994	35	495902		57925
陕 西	Shaanxi	44852269	189565	48099764	922286	2084284
甘 肃	Gansu	22692093	432	25091828	89602	1825262
青 海	Qinghai	8428597	233	9542161	83436	413603
宁 夏	Ningxia	6998932	65066	7117383	44905	473204
新 疆	Xinjiang	46024143	8389778	47930563	750510	4286126

3-2-2 续表 Continued

国有控股
State-controlled Enterprises

单位：万元
Unit: 10000 yuan

地 区	Region	商品购进额 Total Purchases Value	#进口 Imports	商品销售额 Total Sales Value	#出口 Exports	期末商品库存额 Inventery (year-end)
全 国	**National Total**	**1415329284**	**108288925**	**1497008059**	**62940243**	**85547439**
北 京	Beijing	283872735	44775332	294193696	14289038	24572864
天 津	Tianjin	117094705	5197504	121114481	3803352	4453129
河 北	Hebei	31724298	233196	35494608	103584	1081293
山 西	Shanxi	68956531	3328993	72389079	794507	1482458
内蒙古	Inner Mongolia	11789498	301508	13379338	568028	1305605
辽 宁	Liaoning	72703038	2095394	76778517	500534	2904586
吉 林	Jilin	12557180	751579	13335383	35776	973462
黑龙江	Heilongjiang	22774736	8044999	24560809	44064	2290258
上 海	Shanghai	124844822	7905961	127596043	8684789	5492034
江 苏	Jiangsu	61175212	4156968	66907991	7282975	3843502
浙 江	Zhejiang	55232623	5038033	61543588	4861355	3123104
安 徽	Anhui	22797044	879090	25684696	906289	1179561
福 建	Fujian	41851624	5600555	45593791	3191262	3325338
江 西	Jiangxi	9408032	59357	13644694	160055	674659
山 东	Shandong	42310113	2687145	47458745	2397912	1660042
河 南	Henan	32771064	562840	30666598	217049	2894554
湖 北	Hubei	50962537	330531	53584832	536757	1890465
湖 南	Hunan	20248022	228585	16292620	282941	1259964
广 东	Guangdong	142140943	5456388	145273101	10356942	5690237
广 西	Guangxi	17936002	92555	17298602	22072	1019466
海 南	Hainan	2563913	10509	2809464	24282	133820
重 庆	Chongqing	20389823	383569	22586438	360790	1359813
四 川	Sichuan	20940438	128837	23645630	271183	1937078
贵 州	Guizhou	9659179	852896	14425991	1239258	1409753
云 南	Yunnan	29603259	823165	33823247	1025960	4143418
西 藏	Tibet	305287	35	388471		49075
陕 西	Shaanxi	26533792	133800	29990042	838255	1022367
甘 肃	Gansu	16977158	26	19220851	39491	1317886
青 海	Qinghai	5962943		6565039		225244
宁 夏	Ningxia	5201167	17600	5262267	110	241294
新 疆	Xinjiang	34041567	8211976	35499406	101635	2591114

3-2-3 各地区限额以上批发业企业商品购、销、存情况（按登记注册类型分）

Total Purchases, Sales and Inventory of Enterprises above Designated Size of Wholesale Trade by Region and Type of Registration

内资企业
Domestic Funded Enterprises

单位：万元
Unit: 10000 yuan

地区	Region	商品购进额 Total Purchases Value	#进口 Imports	商品销售额 Total Sales Value	#出口 Exports	期末商品库存额 Inventory (year-end)
全国	**National Total**	**2708920212**	**183385198**	**2863885895**	**170490135**	**181925806**
北京	Beijing	350611080	51567405	363011563	17104390	32099812
天津	Tianjin	185499082	7658743	193807019	5195458	7649525
河北	Hebei	66325395	889273	71656383	753401	3011957
山西	Shanxi	84465760	3657465	88845125	994809	2746023
内蒙古	Inner Mongolia	22076371	1458493	24526797	726808	2360637
辽宁	Liaoning	109828578	3466196	117911631	2452869	6172815
吉林	Jilin	17078335	873254	18044569	129047	1444482
黑龙江	Heilongjiang	34909661	9063877	37173553	1625459	3173327
上海	Shanghai	233770812	13730267	242944396	15470079	11762675
江苏	Jiangsu	234788962	13479995	250898751	20268924	13169099
浙江	Zhejiang	245966055	21492147	262600670	39287396	12333112
安徽	Anhui	46809797	1230585	50838658	1910890	2671410
福建	Fujian	91316326	9002089	96744498	13773392	6808470
江西	Jiangxi	14557984	72004	19032721	569857	1167062
山东	Shandong	154276754	10325753	164038502	9095327	7469502
河南	Henan	58084424	1237956	57290961	776275	14116024
湖北	Hubei	77802377	715252	81792334	1029585	4657051
湖南	Hunan	33105855	399109	30388986	672968	2459570
广东	Guangdong	311091312	19343853	328675831	29987313	18973473
广西	Guangxi	32417092	428084	32490233	581971	2732730
海南	Hainan	13441210	521498	14061399	110373	516742
重庆	Chongqing	50250218	981217	53835529	1325945	3274679
四川	Sichuan	53310197	830632	57529009	1391462	4748582
贵州	Guizhou	14175795	869346	19064253	1266500	1749177
云南	Yunnan	47410319	1445599	52321751	2101274	5608138
西藏	Tibet	365994	35	495902		57925
陕西	Shaanxi	41557146	189565	44778595	922286	2051024
甘肃	Gansu	22673801	432	25069773	87228	1823471
青海	Qinghai	7983011	233	9085980	83436	383735
宁夏	Ningxia	6968297	65066	7069811	44905	472800
新疆	Xinjiang	46002218	8389778	47860713	750510	4260777

3-2-3 续表 1 Continued 1

国有企业
State-owned Enterprises

单位：万元
Unit: 10000 yuan

地　区	Region	商品购进额 Total Purchases Value	#进口 Imports	商品销售额 Total Sales Value	#出口 Exports	期末商品库存额 Inventery (year-end)
全　国	**National Total**	**613573804**	**38199535**	**668794928**	**28768318**	**38111002**
北　京	Beijing	47931411	12978713	49954703	4413963	3875101
天　津	Tianjin	77643440	3943403	81719450	2282551	1891218
河　北	Hebei	21349820	49208	24177985	79670	554512
山　西	Shanxi	32045408	3086416	34427511	26002	721002
内蒙古	Inner Mongolia	9753714	297047	11245595	548672	1242536
辽　宁	Liaoning	21303865	1663436	23288451	195818	1554654
吉　林	Jilin	5651456	307052	6191590	20477	766855
黑龙江	Heilongjiang	8367367	28883	9849110	19791	1206638
上　海	Shanghai	65688934	4620278	66304779	4674472	2445557
江　苏	Jiangsu	22730049	2012084	25765093	3488682	1761765
浙　江	Zhejiang	19653193	1661779	21900011	2777833	1264523
安　徽	Anhui	5485401	21971	7388752	12596	473637
福　建	Fujian	17454686	687697	19468046	1317598	1422512
江　西	Jiangxi	6736868	56896	8119240	37163	524326
山　东	Shandong	24254094	2291108	27192631	1955275	1072765
河　南	Henan	14541840	21677	16556989	79985	2291609
湖　北	Hubei	42778808	241746	44776061	438750	1449525
湖　南	Hunan	10848021	181004	7871094	152403	785497
广　东	Guangdong	69203863	2837912	76026722	3890789	2796667
广　西	Guangxi	6197791	27171	6959616	6163	371248
海　南	Hainan	1950170	8737	2183919	15995	121780
重　庆	Chongqing	9427832	201892	11069855	105872	790022
四　川	Sichuan	9631154	2988	11545709	221944	1286475
贵　州	Guizhou	7736304	446639	11960595	406309	1226445
云　南	Yunnan	21654380	375280	24215824	693613	3646889
西　藏	Tibet	305287	35	388471		49075
陕　西	Shaanxi	15486587	44960	18377076	829301	850000
甘　肃	Gansu	4941816	26	5554676	1480	154699
青　海	Qinghai	2364294		2878858		63221
宁　夏	Ningxia	721814		842738		86936
新　疆	Xinjiang	9734140	103500	10593781	75152	1363315

3-2-3 续表 2 Continued 2

集体企业
Collective-owned Enterprises

单位：万元
Unit: 10000 yuan

地区	Region	商品购进额 Total Purchases Value	#进口 Imports	商品销售额 Total Sales Value	#出口 Exports	期末商品库存额 Inventery (year-end)
全国	**National Total**	**18849920**	**1893786**	**19967027**	**996074**	**1902083**
北京	Beijing	1032196	651271	1035238		175671
天津	Tianjin	746646	1599	760590	411	25248
河北	Hebei	429031		444211		13945
山西	Shanxi	1056036	8888	1344651	1530	85633
内蒙古	Inner Mongolia	111968		113567		1297
辽宁	Liaoning	362034		387301		25739
吉林	Jilin	41547		41885		1751
黑龙江	Heilongjiang	83752	2312	79717	1913	6022
上海	Shanghai	720264	154006	757514		67640
江苏	Jiangsu	1129430	190	1252684	9495	108832
浙江	Zhejiang	755270	53071	898981	90906	56986
安徽	Anhui	151458		163795		5829
福建	Fujian	486922	502	493923	62314	88050
江西	Jiangxi	34704		37294		7103
山东	Shandong	4061056	913497	4377883	653934	167914
河南	Henan	1639607	4370	1663251		42646
湖北	Hubei	623541	3250	659639	5005	175803
湖南	Hunan	96746		94218		5074
广东	Guangdong	905420	89239	954775	121818	180805
广西	Guangxi	175507	11437	185848		14874
海南	Hainan	7473		7450		476
重庆	Chongqing	567264		580661	2091	24975
四川	Sichuan	2347046		2222702	46657	320673
贵州	Guizhou	78816		78748		11059
云南	Yunnan	144209	155	150061		19617
西藏	Tibet					
陕西	Shaanxi	169696		170410		4613
甘肃	Gansu	128767		148459		9870
青海	Qinghai	3481		3789		64
宁夏	Ningxia	50493		43112		19159
新疆	Xinjiang	709539		814674		234717

3-2-3 续表 3 Continued 3

股份合作企业 单位：万元

Cooperative Enterprises Unit: 10000 yuan

地 区	Region	商品购进额 Total Purchases Value	#进 口 Imports	商品销售额 Total Sales Value	#出 口 Exports	期末商品库存额 Inventery (year-end)
全 国	**National Total**	**7827441**	**365729**	**8181792**	**180139**	**957928**
北 京	Beijing	867227	21030	895168	9171	39396
天 津	Tianjin	550117	51268	540838		31727
河 北	Hebei	213359		212456		6325
山 西	Shanxi	8804		9177		2724
内蒙古	Inner Mongolia	1509		1688		456
辽 宁	Liaoning	92166		97364		4412
吉 林	Jilin	1815		2002		165
黑龙江	Heilongjiang	930210		937671	3322	37309
上 海	Shanghai	857721	702	877760	7273	38647
江 苏	Jiangsu	1141523	4815	1177034	25388	526371
浙 江	Zhejiang	168784	204	176329	59	14751
安 徽	Anhui	37016		39666		1968
福 建	Fujian	125592	825	124971	53981	9069
江 西	Jiangxi	22500		23410		1524
山 东	Shandong	275252	10733	270891	8303	30166
河 南	Henan	91874		93151		7760
湖 北	Hubei	724102	249074	931479	7167	59910
湖 南	Hunan	61099	1661	59643	28560	8653
广 东	Guangdong	416050	21109	467180	33253	18065
广 西	Guangxi	12865		14791		823
海 南	Hainan	4973		13992		1940
重 庆	Chongqing	510535		521348		41735
四 川	Sichuan	489781	170	486646		18693
贵 州	Guizhou	17337		16473	2251	2200
云 南	Yunnan	46328	4138	53791	1411	11536
西 藏	Tibet					
陕 西	Shaanxi	24983		24896		551
甘 肃	Gansu	52900		45061		9606
青 海	Qinghai	157		1836		95
宁 夏	Ningxia					
新 疆	Xinjiang	80863		65080		31350

联营企业
Joint Ownership Enterprises

单位：万元
Unit: 10000 yuan

地 区	Region	商品购进额 Total Purchases Value	#进口 Imports	商品销售额 Total Sales Value	#出口 Exports	期末商品库存额 Inventery (year-end)
全 国	**National Total**	**7421380**	**211206**	**7685519**	**354957**	**595950**
北 京	Beijing	22626	7157	28325	3481	1142
天 津	Tianjin	315750	5582	313040	13044	29525
河 北	Hebei	35528		37612		162
山 西	Shanxi	16101		22017		3254
内蒙古	Inner Mongolia	8080	4447	7931	204	
辽 宁	Liaoning	168397		175168		3460
吉 林	Jilin					
黑龙江	Heilongjiang					
上 海	Shanghai	1529585	6286	1612411	39573	145322
江 苏	Jiangsu	323896		325815	33840	21440
浙 江	Zhejiang	472236	237	481800	47610	26516
安 徽	Anhui	4568		4869		354
福 建	Fujian	268612	2899	246993	28356	68216
江 西	Jiangxi	10371		9183		3850
山 东	Shandong	1397769	10207	1409594	57	14926
河 南	Henan	40562		40849		3214
湖 北	Hubei	104283		104757		4827
湖 南	Hunan	3801		3812		60
广 东	Guangdong	2364501	170257	2507533	186110	261150
广 西	Guangxi					
海 南	Hainan					
重 庆	Chongqing	150743		165804		1036
四 川	Sichuan	5881		5600		281
贵 州	Guizhou					
云 南	Yunnan	117629	4134	117356	2683	5892
西 藏	Tibet					
陕 西	Shaanxi	52776		52776		0
甘 肃	Gansu	3522		3687		450
青 海	Qinghai					
宁 夏	Ningxia	771		5214		683
新 疆	Xinjiang	3396		3375		193

3-2-3 续表 5 Continued 5

有限责任公司 单位：万元

Limited Liability Corporations Unit: 10000 yuan

地　区	Region	商品购进额 Total Purchases Value	#进口 Imports	商品销售额 Total Sales Value	#出口 Exports	期末商品库存额 Inventery (year-end)
全　国	**National Total**	**1007927126**	**90473982**	**1055869629**	**66135489**	**63621433**
北　京	Beijing	238857798	34011468	247308356	9746739	21643840
天　津	Tianjin	46993470	1734191	49369971	1630675	2018121
河　北	Hebei	20987385	563229	21697619	180482	1108602
山　西	Shanxi	35896901	225227	37156147	771766	655501
内蒙古	Inner Mongolia	4865140	182183	5383163	131917	323297
辽　宁	Liaoning	20113977	911762	21107147	849824	1578383
吉　林	Jilin	4173783	528675	4373714	60130	258380
黑龙江	Heilongjiang	16528408	8126667	17231161	1291760	1185444
上　海	Shanghai	72185045	4051913	75703501	4920986	3845035
江　苏	Jiangsu	65758543	6874307	70313494	7990181	2829968
浙　江	Zhejiang	87309258	6221429	91158256	11837436	4189814
安　徽	Anhui	16834167	481343	17929912	535166	1083983
福　建	Fujian	32003457	3388166	33041332	5320535	2356863
江　西	Jiangxi	5622129	12731	5890245	412634	333935
山　东	Shandong	52033684	4260987	54979691	2944660	2660612
河　南	Henan	20312018	683383	21199948	522459	1046626
湖　北	Hubei	17298452	182287	18274621	331123	1110092
湖　南	Hunan	8862742	56363	9294360	218115	669355
广　东	Guangdong	121722146	8175189	130939578	14312322	7098862
广　西	Guangxi	9775785	153373	9888057	108234	828874
海　南	Hainan	10187045	454229	10428628	63469	331409
重　庆	Chongqing	22384286	402512	23178859	747286	1184754
四　川	Sichuan	25642628	437730	27182713	744483	1673925
贵　州	Guizhou	4286261	56932	4414471	29458	288937
云　南	Yunnan	10367933	255522	10448831	132020	864860
西　藏	Tibet	43075		90874		5834
陕　西	Shaanxi	12579398	113557	13002827	77619	446042
甘　肃	Gansu	3924763	73	4066214	60650	327771
青　海	Qinghai	2330130		2345714	34198	66074
宁　夏	Ningxia	1233426	17600	1256668	5835	62129
新　疆	Xinjiang	16813896	7910957	17213557	123326	1544114

3-2-3 续表 6 Continued 6

股份有限公司 单位：万元
Share-holding Corporations Ltd. Unit: 10000 yuan

地 区	Region	商品购进额 Total Purchases Value	#进口 Imports	商品销售额 Total Sales Value	#出口 Exports	期末商品库存额 Inventery (year-end)
全 国	**National Total**	**330166332**	**12821916**	**337728768**	**15207304**	**28938607**
北 京	Beijing	24489525	1818720	24670877	1685122	3080001
天 津	Tianjin	11256365	107426	10632508	362456	1384434
河 北	Hebei	7363624	139115	8192103	84627	350587
山 西	Shanxi	3436678	17480	3345462	9970	285078
内蒙古	Inner Mongolia	1924706	126440	1962230		167440
辽 宁	Liaoning	42314160	56171	44001769	200493	601194
吉 林	Jilin	4415407		4541581	2552	49171
黑龙江	Heilongjiang	2903960	89147	2735964	58275	176355
上 海	Shanghai	25254002	989637	26303527	1303592	1255094
江 苏	Jiangsu	36617402	853210	38965977	2227855	2829700
浙 江	Zhejiang	22186835	3308726	27604457	2307543	1051135
安 徽	Anhui	12594003	526805	13006474	976695	354180
福 建	Fujian	13596264	3404930	14303076	1680399	1147702
江 西	Jiangxi	218086		3050444	109	60250
山 东	Shandong	9187061	4865	10649039	302339	414848
河 南	Henan	12540154	917	8465140	5289	9976520
湖 北	Hubei	3905439	6808	3952053	32903	155770
湖 南	Hunan	5542033	3612	4343602	78688	183181
广 东	Guangdong	29006017	264134	22225315	2420673	1581144
广 西	Guangxi	7860675	1800	6819578	94388	339929
海 南	Hainan	526949	43476	582088		14618
重 庆	Chongqing	5080271	5010	5472485		330606
四 川	Sichuan	3046426	3999	3075277	85871	434182
贵 州	Guizhou	996129	363075	1507086	828481	133066
云 南	Yunnan	4186774	419295	5786939	453821	222057
西 藏	Tibet					
陕 西	Shaanxi	10728531		10578836		543592
甘 肃	Gansu	11629090		13191860		1110272
青 海	Qinghai	1863679		1966127		196148
宁 夏	Ningxia	3995510	2139	3926255	1872	138032
新 疆	Xinjiang	11500577	264980	11870641	3291	372324

3-2-3 续表 7 Continued 7

私营企业 单位：万元

Private Enterprises Unit: 10000 yuan

地 区	Region	商品购进额 Total Purchases Value	#进 口 Imports	商品销售额 Total Sales Value	#出 口 Exports	期末商品库存额 Inventery (year-end)
全 国	**National Total**	**686047325**	**37983591**	**726004799**	**57689859**	**45330005**
北 京	Beijing	37410298	2079047	39118897	1245915	3284661
天 津	Tianjin	45127556	1740347	47447728	876549	2012919
河 北	Hebei	15089023	128214	15992976	358723	947741
山 西	Shanxi	11638940	319454	12150604	185541	982171
内蒙古	Inner Mongolia	3521461	817036	3651023	36719	550091
辽 宁	Liaoning	24495454	833138	27847743	1203813	2319042
吉 林	Jilin	2326367	37527	2418790	45888	324492
黑龙江	Heilongjiang	5753898	736071	6001718	248470	518640
上 海	Shanghai	66506721	3887822	70203530	4516113	3903001
江 苏	Jiangsu	103437360	3713008	109298517	6423995	4951191
浙 江	Zhejiang	114875237	10241169	119808157	22215910	5699735
安 徽	Anhui	10869748	187931	11362661	330762	692298
福 建	Fujian	25526723	1395760	27064841	4953463	1558954
江 西	Jiangxi	1461568	2377	1512265	115964	149263
山 东	Shandong	52877903	2274322	54290470	3038141	2654928
河 南	Henan	8427266	527609	8777478	168542	713903
湖 北	Hubei	11426036	28691	12136058	214636	1642341
湖 南	Hunan	7118667	156470	7914241	122736	740893
广 东	Guangdong	84565908	7697919	92298974	8901347	6710159
广 西	Guangxi	7828917	233140	8065038	258039	1103965
海 南	Hainan	688607	11380	763484	9066	35427
重 庆	Chongqing	10564904	88949	11295854	470696	798068
四 川	Sichuan	11015118	302579	11726783	280977	903303
贵 州	Guizhou	976084	2700	1001070		80822
云 南	Yunnan	9037178	353895	9610648	798558	734738
西 藏	Tibet	17632		16557		3017
陕 西	Shaanxi	2394073	31048	2451522	15192	200554
甘 肃	Gansu	1828566	334	1894740	25099	204372
青 海	Qinghai	1356460	233	1823824	49238	55749
宁 夏	Ningxia	914976	45326	941587	36445	157920
新 疆	Xinjiang	6968680	110096	7117022	543324	695648

其他企业　　单位：万元

Other Enterprises　　Unit: 10000 yuan

地区	Region	商品购进额 Total Purchases Value	#进口 Imports	商品销售额 Total Sales Value	#出口 Exports	期末商品库存额 Inventery (year-end)
全国	**National Total**	**37106883**	**1435454**	**39653432**	**1157994**	**2468798**
北京	Beijing					
天津	Tianjin	2865738	74925	3022894	29772	256333
河北	Hebei	857626	9507	901419	49899	30084
山西	Shanxi	366893		389556		10660
内蒙古	Inner Mongolia	1889793	31341	2161601	9295	75520
辽宁	Liaoning	978525	1690	1006689	2922	85932
吉林	Jilin	467961		475008		43668
黑龙江	Heilongjiang	342066	80798	338212	1928	42920
上海	Shanghai	1028541	19624	1181374	8070	62378
江苏	Jiangsu	3650758	22381	3800136	69490	139832
浙江	Zhejiang	545242	5533	572679	10099	29652
安徽	Anhui	833437	12536	942530	55670	59160
福建	Fujian	1854069	121310	2001317	356746	157105
江西	Jiangxi	451758		390641	3987	86811
山东	Shandong	10189935	560034	10868304	192619	453344
河南	Henan	491103		494155		33746
湖北	Hubei	941716	3396	957666		58785
湖南	Hunan	572746		808015	72466	66859
广东	Guangdong	2907406	88093	3255754	121001	326622
广西	Guangxi	565553	1164	557305	115148	73017
海南	Hainan	75994	3677	81838	21842	11093
重庆	Chongqing	1564383	282854	1550665		103483
四川	Sichuan	1132164	83167	1283579	11530	111051
贵州	Guizhou	84865		85811		6648
云南	Yunnan	1855887	33180	1938303	19169	102550
西藏	Tibet					
陕西	Shaanxi	121101		120252	175	5673
甘肃	Gansu	164378		165076		6431
青海	Qinghai	64810		65832		2384
宁夏	Ningxia	51307		54237	752	7942
新疆	Xinjiang	191127	245	182584	5417	19116

3-2-3 续表 9 Continued 9

港、澳、台商投资企业 单位：万元

Enterprises with Funds from Hongkong, Macao and Taiwan Unit: 10000 yuan

地区	Region	商品购进额 Total Purchases Value	#进口 Imports	商品销售额 Total Sales Value	#出口 Exports	期末商品库存额 Inventery (year-end)
全国	**National Total**	**89092088**	**24088415**	**103131159**	**9240745**	**9456567**
北京	Beijing	8234826	2329277	9433648	129469	1254045
天津	Tianjin	5109761	564714	5489689	27567	452879
河北	Hebei	15945		19335		452
山西	Shanxi	83604		85058		6849
内蒙古	Inner Mongolia	38075		40743		298
辽宁	Liaoning	412633	52270	546873	8826	32899
吉林	Jilin	100193		101780		94
黑龙江	Heilongjiang	64515		68367		1239
上海	Shanghai	31177796	11122943	38330545	1018400	3893033
江苏	Jiangsu	7768803	1035717	9731516	633795	763795
浙江	Zhejiang	2858157	209130	3244288	178050	248386
安徽	Anhui	142106		165113		956
福建	Fujian	3001336	913431	3243295	118484	257612
江西	Jiangxi	91568		124109	4727	4526
山东	Shandong	1592501	25290	1665872	734408	135574
河南	Henan	69455		83683		9828
湖北	Hubei	1098591	2823	1197766	3	255770
湖南	Hunan	241049		255432	3120	12603
广东	Guangdong	19117043	7322918	21316663	5974974	1752983
广西	Guangxi	18681	2176	26102		3407
海南	Hainan	494430	401992	532228	384549	6039
重庆	Chongqing	5132123	20517	5127259	17050	178823
四川	Sichuan	1380711	85217	1400346		121134
贵州	Guizhou					
云南	Yunnan	131872		150885	4949	8681
西藏	Tibet					
陕西	Shaanxi	385865		413842		23739
甘肃	Gansu	14983		17333	2374	1077
青海	Qinghai	314259		316101		29830
宁夏	Ningxia					
新疆	Xinjiang	1211		3288		17

3-2-3 续表 10 Continued 10

外商投资企业
Foreign Funded Enterprises

单位：万元
Unit: 10000 yuan

地 区	Region	商品购进额 Total Purchases Value	#进 口 Imports	商品销售额 Total Sales Value	#出 口 Exports	期末商品库存额 Inventery (year-end)
全 国	**National Total**	**244856386**	**85412988**	**303896166**	**19667503**	**21270079**
北 京	Beijing	65513046	26759227	81459844	740454	7962081
天 津	Tianjin	10077108	4882693	11187418	399071	726717
河 北	Hebei	561265	6746	558742		11897
山 西	Shanxi	15386		21166		2698
内蒙古	Inner Mongolia	52462		52462		
辽 宁	Liaoning	1021061	220020	1118988	125938	84457
吉 林	Jilin	1337520		1459836		36448
黑龙江	Heilongjiang	148764		146330		12220
上 海	Shanghai	108927249	46713692	144060310	13485897	8621695
江 苏	Jiangsu	14344838	744487	16463612	340759	703023
浙 江	Zhejiang	3804280	1587767	4155684	395441	212320
安 徽	Anhui	1841115	1936	1931817	13936	70634
福 建	Fujian	6283813	50788	7568906	97059	419637
江 西	Jiangxi	221644		229550	217233	380
山 东	Shandong	1975571	176854	2157134	143836	129608
河 南	Henan	139202		175691		4265
湖 北	Hubei	1306869	16515	1483541	6749	110025
湖 南	Hunan	289977	251	309929		17099
广 东	Guangdong	21661011	4147499	23885604	3617878	1807621
广 西	Guangxi	160564	64338	159236		26358
海 南	Hainan	74169		99870		5046
重 庆	Chongqing	580171	2901	602572	65179	41592
四 川	Sichuan	1051149	23427	1107471	14309	13697
贵 州	Guizhou	17128		15657		8872
云 南	Yunnan	355782	13848	318536	3765	205683
西 藏	Tibet					
陕 西	Shaanxi	2909258		2907328		9521
甘 肃	Gansu	3310		4722		714
青 海	Qinghai	131327		140079		38
宁 夏	Ningxia	30635		47572		404
新 疆	Xinjiang	20714		66562		25332

3-2-4 各地区限额以上批发业企业商品购、销、存情况（按国民经济行业分）

Total Purchases, Sales and Inventory of Enterprises above Designated Size of Wholesale Trade by Region and Sector

农、林、牧产品批发　　　　单位：万元

Wholesale of Agricultural, Forestry and Livestock Products　　　　Unit: 10000 yuan

地区	Region	商品购进额 Total Purchases Value	#进口 Imports	商品销售额 Total Sales Value	#出口 Exports	期末商品库存额 Inventery (year-end)
全国	**National Total**	**58405389**	**8304529**	**59857507**	**1102952**	**12131831**
北京	Beijing	9956221	4973139	10324764	22510	1373472
天津	Tianjin	793770	65879	818165	48295	281206
河北	Hebei	2737060	27778	2722928		231179
山西	Shanxi	249049		272703	15976	78346
内蒙古	Inner Mongolia	1685324		1772691	14755	325974
辽宁	Liaoning	3551542	206341	3752600	68822	394758
吉林	Jilin	2767803	348293	2653303	24672	850996
黑龙江	Heilongjiang	2487399	3119	2115242	16387	771790
上海	Shanghai	1844921	487431	1919721	84681	491514
江苏	Jiangsu	4079804	312646	4315139	104120	554497
浙江	Zhejiang	1617499	202784	1700153	35872	231285
安徽	Anhui	1296391	3440	1419345	10212	254053
福建	Fujian	1066418	148198	1009391	73314	374990
江西	Jiangxi	268023		231356	1	137715
山东	Shandong	5005570	378170	5104474	150283	494665
河南	Henan	3031307	417345	2879456	25423	1327647
湖北	Hubei	1946273	9043	1964598	3976	621108
湖南	Hunan	842065	51782	874283	33530	127517
广东	Guangdong	2886922	286393	3066294	203638	380266
广西	Guangxi	192422	9	236352	16106	78691
海南	Hainan	111936	6879	115417		7538
重庆	Chongqing	469070	706	465509	38425	39341
四川	Sichuan	814795	24132	821702	67057	324145
贵州	Guizhou	10222		10622		310
云南	Yunnan	1397699	43130	1470106	13965	53266
西藏	Tibet	14694		10554		2038
陕西	Shaanxi	164436		193371	15733	36048
甘肃	Gansu	239088	222	241038	11679	50471
青海	Qinghai					
宁夏	Ningxia	26242		20106		19934
新疆	Xinjiang	6851424	307673	7356127	3521	2217071

3-2-4 续表 1 Continued 1

食品、饮料及烟草制品批发 单位：万元
Wholesale of Food, Beverages and Tobaccos Unit: 10000 yuan

地 区	Region	商品购进额 Total Purchases Value	#进口 Imports	商品销售额 Total Sales Value	#出口 Exports	期末商品库存额 Inventery (year-end)
全 国	**National Total**	**229424284**	**10060574**	**278556361**	**5714893**	**25134113**
北 京	Beijing	19036014	2918398	20930227	240901	3526339
天 津	Tianjin	5915784	77709	6367731	67113	556346
河 北	Hebei	4727317	6776	6043153	13610	286405
山 西	Shanxi	3319129	1530	4377562	1530	264841
内蒙古	Inner Mongolia	2565804	111	3434756	7211	134107
辽 宁	Liaoning	4887999	190978	6222892	129582	426340
吉 林	Jilin	1648604	122	2131926		188075
黑龙江	Heilongjiang	4637398	10085	5384287	154208	752448
上 海	Shanghai	14803304	2514624	17840712	280970	1566942
江 苏	Jiangsu	12725420	198147	16022486	272606	968707
浙 江	Zhejiang	19384234	473487	22259057	882237	973388
安 徽	Anhui	6546495	289784	8434414	245161	626292
福 建	Fujian	13000900	433542	14887620	1074737	1312133
江 西	Jiangxi	3088876		4182017	22855	409188
山 东	Shandong	18004829	267614	21640482	430779	1205666
河 南	Henan	7770618	20193	9964074	31211	1225613
湖 北	Hubei	9403935	46514	10695690	50565	613650
湖 南	Hunan	5987452	9560	8714552	75547	717925
广 东	Guangdong	22562178	2053389	26716398	1403152	2042370
广 西	Guangxi	3421331	53539	4327952	19497	263406
海 南	Hainan	1979867	13277	2239493	167	115988
重 庆	Chongqing	7588921	77629	8843466	9704	769027
四 川	Sichuan	9604130	5910	12082152	1514	1333633
贵 州	Guizhou	4475126	260769	8027251	61492	1103481
云 南	Yunnan	12529506	108254	14485226	159009	3042569
西 藏	Tibet	267380	35	363052		37519
陕 西	Shaanxi	3490056	2704	4476327	4615	192129
甘 肃	Gansu	1653843	26	2236575	15669	141669
青 海	Qinghai	823400		1047641	1713	16560
宁 夏	Ningxia	503559		644143	752	61791
新 疆	Xinjiang	3070877	25871	3533048	56787	259568

3-2-4 续表 2 Continued 2

纺织、服装及家庭用品批发 单位：万元
Wholesale of Textiles, Wearing Apparel and Household Articles Unit: 10000 yuan

地 区	Region	商品购进额 Total Purchases Value	#进 口 Imports	商品销售额 Total Sales Value	#出 口 Exports	期末商品库存额 Inventery (year-end)
全 国	**National Total**	**228715334**	**26612737**	**258255705**	**70076372**	**20531516**
北 京	Beijing	18421948	4206180	20789252	808287	2510026
天 津	Tianjin	4062648	166239	5068534	865043	274093
河 北	Hebei	806324	9105	821114	120285	119844
山 西	Shanxi	426803		458022	697	61826
内蒙古	Inner Mongolia	281638		287623		5592
辽 宁	Liaoning	2248001	322380	2365843	797308	225681
吉 林	Jilin	222256		227231	15581	8162
黑龙江	Heilongjiang	1245126	3389	1404173	986081	76458
上 海	Shanghai	28927086	11202785	36235175	10503200	3614658
江 苏	Jiangsu	36885989	3975372	41503806	9911966	4099278
浙 江	Zhejiang	38340386	2478903	42052428	20556048	2386871
安 徽	Anhui	7801110	19780	8005973	674792	333874
福 建	Fujian	16735998	1201805	18143656	7441898	1082143
江 西	Jiangxi	840963	3226	906127	236156	23439
山 东	Shandong	12197936	821174	13922293	2896069	838773
河 南	Henan	2954687	95907	3217413	258105	244823
湖 北	Hubei	2007363	21867	2153599	244489	206936
湖 南	Hunan	1250593	9917	1246354	100360	223967
广 东	Guangdong	32749695	1992479	38839155	12608676	2697514
广 西	Guangxi	1578789	29485	1559809	120362	295225
海 南	Hainan	432831	2073	426915	34045	42038
重 庆	Chongqing	12323112	19027	12497278	23898	602760
四 川	Sichuan	1965492	6943	2067340	437813	183940
贵 州	Guizhou	262484		258349		35854
云 南	Yunnan	1007995	4635	998196	243127	156510
西 藏	Tibet					
陕 西	Shaanxi	2135968		2155892	3029	78969
甘 肃	Gansu	168490		175409		34628
青 海	Qinghai	50564		51924	24745	1189
宁 夏	Ningxia	25336	11500	33219	13687	10040
新 疆	Xinjiang	357726	8567	383604	150628	56406

文化、体育用品及器材批发
Wholesale of Culture, Sports Appliances and Equipment

单位：万元
Unit: 10000 yuan

地 区	Region	商品购进额 Total Purchases Value	#进口 Imports	商品销售额 Total Sales Value	#出口 Exports	期末商品库存额 Inventery (year-end)
全 国	**National Total**	**46709453**	**3114572**	**51622354**	**4277479**	**6263020**
北 京	Beijing	13292093	252449	14046562	392134	1713387
天 津	Tianjin	525005	19540	564651	52283	113476
河 北	Hebei	405818		366312		62844
山 西	Shanxi	469189		474496	23474	55148
内蒙古	Inner Mongolia	178982	34193	171974	102908	10392
辽 宁	Liaoning	308768		353029	47884	41735
吉 林	Jilin	64548		63853		17307
黑龙江	Heilongjiang	88650		97925		6353
上 海	Shanghai	7697986	1026961	8502968	220579	680485
江 苏	Jiangsu	2843377	44007	3014440	273134	597279
浙 江	Zhejiang	3747503	272505	3909665	664148	481353
安 徽	Anhui	1106159	336206	1104982	393696	61609
福 建	Fujian	619233	22092	663367	261128	29983
江 西	Jiangxi	271622		277013	41600	8664
山 东	Shandong	3691480	5303	4131855	107419	228594
河 南	Henan	833000	33	826476	56818	133235
湖 北	Hubei	868520	8210	896889	435	224037
湖 南	Hunan	467104		485080	27260	66468
广 东	Guangdong	6157121	434497	8632842	998443	1254746
广 西	Guangxi	168189	20368	174874	16857	20832
海 南	Hainan	136899		138926	4799	16022
重 庆	Chongqing	502859		514381		153107
四 川	Sichuan	877535	237821	815829	241733	113177
贵 州	Guizhou	164609		156195		39062
云 南	Yunnan	634405	400387	649123	330865	51019
西 藏	Tibet	13919		11924		6246
陕 西	Shaanxi	161104		177416	6420	14298
甘 肃	Gansu	171022		146119	13464	38711
青 海	Qinghai	15859		17046		5639
宁 夏	Ningxia	22357		22697		763
新 疆	Xinjiang	204540		213446		17048

3-2-4 续表 4 Continued 4

医药及医疗器材批发 单位：万元

Wholesale of Medicines and Medical Appliances Unit: 10000 yuan

地区	Region	商品购进额 Total Purchases Value	#进口 Imports	商品销售额 Total Sales Value	#出口 Exports	期末商品库存额 Inventery (year-end)
全国	**National Total**	**111431396**	**9168306**	**122979861**	**2834934**	**12196214**
北京	Beijing	10346201	1947635	11615486	469761	1561422
天津	Tianjin	2873628	40126	3229630	84067	151762
河北	Hebei	4064364	30133	4374073	48927	289833
山西	Shanxi	1115977	122	1207800		81813
内蒙古	Inner Mongolia	357486	7044	392654	9825	38805
辽宁	Liaoning	4065675	73029	3968182	18741	807582
吉林	Jilin	1243450	96530	1374599	4569	132070
黑龙江	Heilongjiang	1294822	11364	1416127		98659
上海	Shanghai	11993974	4313235	14339951	308938	1911495
江苏	Jiangsu	6050465	70145	7882610	212857	545452
浙江	Zhejiang	9182470	603969	9906190	686470	784180
安徽	Anhui	6181593	15857	6549013	96857	415099
福建	Fujian	2452105	29274	2569442	2339	209655
江西	Jiangxi	1761354	1362	1820834	33122	107214
山东	Shandong	6371631	28722	6665715	17658	495992
河南	Henan	4745622	122824	4978096	91	354431
湖北	Hubei	3223668	30050	3451277	16685	266941
湖南	Hunan	2399087	32939	2827198	998	277592
广东	Guangdong	14156858	1383784	15600167	689223	1941908
广西	Guangxi	872504	95	936742	7042	66297
海南	Hainan	1095840	103500	1269615	8331	112025
重庆	Chongqing	3936704	141736	4068091	23271	248117
四川	Sichuan	5790426	23337	6228903	55802	743146
贵州	Guizhou	676179	6179	706443		53988
云南	Yunnan	2459126	43345	2562352	35263	235722
西藏	Tibet	36811		74468		8008
陕西	Shaanxi	1079063		1262322		107237
甘肃	Gansu	716085	112	746156	2532	63936
青海	Qinghai	203502		233417		5999
宁夏	Ningxia	42433		49717	1565	5477
新疆	Xinjiang	642293	11857	672591		74362

矿产品、建材及化工产品批发　　单位：万元

Wholesale of Mineral Products, Building Materials and Chemical Products　　Unit: 10000 yuan

地区	Region	商品购进额 Total Purchases Value	#进口 Imports	商品销售额 Total Sales Value	#出口 Exports	期末商品库存额 Inventery (year-end)
全　国	**National Total**	**1898632546**	**133896079**	**1966244674**	**49863523**	**95530197**
北　京	Beijing	249318931	34074767	256945105	7533935	17263738
天　津	Tianjin	152044876	6544463	158872580	3534213	4324577
河　北	Hebei	47115388	791718	50560281	315760	1530842
山　西	Shanxi	74660871	3462351	77769754	927094	2053278
内蒙古	Inner Mongolia	16391751	1412698	17791834	559930	1746453
辽　宁	Liaoning	88942860	2172805	94769045	866527	3570576
吉　林	Jilin	10831107	409497	11269683	74805	188896
黑龙江	Heilongjiang	23395057	8887861	24914955	249550	1299094
上　海	Shanghai	204620332	14726925	209112504	6786868	7780038
江　苏	Jiangsu	163717039	7361149	170715399	4390858	5854603
浙　江	Zhejiang	153898803	17546273	161988943	8360074	6523174
安　徽	Anhui	19934190	349978	21169621	174874	654705
福　建	Fujian	53963611	5955241	56684394	2653698	3370777
江　西	Jiangxi	7470493	60209	10754590	124356	330291
山　东	Shandong	92619485	6658851	95770334	3074923	3412082
河　南	Henan	34188456	548692	30741349	216623	10489884
湖　北	Hubei	49880872	28153	51502676	133581	2410650
湖　南	Hunan	20610125	179770	14500799	348786	875609
广　东	Guangdong	215189286	11330051	219737807	6327049	9785505
广　西	Guangxi	24490636	356794	23434734	151989	1829003
海　南	Hainan	8869797	795757	8992955	417844	147560
重　庆	Chongqing	23985467	344140	25565809	433306	1322865
四　川	Sichuan	30172703	434787	31334103	246867	1542424
贵　州	Guizhou	7551956	596911	8841508	1151077	445106
云　南	Yunnan	25293304	678551	28026821	208598	1825112
西　藏	Tibet					
陕　西	Shaanxi	35704335	152278	37586408	336580	1494575
甘　肃	Gansu	19150308		20924008	10654	1430324
青　海	Qinghai	6836027		7576838	46066	366177
宁　夏	Ningxia	6023760	17697	5970781	27028	298378
新　疆	Xinjiang	31760723	8017714	32419057	180011	1363903

3-2-4 续表 6 Continued 6

机械设备、五金产品及电子产品批发 单位：万元
Wholesale of Machinery, Hardware and Electronics Unit: 10000 yuan

地区	Region	商品购进额 Total Purchases Value	#进口 Imports	商品销售额 Total Sales Value	#出口 Exports	期末商品库存额 Inventery (year-end)
全国	**National Total**	**366650540**	**83285007**	**421686425**	**43524795**	**33456491**
北京	Beijing	96504431	30271757	111014642	6945035	11939151
天津	Tianjin	24131673	5864721	24263598	382615	2495558
河北	Hebei	6916000	29343	7168020	193118	496248
山西	Shanxi	3919016	41048	3965066	6572	119628
内蒙古	Inner Mongolia	624009		673997	26453	97549
辽宁	Liaoning	6521625	711249	7340536	609029	739799
吉林	Jilin	1690646	18812	1836639	1232	88734
黑龙江	Heilongjiang	1438863	89662	1505290	202936	152976
上海	Shanghai	86567164	32693224	117010968	8165568	6376257
江苏	Jiangsu	20976603	2782388	23465709	4822791	1619781
浙江	Zhejiang	20410415	887108	21669118	7325580	1124626
安徽	Anhui	3663780	200418	3825591	253485	317920
福建	Fujian	6101767	1094671	6657481	876197	667129
江西	Jiangxi	791456	4597	812271	230032	139961
山东	Shandong	15262888	1307010	15585874	2844306	748091
河南	Henan	3905261	27797	4006891	128810	284628
湖北	Hubei	4149272	396490	4616846	185871	461352
湖南	Hunan	1395954	73826	1487681	65045	145592
广东	Guangdong	38589879	6054121	40426707	7589356	3471145
广西	Guangxi	1368040	18710	1490040	82957	183903
海南	Hainan	1088192	231	1203870	21450	54818
重庆	Chongqing	6265635	416255	6664500	879571	322349
四川	Sichuan	5671020	205415	5814398	320503	528895
贵州	Guizhou	981590	5487	1005056	53932	74491
云南	Yunnan	1645389	38216	1670188	415377	237069
西藏	Tibet	33190		35904		4116
陕西	Shaanxi	1995314	33188	2120134	534841	154442
甘肃	Gansu	496693	73	523841	35604	60654
青海	Qinghai	492838		597645		17164
宁夏	Ningxia	235920	3417	248768	1872	61560
新疆	Xinjiang	2816018	15774	2979159	324657	270906

3-2-4 续表 7 Continued 7

贸易经纪与代理

Trade Broker and Agency

单位：万元

Unit: 10000 yuan

地 区	Region	商品购进额 Total Purchases Value	#进口 Imports	商品销售额 Total Sales Value	#出口 Exports	期末商品库存额 Inventery (year-end)
全 国	**National Total**	**36832373**	**6039885**	**40354985**	**10757059**	**2326111**
北 京	Beijing	3485166	1312436	3854141	838432	276648
天 津	Tianjin	2491317	105094	2738972	324683	263581
河 北	Hebei	18847	1165	57758	56255	57
山 西	Shanxi	235884	152414	244608	19466	32509
内蒙古	Inner Mongolia	2261		2005		256
辽 宁	Liaoning	204139	18008	220340	27719	56331
吉 林	Jilin	2544		2536		131
黑龙江	Heilongjiang	37699	1250	40174	16295	262
上 海	Shanghai	5994949	1927563	7115608	2007619	604936
江 苏	Jiangsu	2054783	199964	2108523	871183	96961
浙 江	Zhejiang	992975	144237	1083734	883817	16400
安 徽	Anhui	81225	17060	77078	66290	5774
福 建	Fujian	1624482	66040	1767625	998532	88697
江 西	Jiangxi	4431		4631		54
山 东	Shandong	1623522	788416	1756230	307137	169079
河 南	Henan	18327		18345	8870	711
湖 北	Hubei	8256512	194263	8719442	400736	174362
湖 南	Hunan	27726	11204	30349	12265	1874
广 东	Guangdong	8024388	954270	8790031	3280941	463140
广 西	Guangxi	214756	1338	214168	131215	7704
海 南	Hainan					
重 庆	Chongqing					
四 川	Sichuan	62070	732	62298	30845	5550
贵 州	Guizhou					
云 南	Yunnan	1261765	140481	1316801	418871	54958
西 藏	Tibet					
陕 西	Shaanxi	34108	1395	30664	21067	3452
甘 肃	Gansu					
青 海	Qinghai	233	233	10913	10913	2
宁 夏	Ningxia					
新 疆	Xinjiang	78261	2322	88012	23906	2682

3-2-4 续表 8 Continued 8

其他批发业

Other Wholesale not Classified Elsewhere

单位：万元

Unit: 10000 yuan

地　区	Region	商品购进额 Total Purchases Value	#进口 Imports	商品销售额 Total Sales Value	#出口 Exports	期末商品库存额 Inventery (year-end)
全　国	**National Total**	**66067371**	**12404912**	**71355347**	**11246375**	**5082960**
北　京	Beijing	3997945	699148	4384877	723319	1151754
天　津	Tianjin	7847250	222379	8560264	263783	368521
河　北	Hebei	111486		120820	5446	7055
山　西	Shanxi	168830		181340		8182
内蒙古	Inner Mongolia	79654	4447	92467	5727	1808
辽　宁	Liaoning	531664	43696	585025	22023	27368
吉　林	Jilin	45090		46416	8188	6653
黑龙江	Heilongjiang	497925	57148	510077		28748
上　海	Shanghai	11426141	2674153	13257645	1615953	1251079
江　苏	Jiangsu	7569122	316381	8065767	383964	299359
浙　江	Zhejiang	5054208	679779	5431353	466642	272542
安　徽	Anhui	2182075		2349571	9458	73674
福　建	Fujian	5036961	1015446	5173724	607092	350211
江　西	Jiangxi	373977	2610	397540	103695	15441
山　东	Shandong	3067484	272637	3284252	144998	141744
河　南	Henan	845802	5166	918236	50324	69146
湖　北	Hubei	471424		472626		43811
湖　南	Hunan	656776	30361	788052	12296	52729
广　东	Guangdong	11553038	6325287	12068696	6479686	497482
广　西	Guangxi	289669	14260	300900	35947	17433
海　南	Hainan	294447	1772	306306	8287	31839
重　庆	Chongqing	890745	5144	946327		37529
四　川	Sichuan	783887	200	810102	3637	108502
贵　州	Guizhou	70758		74487		5757
云　南	Yunnan	1668784	2448	1612360	284914	166276
西　藏	Tibet					
陕　西	Shaanxi	87885		97230		3135
甘　肃	Gansu	96565		98680		4869
青　海	Qinghai	6176		6737		873
宁　夏	Ningxia	119325	32451	127951		15261
新　疆	Xinjiang	242280		285519	11001	24181

3-2-5 各地区限额以上零售业企业商品购、销、存情况

Total Purchases, Sales and Inventory of Enterprises above Designated Size of Retail Trade by Region

单位：万元

Unit: 10000 yuan

地区	Region	商品购进额 Total Purchases Value	#进口 Imports	商品销售额 Total Sales Value	#出口 Exports	期末商品库存额 Inventery (year-end)
全国	**National Total**	**740279614**	**22360041**	**834413296**	**649972**	**77353605**
北京	Beijing	63081463	2475955	69908621	26879	6341754
天津	Tianjin	18555629	647890	20134592	38173	1891728
河北	Hebei	18005677	158956	19226429	940	2016059
山西	Shanxi	17408780	268922	19717173	3501	1814126
内蒙古	Inner Mongolia	13690142	306058	14876022	5461	1330734
辽宁	Liaoning	27913493	1266110	32266862	11801	2664926
吉林	Jilin	10669835	40110	13617973	382	1057399
黑龙江	Heilongjiang	10900900	61296	12265890	837	1192596
上海	Shanghai	40401400	2340845	52179622	119485	6436761
江苏	Jiangsu	66110825	1491399	72962713	24092	6110508
浙江	Zhejiang	51436996	3033328	56828954	50135	5311042
安徽	Anhui	23052787	198049	24234071	5137	2520832
福建	Fujian	24884220	694355	30301709	30245	2254331
江西	Jiangxi	9525376	110680	10004034	120	1006746
山东	Shandong	70612821	832284	75807289	28684	5803760
河南	Henan	27593698	627026	30170674	11862	2746933
湖北	Hubei	35007074	651477	38654782	13604	3372046
湖南	Hunan	20452657	401506	28205447		1741631
广东	Guangdong	65206381	3265247	76525847	191735	7705918
广西	Guangxi	8981722	294769	9600410	383	1007552
海南	Hainan	4404432	243342	4702239	5968	481857
重庆	Chongqing	21692091	656585	22776745	1510	2291133
四川	Sichuan	33722990	1128745	36931895	39018	4114778
贵州	Guizhou	7640896	358042	8988187		768891
云南	Yunnan	13988351	286242	15067857	33836	1860656
西藏	Tibet	741459	48871	914897	234	93324
陕西	Shaanxi	17404274	282090	18874723	792	1546109
甘肃	Gansu	6120393	65793	6808943	5160	627490
青海	Qinghai	1201427		1265964		123272
宁夏	Ningxia	3292986	42335	3394794		354133
新疆	Xinjiang	6578439	81737	7197941		764580

3-2-5 续表 Continued

国有控股
State-controlled Enterprises

单位：万元
Unit: 10000 yuan

地区	Region	商品购进额 Total Purchases Value	#进口 Imports	商品销售额 Total Sales Value	#出口 Exports	期末商品库存额 Inventery (year-end)
全国	**National Total**	**160129481**	**1709471**	**199006498**	**116268**	**11477065**
北京	Beijing	19297870	646572	21219401	5065	1755448
天津	Tianjin	7388956	20470	8020116	118	364195
河北	Hebei	1475648		1741781		143611
山西	Shanxi	4946189	890	6767452		331945
内蒙古	Inner Mongolia	5613308	1987	6294205		246865
辽宁	Liaoning	7214915	3021	8621491	1454	443893
吉林	Jilin	1798429		4222387		235208
黑龙江	Heilongjiang	1717947	2527	1846454		217711
上海	Shanghai	8759631	37152	10271622	3594	841730
江苏	Jiangsu	6433791	2779	6999245		527203
浙江	Zhejiang	8480640	204152	10467651	8404	529967
安徽	Anhui	6055787		6946953		344351
福建	Fujian	5885236	12842	9564917	2617	255687
江西	Jiangxi	2030642	255	2070075	120	143665
山东	Shandong	6479265	1651	8773497		347231
河南	Henan	4302855	58036	4952115	222	223457
湖北	Hubei	11693122	20304	13567384		955059
湖南	Hunan	3418709	49191	10693995		191441
广东	Guangdong	13721476	194699	19362381	55744	1116106
广西	Guangxi	1311824	4034	1434738	153	114458
海南	Hainan	2052492	127209	2235556		155984
重庆	Chongqing	6413234	254321	6642906	42	506374
四川	Sichuan	9163005	15563	9744542	36314	595167
贵州	Guizhou	2561909		3755347		144778
云南	Yunnan	3545310	4203	3611691	2421	161597
西藏	Tibet	419130	46405	527421		16172
陕西	Shaanxi	2011867		2057756		212183
甘肃	Gansu	2485817	1208	2846650		87938
青海	Qinghai	317517		315349		7498
宁夏	Ningxia	869748		900763		39482
新疆	Xinjiang	2263214		2530659		220662

3-2-6 各地区限额以上零售业企业商品购、销、存情况（按登记注册类型分）

Total Purchases, Sales and Inventory of Enterprises above Designated Size of Retail Trade by Region and Type of Registration

内资企业

Domestic Funded Enterprises

地区	Region	商品购进额 Total Purchases Value	#进口 Imports	商品销售额 Total Sales Value	#出口 Exports	期末商品库存额 Inventery (year-end)
全国	**National Total**	**651463499**	**16858377**	**727556792**	**509682**	**67431725**
北京	Beijing	53092463	1848775	57548904	26725	5335874
天津	Tianjin	16309936	624842	17593606	17183	1663428
河北	Hebei	17761676	130593	18929596	940	1992510
山西	Shanxi	17141685	206208	19422392	3501	1787794
内蒙古	Inner Mongolia	13512048	306058	14700337	5461	1315314
辽宁	Liaoning	25652616	622780	29503135	11801	2424148
吉林	Jilin	10383757	35975	13320278	382	1026698
黑龙江	Heilongjiang	10295956	57381	11494580	409	1131511
上海	Shanghai	25550332	546051	34128445	19732	3619560
江苏	Jiangsu	54158668	1404413	59042299	24092	4977899
浙江	Zhejiang	44485689	2544559	49095702	47490	4798971
安徽	Anhui	21661184	197989	22825758	5137	2371241
福建	Fujian	21373138	579471	23479401	29136	2010676
江西	Jiangxi	8969540	110680	9398505	120	959862
山东	Shandong	67509490	727322	72331722	28684	5510136
河南	Henan	26289653	595460	28376927	11862	2635593
湖北	Hubei	32702772	651477	36017556	13604	3183419
湖南	Hunan	19171433	401506	27174675		1630450
广东	Guangdong	51225361	2035605	59955170	176596	6144236
广西	Guangxi	8475763	213710	8994993	383	962681
海南	Hainan	4148372	240411	4451287	5896	445767
重庆	Chongqing	19095352	655733	19863529	1510	2081800
四川	Sichuan	30746213	1124033	33105111	39018	3780615
贵州	Guizhou	7169031	309555	8472241		723652
云南	Yunnan	12487232	286242	13503941	33836	1654811
西藏	Tibet	738093	48871	910506	234	93067
陕西	Shaanxi	14592332	199060	15835958	792	1336980
甘肃	Gansu	6011225	57036	6685934	5160	621184
青海	Qinghai	1183821		1246995		120134
宁夏	Ningxia	3290122	42335	3389704		354133
新疆	Xinjiang	6278548	54247	6757607		737584

3-2-6 续表 1 Continued 1

国有企业 单位：万元
State-owned Enterprises Unit: 10000 yuan

地 区	Region	商品购进额 Total Purchases Value	#进口 Imports	商品销售额 Total Sales Value	#出口 Exports	期末商品库存额 Inventery (year-end)
全 国	**National Total**	**53376609**	**483606**	**60635868**	**59860**	**3595088**
北 京	Beijing	1151653	171624	1271411	4672	148373
天 津	Tianjin	5421645	3382	5705421	118	253836
河 北	Hebei	467414		600006		49176
山 西	Shanxi	2495132	890	3060560		138767
内蒙古	Inner Mongolia	4578069		5106330		207769
辽 宁	Liaoning	2077241		2235997		138453
吉 林	Jilin	210403		207634		14787
黑龙江	Heilongjiang	524930		553790		40996
上 海	Shanghai	2629255	14400	3271952	1275	167460
江 苏	Jiangsu	1404410	2472	1528708		230569
浙 江	Zhejiang	1170543	51002	1245561		110449
安 徽	Anhui	1684622		1791101		61254
福 建	Fujian	1285298	1762	1711361	622	57754
江 西	Jiangxi	433971		424512		17776
山 东	Shandong	2273602	1651	2690337		190000
河 南	Henan	1613562	1972	1688864	222	107900
湖 北	Hubei	3809777	20304	4354390		152902
湖 南	Hunan	1349759	17304	3219731		96361
广 东	Guangdong	5209188	139193	5805807	52909	451840
广 西	Guangxi	343198	1065	351191		31590
海 南	Hainan	553569		568189		38258
重 庆	Chongqing	1618630	42	1583875	42	183747
四 川	Sichuan	4994832	8932	4822454		289974
贵 州	Guizhou	874640		1429806		61835
云 南	Yunnan	2356933		2398512		87167
西 藏	Tibet	379270	46405	487613		15546
陕 西	Shaanxi	810914		762415		124634
甘 肃	Gansu	969515	1208	1063463		51047
青 海	Qinghai	316495		314338		7333
宁 夏	Ningxia	50392		53057		6233
新 疆	Xinjiang	317750		327482		61305

3-2-6 续表 2 Continued 2

集体企业 单位：万元

Collective-owned Enterprises Unit: 10000 yuan

地 区	Region	商品购进额 Total Purchases Value	#进 口 Imports	商品销售额 Total Sales Value	#出 口 Exports	期末商品库存额 Inventery (year-end)
全 国	**National Total**	**13439466**	**17755**	**14447433**	**1085**	**822615**
北 京	Beijing	526521	2922	541861		38726
天 津	Tianjin	160638		173578		5671
河 北	Hebei	617105		633079		27530
山 西	Shanxi	538261	4000	565767		27535
内蒙古	Inner Mongolia	80537		81727		8965
辽 宁	Liaoning	233046		260160		19595
吉 林	Jilin	171297		169067		10380
黑龙江	Heilongjiang	115077		124266		21270
上 海	Shanghai	249018		266389		15174
江 苏	Jiangsu	753368		802701		39943
浙 江	Zhejiang	495205	157	575769		39365
安 徽	Anhui	186955		200612		9824
福 建	Fujian	181663		196586		11371
江 西	Jiangxi	63372		64124		2158
山 东	Shandong	3658849	200	3793956		156501
河 南	Henan	1563759	3810	1626088		94001
湖 北	Hubei	1068078		1382189		155635
湖 南	Hunan	285314		285212		15662
广 东	Guangdong	1145415	6666	1302761	1085	43957
广 西	Guangxi	180624		181883		16146
海 南	Hainan	3494		3505		35
重 庆	Chongqing	41680		43650		1444
四 川	Sichuan	297000		309090		17055
贵 州	Guizhou	39709		36282		4814
云 南	Yunnan	255359		292771		10570
西 藏	Tibet	764		764		
陕 西	Shaanxi	424829		421835		19782
甘 肃	Gansu	92618		101797		8301
青 海	Qinghai					
宁 夏	Ningxia	2884		2959		
新 疆	Xinjiang	7030		7004		1204

3-2-6 续表 3 Continued 3

股份合作企业　　单位：万元
Cooperative Enterprises　　Unit: 10000 yuan

地区	Region	商品购进额 Total Purchases Value	#进口 Imports	商品销售额 Total Sales Value	#出口 Exports	期末商品库存额 Inventery (year-end)
全国	**National Total**	**4713840**	**18329**	**5349098**	**100**	**332404**
北京	Beijing	295996	1318	324769		17698
天津	Tianjin	556648		687193		7291
河北	Hebei	260267		264392		48652
山西	Shanxi	26368		26586		953
内蒙古	Inner Mongolia	7830		8392		1252
辽宁	Liaoning	156333		158957		19001
吉林	Jilin	43010		44798		6024
黑龙江	Heilongjiang	51469		55881		6794
上海	Shanghai	63632		67570		4097
江苏	Jiangsu	533662	63	586547		32551
浙江	Zhejiang	51690		51807		4958
安徽	Anhui	188616		193174		11345
福建	Fujian	21471	1023	23508		5727
江西	Jiangxi	54874		58899		6258
山东	Shandong	849013		861985		40815
河南	Henan	141862	5658	168851	100	9913
湖北	Hubei	113800		122839		13035
湖南	Hunan	139814	2	162895		21055
广东	Guangdong	274933	4262	394631		13309
广西	Guangxi	32793		38193		4136
海南	Hainan					
重庆	Chongqing	120340		150709		9203
四川	Sichuan	124734	6003	134096		5701
贵州	Guizhou	328267		460795		21385
云南	Yunnan	181148		202859		13715
西藏	Tibet					
陕西	Shaanxi	56142		56767		2877
甘肃	Gansu	30462		29624		2135
青海	Qinghai	812		888		832
宁夏	Ningxia	7564		9977		1630
新疆	Xinjiang	292		1519		63

3-2-6 续表 4 Continued 4

联营企业 单位：万元
Joint Ownership Enterprises Unit: 10000 yuan

地 区	Region	商品购进额 Total Purchases Value	#进口 Imports	商品销售额 Total Sales Value	#出口 Exports	期末商品库存额 Inventery (year-end)
全 国	**National Total**	**2194873**	**20705**	**2377710**		**144784**
北 京	Beijing	54158		59337		15581
天 津	Tianjin	88368		81119		12391
河 北	Hebei	28923		48998		5708
山 西	Shanxi	16521		17011		1342
内蒙古	Inner Mongolia					
辽 宁	Liaoning	63434		73175		2735
吉 林	Jilin					
黑龙江	Heilongjiang	111403		110313		1748
上 海	Shanghai	289115	11562	340260		18815
江 苏	Jiangsu	167988		181552		10762
浙 江	Zhejiang	193819		201681		1436
安 徽	Anhui	22452		23888		1232
福 建	Fujian	78725		85954		797
江 西	Jiangxi	1801		1976		57
山 东	Shandong	146412		142571		6950
河 南	Henan	136751		142043		8776
湖 北	Hubei	68314		68990		3118
湖 南	Hunan	12819		13280		578
广 东	Guangdong	286738	4946	342916		20978
广 西	Guangxi					
海 南	Hainan					
重 庆	Chongqing	160451	4197	172849		9921
四 川	Sichuan	210044		221276		7777
贵 州	Guizhou	26506		15675		11810
云 南	Yunnan	12758		15245		2035
西 藏	Tibet					
陕 西	Shaanxi	17374		17601		238
甘 肃	Gansu					
青 海	Qinghai					
宁 夏	Ningxia					
新 疆	Xinjiang					

3-2-6 续表 5 Continued 5

有限责任公司
Limited Liability Corporations

单位：万元
Unit: 10000 yuan

地区	Region	商品购进额 Total Purchases Value	#进口 Imports	商品销售额 Total Sales Value	#出口 Exports	期末商品库存额 Inventery (year-end)
全国	**National Total**	**247085161**	**8293571**	**269096317**	**141968**	**28035022**
北京	Beijing	30302192	1237900	32065384	535	2747990
天津	Tianjin	5197248	71278	5522513	4550	673979
河北	Hebei	7352049	97778	8031661	599	896739
山西	Shanxi	2496614	96843	2857731		296711
内蒙古	Inner Mongolia	4010821	159109	4342115	1591	448017
辽宁	Liaoning	7262839	228589	8838984	1858	824110
吉林	Jilin	3816444	17135	3966209	75	349762
黑龙江	Heilongjiang	3626007	51962	4106767		426636
上海	Shanghai	10797967	206463	14227635		1262763
江苏	Jiangsu	16821508	334772	18396757	20468	1526404
浙江	Zhejiang	17057754	927800	18705032	11798	1831828
安徽	Anhui	8295656	81177	8541049		1180846
福建	Fujian	8904789	296582	9505962	4466	952880
江西	Jiangxi	4195714	104618	4379848		530398
山东	Shandong	22280073	227782	23213768	10362	2088051
河南	Henan	9971909	330725	10864338	5901	1261824
湖北	Hubei	11302060	223138	12025737	6186	1181307
湖南	Hunan	5325744	84925	5888033		438853
广东	Guangdong	22140760	1246346	24542622	23727	3199938
广西	Guangxi	3656406	171961	3923040	153	406953
海南	Hainan	1964730	202033	2151095	5896	267957
重庆	Chongqing	8837977	502925	8991478	926	1437273
四川	Sichuan	11153579	954575	12032723	36812	1201113
贵州	Guizhou	3325487	243369	3416654		417477
云南	Yunnan	3486448	64584	4033088	5189	527891
西藏	Tibet	178587	1276	245977	134	48334
陕西	Shaanxi	7771721	88663	8577444	742	813665
甘肃	Gansu	1681866	32136	1679410		300080
青海	Qinghai	483925		525599		65701
宁夏	Ningxia	1112380		1130322		128132
新疆	Xinjiang	2273911	7132	2367344		301411

3-2-6 续表 6 Continued 6

股份有限公司 Share-holding Corporations Ltd.

单位：万元 Unit: 10000 yuan

地 区	Region	商品购进额 Total Purchases Value	#进口 Imports	商品销售额 Total Sales Value	#出口 Exports	期末商品库存额 Inventery (year-end)
全 国	**National Total**	**90701671**	**408033**	**117732581**	**23381**	**7192612**
北 京	Beijing	10355086	53586	11756263		923442
天 津	Tianjin	273812		343113		17022
河 北	Hebei	3463391		3580224		226416
山 西	Shanxi	1782200		2954980		106848
内蒙古	Inner Mongolia	1108972	40360	1343965		84556
辽 宁	Liaoning	5348694		6469114	3352	305930
吉 林	Jilin	2169235		4762497		206106
黑龙江	Heilongjiang	2233216	2527	2635838		219650
上 海	Shanghai	1724288		2013863		368193
江 苏	Jiangsu	4714402	1140	5744423	475	323746
浙 江	Zhejiang	5018962	56008	6977254	15516	333830
安 徽	Anhui	3587420	61911	4069125		181726
福 建	Fujian	2734478		3107022		170474
江 西	Jiangxi	1376990	255	1556110	120	90431
山 东	Shandong	9991313	16534	12240608		631602
河 南	Henan	3451271	3350	4031146	542	210260
湖 北	Hubei	7667063	475	8903276		745756
湖 南	Hunan	2047762	77158	7164465		214328
广 东	Guangdong	5646573	17525	9854913	2835	286128
广 西	Guangxi	1475830	625	1531570		121183
海 南	Hainan	1367905		1460872		91745
重 庆	Chongqing	1566417	959	1824004	541	57511
四 川	Sichuan	3852631	26086	4443836		986623
贵 州	Guizhou	1200535		1696297		41979
云 南	Yunnan	1059222	162	1084907		37900
西 藏	Tibet	48345		45045		3902
陕 西	Shaanxi	1629972	43225	1758650		100712
甘 肃	Gansu	1724376		2065218		28026
青 海	Qinghai	34385		32778		3357
宁 夏	Ningxia	1052695		1103711		34695
新 疆	Xinjiang	994228	6149	1177498		38537

3-2-6 续表 7 Continued 7

私营企业
Private Enterprises

单位：万元
Unit: 10000 yuan

地　区	Region	商品购进额 Total Purchases Value	#进口 Imports	商品销售额 Total Sales Value	#出口 Exports	期末商品库存额 Inventery (year-end)
全　国	**National Total**	**222335175**	**6740318**	**239081281**	**266670**	**25343259**
北　京	Beijing	10406858	381426	11529879	21519	1444065
天　津	Tianjin	4165419	528305	4560558	9077	647358
河　北	Hebei	5214648	32815	5370610		691465
山　西	Shanxi	9521473	104475	9657269	3501	1169657
内蒙古	Inner Mongolia	3178369	90023	3229342	3870	473585
辽　宁	Liaoning	10230405	393814	11161851	6590	1088475
吉　林	Jilin	3479278	4574	3665699		370538
黑龙江	Heilongjiang	3038078	310	3167154	409	344811
上　海	Shanghai	9643082	301292	13740395	18457	1764842
江　苏	Jiangsu	28871905	976205	30830904	3149	2727251
浙　江	Zhejiang	20335347	1509593	21177589	20176	2464376
安　徽	Anhui	6986301	54901	7221369	4493	849356
福　建	Fujian	7052497	159835	7627222	19960	705061
江　西	Jiangxi	2655812	5806	2729267		292283
山　东	Shandong	24330617	282121	25259516	17027	1880901
河　南	Henan	9004737	249691	9411791	5096	901156
湖　北	Hubei	7788180	405890	8226293	6897	873133
湖　南	Hunan	9369007	216237	9742597		778014
广　东	Guangdong	15320241	614818	16410978	90574	1972387
广　西	Guangxi	2566791	40060	2747611	230	358280
海　南	Hainan	230792	33429	240310		40190
重　庆	Chongqing	6034198	49482	6345334	1	328914
四　川	Sichuan	9082511	128020	10041644	2206	1143777
贵　州	Guizhou	1200671	3184	1250812		142850
云　南	Yunnan	4208780	59578	4536340	28128	865805
西　藏	Tibet	76902	1191	76515	100	16743
陕　西	Shaanxi	3008192	10490	3359325	50	245038
甘　肃	Gansu	1314840	19453	1513850	5160	211509
青　海	Qinghai	310858		327810		40056
宁　夏	Ningxia	1041979	42335	1065173		178089
新　疆	Xinjiang	2666409	40966	2856276		333295

3-2-6 续表 8 Continued 8

其他企业
Other Enterprises

单位：万元
Unit: 10000 yuan

地 区	Region	商品购进额 Total Purchases Value	#进口 Imports	商品销售额 Total Sales Value	#出口 Exports	期末商品库存额 Inventery (year-end)
全 国	**National Total**	**17616706**	**876061**	**18836505**	**16618**	**1965942**
北 京	Beijing					
天 津	Tianjin	446158	21878	520112	3437	45880
河 北	Hebei	357880		400626	341	46823
山 西	Shanxi	265116		282489		45981
内蒙古	Inner Mongolia	547450	16566	588466		91171
辽 宁	Liaoning	280625	377	304896		25850
吉 林	Jilin	494091	14267	504375	307	69100
黑龙江	Heilongjiang	595777	2582	740572		69607
上 海	Shanghai	153975	12334	200380		18216
江 苏	Jiangsu	891425	89762	970709		86673
浙 江	Zhejiang	162369		161008		12730
安 徽	Anhui	709164		785439	645	75660
福 建	Fujian	1114217	120269	1221787	4087	106612
江 西	Jiangxi	187006		183770		20502
山 东	Shandong	3979613	199034	4128982	1296	515315
河 南	Henan	405803	255	443806		41762
湖 北	Hubei	885500	1671	933844	521	58534
湖 南	Hunan	641216	5880	698463		65600
广 东	Guangdong	1201512	1849	1300541	5466	155700
广 西	Guangxi	220121		221504		24393
海 南	Hainan	27882	4950	27317		7581
重 庆	Chongqing	715660	98128	751630		53786
四 川	Sichuan	1030883	419	1099992		128597
贵 州	Guizhou	173215	63003	165920		21501
云 南	Yunnan	926584	161918	940218	519	109729
西 藏	Tibet	54226		54594		8542
陕 西	Shaanxi	873189	56682	881921		30033
甘 肃	Gansu	197549	4239	232572		20086
青 海	Qinghai	37347		45582		2854
宁 夏	Ningxia	22228		24505		5355
新 疆	Xinjiang	18928		20485		1767

3-2-6 续表 9 Continued 9

港、澳、台商投资企业

Enterprises with Funds from Hong Kong, Macao and Taiwan

单位：万元

Unit: 10000 yuan

地 区	Region	商品购进额 Total Purchases Value	#进 口 Imports	商品销售额 Total Sales Value	#出 口 Exports	期末商品库存额 Inventery (year-end)
全 国	**National Total**	**41406851**	**3810152**	**49364418**	**115441**	**5074991**
北 京	Beijing	3105840	235626	3685622		287065
天 津	Tianjin	1282307	11998	1410853	3638	121168
河 北	Hebei	19202		17611		1592
山 西	Shanxi	217993	62713	239157		21459
内 蒙 古	Inner Mongolia	178095		175685		15420
辽 宁	Liaoning	1118357	575035	1543842		109091
吉 林	Jilin	91752		102584		11199
黑 龙 江	Heilongjiang	291813	3914	429539	428	28681
上 海	Shanghai	7991197	1286935	10135160	93591	1447822
江 苏	Jiangsu	5083514	68530	6525569		640938
浙 江	Zhejiang	2881301	142460	3290680	2646	203307
安 徽	Anhui	559564	60	589320		39853
福 建	Fujian	1239070	102563	1269574		86588
江 西	Jiangxi	305170		296553		16029
山 东	Shandong	1260146	31415	1372981		198044
河 南	Henan	828897		1224192		54872
湖 北	Hubei	1099168		1238940		93728
湖 南	Hunan	801842		513390		82395
广 东	Guangdong	6423178	1091665	8003697	15139	929235
广 西	Guangxi	481362	81058	579502		40127
海 南	Hainan	48779	1329	54535		4612
重 庆	Chongqing	2138854	852	2321399		170504
四 川	Sichuan	1091624	50	1326362		153754
贵 州	Guizhou	237821	48487	260939		16968
云 南	Yunnan	833653		768558		132118
西 藏	Tibet					
陕 西	Shaanxi	1535649	29215	1689818		144151
甘 肃	Gansu	93116	8757	103651		5831
青 海	Qinghai	17606		18969		3138
宁 夏	Ningxia					
新 疆	Xinjiang	149981	27491	175737		15302

3-2-6 续表 10 Continued 10

外商投资企业 单位：万元

Foreign Funded Enterprises Unit: 10000 yuan

地 区	Region	商品购进额 Total Purchases Value	#进口 Imports	商品销售额 Total Sales Value	#出口 Exports	期末商品库存额 Inventery (year-end)
全 国	**National Total**	**47409265**	**1691511**	**57492086**	**24850**	**4846889**
北 京	Beijing	6883160	391554	8674095	154	718815
天 津	Tianjin	963385	11050	1130134	17353	107132
河 北	Hebei	224799	28363	279222		21958
山 西	Shanxi	49101		55623		4873
内 蒙 古	Inner Mongolia					
辽 宁	Liaoning	1142520	68295	1219886		131688
吉 林	Jilin	194326	4135	195111		19503
黑 龙 江	Heilongjiang	313131		341771		32405
上 海	Shanghai	6859871	507859	7916018	6163	1369380
江 苏	Jiangsu	6868643	18456	7394846		491671
浙 江	Zhejiang	4070007	346309	4442572		308763
安 徽	Anhui	832039		818994		109737
福 建	Fujian	2272012	12321	5552734	1109	157066
江 西	Jiangxi	250666		308975		30856
山 东	Shandong	1843185	73547	2102587		95579
河 南	Henan	475148	31566	569555		56468
湖 北	Hubei	1205134		1398285		94899
湖 南	Hunan	479382		517381		28786
广 东	Guangdong	7557843	137977	8566980		632447
广 西	Guangxi	24598		25915		4745
海 南	Hainan	207281	1602	196417	72	31478
重 庆	Chongqing	457885		591817		38829
四 川	Sichuan	1885153	4662	2500422		180409
贵 州	Guizhou	234044		255007		28272
云 南	Yunnan	667466		795358		73727
西 藏	Tibet	3366		4391		258
陕 西	Shaanxi	1276293	53815	1348947		64978
甘 肃	Gansu	16052		19359		475
青 海	Qinghai					
宁 夏	Ningxia	2864		5090		
新 疆	Xinjiang	149911		264597		11694

3-2-7 各地区限额以上零售业企业商品购、销、存情况（按国民经济行业分）

Total Purchases, Sales and Inventory of Enterprises above Designated Size of Retail Trade by Region and Sector

综合零售 单位：万元
Integrated Retail Unit: 10000 yuan

地　区	Region	商品购进额 Total Purchases Value	#进口 Imports	商品销售额 Total Sales Value	#出口 Exports	期末商品库存额 Inventory (year-end)
全　国	**National Total**	**185106331**	**1421034**	**216455438**	**54699**	**19637094**
北　京	Beijing	14418400	413806	17272846	230	1504031
天　津	Tianjin	3389913	828	3982852		273829
河　北	Hebei	7524564	246	8378008	599	717039
山　西	Shanxi	2317193	2090	2616119		232720
内蒙古	Inner Mongolia	1645098	5984	1851701		181448
辽　宁	Liaoning	7069291	274134	9736007	3352	719978
吉　林	Jilin	2579066		5213610		270638
黑龙江	Heilongjiang	3704008	5891	4597254		279821
上　海	Shanghai	11859098	193322	14714863		1427855
江　苏	Jiangsu	18055506	9217	21848491	6980	1638845
浙　江	Zhejiang	10569441	18657	12722410	8404	1032402
安　徽	Anhui	7667385	8152	7658501		1185522
福　建	Fujian	4681045	19280	5218408	622	410953
江　西	Jiangxi	1887539	80	2188205		201776
山　东	Shandong	23552878	44448	25170176	2234	1674496
河　南	Henan	6736506	7038	7726768	542	739829
湖　北	Hubei	12484062	534	13823958	632	1404820
湖　南	Hunan	5953393	4	5938997		554201
广　东	Guangdong	13158774	293795	16340293	1336	1317406
广　西	Guangxi	2352102	3634	2699682		205785
海　南	Hainan	451885	1953	452272		78000
重　庆	Chongqing	5732993	6813	6283570	1	988819
四　川	Sichuan	6355867	15127	7439791	1431	1361232
贵　州	Guizhou	1107726		1117746		107268
云　南	Yunnan	2112206	22328	2631826	27535	306518
西　藏	Tibet	33380	1000	56122	100	47160
陕　西	Shaanxi	4517769	67856	5079309	700	381132
甘　肃	Gansu	1027200	4818	1283382		209672
青　海	Qinghai	200277		241221		22081
宁　夏	Ningxia	788822		757832		82808
新　疆	Xinjiang	1172945	1	1413218		79013

3-2-7 续表 1 Continued 1

食品、饮料及烟草制品专门零售 单位：万元

Special Retail of Food, Beverages and Tobaccos Unit: 10000 yuan

地 区	Region	商品购进额 Total Purchases Value	#进 口 Imports	商品销售额 Total Sales Value	#出 口 Exports	期末商品库存额 Inventery (year-end)
全 国	**National Total**	**21808112**	**116296**	**24052982**	**55827**	**2252972**
北 京	Beijing	563847	13182	774694		135849
天 津	Tianjin	277458	1832	328561		34795
河 北	Hebei	86673		90110		16500
山 西	Shanxi	422245	4087	473313	33	44457
内蒙古	Inner Mongolia	127602	100	127596		20795
辽 宁	Liaoning	347563	8474	379063		37928
吉 林	Jilin	397072		413103		35842
黑龙江	Heilongjiang	131286		137417		10635
上 海	Shanghai	4447834	109	4508054		204825
江 苏	Jiangsu	1604151	3621	1795099		171880
浙 江	Zhejiang	527433		636637		67440
安 徽	Anhui	574171	652	618209		57863
福 建	Fujian	1201419	13992	1339363	1940	146519
江 西	Jiangxi	217858		267410		19220
山 东	Shandong	2364682	3395	2444295	9100	142448
河 南	Henan	721707	20	825889	652	142491
湖 北	Hubei	2592384	5538	3005374	521	141610
湖 南	Hunan	614911	2486	679441		66740
广 东	Guangdong	1050564	41995	1395858	168	217567
广 西	Guangxi	81525	3594	147454	153	22197
海 南	Hainan	26371		25564		8349
重 庆	Chongqing	820261	525	848701	378	55294
四 川	Sichuan	1093217	6741	1102413	36387	198146
贵 州	Guizhou	249930	4	323721		36848
云 南	Yunnan	643396	1435	678803	2632	99382
西 藏	Tibet	33397		41542		3462
陕 西	Shaanxi	395150	1359	445149		71749
甘 肃	Gansu	167186	3157	174974	3863	33756
青 海	Qinghai	4029		4811		16
宁 夏	Ningxia	4020		4299		310
新 疆	Xinjiang	18772		16065		8059

3-2-7 续表 2 Continued 2

纺织、服装及日用品专门零售 单位：万元

Special Retail of Textiles, Garments and Daily Consumer Articles Unit: 10000 yuan

地　区	Region	商品购进额 Total Purchases Value	#进口 Imports	商品销售额 Total Sales Value	#出口 Exports	期末商品库存额 Inventery (year-end)
全　国	**National Total**	**26835365**	**1300063**	**33781246**	**166720**	**5838202**
北　京	Beijing	1930745	210828	3190378	2897	602147
天　津	Tianjin	366198	5088	519634	9474	103845
河　北	Hebei	527795		592234		64881
山　西	Shanxi	804683		953529	488	96514
内蒙古	Inner Mongolia	586246	36	622473	5461	46984
辽　宁	Liaoning	898490	9811	983607	6558	165438
吉　林	Jilin	525321		548982		88163
黑龙江	Heilongjiang	358285	592	405105	837	41800
上　海	Shanghai	2909504	767779	5500508	94885	1148793
江　苏	Jiangsu	1630190	1564	1939742	684	259125
浙　江	Zhejiang	1174005	31995	1412052	2913	339986
安　徽	Anhui	460356	800	556239	5008	107554
福　建	Fujian	997357	3330	1014639	3572	150268
江　西	Jiangxi	277512	655	198977		125962
山　东	Shandong	2683359	19021	3087873	2871	364666
河　南	Henan	965404	5450	1103341	6870	109718
湖　北	Hubei	1301873	1313	1146711	98	345349
湖　南	Hunan	677675		703443		80542
广　东	Guangdong	3592615	108591	4488263	21508	1004839
广　西	Guangxi	100184		104124		17169
海　南	Hainan	256967	127209	374945		32988
重　庆	Chongqing	606041		718390		67905
四　川	Sichuan	980359	1887	1140915		245933
贵　州	Guizhou	88894		103588		20837
云　南	Yunnan	253847	3101	308334	2421	66912
西　藏	Tibet	3663	297	4605	134	341
陕　西	Shaanxi	1514839	716	1579948	42	88447
甘　肃	Gansu	76687		77517		23966
青　海	Qinghai	24101		26707		1070
宁　夏	Ningxia	25706		48041		7361
新　疆	Xinjiang	236466		326403		18702

3-2-7 续表 3 Continued 3

文化、体育用品及器材专门零售 单位：万元

Special Retail of Culture, Sports Appliances and Equipments Unit: 10000 yuan

地区	Region	商品购进额 Total Purchases Value	#进口 Imports	商品销售额 Total Sales Value	#出口 Exports	期末商品库存额 Inventery (year-end)
全国	**National Total**	**19303200**	**814653**	**20780718**	**42441**	**5312803**
北京	Beijing	2011488	229595	2178153	5006	739392
天津	Tianjin	228500		268154	2200	70808
河北	Hebei	289452		276076	341	55287
山西	Shanxi	402351		403306		89697
内蒙古	Inner Mongolia	96752		96965		37650
辽宁	Liaoning	609956		677247		92856
吉林	Jilin	154151		167913		32441
黑龙江	Heilongjiang	219520		272407		96229
上海	Shanghai	2169210	554575	2660591	13532	1141411
江苏	Jiangsu	2272012	5268	2533801	289	601110
浙江	Zhejiang	1331864	1748	1316100	1482	452648
安徽	Anhui	513259		530411		63133
福建	Fujian	914149	132	963542	4048	116995
江西	Jiangxi	514988		531004		39341
山东	Shandong	1002602	60	963068	1773	236746
河南	Henan	513198	1344	512681		78837
湖北	Hubei	617048		677249		105422
湖南	Hunan	703614	17304	724975		95311
广东	Guangdong	1949787	1231	2083426	13623	467885
广西	Guangxi	166722		162658		29645
海南	Hainan	25403		31996		6646
重庆	Chongqing	492014	5	495154		49281
四川	Sichuan	536000	817	635794		165534
贵州	Guizhou	125341		122704		18628
云南	Yunnan	606451	1516	662787	147	203741
西藏	Tibet	2837		3568		573
陕西	Shaanxi	484322		467964		109844
甘肃	Gansu	129739	1058	126595		23952
青海	Qinghai	4350		6644		1062
宁夏	Ningxia	33978		34264		8541
新疆	Xinjiang	182143		193525		82159

3-2-7 续表 4 Continued 4

医药及医疗器材专门零售
Special Retail of Medicines and Medical Appliances

单位：万元
Unit: 10000 yuan

地 区	Region	商品购进额 Total Purchases Value	#进口 Imports	商品销售额 Total Sales Value	#出口 Exports	期末商品库存额 Inventery (year-end)
全 国	**National Total**	**35321419**	**272660**	**38638008**	**2772**	**3838962**
北 京	Beijing	4111755	183152	4572620	2192	405509
天 津	Tianjin	447861	3572	462769		32463
河 北	Hebei	286932	83	332300		53206
山 西	Shanxi	528642		576342		70738
内蒙古	Inner Mongolia	260422	6874	279664		33980
辽 宁	Liaoning	1347459		1463380		124645
吉 林	Jilin	478386	12	494060	75	58448
黑龙江	Heilongjiang	1204597	6261	1323941		214653
上 海	Shanghai	1573435	4636	1666963		131963
江 苏	Jiangsu	5221457	6009	5593849		443046
浙 江	Zhejiang	1906502	2162	2045166		248569
安 徽	Anhui	1804165	3306	1929595		141921
福 建	Fujian	649388	1423	710475	284	66832
江 西	Jiangxi	749791	400	811002		67087
山 东	Shandong	3096417	1465	3299609		327799
河 南	Henan	1258283	1784	1341813	222	116716
湖 北	Hubei	2171133	20096	2356125		177935
湖 南	Hunan	1644610	12423	1804245		110091
广 东	Guangdong	1830766	14490	2236104		341851
广 西	Guangxi	1072165	99	1136947		110999
海 南	Hainan	34867		34981		9696
重 庆	Chongqing	673006	1327	783453		65919
四 川	Sichuan	490412	8	551344		66554
贵 州	Guizhou	283047	235	313656		44745
云 南	Yunnan	486731	20	662316		83048
西 藏	Tibet	50564		96198		173
陕 西	Shaanxi	425897		461021		52640
甘 肃	Gansu	167171	2570	181213		45501
青 海	Qinghai	57185		65523		10120
宁 夏	Ningxia	276367		264754		27738
新 疆	Xinjiang	732005	257	786584		154378

3-2-7 续表 5 Continued 5

汽车、摩托车、燃料及零配件专门零售
Special Retail of Motor Vehicles, Motorcycles, Fuel and Parts

单位：万元
Unit: 10000 yuan

地区	Region	商品购进额 Total Purchases Value	#进口 Imports	商品销售额 Total Sales Value	#出口 Exports	期末商品库存额 Inventery (year-end)
全国	**National Total**	**347369683**	**17227256**	**382925422**	**175318**	**30653285**
北京	Beijing	25420038	870719	25922507		1900857
天津	Tianjin	11177938	612462	11705840	17941	1092659
河北	Hebei	7803583	156385	7981380		922895
山西	Shanxi	10835435	256839	12492013	2527	1075926
内蒙古	Inner Mongolia	9833453	292951	10688209		830467
辽宁	Liaoning	14330168	943361	15564639	1858	1209384
吉林	Jilin	5518647	36891	5757031	307	494038
黑龙江	Heilongjiang	3776420	42316	3968521		402794
上海	Shanghai	11798136	765815	12295595	4444	1112274
江苏	Jiangsu	27248719	1460015	28641838	1146	2354706
浙江	Zhejiang	32014297	2901850	34469697	35711	2749376
安徽	Anhui	9405996	171372	10066715		716830
福建	Fujian	12592462	579058	16922787	4386	1001300
江西	Jiangxi	4416246	108379	4561208	120	360384
山东	Shandong	27042800	743548	29218822	2272	2356914
河南	Henan	13532979	598612	14701282	100	1224657
湖北	Hubei	10783550	623731	11857649	12353	827324
湖南	Hunan	7967867	353249	15200612		641255
广东	Guangdong	34116687	2688815	39363455	88315	3186445
广西	Guangxi	4063685	287185	4148994	230	472288
海南	Hainan	3273355	104635	3434661	72	290037
重庆	Chongqing	8119586	483665	8305897	1131	672858
四川	Sichuan	20462533	1099756	21610194	1106	1731006
贵州	Guizhou	5130306	357705	6305144		488615
云南	Yunnan	8624051	257065	8698547		971887
西藏	Tibet	561911	47574	661770		33882
陕西	Shaanxi	7087869	211838	7316018		673378
甘肃	Gansu	4153891	53333	4523931	1297	245991
青海	Qinghai	806467		809651		78213
宁夏	Ningxia	1888431	42335	1994094		191535
新疆	Xinjiang	3582178	75798	3736726		343111

3-2-7 续表 6 Continued 6

家用电器及电子产品专门零售 单位：万元

Special Retail of Household Electric Appliances and Electronic Products Unit: 10000 yuan

地区	Region	商品购进额 Total Purchases Value	#进口 Imports	商品销售额 Total Sales Value	#出口 Exports	期末商品库存额 Inventery (year-end)
全国	**National Total**	**61909165**	**353312**	**69030626**	**58941**	**6265748**
北京	Beijing	9426676	75597	10205768	2929	538158
天津	Tianjin	1009475	3482	1052980	1822	42914
河北	Hebei	1220835	2242	1271335		160644
山西	Shanxi	951928	1608	959370	454	100405
内蒙古	Inner Mongolia	627138		655837		87292
辽宁	Liaoning	2218055	25759	2286498	24	204339
吉林	Jilin	543798	3208	538774		44123
黑龙江	Heilongjiang	1105224	3905	1142051		111142
上海	Shanghai	3098524	9089	6534979		858808
江苏	Jiangsu	5784026	4648	6141975	250	463336
浙江	Zhejiang	2863385	76208	3003790		336630
安徽	Anhui	1775841	12201	1883887	129	177640
福建	Fujian	2192479	52965	2313638	224	211207
江西	Jiangxi	973032	1165	1008336		116933
山东	Shandong	5070995	8321	5230769	510	367056
河南	Henan	2744602	11777	2726105	926	266913
湖北	Hubei	2826272		3007067		252700
湖南	Hunan	1503135	15984	1589676		128867
广东	Guangdong	6042127	26475	6725640	45058	856313
广西	Guangxi	835487	62	865015		118636
海南	Hainan	290527	9546	292862	5896	41395
重庆	Chongqing	2031407		2157655		162233
四川	Sichuan	2851424	2674	2983683		225164
贵州	Guizhou	435143	98	468640		43981
云南	Yunnan	864081	616	1016513	720	93498
西藏	Tibet	48828		47192		4718
陕西	Shaanxi	1554849		1893682		127133
甘肃	Gansu	249065		264246		26646
青海	Qinghai	69440		75108		2996
宁夏	Ningxia	257210		269686		30719
新疆	Xinjiang	444159	5682	417871		63211

五金、家具及室内装饰材料专门零售 单位：万元

Special Retail of Hardware, Furniture and Interior Decoration Materials Unit: 10000 yuan

地区	Region	商品购进额 Total Purchases Value	#进口 Imports	商品销售额 Total Sales Value	#出口 Exports	期末商品库存额 Inventery (year-end)
全国	**National Total**	**17999256**	**80933**	**20670106**	**45365**	**1340118**
北京	Beijing	630799	13843	924982	71	106015
天津	Tianjin	181778	1711	281521	1304	16252
河北	Hebei	161923		190942		16289
山西	Shanxi	616648	2439	699435		21859
内蒙古	Inner Mongolia	212626		211482		14046
辽宁	Liaoning	606393	4373	670140	9	53630
吉林	Jilin	121838		121037		11715
黑龙江	Heilongjiang	93590		101010		8995
上海	Shanghai	480272	28910	700549	5400	88458
江苏	Jiangsu	2011677	207	2163781	1504	93016
浙江	Zhejiang	345373	708	394345	1405	50570
安徽	Anhui	637793		711323		50256
福建	Fujian	1058588	5796	1191493	2832	89845
江西	Jiangxi	367696		313242		66603
山东	Shandong	3161922	9944	3583877	8919	231467
河南	Henan	672900	259	740301	2550	47305
湖北	Hubei	809082	265	1087632		53524
湖南	Hunan	520025	56	535943		29295
广东	Guangdong	883509	10375	1103243	21228	114712
广西	Guangxi	30389		33117		6343
海南	Hainan	14511		15390		5277
重庆	Chongqing	2046435	410	2195419		38038
四川	Sichuan	522325	460	589873	94	40489
贵州	Guizhou	8306		8905		1685
云南	Yunnan	272162		271415		27478
西藏	Tibet					
陕西	Shaanxi	1292044	320	1498737	50	35219
甘肃	Gansu	33180	857	33630		2806
青海	Qinghai	1312		1312		
宁夏	Ningxia	8275		8325		3991
新疆	Xinjiang	195889		287707		14943

3-2-7 续表 8 Continued 8

货摊、无店铺及其他零售业
Stalls, Non-shop and Other Retails

单位：万元
Unit: 10000 yuan

地区	Region	商品购进额 Total Purchases Value	#进口 Imports	商品销售额 Total Sales Value	#出口 Exports	期末商品库存额 Inventery (year-end)
全国	**National Total**	**24627082**	**773835**	**28078750**	**47891**	**2214421**
北京	Beijing	4567716	465234	4866673	13554	409797
天津	Tianjin	1476508	18915	1532282	5433	224164
河北	Hebei	103921		114043		9317
山西	Shanxi	529655	1858	543748		81811
内蒙古	Inner Mongolia	300804	114	342096		78072
辽宁	Liaoning	486119	197	506282		56729
吉林	Jilin	351555		363464		21991
黑龙江	Heilongjiang	307970	2332	318183		26528
上海	Shanghai	2065389	16611	3597522	1224	322374
江苏	Jiangsu	2283088	852	2304137	13238	85446
浙江	Zhejiang	704696		828759	220	33422
安徽	Anhui	213821	1565	279192		20113
福建	Fujian	597334	18380	627365	12336	60412
江西	Jiangxi	120714		124651		9441
山东	Shandong	2637165	2081	2808801	1004	102168
河南	Henan	448118	742	492494		20467
湖北	Hubei	1421670		1693017		63363
湖南	Hunan	867428		1028116		35330
广东	Guangdong	2581552	79482	2789564	500	198901
广西	Guangxi	279465	195	302419		24491
海南	Hainan	30546		39568		9470
重庆	Chongqing	1170349	163840	988506		190785
四川	Sichuan	430852	1276	877889		80721
贵州	Guizhou	212203		224085		6284
云南	Yunnan	125428	162	137316	382	8194
西藏	Tibet	6879		3900		3017
陕西	Shaanxi	131536		132895		6567
甘肃	Gansu	116275		143455		15200
青海	Qinghai	34268		34988		7714
宁夏	Ningxia	10176		13498		1130
新疆	Xinjiang	13882		19842		1004

3-2-8 限额以上批发和零售业商品销售类值

Sale Values of Enterprises above Designated Size of Wholesale and Retail Trades by Category of Commodities

单位：万元

Unit: 10000 yuan

项　　目	Item	合　计 Total Sale Value		批发额 Wholesale Value		零售额 Retail Value	
		2011	2012	2011	2012	2011	2012
1.粮油、食品、饮料、烟酒类	Grain and Oil, Food, Beverages, Tobacco and Liquor	360407406	428669815	259103944	304607428	101303462	124062387
(1)粮油、食品类	Grain and Oil, foods	172003097	207642212	102000511	123441374	70002586	84200838
#粮油类	Grain and Oil	63505135	76384009	46392938	55084505	17112197	21299504
肉禽蛋类	Meat, Poultry and Eggs	20422205	24342006	8585262	10765778	11836944	13576228
(2)饮料类	Beverages	25642956	30261109	15262240	17644844	10380716	12616265
(3)烟酒类	Tobacco and Liquor	162756788	191145883	141839764	163851925	20917024	27293958
2.服装、鞋帽、针纺织品类	Clothing, Shoes, Hats and Textiles	185579935	219403858	106030629	121626059	79549306	97777799
(1)服装类	Clothing	109572694	131641126	52445881	61426351	57126813	70214775
(2)鞋帽类	Shoes and Hats	29053856	34213431	14887686	16645356	14166171	17568075
(3)针、纺织品类	Knitwear and Textiles	46953385	53552845	38697063	43554965	8256322	9997880
3.化妆品类	Cosmetics	17839992	21626841	6811197	8225670	11028795	13401171
4.金银珠宝类	Gold, Silver and Jewellery	33052008	44658611	14680278	22564202	18371730	22094409
5.日用品类	Articles for Daily Use	57778323	69535698	30111817	35894324	27666506	33641374
#洗涤用品类	Washing Articles	13220310	16006317	6111219	7254916	7109091	8751401
儿童玩具类	Children Toys	2522708	3195255	981311	1243564	1541397	1951691
6.五金、电料类	Hardware and Electrical Materials	22476982	25330578	16937613	18511464	5539369	6819114
7.体育、娱乐用品类	Sports and Recreation Articles	11539270	11971067	7870800	7863295	3668469	4107772
8.书报杂志类	Newspapers and Magazines	13714682	14996778	5934362	6235503	7780320	8761275
9.电子出版物及音像制品类	E-journals and Video Products	1673165	1624245	711705	683185	961461	941059
10.家用电器和音像器材类	Household Appliances and Video Appliances	120935642	133641533	67186486	74283048	53749156	59358485
11.中西药品类	Traditional Chinese and Western Medicines	118823220	145969962	81647371	97834025	37175848	48135937
#西药类	Western Medicines	82129861	102544427	56766774	68860424	25363087	33684003
中草药及中成药类	Traditional Chinese Medicines	19433173	24538512	13237646	16538245	6195526	8000267
12.文化办公用品类	Cultural and Offices Appliances	68056658	99741923	51762468	77915705	16294190	21826218
13.家具类	Furniture	16025859	21182506	4214755	5141077	11811104	16041429
14.通讯器材类	Communication Appliances	52796936	75019229	42100263	59620933	10696673	15398296
15.煤炭及制品类	Coal and Related Products	217398902	251428100	210718298	242643160	6680604	8784940
16.木材及制品类	Wood and Wooden Products	8425786	10139783	8425786	10139783		
17.石油及制品类	Petroleum and Related Products	634038847	716470801	489665423	549903128	144373424	166567673
18.化工材料及制品类	Chemical Materials and Related Products	192721431	250148051	192721431	250148051		
#化肥类	Fertilizers	31417938	45371023	31417938	45371023		
19.金属材料类	Metal Materials	643258988	725898284	643258988	725898284		
20.建筑及装潢材料类	Building and Decoration Materials	44179248	51940405	30174574	32161077	14004675	19779328
21.机电产品及设备类	Mechanical and Electrical Products	134329867	143162022	126733948	133980216	7595919	9181807
#农机类	Agricultural Machineries	4152355	4742763	4152355	4742763		
22.汽车类	Automobiles	348341518	415090213	139961287	177055785	208380231	238034428
23.种子饲料类	Seeds and Feedstuff	6529951	8614155	6529951	8614155		
24.棉麻类	Cotton, Hemp	15415983	18953141	15299193	18784922	116789	168219
25.其他类	Others	122097126	146254234	110172050	127837944	11925077	18416290

3-2-9 各地区限额以上批发和零售业商品销售类值

Sale Values of Enterprises above Designated Size of Wholesale and Retail Trades by Category of Commodities and Region

粮油、食品、饮料、烟酒类 单位：万元

Grain and Oil, Food, Beverages, Tobacco and Liquor Unit: 10000 yuan

地区	Region	合计 Total Sale Value		批发额 Wholesale Value		零售额 Retail Value	
		2011	2012	2011	2012	2011	2012
全国	**National Total**	**360407406**	**428669815**	**259103944**	**304607428**	**101303462**	**124062387**
北京	Beijing	28138218	33261879	22438214	26926083	5700004	6335796
天津	Tianjin	7161672	9015007	5580370	7158222	1581302	1856785
河北	Hebei	7808926	9827171	5451398	6949599	2357528	2877572
山西	Shanxi	5556121	6291786	4205548	4557095	1350574	1734691
内蒙古	Inner Mongolia	5333132	5925585	3969643	4469226	1363490	1456359
辽宁	Liaoning	9902114	11706350	6898063	8168202	3004051	3538148
吉林	Jilin	5273228	6599691	3521323	4011079	1751905	2588612
黑龙江	Heilongjiang	7142457	9343510	5540077	7101586	1602380	2241924
上海	Shanghai	27025052	29576300	18606034	21821382	8419018	7754918
江苏	Jiangsu	27096562	31835200	17590624	20219537	9505938	11615663
浙江	Zhejiang	25401765	28848588	20353577	22985923	5048188	5862665
安徽	Anhui	10131775	13513849	7060284	9280761	3071491	4233088
福建	Fujian	15787178	19327724	12350171	14992035	3437007	4335689
江西	Jiangxi	4723122	5757084	3734603	4440414	988519	1316670
山东	Shandong	34744626	40778776	20608104	23868490	14136521	16910286
河南	Henan	13842872	16251552	9700470	10993757	4142402	5257796
湖北	Hubei	19373598	23291619	9387672	10697992	9985925	12593627
湖南	Hunan	10927234	13610265	7642395	9235100	3284840	4375165
广东	Guangdong	34059404	38672239	26645426	30414198	7413978	8258041
广西	Guangxi	4936139	5588646	4216701	4642248	719437	946398
海南	Hainan	2240643	2526937	1991544	2290175	249099	236762
重庆	Chongqing	12118162	13987752	8406382	9229101	3711780	4758651
四川	Sichuan	12317002	16224788	8971323	10895480	3345679	5329308
贵州	Guizhou	5585956	7438716	4883659	6322882	702297	1115834
云南	Yunnan	10480266	13003852	9144141	10632733	1336125	2371119
西藏	Tibet	363837	32220	313127	26220	50710	6000
陕西	Shaanxi	5144917	6961677	3420148	4499079	1724769	2462598
甘肃	Gansu	2336887	2836102	1847700	2155701	489187	680400
青海	Qinghai	866520	1099735	720878	953267	145642	146468
宁夏	Ningxia	773247	949378	559310	659298	213937	290080
新疆	Xinjiang	3814776	4585840	3345036	4010565	469740	575275

3-2-9 续表 1 Continued 1

粮油、食品类 单位：万元

Grain and Oil, Food Unit: 10000 yuan

地 区	Region	合 计 Total Sale Value		批发额 Wholesale Value		零售额 Retail Value	
		2011	2012	2011	2012	2011	2012
全 国	**National Total**	**172003097**	**207642212**	**102000511**	**123441374**	**70002586**	**84200838**
北 京	Beijing	19509100	22451731	15156842	17714737	4352258	4736994
天 津	Tianjin	5224806	6744803	3994322	5359294	1230484	1385509
河 北	Hebei	3289506	3977502	1560702	1979706	1728804	1997796
山 西	Shanxi	1490623	1888069	608099	759246	882523	1128822
内蒙古	Inner Mongolia	2766309	2991577	1675623	1852685	1090686	1138893
辽 宁	Liaoning	5549085	6771807	3279587	4126930	2269499	2644878
吉 林	Jilin	3205337	4012160	1894541	2157705	1310796	1854456
黑龙江	Heilongjiang	4452252	6056045	3166846	4301495	1285406	1754550
上 海	Shanghai	15464004	17363499	9858104	12195841	5605900	5167658
江 苏	Jiangsu	14166992	17106896	7846287	9251143	6320705	7855753
浙 江	Zhejiang	9380165	10996742	5682293	6644824	3697871	4351918
安 徽	Anhui	4231389	5626663	2228788	2940258	2002601	2686405
福 建	Fujian	6519799	8174854	4336821	5484780	2182978	2690074
江 西	Jiangxi	1373473	1660271	671195	740712	702278	919560
山 东	Shandong	19832409	23928658	10080343	12632039	9752066	11296619
河 南	Henan	5335350	6040831	2836185	2907635	2499166	3133196
湖 北	Hubei	10403274	12588446	3778342	4229783	6624932	8358663
湖 南	Hunan	3659802	4407986	1486883	1587392	2172919	2820594
广 东	Guangdong	17416664	20577537	12162565	14744404	5254099	5833133
广 西	Guangxi	1962706	2068855	1439567	1366665	523138	702190
海 南	Hainan	499629	514556	328515	363209	171114	151348
重 庆	Chongqing	5940209	7447375	3019110	3693364	2921099	3754011
四 川	Sichuan	3793950	5304705	1688088	2237591	2105862	3067113
贵 州	Guizhou	442307	610054	172548	265327	269759	344727
云 南	Yunnan	2431047	3717298	1411532	1905915	1019515	1811383
西 藏	Tibet	10496	10496			10496	10496
陕 西	Shaanxi	1476177	2029990	359559	549266	1116619	1480724
甘 肃	Gansu	518439	686175	217317	308429	301122	377746
青 海	Qinghai	92312	113397	3312	3605	89000	109791
宁 夏	Ningxia	236875	290102	73290	72679	163584	217422
新 疆	Xinjiang	1328612	1483135	983306	1064716	345307	418419

3-2-9 续表 2 Continued 2

粮油类
Grain and Oil

单位：万元
Unit: 10000 yuan

地 区	Region	合 计 Total Sale Value		批发额 Wholesale Value		零售额 Retail Value	
		2011	2012	2011	2012	2011	2012
全 国	**National Total**	**63505135**	**76384009**	**46392938**	**55084505**	**17112197**	**21299504**
北 京	Beijing	10335855	11370946	9735684	10765292	600171	605654
天 津	Tianjin	1954195	2150507	1604059	1833436	350136	317071
河 北	Hebei	1469133	1907632	1062738	1411329	406395	496303
山 西	Shanxi	614397	808986	288782	358732	325616	450254
内蒙古	Inner Mongolia	863602	936780	659336	725098	204265	211682
辽 宁	Liaoning	2905439	3833576	2273980	3127713	631460	705864
吉 林	Jilin	2156318	2457910	1737316	1865644	419002	592266
黑龙江	Heilongjiang	3296252	3900232	2820153	3227978	476099	672254
上 海	Shanghai	4881216	5630030	3627324	4443844	1253892	1186187
江 苏	Jiangsu	5352062	6246868	3866535	4347673	1485526	1899195
浙 江	Zhejiang	2439873	3294616	1601621	2273967	838252	1020649
安 徽	Anhui	1488261	1942715	930093	1140033	558168	802682
福 建	Fujian	2192055	2832593	1709423	2222507	482632	610086
江 西	Jiangxi	518912	601344	307170	324339	211743	277005
山 东	Shandong	4803782	6102556	2802150	3730485	2001633	2372071
河 南	Henan	2684922	2778672	1940654	1826875	744269	951797
湖 北	Hubei	2237917	2853113	850006	1023450	1387911	1829663
湖 南	Hunan	1294396	1747916	571089	784549	723307	963367
广 东	Guangdong	5213038	6167108	3943775	4564760	1269262	1602348
广 西	Guangxi	293513	422521	171339	242833	122175	179688
海 南	Hainan	177945	191572	121326	127648	56619	63924
重 庆	Chongqing	1924915	2575664	1140307	1609786	784608	965879
四 川	Sichuan	1415300	1917221	790232	981249	625069	935972
贵 州	Guizhou	175226	219589	90871	117364	84355	102225
云 南	Yunnan	1095490	1480389	694883	849674	400606	630715
西 藏	Tibet	6743	1422		1192	6743	231
陕 西	Shaanxi	619597	764689	176882	184562	442715	580127
甘 肃	Gansu	184914	243182	111648	151292	73266	91890
青 海	Qinghai	23386	32584			23386	32584
宁 夏	Ningxia	54269	56520	29265	23666	25005	32853
新 疆	Xinjiang	832213	914558	734300	797539	97913	117020

3-2-9 续表 3 Continued 3

肉禽蛋类
Meat, Poultry and Eggs

单位：万元
Unit: 10000 yuan

地区	Region	合计 Total Sale Value		批发额 Wholesale Value		零售额 Retail Value	
		2011	2012	2011	2012	2011	2012
全国	**National Total**	**20422205**	**24342006**	**8585262**	**10765778**	**11836944**	**13576228**
北京	Beijing	1205108	1424335	554093	714754	651015	709581
天津	Tianjin	195538	210852	61403	51944	134135	158908
河北	Hebei	325363	339206	63519	40869	261844	298337
山西	Shanxi	137175	186065	26132	44250	111044	141815
内蒙古	Inner Mongolia	205658	204344	75912	81936	129747	122409
辽宁	Liaoning	499262	561146	134726	136993	364537	424153
吉林	Jilin	140196	205179	8191	19150	132005	186029
黑龙江	Heilongjiang	187190	210221	4222	1916	182968	208305
上海	Shanghai	1966255	2273178	904804	1513109	1061450	760069
江苏	Jiangsu	1984599	2135219	1025561	1056023	959038	1079196
浙江	Zhejiang	1091632	1216197	592383	619802	499249	596396
安徽	Anhui	436079	675956	85906	187765	350173	488192
福建	Fujian	706811	840471	283350	351857	423461	488614
江西	Jiangxi	198004	264745	96224	141850	101780	122896
山东	Shandong	2349155	2512281	622443	785053	1726713	1727229
河南	Henan	867477	1043876	373873	453521	493605	590355
湖北	Hubei	2639341	3218556	1006276	1091848	1633065	2126708
湖南	Hunan	547988	634170	131474	107396	416514	526774
广东	Guangdong	2775534	3433733	1975524	2542700	800010	891033
广西	Guangxi	159172	189247	103401	113973	55771	75274
海南	Hainan	35008	10463	148	1	34860	10462
重庆	Chongqing	699453	786584	283938	314498	415515	472085
四川	Sichuan	511734	808017	124471	239980	387263	568037
贵州	Guizhou	34500	112668	345	38220	34154	74448
云南	Yunnan	253161	450397	20842	42829	232319	407568
西藏	Tibet	883	1314	5	974	878	340
陕西	Shaanxi	134132	203573	5841	26260	128291	177313
甘肃	Gansu	30476	44926	285	10128	30191	34798
青海	Qinghai	12574	14304			12574	14304
宁夏	Ningxia	30676	44291	9470	15675	21206	28616
新疆	Xinjiang	62070	86493	10501	20505	51569	65989

3-2-9 续表 4 Continued 4

饮料类
Beverages

单位：万元
Unit: 10000 yuan

地区	Region	合计 Total Sale Value		批发额 Wholesale Value		零售额 Retail Value	
		2011	2012	2011	2012	2011	2012
全国	**National Total**	**25642956**	**30261109**	**15262240**	**17644844**	**10380716**	**12616265**
北京	Beijing	2791074	3023656	2312140	2479272	478934	544384
天津	Tianjin	166371	157547	36147	21326	130224	136221
河北	Hebei	278819	378958	11377	25267	267442	353691
山西	Shanxi	236647	308053	58725	82370	177922	225683
内蒙古	Inner Mongolia	157866	175668	70065	74702	87801	100966
辽宁	Liaoning	401974	594190	137884	258026	264090	336164
吉林	Jilin	149212	226968	34065	34416	115147	192552
黑龙江	Heilongjiang	168743	229533	60868	92789	107875	136744
上海	Shanghai	1678224	1680103	1010507	1109730	667717	570372
江苏	Jiangsu	1591315	1629434	560360	557361	1030955	1072072
浙江	Zhejiang	6269260	7133501	5745473	6565717	523787	567784
安徽	Anhui	663058	907092	354548	436747	308510	470345
福建	Fujian	1539930	1798484	745419	758038	794511	1040446
江西	Jiangxi	195800	236492	87675	102993	108125	133499
山东	Shandong	1577907	1827537	347874	412839	1230033	1414698
河南	Henan	757449	917945	123600	142722	633849	775223
湖北	Hubei	1235411	1431419	253813	208159	981599	1223260
湖南	Hunan	832204	1019787	421125	487675	411079	532113
广东	Guangdong	2489581	2878655	1737132	1997224	752449	881431
广西	Guangxi	266486	313808	168623	208688	97863	105120
海南	Hainan	72693	61084	43605	38101	29088	22982
重庆	Chongqing	343894	443282	102964	131696	240930	311585
四川	Sichuan	759016	1047863	382999	496960	376017	550903
贵州	Guizhou	127473	139983	90997	95400	36477	44583
云南	Yunnan	197485	393877	64372	145215	133113	248663
西藏	Tibet	2084	399334		356935	2084	42399
陕西	Shaanxi	389772	625323	88496	159279	301276	466044
甘肃	Gansu	129660	98359	100814	58104	28846	40256
青海	Qinghai	15995	21864	8373	14455	7622	7409
宁夏	Ningxia	64330	69131	47665	47288	16665	21843
新疆	Xinjiang	93225	92181	54541	45351	38684	46830

3-2-9 续表 5 Continued 5

烟酒类
Tobacco and Liquor

单位：万元
Unit: 10000 yuan

地　区	Region	合　计 Total Sale Value		批发额 Wholesale Value		零售额 Retail Value	
		2011	2012	2011	2012	2011	2012
全　国	**National Total**	**162756788**	**191145883**	**141839764**	**163851925**	**20917024**	**27293958**
北　京	Beijing	5838044	7786492	4969233	6732074	868811	1054418
天　津	Tianjin	1770496	2112657	1549903	1777602	220593	335056
河　北	Hebei	4240600	5470712	3879318	4944628	361282	526085
山　西	Shanxi	3828852	4095664	3538723	3715479	290129	380186
内蒙古	Inner Mongolia	2408957	2758340	2223955	2541840	185002	216500
辽　宁	Liaoning	3951054	4340352	3480592	3783246	470462	557106
吉　林	Jilin	1918678	2360563	1592717	1818959	325962	541604
黑龙江	Heilongjiang	2521462	3057932	2312363	2707301	209099	350630
上　海	Shanghai	9882824	10532699	7737423	8515811	2145401	2016888
江　苏	Jiangsu	11338256	13098870	9183978	10411032	2154278	2687838
浙　江	Zhejiang	9752341	10718346	8925811	9775382	826530	942963
安　徽	Anhui	5237327	6980094	4476948	5903756	760379	1076338
福　建	Fujian	7727449	9354385	7267932	8749216	459517	605169
江　西	Jiangxi	3149284	3860321	2974305	3596709	174979	263612
山　东	Shandong	13334310	15022581	10179887	10823612	3154423	4198969
河　南	Henan	7750073	9292776	6740686	7943400	1009387	1349377
湖　北	Hubei	7734913	9271754	5355518	6260049	2379395	3011705
湖　南	Hunan	6435228	8182491	5734386	7160032	700842	1022459
广　东	Guangdong	14153158	15216047	12745728	13672570	1407430	1543477
广　西	Guangxi	2706947	3205984	2608511	3066896	98436	139088
海　南	Hainan	1668322	1951297	1619424	1888866	48898	62432
重　庆	Chongqing	5834059	6097095	5284308	5404040	549751	693055
四　川	Sichuan	7764036	9872220	6900236	8160928	863800	1711292
贵　州	Guizhou	5016176	6688679	4620114	5962155	396062	726524
云　南	Yunnan	7851733	8892677	7668237	8581604	183496	311074
西　藏	Tibet	351257	1780	313127		38130	1780
陕　西	Shaanxi	3278967	4306365	2972093	3790535	306874	515830
甘　肃	Gansu	1688789	2051567	1529571	1789169	159219	262398
青　海	Qinghai	758214	964474	709194	935207	49020	29268
宁　夏	Ningxia	472042	590146	438355	539332	33687	50814
新　疆	Xinjiang	2392939	3010523	2307190	2900498	85750	110026

3-2-9 续表 6 Continued 6

服装、鞋帽、针纺织品类 单位：万元
Clothing, Shoes, Hats and Textiles Unit: 10000 yuan

地区	Region	合计 Total Sale Value		批发额 Wholesale Value		零售额 Retail Value	
		2011	2012	2011	2012	2011	2012
全国	**National Total**	**185579935**	**219403858**	**106030629**	**121626059**	**79549306**	**97777799**
北京	Beijing	10682121	10808398	4488525	3990501	6193596	6817897
天津	Tianjin	4144502	4572021	2871429	2822219	1273073	1749802
河北	Hebei	2836677	3498092	244376	296177	2592301	3201916
山西	Shanxi	1355701	1916002	90914	145787	1264787	1770214
内蒙古	Inner Mongolia	1435806	1752615	123204	107118	1312602	1645498
辽宁	Liaoning	5616631	6477728	1080597	984361	4536033	5493367
吉林	Jilin	2328178	3186002	43049	50662	2285129	3135339
黑龙江	Heilongjiang	3163888	4086420	819228	914357	2344660	3172063
上海	Shanghai	17974189	22007848	12248434	14955238	5725755	7052611
江苏	Jiangsu	27327514	29302619	20181076	20886802	7146437	8415817
浙江	Zhejiang	27032239	28577202	22500365	23268793	4531874	5308409
安徽	Anhui	2847936	3481815	1187308	1323777	1660628	2158038
福建	Fujian	12758595	15104626	11115505	12979660	1643091	2124966
江西	Jiangxi	1046193	1027980	331431	200473	714762	827507
山东	Shandong	13084185	15132731	4773106	5700082	8311079	9432649
河南	Henan	3459892	4199485	575589	573513	2884303	3625972
湖北	Hubei	4533085	6154570	521200	928031	4011885	5226539
湖南	Hunan	3891174	4946307	1314310	1540957	2576865	3405350
广东	Guangdong	23431768	32160071	17108992	24284471	6322776	7875600
广西	Guangxi	858861	1025498	135337	141037	723523	884461
海南	Hainan	321359	303690	143735	101015	177624	202675
重庆	Chongqing	2904546	3308339	343175	355179	2561371	2953161
四川	Sichuan	3438825	4960312	771300	1101949	2667526	3858363
贵州	Guizhou	498004	550335	34166	48432	463838	501903
云南	Yunnan	3038654	3974062	2014779	2699267	1023874	1274795
西藏	Tibet	11620	6666	6	6	11613	6660
陕西	Shaanxi	3885447	4921404	687454	982502	3197993	3938903
甘肃	Gansu	386229	502243	5548	11968	380681	490275
青海	Qinghai	121848	182207	24848	38323	97000	143884
宁夏	Ningxia	311769	339322	36863	24022	274906	315300
新疆	Xinjiang	852502	937247	214780	169382	637723	767865

3-2-9 续表 7 Continued 7

服装类
Clothing

单位：万元
Unit: 10000 yuan

地 区	Region	合 计 Total Sale Value		批发额 Wholesale Value		零售额 Retail Value	
		2011	2012	2011	2012	2011	2012
全 国	**National Total**	**109572694**	**131641126**	**52445881**	**61426351**	**57126813**	**70214775**
北 京	Beijing	6971764	7442346	2280025	2168653	4691739	5273693
天 津	Tianjin	3234680	3600980	2267103	2282088	967576	1318892
河 北	Hebei	1744046	2222504	108352	176885	1635694	2045620
山 西	Shanxi	937664	1360515	74717	97808	862947	1262707
内蒙古	Inner Mongolia	924680	1167396	74181	55756	850499	1111640
辽 宁	Liaoning	4034490	4775268	760332	729802	3274158	4045466
吉 林	Jilin	1553219	2115076	30928	33090	1522291	2081986
黑龙江	Heilongjiang	2036258	2679464	292760	322510	1743498	2356955
上 海	Shanghai	11900782	14870572	7086013	9053521	4814770	5817051
江 苏	Jiangsu	13119082	14187642	8094393	8178694	5024689	6008948
浙 江	Zhejiang	11534634	12153572	8018532	7994092	3516102	4159480
安 徽	Anhui	1674136	2145615	570675	677993	1103461	1467622
福 建	Fujian	5814310	6586340	4760648	5339391	1053663	1246949
江 西	Jiangxi	758474	731524	267707	153859	490767	577665
山 东	Shandong	7606415	8778900	2292570	2743183	5313844	6035717
河 南	Henan	2256051	2724310	300879	259418	1955172	2464892
湖 北	Hubei	3090635	4203980	297305	583678	2793330	3620302
湖 南	Hunan	2848834	3696931	1060136	1285867	1788699	2411064
广 东	Guangdong	15253294	20464638	10613901	14959303	4639393	5505336
广 西	Guangxi	579916	704387	66785	72320	513131	632067
海 南	Hainan	166602	177613	44496	30589	122107	147025
重 庆	Chongqing	2192623	2483681	200597	186193	1992027	2297489
四 川	Sichuan	2377523	3469873	579526	804797	1797997	2665077
贵 州	Guizhou	376411	411257	23694	35922	352718	375335
云 南	Yunnan	2317732	3133452	1536515	2176298	781217	957154
西 藏	Tibet	6666	558	6	341	6660	217
陕 西	Shaanxi	3169526	4006019	613965	888116	2555560	3117903
甘 肃	Gansu	263968	348739	5366	9547	258602	339192
青 海	Qinghai	70586	97765	6345	711	64241	97054
宁 夏	Ningxia	194953	223042	21190	20426	173763	202616
新 疆	Xinjiang	562741	677166	96241	105501	466500	571665

3-2-9 续表 8 Continued 8

鞋帽类
Shoes and Hats

单位：万元
Unit: 10000 yuan

地区	Region	合计 Total Sale Value		批发额 Wholesale Value		零售额 Retail Value	
		2011	2012	2011	2012	2011	2012
全国	**National Total**	**29053856**	**34213431**	**14887686**	**16645356**	**14166171**	**17568075**
北京	Beijing	1977362	1930784	893900	776953	1083462	1153831
天津	Tianjin	449511	470483	212349	115551	237162	354932
河北	Hebei	592551	714678	28506	25635	564044	689043
山西	Shanxi	256013	346526	14745	35328	241268	311198
内蒙古	Inner Mongolia	336129	388904	32713	24352	303416	364552
辽宁	Liaoning	908701	1030860	83794	71049	824908	959812
吉林	Jilin	443220	596406	182	716	443038	595690
黑龙江	Heilongjiang	940843	1141484	483352	532053	457492	609431
上海	Shanghai	1541067	2188569	965202	1316590	575865	871978
江苏	Jiangsu	3438679	3711280	2137021	2198795	1301658	1512485
浙江	Zhejiang	3330294	3557432	2730104	2884886	600190	672546
安徽	Anhui	553961	653010	210356	229403	343605	423607
福建	Fujian	4318236	4692892	3960744	4157377	357492	535515
江西	Jiangxi	143800	160733	10766	5042	133034	155691
山东	Shandong	2698053	3097986	969592	1147064	1728460	1950922
河南	Henan	641342	775242	54039	59771	587303	715472
湖北	Hubei	875900	1142007	143201	207255	732699	934752
湖南	Hunan	558426	650286	69336	68603	489089	581683
广东	Guangdong	2590143	3797787	1535825	2280549	1054317	1517239
广西	Guangxi	186755	232765	44964	58922	141791	173843
海南	Hainan	40517	43678	6288	4876	34229	38802
重庆	Chongqing	394514	450099	13247	14102	381267	435997
四川	Sichuan	693963	1020606	81273	157109	612690	863497
贵州	Guizhou	82201	104437	3262	9243	78939	95194
云南	Yunnan	344195	420183	187130	209412	157065	210772
西藏	Tibet	3876	9168			3876	9168
陕西	Shaanxi	448357	563341	10336	46801	438020	516539
甘肃	Gansu	68141	89081	86	976	68055	88105
青海	Qinghai	22060	30979			22060	30979
宁夏	Ningxia	53895	61637	955	1260	52940	60377
新疆	Xinjiang	121157	140110	4419	5685	116738	134426

3-2-9 续表 9 Continued 9

针、纺织品类
Knitwear and Textiles

单位：万元
Unit: 10000 yuan

地 区	Region	合 计 Total Sale Value		批发额 Wholesale Value		零售额 Retail Value	
		2011	2012	2011	2012	2011	2012
全 国	**National Total**	**46953385**	**53552845**	**38697063**	**43554965**	**8256322**	**9997880**
北 京	Beijing	1732994	1435268	1314600	1044894	418394	390374
天 津	Tianjin	460312	500558	391977	424580	68335	75978
河 北	Hebei	500081	560911	107518	93657	392563	467254
山 西	Shanxi	162024	208961	1453	12651	160571	196310
内 蒙 古	Inner Mongolia	174997	196316	16310	27010	158688	169306
辽 宁	Liaoning	673440	671600	236472	183510	436968	488090
吉 林	Jilin	331738	474520	11938	16856	319800	457664
黑 龙 江	Heilongjiang	186787	265471	43117	59794	143670	205677
上 海	Shanghai	4532339	4948708	4197219	4585127	335120	363581
江 苏	Jiangsu	10769752	11403696	9949661	10509313	820091	894384
浙 江	Zhejiang	12167311	12866198	11751729	12389815	415582	476383
安 徽	Anhui	619840	683190	406278	416380	213562	266809
福 建	Fujian	2626049	3825395	2394113	3482892	231936	342503
江 西	Jiangxi	143920	135723	52959	41572	90961	94152
山 东	Shandong	2779717	3255845	1510943	1809835	1268774	1446010
河 南	Henan	562499	699933	220671	254324	341828	445609
湖 北	Hubei	566550	808584	80694	137098	485856	671486
湖 南	Hunan	483915	599091	184838	186487	299077	412604
广 东	Guangdong	5588331	7897645	4959266	7044620	629065	853026
广 西	Guangxi	92190	88346	23589	9795	68602	78551
海 南	Hainan	114240	82400	92951	65551	21289	16849
重 庆	Chongqing	317409	374558	129331	154883	188078	219675
四 川	Sichuan	367340	469833	110501	140044	256839	329789
贵 州	Guizhou	39392	34641	7211	3268	32181	31374
云 南	Yunnan	376727	420427	291135	313557	85592	106870
西 藏	Tibet	1078	484		279	1078	205
陕 西	Shaanxi	267564	352045	63152	47584	204412	304461
甘 肃	Gansu	54121	64423	96	1445	54025	62977
青 海	Qinghai	29202	53463	18503	37612	10699	15852
宁 夏	Ningxia	62920	54643	14718	2335	48203	52308
新 疆	Xinjiang	168605	119971	114120	58197	54485	61775

3-2-9 续表 10 Continued 10

化妆品类
Cosmetics

单位：万元
Unit: 10000 yuan

地 区	Region	合 计 Total Sale Value		批发额 Wholesale Value		零售额 Retail Value	
		2011	2012	2011	2012	2011	2012
全 国	**National Total**	**17839992**	**21626841**	**6811197**	**8225670**	**11028795**	**13401171**
北 京	Beijing	1878066	2219470	558250	802134	1319816	1417336
天 津	Tianjin	285131	308432	91909	107403	193222	201028
河 北	Hebei	360685	441131	43371	49514	317314	391618
山 西	Shanxi	136813	167402	9047	7362	127766	160039
内蒙古	Inner Mongolia	101942	148413	155	685	101787	147728
辽 宁	Liaoning	598017	637682	66972	61681	531045	576001
吉 林	Jilin	188615	245631	2206	2856	186409	242775
黑龙江	Heilongjiang	224649	267740	29856	24401	194793	243338
上 海	Shanghai	4745364	5603113	3408394	4196732	1336970	1406381
江 苏	Jiangsu	1177715	1375780	222293	317201	955423	1058578
浙 江	Zhejiang	934824	1106421	315399	428845	619425	677576
安 徽	Anhui	596999	647363	329961	309277	267038	338087
福 建	Fujian	214687	259338	18938	27729	195749	231610
江 西	Jiangxi	74336	93305	3100	5226	71236	88079
山 东	Shandong	1059030	1237292	167594	192681	891436	1044611
河 南	Henan	489152	576773	56720	68677	432432	508096
湖 北	Hubei	655617	1238250	94065	108632	561552	1129618
湖 南	Hunan	356627	438381	46022	57157	310605	381224
广 东	Guangdong	1924357	2255984	998700	1043486	925657	1212497
广 西	Guangxi	127079	150934	27145	33628	99934	117306
海 南	Hainan	105379	161709	11310	10851	94070	150858
重 庆	Chongqing	279200	323288	40967	46724	238233	276564
四 川	Sichuan	482318	649777	115894	123459	366424	526319
贵 州	Guizhou	58527	64459	124	81	58404	64378
云 南	Yunnan	195030	251577	56834	60347	138196	191230
西 藏	Tibet	4906	6880			4906	6880
陕 西	Shaanxi	321119	417530	34142	58089	286977	359441
甘 肃	Gansu	81318	111802	29784	41047	51535	70755
青 海	Qinghai	17349	21508			17349	21508
宁 夏	Ningxia	30057	36626	56	39	30001	36586
新 疆	Xinjiang	135089	162853	31997	39726	103093	123127

金银珠宝类
Gold, Silver and Jewellery

单位：万元
Unit: 10000 yuan

地区	Region	合计 Total Sale Value		批发额 Wholesale Value		零售额 Retail Value	
		2011	2012	2011	2012	2011	2012
全国	**National Total**	**33052008**	**44658611**	**14680278**	**22564202**	**18371730**	**22094409**
北京	Beijing	7585403	11306930	4411447	8029048	3173956	3277883
天津	Tianjin	402245	545395	39106	36124	363140	509272
河北	Hebei	513935	652591	19465	3300	494470	649291
山西	Shanxi	352305	440715	5376	64358	346928	376357
内蒙古	Inner Mongolia	421292	333270	259743	137592	161548	195677
辽宁	Liaoning	1078413	1245425	35918	30213	1042496	1215212
吉林	Jilin	323418	484891	338	2561	323080	482330
黑龙江	Heilongjiang	332351	415105	6293	6999	326058	408106
上海	Shanghai	5061143	5960068	3549500	4443607	1511642	1516461
江苏	Jiangsu	2949001	3324074	885393	952947	2063609	2371127
浙江	Zhejiang	1506298	1783425	413404	431363	1092894	1352062
安徽	Anhui	532033	683636	121012	156034	411021	527603
福建	Fujian	380570	633880	37859	139466	342711	494414
江西	Jiangxi	155317	196291	6070	6197	149246	190094
山东	Shandong	2297990	2861413	685437	961969	1612553	1899444
河南	Henan	381335	522044	4547	21263	376788	500781
湖北	Hubei	1049058	1305038	238429	282296	810629	1022741
湖南	Hunan	442907	587687	20476	12573	422431	575114
广东	Guangdong	4840376	7348092	3591010	5532104	1249366	1815988
广西	Guangxi	147247	172397	3185	2122	144062	170275
海南	Hainan	77758	98524	17740	17715	60018	80809
重庆	Chongqing	598234	748378	230993	318510	367241	429868
四川	Sichuan	340072	1013877	22139	550219	317933	463658
贵州	Guizhou	62529	73487		41	62529	73446
云南	Yunnan	264628	784098	26392	354121	238236	429977
西藏	Tibet	4019	344			4019	344
陕西	Shaanxi	495439	565152	12414	14661	483025	550491
甘肃	Gansu	150374	194387	33258	51466	117116	142921
青海	Qinghai	22969	28676			22969	28676
宁夏	Ningxia	97836	117409	796	383	97040	117025
新疆	Xinjiang	185515	231914	2539	4952	182976	226962

3-2-9 续表 12 Continued 12

日用品类
Articles for Daily Use

单位：万元
Unit: 10000 yuan

地　区	Region	合　计 Total Sale Value		批发额 Wholesale Value		零售额 Retail Value	
		2011	2012	2011	2012	2011	2012
全　国	**National Total**	**57778323**	**69535698**	**30111817**	**35894324**	**27666506**	**33641374**
北　京	Beijing	4315265	5084062	2042496	2319712	2272769	2764350
天　津	Tianjin	621654	758033	170662	258886	450992	499147
河　北	Hebei	743852	942308	103582	169418	640271	772890
山　西	Shanxi	308415	393968	35662	48224	272753	345744
内蒙古	Inner Mongolia	297333	317784	47639	39191	249694	278593
辽　宁	Liaoning	1458624	1682771	332436	343771	1126189	1339000
吉　林	Jilin	420896	571100	22275	26091	398621	545009
黑龙江	Heilongjiang	770612	998685	284335	427128	486277	571558
上　海	Shanghai	8723864	9858845	5833550	6977414	2890314	2881432
江　苏	Jiangsu	4598887	5179003	1935786	1987721	2663101	3191281
浙　江	Zhejiang	7987386	8647983	6339011	6775010	1648375	1872973
安　徽	Anhui	1900604	2020776	1321574	1262237	579030	758540
福　建	Fujian	2218137	2149884	1316920	1069738	901218	1080147
江　西	Jiangxi	363537	382056	126504	82352	237033	299704
山　东	Shandong	3683873	4354615	763775	903210	2920098	3451405
河　南	Henan	1529111	1946983	269020	373987	1260091	1572996
湖　北	Hubei	1756053	2301153	359067	369387	1396986	1931765
湖　南	Hunan	918365	1263096	160815	216419	757550	1046677
广　东	Guangdong	10089827	13916747	7174991	10188549	2914836	3728198
广　西	Guangxi	480053	591524	188668	216521	291384	375003
海　南	Hainan	187221	248105	69266	59223	117955	188882
重　庆	Chongqing	1278280	1512531	337587	345793	940694	1166738
四　川	Sichuan	1167191	1541578	359809	477217	807382	1064361
贵　州	Guizhou	148472	142210	15710	4756	132763	137454
云　南	Yunnan	635049	1266976	288766	702354	346284	564622
西　藏	Tibet	6880	109	4		6876	109
陕　西	Shaanxi	717326	903452	128741	155391	588585	748061
甘　肃	Gansu	127752	171039	23307	28516	104445	142522
青　海	Qinghai	36132	40592	2426	1652	33707	38940
宁　夏	Ningxia	68843	87841	1351	1729	67492	86112
新　疆	Xinjiang	218831	259894	56086	62730	162745	197164

3-2-9 续表 13 Continued 13

洗涤用品类
Washing Articles

单位：万元
Unit: 10000 yuan

地 区	Region	合 计 Total Sale Value		批发额 Wholesale Value		零售额 Retail Value	
		2011	2012	2011	2012	2011	2012
全 国	**National Total**	**13220310**	**16006317**	**6111219**	**7254916**	**7109091**	**8751401**
北 京	Beijing	644313	760425	293958	333338	350355	427087
天 津	Tianjin	177546	179613	28596	31655	148950	147958
河 北	Hebei	233175	274826	28305	29541	204869	245286
山 西	Shanxi	116824	182712	13755	41833	103069	140879
内蒙古	Inner Mongolia	101050	107751	11509	14135	89541	93616
辽 宁	Liaoning	252019	291388	29170	36872	222849	254516
吉 林	Jilin	82157	117548	10418	6415	71739	111133
黑龙江	Heilongjiang	99640	140846	5708	14148	93932	126698
上 海	Shanghai	640642	692767	347577	372543	293065	320225
江 苏	Jiangsu	1177133	1385781	374545	395203	802588	990578
浙 江	Zhejiang	1729268	2066167	1274318	1559871	454950	506296
安 徽	Anhui	633938	726531	466049	502161	167888	224370
福 建	Fujian	469586	548199	149165	179229	320420	368970
江 西	Jiangxi	143076	166251	31153	22075	111922	144176
山 东	Shandong	1060291	1246923	257166	257965	803125	988958
河 南	Henan	308860	359406	59328	83769	249532	275637
湖 北	Hubei	535590	648086	141884	120630	393706	527456
湖 南	Hunan	348251	419515	47174	63874	301078	355641
广 东	Guangdong	2655015	3338225	1838639	2312601	816376	1025624
广 西	Guangxi	154889	190932	50880	57807	104009	133126
海 南	Hainan	79095	83634	46825	52900	32271	30735
重 庆	Chongqing	360437	479790	81869	96747	278568	383044
四 川	Sichuan	506887	693226	256907	328589	249980	364638
贵 州	Guizhou	65704	49939	14805	3923	50899	46015
云 南	Yunnan	245014	379434	127653	207661	117361	171774
西 藏	Tibet	2172				2172	
陕 西	Shaanxi	261082	301368	99906	104637	161176	196731
甘 肃	Gansu	41996	59966	3957	6393	38039	53573
青 海	Qinghai	7084	6247	2616	1652	4468	4595
宁 夏	Ningxia	13370	22589	48	7	13322	22582
新 疆	Xinjiang	74207	86232	17337	16746	56870	69486

3-2-9 续表 14 Continued 14

儿童玩具类
Children Toys

单位：万元
Unit: 10000 yuan

地区	Region	合计 Total Sale Value		批发额 Wholesale Value		零售额 Retail Value	
		2011	2012	2011	2012	2011	2012
全国	**National Total**	**2522708**	**3195255**	**981311**	**1243564**	**1541397**	**1951691**
北京	Beijing	99357	124981	24568	30784	74789	94197
天津	Tianjin	18487	21417	1498	1752	16989	19665
河北	Hebei	57315	78180	411	225	56904	77954
山西	Shanxi	28099	36946	588	958	27511	35988
内蒙古	Inner Mongolia	16538	18686	182	801	16356	17885
辽宁	Liaoning	81526	126604	176	183	81350	126422
吉林	Jilin	13207	28392	59	41	13147	28351
黑龙江	Heilongjiang	12482	29672	55	11806	12427	17866
上海	Shanghai	230058	330663	118501	196505	111557	134157
江苏	Jiangsu	478969	518053	288403	293950	190566	224102
浙江	Zhejiang	242640	278146	170112	193711	72528	84435
安徽	Anhui	44942	65026	10746	11244	34196	53782
福建	Fujian	71008	89514	29217	37944	41791	51569
江西	Jiangxi	15358	20172	750	4209	14609	15963
山东	Shandong	248801	295382	43658	44514	205143	250868
河南	Henan	63190	74279	2313	996	60877	73283
湖北	Hubei	74179	106260	4559	5879	69620	100381
湖南	Hunan	66263	81367	3742	5815	62521	75552
广东	Guangdong	389618	533963	225151	336480	164467	197483
广西	Guangxi	8465	13933	76	96	8389	13838
海南	Hainan	4935	5379	50	7	4885	5372
重庆	Chongqing	44892	47236	14280	10200	30612	37036
四川	Sichuan	51567	72501	1946	2246	49621	70255
贵州	Guizhou	8183	11738	4	4	8179	11734
云南	Yunnan	39201	50211	17843	22319	21358	27893
西藏	Tibet	55	255			55	255
陕西	Shaanxi	89392	103913	15010	19300	74382	84613
甘肃	Gansu	4739	7805	11	519	4728	7286
青海	Qinghai	822	766			822	766
宁夏	Ningxia	1663	1279	1	24	1662	1254
新疆	Xinjiang	16758	22541	7402	11054	9356	11487

3-2-9 续表 15 Continued 15

五金、电料类 | 单位：万元
Hardware and Electrical Materials | Unit: 10000 yuan

地 区	Region	合 计 Total Sale Value		批发额 Wholesale Value		零售额 Retail Value	
		2011	2012	2011	2012	2011	2012
全 国	**National Total**	**22476982**	**25330578**	**16937613**	**18511464**	**5539369**	**6819114**
北 京	Beijing	1205838	1166546	1078448	1035344	127390	131201
天 津	Tianjin	698887	1044537	642884	975953	56003	68584
河 北	Hebei	189899	342622	111712	232533	78187	110088
山 西	Shanxi	156596	178874	39461	46807	117136	132067
内蒙古	Inner Mongolia	74111	75510	15313	19584	58798	55926
辽 宁	Liaoning	1014249	849752	511288	449482	502962	400270
吉 林	Jilin	70166	99637	11093	5831	59072	93805
黑龙江	Heilongjiang	85687	161458	7208	17611	78479	143846
上 海	Shanghai	3646709	4958829	3471364	4818809	175345	140020
江 苏	Jiangsu	2716150	2887191	2063549	1966221	652601	920970
浙 江	Zhejiang	3764415	3603310	3639412	3470791	125003	132519
安 徽	Anhui	132814	252405	58512	147918	74301	104488
福 建	Fujian	873840	899566	791735	749279	82105	150287
江 西	Jiangxi	44508	93094	28015	68613	16493	24482
山 东	Shandong	1954814	2136953	730744	783484	1224071	1353468
河 南	Henan	528116	643038	160718	198358	367398	444681
湖 北	Hubei	613062	660390	109294	78608	503769	581783
湖 南	Hunan	261235	436376	91430	91612	169805	344764
广 东	Guangdong	3325988	3235791	2874547	2804761	451441	431030
广 西	Guangxi	33608	39843	11717	8899	21891	30944
海 南	Hainan	51429	34302	40299	30321	11131	3982
重 庆	Chongqing	445347	651514	199402	240738	245945	410776
四 川	Sichuan	101129	247363	37767	61588	63363	185775
贵 州	Guizhou	16960	20166	11878	10948	5082	9218
云 南	Yunnan	115143	137055	75771	66758	39371	70297
西 藏	Tibet		80		77		3
陕 西	Shaanxi	281354	358168	78064	86878	203290	271290
甘 肃	Gansu	20319	63659	5089	5943	15230	57716
青 海	Qinghai	1226	1158	32		1194	1158
宁 夏	Ningxia	7828	6265	5801	3534	2027	2731
新 疆	Xinjiang	45557	45126	35068	34182	10489	10944

3-2-9 续表 16 Continued 16

体育、娱乐用品类
Sports and Recreation Articles

单位：万元
Unit: 10000 yuan

地 区	Region	合 计 Total Sale Value		批发额 Wholesale Value		零售额 Retail Value	
		2011	2012	2011	2012	2011	2012
全 国	**National Total**	**11539270**	**11971067**	**7870800**	**7863295**	**3668469**	**4107772**
北 京	Beijing	5655822	5786846	4909812	4894866	746011	891980
天 津	Tianjin	127104	219112	85441	179586	41663	39526
河 北	Hebei	85746	101624	2171	1822	83575	99803
山 西	Shanxi	61272	67540	24412	23814	36860	43726
内蒙古	Inner Mongolia	46105	34299	954	66	45150	34233
辽 宁	Liaoning	156109	200676	22441	63319	133669	137358
吉 林	Jilin	64457	100063	134	1061	64322	99002
黑龙江	Heilongjiang	67651	70043	138	58	67512	69985
上 海	Shanghai	606377	621326	274874	324423	331503	296903
江 苏	Jiangsu	1147693	1317187	644127	823224	503567	493962
浙 江	Zhejiang	382375	362422	249483	219342	132892	143080
安 徽	Anhui	112359	130125	37519	49793	74841	80332
福 建	Fujian	189520	220166	120710	158815	68810	61351
江 西	Jiangxi	30227	39690	14440	17039	15787	22650
山 东	Shandong	313394	340701	52940	47120	260454	293581
河 南	Henan	108018	112277	16487	3961	91530	108316
湖 北	Hubei	154577	167332	3535	8267	151042	159066
湖 南	Hunan	104864	113931	23856	25046	81008	88885
广 东	Guangdong	1570120	1346541	1311821	944797	258299	401744
广 西	Guangxi	52544	54577	20246	18567	32298	36009
海 南	Hainan	9941	10230	114		9827	10230
重 庆	Chongqing	74273	78198	7433	6284	66841	71914
四 川	Sichuan	74949	97908	6416	5094	68533	92814
贵 州	Guizhou	17586	17516	274	199	17312	17317
云 南	Yunnan	53050	53144	8233	10631	44816	42513
西 藏	Tibet	255	13626			255	13626
陕 西	Shaanxi	216096	234544	30958	33306	185138	201238
甘 肃	Gansu	13281	18242	5	1076	13276	17166
青 海	Qinghai	4333	3048			4333	3048
宁 夏	Ningxia	14749	16697	219	374	14531	16323
新 疆	Xinjiang	24423	21438	1607	1345	22815	20093

3-2-9 续表 17 Continued 17

书报杂志类　　　　　　　　　　　　　　　　　　　　单位：万元

Newspapers and Magazines　　　　　　　　　　　　　　Unit: 10000 yuan

地　区	Region	合　计 Total Sale Value		批发额 Wholesale Value		零售额 Retail Value	
		2011	2012	2011	2012	2011	2012
全　国	**National Total**	**13714682**	**14996778**	**5934362**	**6235503**	**7780320**	**8761275**
北　京	Beijing	1948885	2225642	779907	976786	1168978	1248856
天　津	Tianjin	136337	142835	87890	95946	48447	46889
河　北	Hebei	435504	508561	256861	279187	178643	229374
山　西	Shanxi	332566	364973	142115	160646	190451	204326
内蒙古	Inner Mongolia	49165	50105	9119	11004	40046	39101
辽　宁	Liaoning	227360	226696	68392	69622	158967	157074
吉　林	Jilin	144828	138096	50509	40922	94319	97174
黑龙江	Heilongjiang	176450	159915	82182	62988	94268	96928
上　海	Shanghai	291607	295825	153195	102790	138411	193035
江　苏	Jiangsu	1104242	1542790	384673	429182	719570	1113609
浙　江	Zhejiang	652538	699506	265267	266905	387270	432601
安　徽	Anhui	588994	695388	286711	320450	302283	374938
福　建	Fujian	470830	526438	186886	216131	283944	310307
江　西	Jiangxi	385227	413766	189422	165480	195806	248286
山　东	Shandong	1092607	1230494	502266	582355	590342	648139
河　南	Henan	605245	653438	267443	289237	337802	364201
湖　北	Hubei	687382	806084	267604	270803	419779	535281
湖　南	Hunan	1129958	881410	410367	303014	719591	578396
广　东	Guangdong	753139	801130	487827	528802	265311	272328
广　西	Guangxi	205464	225335	99559	106103	105905	119232
海　南	Hainan	72564	65730	46528	32371	26036	33359
重　庆	Chongqing	385381	365086	212294	189902	173086	175184
四　川	Sichuan	446838	478234	70659	79304	376180	398929
贵　州	Guizhou	206211	227043	126381	137730	79830	89313
云　南	Yunnan	345348	369235	168754	178155	176594	191081
西　藏	Tibet	1659	627	35		1623	627
陕　西	Shaanxi	369501	360536	120157	98944	249344	261592
甘　肃	Gansu	138800	175276	49416	65414	89384	109862
青　海	Qinghai	14096	17813	10864	13534	3232	4278
宁　夏	Ningxia	34102	32524	14882	12792	19221	19732
新　疆	Xinjiang	281857	316247	136198	149004	145659	167243

3-2-9 续表 18 Continued 18

电子出版物及音像制品类
E-journals and Video Products

单位：万元
Unit: 10000 yuan

地区	Region	合计 Total Sale Value		批发额 Wholesale Value		零售额 Retail Value	
		2011	2012	2011	2012	2011	2012
全国	**National Total**	**1673165**	**1624245**	**711705**	**683185**	**961461**	**941059**
北京	Beijing	483576	472614	292793	278511	190783	194104
天津	Tianjin	11644	12054	2260	2155	9384	9900
河北	Hebei	23768	28540	1163	709	22605	27831
山西	Shanxi	14985	16191	5427	6824	9559	9367
内蒙古	Inner Mongolia	7402	4380		33	7402	4347
辽宁	Liaoning	35671	36061	11236	13166	24434	22894
吉林	Jilin	18520	24228	59		18461	24227
黑龙江	Heilongjiang	10189	9803	1239	177	8951	9625
上海	Shanghai	73563	64711	26981	30992	46582	33718
江苏	Jiangsu	151635	142293	28672	30778	122963	111515
浙江	Zhejiang	53345	61859	25523	35980	27822	25879
安徽	Anhui	32753	27018	17729	7757	15024	19261
福建	Fujian	54760	28695	42437	10621	12323	18074
江西	Jiangxi	46473	53993	4260	42	42213	53952
山东	Shandong	108629	89806	10198	5687	98431	84119
河南	Henan	26440	39481	1431	14259	25010	25222
湖北	Hubei	33407	39217	3890	1954	29516	37262
湖南	Hunan	29710	46253	1434	8226	28276	38027
广东	Guangdong	245278	219879	181931	158563	63347	61316
广西	Guangxi	25441	22227	14851	14812	10590	7415
海南	Hainan	12665	11969	2013	7609	10652	4360
重庆	Chongqing	42477	36122	14120	12007	28357	24114
四川	Sichuan	53521	76069	12029	22275	41492	53793
贵州	Guizhou	3813	2320	733	666	3080	1655
云南	Yunnan	15091	22110	9150	16454	5941	5655
西藏	Tibet	36	154		143	36	11
陕西	Shaanxi	9680	22428	53	2111	9627	20318
甘肃	Gansu	24514	4067	62	368	24452	3699
青海	Qinghai	2471	3692			2471	3692
宁夏	Ningxia	1725	2399			1725	2399
新疆	Xinjiang	19986	3612	32	307	19955	3305

3-2-9 续表 19 Continued 19

家用电器和音像器材类　　　　单位：万元
Household Appliances and Video Appliances　　　　Unit: 10000 yuan

地区	Region	合计 Total Sale Value		批发额 Wholesale Value		零售额 Retail Value	
		2011	2012	2011	2012	2011	2012
全　国	**National Total**	**120935642**	**133641533**	**67186486**	**74283048**	**53749156**	**59358485**
北　京	Beijing	9984622	9788545	7613168	7130343	2371454	2658202
天　津	Tianjin	1410907	1306603	517805	457474	893102	849129
河　北	Hebei	2416742	2679276	448269	527673	1968473	2151603
山　西	Shanxi	1100842	1268818	261893	278085	838949	990733
内蒙古	Inner Mongolia	769646	708397	154169	126169	615477	582228
辽　宁	Liaoning	2808940	3173812	736101	837872	2072840	2335940
吉　林	Jilin	1184187	1461115	167915	293180	1016273	1167935
黑龙江	Heilongjiang	1284293	1329002	211683	185767	1072610	1143234
上　海	Shanghai	9557464	9278787	5859817	5549314	3697647	3729473
江　苏	Jiangsu	15686873	16377481	9972856	10574256	5714017	5803225
浙　江	Zhejiang	8089836	8251000	5003324	5438514	3086512	2812486
安　徽	Anhui	4924431	7088334	3115713	4842600	1808718	2245734
福　建	Fujian	2995828	3110541	1357448	1406131	1638380	1704409
江　西	Jiangxi	1438601	1580685	798472	794325	640129	786359
山　东	Shandong	10081811	13221876	4199911	6516287	5881900	6705589
河　南	Henan	4508094	4858904	2028144	2089250	2479949	2769653
湖　北	Hubei	3641847	4542255	703473	824051	2938374	3718204
湖　南	Hunan	2910265	3558582	952109	942089	1958156	2616492
广　东	Guangdong	13741154	14784969	8740518	10064577	5000636	4720393
广　西	Guangxi	1514474	1776111	806549	936465	707925	839646
海　南	Hainan	369714	367342	163461	162034	206252	205308
重　庆	Chongqing	12740928	13536549	10727170	11291571	2013758	2244978
四　川	Sichuan	3061396	4243053	675357	893143	2386040	3349909
贵　州	Guizhou	663840	643534	352585	282256	311255	361278
云　南	Yunnan	935948	1369670	400235	645181	535713	724490
西　藏	Tibet	12577				12577	
陕　西	Shaanxi	1700831	2035565	473187	638254	1227644	1397311
甘　肃	Gansu	703388	500555	551138	316937	152250	183618
青　海	Qinghai	71715	113836	6166	25658	65549	88178
宁　夏	Ningxia	166890	171693	20339	11956	146551	159737
新　疆	Xinjiang	457558	514645	167511	201636	290048	313009

3-2-9 续表 20 Continued 20

中西药品类
Traditional Chinese and Western Medicines

单位：万元
Unit: 10000 yuan

地区	Region	合计 Total Sale Value		批发额 Wholesale Value		零售额 Retail Value	
		2011	2012	2011	2012	2011	2012
全国	**National Total**	**118823220**	**145969962**	**81647371**	**97834025**	**37175848**	**48135937**
北京	Beijing	10368191	13068515	5983877	6855481	4384315	6213034
天津	Tianjin	3445771	4146882	3247959	3944199	197812	202684
河北	Hebei	4035662	4396295	3202459	3239803	833203	1156493
山西	Shanxi	1270294	1780339	908193	1303461	362101	476878
内蒙古	Inner Mongolia	466544	638715	304234	391093	162310	247621
辽宁	Liaoning	4775507	5247891	3115426	2862145	1660081	2385746
吉林	Jilin	901990	1356823	574527	823281	327463	533542
黑龙江	Heilongjiang	2168380	2888139	1337926	1854201	830454	1033938
上海	Shanghai	8704112	11284633	6077324	8556789	2626788	2727844
江苏	Jiangsu	10845089	12780399	6865327	7881733	3979763	4898666
浙江	Zhejiang	9171380	10453290	5111220	5602160	4060160	4851130
安徽	Anhui	6162656	7406832	4277820	4925236	1884835	2481597
福建	Fujian	2525500	3000190	1982923	2253576	542577	746615
江西	Jiangxi	2137924	2695872	1616323	1968829	521600	727044
山东	Shandong	7420409	9133858	4947239	5727269	2473170	3406589
河南	Henan	4584566	6020800	3553495	4735403	1031071	1285397
湖北	Hubei	3896184	5169270	2313731	2747178	1582453	2422091
湖南	Hunan	3550466	4661714	2110506	2591097	1439960	2070617
广东	Guangdong	14781375	17530868	11365452	13686680	3415924	3844189
广西	Guangxi	1459936	1884381	738492	993809	721444	890572
海南	Hainan	1084583	1394970	1055163	1359744	29420	35226
重庆	Chongqing	4025705	4357278	2599657	2731281	1426048	1625998
四川	Sichuan	4672923	6609000	4132379	5543643	540544	1065357
贵州	Guizhou	794488	946976	684858	701061	109630	245915
云南	Yunnan	2247337	2851794	1780855	2210267	466482	641527
西藏	Tibet	74798	140	74644		154	140
陕西	Shaanxi	1133163	1707856	718091	1141301	415072	566555
甘肃	Gansu	558772	761264	442210	587106	116562	174158
青海	Qinghai	109402	121960	48837	62805	60565	59154
宁夏	Ningxia	280794	337832	85251	84743	195543	253089
新疆	Xinjiang	1169320	1335187	390973	468656	778347	866532

3-2-9 续表 21 Continued 21

西药类
Western Medicines

单位：万元
Unit: 10000 yuan

地 区	Region	合 计 Total Sale Value		批发额 Wholesale Value		零售额 Retail Value	
		2011	2012	2011	2012	2011	2012
全 国	**National Total**	**82129861**	**102544427**	**56766774**	**68860424**	**25363087**	**33684003**
北 京	Beijing	6967504	8641179	3912335	4403311	3055169	4237868
天 津	Tianjin	1849281	2254095	1784311	2167785	64971	86310
河 北	Hebei	3277119	3412207	2653667	2548881	623452	863326
山 西	Shanxi	757620	1155826	510001	815708	247618	340118
内蒙古	Inner Mongolia	290232	383785	191658	207470	98574	176315
辽 宁	Liaoning	2655259	3374653	1665437	1891821	989822	1482832
吉 林	Jilin	341835	675475	221486	485889	120349	189586
黑龙江	Heilongjiang	1647911	2043789	966717	1262955	681194	780834
上 海	Shanghai	5164675	8160451	3978149	6531122	1186526	1629330
江 苏	Jiangsu	9016609	10242822	5846343	6381645	3170266	3861178
浙 江	Zhejiang	6604265	7770994	3595149	3994781	3009116	3776213
安 徽	Anhui	4009077	5279586	2947325	3646730	1061752	1632857
福 建	Fujian	1962009	2330699	1559906	1773509	402103	557191
江 西	Jiangxi	1375461	1662671	972273	1117874	403189	544796
山 东	Shandong	4528725	5118132	2905436	3054295	1623289	2063838
河 南	Henan	2659689	3587995	2146420	2938518	513268	649477
湖 北	Hubei	3206836	4235800	1969571	2390388	1237266	1845412
湖 南	Hunan	2736980	3470195	1721657	2048577	1015322	1421618
广 东	Guangdong	9578512	11673975	7486475	9101881	2092036	2572094
广 西	Guangxi	1052873	1356210	502559	669078	550314	687132
海 南	Hainan	871957	1062626	849990	1033612	21967	29014
重 庆	Chongqing	3091453	3367411	2022518	2135085	1068935	1232326
四 川	Sichuan	3537339	4752265	3107573	3954804	429766	797461
贵 州	Guizhou	497902	676007	419208	481337	78694	194671
云 南	Yunnan	1923990	2456324	1574889	1985677	349101	470648
西 藏	Tibet	11				11	
陕 西	Shaanxi	812927	1324291	502882	881402	310045	442890
甘 肃	Gansu	432647	602414	347889	466428	84758	135986
青 海	Qinghai	57980	90159	16011	42153	41969	48006
宁 夏	Ningxia	220771	273767	60523	62763	160248	211004
新 疆	Xinjiang	1000413	1108624	328415	384948	671998	723676

中草药及中成药类
Traditional Chinese Medicines

单位：万元
Unit: 10000 yuan

地 区	Region	合 计 Total Sale Value		批发额 Wholesale Value		零售额 Retail Value	
		2011	2012	2011	2012	2011	2012
全 国	**National Total**	**19433173**	**24538512**	**13237646**	**16538245**	**6195526**	**8000267**
北 京	Beijing	1633103	2035604	783632	898922	849472	1136682
天 津	Tianjin	1250790	1565384	1211431	1506200	39360	59184
河 北	Hebei	466254	633195	316961	417803	149294	215392
山 西	Shanxi	328613	416759	250355	309441	78257	107318
内蒙古	Inner Mongolia	93481	92677	70748	70393	22734	22284
辽 宁	Liaoning	586474	691053	360927	331018	225547	360035
吉 林	Jilin	55124	128763	24982	77398	30141	51365
黑龙江	Heilongjiang	420948	606811	307382	464524	113567	142287
上 海	Shanghai	1334095	1488445	830856	938295	503239	550150
江 苏	Jiangsu	1469529	1864137	787985	1063825	681544	800312
浙 江	Zhejiang	1737037	1881060	946177	995474	790860	885586
安 徽	Anhui	795768	950301	593615	643306	202153	306996
福 建	Fujian	256008	280576	173901	185119	82107	95458
江 西	Jiangxi	689891	960795	577471	800679	112420	160116
山 东	Shandong	1110589	1377320	591958	745520	518631	631801
河 南	Henan	529939	640283	347912	417703	182027	222580
湖 北	Hubei	431153	535159	219960	217618	211193	317541
湖 南	Hunan	455343	661881	261658	365022	193685	296859
广 东	Guangdong	2987817	4009155	2516852	3421149	470966	588006
广 西	Guangxi	258050	339623	115509	160776	142542	178847
海 南	Hainan	126397	154479	119274	148379	7123	6101
重 庆	Chongqing	617051	682680	423458	448802	193593	233878
四 川	Sichuan	955080	1450400	872927	1274175	82153	176226
贵 州	Guizhou	125917	166235	108265	139123	17652	27112
云 南	Yunnan	262758	328175	188332	211571	74427	116604
西 藏	Tibet		15785				15785
陕 西	Shaanxi	138493	198598	81605	111080	56888	87518
甘 肃	Gansu	114524	138873	86161	108152	28362	30721
青 海	Qinghai	9543	11104		238	9543	10866
宁 夏	Ningxia	59824	64052	24748	21979	35076	42074
新 疆	Xinjiang	133580	169149	42607	44564	90973	124586

3-2-9 续表 23 Continued 23

文化办公用品类
Cultural and Offices Appliances

单位：万元
Unit: 10000 yuan

地 区	Region	合 计 Total Sale Value		批发额 Wholesale Value		零售额 Retail Value	
		2011	2012	2011	2012	2011	2012
全 国	**National Total**	**68056658**	**99741923**	**51762468**	**77915705**	**16294190**	**21826218**
北 京	Beijing	18757455	19627442	15149614	15768529	3607841	3858913
天 津	Tianjin	622922	703199	452911	339729	170011	363470
河 北	Hebei	208385	208363	35782	12747	172603	195616
山 西	Shanxi	146164	331854	32610	182120	113554	149734
内蒙古	Inner Mongolia	170832	175490	70792	76314	100040	99175
辽 宁	Liaoning	1366430	1357925	646558	525582	719873	832343
吉 林	Jilin	260303	293586	98789	70988	161514	222597
黑龙江	Heilongjiang	448146	694159	75523	250036	372624	444123
上 海	Shanghai	9965407	14443365	8675557	12928606	1289851	1514759
江 苏	Jiangsu	5095525	7059655	3258027	4960058	1837498	2099597
浙 江	Zhejiang	4041348	4471268	3373912	3796016	667436	675252
安 徽	Anhui	714415	875623	409010	447569	305405	428054
福 建	Fujian	1233009	1361530	688467	691187	544542	670343
江 西	Jiangxi	268173	409307	106845	161224	161329	248083
山 东	Shandong	3395185	3868813	2158806	2331318	1236379	1537495
河 南	Henan	839556	832426	438190	389866	401366	442560
湖 北	Hubei	1760900	1924976	1198131	1096540	562769	828436
湖 南	Hunan	695873	829905	336532	387335	359341	442570
广 东	Guangdong	13488377	24899159	12063869	22053906	1424508	2845253
广 西	Guangxi	325712	377058	175144	185405	150568	191653
海 南	Hainan	151665	190962	82609	129082	69056	61880
重 庆	Chongqing	877862	9385599	320783	7535876	557079	1849723
四 川	Sichuan	1379587	3385902	979626	2533127	399960	852776
贵 州	Guizhou	136932	129417	67756	57125	69176	72293
云 南	Yunnan	530084	679328	280040	379783	250044	299545
西 藏	Tibet	89				89	
陕 西	Shaanxi	685265	738531	362531	378474	322734	360057
甘 肃	Gansu	131773	128590	47420	63288	84353	65302
青 海	Qinghai	23528	8141	1135		22393	8141
宁 夏	Ningxia	79695	81009	26452	23346	53244	57663
新 疆	Xinjiang	256062	269342	149050	160531	107013	108812

3-2-9 续表 24 Continued 24

家具类
Furniture

单位：万元
Unit: 10000 yuan

地 区	Region	合 计 Total Sale Value		批发额 Wholesale Value		零售额 Retail Value	
		2011	2012	2011	2012	2011	2012
全 国	**National Total**	**16025859**	**21182506**	**4214755**	**5141077**	**11811104**	**16041429**
北 京	Beijing	964647	1007705	197595	173816	767052	833889
天 津	Tianjin	132225	224588	87572	102490	44653	122098
河 北	Hebei	159654	218477	7318	18852	152336	199625
山 西	Shanxi	162007	237404	285	2373	161722	235031
内蒙古	Inner Mongolia	185864	250620	1112	614	184752	250006
辽 宁	Liaoning	371053	419969	22391	39516	348663	380453
吉 林	Jilin	263248	364459	748	3373	262500	361085
黑龙江	Heilongjiang	230804	360603	2133	20567	228671	340035
上 海	Shanghai	793934	874520	400268	572491	393666	302029
江 苏	Jiangsu	1013833	1327364	62633	82315	951201	1245049
浙 江	Zhejiang	752590	861393	616877	578742	135712	282651
安 徽	Anhui	196593	327708	18401	19065	178192	308643
福 建	Fujian	726191	934178	275769	337264	450422	596914
江 西	Jiangxi	132888	277471	16632	1905	116257	275566
山 东	Shandong	3230850	3999939	195236	366115	3035614	3633824
河 南	Henan	599753	776314	27269	34128	572484	742186
湖 北	Hubei	974508	1323915	190895	232352	783613	1091563
湖 南	Hunan	459837	733763	21468	32492	438369	701270
广 东	Guangdong	2201115	2591578	1719096	2023782	482020	567796
广 西	Guangxi	10681	29868	20	15060	10661	14809
海 南	Hainan	7348	6792	746	373	6602	6419
重 庆	Chongqing	1414055	1920906	330255	439899	1083799	1481008
四 川	Sichuan	203466	583522	5945	28200	197521	555322
贵 州	Guizhou	2473	5483	45	854	2429	4629
云 南	Yunnan	56616	156171	5942	8536	50674	147635
西 藏	Tibet		432698				432698
陕 西	Shaanxi	605674	744055	6690	3266	598984	740788
甘 肃	Gansu	8747	14513		1543	8747	12969
青 海	Qinghai	44	50			44	50
宁 夏	Ningxia	6878	7582		108	6878	7475
新 疆	Xinjiang	158285	168902	1417	987	156868	167914

3-2-9 续表 25 Continued 25

通讯器材类 单位：万元
Communication Appliances Unit: 10000 yuan

地区	Region	合计 Total Sale Value		批发额 Wholesale Value		零售额 Retail Value	
		2011	2012	2011	2012	2011	2012
全国	**National Total**	**52796936**	**75019229**	**42100263**	**59620933**	**10696673**	**15398296**
北京	Beijing	22976185	25961804	21197359	23034056	1778826	2927748
天津	Tianjin	329335	532489	163055	247697	166280	284792
河北	Hebei	326828	390930	63453	65948	263375	324982
山西	Shanxi	118275	118674	48307	21868	69968	96806
内蒙古	Inner Mongolia	96560	129428	16046	27442	80514	101985
辽宁	Liaoning	956091	1079055	447431	409534	508661	669521
吉林	Jilin	192975	218997	21142	9282	171833	209715
黑龙江	Heilongjiang	360849	405311	135714	90926	225135	314385
上海	Shanghai	3030874	14107834	2439873	12987979	591002	1119855
江苏	Jiangsu	4576829	5029091	3368084	3524783	1208745	1504309
浙江	Zhejiang	1802811	2145395	1311373	1524951	491438	620444
安徽	Anhui	379953	462196	189625	203823	190328	258373
福建	Fujian	1039796	1085294	778296	815990	261499	269304
江西	Jiangxi	165074	160708	47574	24584	117501	136124
山东	Shandong	1189820	1420309	163708	226828	1026112	1193482
河南	Henan	518062	617839	123570	167726	394491	450113
湖北	Hubei	328531	428107	46201	43395	282330	384713
湖南	Hunan	355621	568813	94445	187171	261176	381643
广东	Guangdong	11307144	16030475	10092304	13866803	1214840	2163672
广西	Guangxi	222163	293469	125566	145093	96597	148376
海南	Hainan	108525	204181	74051	164894	34473	39287
重庆	Chongqing	573139	1214719	253584	757304	319555	457415
四川	Sichuan	978970	1368616	636358	715408	342612	653207
贵州	Guizhou	102093	78284	53809	38533	48284	39751
云南	Yunnan	234610	402713	86990	217478	147620	185235
西藏	Tibet	15785	19253		18676	15785	577
陕西	Shaanxi	286822	338150	44715	48309	242108	289842
甘肃	Gansu	71103	66819	29731	6022	41373	60797
青海	Qinghai	718	2129			718	2129
宁夏	Ningxia	51485	56140	3765	6335	47721	49806
新疆	Xinjiang	99913	82007	44136	22097	55777	59910

3-2-9 续表 26 Continued 26

煤炭及制品类
Coal and Related Products

单位：万元
Unit: 10000 yuan

地　区	Region	合　计 Total Sale Value		批发额 Wholesale Value		零售额 Retail Value	
		2011	2012	2011	2012	2011	2012
全　国	**National Total**	**217398902**	**251428100**	**210718298**	**242643160**	**6680604**	**8784940**
北　京	Beijing	35985219	34044287	35959316	34023879	25903	20408
天　津	Tianjin	10758845	15616877	10421599	15168334	337245	448543
河　北	Hebei	11888051	21395724	11788795	21240686	99255	155038
山　西	Shanxi	34745756	39581091	34626997	39470890	118759	110200
内蒙古	Inner Mongolia	11793332	11240189	11235361	10399749	557971	840440
辽　宁	Liaoning	3675056	5676194	3533596	5495233	141460	180961
吉　林	Jilin	194768	367018	98225	181869	96543	185149
黑龙江	Heilongjiang	724022	779780	650413	641719	73608	138061
上　海	Shanghai	12715264	14358762	12679485	14325674	35778	33088
江　苏	Jiangsu	14240833	17339248	14002943	16886140	237890	453108
浙　江	Zhejiang	10269287	13222520	10251682	13188993	17605	33527
安　徽	Anhui	3036611	2788491	2960372	2718120	76238	70371
福　建	Fujian	2784816	3021482	2669988	2879168	114829	142314
江　西	Jiangxi	1744734	2067797	1728259	2044524	16474	23273
山　东	Shandong	14676359	18082806	12186304	15124574	2490055	2958233
河　南	Henan	6805668	6277284	6537966	5888478	267702	388806
湖　北	Hubei	3048353	3248951	2762506	2898911	285848	350041
湖　南	Hunan	1725221	1823041	1328932	1325195	396289	497846
广　东	Guangdong	16210667	16494258	16044429	16323393	166238	170864
广　西	Guangxi	1349918	1795707	1349139	1790139	779	5568
海　南	Hainan	67558	102205	67405	101874	154	331
重　庆	Chongqing	2606610	2784439	2483890	2672921	122720	111518
四　川	Sichuan	1681138	2562196	1605112	2388933	76026	173263
贵　州	Guizhou	1303601	1481305	1278156	1470530	25445	10775
云　南	Yunnan	1222132	1908937	1143709	1773099	78423	135838
西　藏	Tibet		3572				3572
陕　西	Shaanxi	11381638	11601508	10635545	10586915	746093	1014594
甘　肃	Gansu	163088	210449	136904	119675	26184	90775
青　海	Qinghai	166744	823425	130017	794731	36727	28694
宁　夏	Ningxia	230104	255261	221270	251035	8835	4226
新　疆	Xinjiang	203514	473298	199984	467783	3529	5514

木材及制品类
Wood and Wooden Products

单位：万元
Unit: 10000 yuan

地 区	Region	合 计 Total Sale Value		批发额 Wholesale Value		零售额 Retail Value	
		2011	2012	2011	2012	2011	2012
全 国	**National Total**	**8425786**	**10139783**	**8425786**	**10139783**		
北 京	Beijing	730551	1021889	730551	1021889		
天 津	Tianjin	68875	74121	68875	74121		
河 北	Hebei	44225	31565	44225	31565		
山 西	Shanxi	7412	10339	7412	10339		
内蒙古	Inner Mongolia	1025	47047	1025	47047		
辽 宁	Liaoning	33166	49030	33166	49030		
吉 林	Jilin		1003		1003		
黑龙江	Heilongjiang	459597	396343	459597	396343		
上 海	Shanghai	1111983	649441	1111983	649441		
江 苏	Jiangsu	793113	956320	793113	956320		
浙 江	Zhejiang	1139307	1487381	1139307	1487381		
安 徽	Anhui	17196	38800	17196	38800		
福 建	Fujian	1699382	1931296	1699382	1931296		
江 西	Jiangxi	162722	201605	162722	201605		
山 东	Shandong	1012565	1294841	1012565	1294841		
河 南	Henan	74670	50126	74670	50126		
湖 北	Hubei	6891	10935	6891	10935		
湖 南	Hunan	12190	16212	12190	16212		
广 东	Guangdong	748430	1364840	748430	1364840		
广 西	Guangxi	14946	19573	14946	19573		
海 南	Hainan	21853	8406	21853	8406		
重 庆	Chongqing	178516	360257	178516	360257		
四 川	Sichuan	3303	19785	3303	19785		
贵 州	Guizhou		2495		2495		
云 南	Yunnan	83301	94838	83301	94838		
西 藏	Tibet						
陕 西	Shaanxi	29	4	29	4		
甘 肃	Gansu	255	357	255	357		
青 海	Qinghai						
宁 夏	Ningxia	283	830	283	830		
新 疆	Xinjiang	1	108	1	108		

石油及制品类
Petroleum and Related Products

单位：万元
Unit: 10000 yuan

地区	Region	合计 Total Sale Value		批发额 Wholesale Value		零售额 Retail Value	
		2011	2012	2011	2012	2011	2012
全国	**National Total**	**634038847**	**716470801**	**489665423**	**549903128**	**144373424**	**166567673**
北京	Beijing	51021169	57659217	45313939	51665894	5707230	5993322
天津	Tianjin	50159058	55996964	45974411	52030370	4184647	3966594
河北	Hebei	11535566	12216092	8429863	8457430	3105703	3758662
山西	Shanxi	7392857	7863485	2859640	2350903	4533218	5512581
内蒙古	Inner Mongolia	8660680	8600685	2999441	2488874	5661239	6111811
辽宁	Liaoning	52418004	60868480	47854786	55008117	4563218	5860363
吉林	Jilin	7735652	8356636	4245139	4358971	3490513	3997665
黑龙江	Heilongjiang	17977374	18273870	14921383	14808638	3055992	3465233
上海	Shanghai	59271426	62055057	54991789	57531479	4279637	4523578
江苏	Jiangsu	30086210	33496642	21146922	23934402	8939288	9562240
浙江	Zhejiang	34830439	39983270	24827171	28834470	10003268	11148799
安徽	Anhui	8976491	10454775	5555257	5938240	3421233	4516535
福建	Fujian	13419303	16157133	7684972	9706353	5734330	6450780
江西	Jiangxi	5247548	5933605	1647662	1514425	3599887	4419180
山东	Shandong	25444531	29666828	14745778	16898944	10698753	12767884
河南	Henan	11936327	13294809	6504211	6979791	5432116	6315018
湖北	Hubei	34737762	38842268	29417966	32781798	5319797	6060470
湖南	Hunan	8775233	9727953	2604230	2541008	6171004	7186946
广东	Guangdong	90471097	102602477	72955579	84089186	17515518	18513291
广西	Guangxi	6884005	8405792	4309048	5303650	2574957	3102143
海南	Hainan	3060138	3651159	1609014	1971111	1451124	1680048
重庆	Chongqing	6772198	7465127	4352285	4439555	2419913	3025572
四川	Sichuan	14003763	18471233	6805976	9094071	7197787	9377162
贵州	Guizhou	3993597	4843614	1192256	1172567	2801341	3671047
云南	Yunnan	7871345	9801650	4222690	5146037	3648655	4655614
西藏	Tibet	347938		13303		334635	
陕西	Shaanxi	13628967	18149234	10287784	13773951	3341184	4375284
甘肃	Gansu	15530280	18663319	13129831	15299737	2400449	3363582
青海	Qinghai	1756411	1696388	1120413	861740	635998	834648
宁夏	Ningxia	3166437	5400186	2611859	4713063	554578	687123
新疆	Xinjiang	26927041	27872855	25330826	26208355	1596215	1664500

3-2-9 续表 29 Continued 29

化工材料及制品类 | 单位：万元
Chemical Materials and Related Products | Unit: 10000 yuan

地区	Region	合计 Total Sale Value		批发额 Wholesale Value		零售额 Retail Value	
		2011	2012	2011	2012	2011	2012
全国	**National Total**	**192721431**	**250148051**	**192721431**	**250147784**		
北京	Beijing	21721485	49227116	21721485	49227116		
天津	Tianjin	8223191	8226331	8223191	8226331		
河北	Hebei	2118722	2525082	2118722	2525082		
山西	Shanxi	776067	1247167	776067	1247167		
内蒙古	Inner Mongolia	1060896	1005828	1060896	1005828		
辽宁	Liaoning	6849185	7447669	6849185	7447669		
吉林	Jilin	722632	731267	722632	731267		
黑龙江	Heilongjiang	3008277	3693751	3008277	3693751		
上海	Shanghai	24592395	29681458	24592395	29681458		
江苏	Jiangsu	18008206	22368169	18008206	22368169		
浙江	Zhejiang	27989443	33028457	27989443	33028457		
安徽	Anhui	1967772	2540685	1967772	2540685		
福建	Fujian	7596182	9796044	7596182	9796044		
江西	Jiangxi	163969	139706	163969	139706		
山东	Shandong	13027134	13527326	13027134	13527326		
河南	Henan	3034164	3108046	3034164	3108046		
湖北	Hubei	1594706	1606813	1594706	1606813		
湖南	Hunan	600270	796835	600270	796835		
广东	Guangdong	28250139	29212975	28250139	29212975		
广西	Guangxi	1034735	1329367	1034735	1329367		
海南	Hainan	3671394	6717835	3671394	6717835		
重庆	Chongqing	3631076	3802336	3631076	3802336		
四川	Sichuan	3944077	6284827	3944077	6284827		
贵州	Guizhou	1324919	1957679	1324919	1957679		
云南	Yunnan	4107195	5425731	4107195	5425731		
西藏	Tibet	6933	4353	6933	4353		
陕西	Shaanxi	904775	1026553	904775	1026553		
甘肃	Gansu	576278	870138	576278	870138		
青海	Qinghai	121533	141645	121533	141645		
宁夏	Ningxia	147290	110744	147290	110744		
新疆	Xinjiang	1946394	2566121	1946394	2566121		

化肥类
Fertilizers

单位：万元
Unit: 10000 yuan

地 区	Region	合 计 Total Sale Value		批发额 Wholesale Value		零售额 Retail Value	
		2011	2012	2011	2012	2011	2012
全 国	**National Total**	**31417938**	**45371023**	**31417938**	**45371023**		
北 京	Beijing	5190190	10354728	5190190	10354728		
天 津	Tianjin	159331	268535	159331	268535		
河 北	Hebei	881191	1086793	881191	1086793		
山 西	Shanxi	476363	474352	476363	474352		
内 蒙 古	Inner Mongolia	471465	671464	471465	671464		
辽 宁	Liaoning	835566	1095005	835566	1095005		
吉 林	Jilin	92092	132945	92092	132945		
黑 龙 江	Heilongjiang	2070026	2862646	2070026	2862646		
上 海	Shanghai	642024	1422352	642024	1422352		
江 苏	Jiangsu	1160217	1410578	1160217	1410578		
浙 江	Zhejiang	1302486	1396293	1302486	1396293		
安 徽	Anhui	956617	1209537	956617	1209537		
福 建	Fujian	793042	831667	793042	831667		
江 西	Jiangxi	69080	64170	69080	64170		
山 东	Shandong	4863897	5173203	4863897	5173203		
河 南	Henan	1397438	1347417	1397438	1347417		
湖 北	Hubei	694410	871025	694410	871025		
湖 南	Hunan	222591	351223	222591	351223		
广 东	Guangdong	1389193	1519645	1389193	1519645		
广 西	Guangxi	626146	825042	626146	825042		
海 南	Hainan	80760	95754	80760	95754		
重 庆	Chongqing	1241598	1728330	1241598	1728330		
四 川	Sichuan	1387143	2926686	1387143	2926686		
贵 州	Guizhou	813123	1293401	813123	1293401		
云 南	Yunnan	1796323	3128630	1796323	3128630		
西 藏	Tibet	3572	14295	3572	14295		
陕 西	Shaanxi	86047	110993	86047	110993		
甘 肃	Gansu	283329	586138	283329	586138		
青 海	Qinghai	107685	120429	107685	120429		
宁 夏	Ningxia	85128	85546	85128	85546		
新 疆	Xinjiang	1239869	1912205	1239869	1912205		

3-2-9 续表 31 Continued 31

金属材料类
Metal Materials

单位：万元
Unit: 10000 yuan

地 区	Region	合 计 Total Sale Value		批发额 Wholesale Value		零售额 Retail Value	
		2011	2012	2011	2012	2011	2012
全 国	**National Total**	**643258988**	**725898284**	**643258988**	**725898284**		
北 京	Beijing	91682555	101544576	91682555	101544576		
天 津	Tianjin	63215519	75835645	63215519	75835645		
河 北	Hebei	11104471	16271674	11104471	16271674		
山 西	Shanxi	13513444	23743348	13513444	23743348		
内蒙古	Inner Mongolia	2714676	2872462	2714676	2872462		
辽 宁	Liaoning	21194378	18011286	21194378	18011286		
吉 林	Jilin	2005151	2676938	2005151	2676938		
黑龙江	Heilongjiang	2806725	3057905	2806725	3057905		
上 海	Shanghai	91083878	99422426	91083878	99422426		
江 苏	Jiangsu	81623183	82970588	81623183	82970588		
浙 江	Zhejiang	72581737	78498569	72581737	78498569		
安 徽	Anhui	7220651	8129085	7220651	8129085		
福 建	Fujian	17069916	18341641	17069916	18341641		
江 西	Jiangxi	2035361	3012838	2035361	3012838		
山 东	Shandong	25473703	32341391	25473703	32341391		
河 南	Henan	8330448	8910492	8330448	8910492		
湖 北	Hubei	13470156	14012494	13470156	14012494		
湖 南	Hunan	6243432	6890678	6243432	6890678		
广 东	Guangdong	59090670	70622131	59090670	70622131		
广 西	Guangxi	7158290	8983484	7158290	8983484		
海 南	Hainan	678571	1056771	678571	1056771		
重 庆	Chongqing	8886786	8804816	8886786	8804816		
四 川	Sichuan	11256356	12519010	11256356	12519010		
贵 州	Guizhou	645963	772976	645963	772976		
云 南	Yunnan	8505535	9787831	8505535	9787831		
西 藏	Tibet		13617		13617		
陕 西	Shaanxi	5281142	6920801	5281142	6920801		
甘 肃	Gansu	2734876	3232768	2734876	3232768		
青 海	Qinghai	728172	1537612	728172	1537612		
宁 夏	Ningxia	968807	661209	968807	661209		
新 疆	Xinjiang	3954438	4441222	3954438	4441222		

3-2-9 续表 32 Continued 32

建筑及装潢材料类 单位：万元

Building and Decoration Materials Unit: 10000 yuan

地 区	Region	合 计 Total Sale Value		批发额 Wholesale Value		零售额 Retail Value	
		2011	2012	2011	2012	2011	2012
全 国	**National Total**	**44179248**	**51940405**	**30174574**	**32161077**	**14004675**	**19779328**
北 京	Beijing	4319278	3702832	3847615	3406448	471663	296384
天 津	Tianjin	606500	1050389	466135	822868	140365	227520
河 北	Hebei	219302	275265	191474	227902	27827	47362
山 西	Shanxi	709208	793329	201931	138894	507278	654434
内蒙古	Inner Mongolia	1029822	942775	840927	699908	188895	242867
辽 宁	Liaoning	1265559	1900282	842172	1175961	423387	724321
吉 林	Jilin	434595	1458711	33012	944786	401582	513925
黑龙江	Heilongjiang	349444	908054	131673	359982	217771	548073
上 海	Shanghai	2762841	2642909	2436185	2322603	326656	320306
江 苏	Jiangsu	4672987	5956130	2204180	2330696	2468807	3625434
浙 江	Zhejiang	2274956	2496283	2165973	2214994	108983	281288
安 徽	Anhui	826332	1191665	351162	527769	475170	663896
福 建	Fujian	2732635	3261914	2268451	2481131	464184	780783
江 西	Jiangxi	242597	260927	137623	90601	104974	170327
山 东	Shandong	5041286	6078354	2808266	3242236	2233020	2836118
河 南	Henan	894268	1117471	596118	762453	298150	355018
湖 北	Hubei	1841402	2481424	345583	399241	1495819	2082183
湖 南	Hunan	625392	1326108	105893	420094	519499	906014
广 东	Guangdong	6380114	5997533	5757032	5330947	623083	666585
广 西	Guangxi	75497	264744	69084	256066	6413	8679
海 南	Hainan	51747	52818	47824	48620	3924	4199
重 庆	Chongqing	4143272	3154587	2866262	1738810	1277010	1415777
四 川	Sichuan	1095901	2080990	717669	998180	378232	1082810
贵 州	Guizhou	92271	114376	75822	106384	16449	7993
云 南	Yunnan	268203	785883	145358	392843	122844	393040
西 藏	Tibet						
陕 西	Shaanxi	944598	1161279	265819	269799	678778	891479
甘 肃	Gansu	187128	342684	165807	310469	21321	32215
青 海	Qinghai		11309		11309		
宁 夏	Ningxia	4565	1270	3919	982	646	288
新 疆	Xinjiang	87550	128112	85604	128103	1946	9

3-2-9 续表 33 Continued 33

机电产品及设备类
Mechanical and Electrical Products

单位：万元
Unit: 10000 yuan

地 区	Region	合 计 Total Sale Value		批发额 Wholesale Value		零售额 Retail Value	
		2011	2012	2011	2012	2011	2012
全 国	**National Total**	**134329867**	**143162022**	**126733948**	**133980216**	**7595919**	**9181807**
北 京	Beijing	23426368	21890489	22749348	21225465	677020	665024
天 津	Tianjin	2464885	2420589	2422959	2363452	41926	57137
河 北	Hebei	958969	827157	890895	747361	68074	79797
山 西	Shanxi	733058	853897	625061	741304	107997	112594
内蒙古	Inner Mongolia	367623	348653	205339	185276	162284	163378
辽 宁	Liaoning	3896476	3803357	3754820	3649375	141656	153982
吉 林	Jilin	174246	249384	124031	177476	50216	71908
黑龙江	Heilongjiang	705689	581095	656684	526595	49004	54499
上 海	Shanghai	31700989	32475774	31580464	32352730	120525	123045
江 苏	Jiangsu	11368287	11330677	10763015	10697780	605271	632898
浙 江	Zhejiang	8499476	7246882	8433724	7197337	65752	49545
安 徽	Anhui	1390213	1620407	1311470	1503332	78743	117075
福 建	Fujian	3106916	3550226	2820409	3227714	286507	322512
江 西	Jiangxi	336292	305998	311034	268656	25258	37342
山 东	Shandong	8662717	11213119	6927416	9239442	1735301	1973677
河 南	Henan	2684888	2470158	2266609	2057550	418279	412608
湖 北	Hubei	2306679	2253285	1938687	1821958	367993	431327
湖 南	Hunan	605423	735258	422277	451214	183146	284045
广 东	Guangdong	21079528	30267074	19931562	28190248	1147966	2076826
广 西	Guangxi	881140	766737	816658	697771	64482	68966
海 南	Hainan	170061	144279	110517	106856	59544	37423
重 庆	Chongqing	3631066	2780470	3228481	2281744	402585	498726
四 川	Sichuan	1229191	1613054	991438	1121706	237753	491348
贵 州	Guizhou	319566	237132	189896	218042	129670	19089
云 南	Yunnan	1198744	992736	936580	879014	262164	113721
西 藏	Tibet	20027	2063	17869		2158	2063
陕 西	Shaanxi	546964	638331	494247	566744	52717	71587
甘 肃	Gansu	267442	217253	240105	180961	27337	36292
青 海	Qinghai	168677	159526	168077	158744	600	782
宁 夏	Ningxia	162955	103793	155621	98850	7334	4943
新 疆	Xinjiang	1265312	1063169	1248659	1045519	16654	17651

3-2-9 续表 34 Continued 34

农机类 单位：万元

Agricultural Machineries Unit: 10000 yuan

地　区	Region	合　计 Total Sale Value		批发额 Wholesale Value		零售额 Retail Value	
		2011	2012	2011	2012	2011	2012
全　国	**National Total**	**4152355**	**4742763**	**4152355**	**4742763**		
北　京	Beijing	217521	313274	217521	313274		
天　津	Tianjin	15767	13316	15767	13316		
河　北	Hebei	67504	91765	67504	91765		
山　西	Shanxi	80630	85746	80630	85746		
内蒙古	Inner Mongolia	91010	95415	91010	95415		
辽　宁	Liaoning	233245	255692	233245	255692		
吉　林	Jilin	16070	19853	16070	19853		
黑龙江	Heilongjiang	319488	263985	319488	263985		
上　海	Shanghai	245613	302802	245613	302802		
江　苏	Jiangsu	381852	492413	381852	492413		
浙　江	Zhejiang	124755	101597	124755	101597		
安　徽	Anhui	24911	72173	24911	72173		
福　建	Fujian	21218	19188	21218	19188		
江　西	Jiangxi	10850	16110	10850	16110		
山　东	Shandong	729233	944380	729233	944380		
河　南	Henan	824758	824942	824758	824942		
湖　北	Hubei	84364	105805	84364	105805		
湖　南	Hunan	65372	82369	65372	82369		
广　东	Guangdong	52525	88145	52525	88145		
广　西	Guangxi	13011	13996	13011	13996		
海　南	Hainan	5195	6525	5195	6525		
重　庆	Chongqing	85504	97872	85504	97872		
四　川	Sichuan	123178	95839	123178	95839		
贵　州	Guizhou	14508	8256	14508	8256		
云　南	Yunnan	68297	72788	68297	72788		
西　藏	Tibet	14295	5586	14295	5586		
陕　西	Shaanxi	35683	12858	35683	12858		
甘　肃	Gansu	15560	26349	15560	26349		
青　海	Qinghai	24772	43132	24772	43132		
宁　夏	Ningxia	24998	13365	24998	13365		
新　疆	Xinjiang	120667	157228	120667	157228		

3-2-9 续表 35 Continued 35

汽车类
Automobiles

单位：万元
Unit: 10000 yuan

地　区	Region	合　计 Total Sale Value		批发额 Wholesale Value		零售额 Retail Value	
		2011	2012	2011	2012	2011	2012
全　国	**National Total**	**348341518**	**415090213**	**139961287**	**177055785**	**208380231**	**238034428**
北　京	Beijing	66897674	72448472	53765291	57134185	13132383	15314287
天　津	Tianjin	13949741	23239371	9111953	17534267	4837789	5705104
河　北	Hebei	11046255	13757920	4834846	6284072	6211409	7473848
山　西	Shanxi	4941687	5928430	300765	304350	4640921	5624080
内蒙古	Inner Mongolia	4089564	4101027	625562	358539	3464002	3742487
辽　宁	Liaoning	10210923	10480152	2030956	1884673	8179967	8595479
吉　林	Jilin	4836131	4765966	2061173	1494015	2774958	3271951
黑龙江	Heilongjiang	3467568	3881035	296691	396300	3170877	3484735
上　海	Shanghai	41104404	65903824	30899704	54507121	10204699	11396702
江　苏	Jiangsu	22121198	25128613	1409827	1233201	20711371	23895412
浙　江	Zhejiang	27681827	29728270	5572315	5589482	22109512	24138788
安　徽	Anhui	5685733	7157473	1453312	1497524	4232421	5659949
福　建	Fujian	8446841	9590131	1472754	1503892	6974087	8086240
江　西	Jiangxi	2886363	3609551	476686	514425	2409677	3095126
山　东	Shandong	22284680	24790453	3749913	3902794	18534767	20887659
河　南	Henan	10487203	12065402	1857682	1673379	8629521	10392022
湖　北	Hubei	8177230	9266983	2360133	1785155	5817097	7481827
湖　南	Hunan	6531135	7954178	595557	357817	5935578	7596361
广　东	Guangdong	30430979	31428054	7814246	9269302	22616734	22034735
广　西	Guangxi	3493271	4161417	635174	595541	2858097	3565876
海　南	Hainan	2172232	1961755	1169239	909719	1002993	1052037
重　庆	Chongqing	8878829	10470596	3349736	3884137	5529093	6586458
四　川	Sichuan	8960132	10722386	720542	832927	8239590	9889459
贵　州	Guizhou	2704090	3310129	690556	632651	2013534	2677478
云　南	Yunnan	4708560	5181924	350386	295530	4358175	4886393
西　藏	Tibet	160529	125408	1263	391	159266	124018
陕　西	Shaanxi	6126900	7174462	936898	1069736	5190002	6104727
甘　肃	Gansu	1439492	1862478	235779	210267	1203712	1652211
青　海	Qinghai	445828	446619	81651	83527	364176	363092
宁　夏	Ningxia	1049439	1203205	291862	219615	757577	983590
新　疆	Xinjiang	2925083	3244532	808837	972234	2116246	2272297

3-2-9 续表 36 Continued 36

种子饲料类 单位：万元

Seeds and Feedstuff Unit: 10000 yuan

地　区	Region	合　计 Total Sale Value		批发额 Wholesale Value		零售额 Retail Value	
		2011	2012	2011	2012	2011	2012
全　国	**National Total**	**6529951**	**8614155**	**6529951**	**8614155**		
北　京	Beijing	869023	915744	869023	915744		
天　津	Tianjin	120639	177324	120639	177324		
河　北	Hebei	59988	63084	59988	63084		
山　西	Shanxi	44809	28866	44809	28866		
内蒙古	Inner Mongolia	31830	40032	31830	40032		
辽　宁	Liaoning	321751	399977	321751	399977		
吉　林	Jilin	56271	55424	56271	55424		
黑龙江	Heilongjiang	113473	99119	113473	99119		
上　海	Shanghai	568718	774886	568718	774886		
江　苏	Jiangsu	277056	323543	277056	323543		
浙　江	Zhejiang	287957	394997	287957	394997		
安　徽	Anhui	284066	382741	284066	382741		
福　建	Fujian	239704	312771	239704	312771		
江　西	Jiangxi	3854	3105	3854	3105		
山　东	Shandong	1170545	1468265	1170545	1468265		
河　南	Henan	660836	774916	660836	774916		
湖　北	Hubei	121445	126010	121445	126010		
湖　南	Hunan	128111	129676	128111	129676		
广　东	Guangdong	599855	1470373	599855	1470373		
广　西	Guangxi	12979	17719	12979	17719		
海　南	Hainan	28174	12274	28174	12274		
重　庆	Chongqing	73704	82070	73704	82070		
四　川	Sichuan	122247	136647	122247	136647		
贵　州	Guizhou	9733	14333	9733	14333		
云　南	Yunnan	84584	108832	84584	108832		
西　藏	Tibet						
陕　西	Shaanxi	6062	11996	6062	11996		
甘　肃	Gansu	35372	43627	35372	43627		
青　海	Qinghai	3783		3783			
宁　夏	Ningxia	902	950	902	950		
新　疆	Xinjiang	192480	244854	192480	244854		

3-2-9 续表 37 Continued 37

棉麻类
Cotton, Hemp

单位: 万元
Unit: 10000 yuan

地区	Region	合计 Total Sale Value		批发额 Wholesale Value		零售额 Retail Value	
		2011	2012	2011	2012	2011	2012
全国	**National Total**	**15415983**	**18953141**	**15299193**	**18784922**	**116789**	**168219**
北京	Beijing	2575916	3177081	2575758	3175226	158	1855
天津	Tianjin	165804	296886	165758	296886	46	
河北	Hebei	581128	787682	581128	787682		
山西	Shanxi	1882	1847	63	479	1819	1368
内蒙古	Inner Mongolia	12	12			12	12
辽宁	Liaoning	13599	24163	13580	24018	20	145
吉林	Jilin	1119	1221	3		1116	1221
黑龙江	Heilongjiang	42618	1493	42230	778	387	715
上海	Shanghai	636034	629512	635586	629512	448	
江苏	Jiangsu	1199189	1496738	1199189	1495793		944
浙江	Zhejiang	893384	1072297	893384	1072297		
安徽	Anhui	124666	162247	116727	152145	7939	10101
福建	Fujian	58635	143345	57824	142918	811	427
江西	Jiangxi	14576	12430	14575	12430	1	
山东	Shandong	1315571	1553137	1282943	1508933	32627	44205
河南	Henan	658796	678557	649758	669138	9038	9419
湖北	Hubei	854120	1174135	826295	1126458	27825	47677
湖南	Hunan	322662	390220	322662	390220		
广东	Guangdong	384116	555253	378521	554357	5595	896
广西	Guangxi	24521	37671	24386	36972	135	699
海南	Hainan						
重庆	Chongqing	94986	115872	90384	107425	4602	8447
四川	Sichuan	115378	144740	115359	141119	19	3621
贵州	Guizhou	332	451	10		322	451
云南	Yunnan	17376	16019	17050	14734	325	1286
西藏	Tibet						
陕西	Shaanxi	5888	1762	5844	1717	44	45
甘肃	Gansu	63488	75537	39993	42674	23495	32863
青海	Qinghai						
宁夏	Ningxia						
新疆	Xinjiang	5250188	6402834	5250183	6401011	6	1823

3-2-9 续表 38 Continued 38

其他类
Others

单位：万元
Unit: 10000 yuan

地 区	Region	合 计 Total Sale Value		批发额 Wholesale Value		零售额 Retail Value	
		2011	2012	2011	2012	2011	2012
全 国	**National Total**	**122097126**	**146254234**	**110172050**	**127837944**	**11925077**	**18416290**
北 京	Beijing	11579762	14571252	10747819	13346510	831944	1224742
天 津	Tianjin	6555071	9034894	6149802	8353189	405269	681705
河 北	Hebei	436121	933988	354882	838175	81239	95813
山 西	Shanxi	1159153	1830271	786879	1318301	372275	511970
内蒙古	Inner Mongolia	697517	758757	394499	424813	303018	333944
辽 宁	Liaoning	3931196	3910139	3621173	3460638	310023	449502
吉 林	Jilin	305031	492356	144314	129393	160716	362962
黑龙江	Heilongjiang	852658	1120897	735834	786669	116823	334229
上 海	Shanghai	17849842	21774375	16835419	20305499	1014424	1468876
江 苏	Jiangsu	8598190	7848418	8324077	7442697	274113	405721
浙 江	Zhejiang	10889953	11837436	10497519	11210091	392434	627346
安 徽	Anhui	4611832	5798823	4413642	5390843	198190	407980
福 建	Fujian	6970840	8132040	6537388	7329407	433452	802632
江 西	Jiangxi	1059547	747741	985749	557099	73798	190642
山 东	Shandong	9983181	9769251	7921587	7410438	2061594	2358813
河 南	Henan	3204742	3411218	2877420	2924971	327322	486247
湖 北	Hubei	1062791	1323284	610589	622952	452202	700332
湖 南	Hunan	2130368	3797811	1502106	2910441	628262	887371
广 东	Guangdong	13475585	18426264	11696120	15718566	1779465	2707698
广 西	Guangxi	988076	1136643	738563	808553	249513	328090
海 南	Hainan	1757937	1686836	1727374	1617641	30563	69195
重 庆	Chongqing	2178328	2923686	1736964	2095936	441364	827751
四 川	Sichuan	2396380	3899878	1958326	2870659	438054	1029219
贵 州	Guizhou	1245131	1543501	1150972	1406450	94159	137051
云 南	Yunnan	7063003	7021351	6884131	6695837	178872	325514
西 藏	Tibet	10572	1033840	4986	846147	5586	187692
陕 西	Shaanxi	234304	387820	58177	80643	176127	307177
甘 肃	Gansu	148587	273151	110057	185572	38530	87579
青 海	Qinghai	15881	20085	178	6737	15704	13348
宁 夏	Ningxia	89853	257898	87393	252177	2460	5722
新 疆	Xinjiang	615695	550331	578112	490903	37583	59428

3-3-1 限额以上批发和零售业企业年末资产负债

项目	Item	流动资产合计 Total Working Capitals	#存货 Stock	固定资产原价 Original Value of Fixed Assets
总计	**Total**	**1268979034**	**246197157**	**169132877**
一、批发业	**Wholesale Trade**	**1009168329**	**183905038**	**90887213**
#国有控股	State-controlled Enterprises	374452488	79146314	46574910
(一)按登记注册类型分	**by Type of Registration**			
1.内资企业	**Domestic Funded Enterprises**	**878129520**	**153992401**	**83309118**
国有企业	State-owned Enterprises	158477710	34367004	23707695
集体企业	Collective-owned Enterprises	7157267	1772928	1062232
股份合作企业	Cooperative Enterprises	2216959	823591	266552
联营企业	Joint Ownership Enterprises	2677277	593125	194978
国有联营企业	State Joint Ownership Enterprises	814904	213231	86919
集体联营企业	Collective Joint Ownership Enterprises	204468	53876	15597
国有与集体联营企业	Joint State-collective Enterprises	623093	115686	48872
其他联营企业	Other Joint Ownership Enterprises	1034812	210333	43591
有限责任公司	Limited Liability Corporations	351566644	58076416	20209707
国有独资公司	State Sole Funded Corporations	49295557	7855578	3217027
其他有限责任公司	Other Limited Liability Corporations	302271087	50220837	16992681
股份有限公司	Share-holding Corporations Ltd.	85292982	17768067	14597154
私营企业	Private Enterprises	258503423	38620175	21821596
私营独资企业	Private-funded Enterprises	7122014	1023859	1349735
私营合伙企业	Private Partnership Enterprises	2257539	244530	124160
私营有限责任公司	Private Limited Liability Corporations	238990587	36053113	19487174
私营股份有限公司	Private Share-holding Corporations Ltd.	10133283	1298674	860527
其他企业	Other Enterprises	12237258	1971096	1449204
2.港、澳、台商投资企业	**Enterprises with Funds from Hongkong, Macao and Taiwan**	**41111484**	**8759793**	**2291294**
合资经营企业	Joint-venture Enterprises	6183961	1102001	405652
合作经营企业	Cooperative Enterprises	236800	12824	13254
独资经营企业	Enterprises with Sole Investment	33811161	7470290	1765780
投资股份有限公司	Share-holding Corporations Ltd. with Investment	798339	156254	105508
其他港澳台商投资企业	Other Enterprises with Funds from Hongkong, Macao and Taiwan	81224	18424	1101
3.外商投资企业	**Foreign Funded Enterprises**	**89927326**	**21152844**	**5286802**
中外合资经营企业	Joint-venture Enterprises	16795183	4008417	814392
中外合作经营企业	Cooperative Enterprises	889765	57203	48786
外资企业	Enterprises with Sole Foreign Investment	70629242	16041793	4191640
外商投资股份有限公司	Share-holding Corporations Ltd. with Foreign Investment	1512508	1035961	218300
其他外商投资企业	Other Foreign Funded Enterprises	100628	9470	13685

Assets and Liabilities of Enterprises above Designated Size of Wholesale and Retail Trades at the Year-end

单位：万元
Unit:10000 yuan

累计折旧 Accumulated Depreciation	#本年折旧 Current Year Depreciation	资产总计 Total Assets	负债合计 Total Liabilities	所有者权益合计 Total Owners' Equities	实收资本 Paicl-up Capitals	#国家资本 State-owned Capitals	# 港澳台资本 Capitals from Hongkong, Macao and Taiwan	# 外商资本 Foreign Capitals
53527117	**10553153**	**1652314017**	**1209480883**	**443001980**	**252595618**	**49148271**	**11374630**	**18200605**
29863137	**5798662**	**1275040952**	**938175766**	**336889390**	**181407082**	**39614139**	**6794591**	**13243790**
16563846	2824859	512658985	347507994	165177043	70334478	38574391	112114	283757
26739119	**5024024**	**1116055198**	**830080909**	**285998492**	**159119851**	**39231208**	**176262**	**232722**
8825010	1576599	208639646	133118917	75520517	23712563	13936301	1027	11958
358339	37521	9248224	7413269	1834955	856007	4839		
82211	16047	2586117	2035595	550521	335675	11329	494	166
59739	10375	3031660	2562611	469049	274472	75169		
33133	5662	928058	717522	210536	117486	59146		
4458	965	236947	209374	27573	37422	167		
8395	2325	697375	588448	108928	51750	12810		
13754	1423	1169279	1047268	122011	67814	3047		
6126725	1146042	434991730	343478106	91511278	55902573	11988357	17156	111101
946828	144584	68086539	51248441	16838098	8411365	4592463	92	430
5179897	1001458	366905191	292229665	74673180	47491208	7395895	17064	110671
5210808	840762	133248636	85206700	48068588	23703790	12879674	56234	20462
5736644	1310234	308985517	244786076	64199550	52232623	308466	66530	45961
288175	73973	9853730	6861992	2991738	1942160	2235	25439	
33670	7409	2459807	2052104	407703	312292	3027		70
5185494	1183808	284591024	226285985	58305149	48077651	301306	41091	45891
229306	45045	12080956	9585996	2494960	1900520	1898		
339644	86445	15323669	11479635	3844034	2102150	27074	34821	43075
798342	**174367**	**49244794**	**34695834**	**14548960**	**7568034**	**34735**	**6418423**	**93757**
135265	24389	7932107	5669456	2262651	1398811	34735	596051	48493
6811	1130	264900	157820	107080	34632		9514	64
618845	138940	39989278	28024017	11965261	6037241		5717957	44607
37022	9706	972669	770706	201963	90229		87781	593
400	202	85841	73836	12005	7121		7121	
2325676	**600272**	**109740960**	**73399022**	**36341938**	**14719198**	**348195**	**199906**	**12917311**
339665	72914	20050647	15482009	4568637	1917179	205880	77264	877626
16480	2685	1073470	730421	343050	212903	3260	4483	126263
1870620	507173	86825489	55692871	31132619	12352578	50248	118159	11772198
89574	16709	1679802	1404944	274859	219042	88771		127888
9337	791	111552	88777	22774	17495	35		13337

项　目	Item	流动资产合计 Total Working Capitals	#存货 Stock	固定资产原价 Original Value of Fixed Assets
(二)按国民经济行业分	**by Sector**			
农、林、牧产品批发	Wholesale of Agricultural, Forestry and Livestock Products	33324100	12299475	5253840
食品、饮料及烟草制品批发	Wholesale of Food, Beverages and Tobaccos	101839539	24408106	16673742
米、面制品及食用油批发	Wholesale of Rice, Flour and Edible Oil	22638796	7788159	2035021
肉、禽、蛋、奶及水产品批发	Wholesale of Meal, Fowls, Eggs, Milk and Aquatic Products	3973436	660202	1218867
酒、饮料及茶叶批发	Wholesale of Wine, Beverages and Teas	19212797	2995373	1087910
烟草制品批发	Wholesale of Tobaccos	42788831	10503279	9586480
纺织、服装及家庭用品批发	Wholesale of Textiles, Wearing Apparel and Household Articles	96347640	18572274	6167743
服装批发	Wholesale of Garments	25096810	4598327	2059105
鞋帽批发	Wholesale of Shoes and Hats	5218166	909039	510979
家用电器批发	Wholesale of Household Electrical Appliances	30386888	6646401	843515
文化、体育用品及器材批发	Wholesale of Culture, Sports Appliances and Equipments	23839769	5943499	4466647
文具用品批发	Wholesale of Stationeries	4889236	614145	235302
体育用品及器材批发	Wholesale of Sporting Appliances and Equipment	1214168	240694	148958
图书批发	Wholesale of Books	4831754	1072833	894795
医药及医疗器材批发	Wholesale of Medicines and Medical Appliances	49526234	9785047	3689077
西药批发	Wholesale of Western Medicine	31457535	5867223	1975129
中药批发	Wholesale of Chinese Traditional Medicine	11186497	2191594	728081
矿产品、建材及化工产品批发	Wholesale of Mineral Products, Building Materials and Chemical Products	492538898	74459085	43430960
煤炭及制品批发	Wholesale of Coal and Related Products	84857370	8292973	5910866
石油及制品批发	Wholesale of Petroleum and Related Products	81945688	17584471	23122869
金属及金属矿批发	Wholesale of Metal Materials	213459584	29359782	7254620
建材批发	Wholesale of Building Materials	34377118	4366224	2635924
化肥批发	Wholesale of Chemical Fertilizer	20692261	6072639	1399991
农药批发	Wholesale of Pesticides	1837441	510809	160886
机械设备、五金产品及电子产品批发	Wholesale of Machinery, Hardware and Electronics	154601376	31129552	8326152
汽车批发	Wholesale of Motor Vehicles	41048279	11265175	1383612
计算机、软件及辅助设备批发	Wholesale of Computer, Software and Assistant Appliances	12812203	2814525	380161
通讯及广播电视设备批发	Wholesale of Communication, Radios and Televisions Equipments	16913331	2423740	1142096
贸易经纪与代理	Trade Broker and Agency	31077649	2410109	767150
其他批发业	Other Wholesale not Classified Elsewhere	26073123	4897889	2111903

单位：万元
Unit:10000 yuan

累计折旧 Accumulated Depreciation	#本年折旧 Current Year Depreciation	资产总计 Total Assets	负债合计 Total Liabilities	所有者权益合计 Total Owners' Equities	实收资本 Paicl-up Capitals	#国家资本 State-owned Capitals	# 港澳台资本 Capitals from Hongkong, Macao and Taiwan	# 外商资本 Foreign Capitals
1478036	213717	47102875	35174632	11928243	5448052	2098332	67572	225024
6266365	1017033	128036150	65787546	62247079	13088431	2973628	461902	445157
570945	79695	26861136	23305696	3555440	2035433	623430	34164	83827
379276	58691	5838772	3931313	1907460	908400	254502	20149	20826
362315	67400	22982783	13584281	9398502	3628902	118498	245351	107641
4194224	665548	52357598	11307083	41050515	3270555	1330259		
2170503	423411	114392328	87626797	26765531	14081213	909616	1432078	2558946
725744	132697	30531307	21748235	8783072	4532971	328518	699552	388749
140673	37076	6523577	4820165	1703412	700761	48471	119208	49153
243129	52804	33612738	28189856	5422882	2727577	21859	15694	1376942
591637	138833	32629880	23122134	9505821	4107909	1514570	391052	339479
75897	15551	5447515	4506107	941408	700917	50654	9999	164910
60184	21419	1437458	1132599	302933	156948	100	65536	16068
267396	47033	7560903	4085991	3474912	1368664	885961	3000	18117
1288258	319039	57847881	44475403	13372478	7805383	1131108	255471	402032
622977	141688	36804439	28698573	8105866	5460030	955982	135569	247080
240708	45188	12942421	10068580	2873841	1534442	132192	26603	39569
14144814	2826868	639072923	490617817	148481126	105038743	28140623	1872250	3694435
1677765	357145	111521167	80361500	31159279	18106756	2428579	36596	57925
8000452	1557644	125541882	88388590	37179733	29501604	16379641	338391	560296
2242912	457925	259555166	211780502	47774664	34998189	7502222	502341	911008
770317	171859	43815076	33526330	10288747	8264998	495767	693724	149364
351096	52472	26561538	21275681	5285856	3056570	338752	5900	773140
50500	9430	2420917	1922882	498035	185724	11837	298	2910
3017397	687827	188242422	137132243	51110179	23898880	1532819	1584255	4954999
429828	133735	50086951	38089992	11996959	4374915	146717	98440	1493779
144757	29053	14150618	10702522	3448095	2633692	107168	404458	316500
526550	121561	21154407	14418195	6736212	2565081	64185	277530	992804
281604	41957	35035208	29248313	5788529	2974201	979350	130495	277157
624524	129978	32681284	24990880	7690404	4964272	334092	599518	346560

项 目	Item	流动资产合 计 Total Working Capitals	#存 货 Stock	固定资产原 价 Original Value of Fixed Assets
二、零售业	**Retail Trade**	**259810705**	**62292119**	**78245663**
#国有控股	State-controlled Enterprises	40793327	8074728	21362008
(一)按登记注册类型分	**by Type of Registration**			
1.内资企业	**Domestic Funded Enterprises**	**219333678**	**53698598**	**66836473**
国有企业	State-owned Enterprises	10715654	3007085	6445175
集体企业	Collective-owned Enterprises	2123580	575473	1305882
股份合作企业	Cooperative Enterprises	937712	291182	627869
联营企业	Joint Ownership Enterprises	348444	113583	147707
国有联营企业	State Joint Ownership Enterprises	110286	41092	56820
集体联营企业	Collective Joint Ownership Enterprises	68044	27590	19247
国有与集体联营企业	Joint State-collective Enterprises	98875	18080	38397
其他联营企业	Other Joint Ownership Enterprises	71240	26821	33244
有限责任公司	Limited Liability Corporations	89418982	21739150	22584258
国有独资公司	State Sole Funded Corporations	1286666	341784	769185
其他有限责任公司	Other Limited Liability Corporations	88132316	21397367	21815072
股份有限公司	Share-holding Corporations Ltd.	29711391	4353796	15339349
私营企业	Private Enterprises	80434212	21976146	18785422
私营独资企业	Private-funded Enterprises	5652702	1401408	2710229
私营合伙企业	Private Partnership Enterprises	754883	225779	256610
私营有限责任公司	Private Limited Liability Corporations	68469424	18701296	14918719
私营股份有限公司	Private Share-holding Corporations Ltd.	5557202	1647663	899865
其他企业	Other Enterprises	5643703	1642183	1600812
2.港、澳、台商投资企业	**Enterprises with Funds from Hongkong, Macao and Taiwan**	**19370359**	**4724052**	**5029380**
合资经营企业	Joint-venture Enterprises	5552904	843059	1428160
合作经营企业	Cooperative Enterprises	1888140	541623	166868
独资经营企业	Enterprises with Sole Investment	10574669	3117912	3015012
投资股份有限公司	Share-holding Corporations Ltd. with Investment	517422	114882	162040
其他港澳台商投资企业	Other Enterprises with Funds from Hongkong, Macao and Taiwan	837224	106576	257300
3.外商投资企业	**Foreign Funded Enterprises**	**21106668**	**3869469**	**6379811**
中外合资经营企业	Joint-venture Enterprises	6522452	1459705	2564996
中外合作经营企业	Cooperative Enterprises	883928	226505	296340
外资企业	Enterprises with Sole Foreign Investment	13382219	2113341	3402302
外商投资股份有限公司	Share-holding Corporations Ltd. with Foreign Investment	246942	43473	72454
其他外商投资企业	Other Foreign Funded Enterprises	71126	26446	43719

3-3-1 Continued 2

单位：万元
Unit:10000 yuan

累计折旧 Accumulated Depreciation	#本年折旧 Current Year Depreciation	资产总计 Total Assets	负债合计 Total Liabilities	所有者权益合计 Total Owners' Equities	实收资本 Paicl-up Capitals	#国家资本 State-owned Capitals	# 港澳台资本 Capitals from Hongkong, Macao and Taiwan	# 外商资本 Foreign Capitals
23663980	**4754491**	**377273065**	**271305117**	**106112590**	**71188536**	**9534132**	**4580039**	**4956816**
6595663	1026813	75173144	46188820	29129266	14291509	8934187	69597	141226
19637822	**3873311**	**320588162**	**229364212**	**91368592**	**59663670**	**9272875**	**160878**	**173281**
1973027	363090	20392091	12479307	8090808	5136759	4135403	10	58
421053	80754	3681168	2374592	1306576	788027	6883	107	136
145630	30253	1820491	1217498	602994	416993	11127	777	1798
52551	8767	586619	347691	238928	148596	47840		
20275	4525	231330	123654	107676	73157	31293		
6865	790	96399	66484	29915	19657	130		
17338	1961	142731	93969	48762	20467	7300		
8074	1491	116159	63584	52575	35315	9117		
6786019	1388598	122703249	93873770	28829479	20317305	1988732	66184	73084
248849	26318	2362644	1334148	1028495	497970	381969		
6537170	1362281	120340605	92539621	27800984	19819335	1606763	66184	73084
4501586	661944	56118501	34860146	21225273	8542759	3008374	64444	65605
5317535	1221208	107350207	78516051	28833857	22765211	52773	7413	16662
533591	108599	8682263	4527267	4154996	2499604	19144	122	5158
68418	15907	1146167	712575	433593	319432	560		
4474534	1030743	89624320	68444560	21179460	18690981	32062	7291	11427
240993	65959	7897457	4831648	3065808	1255194	1007		78
440420	118696	7935836	5695158	2240678	1548021	21743	21943	15937
1631532	**412489**	**27567535**	**19127142**	**8440393**	**5323578**	**26796**	**4357129**	**141600**
506650	108586	7698959	5181880	2517078	1121627	20085	666485	95185
72471	6867	2624446	1780384	844062	324789	2505	283969	15560
926963	271194	14982784	10654191	4328593	3590642		3268866	28948
50929	8429	949530	701843	247687	129105	4205	97905	1907
74520	17413	1311818	808845	502973	157415		39904	
2394626	**468691**	**29117367**	**22813763**	**6303605**	**6201288**	**234461**	**62032**	**4641935**
1012004	200786	9541706	7339154	2202553	1916157	217339	39432	898763
177201	19282	1192240	913948	278292	257286	515	8973	190649
1166080	243207	17911466	14217169	3694297	3914321		8258	3474200
26924	3710	347780	255454	92327	75781	16608	1400	49949
12418	1706	124175	88039	36137	37744		3970	28374

项　目	Item	流动资产合计 Total Working Capitals	#存货 Stock	固定资产原价 Original Value of Fixed Assets
(二)按国民经济行业分	**by Sector**			
综合零售	Integrated Retail	73422095	14115530	34094443
百货零售	Retail of General Merchandise	43641067	6375054	21894312
超级市场零售	Retail of Supermarkets	28002323	7250167	11262483
食品、饮料及烟草制品专门零售	Special Retail of Food, Beverages and Tobaccos	8164966	2393836	2324891
粮油零售	Retail of Cereal and Oil	2528027	983391	416800
肉、禽、蛋、奶及水产品零售	Retail of Meat, Poultry, Eggs, Milk and Aquatic Products	687092	141668	354630
酒、饮料及茶叶零售	Retail of Wine, Beverages and Teas	2415780	531153	673649
烟草制品零售	Retail of Tobaccos	864891	354361	133176
纺织、服装及日用品专门零售	Special Retail of Textiles, Garments and Daily Consumer Articles	13058592	4835813	3786085
服装零售	Retail of Garments	8770598	2879629	2815401
文化、体育用品及器材专门零售	Special Retail of Culture, Sports Appliances and Equipment	11058896	4278025	3396371
体育用品及器材零售	Retail of Sports Appliances and Equipment	758989	297350	91254
图书、报刊零售	Retail of Books, Newspapers and Magazines	4762732	1127027	2431080
医药及医疗器材专门零售	Special Retail of Medicines and Medical Appliances	15501738	3220242	1802790
药品零售	Retail of Medicines	14226730	3033622	1672727
汽车、摩托车、燃料及零配件专门零售	Special Retail of Motor Vehicles, Motorcycles, Fuel and Parts	94850103	25010326	24783691
汽车零售	Retail of Motor Vehicles	78209741	22457450	13802035
机动车燃料零售	Retail of Fuel of Motor Vehicles	14235436	1705027	10471959
家用电器及电子产品专门零售	Special Retail of Household Electric Appliances and Electronic Products	29150275	4988098	3239812
日用家电设备零售	Retail of Household Electric Appliances	19061799	2794659	1976507
计算机、软件及辅助设备零售	Retail of Computer, Software and Assistant Appliances	3759801	867964	501308
通信设备零售	Retail of Communication Equipments	2157215	549732	204571
五金、家具及室内装饰材料专门零售	Special Retail of Hardware, Furniture and Interior Decoration Materials	5529710	1195131	2528179
货摊、无店铺及其他零售业	Stalls, Non-shop and Other Retails	9074330	2255118	2289401
互联网零售	Retails on the Internet	2666047	658272	136828
(三)按零售业态分	**by Mode of Business Operation**			
有店铺零售	Store-based Retailing	253901350	60868407	77847837
超市	Supermarket	7443265	2479582	2923912
大型超市	Hypermarket	27886752	6950154	10903612
百货店	Department Store	43614784	6395344	21555108
专业店	Speciality Store	92449621	20355692	24408849
专卖店	Exclusive Shop	72293577	22044745	14577834
无店铺零售	Non-Store Selling	5909355	1423713	397827

3-3-1 Continued 3

单位：万元
Unit:10000 yuan

累计折旧 Accumulated Depreciation	#本年折旧 Current Year Depreciation	资产总计 Total Assets	负债合计 Total Liabilities	所有者权益合计 Total Owners' Equities	实收资本 Paicl-up Capitals	#国家资本 State-owned Capitals	# 港澳台资本 Capitals from Hongkong, Macao and Taiwan	# 外商资本 Foreign Capitals
10661187	1870127	118349947	86893043	31456904	17910379	1151525	2220479	2431297
6427422	1043648	73971551	51613066	22358486	10700932	900721	1440310	993167
3929565	766036	41520630	33163075	8357554	6381444	194485	703660	1285347
592890	123295	12134870	7039821	5095049	2489280	293482	264648	37405
115656	15057	3599258	2455098	1144160	463856	94181	205408	
83555	17968	1170954	609046	561908	281643	31835	6216	1828
171387	39119	3501950	2106227	1395722	850609	52583	24040	2408
46420	9237	1136910	435537	701373	184320	71953		
1324158	261915	18310858	13392377	4918481	3935279	141753	765991	629361
1023866	162604	12497987	9494604	3003383	2619444	32719	456039	493645
1154685	160602	15624416	9419746	6204671	3174647	974566	139001	262343
28250	8103	871936	621353	250583	189122	2839	85820	50207
875777	101036	7829934	4173996	3655938	1566805	909438		34898
582097	110103	19318029	14835145	4482884	2609930	462959	39645	63212
543911	98363	17913271	13769605	4143666	2407776	461202	38322	16104
7218388	1748231	135809208	97626758	38327391	30153435	6171253	641065	480092
3891099	1171911	100377198	79111017	21266181	19431663	423787	624920	242093
3182279	544181	32308326	16436383	16016885	9971660	5737757	13631	224528
778077	207056	36030055	26426432	9603323	5656069	61118	306229	238252
440495	122093	23311751	18053187	5258564	2854419	15683	172815	145040
136967	28607	4648683	3084333	1564350	1425699	28437	86942	59128
71362	19443	2621705	1938567	682838	555147	3488	43433	20503
603264	140953	9137615	5902267	3235348	2173816	57042	56662	317199
749235	132210	12558067	9769528	2788539	3085701	220434	146319	497655
44924	24155	3157634	3411346	-253712	772652	39400	84355	424912
23536690	4706032	370431769	264715435	105860976	69728243	9420220	4411093	4384866
839137	178593	11283057	8289864	2993193	2468663	104696	54201	62737
3828082	726573	41622356	33332725	8289630	5938355	192755	1076666	1461968
6273916	1023228	73435918	50951392	22484526	10663320	874528	1401040	934434
7146346	1452219	134127965	90733909	43433962	29039541	6913691	887021	623140
4492265	1117462	94794402	70740120	24054282	18357787	1096346	845194	926998
127290	48459	6841296	6589682	251614	1460292	113912	168946	571950

3-3-2 各地区限额以上批发业企业年末资产负债

Assets and Liabilities of Enterprises above Designated Size of Wholesale Trade by Region at the Year-end

单位：万元

Unit: 10000 yuan

地 区	Region	资产总计 Total Assets	#流动资产合计 Total Working Capitals	#固定资产合计 Total Fixed Assets	负债合计 Total Liabilities	所有者权益合计 Total Owners' Equities
全 国	**National Total**	**1275040952**	**1009168329**	**62123247**	**938175766**	**336889390**
北 京	Beijing	243878422	181100879	5322740	172528312	71350110
天 津	Tianjin	66622340	56006854	1974216	52254413	14367927
河 北	Hebei	30445352	22858700	1897457	21681155	8764197
山 西	Shanxi	31101138	24675674	1675363	24703391	6397747
内 蒙 古	Inner Mongolia	11928199	8442105	1065780	7981821	3946378
辽 宁	Liaoning	34709806	27533891	1791901	25811446	8877117
吉 林	Jilin	6810664	5341282	766583	4626373	2184291
黑 龙 江	Heilongjiang	15218111	13143454	902061	12551152	2666960
上 海	Shanghai	135719026	111325488	4112249	98129909	37587593
江 苏	Jiangsu	99169556	82039721	5397834	74810423	24359133
浙 江	Zhejiang	113029664	92623875	4064792	88108400	24921264
安 徽	Anhui	20970053	16604945	1205409	14039255	6930798
福 建	Fujian	53104786	41188002	1923899	36580352	16524434
江 西	Jiangxi	6555631	5044525	726236	4019913	2535718
山 东	Shandong	54946291	42882984	5459721	43681423	11264868
河 南	Henan	19505527	15132481	1828823	13210617	6294910
湖 北	Hubei	27444514	20629700	2303264	19963359	7481156
湖 南	Hunan	12463782	9095088	1224309	7577857	4885925
广 东	Guangdong	145565043	118295305	9665734	112746558	32816139
广 西	Guangxi	14937078	11645249	737967	11433316	3511493
海 南	Hainan	3707231	2932858	183341	2154814	1552417
重 庆	Chongqing	20298439	16498637	1230956	15231733	5066495
四 川	Sichuan	24245619	20202283	1284539	17862501	6383119
贵 州	Guizhou	10860009	8559686	509726	5654021	5205988
云 南	Yunnan	28013413	22288874	1522303	19721008	8292405
西 藏	Tibet	305844	195969	37061	136009	169835
陕 西	Shaanxi	13820913	10047832	912012	9682386	4178691
甘 肃	Gansu	6045672	4762499	467425	3245438	2800234
青 海	Qinghai	2978266	2045633	264138	1905470	1072796
宁 夏	Ningxia	2512530	1856056	329613	1832553	679978
新 疆	Xinjiang	18128032	14167802	1335796	14310388	3819278

3-3-2 续表 Continued

国有控股 单位：万元

State-controlled Enterprises Unit: 10000 yuan

地 区	Region	资产总计 Total Assets	#流动资产合计 Total Working Capitals	#固定资产合计 Total Fixed Assets	负债合计 Total Liabilities	所有者权益合计 Total Owners' Equities
全 国	**National Total**	**512658985**	**374452488**	**30447056**	**347507994**	**165177043**
北 京	Beijing	165827527	118724221	3431883	118973083	46854445
天 津	Tianjin	30104606	24497610	1128389	23252708	6851898
河 北	Hebei	11432221	7623420	821275	6410594	5021627
山 西	Shanxi	20655570	16556769	1075507	16406221	4249348
内蒙古	Inner Mongolia	6036226	3965887	530274	3577778	2458447
辽 宁	Liaoning	13690737	10638099	726274	8768788	4900706
吉 林	Jilin	3590549	2775965	550105	2596599	993950
黑龙江	Heilongjiang	7459226	6255378	520216	5875918	1583308
上 海	Shanghai	28087451	20122578	1401293	19250809	8836642
江 苏	Jiangsu	27700446	21098772	2244704	16850062	10850384
浙 江	Zhejiang	18918035	14438109	1083460	11368055	7549980
安 徽	Anhui	9922798	7598935	685427	5652967	4269831
福 建	Fujian	17716586	11965280	793309	10814572	6902014
江 西	Jiangxi	3811481	2708584	538056	1923567	1887914
山 东	Shandong	11192692	7627592	1644846	9896128	1296564
河 南	Henan	9009437	6766947	1067344	5664931	3344506
湖 北	Hubei	11195060	7788956	1544052	8238833	2956227
湖 南	Hunan	6204046	4005809	735739	2793629	3410416
广 东	Guangdong	42562413	29452628	4133542	28090236	14471788
广 西	Guangxi	5209050	2971385	578010	2793934	2422848
海 南	Hainan	788681	619745	94286	246119	542562
重 庆	Chongqing	8181460	6051401	759922	5337468	2843781
四 川	Sichuan	7461097	5509085	604494	4291830	3169267
贵 州	Guizhou	7365725	6318991	424991	3648351	3717374
云 南	Yunnan	16729802	12414418	1147337	9952330	6777472
西 藏	Tibet	232206	130225	34392	82082	150124
陕 西	Shaanxi	7195882	4650871	641350	4432287	2803759
甘 肃	Gansu	2579711	2098848	312648	623827	1955883
青 海	Qinghai	1145785	826445	182761	654610	491175
宁 夏	Ningxia	848836	427953	231769	543649	305187
新 疆	Xinjiang	9803646	7821583	779402	8496032	1307614

3-3-3 各地区限额以上批发业企业年末资产负债(按登记注册类型分)

Assets and Liabilities of Enterprises above Designated Size of Wholesale Trade by Region and Type of Registration at the Year-end

内资企业 单位：万元

Domestic Funded Enterprises Unit: 10000 yuan

地区	Region	资产总计 Total Assets	#流动资产合计 Total Working Capitals	#固定资产合计 Total Fixed Assets	负债合计 Total Liabilities	所有者权益合计 Total Owners' Equities
全国	**National Total**	**1116055198**	**878129520**	**57552040**	**830080909**	**285998492**
北京	Beijing	202026000	150401234	4290743	148557363	53468637
天津	Tianjin	60687986	50643077	1873930	47648631	13039355
河北	Hebei	30274501	22694745	1892805	21543428	8731074
山西	Shanxi	31058617	24657784	1664408	24693642	6364975
内蒙古	Inner Mongolia	11917834	8431954	1065604	7971587	3946247
辽宁	Liaoning	32716270	26166163	1722145	24380337	8314690
吉林	Jilin	6637150	5182044	762143	4509307	2127843
黑龙江	Heilongjiang	15194002	13120313	901649	12520524	2673478
上海	Shanghai	72905109	56610269	2589953	53136383	19767201
江苏	Jiangsu	90171225	74482338	5007683	68375811	21795414
浙江	Zhejiang	109775511	89991226	3974631	85740047	24035463
安徽	Anhui	20536924	16200388	1196216	13417345	7119579
福建	Fujian	48694948	37635090	1691651	33805498	14889449
江西	Jiangxi	6415949	4927378	716187	3939981	2475968
山东	Shandong	53361065	41509325	5360840	42706598	10654467
河南	Henan	19437710	15069389	1826963	13165559	6272151
湖北	Hubei	26004299	19431482	2217286	18145958	7858341
湖南	Hunan	12344026	9000164	1211190	7477940	4866086
广东	Guangdong	124981112	100607954	8888528	98980156	25998610
广西	Guangxi	14766171	11568417	733592	11069626	3704277
海南	Hainan	3303484	2684826	176248	2054920	1248565
重庆	Chongqing	19227357	15488507	1213121	14256524	4970622
四川	Sichuan	23515826	19499338	1274338	17332050	6183776
贵州	Guizhou	10855737	8557061	508078	5647829	5207908
云南	Yunnan	27603211	21940000	1509551	19479929	8123283
西藏	Tibet	305844	195969	37061	136009	169835
陕西	Shaanxi	12488955	9069788	902916	8545920	3983200
甘肃	Gansu	6032444	4749405	467291	3233381	2799063
青海	Qinghai	2298993	1690629	226005	1543856	755137
宁夏	Ningxia	2456859	1809859	323888	1808031	648828
新疆	Xinjiang	18060080	14113408	1325398	14256741	3804973

3-3-3 续表 1 Continued 1

国有企业
State-owned Enterprises

单位：万元
Unit: 10000 yuan

地　区	Region	资产总计 Total Assets	#流动资产合计 Total Working Capitals	#固定资产合计 Total Fixed Assets	负债合计 Total Liabilities	所有者权益合计 Total Owners' Equities
全　国	**National Total**	**208639646**	**158477710**	**15285810**	**133118917**	**75520517**
北　京	Beijing	31359544	21879121	828054	21698445	9661098
天　津	Tianjin	14497097	12189990	830053	11576909	2920188
河　北	Hebei	7536997	5163153	403486	4229255	3307742
山　西	Shanxi	8972934	7748906	526765	7110764	1862170
内蒙古	Inner Mongolia	4081452	3216605	327088	2468785	1612667
辽　宁	Liaoning	5584449	4629893	396515	3481970	2102479
吉　林	Jilin	2329680	1734777	458914	1588329	741351
黑龙江	Heilongjiang	3067913	2475410	358884	1987319	1080593
上　海	Shanghai	12162290	9310389	403104	8801599	3360691
江　苏	Jiangsu	12439055	10476332	1014638	6753667	5685388
浙　江	Zhejiang	8577306	6839814	451521	3904605	4672701
安　徽	Anhui	4028569	3094998	305207	1723785	2304784
福　建	Fujian	9384271	5843028	466934	4499281	4884990
江　西	Jiangxi	2615688	1938990	324615	1182589	1433099
山　东	Shandong	5183411	3762753	620050	5830757	-647346
河　南	Henan	6163605	4800053	731476	3547774	2615831
湖　北	Hubei	9063520	6272134	1326516	6129506	2934014
湖　南	Hunan	2909513	2214152	379541	855674	2053839
广　东	Guangdong	15432302	11137810	1669981	11675523	3756780
广　西	Guangxi	2812811	1484176	250386	1241719	1571092
海　南	Hainan	708138	553627	83044	199307	508831
重　庆	Chongqing	4477892	3397000	392944	2803082	1674598
四　川	Sichuan	4480296	3501804	455867	1926943	2553353
贵　州	Guizhou	6158814	5276230	356849	2666619	3492195
云　南	Yunnan	11027393	9627807	668567	6472718	4554675
西　藏	Tibet	232206	130225	34392	82082	150124
陕　西	Shaanxi	5553990	3658641	480482	3122225	2431765
甘　肃	Gansu	918589	698310	134403	282946	635643
青　海	Qinghai	527794	364989	78582	220515	307279
宁　夏	Ningxia	346724	263517	57955	130217	216507
新　疆	Xinjiang	6005405	4793076	469001	4924010	1081395

3-3-3 续表 2 Continued 2

集体企业
Collective-owned Enterprises

单位：万元
Unit: 10000 yuan

地区	Region	资产总计 Total Assets	#流动资产合计 Total Working Capitals	#固定资产合计 Total Fixed Assets	负债合计 Total Liabilities	所有者权益合计 Total Owners' Equities
全国	**National Total**	**9248224**	**7157267**	**718897**	**7413269**	**1834955**
北京	Beijing	1089583	700091	39968	877089	212494
天津	Tianjin	244289	194642	10965	187716	56573
河北	Hebei	126889	78878	17447	87368	39521
山西	Shanxi	457652	345784	57596	344321	113331
内蒙古	Inner Mongolia	13751	10093	2335	5297	8454
辽宁	Liaoning	104965	83456	12324	75801	29164
吉林	Jilin	20438	12673	3124	13810	6628
黑龙江	Heilongjiang	41919	25745	10968	26547	15372
上海	Shanghai	405489	320881	19041	295527	109962
江苏	Jiangsu	642485	458628	63327	543845	98641
浙江	Zhejiang	690173	539855	27884	456838	233336
安徽	Anhui	42867	34211	5581	30612	12255
福建	Fujian	253884	235831	10948	216464	37420
江西	Jiangxi	15420	11441	2918	10796	4625
山东	Shandong	1423874	1173319	113473	1252717	171157
河南	Henan	400641	279064	66302	275000	125641
湖北	Hubei	451760	369574	15334	400238	51522
湖南	Hunan	15557	6066	3918	7286	8271
广东	Guangdong	339722	266179	39155	244361	95360
广西	Guangxi	62400	48849	8041	48804	13596
海南	Hainan	1417	1189	78	1267	150
重庆	Chongqing	163872	149847	4168	141958	21915
四川	Sichuan	1082797	867607	79083	903863	178935
贵州	Guizhou	62505	43529	11095	49108	13397
云南	Yunnan	55572	44140	7533	42381	13191
西藏	Tibet					
陕西	Shaanxi	104087	53414	14732	85940	18146
甘肃	Gansu	87105	65597	10045	76551	10554
青海	Qinghai	3487	2522	930	2355	1132
宁夏	Ningxia	53576	45664	5064	47726	5850
新疆	Xinjiang	790048	688502	55523	661684	128364

3-3-3 续表 3 Continued 3

股份合作企业
Cooperative Enterprises

单位：万元
Unit: 10000 yuan

地区	Region	资产总计 Total Assets	#流动资产合计 Total Working Capitals	#固定资产合计 Total Fixed Assets	负债合计 Total Liabilities	所有者权益合计 Total Owners' Equities
全国	**National Total**	**2586117**	**2216959**	**193700**	**2035595**	**550521**
北京	Beijing	258065	197454	39285	213759	44307
天津	Tianjin	234846	222567	9532	213508	21339
河北	Hebei	46004	16933	4392	22655	23349
山西	Shanxi	7831	7383	437	3423	4409
内蒙古	Inner Mongolia	425	425		220	205
辽宁	Liaoning	20116	15157	4706	13018	7097
吉林	Jilin	730	510	16	110	620
黑龙江	Heilongjiang	147686	100791	27118	62366	85320
上海	Shanghai	184153	171635	4797	160746	23406
江苏	Jiangsu	597334	554749	23434	520515	76818
浙江	Zhejiang	83160	73131	3776	60274	22886
安徽	Anhui	30546	18889	3030	22781	7765
福建	Fujian	32863	27716	3293	20849	12015
江西	Jiangxi	10801	6422	84	8754	2047
山东	Shandong	118101	95369	16370	90712	27389
河南	Henan	23732	14874	6824	14805	8928
湖北	Hubei	162210	146697	7985	103887	58323
湖南	Hunan	21779	17260	2214	11966	9813
广东	Guangdong	126621	101508	9330	82607	44014
广西	Guangxi	7987	6510	864	5206	2781
海南	Hainan	14544	9944	2535	6697	7848
重庆	Chongqing	253783	238902	5694	243264	10519
四川	Sichuan	81797	70065	6020	62184	19613
贵州	Guizhou	6570	5026	1466	4561	2009
云南	Yunnan	39534	27614	6138	29834	9700
西藏	Tibet					
陕西	Shaanxi	8878	8603	120	6118	2760
甘肃	Gansu	20645	19228	856	14654	5992
青海	Qinghai	1237	1032	5	1028	209
宁夏	Ningxia					
新疆	Xinjiang	44140	40568	3381	35096	9044

3-3-3 续表 4 Continued 4

联营企业
Joint Ownership Enterprises

单位：万元
Unit: 10000 yuan

地 区	Region	资产总计 Total Assets	#流动资产合计 Total Working Capitals	#固定资产合计 Total Fixed Assets	负债合计 Total Liabilities	所有者权益合计 Total Owners' Equities
全 国	**National Total**	**3031660**	**2677277**	**144552**	**2562611**	**469049**
北 京	Beijing	7040	6910	100	6524	515
天 津	Tianjin	188128	171729	2413	164092	24036
河 北	Hebei	9072	7281	1558	6302	2770
山 西	Shanxi	14375	11570	2417	12451	1924
内蒙古	Inner Mongolia	1059	1057	2	137	922
辽 宁	Liaoning	57152	24562	22681	42749	14403
吉 林	Jilin					
黑龙江	Heilongjiang					
上 海	Shanghai	579660	562441	14037	469528	110131
江 苏	Jiangsu	90954	77178	8880	61103	29851
浙 江	Zhejiang	522681	513581	2047	473363	49318
安 徽	Anhui	4798	2025	175	4098	700
福 建	Fujian	86458	83753	2104	73276	13182
江 西	Jiangxi	5706	4963	743	4710	996
山 东	Shandong	184460	124429	23644	161158	23302
河 南	Henan	20504	14435	580	23873	-3369
湖 北	Hubei	35288	33450	761	31416	3872
湖 南	Hunan	805	205	600	151	655
广 东	Guangdong	1064762	942490	31699	935971	128791
广 西	Guangxi					
海 南	Hainan					
重 庆	Chongqing	63439	17363	20771	34381	29058
四 川	Sichuan	2011	1968	43	320	1691
贵 州	Guizhou					
云 南	Yunnan	64545	53640	3491	45190	19355
西 藏	Tibet					
陕 西	Shaanxi	23277	18819	3975	9915	13362
甘 肃	Gansu	997	206	736	10	987
青 海	Qinghai					
宁 夏	Ningxia	3608	2576	882	1596	2012
新 疆	Xinjiang	883	645	215	298	585

3-3-3 续表 5 Continued 5

有限责任公司
Limited Liability Corporations

单位：万元
Unit: 10000 yuan

地 区	Region	资产总计 Total Assets	#流动资产合计 Total Working Capitals	#固定资产合计 Total Fixed Assets	负债合计 Total Liabilities	所有者权益合计 Total Owners' Equities
全 国	**National Total**	**434991730**	**351566644**	**14288916**	**343478106**	**91511278**
北 京	Beijing	126922452	97511677	2744450	97974243	28948209
天 津	Tianjin	22641899	17575519	433504	17035333	5606566
河 北	Hebei	7081362	5964595	421942	5730901	1350461
山 西	Shanxi	10183659	7944682	614659	8098272	2085386
内蒙古	Inner Mongolia	3792897	2117681	358453	2486269	1306628
辽 宁	Liaoning	10640869	9263816	302825	9355019	1285850
吉 林	Jilin	2166999	1702253	135436	1540058	626941
黑龙江	Heilongjiang	5937542	5115709	238496	5164653	772889
上 海	Shanghai	22635790	17190973	829088	16155418	6480372
江 苏	Jiangsu	22072355	18022686	1095067	17919621	4152734
浙 江	Zhejiang	34728216	28214526	1101124	27838009	6890206
安 徽	Anhui	7752969	6387205	269748	5653409	2099560
福 建	Fujian	17299449	14108279	488242	13324372	3975077
江 西	Jiangxi	2350595	2061167	139380	1849473	501122
山 东	Shandong	22117481	19472664	968270	19035359	3082122
河 南	Henan	6986046	6012280	393820	5138682	1847364
湖 北	Hubei	7399144	6540707	312575	5743874	1655270
湖 南	Hunan	3638622	2843841	251416	2795522	843100
广 东	Guangdong	49512710	43359491	1322250	41067679	8442684
广 西	Guangxi	4636905	4209889	97053	4047779	589126
海 南	Hainan	1549859	1332114	57609	1163330	386528
重 庆	Chongqing	8135101	7160535	289930	6736078	1399023
四 川	Sichuan	10602503	8887229	320989	8729131	1873372
贵 州	Guizhou	2492663	2182995	101997	1947778	544885
云 南	Yunnan	8401953	5559264	247257	6415362	1986591
西 藏	Tibet	59944	52165	2555	43258	16686
陕 西	Shaanxi	4029792	3397752	211457	3243813	785979
甘 肃	Gansu	2491097	1882585	93899	1919175	571922
青 海	Qinghai	722057	523795	38480	537156	184902
宁 夏	Ningxia	702564	661766	21590	606238	96326
新 疆	Xinjiang	5306239	4306809	385357	4182842	1123397

3-3-3 续表 6 Continued 6

股份有限公司

Share-holding Corporations Ltd.

单位：万元

Unit: 10000 yuan

地区	Region	资产总计 Total Assets	#流动资产合计 Total Working Capitals	#固定资产合计 Total Fixed Assets	负债合计 Total Liabilities	所有者权益合计 Total Owners' Equities
全国	**National Total**	**133248636**	**85292982**	**9411438**	**85206700**	**48068588**
北京	Beijing	26557104	15741147	202058	15144312	11412792
天津	Tianjin	3115920	2588014	100894	2414922	700998
河北	Hebei	7608093	4717765	425115	5374482	2233612
山西	Shanxi	3487446	2238268	115858	2578212	909234
内蒙古	Inner Mongolia	1074399	692089	123514	699650	374749
辽宁	Liaoning	4333438	2694883	230569	1904198	2407997
吉林	Jilin	458662	348617	42036	386014	72647
黑龙江	Heilongjiang	3499521	3276575	84375	3307197	192323
上海	Shanghai	8183225	5657011	467898	5706253	2476973
江苏	Jiangsu	16863722	13407041	950587	12075479	4788243
浙江	Zhejiang	9970923	6000646	573509	6654627	3316296
安徽	Anhui	3893692	2643385	342054	2271990	1621702
福建	Fujian	6412844	4454874	103525	4493495	1919349
江西	Jiangxi	558205	193591	163990	238316	319889
山东	Shandong	3955138	1868588	988582	2344107	1611032
河南	Henan	1598492	787767	309930	1081133	517359
湖北	Hubei	1707232	1071302	182100	1087805	619427
湖南	Hunan	1901500	865371	209853	981029	920471
广东	Guangdong	13159626	6412189	2053087	7142946	6016679
广西	Guangxi	1594988	817297	289949	801177	801542
海南	Hainan	631260	439258	24670	410406	220854
重庆	Chongqing	1838793	1049047	255510	964948	873845
四川	Sichuan	971862	751895	81056	730917	240945
贵州	Guizhou	582873	530832	17303	522103	60770
云南	Yunnan	2527779	1680499	368024	1727597	800181
西藏	Tibet					
陕西	Shaanxi	1832259	1175091	137345	1351094	521330
甘肃	Gansu	1454733	1238117	159162	178381	1276352
青海	Qinghai	437884	297913	97878	286523	151361
宁夏	Ningxia	402549	76365	163598	340821	61728
新疆	Xinjiang	2634478	1577546	147411	2006566	627912

3-3-3 续表 7 Continued 7

私营企业

Private Enterprises

单位：万元

Unit: 10000 yuan

地 区	Region	资产总计 Total Assets	#流动资产合计 Total Working Capitals	#固定资产合计 Total Fixed Assets	负债合计 Total Liabilities	所有者权益合计 Total Owners' Equities
全 国	**National Total**	**308985517**	**258503423**	**16396738**	**244786076**	**64199550**
北 京	Beijing	15832213	14364834	436829	12642991	3189223
天 津	Tianjin	18399873	16445931	458795	14880666	3519208
河 北	Hebei	7587563	6492345	606742	5868860	1718703
山 西	Shanxi	7834613	6303465	326043	6494443	1340170
内蒙古	Inner Mongolia	2306510	1927580	205730	1891628	414883
辽 宁	Liaoning	11546135	9095927	715181	9163856	2382279
吉 林	Jilin	1368288	1115458	107732	724413	643874
黑龙江	Heilongjiang	2358417	2006036	170502	1863614	494803
上 海	Shanghai	28082347	22942518	817049	21124065	6956757
江 苏	Jiangsu	36163322	30768324	1668630	29376860	6786462
浙 江	Zhejiang	55068712	47686815	1804963	46254657	8814055
安 徽	Anhui	4343897	3627841	239045	3377959	965938
福 建	Fujian	13730640	11632423	559523	10162910	3567729
江 西	Jiangxi	814603	680196	78366	625585	189018
山 东	Shandong	17562098	12982131	2276882	12090057	5472041
河 南	Henan	4138870	3083294	298184	2999174	1139696
湖 北	Hubei	6827807	4694859	339387	4361888	2465919
湖 南	Hunan	3530162	2868591	287970	2642404	887758
广 东	Guangdong	43798371	36981338	3726246	36734088	7064283
广 西	Guangxi	5216188	4609713	82486	4543735	672453
海 南	Hainan	342406	303239	7088	232490	109916
重 庆	Chongqing	3902682	3121890	226281	3022003	880679
四 川	Sichuan	5632729	4887734	290409	4480726	1152003
贵 州	Guizhou	1514213	484941	17127	426831	1087382
云 南	Yunnan	4540829	4027643	193857	3877868	662961
西 藏	Tibet	13694	13579	115	10669	3025
陕 西	Shaanxi	907030	733783	49486	703426	203604
甘 肃	Gansu	960792	811116	61876	710808	249985
青 海	Qinghai	570341	464898	9946	466509	103832
宁 夏	Ningxia	897494	718487	70935	649659	247835
新 疆	Xinjiang	3192678	2626495	263334	2381235	813076

其他企业
Other Enterprises

单位：万元
Unit: 10000 yuan

地 区	Region	资产总计 Total Assets	#流动资产合计 Total Working Capitals	#固定资产合计 Total Fixed Assets	负债合计 Total Liabilities	所有者权益合计 Total Owners' Equities
全 国	**National Total**	**15323669**	**12237258**	**1111988**	**11479635**	**3844034**
北 京	Beijing					
天 津	Tianjin	1365933	1254686	27774	1175485	190448
河 北	Hebei	278521	253796	12124	223606	54915
山 西	Shanxi	100108	57726	20634	51757	48352
内蒙古	Inner Mongolia	647342	466423	48482	419602	227740
辽 宁	Liaoning	429148	358469	37345	343726	85422
吉 林	Jilin	292354	267757	14886	256573	35781
黑龙江	Heilongjiang	141006	120047	11306	108827	32179
上 海	Shanghai	672155	454422	34939	423247	248908
江 苏	Jiangsu	1301999	717401	183120	1124721	177278
浙 江	Zhejiang	134340	122857	9807	97675	36665
安 徽	Anhui	439586	391835	31376	332710	106876
福 建	Fujian	1494539	1249186	57081	1014851	479688
江 西	Jiangxi	44931	30608	6092	19757	25174
山 东	Shandong	2816502	2030072	353571	1901733	914770
河 南	Henan	105822	77623	19848	85120	20702
湖 北	Hubei	357336	302760	32628	287343	69993
湖 南	Hunan	326089	184678	75679	183909	142180
广 东	Guangdong	1546999	1406950	36782	1096981	450019
广 西	Guangxi	434892	391983	4814	381206	53686
海 南	Hainan	55860	45456	1224	41422	14438
重 庆	Chongqing	391796	353923	17823	310811	80985
四 川	Sichuan	661831	531036	40871	497966	163865
贵 州	Guizhou	38098	33508	2242	30828	7270
云 南	Yunnan	945606	919394	14683	868979	76627
西 藏	Tibet					
陕 西	Shaanxi	29643	23685	5319	23389	6254
甘 肃	Gansu	98486	34245	6314	50856	47629
青 海	Qinghai	36193	35481	184	29771	6422
宁 夏	Ningxia	50344	41484	3864	31774	18570
新 疆	Xinjiang	86209	79768	1176	65010	21199

3-3-3 续表 9 Continued 9

港、澳、台商投资企业 单位：万元

Enterprises with Funds from Hong Kong,Macao and Taiwan Unit: 10000 yuan

地 区	Region	资产总计 Total Assets	#流动资产合计 Total Working Capitals	#固定资产合计 Total Fixed Assets	负债合计 Total Liabilities	所有者权益合计 Total Owners' Equities
全 国	**National Total**	**49244794**	**41111484**	**1561582**	**34695834**	**14548960**
北 京	Beijing	6668740	4779293	241007	4474958	2193782
天 津	Tianjin	2528608	2289502	36818	1988929	539679
河 北	Hebei	15886	14619	146	4600	11286
山 西	Shanxi	16872	14422	1271	-4239	21111
内蒙古	Inner Mongolia	10425	10211	176	6566	3859
辽 宁	Liaoning	1250391	914719	10252	1070376	180016
吉 林	Jilin	42098	32242	3589	8487	33612
黑龙江	Heilongjiang	11612	10777	278	10952	660
上 海	Shanghai	14901065	13231161	402537	10272983	4628082
江 苏	Jiangsu	4835728	4114710	278824	3296982	1538745
浙 江	Zhejiang	1324667	1034634	42847	856163	468504
安 徽	Anhui	16661	8191	2378	15600	1060
福 建	Fujian	2051188	1765553	77197	1231162	820026
江 西	Jiangxi	43178	33162	5881	-1138	44316
山 东	Shandong	807172	670818	48687	487926	319245
河 南	Henan	25266	21287	1764	16253	9013
湖 北	Hubei	406283	323245	43827	308507	97776
湖 南	Hunan	52271	49695	592	43645	8626
广 东	Guangdong	12210041	10269817	344672	9101858	3108183
广 西	Guangxi	109853	21058	3255	57219	52634
海 南	Hainan	144988	67140	578	71905	73083
重 庆	Chongqing	802456	783891	2090	800432	2024
四 川	Sichuan	278933	262434	5189	221440	57492
贵 州	Guizhou					
云 南	Yunnan	56549	44695	4652	28945	27604
西 藏	Tibet					
陕 西	Shaanxi	63859	61562	1885	52512	11347
甘 肃	Gansu	11575	11468	107	10551	1024
青 海	Qinghai	553801	267555	110	262280	291522
宁 夏	Ningxia					
新 疆	Xinjiang	4630	3624	974	-18	4649

3-3-3 续表 10 Continued 10

外商投资企业 单位：万元

Foreign Funded Enterprises Unit: 10000 yuan

地　区	Region	资产总计 Total Assets	#流动资产合计 Total Working Capitals	#固定资产合计 Total Fixed Assets	负债合计 Total Liabilities	所有者权益合计 Total Owners' Equities
全　国	**National Total**	**109740960**	**89927326**	**3009625**	**73399022**	**36341938**
北　京	Beijing	35183682	25920352	790990	19495991	15687691
天　津	Tianjin	3405746	3074275	63469	2616853	788893
河　北	Hebei	154964	149336	4506	133127	21837
山　西	Shanxi	25649	3468	9684	13988	11661
内蒙古	Inner Mongolia	-60	-60		3668	-3728
辽　宁	Liaoning	743145	453008	59504	360734	382411
吉　林	Jilin	131416	126996	851	108579	22837
黑龙江	Heilongjiang	12497	12364	133	19676	-7178
上　海	Shanghai	47912853	41484059	1119759	34720543	13192310
江　苏	Jiangsu	4162603	3442674	111327	3137630	1024973
浙　江	Zhejiang	1929487	1598015	47314	1512190	417297
安　徽	Anhui	416468	396366	6815	606310	-189842
福　建	Fujian	2358650	1787359	155050	1543692	814958
江　西	Jiangxi	96504	83986	4168	81071	15434
山　东	Shandong	778055	702842	50194	486899	291156
河　南	Henan	42551	41805	96	28805	13746
湖　北	Hubei	1033932	874974	42152	1508894	-474962
湖　南	Hunan	67485	45229	12528	56272	11213
广　东	Guangdong	8373890	7417534	432534	4664544	3709346
广　西	Guangxi	61053	55774	1120	306472	-245419
海　南	Hainan	258760	180893	6515	27990	230770
重　庆	Chongqing	268626	226239	15745	174777	93849
四　川	Sichuan	450861	440511	5012	309011	141850
贵　州	Guizhou	4272	2625	1647	6192	-1919
云　南	Yunnan	353653	304180	8100	212135	141519
西　藏	Tibet					
陕　西	Shaanxi	1268100	916482	7211	1083955	184145
甘　肃	Gansu	1654	1626	28	1507	147
青　海	Qinghai	125472	87449	38023	99334	26138
宁　夏	Ningxia	55671	46197	5726	24521	31150
新　疆	Xinjiang	63322	50770	9425	53665	9657

3-3-4 各地区限额以上批发业企业年末资产负债(按国民经济行业分)

Assets and Liabilities of Enterprises above Designated Size of Wholesale Trade by Region and Sector at the Year-end

农、林、牧产品批发 单位：万元

Wholesale of Agricultural, Forestry and Livestock Products Unit: 10000 yuan

地　区	Region	资产总计 Total Assets	#流动资产合计 Total Working Capitals	#固定资产合计 Total Fixed Assets	负债合计 Total Liabilities	所有者权益合计 Total Owners' Equities
全　国	**National Total**	**47102875**	**33324100**	**3810063**	**35174632**	**11928243**
北　京	Beijing	13004070	6545873	280442	8952719	4051350
天　津	Tianjin	485474	440359	17521	346131	139342
河　北	Hebei	1022664	816216	127643	804171	218493
山　西	Shanxi	210124	144992	46845	132518	77606
内蒙古	Inner Mongolia	864365	601388	193389	570228	294137
辽　宁	Liaoning	2112894	1758477	111010	1895482	217412
吉　林	Jilin	2365954	1870457	287941	1585994	779960
黑龙江	Heilongjiang	1746726	1469160	194839	1464089	282637
上　海	Shanghai	1739493	1104711	189313	1084344	655149
江　苏	Jiangsu	2060108	1548871	267490	1608275	451833
浙　江	Zhejiang	1005925	803124	113072	773528	232397
安　徽	Anhui	840742	569766	104840	493192	347550
福　建	Fujian	841702	689159	77242	635672	206030
江　西	Jiangxi	365123	278527	51144	329885	35238
山　东	Shandong	2924276	2049426	372370	1973382	950894
河　南	Henan	3430940	2580217	338285	2672939	758001
湖　北	Hubei	1470711	1199919	159211	1157443	313268
湖　南	Hunan	558849	399987	80569	315170	243679
广　东	Guangdong	1356679	1051650	110089	1022906	333773
广　西	Guangxi	253630	184771	25873	194039	59591
海　南	Hainan	20621	14035	5075	12959	7662
重　庆	Chongqing	188767	94844	38478	90708	98059
四　川	Sichuan	606901	491282	67827	459619	147282
贵　州	Guizhou	3018	2891	127	1917	1101
云　南	Yunnan	659509	611068	17120	603072	56438
西　藏	Tibet	46491	32377	4503	28143	18348
陕　西	Shaanxi	206547	131486	30604	165596	40951
甘　肃	Gansu	169562	144104	19217	139408	30153
青　海	Xinjiang					
宁　夏	Ningxia	28353	24369	3984	26288	2065
新　疆	Xinjiang	6512660	5670596	474002	5634815	877845

3-3-4 续表 1 Continued 1

食品、饮料及烟草制品批发 单位：万元

Wholesale of Food, Beverages and Tobaccos Unit: 10000 yuan

地 区	Region	资产总计 Total Assets	#流动资产合计 Total Working Capitals	#固定资产合计 Total Fixed Assets	负债合计 Total Liabilities	所有者权益合计 Total Owners' Equities
全 国	**National Total**	**128036150**	**101839539**	**10548681**	**65787546**	**62247079**
北 京	Beijing	14799184	11975005	387245	9896075	4903109
天 津	Tianjin	2536679	2270212	102963	1824384	712296
河 北	Hebei	1926426	1590330	201607	591204	1335222
山 西	Shanxi	1414941	1014705	279702	478011	936931
内 蒙 古	Inner Mongolia	1097153	846273	156654	344494	752659
辽 宁	Liaoning	2672763	2243127	263092	1032708	1640055
吉 林	Jilin	746391	560827	147576	170442	575949
黑 龙 江	Heilongjiang	2615563	2177688	199766	1442164	1173399
上 海	Shanghai	9861173	7682431	409553	6999495	2860153
江 苏	Jiangsu	9443199	8129628	774280	4144835	5298364
浙 江	Zhejiang	10016433	8139396	569973	5195137	4821296
安 徽	Anhui	3794853	3163169	288268	1533642	2261212
福 建	Fujian	6446535	4525043	465563	2868235	3578300
江 西	Jiangxi	1694710	1269316	231793	451166	1243543
山 东	Shandong	6174315	4596321	945499	3111187	3063129
河 南	Henan	3559719	2926131	408684	1589111	1970608
湖 北	Hubei	4882145	3720395	556538	2690839	2191306
湖 南	Hunan	3815872	2682783	523720	1452617	2363255
广 东	Guangdong	11317633	8674390	962592	6592688	4724945
广 西	Guangxi	2336137	1744414	201069	1479017	857120
海 南	Hainan	679557	557567	68104	242733	436824
重 庆	Chongqing	3749614	2937433	334435	2255898	1493716
四 川	Sichuan	5276614	4211116	573989	2329755	2946859
贵 州	Guizhou	4691876	4001695	313198	1481451	3210425
云 南	Yunnan	7754658	6620361	588993	3908957	3845700
西 藏	Tibet	175110	85918	27652	36648	138462
陕 西	Shaanxi	1471855	1101859	232081	488958	982896
甘 肃	Gansu	871442	668276	98197	220902	650541
青 海	Xinjiang	289866	239678	20934	36979	252887
宁 夏	Ningxia	322906	260945	46399	83301	239605
新 疆	Xinjiang	1600829	1223109	168563	814514	786315

3-2-4 续表 2 Continued 2

纺织、服装及家庭用品批发 单位：万元

Wholesale of Textiles, Wearing Apparel and Honsehold Articles Unit: 10000 yuan

地 区	Region	商品购进额 Total Purchases Value	#进口 Imports	商品销售额 Total Sales Value	#出口 Exports	期末商品库存额 Inventery (year-end)
全 国	**National Total**	**228715334**	**26612737**	**258255705**	**70076372**	**20531516**
北 京	Beijing	18421948	4206180	20789252	808287	2510026
天 津	Tianjin	4062648	166239	5068534	865043	274093
河 北	Hebei	806324	9105	821114	120285	119844
山 西	Shanxi	426803		458022	697	61826
内蒙古	Inner Mongolia	281638		287623		5592
辽 宁	Liaoning	2248001	322380	2365843	797308	225681
吉 林	Jilin	222256		227231	15581	8162
黑龙江	Heilongjiang	1245126	3389	1404173	986081	76458
上 海	Shanghai	28927086	11202785	36235175	10503200	3614658
江 苏	Jiangsu	36885989	3975372	41503806	9911966	4099278
浙 江	Zhejiang	38340386	2478903	42052428	20556048	2386871
安 徽	Anhui	7801110	19780	8005973	674792	333874
福 建	Fujian	16735998	1201805	18143656	7441898	1082143
江 西	Jiangxi	840963	3226	906127	236156	23439
山 东	Shandong	12197936	821174	13922293	2896069	838773
河 南	Henan	2954687	95907	3217413	258105	244823
湖 北	Hubei	2007363	21867	2153599	244489	206936
湖 南	Hunan	1250593	9917	1246354	100360	223967
广 东	Guangdong	32749695	1992479	38839155	12608676	2697514
广 西	Guangxi	1578789	29485	1559809	120362	295225
海 南	Hainan	432831	2073	426915	34045	42038
重 庆	Chongqing	12323112	19027	12497278	23898	602760
四 川	Sichuan	1965492	6943	2067340	437813	183940
贵 州	Guizhou	262484		258349		35854
云 南	Yunnan	1007995	4635	998196	243127	156510
西 藏	Tibet					
陕 西	Shaanxi	2135968		2155892	3029	78969
甘 肃	Gansu	168490		175409		34628
青 海	Qinghai	50564		51924	24745	1189
宁 夏	Ningxia	25336	11500	33219	13687	10040
新 疆	Xinjiang	357726	8567	383604	150628	56406

3-3-4 续表 3 Continued 3

文化、体育用品及器材批发 单位：万元

Wholesale of Sporting Appliances and Equipment Unit: 10000 yuan

地 区	Region	资产总计 Total Assets	#流动资产合计 Total Working Capitals	#固定资产合计 Total Fixed Assets	负债合计 Total Liabilities	所有者权益合计 Total Owners' Equities
全 国	**National Total**	**32629880**	**23839769**	**3897986**	**23122134**	**9505821**
北 京	Beijing	7711134	5500794	298562	5705452	2005681
天 津	Tianjin	323193	258080	27545	237139	86054
河 北	Hebei	385944	205006	36148	206825	179119
山 西	Shanxi	319034	278689	21119	258902	60132
内蒙古	Inner Mongolia	64224	32752	20051	30312	33912
辽 宁	Liaoning	218315	180159	14951	138638	79677
吉 林	Jilin	71603	40395	15555	40530	31073
黑龙江	Heilongjiang	46059	35810	5866	32535	13524
上 海	Shanghai	3100086	2716247	71943	2213382	886704
江 苏	Jiangsu	2364574	1859871	104745	1262369	1102205
浙 江	Zhejiang	2145625	1701642	97722	1486042	659584
安 徽	Anhui	792464	582605	14512	401440	391025
福 建	Fujian	344335	262010	24075	215962	128373
江 西	Jiangxi	92356	47823	43889	45734	46622
山 东	Shandong	1412916	1091714	120623	1072218	340698
河 南	Henan	656382	311179	56731	252991	403391
湖 北	Hubei	592818	441070	96551	372826	219992
湖 南	Hunan	473170	281619	10385	261067	212103
广 东	Guangdong	8877460	5847210	2697012	6899688	1975847
广 西	Guangxi	211049	74594	3256	82669	128380
海 南	Hainan	139530	98572	17846	71490	68039
重 庆	Chongqing	382223	359909	16671	262662	119561
四 川	Sichuan	478117	436992	4161	442241	35876
贵 州	Guizhou	285185	271053	12683	256406	28779
云 南	Yunnan	699529	637449	9104	624967	74562
西 藏	Tibet	8954	6345	2357	6145	2810
陕 西	Shaanxi	149650	82335	8456	78342	71308
甘 肃	Gansu	91161	60376	17030	51479	39682
青 海	Xinjiang	20786	15708	4727	15835	4951
宁 夏	Ningxia	36000	25753	1874	10036	25964
新 疆	Xinjiang	136006	96010	21838	85811	50196

3-3-4 续表 4 Continued 4

医药及医疗器材批发

Wholesale of Medicines and Medical Appliances

单位：万元

Unit: 10000 yuan

地区	Region	资产总计 Total Assets	#流动资产合计 Total Working Capitals	#固定资产合计 Total Fixed Assets	负债合计 Total Liabilities	所有者权益合计 Total Owners' Equities
全国	**National Total**	**57847881**	**49526234**	**2435862**	**44475403**	**13372478**
北京	Beijing	6932295	5542013	179050	4899816	2032479
天津	Tianjin	1395122	1257941	62430	1070553	324569
河北	Hebei	1464978	1341273	45801	1312880	152098
山西	Shanxi	572820	501128	28051	470230	102590
内蒙古	Inner Mongolia	181992	166810	8723	161455	20537
辽宁	Liaoning	1765387	1483677	82987	1422200	343187
吉林	Jilin	890291	809584	43100	729173	161118
黑龙江	Heilongjiang	462992	421277	13698	390783	72209
上海	Shanghai	6221036	5374493	532251	4533167	1687869
江苏	Jiangsu	4147993	3465047	174228	3351709	796283
浙江	Zhejiang	4001211	3447457	169051	3040244	960967
安徽	Anhui	2123406	1897246	130983	1798269	325137
福建	Fujian	1587100	1414697	51769	1229775	357326
江西	Jiangxi	800884	705592	42141	643515	157369
山东	Shandong	2868866	2516400	103566	2485591	383275
河南	Henan	1987619	1823346	49688	1677671	309948
湖北	Hubei	2187155	1803213	65364	1535127	652028
湖南	Hunan	1305035	1137052	89610	1044323	260711
广东	Guangdong	7343402	6251710	211853	5452249	1891153
广西	Guangxi	483304	424794	21230	382598	100706
海南	Hainan	1204527	950146	18514	684451	520076
重庆	Chongqing	2000542	1558777	81484	1359404	641138
四川	Sichuan	2932818	2625149	86793	2427299	505519
贵州	Guizhou	459187	387802	20460	368640	90547
云南	Yunnan	1150246	1004920	37941	851045	299201
西藏	Tibet	60052	57790	930	56185	3867
陕西	Shaanxi	535309	485442	11964	476656	58653
甘肃	Gansu	377856	340245	20237	306679	71177
青海	Xinjiang	56642	39885	13673	33475	23167
宁夏	Ningxia	21086	17926	1652	19029	2057
新疆	Xinjiang	326729	273404	36643	261214	65515

3-3-4 续表 5 Continued 5

矿产品、建材及化工产品批发 单位：万元

Wholesale of Mineral Products, Building Materials and Chemical Products Unit: 10000 yuan

地 区	Region	资产总计 Total Assets	#流动资产合计 Total Working Capitals	#固定资产合计 Total Fixed Assets	负债合计 Total Liabilities	所有者权益合计 Total Owners' Equities
全 国	**National Total**	**639072923**	**492538898**	**29885996**	**490617817**	**148481126**
北 京	Beijing	108398903	78729197	2336091	78276206	30122697
天 津	Tianjin	45106617	37365403	1272580	35000582	10106035
河 北	Hebei	18874696	14216805	1291905	13409359	5465337
山 西	Shanxi	27170226	21539403	1212870	22231487	4938739
内 蒙 古	Inner Mongolia	9196799	6367539	634390	6457681	2739119
辽 宁	Liaoning	19875563	16092176	1036482	15535290	4319030
吉 林	Jilin	2350482	1736528	238534	1801681	548801
黑 龙 江	Heilongjiang	8703149	7684104	407108	7873738	829411
上 海	Shanghai	49886717	39377734	1245384	36580672	13306045
江 苏	Jiangsu	45641426	36734671	2437247	36711833	8929592
浙 江	Zhejiang	63196014	51085098	1934714	51444091	11751923
安 徽	Anhui	8747185	6270478	450496	5645721	3101464
福 建	Fujian	27498959	20579379	833258	19899517	7599442
江 西	Jiangxi	2705141	1926242	320361	1843697	861444
山 东	Shandong	28409231	21667530	2962767	24677605	3731627
河 南	Henan	6873273	5014387	669929	4647376	2225896
湖 北	Hubei	11217592	8059081	1244968	9149508	2068084
湖 南	Hunan	4675077	3177181	422127	3179018	1496059
广 东	Guangdong	74999600	59203190	4600566	59528835	15470345
广 西	Guangxi	9043112	6748251	447663	6932372	2118472
海 南	Hainan	1228781	913654	62052	793422	435359
重 庆	Chongqing	8684118	6720969	624956	6628520	2055386
四 川	Sichuan	11757336	9603417	423904	9702715	2054621
贵 州	Guizhou	4797284	3335868	137432	3006706	1790578
云 南	Yunnan	14109772	10161701	792897	11091321	3018451
西 藏	Tibet					
陕 西	Shaanxi	10177926	7096553	574092	7354080	2864010
甘 肃	Gansu	3840041	2902839	291042	1972830	1867210
青 海	Xinjiang	2444582	1599406	218341	1684115	760467
宁 夏	Ningxia	1666338	1201390	230981	1378003	288336
新 疆	Xinjiang	7796985	5428725	530861	6179838	1617147

3-3-4 续表 6 Continued 6

机械设备、五金产品及电子产品批发 | 单位：万元

Wholesale of Machinery, Hardware and Electronics | Unit: 10000 yuan

地 区	Region	资产总计 Total Assets	#流动资产合计 Total Working Capitals	#固定资产合计 Total Fixed Assets	负债合计 Total Liabilities	所有者权益合计 Total Owners' Equities
全 国	**National Total**	**188242422**	**154601376**	**5428084**	**137132243**	**51110179**
北 京	Beijing	58558719	45245794	1331380	38363643	20195076
天 津	Tianjin	9827357	8608423	299288	8094825	1732532
河 北	Hebei	6261026	4221870	177812	4911022	1350004
山 西	Shanxi	967690	835340	55006	837698	129992
内 蒙 古	Inner Mongolia	433021	365691	27460	350734	82287
辽 宁	Liaoning	5376476	4193908	158088	4351989	1024486
吉 林	Jilin	315543	270019	22030	240109	75434
黑 龙 江	Heilongjiang	1072990	897467	45321	942979	130011
上 海	Shanghai	39072566	33556334	636354	28806383	10266183
江 苏	Jiangsu	10848153	9272226	677450	8403424	2444729
浙 江	Zhejiang	9673030	7857636	311477	7506370	2166660
安 徽	Anhui	1663551	1452682	68021	1412989	250561
福 建	Fujian	3738637	3379503	97655	2778932	959705
江 西	Jiangxi	467440	420307	20065	389672	77768
山 东	Shandong	6141008	5168418	526906	4700646	1440362
河 南	Henan	1319171	1175159	60602	1054328	264843
湖 北	Hubei	3026391	1602001	77641	1452184	1574207
湖 南	Hunan	590386	477505	39142	462317	128069
广 东	Guangdong	17896886	15893151	433519	13353527	4543360
广 西	Guangxi	1062211	967002	25740	918023	144188
海 南	Hainan	206887	183323	5066	154054	52833
重 庆	Chongqing	2513077	2209491	76660	1911085	601991
四 川	Sichuan	2321331	2107826	69172	1839278	482054
贵 州	Guizhou	423372	397964	12062	365289	58083
云 南	Yunnan	1532403	1275153	45198	1161164	371239
西 藏	Tibet	15237	13539	1620	8888	6348
陕 西	Shaanxi	841106	766183	26291	747661	93446
甘 肃	Gansu	276369	242965	8300	243045	33324
青 海	Xinjiang	150947	140355	3250	124506	26441
宁 夏	Ningxia	195187	168527	10916	160232	34956
新 疆	Xinjiang	1454256	1235615	78593	1085248	369008

3-3-4 续表 7 Continued 7

贸易经纪与代理 单位：万元

Trade Broker and Agency Unit: 10000 yuan

地 区	Region	资产总计 Total Assets	#流动资产合计 Total Working Capitals	#固定资产合计 Total Fixed Assets	负债合计 Total Liabilities	所有者权益合计 Total Owners' Equities
全 国	**National Total**	**35035208**	**31077649**	**488757**	**29248313**	**5788529**
北 京	Beijing	18155712	15799008	155479	15109403	3046309
天 津	Tianjin	1117591	941560	31847	994690	122901
河 北	Hebei	13926	13414	116	12987	939
山 西	Shanxi	165363	126079	17587	129691	35672
内蒙古	Inner Mongolia	650	284	198		650
辽 宁	Liaoning	219945	214537	3599	174765	45180
吉 林	Jilin	182	123	57	32	150
黑龙江	Heilongjiang	20335	18631	1487	15994	4340
上 海	Shanghai	3065773	2766750	62786	2254491	811282
江 苏	Jiangsu	990321	893383	30140	842815	147507
浙 江	Zhejiang	581574	527724	24379	484282	97292
安 徽	Anhui	33029	32339	616	24917	8112
福 建	Fujian	677866	556445	35358	508039	169826
江 西	Jiangxi	753	714	39	368	385
山 东	Shandong	823348	695861	23143	749777	73571
河 南	Henan	2027	1240	590	569	1458
湖 北	Hubei	3061759	2961592	21962	2751039	310721
湖 南	Hunan	9250	8934	316	8314	936
广 东	Guangdong	5556254	4998684	69989	4697193	859061
广 西	Guangxi	37791	36766	961	32683	5109
海 南	Hainan					
重 庆	Chongqing					
四 川	Sichuan	37058	32224	630	22625	14433
贵 州	Guizhou					
云 南	Yunnan	406560	402943	989	389683	16878
西 藏	Tibet					
陕 西	Shaanxi	11289	10586	360	10099	1189
甘 肃	Gansu					
青 海	Xinjiang	577	570	4	409	168
宁 夏	Ningxia					
新 疆	Xinjiang	46277	37260	6125	33451	14460

3-3-4 续表 8 Continued 8

其他批发业

Other Wholesale not Classified Elsewhere

单位：万元

Unit: 10000 yuan

地 区	Region	资产总计 Total Assets	#流动资产合计 Total Working Capitals	#固定资产合计 Total Fixed Assets	负债合计 Total Liabilities	所有者权益合计 Total Owners' Equities
全 国	**National Total**	**32681284**	**26073123**	**1522561**	**24990880**	**7690404**
北 京	Beijing	6129256	3945615	103809	4985759	1143497
天 津	Tianjin	4249378	3476209	93659	3357842	891535
河 北	Hebei	83928	72792	6217	75035	8893
山 西	Shanxi	55845	43468	6741	31811	24034
内蒙古	Inner Mongolia	36156	31004	2001	20458	15699
辽 宁	Liaoning	302612	202302	65972	255405	47207
吉 林	Jilin	19338	11312	7731	15759	3578
黑龙江	Heilongjiang	173445	159382	4672	152500	20946
上 海	Shanghai	6559774	5694054	272761	4713934	1845840
江 苏	Jiangsu	2202641	1854249	132535	1648886	553755
浙 江	Zhejiang	1969578	1655332	85329	1647363	322215
安 徽	Anhui	692866	591288	56566	516986	175881
福 建	Fujian	2239053	1718571	71753	1686330	552723
江 西	Jiangxi	62743	52593	6133	32749	29994
山 东	Shandong	1169295	911828	143592	767005	402290
河 南	Henan	308117	222582	38121	242739	65378
湖 北	Hubei	187804	123219	40841	115393	72412
湖 南	Hunan	236185	175463	43825	148363	87822
广 东	Guangdong	4080587	3626945	192358	3424544	656043
广 西	Guangxi	108429	97981	5106	86323	22106
海 南	Hainan	68698	61732	5163	47033	21666
重 庆	Chongqing	297603	204431	40159	207164	90438
四 川	Sichuan	149225	122706	13899	109437	39788
贵 州	Guizhou	82821	47918	11678	66392	16429
云 南	Yunnan	834995	717565	26355	366177	468818
西 藏	Tibet					
陕 西	Shaanxi	20709	13119	3730	11113	9596
甘 肃	Gansu	35347	28946	5641	24468	10879
青 海	Xinjiang	7326	2624	3124	2695	4631
宁 夏	Ningxia	203421	130027	23426	139937	63484
新 疆	Xinjiang	114111	77867	9667	91282	22829

3-3-5 各地区限额以上零售业企业年末资产负债

Assets and Liabilities of Enterprises above Designated Size of Retail Trade by Region at the Year-end

单位：万元

Unit: 10000 yuan

地区	Region	资产总计 Total Assets	#流动资产合计 Total Working Capitals	#固定资产合计 Original Value of Fixed Assets	负债合计 Total Liabilities	所有者权益合计 Total Owners' Equities
全国	**National Total**	**377273065**	**259810705**	**55699801**	**271305117**	**106112590**
北京	Beijing	36695134	28194743	2994972	28626649	8068486
天津	Tianjin	8602664	5657537	1425993	6347727	2254938
河北	Hebei	8851922	5802689	1689451	6901695	1950227
山西	Shanxi	8331256	5917654	1331300	6277977	2020197
内蒙古	Inner Mongolia	6444414	4436944	1004519	5219183	1403254
辽宁	Liaoning	16003390	10266230	2966475	11825726	4177664
吉林	Jilin	5311947	2932879	1501176	3985083	1326863
黑龙江	Heilongjiang	5140089	3522167	1070356	3903083	1237007
上海	Shanghai	25830407	18820802	3215068	18114014	7716392
江苏	Jiangsu	33221555	22046928	5138617	24468950	8752605
浙江	Zhejiang	26226160	19244309	3492482	20398107	5828054
安徽	Anhui	11840190	8422441	1780628	8100669	3739521
福建	Fujian	11878704	8180384	1445544	7319111	4559593
江西	Jiangxi	4544991	3085421	671826	3004671	1540320
山东	Shandong	30580046	18662004	5899885	22166063	8413982
河南	Henan	11516752	7964876	1630332	8467691	3049061
湖北	Hubei	17542877	11104822	3502308	11432014	6110863
湖南	Hunan	10377346	5888079	1975047	6362653	4014693
广东	Guangdong	38277321	28969142	3989266	26107219	12169802
广西	Guangxi	4621104	3464105	565009	3407845	1213259
海南	Hainan	1770467	1163410	369811	1203127	567340
重庆	Chongqing	7523461	5180016	1172707	5117266	2406195
四川	Sichuan	16753335	11011809	2240506	11573450	5179885
贵州	Guizhou	3859313	2402485	492138	3014221	845091
云南	Yunnan	7705609	5138970	1259447	5366184	2339425
西藏	Tibet	290284	185052	71293	170445	119839
陕西	Shaanxi	9742755	6668130	1546377	6499357	3243398
甘肃	Gansu	2462281	1725556	413304	1778384	683897
青海	Qinghai	559929	426523	94348	395408	164522
宁夏	Ningxia	1242694	910890	191776	977680	265014
新疆	Xinjiang	3524670	2413706	557840	2773465	751205

3-3-5 续表 Continued

国有控股
State-controlled Enterprises

单位：万元
Unit: 10000 yuan

地　区	Region	资产总计 Total Assets	#流动资产合计 Total Working Capitals	#固定资产合计 Total Fixed Assets	负债合计 Total Liabilities	所有者权益合计 Total Owners' Equities
全　国	**National Total**	**75173144**	**40793327**	**15201730**	**46188820**	**29129266**
北　京	Beijing	10758261	6532917	1425468	6885960	3872300
天　津	Tianjin	2697300	1071098	914163	1547842	1149457
河　北	Hebei	928517	496026	289859	736798	191719
山　西	Shanxi	1909011	1231717	397115	1152430	723499
内蒙古	Inner Mongolia	1282279	682379	371380	1324476	135827
辽　宁	Liaoning	2690098	1113239	940691	1440917	1249180
吉　林	Jilin	1129724	498421	494478	900712	229012
黑龙江	Heilongjiang	608178	438228	111340	396954	211224
上　海	Shanghai	4616316	2863453	868864	2706423	1909893
江　苏	Jiangsu	3216397	2319498	400612	2499536	716861
浙　江	Zhejiang	3061945	1842949	497840	1796294	1265650
安　徽	Anhui	3338113	2402340	440677	2026164	1311950
福　建	Fujian	2248569	1146997	373045	960041	1288528
江　西	Jiangxi	861250	465180	135229	454197	407054
山　东	Shandong	4787276	1523575	1038267	3661938	1125338
河　南	Henan	1231734	629443	291901	929063	302671
湖　北	Hubei	4217692	1871177	1189128	2923967	1293726
湖　南	Hunan	3306961	1324990	865453	1503339	1803622
广　东	Guangdong	10085390	6608569	1504415	4515422	5569968
广　西	Guangxi	762794	377358	226136	427884	334909
海　南	Hainan	527970	293526	123202	254179	273791
重　庆	Chongqing	2312666	1486348	433069	1571015	741651
四　川	Sichuan	3310820	1251336	701082	1638449	1672372
贵　州	Guizhou	1207830	362473	211669	923871	283958
云　南	Yunnan	1429498	532803	397248	927905	501594
西　藏	Tibet	101269	36559	42077	34540	66730
陕　西	Shaanxi	934372	484011	186642	651856	282516
甘　肃	Gansu	226176	159099	47885	152598	73578
青　海	Qinghai	61306	31757	17608	47500	13805
宁　夏	Ningxia	107035	68524	30639	77101	29934
新　疆	Xinjiang	1216400	647338	234550	1119450	96950

3-3-6 各地区限额以上零售业企业年末资产负债(按登记注册类型分)

Assets and Liabilities of Enterprises above Designated Size of Retail Trade by Region and Type of Registration at the Year-end

内资企业
Domestic Funded Enterprises

单位：万元
Unit: 10000 yuan

地区	Region	资产总计 Total Assets	#流动资产合计 Total Working Capitals	#固定资产合计 Total Fixed Assets	负债合计 Total Liabilities	所有者权益合计 Total Owners' Equities
全国	**National Total**	**320588162**	**219333678**	**48211540**	**229364212**	**91368592**
北京	Beijing	26722225	19677159	2525948	20107889	6614336
天津	Tianjin	7517243	4939407	1275196	5539145	1978098
河北	Hebei	8718651	5716011	1652954	6751328	1967324
山西	Shanxi	8114748	5809458	1260906	6109287	1972379
内蒙古	Inner Mongolia	6190229	4293715	982486	5012470	1355783
辽宁	Liaoning	14013683	9197763	2595774	10486096	3527587
吉林	Jilin	4691602	2628000	1402848	3452622	1238980
黑龙江	Heilongjiang	4731080	3348379	890668	3485542	1245538
上海	Shanghai	15840873	11699435	2012394	10706602	5134271
江苏	Jiangsu	27241202	18064905	4105535	20423567	6817636
浙江	Zhejiang	22887096	17059426	2811035	18040431	4846664
安徽	Anhui	11031769	7919531	1604516	7472141	3559628
福建	Fujian	10288095	7129781	1256805	6398258	3889837
江西	Jiangxi	4306723	2943181	632649	2794209	1512515
山东	Shandong	29062782	17620456	5598508	21075797	7986984
河南	Henan	10434472	7276096	1455408	7577519	2856953
湖北	Hubei	16192703	10131294	3322491	10438493	5754211
湖南	Hunan	9809708	5591900	1891574	6034573	3775136
广东	Guangdong	29183293	22124381	2900810	19585264	9597730
广西	Guangxi	4372419	3265651	532106	3249332	1123087
海南	Hainan	1649168	1074393	348130	1121896	527272
重庆	Chongqing	6169541	4192328	978404	4162588	2006953
四川	Sichuan	14830370	9791059	1890135	10168423	4661947
贵州	Guizhou	3563713	2195425	458598	2806233	757481
云南	Yunnan	6879735	4512784	1134145	4905763	1973972
西藏	Tibet	289769	184693	71214	169980	119789
陕西	Shaanxi	8295803	5635114	1404529	5521259	2774544
甘肃	Gansu	2402536	1694057	399472	1735347	667189
青海	Qinghai	551672	421425	91610	390319	161353
宁夏	Ningxia	1238854	908701	190560	976419	262435
新疆	Xinjiang	3366406	2287770	534135	2665423	700982

3-3-6 续表 1 Continued 1

国有企业 单位：万元
State-owned Enterprises Unit: 10000 yuan

地区	Region	资产总计 Total Assets	#流动资产合计 Total Working Capitals	#固定资产合计 Total Fixed Assets	负债合计 Total Liabilities	所有者权益合计 Total Owners' Equities
全国	**National Total**	**20392091**	**10715654**	**4828463**	**12479307**	**8090808**
北京	Beijing	772144	557287	136332	447690	324453
天津	Tianjin	1328238	523180	374151	626614	701623
河北	Hebei	395723	213655	125029	319553	76171
山西	Shanxi	1220947	844138	203565	832794	388153
内蒙古	Inner Mongolia	1012437	552682	313643	1096875	93585
辽宁	Liaoning	779554	259600	487578	415859	363695
吉林	Jilin	38398	19668	14280	21092	17307
黑龙江	Heilongjiang	206811	113076	44789	103587	103225
上海	Shanghai	1327675	800120	422795	940999	386676
江苏	Jiangsu	828852	651383	113152	642518	186334
浙江	Zhejiang	607569	414478	110214	352288	255281
安徽	Anhui	825001	606154	107639	491254	333748
福建	Fujian	385048	223667	41419	162033	223016
江西	Jiangxi	114789	40043	23204	68063	46726
山东	Shandong	1006157	670307	174664	794054	212104
河南	Henan	623823	309188	184621	436806	187018
湖北	Hubei	1181702	514824	303403	787563	394139
湖南	Hunan	958807	386829	260526	414719	544088
广东	Guangdong	2633669	1301591	359094	1084141	1549528
广西	Guangxi	235438	111417	38550	120719	114720
海南	Hainan	126239	48789	21055	54755	71484
重庆	Chongqing	310344	186089	67363	251633	58711
四川	Sichuan	1369941	415202	297319	727279	642662
贵州	Guizhou	606823	210207	106556	391022	215800
云南	Yunnan	583002	170798	275904	348518	234485
西藏	Tibet	96420	35619	38211	33292	63128
陕西	Shaanxi	376304	280782	69342	259499	116805
甘肃	Gansu	136487	92136	31743	82331	54156
青海	Qinghai	60622	31355	17330	47073	13548
宁夏	Ningxia	35658	21691	11907	20524	15134
新疆	Xinjiang	207469	109704	53084	104160	103309

3-3-6 续表 2 Continued 2

集体企业 单位：万元

Collective-owned Enterprises Unit: 10000 yuan

地　区	Region	资产总计 Total Assets	#流动资产合计 Total Working Capitals	#固定资产合计 Total Fixed Assets	负债合计 Total Liabilities	所有者权益合计 Total Owners' Equities
全　国	**National Total**	**3681168**	**2123580**	**895318**	**2374592**	**1306576**
北　京	Beijing	302108	238668	43444	259038	43070
天　津	Tianjin	62741	43859	5987	41360	21381
河　北	Hebei	125880	67332	45527	93899	31981
山　西	Shanxi	136224	95641	29975	96213	40011
内蒙古	Inner Mongolia	19251	16147	2478	18028	1223
辽　宁	Liaoning	128406	73133	33491	84361	44046
吉　林	Jilin	23050	13451	7586	6506	16544
黑龙江	Heilongjiang	58619	32224	25102	30699	27920
上　海	Shanghai	143793	79020	24282	80209	63584
江　苏	Jiangsu	224418	106674	79945	132945	91473
浙　江	Zhejiang	156229	103067	29255	114297	41932
安　徽	Anhui	47201	24383	18170	30114	17087
福　建	Fujian	40147	20470	16281	19114	21033
江　西	Jiangxi	16793	9480	6208	8308	8485
山　东	Shandong	902694	442069	259079	524050	378644
河　南	Henan	277676	167788	64284	188746	88930
湖　北	Hubei	346514	195929	70548	258485	88028
湖　南	Hunan	51376	25121	19408	34027	17348
广　东	Guangdong	281121	151533	35565	124323	156798
广　西	Guangxi	45844	31476	8175	41189	4655
海　南	Hainan	281	187	37	243	38
重　庆	Chongqing	12842	6166	1884	5898	6944
四　川	Sichuan	47747	31992	10925	27506	20241
贵　州	Guizhou	30569	27038	1793	6272	24297
云　南	Yunnan	68463	39405	22274	45572	22891
西　藏	Tibet	438	402	36	107	331
陕　西	Shaanxi	92018	57870	22521	75225	16794
甘　肃	Gansu	34465	20074	10567	24369	10096
青　海	Qinghai					
宁　夏	Ningxia	79	73	6	136	-57
新　疆	Xinjiang	4181	2910	484	3353	828

3-3-6 续表 3 Continued 3

股份合作企业 单位：万元

Cooperative Enterprises Unit: 10000 yuan

地 区	Region	资产总计 Total Assets	#流动资产合计 Total Working Capitals	#固定资产合计 Total Fixed Assets	负债合计 Total Liabilities	所有者权益合计 Total Owners' Equities
全 国	**National Total**	**1820491**	**937712**	**491501**	**1217498**	**602994**
北 京	Beijing	60153	46860	7787	41203	18950
天 津	Tianjin	452410	113290	236669	319294	133115
河 北	Hebei	183826	129851	18643	139581	44244
山 西	Shanxi	5442	2401	1460	2872	2571
内蒙古	Inner Mongolia	5094	4374	495	3550	1544
辽 宁	Liaoning	61865	52498	5761	47941	13924
吉 林	Jilin	12125	6358	4871	6537	5588
黑龙江	Heilongjiang	25562	12787	11247	19320	6242
上 海	Shanghai	26287	21893	2973	10287	16001
江 苏	Jiangsu	133814	75886	18655	96642	37172
浙 江	Zhejiang	19568	14737	2743	15666	3902
安 徽	Anhui	71571	54038	10505	52155	19415
福 建	Fujian	15786	13259	1722	11269	4516
江 西	Jiangxi	29495	22003	5265	15467	14028
山 东	Shandong	153446	90290	51991	89345	64101
河 南	Henan	52103	21455	10756	28812	23291
湖 北	Hubei	53799	35363	7933	38507	15292
湖 南	Hunan	35406	19704	9710	26634	8771
广 东	Guangdong	172163	60912	13007	86086	86078
广 西	Guangxi	13623	12799	225	12466	1158
海 南	Hainan					
重 庆	Chongqing	51360	32528	9886	29826	21534
四 川	Sichuan	44350	21486	13127	26046	18305
贵 州	Guizhou	61484	34416	14473	51958	9526
云 南	Yunnan	44957	19559	17834	29820	15136
西 藏	Tibet					
陕 西	Shaanxi	19095	10915	7110	6066	13029
甘 肃	Gansu	5622	2806	2720	4361	1261
青 海	Qinghai	906	897	9	819	87
宁 夏	Ningxia	7777	3720	3358	4259	3518
新 疆	Xinjiang	1404	630	567	710	694

联营企业 单位：万元

Joint Ownership Enterprises Unit: 10000 yuan

地 区	Region	资产总计 Total Assets	#流动资产合计 Total Working Capitals	#固定资产合计 Total Fixed Assets	负债合计 Total Liabilities	所有者权益合计 Total Owners' Equities
全 国	**National Total**	**586619**	**348444**	**95187**	**347691**	**238928**
北 京	Beijing	21295	19912	1330	18299	2996
天 津	Tianjin	38429	12935	1435	2185	36244
河 北	Hebei	15149	10198	2709	12559	2590
山 西	Shanxi	4520	3369	643	2313	2208
内蒙古	Inner Mongolia					
辽 宁	Liaoning	16755	15499	1172	14977	1778
吉 林	Jilin					
黑龙江	Heilongjiang	12469	5394	6612	5223	7246
上 海	Shanghai	60680	49203	6981	34198	26482
江 苏	Jiangsu	46184	19126	12047	18090	28093
浙 江	Zhejiang	19623	10960	6023	7127	12496
安 徽	Anhui	8118	7427	295	6535	1584
福 建	Fujian	9790	6937	864	2502	7288
江 西	Jiangxi	1408	1398	10	1007	401
山 东	Shandong	45692	26921	8613	28891	16801
河 南	Henan	31844	22168	2745	21173	10671
湖 北	Hubei	16779	7902	7806	6099	10680
湖 南	Hunan	2826	2151	582	1931	894
广 东	Guangdong	73069	57829	7496	46778	26291
广 西	Guangxi					
海 南	Hainan					
重 庆	Chongqing	34371	25089	7978	20337	14034
四 川	Sichuan	117661	37865	16871	91921	25740
贵 州	Guizhou	4124	1718	2294	1972	2151
云 南	Yunnan	3753	3268	164	2312	1441
西 藏	Tibet					
陕 西	Shaanxi	2079	1175	518	1263	817
甘 肃	Gansu					
青 海	Qinghai					
宁 夏	Ningxia					
新 疆	Xinjiang					

3-3-6 续表 5 Continued 5

有限责任公司 Limited Liability Corporations

单位：万元 Unit: 10000 yuan

地 区	Region	资产总计 Total Assets	#流动资产合计 Total Working Capitals	#固定资产合计 Total Fixed Assets	负债合计 Total Liabilities	所有者权益合计 Total Owners' Equities
全 国	**National Total**	**122703249**	**89418982**	**16163663**	**93873770**	**28829479**
北 京	Beijing	13339120	9982652	1101851	10821880	2517240
天 津	Tianjin	3000239	2239189	403165	2504851	495388
河 北	Hebei	3733139	2243369	881207	2827555	905585
山 西	Shanxi	1267813	943718	187510	1037522	230292
内 蒙 古	Inner Mongolia	2299293	1697864	290109	1704769	594524
辽 宁	Liaoning	5035687	3520061	706101	4257589	778099
吉 林	Jilin	1697551	1061977	413211	1286881	410669
黑 龙 江	Heilongjiang	1821529	1248577	378351	1455737	365792
上 海	Shanghai	5597566	4309416	683019	4500009	1097557
江 苏	Jiangsu	7482676	5165234	1248578	5932450	1550226
浙 江	Zhejiang	9051618	6913307	1057856	7159606	1892012
安 徽	Anhui	3884009	2820124	554243	2858671	1025338
福 建	Fujian	4316947	3135801	492318	2889734	1427214
江 西	Jiangxi	1828584	1313175	210590	1187553	641031
山 东	Shandong	9625431	6593613	1749453	7510350	2115081
河 南	Henan	4683513	3505792	508628	3619342	1064171
湖 北	Hubei	5385491	3511591	879841	3957729	1427763
湖 南	Hunan	2506319	1656163	404220	1818383	687937
广 东	Guangdong	12142965	9734416	961752	9442919	2700046
广 西	Guangxi	1860279	1467587	167439	1444904	415375
海 南	Hainan	1091863	775968	218719	799694	292169
重 庆	Chongqing	2790834	2022541	366326	1967064	823770
四 川	Sichuan	6118518	4735374	611621	4443667	1674851
贵 州	Guizhou	1780720	1316458	200601	1403387	377333
云 南	Yunnan	2533012	1845920	373362	1757861	775151
西 藏	Tibet	123691	98676	16505	93973	29718
陕 西	Shaanxi	4878068	3465356	706644	3135015	1743053
甘 肃	Gansu	911301	661228	130961	696429	214872
青 海	Qinghai	264727	205018	46088	181793	82934
宁 夏	Ningxia	625153	442309	88061	482984	142168
新 疆	Xinjiang	1025595	786509	125336	693470	332125

3-3-6 续表 6 Continued 6

股份有限公司 单位：万元

Share-holding Corporations Ltd. Unit: 10000 yuan

地 区	Region	资产总计 Total Assets	#流动资产合计 Total Working Capitals	#固定资产合计 Total Fixed Assets	负债合计 Total Liabilities	所有者权益合计 Total Owners' Equities
全 国	**National Total**	**56118501**	**29711391**	**10922708**	**34860146**	**21225273**
北 京	Beijing	6766970	4025105	907472	3956286	2810683
天 津	Tianjin	417992	131841	114269	284001	133990
河 北	Hebei	1392330	1001877	189272	1166943	225387
山 西	Shanxi	404931	158000	167815	103442	268406
内蒙古	Inner Mongolia	419573	204289	94383	371679	47894
辽 宁	Liaoning	2306050	1009252	518628	1363674	942376
吉 林	Jilin	1234139	473478	602250	964667	269472
黑龙江	Heilongjiang	925495	616435	185844	625426	300069
上 海	Shanghai	1828867	862323	436925	775766	1053101
江 苏	Jiangsu	5700225	2896718	796363	3742981	1957244
浙 江	Zhejiang	2953789	1801848	427279	1919064	1034725
安 徽	Anhui	2204661	1486224	353498	1344287	860373
福 建	Fujian	1693999	814280	281876	734834	959165
江 西	Jiangxi	976280	557991	236594	554905	421374
山 东	Shandong	7235440	2864964	1429803	5323417	1912023
河 南	Henan	882898	470911	161465	701471	181427
湖 北	Hubei	2977206	1411484	863009	2034934	942273
湖 南	Hunan	2466385	1044772	587356	1172359	1294027
广 东	Guangdong	6103793	4429508	948901	2678212	3425581
广 西	Guangxi	723542	464166	181976	444632	278910
海 南	Hainan	301136	150082	96143	161766	139370
重 庆	Chongqing	843052	475974	166256	450273	392780
四 川	Sichuan	1705417	702280	395706	861956	843461
贵 州	Guizhou	440802	72229	77649	432987	7815
云 南	Yunnan	812701	337165	102367	578113	234588
西 藏	Tibet	15083	9253	5725	6663	8421
陕 西	Shaanxi	1453444	850729	340946	1107205	346239
甘 肃	Gansu	231445	128710	69468	162940	68505
青 海	Qinghai	28058	15976	10689	27702	356
宁 夏	Ningxia	42893	15428	19221	41753	1139
新 疆	Xinjiang	629910	228102	153560	765809	-135899

3-3-6 续表 7 Continued 7

私营企业 单位：万元

Private Enterprises Unit: 10000 yuan

地区	Region	资产总计 Total Assets	#流动资产合计 Total Working Capitals	#固定资产合计 Total Fixed Assets	负债合计 Total Liabilities	所有者权益合计 Total Owners' Equities
全国	**National Total**	**107350207**	**80434212**	**13629963**	**78516051**	**28833857**
北京	Beijing	5460435	4806674	327732	4563492	896943
天津	Tianjin	1916953	1668869	110114	1514034	402919
河北	Hebei	2662666	1913837	369842	2012219	650446
山西	Shanxi	4908190	3657947	624619	3917985	990205
内蒙古	Inner Mongolia	1895044	1499343	210845	1433473	461571
辽宁	Liaoning	5402867	4041591	806205	4114385	1288482
吉林	Jilin	1502344	934393	310920	1044826	457518
黑龙江	Heilongjiang	1460550	1172907	196062	1091769	368781
上海	Shanghai	6761576	5493174	428325	4270537	2491039
江苏	Jiangsu	12387243	8819692	1791906	9502730	2884513
浙江	Zhejiang	9989269	7723457	1172515	8386869	1602399
安徽	Anhui	3581529	2664232	487328	2391374	1190155
福建	Fujian	3378662	2595224	363148	2284949	1093713
江西	Jiangxi	1266327	954241	135211	912701	353627
山东	Shandong	8487391	5780824	1671056	5748766	2738626
河南	Henan	3695871	2676820	466129	2458766	1237105
湖北	Hubei	5989391	4295626	1131239	3208612	2780779
湖南	Hunan	3426371	2178095	550453	2270910	1155462
广东	Guangdong	7167241	5885731	526063	5647161	1519780
广西	Guangxi	1416442	1119855	128147	1132735	283707
海南	Hainan	113023	82936	12084	93198	19825
重庆	Chongqing	1941052	1301295	334770	1298566	642486
四川	Sichuan	5010146	3519857	500851	3679846	1330300
贵州	Guizhou	566801	474413	46293	464976	101825
云南	Yunnan	2511098	1875271	293985	1922764	588334
西藏	Tibet	30451	23328	5738	17624	12827
陕西	Shaanxi	1267428	845674	214221	810254	457173
甘肃	Gansu	975006	708523	133464	696833	278173
青海	Qinghai	176175	152633	13299	116991	59184
宁夏	Ningxia	513984	414769	67343	416320	97665
新疆	Xinjiang	1488683	1152981	200057	1090388	398294

3-3-6 续表 8 Continued 8

其他企业

Other Enterprises

单位：万元

Unit: 10000 yuan

地 区	Region	资产总计 Total Assets	#流动资产合计 Total Working Capitals	#固定资产合计 Total Fixed Assets	负债合计 Total Liabilities	所有者权益合计 Total Owners' Equities
全 国	**National Total**	**7935836**	**5643703**	**1184738**	**5695158**	**2240678**
北 京	Beijing					
天 津	Tianjin	300243	206244	29406	246806	53437
河 北	Hebei	209939	135893	20724	179019	30920
山 西	Shanxi	166681	104244	45318	116146	50534
内蒙古	Inner Mongolia	539539	319017	70533	384097	155443
辽 宁	Liaoning	282498	226129	36839	187309	95189
吉 林	Jilin	183995	118676	49731	122112	61883
黑龙江	Heilongjiang	220045	146981	42661	153782	66263
上 海	Shanghai	94429	84286	7094	94597	-168
江 苏	Jiangsu	437791	330192	44888	355211	82580
浙 江	Zhejiang	89432	77572	5151	85514	3918
安 徽	Anhui	409679	256951	72839	297751	111928
福 建	Fujian	447715	320143	59176	293823	153892
江 西	Jiangxi	73048	44849	15567	46205	26843
山 东	Shandong	1606529	1151469	253850	1056924	549605
河 南	Henan	186745	101974	56780	122404	64341
湖 北	Hubei	241822	158578	58712	146565	95257
湖 南	Hunan	362219	279066	59320	295610	66609
广 东	Guangdong	609272	502861	48933	475645	133627
广 西	Guangxi	77252	58352	7594	52688	24564
海 南	Hainan	16626	16432	92	12240	4386
重 庆	Chongqing	185687	142647	23940	138993	46694
四 川	Sichuan	416590	327004	43717	310203	106388
贵 州	Guizhou	72392	58946	8939	53659	18733
云 南	Yunnan	322749	221399	48255	220803	101946
西 藏	Tibet	23687	17416	4999	18322	5365
陕 西	Shaanxi	207367	122614	43228	126732	80635
甘 肃	Gansu	108210	80579	20549	68085	40125
青 海	Qinghai	21184	15547	4195	15941	5244
宁 夏	Ningxia	13311	10711	664	10442	2869
新 疆	Xinjiang	9162	6934	1046	7532	1630

3-3-6 续表 9 Continued 9

港、澳、台商投资企业 单位：万元

Enterprises with Funds from Hong Kong, Macao and Taiwan Unit: 10000 yuan

地 区	Region	资产总计 Total Assets	#流动资产合计 Total Working Capitals	#固定资产合计 Total Fixed Assets	负债合计 Total Liabilities	所有者权益合计 Total Owners' Equities
全 国	**National Total**	**27567535**	**19370359**	**3425548**	**19127142**	**8440393**
北 京	Beijing	1551895	1341253	112797	1157116	394780
天 津	Tianjin	469753	333497	54785	344352	125401
河 北	Hebei	27640	24941	2424	32560	-4921
山 西	Shanxi	190722	92001	62803	147763	42959
内蒙古	Inner Mongolia	254185	143229	22033	206713	47471
辽 宁	Liaoning	1326935	665207	201861	813891	513044
吉 林	Jilin	493822	252618	47156	399665	94157
黑龙江	Heilongjiang	261098	97618	121435	224272	36826
上 海	Shanghai	6194211	4559525	508005	4398169	1796043
江 苏	Jiangsu	2489005	1631122	515429	1705194	783811
浙 江	Zhejiang	1414766	849591	320530	940921	473845
安 徽	Anhui	350146	230368	60663	185759	164387
福 建	Fujian	992681	585689	102294	493597	499084
江 西	Jiangxi	136542	68532	24827	131405	5138
山 东	Shandong	534234	337881	146971	348479	185755
河 南	Henan	868410	533518	146164	713918	154493
湖 北	Hubei	670572	565087	39647	482574	187998
湖 南	Hunan	331235	135088	37125	206765	124470
广 东	Guangdong	5314471	4159838	429824	3637972	1676499
广 西	Guangxi	224834	183802	29687	135955	88879
海 南	Hainan	18458	11131	3956	9017	9440
重 庆	Chongqing	1021552	782070	170379	739572	281980
四 川	Sichuan	819114	515567	143602	625192	193922
贵 州	Guizhou	96584	74439	8287	55672	40912
云 南	Yunnan	435305	363967	21921	245914	189392
西 藏	Tibet					
陕 西	Shaanxi	953553	752088	66769	655865	297688
甘 肃	Gansu	53489	25858	13217	38172	15317
青 海	Qinghai	8258	5098	2738	5089	3169
宁 夏	Ningxia					
新 疆	Xinjiang	64066	49738	8220	45612	18454

3-3-6 续表 10 Continued 10

外商投资企业
Foreign Funded Enterprises

单位：万元
Unit: 10000 yuan

地区	Region	资产总计 Total Assets	#流动资产合计 Total Working Capitals	#固定资产合计 Total Fixed Assets	负债合计 Total Liabilities	所有者权益合计 Total Owners' Equities
全国	**National Total**	**29117367**	**21106668**	**4062712**	**22813763**	**6303605**
北京	Beijing	8421014	7176331	356227	7361644	1059370
天津	Tianjin	615669	384633	96012	464231	151438
河北	Hebei	105631	61737	34073	117806	-12176
山西	Shanxi	25786	16195	7592	20927	4859
内蒙古	Inner Mongolia					
辽宁	Liaoning	662773	403260	168840	525739	137034
吉林	Jilin	126522	52261	51172	132796	-6274
黑龙江	Heilongjiang	147911	76170	58253	193268	-45357
上海	Shanghai	3795322	2561843	694669	3009243	786079
江苏	Jiangsu	3491348	2350901	517653	2340189	1151158
浙江	Zhejiang	1924299	1335293	360917	1416755	507544
安徽	Anhui	458275	272542	115449	442769	15507
福建	Fujian	597928	464914	86445	427257	170672
江西	Jiangxi	101725	73708	14351	79058	22667
山东	Shandong	983030	703668	154406	741787	241243
河南	Henan	213870	155263	28760	176255	37615
湖北	Hubei	679602	408441	140170	510948	168655
湖南	Hunan	236403	161091	46347	121316	115087
广东	Guangdong	3779556	2684924	658632	2883983	895573
广西	Guangxi	23851	14652	3216	22558	1293
海南	Hainan	102841	77886	17725	72214	30627
重庆	Chongqing	332368	205618	23925	215106	117262
四川	Sichuan	1103852	705183	206770	779836	324016
贵州	Guizhou	199016	132621	25254	152317	46699
云南	Yunnan	390568	262219	103381	214508	176061
西藏	Tibet	515	359	80	465	50
陕西	Shaanxi	493399	280928	75078	322234	171165
甘肃	Gansu	6256	5641	615	4865	1391
青海	Qinghai					
宁夏	Ningxia	3840	2189	1216	1261	2579
新疆	Xinjiang	94198	76198	15485	62430	31768

3-3-7 各地区限额以上零售业企业年末资产负债(按国民经济行业分)

Assets and Liabilities of Enterprises above Designated Size of Retail Trade by Region and Sector at the Year-end

综合零售
Integrated Retail

单位：万元
Unit: 10000 yuan

地 区	Region	资产总计 Total Assets	#流动资产合计 Total Working Capitals	#固定资产合计 Total Fixed Assets	负债合计 Total Liabilities	所有者权益合计 Total Owners' Equities
全 国	**National Total**	**118349947**	**73422095**	**23823544**	**86893043**	**31456904**
北 京	Beijing	10903769	7403353	1201612	7364597	3539172
天 津	Tianjin	2682155	1484328	738248	2145828	536327
河 北	Hebei	3961573	2306018	1031949	3250018	711555
山 西	Shanxi	1801651	1156901	385489	1590012	211639
内 蒙 古	Inner Mongolia	1203317	823351	208381	982703	220614
辽 宁	Liaoning	6649708	3793583	1331594	5109342	1540366
吉 林	Jilin	2400493	1040532	935476	1812430	588064
黑 龙 江	Heilongjiang	1986623	1117375	581496	1461647	524976
上 海	Shanghai	7711625	4769533	1719359	5523018	2188608
江 苏	Jiangsu	11596262	7009010	2417044	8759884	2836378
浙 江	Zhejiang	9244924	6264192	1585482	7164865	2080059
安 徽	Anhui	3944774	2537116	841054	2653470	1291305
福 建	Fujian	2971859	1908341	438766	1889183	1082676
江 西	Jiangxi	1237431	742865	286645	899527	337904
山 东	Shandong	12714079	7254089	2912065	9539640	3174439
河 南	Henan	3215602	1980170	631459	2583550	632051
湖 北	Hubei	5405735	2837613	1364431	3896480	1509254
湖 南	Hunan	3196712	1831174	729725	2108840	1087872
广 东	Guangdong	10599063	7860821	1362570	7717268	2881795
广 西	Guangxi	1285133	816157	298844	934363	350771
海 南	Hainan	274586	196745	39903	217021	57565
重 庆	Chongqing	2330038	1453087	465471	1622676	707362
四 川	Sichuan	3518342	2258773	668555	2373565	1144777
贵 州	Guizhou	649677	393547	147652	511709	137969
云 南	Yunnan	1485741	943042	348287	974029	511712
西 藏	Tibet	33347	18079	12409	23587	9760
陕 西	Shaanxi	3150439	1978991	600244	2149270	1001169
甘 肃	Gansu	764622	447001	205902	527100	237522
青 海	Qinghai	137340	90046	35451	96873	40467
宁 夏	Ningxia	274256	162765	79462	210775	63481
新 疆	Xinjiang	1019071	543498	218520	799776	219295

3-3-7 续表 1 Continued 1

食品、饮料及烟草制品专门零售 单位：万元

Special Retail of Food, Beverages and Tobaccos Unit: 10000 yuan

地区	Region	资产总计 Total Assets	#流动资产合计 Total Working Capitals	#固定资产合计 Total Fixed Assets	负债合计 Total Liabilities	所有者权益合计 Total Owners' Equities
全国	**National Total**	**12134870**	**8164966**	**1747361**	**7039821**	**5095049**
北京	Beijing	586857	407630	139750	269661	317196
天津	Tianjin	191109	152518	18886	114075	77034
河北	Hebei	70460	45011	8252	45097	25363
山西	Shanxi	215347	125501	63194	147748	67599
内蒙古	Inner Mongolia	106509	71744	17491	68507	38002
辽宁	Liaoning	153813	100706	34470	78876	74937
吉林	Jilin	128147	82642	18942	78616	49531
黑龙江	Heilongjiang	40673	28052	9780	24803	15870
上海	Shanghai	2457067	1799157	60146	1689381	767686
江苏	Jiangsu	731583	486630	129846	395951	335633
浙江	Zhejiang	422091	307653	56810	250271	171820
安徽	Anhui	299351	182550	39041	154631	144720
福建	Fujian	589746	374452	98098	222121	367626
江西	Jiangxi	205918	155929	22364	39974	165944
山东	Shandong	724724	406551	223067	394710	330013
河南	Henan	262627	167107	51214	182836	79791
湖北	Hubei	810471	512878	171469	461098	349374
湖南	Hunan	514027	179422	61223	174414	339613
广东	Guangdong	959976	742634	72357	502152	457824
广西	Guangxi	71668	58887	4436	54195	17473
海南	Hainan	21897	17426	3302	17681	4215
重庆	Chongqing	243375	154867	42376	136166	107208
四川	Sichuan	809728	680704	78068	537739	271989
贵州	Guizhou	230516	144182	16182	82716	147800
云南	Yunnan	404505	230674	84664	233497	171008
西藏	Tibet	20546	15894	2926	10909	9637
陕西	Shaanxi	705012	438417	190010	551913	153100
甘肃	Gansu	131886	78122	25275	104006	27879
青海	Qinghai	174	142	33	11	163
宁夏	Ningxia	4098	2692	1209	2569	1529
新疆	Xinjiang	20970	14192	2481	13499	7471

纺织、服装及日用品专门零售 单位：万元

Special Retail of Textiles, Garments and Daily Consumer Articles Unit: 10000 yuan

地 区	Region	资产总计 Total Assets	#流动资产合计 Total Working Capitals	#固定资产合计 Total Fixed Assets	负债合计 Total Liabilities	所有者权益合计 Total Owners' Equities
全 国	**National Total**	**18310858**	**13058592**	**2475773**	**13392377**	**4918481**
北 京	Beijing	1670699	1279085	139467	1524258	146441
天 津	Tianjin	408142	239874	33803	327461	80681
河 北	Hebei	301943	141869	79200	240779	61164
山 西	Shanxi	533425	317881	71434	423326	110099
内蒙古	Inner Mongolia	234999	151366	25157	196337	38662
辽 宁	Liaoning	723102	514044	114962	572293	150809
吉 林	Jilin	342789	189009	138698	297674	45115
黑龙江	Heilongjiang	191777	82902	100189	143472	48305
上 海	Shanghai	3547516	2565170	486873	2559320	988197
江 苏	Jiangsu	876690	641145	84911	597090	279600
浙 江	Zhejiang	1137131	868474	153797	937258	199874
安 徽	Anhui	294309	240702	19066	170421	123888
福 建	Fujian	464251	397427	34629	276797	187454
江 西	Jiangxi	101793	86874	5324	75316	26477
山 东	Shandong	839566	544461	182684	548978	290587
河 南	Henan	382309	232073	46686	255496	126813
湖 北	Hubei	714634	517127	151858	476383	238252
湖 南	Hunan	275788	158915	60390	196321	79467
广 东	Guangdong	2727084	2223413	99603	1790204	936880
广 西	Guangxi	51718	38141	994	49726	1992
海 南	Hainan	324309	177242	135081	199900	124409
重 庆	Chongqing	320888	239131	44146	243709	77179
四 川	Sichuan	944117	680365	62886	676102	268016
贵 州	Guizhou	72174	41934	16042	55846	16329
云 南	Yunnan	192314	141158	34373	120760	71554
西 藏	Tibet	815	359	80	615	200
陕 西	Shaanxi	333567	153190	91430	167456	166111
甘 肃	Gansu	67500	50454	13071	45030	22470
青 海	Qinghai	23904	12643	11082	23408	496
宁 夏	Ningxia	36022	29086	2799	35986	36
新 疆	Xinjiang	175584	103080	35061	164660	10925

文化、体育用品及器材专门零售 单位：万元

Special Retail of Culture, Sports Appliances and Equipments Unit: 10000 yuan

地 区	Region	资产总计 Total Assets	#流动资产合计 Total Working Capitals	#固定资产合计 Total Fixed Assets	负债合计 Total Liabilities	所有者权益合计 Total Owners' Equities
全 国	**National Total**	**15624416**	**11058896**	**2292796**	**9419746**	**6204671**
北 京	Beijing	1964615	1660342	155163	1505365	459250
天 津	Tianjin	203085	162440	30736	148404	54681
河 北	Hebei	300279	169425	72169	157768	142511
山 西	Shanxi	296482	176441	46245	148878	147604
内蒙古	Inner Mongolia	110805	83627	19111	88564	22242
辽 宁	Liaoning	361795	201473	102445	236356	125439
吉 林	Jilin	85400	57003	19528	53247	32153
黑龙江	Heilongjiang	216967	187051	24107	119400	97567
上 海	Shanghai	1785722	1414647	122472	1309912	475810
江 苏	Jiangsu	1479927	1127369	164311	972382	507545
浙 江	Zhejiang	1308922	918377	205581	824493	484429
安 徽	Anhui	259800	174245	47135	106769	153031
福 建	Fujian	567560	410168	70111	284626	282934
江 西	Jiangxi	477717	280097	68280	144927	332789
山 东	Shandong	614527	465025	73261	370497	244030
河 南	Henan	378945	229491	86891	197164	181781
湖 北	Hubei	448969	238025	127662	228195	220775
湖 南	Hunan	368141	232164	54637	130703	237438
广 东	Guangdong	1069208	765544	212140	614599	454609
广 西	Guangxi	189326	76117	45528	72293	117033
海 南	Hainan	68928	44874	14825	67645	1283
重 庆	Chongqing	495504	295370	93779	316789	178715
四 川	Sichuan	1039819	555283	189523	455756	584063
贵 州	Guizhou	130903	108044	15673	77433	53469
云 南	Yunnan	692563	518134	103278	374711	317852
西 藏	Tibet	3063	1664	1384	1603	1460
陕 西	Shaanxi	348233	279162	44148	230039	118194
甘 肃	Gansu	104701	75619	25130	64348	40353
青 海	Qinghai	9869	4752	3006	5188	4681
宁 夏	Ningxia	28808	18476	9005	16931	11877
新 疆	Xinjiang	213836	128448	45535	94762	119074

医药及医疗器材专门零售 单位：万元

Special Retail of Medicines and Medical Appliances Unit: 10000 yuan

地　区	Region	资产总计 Total Assets	#流动资产合计 Total Working Capitals	#固定资产合计 Total Fixed Assets	负债合计 Total Liabilities	所有者权益合计 Total Owners' Equities
全　国	**National Total**	**19318029**	**15501738**	**1231472**	**14835145**	**4482884**
北　京	Beijing	3665675	2387546	97637	2776564	889111
天　津	Tianjin	289006	256132	6623	229038	59969
河　北	Hebei	194270	134033	12901	153993	40276
山　西	Shanxi	262467	223319	14673	198282	64185
内蒙古	Inner Mongolia	139108	125382	10386	114469	24639
辽　宁	Liaoning	632602	535016	49474	510463	122139
吉　林	Jilin	290244	223693	26110	222074	68170
黑龙江	Heilongjiang	473850	401531	57379	371249	102601
上　海	Shanghai	526796	472362	31498	424752	102044
江　苏	Jiangsu	2305265	2038554	154250	1858847	446418
浙　江	Zhejiang	848231	741157	52221	656517	191715
安　徽	Anhui	824692	728622	59163	685541	139150
福　建	Fujian	350190	280706	30342	228431	121760
江　西	Jiangxi	454178	331596	34658	373541	80637
山　东	Shandong	1683794	1361105	199346	1292851	390943
河　南	Henan	531259	343054	49866	308255	223004
湖　北	Hubei	1219807	1019815	76928	927830	291977
湖　南	Hunan	822469	683427	48307	637000	185469
广　东	Guangdong	993904	881753	43421	738020	255884
广　西	Guangxi	597392	517135	18129	480974	116418
海　南	Hainan	27151	17984	740	17317	9834
重　庆	Chongqing	258319	197358	28590	187537	70782
四　川	Sichuan	344405	288285	27220	294635	49770
贵　州	Guizhou	184510	170892	6233	159001	25509
云　南	Yunnan	359508	256886	30973	234437	125071
西　藏	Tibet	37223	36265	823	23155	14068
陕　西	Shaanxi	219973	184522	18948	183190	36783
甘　肃	Gansu	106759	65632	11022	85101	21658
青　海	Qinghai	57417	54380	2591	43725	13692
宁　夏	Ningxia	149762	128913	11253	122917	26845
新　疆	Xinjiang	467805	414684	19768	295442	172363

汽车、摩托车、燃料及零配件专门零售 单位：万元

Special Retail of Motor Vehicles, Motorcycles, Fuel and Parts Unit: 10000 yuan

地区	Region	资产总计 Total Assets	#流动资产合计 Total Working Capitals	#固定资产合计 Total Fixed Assets	负债合计 Total Liabilities	所有者权益合计 Total Owners' Equities
全国	**National Total**	**135809208**	**94850103**	**18093331**	**97626758**	**38327391**
北京	Beijing	8107796	6268709	1021728	6221086	1886709
天津	Tianjin	3772875	2557649	500768	2573124	1199751
河北	Hebei	3317110	2459986	392223	2550597	766513
山西	Shanxi	3953266	3030340	532786	2824521	1095663
内蒙古	Inner Mongolia	3842959	2563222	623809	3273751	747232
辽宁	Liaoning	5539946	3665655	1082404	3855621	1684326
吉林	Jilin	1661818	1059045	283328	1281334	380484
黑龙江	Heilongjiang	1587095	1272454	172481	1302755	284340
上海	Shanghai	4024158	3200600	340656	2971477	1052681
江苏	Jiangsu	9631203	6816222	1341112	7464923	2166280
浙江	Zhejiang	11185603	8503273	1234095	9024152	2161451
安徽	Anhui	4916678	3607073	604633	3399974	1516704
福建	Fujian	4947913	3222245	621993	2973394	1974519
江西	Jiangxi	1499796	1036550	184687	1080426	419370
山东	Shandong	9792974	5771925	1443824	7268232	2524743
河南	Henan	5251489	3900817	558516	3927388	1324100
湖北	Hubei	5378116	3520272	1145318	2947337	2430779
湖南	Hunan	4239248	2190432	859393	2565968	1673280
广东	Guangdong	16400983	12014656	1872912	10400113	6000870
广西	Guangxi	1767318	1380441	156168	1295326	471992
海南	Hainan	888967	571741	164456	551989	336978
重庆	Chongqing	2685193	1959988	315851	1887945	797248
四川	Sichuan	8109438	5087527	964909	5757359	2352079
贵州	Guizhou	2262992	1281091	269587	1894503	368489
云南	Yunnan	3998474	2643968	587022	3064985	933489
西藏	Tibet	167534	86940	51861	90787	76746
陕西	Shaanxi	3782311	2830083	380367	2545413	1236898
甘肃	Gansu	1002552	797092	83512	763126	239427
青海	Qinghai	280150	224801	36111	198964	81186
宁夏	Ningxia	610052	447605	79017	485960	124093
新疆	Xinjiang	1203202	877704	187805	1184231	18971

3-3-7 续表 6 Continued 6

家用电器及电子产品专门零售 单位：万元

Special Retail of Household Electric Appliances and Electronic Products Unit: 10000 yuan

地 区	Region	资产总计 Total Assets	#流动资产合计 Total Working Capitals	#固定资产合计 Total Fixed Assets	负债合计 Total Liabilities	所有者权益合计 Total Owners' Equities
全 国	**National Total**	**36030055**	**29150275**	**2510852**	**26426432**	**9603323**
北 京	Beijing	7132425	6667233	75105	6389669	742756
天 津	Tianjin	455155	409149	32688	358158	96997
河 北	Hebei	528266	454053	38445	385354	142912
山 西	Shanxi	428478	345427	55222	336027	92451
内蒙古	Inner Mongolia	389370	314173	41696	290725	98645
辽 宁	Liaoning	1029719	865986	79663	747045	282675
吉 林	Jilin	241966	165761	40732	171915	70051
黑龙江	Heilongjiang	483191	345585	73594	379500	103690
上 海	Shanghai	3952924	3324647	126430	2036400	1916524
江 苏	Jiangsu	4921073	2910083	479723	3224163	1696910
浙 江	Zhejiang	1484565	1254757	97246	1134383	350182
安 徽	Anhui	887744	702190	55328	683152	204592
福 建	Fujian	1212622	1010621	85095	923184	289438
江 西	Jiangxi	430113	347798	49386	293844	136269
山 东	Shandong	1676110	1263594	249009	1212893	463217
河 南	Henan	986808	813473	82580	713191	273617
湖 北	Hubei	1436698	994682	239632	1001572	435125
湖 南	Hunan	505238	318942	71371	314818	190421
广 东	Guangdong	3559585	3183841	89885	2866074	693211
广 西	Guangxi	442614	408458	17207	377526	65088
海 南	Hainan	127399	105648	10021	104474	22925
重 庆	Chongqing	728299	598707	103016	478550	249749
四 川	Sichuan	1237257	907330	159324	904850	332408
贵 州	Guizhou	222259	200771	6041	172010	50250
云 南	Yunnan	354339	279199	40241	242798	111541
西 藏	Tibet	19463	18434	995	15705	3757
陕 西	Shaanxi	697325	522887	91863	353819	343506
甘 肃	Gansu	139966	127853	7182	101831	38135
青 海	Qinghai	30491	26502	3087	12571	17920
宁 夏	Ningxia	114360	101379	5065	82684	31676
新 疆	Xinjiang	174235	161113	3984	117549	56686

3-3-7 续表 7 Continued 7

五金、家具及室内装饰材料专门零售 单位：万元

Special Retail of Hardware, Furniture and Interior Decoration Materials Unit: 10000 yuan

地区	Region	资产总计 Total Assets	#流动资产合计 Total Working Capitals	#固定资产合计 Total Fixed Assets	负债合计 Total Liabilities	所有者权益合计 Total Owners' Equities
全国	**National Total**	**9137615**	**5529710**	**1960134**	**5902267**	**3235348**
北京	Beijing	614391	417514	87076	490335	124056
天津	Tianjin	171682	74794	41743	133275	38407
河北	Hebei	117961	62006	30852	80721	37240
山西	Shanxi	273124	186693	42779	165908	107216
内蒙古	Inner Mongolia	205273	158689	36931	68253	137020
辽宁	Liaoning	302264	155136	106443	236359	65905
吉林	Jilin	88180	62565	21865	32848	55332
黑龙江	Heilongjiang	64024	31025	18364	42931	21093
上海	Shanghai	605614	303915	183247	444036	161579
江苏	Jiangsu	855275	426543	244520	540975	314300
浙江	Zhejiang	256964	174938	46963	176027	80937
安徽	Anhui	289321	175221	82048	183071	106250
福建	Fujian	467398	385068	41026	320052	147346
江西	Jiangxi	63974	41246	12425	40967	23007
山东	Shandong	1344100	811356	392669	740627	603473
河南	Henan	269118	183287	53947	161045	108073
湖北	Hubei	378576	193429	74039	233039	145536
湖南	Hunan	175247	81648	53111	94452	80795
广东	Guangdong	1030307	670926	68708	789325	240982
广西	Guangxi	46958	42246	1757	39492	7466
海南	Hainan	7788	7501	272	6870	918
重庆	Chongqing	260632	138096	67721	127141	133491
四川	Sichuan	392128	268605	46146	301922	90206
贵州	Guizhou	6619	4214	1623	4285	2334
云南	Yunnan	106840	47897	15850	43100	63740
西藏	Tibet					
陕西	Shaanxi	438541	227071	120888	274991	163550
甘肃	Gansu	64100	25892	29642	29315	34786
青海	Qinghai	774	563	22	145	629
宁夏	Ningxia	18171	16342	1443	16283	1889
新疆	Xinjiang	222272	155288	36016	84478	137795

货摊、无店铺及其他零售业　　单位：万元

Stalls, Non-shop and Other Retails　　Unit: 10000 yuan

地　区	Region	资产总计 Total Assets	#流动资产合计 Total Working Capitals	#固定资产合计 Total Fixed Assets	负债合计 Total Liabilities	所有者权益合计 Total Owners' Equities
全　国	**National Total**	**12558067**	**9074330**	**1564538**	**9769528**	**2788539**
北　京	Beijing	2048908	1703331	77435	2085113	-36205
天　津	Tianjin	429455	320653	22498	318365	111090
河　北	Hebei	60061	30290	23462	37368	22693
山　西	Shanxi	567018	355152	119478	443275	123743
内蒙古	Inner Mongolia	212074	145392	21557	135874	76200
辽　宁	Liaoning	610441	434632	65021	479372	131069
吉　林	Jilin	72910	52631	16497	34946	37964
黑龙江	Heilongjiang	95890	56193	32967	57326	38564
上　海	Shanghai	1218984	970770	144387	1155719	63265
江　苏	Jiangsu	824276	591371	122901	654735	169541
浙　江	Zhejiang	337728	211488	60287	230142	107587
安　徽	Anhui	123523	74724	33161	63640	59882
福　建	Fujian	307164	191356	25485	201325	105839
江　西	Jiangxi	74072	62467	8055	56150	17922
山　东	Shandong	1190172	783900	223960	797636	392536
河　南	Henan	238597	115406	69174	138767	99830
湖　北	Hubei	1749873	1270982	150970	1260081	489792
湖　南	Hunan	280476	211955	36891	140137	140338
广　东	Guangdong	937211	625554	167670	689464	247747
广　西	Guangxi	168977	126522	21946	103953	65025
海　南	Hainan	29443	24249	1212	20231	9212
重　庆	Chongqing	201214	143411	11758	116753	84461
四　川	Sichuan	358101	284937	43876	271524	86577
贵　州	Guizhou	99661	57810	13105	56718	42943
云　南	Yunnan	111326	78011	14760	77867	33459
西　藏	Tibet	8294	7417	815	4084	4211
陕　西	Shaanxi	67354	53807	8479	43268	24086
甘　肃	Gansu	80195	57893	12568	58528	21667
青　海	Qinghai	19810	12696	2967	14523	5287
宁　夏	Ningxia	7165	3632	2524	3576	3589
新　疆	Xinjiang	27694	15701	8672	19070	8625

3-4-1 限额以上批发和零售业企业损益及分配

项 目	Item	主营业务收入 Revenue from Principal Business	主营业务成本 Cost of Principal Business
总 计	**Total**	**3649019336**	**3382121535**
一、批发业	**Wholesale Trade**	**2921835854**	**2736184200**
#国有控股	State-controlled Enterprises	1323011213	1250210463
(一)按登记注册类型分	**by Type of Registration**		
1.内资企业	**Domestic Funded Enterprises**	**2562406394**	**2420305041**
国有企业	State-owned Enterprises	593554984	549253501
集体企业	Collective-owned Enterprises	18718703	17439463
股份合作企业	Cooperative Enterprises	7320767	6775642
联营企业	Joint Ownership Enterprises	7056897	6756063
国有联营企业	State Joint Ownership Enterprises	3603123	3513420
集体联营企业	Collective Joint Ownership Enterprises	421360	401984
国有与集体联营企业	Joint State-collective Enterprises	2026748	1941811
其他联营企业	Other Joint Ownership Enterprises	1005665	898849
有限责任公司	Limited Liability Corporations	936361902	895695565
国有独资公司	State Sole Funded Corporations	104948733	100119526
其他有限责任公司	Other Limited Liability Corporations	831413169	795576039
股份有限公司	Share-holding Corporations Ltd.	304074248	289732391
私营企业	Private Enterprises	658358050	620354908
私营独资企业	Private-funded Enterprises	25968829	23406981
私营合伙企业	Private Partnership Enterprises	8444920	7935396
私营有限责任公司	Private Limited Liability Corporations	603480368	569612363
私营股份有限公司	Private Share-holding Corporations Ltd.	20463934	19400168
其他企业	Other Enterprises	36960844	34297507
2.港、澳、台商投资企业	**Enterprises with Funds from Hongkong, Macao and Taiwan**	**92743634**	**81712619**
合资经营企业	Joint-venture Enterprises	13701038	12715388
合作经营企业	Cooperative Enterprises	1001916	819306
独资经营企业	Enterprises with Sole Investment	76413816	66812086
投资股份有限公司	Share-holding Corporations Ltd. with Investment	1538347	1297160
其他港澳台商投资企业	Other Enterprises with Funds from Hongkong, Macao and Taiwan	88518	68678
3.外商投资企业	**Foreign Funded Enterprises**	**266685826**	**234166541**
中外合资经营企业	Joint-venture Enterprises	72052586	66928582
中外合作经营企业	Cooperative Enterprises	7076169	6860967
外资企业	Enterprises with Sole Foreign Investment	184070284	157613650
外商投资股份有限公司	Share-holding Corporations Ltd. with Foreign Investment	3279822	2596137
其他外商投资企业	Other Foreign Funded Enterprises	206965	167206

Income and Distribution of Enterprises above Designated Size of Wholesale and Retail Trades

主营业务税金及附加 Taxes and Other Charges on Principal Business	主营业务利润 Profits from Principal Business	其他业务利润 Profits from Other Business	销售费用 Selling Expenses	管理费用 Administrative Expenses	#税金 Taxes
15088037	**251809764**	**15458073**	**114481910**	**62400994**	**2644117**
11329250	**174322404**	**6120889**	**71781770**	**39349644**	**1638629**
7326140	65474610	1883150	19575205	14559083	593923
10079401	**132021952**	**4186839**	**47972534**	**30056887**	**1385433**
6119403	38182080	759661	8114345	8830000	302300
53305	1225935	44998	422623	362653	24635
24214	520910	14394	155444	96637	5656
9517	291317	5194	104216	71798	2161
5811	83893	2332	30570	25064	1048
521	18856	1874	10647	3983	178
1152	83785	523	38374	10430	450
2034	104783	465	24626	32322	484
1810057	38856280	1854479	17231215	8500489	426055
310591	4518616	311788	1523588	1132943	49155
1499467	34337663	1542690	15707627	7367547	376900
398414	13943443	300137	6097353	2709527	139346
1555949	36447193	1125678	15048152	9065133	467161
173732	2388116	25256	610845	399847	32996
15402	494122	3883	194052	76317	9799
1309843	32558162	1062179	13754511	8286398	410849
56973	1006793	34360	488744	302570	13516
108542	2554796	82297	799186	420649	18120
193022	**10837993**	**543792**	**5446916**	**2798707**	**62630**
31448	954201	98755	484821	205516	5614
1385	181224	184	51275	8828	145
155612	9446117	416160	4698075	2499616	55758
4253	236935	23783	195836	79552	1071
324	19516	4910	16910	5195	43
1056827	**31462458**	**1390259**	**18362319**	**6494050**	**190565**
67763	5056241	64573	3276002	446368	36243
2783	212418	5678	61666	13760	1148
981897	25474738	1316059	14596824	5972086	152676
3656	680030	2464	399247	51917	443
728	39031	1484	28580	9918	56

项　目	Item	#差旅费 Travel Allowance	#工会经费 Trade Unions Funds
总　计	**Total**	**2232169**	**489212**
一、批发业	**Wholesale Trade**	**1630258**	**300433**
#国有控股	State-controlled Enterprises	304274	133833
(一)按登记注册类型分	**by Type of Registration**		
1.内资企业	**Domestic Funded Enterprises**	**1184298**	**271488**
国有企业	State-owned Enterprises	141568	91386
集体企业	Collective-owned Enterprises	10779	2877
股份合作企业	Cooperative Enterprises	3955	450
联营企业	Joint Ownership Enterprises	2488	317
国有联营企业	State Joint Ownership Enterprises	917	165
集体联营企业	Collective Joint Ownership Enterprises	85	16
国有与集体联营企业	Joint State-collective Enterprises	329	56
其他联营企业	Other Joint Ownership Enterprises	1157	81
有限责任公司	Limited Liability Corporations	366098	99255
国有独资公司	State Sole Funded Corporations	34152	11793
其他有限责任公司	Other Limited Liability Corporations	331946	87463
股份有限公司	Share-holding Corporations Ltd.	94797	17331
私营企业	Private Enterprises	539206	55882
私营独资企业	Private-funded Enterprises	27220	12701
私营合伙企业	Private Partnership Enterprises	6340	2014
私营有限责任公司	Private Limited Liability Corporations	491722	38801
私营股份有限公司	Private Share-holding Corporations Ltd.	13924	2366
其他企业	Other Enterprises	25409	3991
2.港、澳、台商投资企业	**Enterprises with Funds from Hongkong, Macao and Taiwan**	**91209**	**4670**
合资经营企业	Joint-venture Enterprises	7394	953
合作经营企业	Cooperative Enterprises	106	4
独资经营企业	Enterprises with Sole Investment	80003	3517
投资股份有限公司	Share-holding Corporations Ltd. with Investment	3332	196
其他港澳台商投资企业	Other Enterprises with Funds from Hongkong, Macao and Taiwan	373	
3.外商投资企业	**Foreign Funded Enterprises**	**354751**	**24275**
中外合资经营企业	Joint-venture Enterprises	21890	2399
中外合作经营企业	Cooperative Enterprises	1104	106
外资企业	Enterprises with Sole Foreign Investment	330479	21440
外商投资股份有限公司	Share-holding Corporations Ltd. with Foreign Investment	1016	190
其他外商投资企业	Other Foreign Funded Enterprises	262	140

3-4-1 Continued 1

单位：万元
Unit: 10000 yuan

财务费用 Financial Expenses	#利息支出 Interest Expense	营业利润 Operating Profits	利润总额 Total Profits	应交所得税 Income Tax Payable	应付职工薪酬 Payables to Employees	应交增值税 VAT Payable
18218664	**17507162**	**77310471**	**80231642**	**17904141**	**54733925**	**47001236**
13218555	**13983516**	**60179957**	**63950620**	**14205469**	**31431789**	**31979595**
3768995	5557248	32251878	34381386	7484540	12478004	15657516
12544086	**12984200**	**49191912**	**51260029**	**11193518**	**23944154**	**27142609**
1220454	2023187	21080954	22277053	5115351	7085753	8667479
114835	104726	435171	461574	51230	193538	158764
27070	18273	223790	167495	60708	74024	62007
29893	25638	98004	103508	21720	47906	101098
11147	13823	23313	27267	7187	19329	9064
2606	1206	3258	4116	569	3517	3035
7399	6456	28533	29173	7697	10897	11165
8741	4153	42901	42951	6267	14164	77835
4840473	5200602	10739722	11775349	2944845	7205375	8705579
640983	867029	1367038	1867470	457709	745385	1037916
4199491	4333572	9372684	9907879	2487136	6459990	7667663
1168816	1502025	6746756	6850631	988032	2965718	3235169
4930110	3954655	8776042	8907048	1903010	6018408	5876920
174057	98009	1223284	1138034	163976	210456	344112
40714	14422	183785	167361	37790	96441	67081
4533210	3710780	7044811	7244819	1613753	5523092	5285366
182129	131443	324162	356833	87491	188419	180361
212436	155094	1091474	717372	108623	353432	335592
359341	**410049**	**2731246**	**3204899**	**828662**	**2196068**	**1356730**
69893	98284	311979	358102	58618	211653	164837
695	341	120539	122069	31195	22979	5589
276754	301700	2356058	2775370	730951	1891069	1157671
12028	9724	-59680	-53530	7100	62985	26922
-29		2350	2889	798	7383	1710
315128	**589268**	**8256800**	**9485692**	**2183289**	**5291567**	**3480257**
131073	174682	1244658	1280418	293768	560980	510939
623	5550	150399	62485	11921	34380	18574
165455	411511	6645733	7825459	1773283	4638394	2840181
17425	-2676	214084	314907	103623	49601	104945
551	200	1927	2424	695	8212	5618

项　　目	Item	主营业务收入 Revenue from Principal Business	主营业务成本 Cost of Principal Business
(二)按国民经济行业分	**by Sector**		
农、林、牧产品批发	Wholesale of Agricultural, Forestry and Livestock Products	56587939	53188598
食品、饮料及烟草制品批发	Wholesale of Food, Beverages and Tobaccos	245969686	197981535
米、面制品及食用油批发	Wholesale of Rice, Flour and Edible Oil	33147783	30869842
肉、禽、蛋、奶及水产品批发	Wholesale of Meal, Fowls, Eggs, Milk and Aquatic Products	14520328	13034346
酒、饮料及茶叶批发	Wholesale of Wine, Beverages and Teas	36872011	26815115
烟草制品批发	Wholesale of Tobaccos	126369839	97036903
纺织、服装及家庭用品批发	Wholesale of Textiles, Wearing Apparel and Household Articles	231997293	206014615
服装批发	Wholesale of Garments	61028477	52130005
鞋帽批发	Wholesale of Shoes and Hats	11979945	10016898
家用电器批发	Wholesale of Household Electrical Appliances	68455965	63196681
文化、体育用品及器材批发	Wholesale of Culture, Sports Appliances and Equipments	46868334	41751469
文具用品批发	Wholesale of Stationeries	10406579	9876910
体育用品及器材批发	Wholesale of Sporting Appliances and Equipment	2097296	1730793
图书批发	Wholesale of Books	5044853	4375952
医药及医疗器材批发	Wholesale of Medicines and Medical Appliances	107726359	96778108
西药批发	Wholesale of Western Medicine	70251041	65001294
中药批发	Wholesale of Chinese Traditional Medicine	23689174	21058610
矿产品、建材及化工产品批发	Wholesale of Mineral Products, Building Materials and Chemical Products	1757008565	1701920107
煤炭及制品批发	Wholesale of Coal and Related Products	245616936	234052627
石油及制品批发	Wholesale of Petroleum and Related Products	555796205	535783927
金属及金属矿批发	Wholesale of Metal Materials	612328525	602685599
建材批发	Wholesale of Building Materials	89940255	85763509
化肥批发	Wholesale of Chemical Fertilizer	46633334	44900614
农药批发	Wholesale of Pesticides	3416366	3154244
机械设备、五金产品及电子产品批发	Wholesale of Machinery, Hardware and Electronics	372112192	340994393
汽车批发	Wholesale of Motor Vehicles	133263742	121128475
计算机、软件及辅助设备批发	Wholesale of Computer, Software and Assistant Appliances	36520929	34572986
通讯及广播电视设备批发	Wholesale of Communication, Radios and Televisions Equipments	42481541	39767694
贸易经纪与代理	Trade Broker and Agency	37411683	35517818
其他批发业	Other Wholesale not Classified Elsewhere	66153803	62037558

单位：万元
Unit: 10000 yuan

主营业务税金及附加 Taxes and Other Charges on Principal Business	主营业务利润 Profits from Principal Business	其他业务利润 Profits from Other Business	销售费用 Selling Expenses	管理费用 Administrative Expenses	#税金 Taxes
117007	3282334	178358	1197962	964840	41107
6657169	41330982	611102	11187995	8662483	260286
66607	2211334	150122	1467813	509728	17319
93966	1392016	53631	533563	328615	13695
297422	9759475	91584	4001995	853764	43465
6034001	23298935	133845	2922694	5900758	133961
527529	25455149	848184	14065195	5418837	166697
187902	8710570	275227	3548821	1929765	39265
56004	1907043	15270	699812	640596	29001
95616	5163668	158264	3899344	908730	35767
190003	4926862	153591	1743717	1184437	28904
10940	518728	31917	226414	153139	6082
6084	360420	25470	256042	107517	1882
13928	654972	57353	320187	265002	10027
232679	10715572	549756	5478206	2701040	78705
131468	5118279	235887	2627327	1265173	50760
60457	2570108	90927	1303331	486089	16193
1929384	53159074	1802715	21075034	11353271	769626
506604	11057705	393094	4489655	2148401	183462
407503	19604775	367287	6970767	2599079	174123
467760	9175166	592373	4181508	2889908	207737
186585	3990161	142569	1132363	1104956	63834
113420	1619300	32476	770043	417802	31326
3880	258242	8815	105129	65341	2605
1394640	29723159	1652299	14562416	7434273	228134
911065	11224203	377824	6106931	1127440	82774
72799	1875144	93578	957546	622291	17738
77577	2636271	351653	1311531	1155114	18338
57717	1836148	167068	1004062	561451	19452
223123	3893123	157816	1467183	1069011	45718

项　目	Item	#差旅费 Travel Allowance	#工会经费 Trade Unions Funds
(二)按国民经济行业分	by Sector		
农、林、牧产品批发	Wholesale of Agricultural, Forestry and Livestock Products	32670	7196
食品、饮料及烟草制品批发	Wholesale of Food, Beverages and Tobaccos	180295	91114
米、面制品及食用油批发	Wholesale of Rice, Flour and Edible Oil	13561	3247
肉、禽、蛋、奶及水产品批发	Wholesale of Meal, Fowls, Eggs, Mlik and Aquatic Products	10598	2565
酒、饮料及茶叶批发	Wholesale of Wine, Beverages and Teas	44334	4837
烟草制品批发	Wholesales of Tobaccos	61361	69023
纺织、服装及家庭用品批发	Wholesale of Textiles, Wearing Apparel and Household Articles	242912	32263
服装批发	Wholesale of Garments	71596	11695
鞋帽批发	Wholesale of Shoes and Hats	12410	1372
家用电器批发	Wholesale of Household Electrical Appliances	54227	7220
文化、体育用品及器材批发	Wholesale of Culture, Sports Appliances and Equipments	38455	6019
文具用品批发	Wholesale of Stationeries	6507	871
体育用品及器材批发	Wholesale of Sports Appliances and Equipment	5213	246
图书批发	Wholesale of Books	6492	2126
医药及医疗器材批发	Wholesale of Medicines and Medical Appliances	179583	50934
西药批发	Wholesale of Western Medicine	62615	15252
中药批发	Wholesale of Chinese Traditional Medicine	29807	23780
矿产品、建材及化工产品批发	Wholesale of Mineral Products, Building Materials and Chemical Products	474688	67353
煤炭及制品批发	Wholesale of Coal and Related Products	90386	18128
石油及制品批发	Wholesale of Petroleum and Related Products	67092	13633
金属及金属矿批发	Wholesale of Metal Materials	132774	12746
建材批发	Wholesale of Building Materials	49073	9891
化肥批发	Wholesale of Chemical Fertilizer	22511	4091
农药批发	Wholesale of Pesticides	6876	469
机械设备、五金产品及电子产品批发	Wholesale of Machinery, Hardware and Electronics	406332	32194
汽车批发	Wholesale of Motor Vehicles	63354	6266
计算机、软件及辅助设备批发	Wholesale of Computer, Software and Assistant Appliances	27180	1832
通讯及广播电视设备批发	Wholesale of Communication, Radios and Televisions Equipments	36878	4666
贸易经纪与代理	Trade Broker and Agency	23699	3278
其他批发业	Other Wholesale not Classified Elsewhere	51626	10083

单位：万元
Unit: 10000 yuan

财务费用 Financial Expenses	#利息支出 Interest Expenses	营业利润 Operating Profits	利润总额 Total Profits	应交所得税 Income Tax Payable	应付职工薪酬 Payables to Employees	应交增值税 VAT Payable
869722	779790	699964	1213866	135586	603276	1072458
225354	787180	21917316	23303927	5258944	7047998	7641876
371716	376889	-220522	242368	40219	395363	169302
75592	61092	524872	475149	50385	273796	87632
43952	95541	4974101	5145509	1165228	888343	1416563
-529512	28992	15068762	15889089	3754841	4615780	5454314
791643	922804	6512475	6797093	1552661	4460831	3315577
236935	283390	3501563	3398980	770527	1242845	903506
49387	47003	580037	611490	145873	345043	236254
26745	113893	537534	686260	148620	1013230	739544
163847	245032	1978238	2025545	342367	1133191	381279
59285	70321	109963	105105	13982	301515	50285
24055	16638	-60481	-55090	17591	64893	39474
-13857	19156	235866	260812	19322	205123	68265
548531	514240	2512762	2609524	611599	2299283	1892699
403012	378795	1175328	1222176	287905	1252089	1032575
135664	94720	573254	583789	121824	445835	470264
8741259	8425349	15962674	16285255	3643782	8748946	12379185
1558761	1437508	4374909	4268680	708562	1598830	2699860
1074493	1183346	6900920	6705392	1445640	3110274	4805399
4182756	3866821	1460942	1750413	742835	1758807	2861555
641031	551000	1290897	982444	191229	570428	582919
402058	411620	354748	489486	94393	296450	162380
48254	46809	42488	66877	10288	50094	-4263
1131645	1497704	8961783	9799375	2170351	6053741	3701877
329449	485094	4238182	4434830	1032715	1001067	1086001
66894	83614	374010	328068	80333	507434	67037
93840	154968	578366	915091	125246	1039522	436899
132285	308150	780255	859530	216651	413045	123411
614269	503266	854491	1056506	273529	671479	1471231

项　目	Item	主营业务收入 Revenue from Principal Business	主营业务成本 Cost of Principal Business
二、零售业	**Retail Trade**	**727183483**	**645937335**
#国有控股	State-controlled Enterprises	164507447	148311993
(一)按登记注册类型分	**by Type of Registration**		
1.内资企业	**Domestic Funded Enterprises**	**637669074**	**570872055**
国有企业	State-owned Enterprises	53119032	48033096
集体企业	Collective-owned Enterprises	13099267	11360669
股份合作企业	Cooperative Enterprises	4577435	4092183
联营企业	Joint Ownership Enterprises	2185559	1982161
国有联营企业	State Joint Ownership Enterprises	909303	828086
集体联营企业	Collective Joint Ownership Enterprises	331499	287861
国有与集体联营企业	Joint State-collective Enterprises	548282	510283
其他联营企业	Other Joint Ownership Enterprises	396475	355931
有限责任公司	Limited Liability Corporations	237141472	211076173
国有独资公司	State Sole Funded Corporations	3350446	2922229
其他有限责任公司	Other Limited Liability Corporations	233791027	208153944
股份有限公司	Share-holding Corporations Ltd.	97649856	88307739
私营企业	Private Enterprises	212885974	191126872
私营独资企业	Private-funded Enterprises	21133827	19632143
私营合伙企业	Private Partnership Enterprises	3438820	2992987
私营有限责任公司	Private Limited Liability Corporations	177022118	158548916
私营股份有限公司	Private Share-holding Corporations Ltd.	11291210	9952825
其他企业	Other Enterprises	17010479	14893162
2.港、澳、台商投资企业	**Enterprises with Funds from Hongkong, Macao and Taiwan**	**43809257**	**36668493**
合资经营企业	Joint-venture Enterprises	11231764	9451814
合作经营企业	Cooperative Enterprises	3957251	3692689
独资经营企业	Enterprises with Sole Investment	25318274	20885244
投资股份有限公司	Share-holding Corporations Ltd. with Investment	850793	613622
其他港澳台商投资企业	Other Enterprises with Funds from Hongkong, Macao and Taiwan	2451176	2025123
3.外商投资企业	**Foreign Funded Enterprises**	**45705152**	**38396788**
中外合资经营企业	Joint-venture Enterprises	20589011	17897891
中外合作经营企业	Cooperative Enterprises	2456794	2101791
外资企业	Enterprises with Sole Foreign Investment	21757109	17610857
外商投资股份有限公司	Share-holding Corporations Ltd. with Foreign Investment	621014	552949
其他外商投资企业	Other Foreign Funded Enterprises	281225	233301

单位：万元
Unit: 10000 yuan

主营业务税金及附加 Taxes and Other Charges on Principal Business	主营业务利润 Profits from Principal Business	其他业务利润 Profits from Other Business	销售费用 Selling Expenses	管理费用 Administrative Expenses	#税金 Taxes
3758787	**77487361**	**9337184**	**42700140**	**23051351**	**1005488**
565742	15629712	1792411	7904725	4207960	218773
3302324	**63494695**	**7217635**	**33046403**	**18917615**	**905971**
161703	4924233	365252	2206502	1270335	90774
110996	1627602	67685	421956	391152	22699
27670	457582	47787	164236	156022	8912
11764	191634	5658	80449	35055	3051
4407	76810	2254	33703	12079	648
3830	39808	257	16702	6798	1474
1350	36650	2612	13508	6956	386
2178	38366	534	16535	9222	543
1053920	25011379	3528921	14689772	7159631	289430
19516	408701	82432	197880	150383	6714
1034404	24602679	3446489	14491892	7009248	282716
412491	8929626	1299115	4720826	2641631	132083
1363636	20395466	1754858	10023129	6789321	333623
299869	1201815	76115	737162	676707	52149
47832	398001	17241	147454	109165	7660
943622	17529580	1559897	8412539	5662848	255749
72313	1266072	101604	725974	340601	18065
160145	1957172	148359	739535	474468	25400
270924	**6869840**	**884985**	**4265538**	**2060023**	**48115**
62499	1717451	294114	982289	409052	12040
3689	260873	6393	55384	133359	800
183703	4249327	522933	2881842	1334234	28569
5091	232080	23067	76094	109604	1371
15943	410110	38478	269930	73774	5335
185539	**7122825**	**1234564**	**5388199**	**2073713**	**51402**
69132	2621989	703927	2055178	664187	18140
8778	346225	72418	270529	84118	1083
104033	4042218	445929	2990285	1286919	31689
2193	65872	7608	37640	28121	447
1403	46522	4681	34567	10368	43

项 目	Item	#差旅费 Travel Allowance	#工会经费 Trade Unions Funds
二、零售业	**Retail Trade**	**601912**	**188779**
#国有控股	State-controlled Enterprises	66410	45934
(一)按登记注册类型分	**by Type of Registration**		
1.内资企业	**Domestic Funded Enterprises**	**517130**	**162729**
国有企业	State-owned Enterprises	20825	20454
集体企业	Collective-owned Enterprises	11437	3237
股份合作企业	Cooperative Enterprises	2586	868
联营企业	Joint Ownership Enterprises	1450	337
国有联营企业	State Joint Ownership Enterprises	719	207
集体联营企业	Collective Joint Ownership Enterprises	487	75
国有与集体联营企业	Joint State-collective Enterprises	106	20
其他联营企业	Other Joint Ownership Enterprises	137	35
有限责任公司	Limited Liability Corporations	181232	65340
国有独资公司	State Sole Funded Corporations	2873	1488
其他有限责任公司	Other Limited Liability Corporations	178359	63852
股份有限公司	Share-holding Corporations Ltd.	40277	19364
私营企业	Private Enterprises	241680	48934
私营独资企业	Private-funded Enterprises	29297	9793
私营合伙企业	Private Partnership Enterprises	5032	1920
私营有限责任公司	Private Limited Liability Corporations	192966	34982
私营股份有限公司	Private Share-holding Corporations Ltd.	14386	2240
其他企业	Other Enterprises	17643	4195
2.港、澳、台商投资企业	**Enterprises with Funds from Hongkong, Macao and Taiwan**	**47078**	**13260**
合资经营企业	Joint-venture Enterprises	8260	4131
合作经营企业	Cooperative Enterprises	447	81
独资经营企业	Enterprises with Sole Investment	22313	3015
投资股份有限公司	Share-holding Corporations Ltd. with Investment	658	28
其他港澳台商投资企业	Other Enterprises with Funds from Hongkong, Macao and Taiwan	15399	6005
3.外商投资企业	**Foreign Funded Enterprises**	**37705**	**12790**
中外合资经营企业	Joint-venture Enterprises	7895	5599
中外合作经营企业	Cooperative Enterprises	2092	476
外资企业	Enterprises with Sole Foreign Investment	27119	6575
外商投资股份有限公司	Share-holding Corporations Ltd. with Foreign Investment	493	134
其他外商投资企业	Other Foreign Funded Enterprises	105	6

3-4-1 Continued 5

单位：万元
Unit: 10000 yuan

财务费用 Financial Expenses	#利息支出 Interest Expenses	营业利润 Operating Profits	利润总额 Total Profits	应交所得税 Income Tax Payable	应付职工薪酬 Payables to Employees	应交增值税 VAT Payable
5000109	**3523646**	**17130514**	**16281022**	**3698672**	**23302136**	**15021641**
468761	398132	4907641	4956314	753801	5047311	3509003
4578569	**3192557**	**15059775**	**14095358**	**2913848**	**19925571**	**12955140**
152503	96261	1577198	1478984	194615	1583955	977731
72540	37749	631873	502641	69393	317038	178552
31231	16613	163524	146462	18796	123960	69835
8215	5980	72537	70739	10501	61925	45833
2890	1539	29420	28416	4262	39038	16155
1562	825	15982	13323	1668	7244	12107
1704	2223	15867	17354	2543	7797	9568
2059	1394	11268	11646	2029	7847	8003
1736648	1265627	4032639	4034956	1169327	7859523	4706084
2291	6176	155787	170275	38135	152135	80320
1734357	1259451	3876852	3864681	1131192	7707388	4625764
430356	387635	3188279	3172479	479408	2878836	2079628
2007180	1298451	4725826	4240083	897292	6595396	4589301
176350	75612	1549974	1360157	178789	569434	395658
28346	10817	187258	134874	16017	77969	52654
1713185	1159718	2787567	2597919	658393	5661305	3998826
89299	52303	201027	147133	44093	286688	142164
139897	84241	667899	449014	74517	504938	308178
221997	**180737**	**1387029**	**1470623**	**404139**	**1599244**	**1125122**
96015	61289	598831	624646	125475	437684	312984
-3243	941	252286	267901	38752	25975	17128
115066	93391	368350	407854	213948	1003498	703572
11622	24862	78169	79559	10784	35157	35015
2537	254	89393	90664	15181	96930	56422
199543	**150352**	**683710**	**715041**	**380685**	**1777321**	**941379**
59123	51429	515261	526046	177063	635300	377627
1474	2556	60173	62973	15675	75769	43146
133539	93241	95968	109966	184014	1037032	493425
3296	2711	6819	10560	3281	22816	22869
2112	415	5489	5497	652	6404	4312

项　　目	Item	主营业务收入 Revenue from Principal Business	主营业务成本 Cost of Principal Business
(二)按国民经济行业分	**by Sector**		
综合零售	Integrated Retail	182836933	154780700
百货零售	Retail of General Merchandise	99239719	83331959
超级市场零售	Retail of Supermarkets	75061157	64390974
食品、饮料及烟草制品专门零售	Special Retail of Food, Beverages and Tobaccos	22098354	18322369
粮油零售	Retail of Cereal and Oil	5814353	5421236
肉、禽、蛋、奶及水产品零售	Retail of Meat, Poultry, Eggs, Milk and Aquatic Products	3146701	2717581
酒、饮料及茶叶零售	Retail of Wine, Beverages and Teas	4815005	3571326
烟草制品零售	Retail of Tobaccos	2195102	1792422
纺织、服装及日用品专门零售	Special Retail of Textiles, Garments and Daily Consumer Articles	29454503	21844059
服装零售	Retail of Garments	19231581	14109407
文化、体育用品及器材专门零售	Special Retail of Culture, Sports Appliances and Equipments	18791804	15042301
体育用品及器材零售	Retail of Sports Appliances and Equipment	1336107	1095367
图书、报刊零售	Retail of Books, Newspapers and Magazines	7544229	5840900
医药及医疗器材专门零售	Special Retail of Medicines and Medical Appliances	33446425	29624791
药品零售	Retail of Medicines	31150667	27764914
汽车、摩托车、燃料及零配件专门零售	Special Retail of Motor Vehicles, Motorcycles Fuel and Parts	339774038	318219694
汽车零售	Retail of Motor Vehicles	227467631	211935871
机动车燃料零售	Retail of Fuel of Motor Vehicles	105174395	100017067
家用电器及电子产品专门零售	Special Retail of Household Electric Appliances and Electronic Products	58383887	51740207
日用家电设备零售	Retail of Household Electric Appliances	29109906	25381873
计算机、软件及辅助设备零售	Retail of Computer, Software and Assistant Appliances	14035220	12961320
通信设备零售	Retail of Communication Equipments	6528127	5854196
五金、家具及室内装饰材料专门零售	Special Retail of Hardware, Furniture and Interior Decoration Materials	17316270	13912454
货摊、无店铺及其他零售业	Stalls, Non-shop and Other Retails	25081269	22450760
互联网零售	Retails on the Internet	9631516	9140416
(三) 按零售业态分	**by Modes of Business Operation**		
有店铺零售	Store-based Retailing	707305947	627614773
超市	Supermarket	22226516	18758233
大型超市	Hypermarket	74203838	64332218
百货店	Department Store	97443433	80942612
专业店	Speciality Store	273240343	248910149
专卖店	Exclusive Shop	207454310	186792739
无店铺零售	Non-Store Selling	19877536	18322563

3-4-1 Continued 6

单位：万元

Unit: 10000 yuan

主营业务税金及附加 Taxes and Other Charges on Principal Business	主营业务利润 Profits from Principal Business	其他业务利润 Profits from Other Business	销售费用 Selling Expenses	管理费用 Administrative Expenses	#税金 Taxes
1443990	26612243	5943360	16565454	8454479	358178
902185	15005575	2753779	6971129	5312660	256017
459715	10210468	3031845	8880686	2780046	89968
211408	3564577	137310	1471357	853762	35393
19773	373345	19347	113039	169005	3078
40098	389022	11302	131898	99566	5492
75697	1167982	19618	542371	195475	10499
13683	388996	45983	110063	115856	2689
271825	7338620	316481	4303581	1960477	46950
185413	4936761	205963	2946560	1386282	29805
173247	3576256	243002	1791046	1297614	40558
5943	234797	1847	124384	94013	3572
28410	1674920	154239	777905	726931	25222
136726	3684908	150269	2017182	1119623	42674
121516	3264236	140659	1820866	979003	39890
787415	20766929	1538782	10128397	6160947	354216
536862	14994899	1307548	6652114	4829836	227007
181424	4975903	202226	3242407	1136253	117892
298138	6345542	630012	3859639	1633752	66837
172605	3555427	308875	2243021	867940	31476
50965	1022935	84898	534796	321472	12639
26799	647133	178345	458685	188862	8652
305462	3098354	258508	1048395	702161	38835
130577	2499932	119461	1515088	868536	21848
15512	475587	17643	759328	251801	3067
3716570	75974604	9244553	41137797	22461638	997475
193929	3274354	446037	1979191	838776	41918
400293	9471328	2898180	8385975	2771077	80818
933695	15567127	2610075	6863810	5389701	255034
1071336	23258858	1698409	11956002	6596458	311985
803618	19857953	1106693	9730162	5614939	265305
42217	1512757	92631	1562343	589713	8012

项　目	Item	#差旅费 Travel Allowance	#工会经费 Trade Unions Funds
(二)按国民经济行业分	**by Sector**		
综合零售	Integrated Retail	121293	58052
百货零售	Retail of General Merchandise	70227	35845
超级市场零售	Retail of Supermarkets	45392	20471
食品、饮料及烟草制品专门零售	Special Retail of Food, Beverages and Tobaccos	26351	10294
粮油零售	Retail of Cereal and Oil	2063	883
肉、禽、蛋、奶及水产品零售	Retail of Meat, Poultry, Eggs, Milk and Aquatic Products	3292	1314
酒、饮料及茶叶零售	Retail of Wine, Beverages and Teas	11648	1936
烟草制品零售	Retail of Tobaccos	1507	960
纺织、服装及日用品专门零售	Special Retail of Textiles, Garments and Daily Consumer Articles	68160	16134
服装零售	Retail of Garments	51474	11938
文化、体育用品及器材专门零售	Special Retail of Culture, Sports Appliances and Equipments	34597	12623
体育用品及器材零售	Retail of Sports Appliances and Equipment	4824	1526
图书、报刊零售	Retail of Books, Newspapers and Magazines	13099	7972
医药及医疗器材专门零售	Special Retail of Medicines and Medical Appliances	44708	8943
药品零售	Retail of Medicines	30443	8265
汽车、摩托车、燃料及零配件专门零售	Special Retail of Motor Vehicles, Motorcycles Fuel and Parts	196317	48999
汽车零售	Retail of Motor Vehicles	162196	36395
机动车燃料零售	Retail of Fuel of Motor Vehicles	24070	11291
家用电器及电子产品专门零售	Special Retail of Household Electric Appliances and Electronic Products	55419	14663
日用家电设备零售	Retail of Household Electric Appliances	23983	6781
计算机、软件及辅助设备零售	Retail of Computer, Software and Assistant Appliances	15425	2949
通信设备零售	Retail of Communication Equipments	5275	2599
五金、家具及室内装饰材料专门零售	Special Retail of Hardware, Furniture and Interior Decoration Materials	27079	6234
货摊、无店铺及其他零售业	Stalls, Non-shop and Other Retails	27988	12836
互联网零售	Retails on the Internet	4072	520
(三)按零售业态分	**by Modes of Business Operation**		
有店铺零售	Store-based Retailing	589154	187636
超市	Supermarket	22003	7275
大型超市	Hypermarket	38315	18719
百货店	Department Store	79475	36714
专业店	Speciality Store	219776	62298
专卖店	Exclusive Shop	192521	54481
无店铺零售	Non-Store Selling	12758	1143

单位：万元
Unit: 10000 yuan

财务费用 Financial Expense	#利息支出 Interest Expenses	营业利润 Operating Profits	利润总额 Total Profits	应交所得税 Income Tax Payable	应付职工薪酬 Payables to Employees	应交增值税 VAT Payable
1240295	900426	6063909	5885967	1476282	7768630	3914590
914409	652041	4480638	4506440	1050555	3690081	2471834
279925	219032	1290660	1338371	391333	3741135	1319505
126128	66216	1447311	1368738	235028	870838	430178
19626	16569	263705	311972	38037	133836	25311
22415	8361	151802	119903	13523	103296	34983
46577	18295	414114	368354	78206	202223	147089
1722	4259	217871	195280	39955	103545	47895
206518	127554	1277929	1088062	325197	1715765	939377
136194	86930	803927	634757	222707	1108890	667299
134788	104599	610364	651551	103281	1414756	376924
7557	4764	14921	17906	4136	49958	33906
-8270	3967	334178	364380	25412	952213	146772
255175	207973	898223	846318	167766	1211274	692808
243691	199313	814086	765984	149630	1116116	609367
2528793	1768552	4336436	4403852	943961	6949003	6869035
2287042	1598324	1383867	1533616	618214	4943459	4646628
193092	142985	2650643	2598644	282854	1782067	2114558
233143	154748	1072738	891994	210060	2089953	919081
107592	76702	517530	437850	115226	1277375	483458
45118	30511	187940	151554	36355	326354	167233
40327	26008	94885	95487	23608	209441	131151
176767	124689	1219591	1014773	130702	574857	294576
98503	68889	204013	129767	106396	707061	585073
7284	9173	-534074	-508276	2885	222086	312221
4979722	3501782	17723451	16841058	3670155	22868161	14534465
176872	102041	705741	577484	87303	1066281	381254
234449	194318	1246738	1338569	424473	3342044	1287776
921529	661164	4770154	4610823	1060248	3686175	2482962
1608868	1117074	6737353	6493889	1038674	7292007	5132715
1803431	1253763	3074059	2751785	856687	6284399	4552872
20387	21864	-592937	-560036	28517	433975	487176

3-4-2 各地区限额以上批发业企业损益及分配

地区	Region	主营业务收入 Revenue from Principal Business	主营业务成本 Cost of Principal Business	主营业务税金及附加 Taxes and Other Charges on Principal Business	主营业务利润 Profits from Principal Business	其他业务利润 Profits from Other Business	销售费用 Selling Expenses	管理费用 Administrative Expenses
全国	**National Total**	**2921835854**	**2736184200**	**11329250**	**174322404**	**6120889**	**71781770**	**39349644**
北京	Beijing	381825774	360207324	621494	20996956	1568717	10741759	5816137
天津	Tianjin	183879821	176748147	967137	6164537	177840	2298182	1010937
河北	Hebei	66855191	62731265	318868	3805058	53291	1163519	655180
山西	Shanxi	73372970	73140434	265284	-32748	203279	1332313	922900
内蒙古	Inner Mongolia	23097676	20733920	231138	2132618	105217	836551	387347
辽宁	Liaoning	106198570	101316648	417956	4463966	193345	1263951	1154597
吉林	Jilin	18731455	17313192	135777	1282486	34493	558273	264241
黑龙江	Heilongjiang	35624724	33403380	217316	2004028	30458	698158	371395
上海	Shanghai	378874074	348914419	416832	29542823	1064798	15025638	6243000
江苏	Jiangsu	241546469	227131426	714316	13700727	325616	5237359	3098700
浙江	Zhejiang	241770703	230231331	680898	10858474	396439	4821682	2621916
安徽	Anhui	44836862	40861535	306826	3668501	91464	1807391	722474
福建	Fujian	95749059	90300121	377341	5071597	237341	1943763	1283002
江西	Jiangxi	17474559	15627167	209710	1637682	16182	469082	294878
山东	Shandong	163846382	150458635	904178	12483569	222532	3427923	2290465
河南	Henan	51213660	47110562	530003	3573095	109118	1190491	1029153
湖北	Hubei	73651985	68904664	340649	4406672	67884	1465194	986850
湖南	Hunan	27910910	24887207	402278	2621425	18987	794423	784821
广东	Guangdong	350182507	327640423	1044200	21497884	648939	8500795	4709106
广西	Guangxi	28859169	26902526	182366	1774277	42399	622060	418727
海南	Hainan	12192787	11601783	61123	529881	35523	233231	137094
重庆	Chongqing	54977066	50565110	375082	4036874	72027	1774593	772427
四川	Sichuan	52082534	47971150	442189	3669195	95717	1365651	905236
贵州	Guizhou	17540145	13499914	301270	3738961	29683	720228	482238
云南	Yunnan	48026787	43933197	279808	3813782	82686	1315015	725781
西藏	Tibet	445195	318093	13626	113476	65	47779	25709
陕西	Shaanxi	43577975	40466716	283961	2827298	61987	866223	477212
甘肃	Gansu	22748817	21607787	115403	1025627	24328	260890	221328
青海	Qinghai	9154401	8466068	31087	657246	6728	123770	78254
宁夏	Ningxia	6711369	6369829	34867	306673	14952	119114	68328
新疆	Xinjiang	48876256	46820229	106268	1949759	88852	756769	390217

Income and Distribution of Enterprises above Designated Size of Wholesale Trade by Region

单位：万元

Unit: 10000 yuan

#税金 Taxes	#差旅费 Travel Allowance	#工会经费 Trade Unions Funds	财务费用 Financial Expenses	#利息支出 Interest Expenses	营业利润 Operating Profits	利润总额 Total Profits	应交所得税 Income Tax Payable	应付职工薪酬 Payables to Employees	应交增值税 VAT Payable
1638629	**1630258**	**300433**	**13218555**	**13983516**	**60179957**	**63950620**	**14205469**	**31431789**	**31979595**
170109	281080	34085	1523264	2723054	7626944	8801280	1846237	4726854	2676690
58226	27643	3823	922496	725043	1772489	2260166	497338	756708	1228546
43758	32458	3797	448951	359920	856789	724318	220914	894245	656877
34607	23725	8304	354343	320536	749698	708850	224322	653871	1283710
29581	7800	2127	137978	98484	810438	748085	168976	351044	392958
73396	48041	7572	422976	334493	1335944	1382382	253681	812095	907859
10230	5851	2616	83887	68127	364631	416725	70511	226412	215492
20059	10551	2733	129721	176509	822278	647400	148835	300652	527283
162075	309509	15507	879016	957219	7303560	8254649	2031600	4596924	3188163
101875	109435	9740	1223936	1101187	4800900	4632126	1148230	1927766	2449761
116527	115549	15391	1638252	1966464	2759001	3151832	862234	2455677	1666083
28264	23433	6134	158348	210261	1082770	1139224	248314	774344	810922
57007	51554	8773	593552	570130	1701291	1942228	448551	975236	724599
12429	10705	2608	37152	49250	673046	729961	167290	292549	378543
195366	127181	20584	883278	615659	5620027	5156163	902220	1790459	2621302
43951	25114	9544	253495	178553	1483608	1540901	313860	800160	677472
62297	30148	8309	302484	301832	1466030	1523757	321562	690668	636363
27819	32000	8475	129599	105614	981585	1039219	228256	501513	576919
186537	190512	86799	1597513	1612184	7345728	7917328	1785811	3719918	3836392
22625	13760	2613	185555	145557	511157	637792	131091	333508	1129566
4789	7528	972	12699	17335	246187	259913	52544	109615	101103
32322	43889	8722	161960	204953	1409155	1287820	167845	674290	603934
36791	35804	7536	412536	272700	1371133	1553198	364407	761792	1111990
13658	10173	5414	44141	78455	2258320	2571061	601812	383397	639102
29576	19101	7986	251952	334679	1760148	1999089	519617	701924	870466
240	802	233	886	911	15474	30025	7310	17192	16402
29308	12153	3717	103427	98685	1784181	1476173	261064	484147	720405
7107	6930	1736	81300	86229	291031	304946	57296	163879	460540
3310	2023	409	21379	27455	161034	147947	32217	63766	49254
4656	1986	678	32891	22567	100605	95916	21819	65893	305065
20136	13820	3501	189588	219473	714779	870148	99706	425291	515834

3-4-2 续表

国有控股
State-controlled Enterprises

地区	Region	主营业务收入 Revenue from Principal Business	主营业务成本 Cost of Principal Business	主营业务税金及附加 Taxes and Other Charges on Principal Business	主营业务利润 Profits from Principal Business	其他业务利润 Profits from Other Business	销售费用 Selling Expenses	管理费用 Administrative Expenses
全国	**National Total**	**1323011213**	**1250210463**	**7326140**	**65474610**	**1883150**	**19575205**	**14559083**
北京	Beijing	247616056	239330762	357579	7927715	552396	3647827	2134393
天津	Tianjin	105799523	103588308	103410	2107805	99770	435220	353666
河北	Hebei	32664302	30278550	245876	2139876	17321	420648	343253
山西	Shanxi	58032024	58637470	236920	-842366	164849	750114	667514
内蒙古	Inner Mongolia	12022131	10635792	172875	1213464	44435	213851	220277
辽宁	Liaoning	66127835	63958602	237042	1932191	50605	446411	383643
吉林	Jilin	12739707	11885015	108093	746599	17743	316742	156912
黑龙江	Heilongjiang	23466938	22318629	143014	1005295	14227	394351	229361
上海	Shanghai	102967906	98093484	138483	4735939	113813	1088641	739250
江苏	Jiangsu	58978777	53938434	473257	4567086	103729	1228099	827679
浙江	Zhejiang	54094499	50773869	479527	2841103	74684	637603	694005
安徽	Anhui	20409557	18538569	244850	1626138	35277	492163	363822
福建	Fujian	40036235	37651000	264883	2120352	52451	722838	458456
江西	Jiangxi	12036596	10805590	183781	1047225	8079	248592	216714
山东	Shandong	51750692	48093509	464727	3192456	63399	846305	808210
河南	Henan	27195811	24458370	420877	2316564	49172	632632	719434
湖北	Hubei	46095712	43528422	242891	2324399	13579	614932	510289
湖南	Hunan	14569999	12717284	334735	1517980	9800	323005	518535
广东	Guangdong	139835707	132431644	595236	6808827	172977	2129730	1349398
广西	Guangxi	15038544	13706229	157807	1174508	10388	289527	258319
海南	Hainan	2497444	2241912	54017	201515	1187	27494	53956
重庆	Chongqing	21168844	19141565	270203	1757076	26368	502805	399764
四川	Sichuan	20490647	18256278	344135	1890234	27234	455633	421263
贵州	Guizhou	13238846	9538828	293291	3406727	16310	521929	407786
云南	Yunnan	30585820	27128027	257498	3200295	48855	946754	522774
西藏	Tibet	342290	261853	11292	69145	56	9882	22209
陕西	Shaanxi	27340105	25061241	238181	2040683	34993	526742	321470
甘肃	Gansu	17236462	16566873	105240	564349	14651	121361	156679
青海	Qinghai	6150938	5562749	28366	559823	2910	82180	57555
宁夏	Ningxia	4981607	4725110	31039	225458	4235	78978	38009
新疆	Xinjiang	37499660	36356499	87016	1056145	37655	422218	204492

单位：万元
Unit: 10000 yuan

#税金 Taxes	#差旅费 Travel Allowance	#工会经费 Trade Unions Funds	财务费用 Financial Expenses	#利息支出 Interest Expenses	营业利润 Operating Profits	利润总额 Total Profits	应交所得税 Income Tax Payable	应付职工薪酬 Payables to Employees	应交增值税 VAT Payable
593923	**304274**	**133833**	**3768995**	**5557248**	**32251878**	**34381386**	**7484540**	**12478004**	**15657516**
104592	74960	15633	1081987	2072439	4405710	4765006	910281	1715987	1245785
14834	4981	2801	477773	516555	831399	898209	208266	264040	439429
15320	3937	2479	77167	79050	614826	642481	127066	338532	386815
25525	13555	7184	166858	173594	726523	691620	203472	429427	1021329
9478	2780	1615	25518	14328	688098	687116	138476	231356	270986
22059	7668	2990	129789	132837	703858	742765	146564	422522	500360
6641	1785	1293	51506	46746	234148	276629	46974	178441	168629
12370	4017	2241	62259	108505	424711	451260	117162	226165	411227
25872	15368	5057	209676	230558	1246812	1453897	349917	588176	456092
26073	19200	4429	127283	265311	2673075	2727546	609214	562220	1076403
21748	12342	6942	50671	212603	1640407	1745810	417756	641002	285620
12007	7783	3794	46445	108444	815086	839579	172003	316834	423762
17699	9100	4814	199270	186656	1028440	1167182	245506	462285	356106
8993	4842	2213	6644	22111	494175	554182	136612	217565	307452
31129	13550	6961	81815	93748	1483566	1480227	322892	669559	1437444
21216	7770	8076	85715	75993	951889	1004863	256571	549802	400078
22103	7792	5365	63924	89977	1068099	1080476	216499	368220	330880
14526	13001	4889	33231	50901	662430	769851	194501	343929	391387
75429	26160	12273	366070	448875	2909422	3140136	695734	1265711	1309560
9493	3480	2368	36300	30391	611611	609780	110731	208456	992498
1801	1184	466	-5546	1710	144877	146275	31974	44577	35994
13058	13457	6414	69569	96293	772385	735228	116731	371084	287248
13964	7457	4586	79641	54416	927429	1079485	245714	384459	458778
10584	5910	4768	2525	46305	2245318	2555670	591345	331377	565177
18974	7842	7026	64474	183105	1769226	1944935	483301	444419	626011
189	563	215	709	743	12706	20345	3006	15067	9554
17903	4454	2550	42585	43657	1330427	1262741	225224	371282	550674
4409	2569	1328	21413	31773	235863	254709	45757	114041	172818
2344	1379	366	10781	11281	127303	96713	27816	53907	38220
2249	840	420	1397	2184	111553	97234	17752	47011	291627
11341	4548	2280	101548	126159	360505	459440	69726	300552	409574

3-4-3 各地区限额以上批发业企业损益及分配(按登记注册类型分)

内资企业

Domestic Funded Enterprises

地　区	Region	主营业务收入 Revenue from Principal Business	主营业务成本 Cost of Principal Business	主营业务税金及附加 Taxes and Other Charges on Principal Business	主营业务利润 Profits from Principal Business	其他业务利润 Profits from Other Business	销售费用 Selling Expenses	管理费用 Administrative Expenses
全　国	**National Total**	**2562406394**	**2420305041**	**10079401**	**132021952**	**4186839**	**47972534**	**30056887**
北　京	Beijing	308487537	296801478	431021	11255038	755230	5301756	3318947
天　津	Tianjin	169111480	163925876	295799	4889805	149734	1333588	801487
河　北	Hebei	66531545	62419860	318576	3793109	53127	1157824	650717
山　西	Shanxi	73265970	73045136	264260	-43426	202738	1326936	919754
内蒙古	Inner Mongolia	23000290	20640101	231024	2129165	105216	831226	386110
辽　宁	Liaoning	104614450	99918654	414552	4281244	180999	1175065	1100173
吉　林	Jilin	17169245	15875581	134147	1159517	34479	438197	259542
黑龙江	Heilongjiang	35466044	33254873	217189	1993982	30453	685340	371279
上　海	Shanghai	211208148	202492880	200536	8514732	386048	2956737	1892648
江　苏	Jiangsu	219463916	208043916	662252	10757748	267753	3828376	2303341
浙　江	Zhejiang	235256429	224146845	675755	10433829	381481	4652444	2531631
安　徽	Anhui	43011436	39541490	296606	3173340	79206	1306712	662619
福　建	Fujian	86395627	81772405	360025	4263197	127228	1629189	1032187
江　西	Jiangxi	17140229	15341417	208525	1590287	15839	456243	289242
山　东	Shandong	160317176	147355855	897513	12063808	216656	3215329	2232122
河　南	Henan	50981167	46911727	529384	3540056	109068	1172860	1025352
湖　北	Hubei	71224407	66707781	336859	4179767	60816	1256891	898854
湖　南	Hunan	27387640	24400709	401531	2585400	19135	778388	780859
广　东	Guangdong	308474913	289919183	985607	17570123	484704	6629089	3979083
广　西	Guangxi	28689675	26743441	182106	1764128	42315	616323	416386
海　南	Hainan	11577204	11040439	59717	477048	16393	205697	128129
重　庆	Chongqing	49974695	45787350	371916	3815429	69044	1596149	743383
四　川	Sichuan	50806113	46775964	440930	3589219	95481	1279474	890182
贵　州	Guizhou	17526763	13489556	301219	3735988	29681	716515	482238
云　南	Yunnan	47583771	43608650	278935	3696186	82032	1288723	716323
西　藏	Tibet	445195	318093	13626	113476	65	47779	25709
陕　西	Shaanxi	40384727	37302073	283603	2799051	61901	845937	469736
甘　肃	Gansu	22726762	21589285	115329	1022148	24328	258483	221149
青　海	Qinghai	8698221	8026305	29966	641950	5875	116774	75751
宁　夏	Ningxia	6670073	6343451	34714	291908	14952	113943	66508
新　疆	Xinjiang	48815547	46764671	106182	1944694	84862	754548	385445

Income and Distribution of Enterprises above Designated Size of Wholesale Trade by Region and Type of Registration

单位：万元
Unit: 10000 yuan

#税金 Taxes	#差旅费 Travel Allowance	#工会经费 Trade Unions Funds	财务费用 Financial Expenses	#利息支出 Interest Expenses	营业利润 Operating Profits	利润总额 Total Profits	应交所得税 Income Tax Payable	应付职工薪酬 Payables to Employees	应交增值税 VAT Payable
1385433	**1184298**	**271488**	**12544086**	**12984200**	**49191912**	**51260029**	**11193518**	**23944154**	**27142609**
120253	158518	19404	1499324	2511799	4668458	5124730	1068384	2542715	1644132
48435	14334	3381	886031	679475	1707754	2117582	444436	595699	925521
43587	32367	3778	446362	358268	857057	724074	220418	879258	654681
34376	23518	8278	354111	320285	750879	710181	224282	650848	1282460
29510	7779	2107	137815	98484	813674	750931	168848	348345	392120
71587	45735	7327	403150	329857	1310009	1352812	240737	771576	888663
9717	5759	2510	85417	67887	364608	416958	70498	220063	202190
20059	10534	2733	129704	176508	825183	650257	148835	299684	526735
50457	64846	7238	657739	655262	2075591	2411715	644092	1356070	1082096
77127	98138	9072	1169428	1012394	3948361	3816952	939221	1428472	2124805
113469	111623	14859	1606423	1922771	2602737	2989321	816869	2375672	1615095
26670	21717	5845	160867	209865	1133636	1169313	244607	691369	722474
52885	46328	8344	576865	552596	1392969	1625570	345228	829415	622904
12215	10475	2578	34804	48050	646681	702928	166012	281431	373472
191563	121682	20319	876921	605211	5471249	5002210	872695	1711997	2596008
43847	25039	9530	252821	177741	1471668	1528964	311475	795650	672388
44906	28289	8122	296946	295616	1578189	1507057	311195	637761	605811
27423	31769	8430	129885	105582	965307	1023321	226526	493050	571913
167841	160877	84365	1345549	1386586	6122127	6549558	1438029	2935247	3186226
22051	13720	2612	181958	141928	510940	643561	129480	331276	1129758
4764	7204	933	15224	17320	213265	223549	46161	102699	92313
28823	43646	8700	162554	204009	1388140	1266985	163951	656339	582371
36711	35449	7525	406054	272194	1364266	1546241	363002	738854	1098120
13658	10173	5414	44122	78455	2259079	2571827	601790	382543	638658
29463	17753	7916	248569	330813	1713330	1949521	511951	688094	852829
240	802	233	886	911	15474	30025	7310	17192	16402
28914	11824	3700	109790	78299	1771833	1463445	259450	473911	716391
7103	6927	1730	81287	86229	290150	304058	57034	161970	459979
3183	1945	401	21527	18088	149238	125814	29533	61291	48223
4547	1726	609	32570	22245	93153	88306	21819	62035	302285
20049	13803	3496	189386	219472	716910	872265	99651	423633	515588

国有企业
State-owned Enterprises

地　区	Region	主营业务收入 Revenue from Principal Business	主营业务成本 Cost of Principal Business	主营业务税金及附加 Taxes and Other Charges on Principal Business	主营业务利润 Profits from Principal Business	其他业务利润 Profits from Other Business	销售费用 Selling Expenses	管理费用 Administr-ative Expenses
全　国	**National Total**	**593554984**	**549253501**	**6119403**	**38182080**	**759661**	**8114345**	**8830000**
北　京	Beijing	44799472	42895341	129986	1774145	123633	660173	503666
天　津	Tianjin	70496319	69012705	79807	1403807	31822	140048	180886
河　北	Hebei	22304513	21032370	237377	1034766	10386	196970	264904
山　西	Shanxi	29265459	30824194	201016	-1759751	90907	236859	422643
内蒙古	Inner Mongolia	10005363	8748188	167212	1089963	43998	149283	196941
辽　宁	Liaoning	19558275	18367108	206286	984881	12582	208299	252909
吉　林	Jilin	5672225	5056967	103876	511382	4812	153603	132436
黑龙江	Heilongjiang	9179151	8387023	127516	664612	4895	191021	169694
上　海	Shanghai	59341736	55862318	52156	3427262	40870	356007	311267
江　苏	Jiangsu	23087571	20602616	417818	2067137	25418	352803	458792
浙　江	Zhejiang	19438480	17182692	452376	1803412	37542	219392	413176
安　徽	Anhui	6523971	5424654	204094	895223	3114	117579	220980
福　建	Fujian	16838377	15366999	233604	1237774	27399	272906	338815
江　西	Jiangxi	7242513	6262863	172776	806874	5338	127876	179876
山　东	Shandong	24654038	22390748	377404	1885886	39844	352856	558019
河　南	Henan	14750535	12572606	405971	1771958	17811	351287	580456
湖　北	Hubei	38134685	35882637	236544	2015504	9084	475458	450248
湖　南	Hunan	7208466	5665296	322401	1220769	4331	207094	404040
广　东	Guangdong	67752785	64840011	278461	2634313	89516	919846	496732
广　西	Guangxi	6206958	5461439	113994	631525	6890	123214	164721
海　南	Hainan	1924011	1681716	53805	188490	1159	20852	51838
重　庆	Chongqing	10351075	8906948	248861	1195266	19220	203240	319144
四　川	Sichuan	10404608	8599362	321331	1483915	20570	281216	353252
贵　州	Guizhou	10880351	7350792	268521	3261038	10132	461611	381126
云　南	Yunnan	21887927	18914408	247214	2726305	34965	729164	422387
西　藏	Tibet	342290	261853	11292	69145	56	9882	22209
陕　西	Shaanxi	17373746	15517236	230339	1626171	15915	294756	298612
甘　肃	Gansu	5262898	4697987	98365	466546	3870	71866	101588
青　海	Qinghai	2658222	2184283	26719	447220	489	28089	30088
宁　夏	Ningxia	780380	643505	28441	108434	876	17310	28883
新　疆	Xinjiang	9228585	8656640	63843	508102	22221	183786	119675

单位：万元
Unit: 10000 yuan

#税金 Taxes	#差旅费 Travel Allowance	#工会经费 Trade Unions Funds	财务费用 Financial Expenses	#利息支出 Interest Expenses	营业利润 Operating Profits	利润总额 Total Profits	应交所得税 Income Tax Payable	应付职工薪酬 Payables to Employees	应交增值税 VAT Payable
302300	**141568**	**91386**	**1220454**	**2023187**	**21080954**	**22277053**	**5115351**	**7085753**	**8667479**
17991	8490	3790	217462	398641	789570	925204	187030	369551	126351
7854	2545	1284	239395	276629	681859	703075	167354	118586	230067
10262	2048	2208	38235	41136	510433	524187	115077	241816	249609
14015	8429	6076	61048	65416	444195	460740	135064	316690	866175
8910	2378	1416	13818	10772	652484	645619	130701	140430	250509
11701	3118	2235	30387	33698	535396	561810	119933	210835	195341
4373	1462	1160	27784	21977	193558	227917	44903	154486	142539
6954	2352	1906	4851	23933	363877	370887	92129	158652	318288
11047	4978	2094	124001	118051	699246	754489	186510	208282	232304
11486	12382	3015	-5224	114974	1364927	1364797	339954	316828	763630
10810	5569	4785	-30470	62368	1271682	1290259	313150	361436	376629
4664	2760	2263	-26260	12050	587764	584169	118599	157488	179934
12106	5604	3686	61031	81828	739236	823626	170516	276540	247900
5266	3708	1995	813	11749	418057	477398	119467	161137	141259
18455	9546	5678	41980	55083	934293	949821	219788	366322	390781
14746	5410	7468	61561	53854	764907	820123	201310	452119	325771
19370	6599	5001	44123	76634	979671	988585	201508	295773	291383
10801	9586	3946	-7413	11761	632590	707813	185627	265657	301866
29623	11690	5041	183566	202906	994515	1060030	279543	459274	612488
5571	2463	1645	14917	23633	338705	371223	67438	131162	111990
1708	1036	445	-6005	1332	140317	141713	30715	42643	34284
6716	3661	3703	14230	47091	643280	561503	88454	259400	211641
9137	5690	3899	24240	17233	781269	873215	208855	300827	326520
9328	5199	4545	-16837	30602	2220444	2521162	586132	307623	555603
14923	5502	6283	17360	110167	1590542	1776528	455533	363287	490636
189	563	215	709	743	12706	20345	3006	15067	9554
13448	3897	2292	31347	30736	1189534	1142525	210001	309007	332133
2191	1356	1069	-5663	4641	258168	261559	43777	86507	128482
767	521	287	144	979	107767	76041	27345	23332	25265
668	265	370	-2787	993	66444	68633	17305	29049	46936
7221	2764	1585	68111	81579	173520	222058	48632	185946	151613

集体企业
Collective-owned Enterprises

地 区	Region	主营业务收入 Revenue from Principal Business	主营业务成本 Cost of Principal Business	主营业务税金及附加 Taxes and Other Charges on Principal Business	主营业务利润 Profits from Principal Business	其他业务利润 Profits from Other Business	销售费用 Selling Expenses	管理费用 Administrative Expenses
全 国	**National Total**	**18718703**	**17439463**	**53305**	**1225935**	**44998**	**422623**	**362653**
北 京	Beijing	981740	964891	394	16455	5878	8571	18128
天 津	Tianjin	693967	670619	564	22784	2263	4967	8729
河 北	Hebei	406489	319657	9085	77747	2916	6657	10356
山 西	Shanxi	1330194	1154981	3603	171610	3907	106020	44744
内蒙古	Inner Mongolia	113567	105022	812	7733		3044	2700
辽 宁	Liaoning	353238	326287	3838	23113	590	8144	6734
吉 林	Jilin	41845	24989		16856		1729	628
黑龙江	Heilongjiang	61664	53279	429	7956	1060	1440	2380
上 海	Shanghai	686988	677180	547	9261	5488	16219	15832
江 苏	Jiangsu	1088929	1024909	2019	62001	1664	21088	15738
浙 江	Zhejiang	855577	825835	1486	28256	2456	14551	16222
安 徽	Anhui	138498	131880	1165	5453	51	2153	1760
福 建	Fujian	455204	422779	1233	31192	1922	12332	12835
江 西	Jiangxi	36907	32678	626	3603	141	740	975
山 东	Shandong	4150758	3735447	8451	406860	3229	102029	87551
河 南	Henan	1567618	1486122	9332	72164	4546	9984	17019
湖 北	Hubei	630490	615245	852	14393	354	7052	8975
湖 南	Hunan	88987	69905	381	18701		6869	5950
广 东	Guangdong	932368	868707	1778	61883	3974	20601	19184
广 西	Guangxi	169854	158651	235	10968	465	2074	2788
海 南	Hainan	7450	7269	2	179		78	92
重 庆	Chongqing	518953	503269	1872	13812	211	7003	2741
四 川	Sichuan	2071437	2006288	2518	62631	904	17932	28261
贵 州	Guizhou	74605	70226	249	4130	53	2400	2858
云 南	Yunnan	128293	122206	316	5771	857	5263	3949
西 藏	Tibet							
陕 西	Shaanxi	168722	156216	423	12083	519	2671	3934
甘 肃	Gansu	134054	124550	429	9075	-5	4757	1816
青 海	Qinghai	3353	3090		263	9	146	184
宁 夏	Ningxia	41604	44908	3	-3307	68	377	1095
新 疆	Xinjiang	785354	732380	663	52311	1479	25734	18495

单位：万元
Unit: 10000 yuan

#税金 Taxes	#差旅费 Travel Allowance	#工会经费 Trade Unions Funds	财务费用 Financial Expenses	#利息支出 Interest Expenses	营业利润 Operating Profits	利润总额 Total Profits	应交所得税 Income Tax Payable	应付职工薪酬 Payables to Employees	应交增值税 VAT Payable
24635	**10779**	**2877**	**114835**	**104726**	**435171**	**461574**	**51230**	**193538**	**158764**
972	371	67	21684	21859	-12288	10356	348	7569	3082
411	138	9	1753	1235	5230	6777	1530	5269	3763
1554	63	44	1256	565	57624	2939	1062	4867	3448
1276	764	143	4267	3863	14949	16901	4301	17625	25919
19	166	11	73	81	1916	1917	273	610	976
339	481	104	1804	339	7494	6790	715	3092	4803
2	2		341	226	639	637		150	
38	84	15	590	160	5218	1343	16	1423	437
435	454	126	3164	3955	10120	14395	3002	9619	3674
552	216	21	4001	2536	22618	40340	3100	4971	9292
411	292	75	6580	5914	26050	26677	1268	7818	17427
278	50	20	378	311	4699	794	141	2028	578
763	527	80	904	964	7634	11158	2503	8226	2235
190	60	16	637	115	1405	1227	230	826	388
4150	2825	462	22302	22984	191609	204136	22969	44303	31635
3914	185	84	5449	1674	35614	38655	813	17623	8295
381	424	33	3536	2337	-329	3801	42	3303	256
98	47	18	330	92	3467	1112	297	1346	676
888	845	739	3702	2219	23415	23747	2901	15296	13090
140	45	10	349	320	6431	3273	408	2021	741
			6		3	3	1	58	
72	84	6	1257	1500	3234	2853	312	3086	2633
6255	1549	391	16746	17010	11814	22185	3209	14118	10057
193	96	13	1154	1161	-1825	240	25	1959	782
84	183	120	1554	1585	1327	2026	206	2478	1017
130	131	159	560	484	5437	5661	81	2095	338
73	32	12	321	305	2131	2425	118	1364	908
10		3	52	53	-108	12	3	126	
263	14	7	1832	1849	-6544	279	97	581	2
745	648	87	8252	9031	6186	8916	1262	9691	12314

3-4-3 续表 3

股份合作企业
Cooperative Enterprises

地区	Region	主营业务收入 Revenue from Principal Business	主营业务成本 Cost of Principal Business	主营业务税金及附加 Taxes and Other Charges on Principal Business	主营业务利润 Profits from Principal Business	其他业务利润 Profits from Other Business	销售费用 Selling Expenses	管理费用 Administrative Expenses
全国	**National Total**	**7320767**	**6775642**	**24214**	**520910**	**14394**	**155444**	**96637**
北京	Beijing	770651	747481	573	22597	3548	13723	9702
天津	Tianjin	509351	489463	284	19604	303	8948	5618
河北	Hebei	206995	141028	10693	55274		1352	2367
山西	Shanxi	7844	6568	26	1250	100	1246	126
内蒙古	Inner Mongolia	1688	1526		162		28	117
辽宁	Liaoning	87647	76935	473	10239	-64	1619	1399
吉林	Jilin	2002	1815	10	177		65	92
黑龙江	Heilongjiang	842014	794545	915	46554	-78	16579	6395
上海	Shanghai	877010	859805	168	17037		7554	4799
江苏	Jiangsu	1019453	932591	1726	85136	1714	13742	19709
浙江	Zhejiang	147800	133514	342	13944	420	2642	1798
安徽	Anhui	39666	26287	157	13222	261	764	1590
福建	Fujian	119415	114780	1018	3617	160	1353	1708
江西	Jiangxi	22778	19675	107	2996		2069	965
山东	Shandong	254953	233533	673	20747	483	4450	6245
河南	Henan	89994	83581	986	5427	44	1002	1325
湖北	Hubei	679298	625762	2767	50769	16	27540	9162
湖南	Hunan	51436	45490	85	5861	64	3509	1073
广东	Guangdong	405328	345533	1595	58200	1003	25559	9103
广西	Guangxi	13756	12740	37	979	3697	439	530
海南	Hainan	13023	10257	44	2722	9	1351	787
重庆	Chongqing	465164	437109	940	27115	63	9162	3545
四川	Sichuan	491306	477775	285	13246	967	5082	3464
贵州	Guizhou	16035	13999	52	1984	406	877	966
云南	Yunnan	49133	42413	186	6534	30	3502	2751
西藏	Tibet							
陕西	Shaanxi	24896	22671	74	2151		43	712
甘肃	Gansu	45339	18331	1	27007	1251	1013	329
青海	Qinghai	1713	1625		88		32	6
宁夏	Ningxia							
新疆	Xinjiang	65080	58812		6268		198	255

3-4-3 Continued 3

单位：万元
Unit: 10000 yuan

#税金 Taxes	#差旅费 Travel Allowance	#工会经费 Trade Unions Funds	财务费用 Financial Expenses	#利息支出 Interest Expenses	营业利润 Operating Profits	利润总额 Total Profits	应交所得税 Income Tax Payable	应付职工薪酬 Payables to Employees	应交增值税 VAT Payable
5656	**3955**	**450**	**27070**	**18273**	**223790**	**167495**	**60708**	**74024**	**62007**
317	284	28	2351	1967	473	783	348	7722	6617
177	54	31	3063	1776	2201	3306	457	4392	1659
357	16	22	279	187	51493	345	26386	1902	645
4	9	1	72	73	-95	-87	41	53	221
5	3		19	18	-1			28	
55	128	13	65	16	5779	6276	251	597	492
					20	20		74	
208	245	48	1049	968	22568	21357	5682	10395	9286
319	65		1889	560	2136	2450	1049	2508	521
247	523	23	2999	2164	52914	53134	12563	13878	15107
155	28	2	1289	1048	1260	1496	228	1470	3060
12	6	6	461	318	9770	1040	226	1697	546
209	54	4	685	199	55	43	137	614	484
4	452	2	63	45	-101	-101	129	466	132
634	349	34	2281	1555	7956	10440	449	3171	1304
207	15	3	279	46	2864	2765	117	1158	217
1219	256	61	2035	1734	12008	18445	3594	8258	8621
162	122	8	454	402	890	1751	142	812	205
465	745	20	2069	699	22480	20012	5220	6041	7766
60	19	1	29	71	3678	4804	1201	319	251
2	25	5	104	111	489	587	233	845	480
373	378	104	2811	2135	11660	5405	318	1497	1284
266	67	10	1181	1225	4368	4096	1034	3069	1402
6	19	6	36	73	168	358	80	584	70
46	48	13	400	212	1419	1325	336	1568	1159
80	17	1	206		1190	1190	331	321	472
13	28	3	619	624	573	635	159	230	6
1			47	47	2	2		15	
53			238		5575	5619		341	

联营企业
Joint Ownership Enterprises

地　区	Region	主营业务收入 Revenue from Principal Business	主营业务成本 Cost of Principal Business	主营业务税金及附加 Taxes and Other Charges on Principal Business	主营业务利润 Profits from Principal Business	其他业务利润 Profits from Other Business	销售费用 Selling Expenses	管理费用 Administrative Expenses
全　国	**National Total**	**7056897**	**6756063**	**9517**	**291317**	**5194**	**104216**	**71798**
北　京	Beijing	24715	23572	24	1119	7	426	588
天　津	Tianjin	295702	289669	88	5945	404	2170	2035
河　北	Hebei	34168	32127	7	2034		1404	420
山　西	Shanxi	18454	18283	158	13		215	536
内蒙古	Inner Mongolia	8135	8080	12	43	34		147
辽　宁	Liaoning	173524	166136	86	7302	528	6550	782
吉　林	Jilin							
黑龙江	Heilongjiang							
上　海	Shanghai	1400421	1325332	4386	70703	709	34020	9708
江　苏	Jiangsu	282173	270314	131	11728	382	5233	2988
浙　江	Zhejiang	446293	419545	351	26397		6814	5554
安　徽	Anhui	4869	4502	3	364	364	284	162
福　建	Fujian	224282	216756	113	7413	872	2503	1819
江　西	Jiangxi	9447	8976		471		360	416
山　东	Shandong	1264806	1245302	660	18844	1230	7663	4927
河　南	Henan	35825	34303	389	1133	35	1140	1300
湖　北	Hubei	92413	91319	37	1057		1667	344
湖　南	Hunan	3812	521	12	3279		100	76
广　东	Guangdong	2397410	2277599	2476	117335	582	27308	33962
广　西	Guangxi							
海　南	Hainan							
重　庆	Chongqing	151518	149038	17	2463		1461	890
四　川	Sichuan	5600	5000		600		80	79
贵　州	Guizhou							
云　南	Yunnan	114807	109440	77	5290		1997	1907
西　藏	Tibet							
陕　西	Shaanxi	56259	49387	311	6561		1977	2590
甘　肃	Gansu	3687	2950	116	621		237	359
青　海	Qinghai							
宁　夏	Ningxia	5215	4700	64	451	27	561	98
新　疆	Xinjiang	3361	3212	1	148	19	48	113

3-4-3 Continued 4

单位：万元
Unit: 10000 yuan

#税金 Taxes	#差旅费 Travel Allowance	#工会经费 Trade Unions Funds	财务费用 Financial Expenses	#利息支出 Interest Expenses	营业利润 Operating Profits	利润总额 Total Profits	应交所得税 Income Tax Payable	应付职工薪酬 Payables to Employees	应交增值税 VAT Payable
2161	**2488**	**317**	**29893**	**25638**	**98004**	**103508**	**21720**	**47906**	**101098**
1	23	2	-95	40	234	234		313	738
146	56	5	1494	1025	680	829	199	1587	263
13	15	4	-5		215	213	13	363	41
			4		-8	-41		280	195
			3		-73	-73	5	18	
2	8		1189		-692	-693	424	2137	679
417	262	68	623	1485	27425	28719	7287	9536	7981
29	355	15	904	1387	3868	5244	955	2020	1433
78	249	73	6308	2504	7951	8188	2952	777	-145
8	3	2	77	1	-173	-161	10	149	43
117	100	13	1962	2045	1903	1949	502	960	4440
	23	3	169	286	-474	-130		159	24
471	161	30	4968	2850	2418	2266	236	4885	2957
48	17	5	154	33	-1426	-395	254	965	1706
31	3	8	81	186	-1020	-581	101	759	205
					96	2		31	12
678	1068	55	9724	11650	48926	49194	7501	19970	78141
1	62	7	566	682	4242	4268	501	1217	680
			10	10	431	511		50	
54	50	23	1583	1436	1836	2163	249	889	531
60	23	3	-53		2048	2073	533	672	1042
	7				26	26		124	116
2	1	1	227	19	-435	-387		15	12
6	2	1			6	90		31	7

有限责任公司
Limited Liability Corporations

地区	Region	主营业务收入 Revenue from Principal Business	主营业务成本 Cost of Principal Business	主营业务税金及附加 Taxes and Other Charges on Principal Business	主营业务利润 Profits from Principal Business	其他业务利润 Profits from Other Business	销售费用 Selling Expenses	管理费用 Administrative Expenses
全国	**National Total**	**936361902**	**895695565**	**1810057**	**38856280**	**1854479**	**17231215**	**8500489**
北京	Beijing	205617392	198934915	222201	6460276	493376	3135322	1826848
天津	Tianjin	44157815	42508185	160665	1488965	81099	520374	243759
河北	Hebei	20412321	18961242	21718	1429361	17581	410389	145843
山西	Shanxi	28137222	27130118	40214	966890	80485	543473	269680
内蒙古	Inner Mongolia	5295386	4712702	20382	562302	43528	241357	90567
辽宁	Liaoning	18762131	17846643	64246	851242	64246	271409	180862
吉林	Jilin	4184663	3941632	6647	236384	24222	75025	58266
黑龙江	Heilongjiang	16558039	15868385	24901	664753	6179	257875	121334
上海	Shanghai	68800910	66480661	99939	2220310	162128	1051695	583468
江苏	Jiangsu	61140777	58747994	67023	2325760	82510	1020891	469482
浙江	Zhejiang	81308187	78083644	102921	3121622	163984	1730728	666942
安徽	Anhui	16344776	15433766	54739	856271	36717	397322	173905
福建	Fujian	29814138	28613641	42220	1158277	63469	534323	305530
江西	Jiangxi	5369664	4884798	18578	466288	9107	205373	64549
山东	Shandong	51188779	48097091	158166	2933522	87208	1085880	455841
河南	Henan	18744630	18151173	41208	552249	58772	392216	199121
湖北	Hubei	16286280	15103767	39133	1143380	23412	367950	196042
湖南	Hunan	8361792	7939916	18577	403299	8885	189550	107848
广东	Guangdong	119076078	113220071	334122	5521885	197181	2106074	1259829
广西	Guangxi	8820426	8400522	44076	375828	9013	139111	92963
海南	Hainan	8424797	8175983	3739	245075	8123	146238	50170
重庆	Chongqing	21590124	20281335	67832	1240957	25553	769356	202831
四川	Sichuan	23543702	22373958	49638	1120106	29204	457758	229411
贵州	Guizhou	4121369	3808327	7341	305701	11490	182896	69936
云南	Yunnan	9766794	9341784	13250	411760	24423	208413	112386
西藏	Tibet	86348	42064	2305	41979	9	37235	2924
陕西	Shaanxi	11270179	10438207	43210	788762	21060	373762	125359
甘肃	Gansu	3915983	3669397	8654	237932	5082	101210	46689
青海	Qinghai	2352960	2301679	1177	50104	3160	23007	11230
宁夏	Ningxia	1215030	1175259	2501	37270	117	24525	10953
新疆	Xinjiang	21693211	21026705	28738	637768	13161	230478	125920

单位：万元
Unit: 10000 yuan

#税金 Taxes	#差旅费 Travel Allowance	#工会经费 Trade Unions Funds	财务费用 Financial Expenses	#利息支出 Interest Expenses	营业利润 Operating Profits	利润总额 Total Profits	应交所得税 Income Tax Payable	应付职工薪酬 Payables to Employees	应交增值税 VAT Payable
426055	**366098**	**99255**	**4840473**	**5200602**	**10739722**	**11775349**	**2944845**	**7205375**	**8705579**
79463	79247	12074	952864	1535438	2251052	2500681	699283	1517431	1182726
17934	4368	1748	316335	234760	595363	681960	175014	226972	452751
7552	5586	542	112168	83621	73110	103499	26037	242355	83619
12262	6500	1410	90215	83745	198988	257625	72117	135781	299843
13625	2191	174	49442	22422	102148	97260	20760	99378	80549
16555	8900	1204	151857	123456	185606	180830	42725	113384	285296
3087	1590	375	31313	31819	84201	98004	18739	35659	17794
6220	4523	517	80505	109130	163761	129642	37651	71889	72941
16431	18366	3360	171579	217884	827351	1024195	229728	499528	493382
19969	17632	2490	324390	235797	624058	519511	172626	327944	375741
32365	29518	4439	457376	583711	644556	823783	217239	624780	547165
7756	5582	966	95115	89565	221929	277102	69174	311063	348408
13970	18119	2173	213312	218976	156784	250790	62781	233489	162092
2784	3723	244	18390	22683	127021	128935	27793	65950	74313
29212	22766	2375	311019	243420	1126504	979937	227477	391705	1402408
10749	12496	1024	85160	69405	174558	191707	33145	169351	159804
10814	7518	1044	117074	94004	368305	327786	81094	172906	133958
5140	5413	977	42580	34028	77355	109196	18764	85341	92332
61496	53871	52949	566338	603710	1597795	1864982	447159	878389	996253
5515	1879	517	44812	27545	82476	118176	32924	61925	106818
2423	4034	366	16257	9763	27734	31214	8142	41543	28192
12192	20853	3370	75378	96808	190160	210557	41427	208015	222897
10480	12721	1393	237171	146261	191920	318794	72614	215999	320191
2561	2968	533	38355	30706	15744	22213	11922	50695	68630
5405	3279	731	100482	108965	49522	73319	18735	186655	138191
50	210	18	12	4	1817	8729	4159	1625	6783
9790	4278	724	36028	28934	467424	228096	31042	88518	191103
2184	2696	393	36365	34915	22471	40456	10848	35517	279237
1008	392	77	14097	10501	3073	9918	1391	5551	5255
940	659	83	9518	7952	-7375	2984	2544	6791	10069
6121	4222	966	44966	60677	94311	163468	29792	99248	66838

股份有限公司
Share-holding Corporations Ltd.

地　区	Region	主营业务收入 Revenue from Principal Business	主营业务成本 Cost of Principal Business	主营业务税金及附加 Taxes and Other Charges on Principal Business	主营业务利润 Profits from Principal Business	其他业务利润 Profits from Other Business	销售费用 Selling Expenses	管理费用 Administrative Expenses
全　国	**National Total**	**304074248**	**289732391**	**398414**	**13943443**	**300137**	**6097353**	**2709527**
北　京	Beijing	22117488	21104225	36947	976316	30418	405444	236131
天　津	Tianjin	9222301	8797628	9452	415221	2772	70452	51479
河　北	Hebei	7267162	6746506	9532	511124	13474	286840	93169
山　西	Shanxi	3097466	2994704	3008	99754	993	71241	24226
内蒙古	Inner Mongolia	1834348	1835218	7853	-8723	517	71010	17548
辽　宁	Liaoning	38409293	37782890	14664	611739	-5032	168091	85528
吉　林	Jilin	4476291	4361454	3081	111756	206	60697	6176
黑龙江	Heilongjiang	2658541	2511562	2514	144465	10811	72029	13418
上　海	Shanghai	12731443	12382777	8193	340473	11922	276215	155515
江　苏	Jiangsu	33689625	31508873	42052	2138700	48724	819493	344722
浙　江	Zhejiang	24621623	23397498	20912	1203213	33251	590140	253868
安　徽	Anhui	9139479	8727115	8188	404176	21563	254772	93169
福　建	Fujian	12603854	12008760	20141	574953	3167	281199	60700
江　西	Jiangxi	2651193	2489385	3055	158753	182	69132	21996
山　东	Shandong	17854430	16544075	19537	1290818	17199	439766	196350
河　南	Henan	7352363	6906622	17163	428578	2158	199887	113986
湖　北	Hubei	3586732	3368336	6660	211736	2860	101905	33850
湖　南	Hunan	3731663	3537420	7774	186469	1058	64555	71426
广　东	Guangdong	30342870	28177512	87299	2078059	14042	768302	516544
广　西	Guangxi	5757419	5369823	5471	382125	5031	154379	52742
海　南	Hainan	519914	475526	938	43450	529	19393	8134
重　庆	Chongqing	4912484	4576100	10762	325622	10369	200971	39396
四　川	Sichuan	2594235	2363972	4076	226187	6969	147144	43273
贵　州	Guizhou	1446114	1328684	23637	93793	2579	34184	9742
云　南	Yunnan	4990799	4816924	4852	169023	7327	121772	59340
西　藏	Tibet							
陕　西	Shaanxi	9064517	8819804	5689	239024	17789	120508	8945
甘　肃	Gansu	11439553	11367076	5123	67354	9683	29985	42968
青　海	Qinghai	1771597	1676468	1140	93989	1278	51885	24253
宁　夏	Ningxia	3716272	3622145	1774	92353	2671	43505	4511
新　疆	Xinjiang	10473180	10133311	6930	332939	25629	102458	26422

单位：万元
Unit: 10000 yuan

#税金 Taxes	#差旅费 Travel Allowance	#工会经费 Trade Unions Funds	财务费用 Financial Expenses	#利息支出 Interest Expenses	营业利润 Operating Profits	利润总额 Total Profits	应交所得税 Income Tax Payable	应付职工薪酬 Payables to Employees	应交增值税 VAT Payable
139346	**94797**	**17331**	**1168816**	**1502025**	**6746756**	**6850631**	**988032**	**2965718**	**3235169**
11219	13968	1111	157817	401188	1493568	1523705	109621	166720	63158
1096	308	73	29006	44017	278597	284131	55650	14049	10131
17167	17092	699	124355	132385	15884	33825	31844	309972	182421
708	768	77	46644	47561	115291	14276	2631	6975	-453
879	436	209	12208	15055	30532	36598	1220	29009	15569
6304	2363	434	52277	62128	89731	87481	2140	173196	94327
436	171	24	5831	3683	39539	42575	385	9862	21971
1784	527	29	6050	15479	65963	63255	4635	32440	89775
3425	2553	731	11723	17319	164642	176732	44571	110959	71060
13154	7699	727	73737	110772	1033833	1075344	206333	218307	298066
9710	8357	1550	190005	230962	373764	458177	101029	292437	-178440
6550	5061	1047	29221	58551	100407	105200	17440	98799	47250
1978	2097	280	93761	62646	260593	286648	46530	91602	59334
2247	453	154	2415	2142	65252	64607	14950	34755	142248
10674	3202	901	23987	14256	417451	414040	50356	236589	132610
5185	1794	575	14735	11947	181569	174472	48929	76604	64717
994	1120	310	24479	26972	85340	80540	4505	47617	27079
1659	3449	1010	23865	25255	24267	22920	3530	46435	58310
22951	8849	5359	84326	89215	903697	908435	154447	539283	329728
3251	721	301	13915	9122	177288	168140	21382	60729	850104
248	877	55	1598	3410	30022	33396	2625	10807	8748
3340	5861	467	14471	9971	102910	118604	7509	75545	44767
2754	1626	216	16052	9658	48647	35314	7874	43861	70202
650	592	122	13179	10091	23913	24284	2570	7899	5776
2312	1896	364	13691	21929	108372	110854	24781	55638	35029
2752	446	217	24139	4627	80845	78822	14597	49413	177216
1840	960	133	24757	24614	-10234	-15969	260	16700	40130
941	769	26	3704	3877	14338	18249	164	28580	10346
1044	23		3500	400	43505	27586		15124	240072
2094	761	131	33369	32795	387228	398391	5527	65814	223920

私营企业
Private Enterprises

地区	Region	主营业务收入 Revenue from Principal Business	主营业务成本 Cost of Principal Business	主营业务税金及附加 Taxes and Other Charges on Principal Business	主营业务利润 Profits from Principal Business	其他业务利润 Profits from Other Business	销售费用 Selling Expenses	管理费用 Administr-ative Expenses
全国	**National Total**	**658358050**	**620354908**	**1555949**	**36447193**	**1125678**	**15048152**	**9065133**
北京	Beijing	34176079	32131053	40896	2004130	98371	1078097	723883
天津	Tianjin	41116988	39671910	43843	1401235	29172	558443	296804
河北	Hebei	14996849	14307758	29934	659157	7821	239962	128159
山西	Shanxi	11035778	10564253	15580	455945	26311	348236	153317
内蒙古	Inner Mongolia	3586487	3218512	20605	347370	13297	309909	57760
辽宁	Liaoning	25772157	23894021	118270	1759866	104488	480703	550296
吉林	Jilin	2353255	2072204	18979	262072	4091	141155	51926
黑龙江	Heilongjiang	5862784	5360775	58544	443465	7167	139330	53565
上海	Shanghai	66282576	63886101	34044	2362431	155259	1182138	791201
江苏	Jiangsu	95844297	91763759	127642	3952896	106083	1553311	968813
浙江	Zhejiang	107943127	103628006	96988	4218133	143725	2083436	1168945
安徽	Anhui	9941595	9058582	24887	858126	16586	480234	155617
福建	Fujian	24475070	23242636	59821	1172613	26042	495089	285985
江西	Jiangxi	1456424	1317783	9326	129315	1072	45296	17064
山东	Shandong	51102153	46181807	305264	4615082	39847	1087914	831170
河南	Henan	7962130	7236898	51392	673840	25125	204053	106230
湖北	Hubei	10894976	10153324	42397	699255	20141	254296	184684
湖南	Hunan	7189014	6469248	49722	670044	2715	274203	168860
广东	Guangdong	84519630	77464256	274386	6780988	175927	2645348	1600139
广西	Guangxi	7223845	6868073	17620	338152	15359	177996	97251
海南	Hainan	614636	621353	1127	-7844	6567	15504	15233
重庆	Chongqing	10596360	9604927	37593	953840	13417	370266	163676
四川	Sichuan	10529300	9920081	49494	559725	28300	317067	204832
贵州	Guizhou	906173	840165	1278	64730	3719	32395	15134
云南	Yunnan	8754002	8419312	12315	322375	13720	195450	100959
西藏	Tibet	16557	14175	29	2353		662	575
陕西	Shaanxi	2309745	2199490	2874	107381	6611	43719	25518
甘肃	Gansu	1787767	1644195	2567	141005	4447	46682	26048
青海	Qinghai	1844279	1793557	914	49808	940	13505	9569
宁夏	Ningxia	858317	803007	1789	53521	7106	26360	19928
新疆	Xinjiang	6405702	6003687	5832	396183	22254	207393	91993

单位：万元

Unit: 10000 yuan

#税金 Taxes	#差旅费 Travel Allowance	#工会经费 Trade Unions Funds	财务费用 Financial Expenses	#利息支出 Interest Expenses	营业利润 Operating Profits	利润总额 Total Profits	应交所得税 Income Tax Payable	应付职工薪酬 Payables to Employees	应交增值税 VAT Payable
467161	**539206**	**55882**	**4930110**	**3954655**	**8776042**	**8907048**	**1903010**	**6018408**	**5876920**
10291	56137	2332	147241	152666	145848	163767	71756	473409	261460
20212	6723	222	278204	108922	68520	381625	41416	164345	214533
6536	7375	244	166890	98630	147343	57759	19739	73601	130395
6005	6791	553	151167	119381	-18416	-35400	10104	172496	85398
3681	1677	155	45668	34729	-10570	-45434	10831	71351	30902
35826	29611	3120	159792	107605	468414	491452	71647	259634	262287
1440	2246	711	16907	7734	44274	45010	5351	16742	17623
4683	2575	206	35279	25677	201035	63946	8346	20142	33763
17634	37131	834	335685	286900	301264	349857	161902	501275	262312
30907	58240	2684	746716	523850	816219	733790	197225	525542	645460
59597	67308	3883	973970	1034941	271680	375016	180161	1081501	847094
6910	7393	1471	59992	47740	143241	136572	25376	107619	121635
22073	18630	2063	188396	164869	218735	234335	56800	202130	136269
1670	1965	162	11726	10609	21453	19077	2696	13132	12206
123016	76805	9728	422858	242140	2276415	2221876	325821	586847	553889
8570	4760	322	82665	38208	298007	290959	26271	70199	108397
11848	12148	1610	98951	90020	90595	78944	17362	102368	141567
9094	10999	2350	64723	30319	203542	155584	14437	81678	109776
50491	80074	18956	481629	463423	2399299	2491435	528813	975462	1099925
7266	8396	126	99823	75433	-91066	-16639	5853	66397	54888
369	1142	57	2584	2109	14453	15979	4219	5928	20176
5735	11506	1015	52553	44096	423563	353824	22617	98908	95962
7153	11711	1330	101230	73760	269813	255180	61548	145248	345741
841	1185	185	7947	5598	935	3181	998	12552	6997
6418	6456	340	102253	83640	-35613	-13170	11352	72785	183083
	29		164	164	951	951	145	500	65
2516	2074	271	16548	13192	24832	6372	2344	22814	12929
773	1810	119	21875	20460	14784	12691	1810	20786	10715
430	246	7	3398	2505	24302	21745	625	3517	7255
1581	748	138	19136	10200	-4094	-13374	1806	9728	4519
3597	5318	690	34140	35136	46284	70139	13640	59776	59701

3-4-3 续表 8

其他企业
Other Enterprises

地区	Region	主营业务收入 Revenue from Principal Business	主营业务成本 Cost of Principal Business	主营业务税金及附加 Taxes and Other Charges on Principal Business	主营业务利润 Profits from Principal Business	其他业务利润 Profits from Other Business	销售费用 Selling Expenses	管理费用 Administr-ative Expenses
全国	**National Total**	**36960844**	**34297507**	**108542**	**2554796**	**82297**	**799186**	**420649**
北京	Beijing							
天津	Tianjin	2619037	2485698	1097	132242	1900	28188	12178
河北	Hebei	903047	879171	231	23645	949	14250	5499
山西	Shanxi	373554	352035	655	20864	35	19646	4483
内蒙古	Inner Mongolia	2155315	2010853	14149	130313	3842	56595	20330
辽宁	Liaoning	1498186	1458635	6689	32862	3663	30251	21663
吉林	Jilin	438964	416521	1554	20889	1148	5922	10018
黑龙江	Heilongjiang	303852	279304	2371	22177	420	7066	4494
上海	Shanghai	1087063	1018707	1103	67253	9672	32888	20858
江苏	Jiangsu	3311093	3192861	3842	114390	1260	41814	23097
浙江	Zhejiang	495343	476110	380	18853	104	4742	5127
安徽	Anhui	878583	734704	3373	140506	551	53605	15436
福建	Fujian	1865287	1786054	1877	77356	4197	29487	24795
江西	Jiangxi	351302	325260	4058	21984		5396	3401
山东	Shandong	9847259	8927852	27360	892047	27616	134771	92019
河南	Henan	478074	440422	2943	34709	578	13292	5915
湖北	Hubei	919534	867392	8470	43672	4950	21023	15549
湖南	Hunan	752471	672913	2579	76979	2082	32508	21586
广东	Guangdong	3048445	2725495	5492	317458	2480	116052	43591
广西	Guangxi	497417	472193	673	24551	1860	19110	5391
海南	Hainan	73373	68335	63	4975	7	2282	1875
重庆	Chongqing	1389017	1328625	4039	56353	212	34690	11160
四川	Sichuan	1165925	1029529	13589	122807	8566	53195	27609
贵州	Guizhou	82116	77363	141	4612	1302	2153	2476
云南	Yunnan	1892017	1842162	725	49130	709	23161	12645
西藏	Tibet							
陕西	Shaanxi	116664	99062	682	16920	6	8501	4068
甘肃	Gansu	137481	64799	75	72607		2733	1351
青海	Qinghai	66098	65603	15	480		111	421
宁夏	Ningxia	53256	49927	143	3186	4088	1304	1041
新疆	Xinjiang	161074	149924	176	10974	100	4452	2572

单位：万元
Unit: 10000 yuan

#税金 Taxes	#差旅费 Travel Allowance	#工会经费 Trade Unions Funds	财务费用 Financial Expenses	#利息支出 Interest Expenses	营业利润 Operating Profits	利润总额 Total Profits	应交所得税 Income Tax Payable	应付职工薪酬 Payables to Employees	应交增值税 VAT Payable
18120	**25409**	**3991**	**212436**	**155094**	**1091474**	**717372**	**108623**	**353432**	**335592**
605	142	8	16782	11111	75304	55879	2816	60498	12354
146	173	15	3185	1746	956	1307	260	4381	4502
106	258	19	694	248	-4024	-3834	25	949	5162
2390	929	143	16585	15407	37238	15044	5059	7521	13615
805	1126	216	5780	2616	18281	18866	2903	8702	45438
379	287	241	3241	2449	2377	2795	1121	3090	2263
173	228	12	1380	1161	2760	-172	377	4745	2247
748	1037	25	9077	9109	43407	60880	10044	14365	10862
785	1090	97	21905	20916	29924	24793	6466	18982	16077
343	301	53	1366	1323	5794	5724	843	5454	2305
492	862	69	1883	1330	65998	64597	13643	12525	24081
1668	1198	45	16812	21069	8028	17021	5459	15855	10151
55	91	3	590	420	14066	11916	748	5008	2903
4950	6030	1111	47526	22923	514603	219694	25600	78175	80424
428	363	49	2817	2576	15576	10678	637	7630	3481
249	221	55	6666	3729	43619	9536	2990	6776	2741
471	2154	122	5347	3725	23100	24943	3729	11750	8737
1249	3735	1245	14196	12765	132000	131723	12446	41532	48836
249	198	11	8113	5804	-6571	-5416	275	8724	4967
14	91	4	680	594	247	658	226	876	432
395	1241	29	1290	1726	9092	9972	2814	8671	2507
667	2086	285	9423	7036	56004	36946	7867	15682	24007
78	113	10	289	224	-301	388	62	1232	801
220	339	42	11246	2879	-4075	-3523	759	4796	3183
137	958	34	1015	325	524	-1294	520	1069	1159
30	38	1	3013	670	2230	2236	64	743	386
27	17	1	84	127	-136	-153	5	169	101
49	15	10	1143	833	1652	2586	67	747	675
213	87	35	310	253	3801	3583	799	2786	1196

港、澳、台商投资企业
Enterprises with Funds from Hong Kong, Macao and Taiwan

地 区	Region	主营业务收入 Revenue from Principal Business	主营业务成本 Cost of Principal Business	主营业务税金及附加 Taxes and Other Charges on Principal Business	主营业务利润 Profits from Principal Business	其他业务利润 Profits from Other Business	销售费用 Selling Expenses	管理费用 Administr-ative Expenses
全 国	**National Total**	**92743634**	**81712619**	**193022**	**10837993**	**543792**	**5446916**	**2798707**
北 京	Beijing	7690634	6258522	28166	1403946	59383	805003	349350
天 津	Tianjin	4862222	4619931	26356	215935	11451	101538	39938
河 北	Hebei	18147	14487	62	3598	1	2024	1249
山 西	Shanxi	84635	75435	93	9107	331	4243	1217
内蒙古	Inner Mongolia	36007	33074	79	2854	1	2459	257
辽 宁	Liaoning	519073	470554	678	47841	9613	19588	15387
吉 林	Jilin	102384	100193	65	2126	2	636	2502
黑龙江	Heilongjiang	33612	30972	64	2576	5	3909	
上 海	Shanghai	36023175	31211001	61667	4750507	204365	2466214	1200934
江 苏	Jiangsu	8255063	6975204	24562	1255297	19122	415219	491443
浙 江	Zhejiang	2819136	2605191	2645	211300	12858	124191	49006
安 徽	Anhui	141654	135184	116	6354	9	13793	1267
福 建	Fujian	2840245	2488714	6720	344811	104150	121427	159463
江 西	Jiangxi	112286	81836	1052	29398	168	2667	2938
山 东	Shandong	1598603	1393408	3200	201995	1877	88719	25355
河 南	Henan	77284	72112	77	5095	49	1292	2829
湖 北	Hubei	1109674	1045205	1659	62810	6987	54282	17139
湖 南	Hunan	223631	204364	405	18862		9965	2433
广 东	Guangdong	20171427	18183642	31011	1956774	110420	970308	398849
广 西	Guangxi	23684	18463	82	5139	82	3582	1890
海 南	Hainan	519718	487752	596	31370	33	23474	2425
重 庆	Chongqing	4412020	4238555	2837	170628	2477	154819	20551
四 川	Sichuan	229730	219954	217	9559	158	24915	4068
贵 州	Guizhou							
云 南	Yunnan	141643	89298	349	51996	219	8044	2599
西 藏	Tibet							
陕 西	Shaanxi	361228	333465	212	27551	30	16919	4160
甘 肃	Gansu	17333	14638	59	2636		1857	86
青 海	Qinghai	316101	308436	-3	7668		5830	1054
宁 夏	Ningxia							
新 疆	Xinjiang	3288	3029		259			321

单位：万元
Unit: 10000 yuan

#税金 Taxes	#差旅费 Travel Allowance	#工会经费 Trade Unions Funds	财务费用 Financial Expenses	#利息支出 Interest Expenses	营业利润 Operating Profits	利润总额 Total Profits	应交所得税 Income Tax Payable	应付职工薪酬 Payables to Employees	应交增值税 VAT Payable
62630	**91209**	**4670**	**359341**	**410049**	**2731246**	**3204899**	**828662**	**2196068**	**1356730**
5294	13641	1593	51877	58019	214915	280496	108914	368373	178780
1685	1386	76	23932	27015	40969	57285	15841	44552	82867
26	69	14	167	156	159	412	82	761	452
26	77	22		1	334	349	5	2788	691
71	20	1	151		21	389	101	152	494
661	123	48	17612	2284	1315	10928	2411	14159	3809
481	65	99	-192	7	-533	-565		1209	280
			16	1	-1349	-1345		699	20
13921	45669	1215	23045	63502	1280192	1450224	359359	939975	484339
22120	3983	383	36247	58116	417573	458346	99515	145409	191569
1165	1781	213	11197	13480	39296	44829	13509	49349	39029
4		1	-3	-1	-8703	-5738	31	4560	768
1147	2925	50	6406	8706	123585	130540	55735	67813	33369
19	141	3	279	229	23134	24054	459	7449	5017
2536	3654	82	2991	4962	87714	91890	20949	33687	10438
44	59	6	244	289	1725	1724	317	3890	584
123	177	49	5952	1360	-52443	68364	2492	19161	8811
80	151	1	-311	34	6803	6516	218	5435	3351
9254	16601	780	174306	159279	513802	537977	141179	449128	268539
413	13		2773	2758	-3016	-9128	145	1544	289
22	244	4	-322	15	1320	2485	1112	4407	2746
3239	82	12	-2555	168	2745	2503	687	8312	22889
24	44	2	5495	122	19407	19340	668	7297	1975
14	106	5	189	218	8984	9350	1447	4864	12235
186	196	10	-19	7	6420	6447	1425	8845	2860
2	2	1	13		680	688	208	1609	439
72	1		-147	9322	6261	16605	1854	613	89
1		1			-62	-63		30	

外商投资企业
Foreign Funded Enterprises

地 区	Region	主营业务收入 Revenue from Principal Business	主营业务成本 Cost of Principal Business	主营业务税金及附加 Taxes and Other Charges on Principal Business	主营业务利润 Profits from Principal Business	其他业务利润 Profits from Other Business	销售费用 Selling Expenses	管理费用 Administr-ative Expenses
全 国	**National Total**	**266685826**	**234166541**	**1056827**	**31462458**	**1390259**	**18362319**	**6494050**
北 京	Beijing	65647604	57147324	162307	8337973	754104	4635000	2147841
天 津	Tianjin	9906119	8202340	644982	1058797	16655	863056	169512
河 北	Hebei	305499	296918	230	8351	163	3671	3214
山 西	Shanxi	22364	19863	932	1569	210	1134	1929
内蒙古	Inner Mongolia	61380	60745	34	601		2866	981
辽 宁	Liaoning	1065047	927440	2727	134880	2733	69298	39037
吉 林	Jilin	1459827	1337418	1565	120844	12	119440	2197
黑龙江	Heilongjiang	125069	117535	63	7471		8910	115
上 海	Shanghai	131642751	115210538	154629	16277584	474385	9602688	3149418
江 苏	Jiangsu	13827490	12112306	27503	1687681	38740	993765	303916
浙 江	Zhejiang	3695139	3479295	2498	213346	2100	45047	41279
安 徽	Anhui	1683771	1184861	10104	488806	12249	486886	58588
福 建	Fujian	6513188	6039002	10596	463590	5963	193147	91351
江 西	Jiangxi	222044	203915	133	17996	176	10173	2698
山 东	Shandong	1930604	1709372	3466	217766	3999	123875	32987
河 南	Henan	155209	126723	542	27944		16339	972
湖 北	Hubei	1317905	1151677	2131	164097	81	154021	70856
湖 南	Hunan	299640	282133	342	17165	-148	6070	1529
广 东	Guangdong	21536168	19537599	27583	1970986	53815	901398	331174
广 西	Guangxi	145811	140622	178	5011	2	2155	451
海 南	Hainan	95865	73593	810	21462	19098	4060	6540
重 庆	Chongqing	590350	539205	329	50816	506	23625	8493
四 川	Sichuan	1046691	975232	1042	70417	79	61262	10986
贵 州	Guizhou	13382	10358	51	2973	2	3712	
云 南	Yunnan	301373	235249	525	65599	435	18248	6859
西 藏	Tibet							
陕 西	Shaanxi	2832020	2831179	147	694	56	3367	3316
甘 肃	Gansu	4722	3864	15	843		550	93
青 海	Qinghai	140079	131327	1124	7628	853	1165	1449
宁 夏	Ningxia	41296	26379	153	14764		5172	1819
新 疆	Xinjiang	57422	52529	86	4807	3990	2221	4452

3-4-3 Continued 10

单位：万元
Unit: 10000 yuan

#税金 Taxes	#差旅费 Travel Allowance	#工会经费 Trade Unions Funds	财务费用 Financial Expenses	#利息支出 Interest Expenses	营业利润 Operating Profits	利润总额 Total Profits	应交所得税 Income Tax Payable	应付职工薪酬 Payables to Employees	应交增值税 VAT Payable
190565	**354751**	**24275**	**315128**	**589268**	**8256800**	**9485692**	**2183289**	**5291567**	**3480257**
44562	108921	13088	-27937	153236	2743571	3396054	668939	1815767	853778
8105	11923	366	12533	18553	23766	85299	37061	116457	220158
145	23	5	2422	1496	-427	-168	414	14227	1744
206	130	4	232	250	-1516	-1680	35	235	559
		18	12		-3257	-3235	27	2547	344
1148	2183	196	2214	2352	24621	18643	10533	26360	15386
32	27	7	-1338	234	557	332	13	5141	13023
	17		2		-1557	-1512		270	528
97697	198995	7054	198232	238456	3947777	4392710	1028149	2300879	1621728
2628	7313	284	18261	30676	434966	356828	109494	353885	133387
1893	2145	318	20632	30213	116968	117683	31856	30655	11959
1590	1716	288	-2516	397	-42162	-24351	3677	78416	87680
2975	2302	380	10282	8828	184737	186118	47589	78008	68326
194	90	27	2070	971	3231	2978	819	3670	54
1267	1845	182	3366	5486	61064	62063	8576	44776	14856
60	16	9	430	523	10215	10214	2068	621	4500
17268	1682	137	-414	4857	-59716	-51665	7875	33747	21741
315	80	43	25	-2	9476	9383	1512	3028	1655
9443	13034	1654	77658	66319	709799	829794	206603	335543	381627
161	27		824	871	3234	3358	1466	688	-481
3	79	35	-2203		31601	33879	5272	2509	6044
260	161	11	1961	776	18271	18332	3207	9639	-1326
56	311	9	987	384	-12540	-12383	738	15640	11895
			19		-759	-766	23	855	445
100	1243	65	3194	3648	37833	40219	6219	8965	5402
209	134	7	-6344	20379	5928	6280	189	1391	1154
2	1	5			201	201	54	300	123
55	78	8		45	5535	5529	829	1863	942
109	260	70	321	322	7452	7610		3858	2781
85	17	5	202	1	-2068	-2053	55	1628	246

3-4-4 各地区限额以上批发业企业损益及分配(按国民经济行业分)

农、林、牧产品批发

Wholesale of Agricultural, Forestry and Livestock Products

地区	Region	主营业务收入 Revenue from Principal Business	主营业务成本 Cost of Principal Business	主营业务税金及附加 Taxes and Other Charges on Principal Business	主营业务利润 Profits from Principal Business	其他业务利润 Profits from Other Business	销售费用 Selling Expenses	管理费用 Administr-ative Expenses
全国	**National Total**	**56587939**	**53188598**	**117007**	**3282334**	**178358**	**1197962**	**964840**
北京	Beijing	9397778	9057512	7486	332780	24002	156479	174185
天津	Tianjin	733643	709366	313	23964	4444	23683	9355
河北	Hebei	2616330	2528077	667	87586	2506	39922	26431
山西	Shanxi	280330	252021	155	28154	659	7577	9560
内蒙古	Inner Mongolia	1664949	1687058	3170	-25279	3797	30691	22568
辽宁	Liaoning	3518386	3369853	4713	143820	57850	71309	38604
吉林	Jilin	2646474	2424474	1946	220054	11063	165561	48916
黑龙江	Heilongjiang	1912704	1802422	6283	103999	2731	44470	29999
上海	Shanghai	1751007	1701339	1142	48526	4851	28864	26635
江苏	Jiangsu	4119047	3912776	9910	196361	4148	61809	62035
浙江	Zhejiang	1592698	1525730	1124	65844	5515	24228	28328
安徽	Anhui	1359875	1247339	6545	105991	39	39174	28638
福建	Fujian	977703	919893	1194	56616	1678	24853	22514
江西	Jiangxi	223877	212156	50	11671	3036	7013	9062
山东	Shandong	4950159	4378416	22514	549229	15190	104935	83031
河南	Henan	2765316	2465230	25652	274434	4830	60124	66284
湖北	Hubei	1819841	1665616	8458	145767	3646	34416	37101
湖南	Hunan	869973	756736	7642	105595	1814	39697	30143
广东	Guangdong	2945359	2780076	1998	163285	11181	69547	49840
广西	Guangxi	220811	212709	107	7995	1532	6436	9783
海南	Hainan	112963	112591	57	315		523	706
重庆	Chongqing	441785	402266	1511	38008	675	10484	9453
四川	Sichuan	770857	703990	1271	65596	632	15337	17900
贵州	Guizhou	9779	9034	18	727		14	577
云南	Yunnan	1464563	1433257	635	30671	1594	17998	8294
西藏	Tibet	9906	11234	5	-1333		1844	1224
陕西	Shaanxi	185867	172207	642	13018	604	4437	4851
甘肃	Gansu	221313	213556	50	7707	976	4167	3460
青海	Qinghai							
宁夏	Ningxia	20017	19316	2	699	104	662	573
新疆	Xinjiang	6984629	6502349	1750	480530	9263	101708	104793

Income and Distribution of Enterprises above Designated Size of Wholesale Trade by Region and Sector

单位：万元
Unit: 10000 yuan

#税金 Taxes	#差旅费 Travel Allowance	#工会经费 Trade Unions Funds	财务费用 Financial Expenses	#利息支出 Interest Expenses	营业利润 Operating Profits	利润总额 Total Profits	应交所得税 Income Tax Payable	应付职工薪酬 Payables to Employees	应交增值税 VAT Payable
41107	**32670**	**7196**	**869722**	**779790**	**699964**	**1213866**	**135586**	**603276**	**1072458**
5677	6046	710	209489	250369	165603	231093	35164	81891	6532
247	170	21	13443	12929	-23324	609	320	56699	2580
1273	949	104	28396	18456	-647	20754	2109	10029	-455
114	82	19	3780	2714	4594	5983	400	4038	1225
1146	465	156	16423	11573	247	13680	2178	11832	4479
2361	2031	174	51312	48315	9083	9781	3223	15300	8626
2782	963	460	41087	35870	-33013	6866	1378	26996	-12883
1087	756	154	33461	37756	-3434	14756	5822	20853	12719
201	1311	144	26915	7598	2782	28338	4677	13891	3373
2442	1910	291	44305	37527	30427	60082	10601	33230	12289
1089	752	181	20227	21173	-3454	21208	2133	36433	782
728	1126	217	12246	10620	29232	36156	3194	21312	2033
1573	1583	483	17920	9283	-6939	31024	5384	12634	3433
49	220	32	4883	4566	-8765	1197	98	7097	61
7390	4236	746	53429	33738	338101	316713	29449	45749	908204
2432	1102	214	73243	48334	62709	136930	5240	39088	18632
2096	1149	165	33643	29885	23976	38286	2349	19497	4059
1103	699	176	15275	6594	17646	15116	897	11176	4414
1228	1622	1797	24090	19840	40879	64754	8450	35580	29827
67	186	33	3702	3034	-9304	10354	430	4347	9358
20	5	1	258	244	-1147	303	63	1040	-758
524	445	63	2510	1751	15714	16725	988	6906	2829
561	950	152	14774	10150	1923	19330	1596	11515	2743
2	3	1	80	71	56	56	14	243	44
86	161	19	11076	3439	-5848	-3642	195	2736	1068
			441	710	-6932	1083	73	753	
170	245	44	2651	1642	1473	2999	593	3031	211
70	131	13	2315	1728	-1826	503	80	1983	708
20	18	7	78	117	-511	-19	3	459	
4569	3357	623	108273	109762	60662	112848	8489	66940	46327

食品、饮料及烟草制品批发
Wholesale of Food, Beverages and Tobaccos

地 区	Region	主营业务收入 Revenue from Principal Business	主营业务成本 Cost of Principal Business	主营业务税金及附加 Taxes and Other Charges on Principal Business	主营业务利润 Profits from Principal Business	其他业务利润 Profits from Other Business	销售费用 Selling Expenses	管理费用 Administrative Expenses
全 国	**National Total**	**245969686**	**197981535**	**6657169**	**41330982**	**611102**	**11187995**	**8662483**
北 京	Beijing	16222934	14257071	134949	1830914	112498	1281273	328668
天 津	Tianjin	5796188	5018192	80988	697008	4934	129921	106540
河 北	Hebei	5100652	3916006	241004	943642	6965	200069	240279
山 西	Shanxi	3897845	3034350	177334	686161	10339	93270	199593
内蒙古	Inner Mongolia	3306896	2544363	151668	610865	1940	97338	159193
辽 宁	Liaoning	5557778	4522760	212569	822449	10990	140079	194886
吉 林	Jilin	1988124	1510580	100327	377217	229	50496	111708
黑龙江	Heilongjiang	5279535	4443364	179519	656652	4095	142925	159744
上 海	Shanghai	15654253	12921246	127367	2605640	73502	1664101	510470
江 苏	Jiangsu	14156850	11000950	408972	2746928	30106	563149	384005
浙 江	Zhejiang	19257828	15958122	483917	2815789	79662	866658	494353
安 徽	Anhui	7528473	5985049	224995	1318429	6321	335378	269263
福 建	Fujian	12816306	11233993	240292	1342021	19629	384483	339250
江 西	Jiangxi	3778559	2809436	175796	793327	3607	143188	160171
山 东	Shandong	19684268	15684177	477621	3522470	40993	731848	694401
河 南	Henan	8938772	6853031	399157	1686584	8056	321476	519638
湖 北	Hubei	9649795	7594898	246904	1807993	17899	472950	428343
湖 南	Hunan	7964548	6237922	322752	1403874	4883	306012	438504
广 东	Guangdong	23703319	19825964	537845	3339510	67374	929820	714574
广 西	Guangxi	3791757	2960087	148978	682692	9999	128373	176380
海 南	Hainan	1969468	1722501	53937	193030	1045	26826	53612
重 庆	Chongqing	8441891	6926387	253890	1261614	26605	312241	343873
四 川	Sichuan	10676357	8265712	364924	2045721	18645	489534	441023
贵 州	Guizhou	7233851	4031934	245150	2956767	5181	437544	361947
云 南	Yunnan	12685478	9999383	242726	2443369	25634	556881	380259
西 藏	Tibet	316872	240190	12812	63870	9	6039	20890
陕 西	Shaanxi	4024170	3096525	179678	747967	5263	220425	182651
甘 肃	Gansu	2054633	1550722	98137	405774	6259	72550	103033
青 海	Qinghai	816845	704708	25539	86598	301	7887	24890
宁 夏	Ningxia	556408	414639	28075	113694	4151	15377	27991
新 疆	Xinjiang	3119034	2717271	79348	322415	3989	59887	92353

3-4-4 Continued 1

单位：万元
Unit: 10000 yuan

#税金 Taxes	#差旅费 Travel Allowance	#工会经费 Trade Unions Funds	财务费用 Financial Expenses	#利息支出 Interest Expenses	营业利润 Operating Profits	利润总额 Total Profits	应交所得税 Income Tax Payable	应付职工薪酬 Payables to Employees	应交增值税 VAT Payable
260286	**180295**	**91114**	**225354**	**787180**	**21917316**	**23303927**	**5258944**	**7047998**	**7641876**
9033	11597	2821	44468	84711	404063	558818	129473	386901	283429
2330	686	958	21258	4275	443690	459867	107146	63946	81219
5972	3700	2038	-9307	5108	519594	487568	115865	198409	179880
4892	2007	1515	4945	5620	393000	397630	100421	150894	250334
11599	2196	1327	-5746	3340	330180	313934	76505	106363	108485
6114	2539	2134	-1099	5221	485036	507784	105556	164417	150892
2367	1268	1264	1835	1663	207000	205680	41214	106143	72508
3822	2114	1910	14377	30337	399432	396567	91428	115504	102502
10727	24707	2033	65493	92498	582080	744887	154841	345692	232578
9867	6902	3432	-45710	29324	1880097	1887950	421940	268179	934310
12847	8184	5089	-10938	69090	1667510	1709900	381747	534393	514370
6024	4649	2476	-32183	15251	758399	787082	177454	196442	245409
10652	7461	3528	48335	54704	683570	741205	158077	281936	260394
4022	2127	1946	-13457	1092	465599	514426	133336	159660	147158
23749	16773	7172	65143	40894	1997918	2003000	401273	494035	488279
11205	4799	7044	20321	18224	831807	841777	201555	427881	317595
35996	9045	4488	-2140	28036	806431	770568	155208	245973	295918
11223	13053	4381	2486	24948	670642	781837	197827	299044	288528
21576	18390	8963	63084	106386	1611493	1779725	372281	563008	540452
4966	2164	1931	24926	28277	375397	402420	80175	137232	103505
1918	532	472	-6084	1179	138338	139443	30964	45826	35879
7369	6759	4269	16168	40342	642250	656072	89896	263271	207749
10464	11280	4531	32465	24317	1087335	1139669	273499	365504	426101
7997	4844	4478	-30470	10686	2032363	2336633	585555	298792	552962
11810	6543	5886	-44194	34508	1559114	1753073	446998	383266	486793
165	581	211	130		20448	19251	3004	14251	10165
4718	1502	1865	7503	3749	388039	397676	87101	220045	141155
2245	1499	1169	-8171	2532	243160	247037	49262	88610	77636
603	357	281	-1549	44	53069	60037	26309	17739	18723
791	460	399	-1686	1217	73454	75224	17111	28540	23061
3224	1576	1106	5152	19609	166809	187186	45925	76103	63911

纺织、服装及家庭用品批发
Wholesale of Textiles, Wearing Apparel and Household Articles

地　区	Region	主营业务收入 Revenue from Principal Business	主营业务成本 Cost of Principal Business	主营业务税金及附加 Taxes and Other Charges on Principal Business	主营业务利润 Profits from Principal Business	其他业务利润 Profits from Other Business	销售费用 Selling Expenses	管理费用 Administrative Expenses
全　国	**National Total**	**231997293**	**206014615**	**527529**	**25455149**	**848184**	**14065195**	**5418837**
北　京	Beijing	14443659	11961702	40437	2441520	109803	1809704	562217
天　津	Tianjin	4594108	3947174	3634	643300	14654	181086	71605
河　北	Hebei	788364	725702	3271	59391	1512	25464	11514
山　西	Shanxi	429627	380262	1093	48272	835	23382	9996
内蒙古	Inner Mongolia	286235	262742	4742	18751	212	8304	3466
辽　宁	Liaoning	2268991	2096057	4576	168358	5013	95353	64923
吉　林	Jilin	219707	202348	666	16693	9360	7970	4867
黑龙江	Heilongjiang	1252233	1118633	3892	129708	3251	40417	15375
上　海	Shanghai	33386760	27040166	53551	6293043	190507	3921115	1308327
江　苏	Jiangsu	37292178	33673383	67411	3551384	54275	1628597	1133355
浙　江	Zhejiang	39543149	36839684	54229	2649236	94714	1351263	651803
安　徽	Anhui	7161137	6036954	17266	1106917	28818	879798	131114
福　建	Fujian	16943113	15586498	47625	1308990	119264	551528	281682
江　西	Jiangxi	823635	763587	1277	58771	1076	17343	7840
山　东	Shandong	13083379	12038599	51461	993319	36992	402795	158418
河　南	Henan	2835814	2640866	8618	186330	18418	78855	23546
湖　北	Hubei	1954580	1770781	8081	175718	8321	84560	41068
湖　南	Hunan	1117493	999645	4079	113769	949	60438	21185
广　东	Guangdong	35390238	31208918	84002	4097318	127277	2043655	723397
广　西	Guangxi	1489038	1413732	1614	73692	2597	38231	17303
海　南	Hainan	370116	352464	331	17321	202	14868	2348
重　庆	Chongqing	10777227	10071841	24697	680689	2147	535541	77522
四　川	Sichuan	1924769	1748885	11947	163937	9099	94527	45505
贵　州	Guizhou	225043	204980	513	19550	1666	13796	4048
云　南	Yunnan	928844	762145	2449	164250	2844	73325	5708
西　藏	Tibet							
陕　西	Shaanxi	1875007	1621983	25184	227840	3378	53276	29131
甘　肃	Gansu	156859	142906	384	13569	97	8364	3681
青　海	Qinghai	52463	51759	10	694		1458	167
宁　夏	Ningxia	29322	23241	55	6026		2453	950
新　疆	Xinjiang	354206	326980	436	26790	905	17730	6774

3-4-4 Continued 2

单位：万元
Unit: 10000 yuan

#税金 Taxes	#差旅费 Travel Allowance	#工会经费 Trade Unions Funds	财务费用 Financial Expenses	#利息支出 Interest Expenses	营业利润 Operating Profits	利润总额 Total Profits	应交所得税 Income Tax Payable	应付职工薪酬 Payables to Employees	应交增值税 VAT Payable
166697	**242912**	**32263**	**791643**	**922804**	**6512475**	**6797093**	**1552661**	**4460831**	**3315577**
10724	33607	5479	2916	31939	324609	450110	85150	610098	278970
8144	1160	929	8574	8926	402468	429206	107531	62297	106683
1267	449	45	3794	4728	19521	2318	1687	21258	13918
385	1173	77	1357	1510	9343	10205	831	9470	3460
136	231	29	337	133	7137	7559	186	6478	1272
2399	3683	330	8558	15572	77147	79877	7299	51667	21211
433	87	98	374	296	5194	5034	276	4245	2306
447	946	46	3764	3808	87378	56675	9079	7488	32493
19378	53534	4102	55913	58947	1278660	1494669	346169	890102	560179
32324	24920	1382	151827	190141	846771	887921	236694	586273	339005
25513	39279	4331	320705	344386	510997	581816	145861	681070	392322
4764	3997	467	4981	11258	86840	86633	23344	117541	152368
14134	12187	1363	57905	80138	537494	547063	111247	213791	131343
668	572	20	1075	2303	33454	36577	697	8928	7573
8937	13039	425	35833	41216	555427	267350	35055	158342	157680
1775	1955	77	4448	5827	39185	41414	5244	25331	24685
914	1645	233	10008	5486	-36472	87430	4695	92482	31930
750	1100	209	4058	1004	22370	25345	3807	33110	20516
20278	34218	10130	112214	93143	1392121	1397438	370395	729927	606792
741	423	13	2326	2208	25060	26797	5958	15947	11447
87	127	20	1343	1335	-592	-536	288	5106	4106
9417	11006	2019	-13338	8784	61514	73325	19082	37447	101783
1149	1671	161	5803	3823	24346	23259	6944	36168	232128
225	385	69	1311	1584	401	1037	412	4904	2715
443	253	33	1054	748	48363	49326	7016	9069	20716
641	556	32	2173	1130	147113	124833	15732	28591	52765
256	256	28	443	575	3978	1102	350	3758	1498
7	7		22	12	-953	-952	21	644	98
145	36	5	503	504	2120	2461	614	454	276
218	409	111	1365	1343	1482	1802	1001	8846	3340

文化、体育用品及器材批发
Wholesale of Culture, Sports Appliances and Equipments

单位：万元
Unit: 10000 yuan

地区	Region	商品购进额 Total Purchases Value	#进口 Imports	商品销售额 Total Sales Value	#出口 Exports	期末商品库存额 Inventery (year-end)
全国	**National Total**	**46709453**	**3114572**	**51622354**	**4277479**	**6263020**
北京	Beijing	13292093	252449	14046562	392134	1713387
天津	Tianjin	525005	19540	564651	52283	113476
河北	Hebei	405818		366312		62844
山西	Shanxi	469189		474496	23474	55148
内蒙古	Inner Mongolia	178982	34193	171974	102908	10392
辽宁	Liaoning	308768		353029	47884	41735
吉林	Jilin	64548		63853		17307
黑龙江	Heilongjiang	88650		97925		6353
上海	Shanghai	7697986	1026961	8502968	220579	680485
江苏	Jiangsu	2843377	44007	3014440	273134	597279
浙江	Zhejiang	3747503	272505	3909665	664148	481353
安徽	Anhui	1106159	336206	1104982	393696	61609
福建	Fujian	619233	22092	663367	261128	29983
江西	Jiangxi	271622		277013	41600	8664
山东	Shandong	3691480	5303	4131855	107419	228594
河南	Henan	833000	33	826476	56818	133235
湖北	Hubei	868520	8210	896889	435	224037
湖南	Hunan	467104		485080	27260	66468
广东	Guangdong	6157121	434497	8632842	998443	1254746
广西	Guangxi	168189	20368	174874	16857	20832
海南	Hainan	136899		138926	4799	16022
重庆	Chongqing	502859		514381		153107
四川	Sichuan	877535	237821	815829	241733	113177
贵州	Guizhou	164609		156195		39062
云南	Yunnan	634405	400387	649123	330865	51019
西藏	Tibet	13919		11924		6246
陕西	Shaanxi	161104		177416	6420	14298
甘肃	Gansu	171022		146119	13464	38711
青海	Qinghai	15859		17046		5639
宁夏	Ningxia	22357		22697		763
新疆	Xinjiang	204540		213446		17048

3-4-4 Continued 3

单位：万元
Unit: 10000 yuan

#税金 Taxes	#差旅费 Travel Allowance	#工会经费 Trade Unions Funds	财务费用 Financial Expenses	#利息支出 Interest Expenses	营业利润 Operating Profits	利润总额 Total Profits	应交所得税 Income Tax Payable	应付职工薪酬 Payables to Employees	应交增值税 VAT Payable
28904	**38455**	**6019**	**163847**	**245032**	**1978238**	**2025545**	**342367**	**1133191**	**381279**
6281	8405	1499	94352	86186	84155	108469	58647	221065	72787
1004	449	55	3333	2931	-1220	5785	4210	13498	4850
227	260	57	-2789	-5606	4151	4241	67	3141	1538
557	355	154	912	306	8088	8159	1301	4930	4591
295	116	4	256	279	340	1030	7	7105	297
443	506	107	1456	1036	5937	6731	1553	11080	3262
331	146	157	168	39	144	2938	441	4518	888
202	119	17	165	119	281	356	41	1543	587
2064	7112	391	37211	38606	156497	186454	38905	92139	59088
1394	2472	185	-241	12405	120964	109027	9094	57227	22912
2108	3564	279	19644	23648	52218	54468	7448	226943	30427
794	2752	232	-4275	9435	22543	21955	210	12367	3401
617	529	38	4222	3935	14060	14834	1198	12624	4019
82	293	39	978	726	9200	9242	973	2897	5524
3077	2291	464	10593	17192	55846	47458	3964	41548	18662
1004	346	113	2553	2253	14208	11337	1021	9772	5934
652	985	224	858	1207	24039	25391	2645	30942	5127
323	201	190	-4006	431	20576	13076	426	14773	7333
5125	5824	1358	-14057	25512	1312932	1320334	200263	263933	109642
310	271	13	819	1057	3800	5711	-44	4508	5514
46	93	11	-5	7	2021	2081	467	859	771
406	271	66	2964	2384	38567	41034	5407	68257	3379
105	281	42	9655	7891	6444	3659	1058	3933	828
274	56	27	136	174	1145	1293	351	3184	1702
324	130	34	-105	11671	12675	13153	657	3935	2189
3	8	4	-4		55	20		187	-317
307	282	61	-634	227	2502	1872	569	4256	1427
86	44	35	-504	449	1048	-512		2774	1181
50	91	58	-41		167	438	56	710	534
36	23	10	-4		206	403		1046	151
380	180	98	238	533	4648	5111	1435	7499	3050

医药及医疗器材批发
Wholesale of Medicines and Medical Appliances

地 区	Region	主营业务收入 Revenue from Principal Business	主营业务成本 Cost of Principal Business	主营业务税金及附加 Taxes and Other Charges on Principal Business	主营业务利润 Profits from Principal Business	其他业务利润 Profits from Other Business	销售费用 Selling Expenses	管理费用 Administrative Expenses
全 国	**National Total**	**107726359**	**96778108**	**232679**	**10715572**	**549756**	**5478206**	**2701040**
北 京	Beijing	10078101	8831702	23132	1223267	103554	723079	281675
天 津	Tianjin	2799849	2603973	4775	191101	4368	65788	53449
河 北	Hebei	3971939	3823104	3449	145386	2360	46758	39701
山 西	Shanxi	1064610	1015978	1701	46931	1561	45593	20807
内蒙古	Inner Mongolia	367273	325613	1000	40660	828	17807	7997
辽 宁	Liaoning	3460100	3139786	26026	294288	7039	127492	78353
吉 林	Jilin	1333076	1135902	3927	193247	1732	65618	43855
黑龙江	Heilongjiang	1290898	1165087	2917	122894	2234	65065	22843
上 海	Shanghai	11618910	9205858	18086	2394966	149889	1195940	792421
江 苏	Jiangsu	6855407	5853499	23162	978746	72468	745572	147096
浙 江	Zhejiang	8622040	7911291	14426	696323	18536	334220	164999
安 徽	Anhui	5660753	5454564	6064	200125	8588	81750	65824
福 建	Fujian	2224953	2083163	3127	138663	8754	45576	38997
江 西	Jiangxi	1693969	1532390	6432	155147	2892	105157	29130
山 东	Shandong	5986702	5562743	10602	413357	9629	191855	97163
河 南	Henan	4402659	4211245	4536	186878	5267	59373	48828
湖 北	Hubei	3032518	2788467	7395	236656	7438	112299	57200
湖 南	Hunan	2468770	2281942	4843	181985	6336	79855	43674
广 东	Guangdong	13924478	12458169	32749	1433560	61175	747898	331289
广 西	Guangxi	852959	786398	1883	64678	2853	29591	25921
海 南	Hainan	1157476	965754	4313	187409	30942	98604	43929
重 庆	Chongqing	3750435	3504671	5121	240643	10865	104457	76532
四 川	Sichuan	5426988	5104488	12528	309972	16501	158134	83464
贵 州	Guizhou	629861	577263	1710	50888	5547	23330	16888
云 南	Yunnan	2266837	2092356	2749	171732	2337	95676	37739
西 藏	Tibet	74469	28950	776	44743		37054	2048
陕 西	Shaanxi	1128345	1048361	2031	77953	3447	30818	17354
甘 肃	Gansu	714209	646301	1832	66076	1064	19466	14055
青 海	Qinghai	232621	51957	288	180376	7	5797	3259
宁 夏	Ningxia	44829	42233	56	2540	70	1291	807
新 疆	Xinjiang	590326	544901	1046	44379	1477	17295	13744

3-4-4 Continued 4

单位：万元
Unit: 10000 yuan

#税金 Taxes	#差旅费 Travel Allowance	#工会经费 Trade Unions Funds	财务费用 Financial Expenses	#利息支出 Interest Expenses	营业利润 Operating Profits	利润总额 Total Profits	应交所得税 Income Tax Payable	应付职工薪酬 Payables to Employees	应交增值税 VAT Payable
78705	**179583**	**50934**	**548531**	**514240**	**2512762**	**2609524**	**611599**	**2299283**	**1892699**
6252	22872	2486	29123	44155	330986	353029	81841	395259	164746
1103	1099	198	19722	18534	62673	78351	23712	39004	35232
1326	1481	178	20408	19752	18713	19280	6634	34408	18159
1238	854	83	4702	4416	13882	13117	3610	19169	11640
264	260	31	1231	317	13169	12479	487	6697	12174
3221	4135	515	22500	17963	66178	65339	17598	38238	148182
797	1642	344	8591	3110	80751	86366	17579	19675	29212
1077	1425	77	1823	1736	41642	13883	3107	15395	17381
5879	54809	955	14466	21497	521735	571673	154578	455712	226542
4076	5342	486	50647	42162	108941	119368	50746	251399	133654
4853	10321	952	51427	63433	194701	217627	46309	132482	156167
3458	2843	182	13047	11411	33211	32728	8664	49768	40840
2106	2562	727	21262	19791	41571	42162	9048	37348	17511
859	2322	134	9194	9203	13886	13061	2126	40927	24202
3914	5527	321	34295	24964	92500	69384	15134	74000	74075
1636	3378	254	28217	20709	57278	56665	11803	36688	50449
2174	3930	651	31311	34343	70423	67152	10537	51400	29850
2534	2186	245	11644	6647	39896	30399	5094	37902	21506
14872	25762	40000	80371	85971	405428	419328	85008	264917	385206
2767	2098	43	6205	4493	5302	5025	1505	17824	17909
1145	3813	249	5511	4252	73032	80420	11397	39207	35474
2121	8228	529	21335	16173	68197	80893	10942	53137	38933
4911	6201	588	28126	12207	70787	64588	14448	93706	93254
701	562	118	5343	4970	10270	10730	3007	11112	9012
2267	2359	239	12932	7978	33312	35034	6400	41064	58585
29	144		47	2	1115	8033	4052	1088	6481
1340	1532	149	6829	7113	8705	9146	3432	14645	11016
418	1055	54	4908	3761	12041	10113	1108	11965	7248
148	33	1	1257	1102	7473	7649	24	2587	2363
59	6	8	351	339	170	148	31	824	513
1160	804	139	1707	1737	14796	16357	1640	11740	15185

矿产品、建材及化工产品批发
Wholesale of Mineral Products, Building Materials and Chemical Products

地　　区	Region	主营业务收　入 Revenue from Principal Business	主营业务成　本 Cost of Principal Business	主营业务税金及　附　加 Taxes and Other Charges on Principal Business	主营业务利　润 Profits from Principal Business	其他业务利　润 Profits from Other Business	销售费用 Selling Expenses	管理费用 Administrative Expenses
全　　国	**National Total**	**1757008565**	**1701920107**	**1929384**	**53159074**	**1802715**	**21075034**	**11353271**
北　　京	Beijing	220908240	216468454	180843	4258943	248917	1842661	1280992
天　　津	Tianjin	138248365	135334187	63419	2850759	79983	834446	418269
河　　北	Hebei	47107355	44858488	57931	2190936	19464	660375	248346
山　　西	Shanxi	63422868	64319735	80298	-977165	183607	1099746	632183
内 蒙 古	Inner Mongolia	16549281	15084940	68104	1396237	87271	631116	160113
辽　　宁	Liaoning	83901292	81187938	140631	2572723	54555	623125	597811
吉　　林	Jilin	10610991	10291049	24602	295340	6033	130687	28963
黑 龙 江	Heilongjiang	23844388	23108949	19270	716169	14808	343602	92937
上　　海	Shanghai	183037580	176273355	75510	6688715	213587	1864547	1272652
江　　苏	Jiangsu	146531806	141920987	133754	4477065	114694	1605520	877340
浙　　江	Zhejiang	143252093	140000099	79233	3172761	142819	1501163	844035
安　　徽	Anhui	16563508	15940067	17448	605993	37684	289297	126710
福　　建	Fujian	49868806	48176991	65397	1626418	41352	711815	328672
江　　西	Jiangxi	9488698	8973678	17646	497374	3297	158190	63883
山　　东	Shandong	96945454	91332734	252413	5360307	80128	1448639	904315
河　　南	Henan	27191363	26294144	71595	825624	36183	457822	284867
湖　　北	Hubei	44715697	43232588	44895	1438214	15965	551658	266227
湖　　南	Hunan	12934505	12327575	50327	556603	1463	195740	170470
广　　东	Guangdong	207874215	200801223	163828	6909164	200010	2955930	1461319
广　　西	Guangxi	20543332	19683307	24997	835028	17835	338737	146626
海　　南	Hainan	7187795	7144113	1430	42252	613	32552	17594
重　　庆	Chongqing	23800928	22451002	65223	1284703	15137	510849	176554
四　　川	Sichuan	27753349	27013042	37298	703009	29688	390445	209582
贵　　州	Guizhou	8331965	7642608	52019	637338	12864	199988	76260
云　　南	Yunnan	25635357	24876230	25159	733968	38076	445236	208346
西　　藏	Tibet							
陕　　西	Shaanxi	34148052	32469211	72377	1606464	47152	475450	205131
甘　　肃	Gansu	18866377	18368551	13888	483938	13479	130187	78212
青　　海	Qinghai	7414485	7044274	4845	365366	4197	100586	43848
宁　　夏	Ningxia	5691965	5528100	5272	158593	8107	85141	22548
新　　疆	Xinjiang	34638458	33772490	19734	846234	33746	459785	108466

3-4-4 Continued 5

单位：万元
Unit: 10000 yuan

			财务费用 Financial Expenses		营业利润 Operating Profits	利润总额 Total Profits	应交所得税 Income Tax Payable	应付职工薪酬 Payables to Employees	应交增值税 VAT Payable
#税金 Taxes	#差旅费 Travel Allowance	#工会经费 Trade Unions Funds		#利息支出 Interest Expenses					
769626	**474688**	**67353**	**8741259**	**8425349**	**15962674**	**16285255**	**3643782**	**8748946**	**12379185**
69895	60900	7235	930660	1566456	2269832	2388772	462167	913138	1007514
31903	10141	961	693489	513139	669055	991389	181442	319449	528578
18415	6956	911	282560	189933	305430	175169	47880	350895	321236
26514	17036	6317	329956	300992	314459	264801	113935	443998	998511
14740	3820	512	122611	80730	456742	393490	85515	193287	257861
51119	25492	3418	274041	212764	616452	619903	98196	357899	495938
2957	1172	164	31612	25993	97606	104545	8171	52350	106981
9501	3170	315	73381	97809	150470	141148	35147	123025	346409
61924	54767	2617	517593	497367	1319393	1518368	479971	776626	791851
39299	35402	2707	851647	646691	1365682	1081554	306492	431145	606412
53924	33949	3038	1064504	1241820	210645	379545	219710	556262	160978
9014	4589	1066	133485	127762	144456	139906	19747	281457	221419
21004	15181	1691	355710	319157	377736	486641	113821	287172	219799
5636	3873	338	28733	28165	134812	129344	26795	58859	184785
125475	62713	9751	558827	386114	2059173	1927425	329658	764870	735246
18955	9111	1425	99512	68427	402632	371726	75114	199713	203130
12724	8822	1752	171612	153245	453744	442924	116628	176395	216025
9429	11246	2764	88341	58526	169437	140268	13123	71742	193949
93673	53050	12050	1038147	940557	1677352	2026401	550621	1152569	1515042
11319	6515	501	138099	99114	107077	177242	39794	117486	953184
984	1482	114	9636	7718	30461	33946	7802	8238	22037
9944	9704	1397	122002	104414	449488	298174	25700	175056	190406
16979	10630	1532	246424	192145	123772	194182	46398	153521	233409
3433	3011	530	64460	57792	209354	215286	9733	50997	66333
12719	6470	1262	247403	239154	48582	58436	33865	219665	275890
20501	5637	1345	82523	79859	1208124	928229	150949	181400	499554
3776	3222	404	79615	74838	31543	45110	5728	46122	365860
2316	1481	66	17988	23866	92838	71811	5500	40206	24880
3052	939	161	27075	18396	24554	25677	3798	28174	274996
8507	4210	1010	59616	72407	441775	513847	30383	217231	360974

3-4-4 续表 6

机械设备、五金产品及电子产品批发
Wholesale of Machinery, Hardware and Electronics

地 区	Region	主营业务收入 Revenue from Principal Business	主营业务成本 Cost of Principal Business	主营业务税金及附加 Taxes and Other Charges on Principal Business	主营业务利润 Profits from Principal Business	其他业务利润 Profits from Other Business	销售费用 Selling Expenses	管理费用 Administrative Expenses
全 国	**National Total**	**372112192**	**340994393**	**1394640**	**29723159**	**1652299**	**14562416**	**7434273**
北 京	Beijing	90271062	80895296	178921	9196845	793032	4198470	2678682
天 津	Tianjin	21282595	19286002	790733	1205860	52330	692027	245535
河 北	Hebei	6859415	6495785	12271	351359	17366	178755	74094
山 西	Shanxi	3412385	3329036	2386	80963	3859	39713	34746
内蒙古	Inner Mongolia	663762	595822	1967	65973	8105	45179	25708
辽 宁	Liaoning	6419463	6021731	22859	374873	53828	169312	153050
吉 林	Jilin	1836263	1661501	3447	171315	2315	134181	18833
黑龙江	Heilongjiang	1427562	1186614	4633	236315	2659	40584	42849
上 海	Shanghai	106551385	96924650	108841	9517894	310083	5280469	1668317
江 苏	Jiangsu	20898933	19686452	27703	1184778	41859	401275	348874
浙 江	Zhejiang	20148804	19026473	19703	1102628	41795	577307	321752
安 徽	Anhui	3491689	3315619	6527	169543	4576	119864	47392
福 建	Fujian	5920413	5583765	8766	327882	15515	104879	200202
江 西	Jiangxi	826272	736638	3721	85913	2126	27832	17454
山 东	Shandong	14694778	13504526	49111	1141141	30208	361179	240427
河 南	Henan	3532200	3264813	10090	257297	31139	162619	48991
湖 北	Hubei	3967924	3602236	15050	350638	10010	133075	78211
湖 南	Hunan	1332878	1214595	5254	113029	1255	51677	37634
广 东	Guangdong	37481597	34985194	86263	2410140	133899	1035424	783980
广 西	Guangxi	1327279	1251725	3143	72411	6652	60097	30915
海 南	Hainan	1008209	935528	619	72062	2363	54747	13701
重 庆	Chongqing	6317180	5926643	13925	376612	11301	234236	63529
四 川	Sichuan	3960295	3637216	8520	314559	17624	189245	89087
贵 州	Guizhou	901918	842375	1038	58505	3213	38559	14684
云 南	Yunnan	1552658	1463329	2459	86870	10629	47827	52663
西 藏	Tibet	35904	30643	21	5240	56	2413	1068
陕 西	Shaanxi	1928185	1799973	2597	125615	1602	67362	28199
甘 肃	Gansu	525653	493065	554	32034	1675	20281	9852
青 海	Qinghai	602196	583913	282	18001	1051	3951	3149
宁 夏	Ningxia	226541	206602	529	19410	3151	11966	8732
新 疆	Xinjiang	2706799	2506634	2709	197456	37024	77914	51965

3-4-4 Continued 6

单位：万元
Unit: 10000 yuan

#税金 Taxes	#差旅费 Travel Allowance	#工会经费 Trade Unions Funds	财务费用 Financial Expenses	#利息支出 Interest Expenses	营业利润 Operating Profits	利润总额 Total Profits	应交所得税 Income Tax Payable	应付职工薪酬 Payables to Employees	应交增值税 VAT Payable
228134	**406332**	**32194**	**1131645**	**1497704**	**8961783**	**9799375**	**2170351**	**6053741**	**3701877**
55634	126703	12660	140825	443686	3441733	4026017	832333	1942052	804069
9098	10771	405	110538	143848	203854	279876	57485	123558	300159
15230	18584	460	125597	127317	-11004	13365	46174	273827	122075
712	2034	116	6837	4764	2959	5165	2796	18676	9627
1343	596	50	2871	2063	-6375	-2914	1774	17356	4553
6671	9239	826	48870	26460	73022	85516	18353	161755	55274
543	462	116	88	1038	6509	4877	1382	12110	16257
3735	1846	188	-976	2701	149273	25062	4036	13543	10479
53167	87445	3901	125426	167118	3006071	3242285	728001	1683503	1146960
9332	28079	894	103896	92958	396308	397467	91844	253385	115705
13080	16741	1281	90274	127130	169632	190265	49329	237262	146323
2077	2558	1188	16882	13461	2472	4459	6710	38160	36611
3422	8908	386	28200	20605	-21879	-8227	30874	89776	33103
748	1136	63	4846	2901	17997	17293	1527	11520	4333
13265	16881	1168	84506	42569	414105	421461	67427	173506	119945
2411	3442	297	13413	8070	36698	42227	11329	45483	31497
2505	3617	490	22244	14499	89697	64165	16375	50714	71947
1345	1633	241	6387	5217	20221	17976	4377	26973	17639
20951	41860	5425	126349	155275	690402	673912	135005	582117	424993
2052	1818	58	7651	6313	4398	8436	2720	32319	24838
509	1422	92	1251	1772	4097	4188	1048	8269	6660
1942	5613	290	6240	29029	106267	95236	12916	61446	33068
2306	4459	470	26565	20111	93497	86667	19012	80365	108464
903	1208	174	2284	2379	3648	4960	2368	11837	3972
986	2750	292	9689	13509	3102	44222	12338	29687	15944
43	70	18	272	199	789	1637	182	913	74
1537	2183	171	1897	4621	25820	9497	2330	27890	9614
198	687	22	2117	1806	1298	1745	690	7326	5127
178	34		3702	2430	8172	8685	231	1413	2437
487	490	84	1418	1724	-367	-1714	101	5143	2553
1723	3066	368	11486	12132	29372	35567	9288	31858	17579

贸易经纪与代理
Trade Broker and Agency

地 区	Region	主营业务收入 Revenue from Principal Business	主营业务成本 Cost of Principal Business	主营业务税金及附加 Taxes and Other Charges on Principal Business	主营业务利润 Profits from Principal Business	其他业务利润 Profits from Other Business	销售费用 Selling Expenses	管理费用 Administr-ative Expenses
全 国	**National Total**	**37411683**	**35517818**	**57717**	**1836148**	**167068**	**1004062**	**561451**
北 京	Beijing	3831342	3288228	27590	515524	85364	135527	149870
天 津	Tianjin	2409248	2158351	2811	248086	9837	264849	36633
河 北	Hebei	58436	54088	8	4340	13	3497	645
山 西	Shanxi	244602	235879	668	8055	1119	4397	2650
内蒙古	Inner Mongolia	2005	1661		344		119	2
辽 宁	Liaoning	211545	194049	231	17265	205	6287	5690
吉 林	Jilin	2536	2326	6	204		70	49
黑龙江	Heilongjiang	54302	42726	6	11570	302	2613	937
上 海	Shanghai	6556195	6275212	6886	274097	41116	284715	178252
江 苏	Jiangsu	1985090	1908421	1966	74703	3644	37740	21792
浙 江	Zhejiang	1060502	1018697	270	41535	502	22082	13685
安 徽	Anhui	75449	72433	28	2988	1	1845	856
福 建	Fujian	1672536	1579587	2024	90925	6751	39165	16666
江 西	Jiangxi	4631	4208	147	276		75	149
山 东	Shandong	1702725	1618450	7084	77191	1971	31820	11268
河 南	Henan	17474	15694	146	1634		290	337
湖 北	Hubei	7298221	7210637	1401	86183	1095	16862	32122
湖 南	Hunan	30294	28802	3	1489		935	277
广 东	Guangdong	8474396	8163834	4697	305865	13293	97354	82634
广 西	Guangxi	214170	208786	923	4461	29	3585	1213
海 南	Hainan							
重 庆	Chongqing							
四 川	Sichuan	58951	55628	59	3264	983	2431	1089
贵 州	Guizhou							
云 南	Yunnan	1316801	1258840	572	57389	130	41573	2375
西 藏	Tibet							
陕 西	Shaanxi	34454	30348	7	4099	55	3090	600
甘 肃	Gansu							
青 海	Qinghai	11146	11067		79		9	100
宁 夏	Ningxia							
新 疆	Xinjiang	84636	79867	185	4584	660	3133	1561

3-4-4 Continued 7

单位：万元
Unit: 10000 yuan

			财务费用 Financial Expenses		营业利润 Operating Profits	利润总额 Total Profits	应交所得税 Income Tax Payable	应付职工薪酬 Payables to Employees	应交增值税 VAT Payable
#税金 Taxes	#差旅费 Travel Allowance	#工会经费 Trade Unions Funds		#利息支出 Interest Expenses					
19452	**23699**	**3278**	**132285**	**308150**	**780255**	**859530**	**216651**	**413045**	**123411**
4241	7254	637	23682	156895	470812	505182	113755	112038	9387
1073	1421	205	4298	5523	-42717	-40697	602	47591	30145
7	47		180	122	34	41	9	212	17
66	7		1692	19	768	625	121	606	1
					224	4	3	23	2
61	112	11	2254	206	4216	5544	967	4014	265
					85	85		29	
68	56	2	-51		-232	137	62	598	126
1823	6703	475	-1711	16460	137408	145313	35166	142694	43144
529	1164	91	12488	14193	7267	1697	3966	13254	4271
544	1451	28	6704	7050	411	1382	1359	8325	3177
18	23	2	169	33	119	341	123	484	63
1000	883	346	7587	9567	36152	42027	9990	10352	13996
1	2	1	8	9	45	12	3	72	26
1129	516	132	19601	18430	17389	19927	5890	9504	8238
43	5		88	79	920	930	147	151	-277
4723	606	261	29695	32958	9484	16325	11385	17754	-31921
22	3	1	161		112	148	5	96	26
3774	3093	1019	12941	27172	135762	144459	32112	40573	38629
96	57		790	225	-1101	-522	64	913	363
152	52	14	186	151	730	13390	129	1028	122
6	114	15	11035	18446	1736	2438	541	1618	1815
27	54	33	25	107	439	439	3	491	13
	2		1		-31	-31		29	
50	77	6	462	508	225	334	248	598	1783

其他批发业
Other Wholesale not Classified Elsewhere

地 区	Region	主营业务收入 Revenue from Principal Business	主营业务成本 Cost of Principal Business	主营业务税金及附加 Taxes and Other Charges on Principal Business	主营业务利润 Profits from Principal Business	其他业务利润 Profits from Other Business	销售费用 Selling Expenses	管理费用 Administrative Expenses
全 国	**National Total**	**66153803**	**62037558**	**223123**	**3893123**	**157816**	**1467183**	**1069011**
北 京	Beijing	4173210	3759455	8123	405632	16437	152135	106245
天 津	Tianjin	7512030	7250411	19336	242283	4963	82220	56466
河 北	Hebei	100910	94567	103	6240	2400	3652	3877
山 西	Shanxi	174767	162062	453	12252	405	3177	6819
内蒙古	Inner Mongolia	94500	76824	427	17249	1164	4125	4395
辽 宁	Liaoning	547753	503182	4481	40090	3499	17272	9588
吉 林	Jilin	45221	43131	591	1499		321	691
黑龙江	Heilongjiang	483295	463700	707	18888	108	14638	3040
上 海	Shanghai	12717787	11482109	14143	1221535	56630	541051	367218
江 苏	Jiangsu	7062086	6792663	37131	232292	2741	65041	60124
浙 江	Zhejiang	4757505	4619792	24051	113662	5150	48037	42025
安 徽	Anhui	2113436	1982885	27093	103458	4935	31545	41131
福 建	Fujian	4709572	4576959	4561	128052	22786	62136	39303
江 西	Jiangxi	363382	346223	1937	15222	148	3935	3733
山 东	Shandong	3023248	2742715	26704	253829	6675	73750	66489
河 南	Henan	880962	766742	9099	105121	1572	31076	20414
湖 北	Hubei	420076	353952	6586	59538	3123	13901	12194
湖 南	Hunan	737659	634963	5329	97367	814	43913	28513
广 东	Guangdong	11764710	11186704	12106	565900	17136	191319	117708
广 西	Guangxi	278414	264414	678	13322	509	6926	5242
海 南	Hainan	273633	266962	296	6375		1971	2894
重 庆	Chongqing	928189	868586	8538	51065	4307	14360	13697
四 川	Sichuan	754033	709546	4362	40125	171	15622	11503
贵 州	Guizhou	71558	64979	575	6004	702	2267	3788
云 南	Yunnan	1597521	1488011	2508	107002	715	25707	25204
西 藏	Tibet							
陕 西	Shaanxi	93731	83073	1249	9409		3786	3208
甘 肃	Gansu	96451	92083	412	3956	463	1359	1327
青 海	Qinghai	7599	6250	25	1324	29	892	169
宁 夏	Ningxia	122771	118332	859	3580	-782	1598	5423
新 疆	Xinjiang	247796	236284	666	10846	1017	9453	6584

单位：万元
Unit: 10000 yuan

#税金 Taxes	#差旅费 Travel Allowance	#工会经费 Trade Unions Funds	财务费用 Financial Expenses	#利息支出 Interest Expenses	营业利润 Operating Profits	利润总额 Total Profits	应交所得税 Income Tax Payable	应付职工薪酬 Payables to Employees	应交增值税 VAT Payable
45718	**51626**	**10083**	**614269**	**503266**	**854491**	**1056506**	**273529**	**671479**	**1471231**
2372	3696	557	47751	58657	135152	179789	47708	64413	49257
3324	1746	93	47842	14938	58011	55781	14890	30666	139101
42	33	5	112	112	997	1581	489	2067	510
131	178	23	162	196	2604	3166	906	2091	4321
58	115	18	-4	50	8774	8822	2321	1904	3835
1008	304	58	15085	6956	-1127	1907	938	7726	24209
20	112	13	132	118	355	333	71	349	224
120	120	24	3777	2243	-2531	-1184	113	2703	4587
6912	19122	890	37710	57127	298934	322662	89293	196565	124448
2613	3244	273	55078	35786	44445	87060	16853	33674	281204
2570	1309	213	75705	68737	-43660	-4379	8340	42507	261537
1387	897	303	13996	11030	5499	29966	8869	56815	108777
2498	2261	211	52412	52951	39526	45499	8912	29603	41002
363	161	33	891	285	6818	8809	1735	2591	4882
8430	5206	406	21052	10543	89569	83444	14369	28905	110974
4489	976	120	11699	6630	38171	37895	2408	16053	25827
513	350	45	5254	2174	24708	11517	1742	5513	13428
1091	1880	270	5254	2247	20687	15056	2702	6697	23008
5061	6693	6057	154374	158328	79361	90979	31675	87295	185809
307	227	21	1038	836	529	2329	490	2931	3449
80	53	13	790	829	-21	68	516	1072	-3067
600	1864	89	4079	2075	27159	26361	2914	8770	25787
164	280	49	48538	1906	-37702	8455	1323	16051	14941
123	104	17	998	799	1084	1066	373	2328	2363
934	323	207	3062	5227	59110	47052	11607	10883	7467
67	164	18	461	236	1965	1481	357	3798	4649
60	36	12	578	540	-212	-152	77	1341	1283
8	18	2	-1	1	298	310	78	439	219
67	14	5	5156	270	980	-6264	162	1254	3515
305	141	41	1290	1440	-4990	-2904	1299	4475	3686

3-4-5 各地区限额以上零售业企业损益及分配

地　区	Region	主营业务收入 Revenue from Principal Business	主营业务成本 Cost of Principal Business	主营业务税金及附加 Taxes and Other Charges on Principal Business	主营业务利润 Profits from Principal Business	其他业务利润 Profits from Other Business	销售费用 Selling Expenses	管理费用 Administr-ative Expenses
全　国	**National Total**	**727183483**	**645937335**	**3758787**	**77487361**	**9337184**	**42700140**	**23051351**
北　京	Beijing	59950549	53577897	213419	6159233	1426886	4631027	2100769
天　津	Tianjin	17012942	15522859	43308	1446775	265271	984566	518793
河　北	Hebei	16412526	14810902	79718	1521906	254533	861740	572692
山　西	Shanxi	17818114	16421357	47283	1349474	149114	729622	466005
内蒙古	Inner Mongolia	13439556	12190979	56603	1191974	146259	562513	342194
辽　宁	Liaoning	28348676	25093608	210582	3044486	321405	1360588	1162418
吉　林	Jilin	11253400	9611504	59471	1582425	88794	534734	471604
黑龙江	Heilongjiang	10315275	8943643	73033	1298599	145496	475563	419498
上　海	Shanghai	43012930	36337330	168907	6506693	862155	4636270	2229573
江　苏	Jiangsu	62982041	56060206	325579	6596256	818789	3477941	2094318
浙　江	Zhejiang	49066061	45010056	149736	3906269	718422	2559059	1362969
安　徽	Anhui	20467221	18230770	81045	2155406	181812	1010778	548581
福　建	Fujian	22144605	19601044	89163	2454398	221796	1360655	605786
江　西	Jiangxi	9023442	8068974	46355	908113	72567	428061	240339
山　东	Shandong	69767592	61478510	546005	7743077	550923	2858879	1962974
河　南	Henan	26176340	23433908	205174	2537258	219688	1063974	698234
湖　北	Hubei	32361445	29794340	257196	2309909	411436	1917828	1039968
湖　南	Hunan	25714588	22608298	179073	2927217	183383	1364218	784481
广　东	Guangdong	70948493	61902238	259022	8787233	1035421	5208789	2071540
广　西	Guangxi	8141270	7522423	30529	588318	131980	508536	269692
海　南	Hainan	3855247	3443201	19297	392749	37674	214163	117199
重　庆	Chongqing	20079785	17795954	168810	2115021	296309	1045828	496337
四　川	Sichuan	33965318	29962683	162928	3839707	296145	1966859	905616
贵　州	Guizhou	7096029	6587069	23094	485866	65620	386116	171622
云　南	Yunnan	13873680	12247133	44700	1581847	89097	769928	398589
西　藏	Tibet	880503	723848	4670	151985	4139	77122	21527
陕　西	Shaanxi	17141646	14726121	162662	2252863	183038	870944	534891
甘　肃	Gansu	6280891	5560767	26934	693190	42187	267920	133218
青　海	Qinghai	1139937	1024480	3096	112361	20769	62684	36717
宁　夏	Ningxia	2320886	2100715	6642	213529	37956	136931	64423
新　疆	Xinjiang	6192494	5544519	14756	633219	58120	366307	208786

Income and Distribution of Enterprises above Designated Size of Retail Trade by Region

单位：万元

Unit: 10000 yuan

#税金 Taxes	#差旅费 Travel Allowance	#工会经费 Trade Unions Funds	财务费用 Financial Expenses	#利息支出 Interest Expenses	营业利润 Operating Profits	利润总额 Total Profits	应交所得税 Income Tax Payable	应付职工薪酬 Payables to Employees	应交增值税 VAT Payable
1005488	**601912**	**188779**	**5000109**	**3523646**	**17130514**	**16281022**	**3698672**	**23302136**	**15021641**
41326	60902	15963	290314	301272	559052	627370	342731	2210660	994604
13123	5165	1470	99539	59513	91150	92746	54145	501540	241739
21886	9432	3114	135871	76261	213750	166868	127224	515895	240754
19539	10785	2615	137636	83684	184417	97876	25294	374391	320577
65536	11201	1614	110594	73669	435314	278938	37547	689175	365382
63638	28099	9214	274869	180616	539981	552015	99712	943801	579017
18396	8371	4219	109596	66925	403194	271220	54465	238789	219704
29901	11568	3209	77045	54486	420220	554648	54325	354086	190300
23996	41029	10729	197392	135973	601483	848351	329364	1958836	719510
66095	42364	9318	470658	327703	1278846	1123096	346008	1656683	906171
55723	29828	8369	424668	430563	297422	373147	208792	1428363	727574
33812	17571	3426	141597	105257	394152	399784	76507	567082	280698
31061	22883	4726	139548	101110	539567	505222	101935	719914	338786
10284	7732	1768	59994	40271	178399	172284	28631	238289	159879
134395	67036	12953	557792	333773	2812914	2632451	491192	2055513	1307832
37293	15751	3394	169941	97828	802571	740236	100769	870619	466151
52530	25391	6573	227912	152771	1250436	1088718	205875	969622	471411
33964	20037	5644	153075	72996	748564	624094	88574	654930	366223
84538	56819	52849	420680	272060	1882150	2008451	374602	2547134	1815710
19054	13974	3424	49043	42142	171471	158425	40844	327992	281009
5066	3051	1415	24119	13511	96344	114094	20742	102958	117373
25822	16861	2793	99748	62419	655425	582494	81637	662046	309017
33243	25295	6567	226642	163217	668578	585818	140637	910050	1735850
6907	6324	1275	48614	33144	209799	222403	37266	361417	630208
19613	11335	2697	105017	75569	378735	329758	55526	424745	437098
882	924	306	909	265	56762	58391	2032	26668	23138
30054	18929	4759	140865	88559	879233	695554	107152	504231	401937
8748	5476	925	38566	27816	186110	148416	18301	149321	131152
1692	764	218	6491	3877	24990	30669	5817	36197	24427
6043	1693	838	20464	14647	13696	25390	7424	83970	31106
11330	5322	2395	40913	31747	155789	172098	33602	217222	187306

3-4-5 续表

国有控股
State-controlled Enterprises

地　区	Region	主营业务收入 Revenue from Principal Business	主营业务成本 Cost of Principal Business	主营业务税金及附加 Taxes and Other Charges on Principal Business	主营业务利润 Profits from Principal Business	其他业务利润 Profits from Other Business	销售费用 Selling Expenses	管理费用 Administr-ative Expenses
全　国	**National Total**	**164507447**	**148311993**	**565742**	**15629712**	**1792411**	**7904725**	**4207960**
北　京	Beijing	18202604	16470060	76476	1656068	492177	904050	557723
天　津	Tianjin	6608699	6128327	14004	466368	71042	237699	196270
河　北	Hebei	1443724	1268730	8236	166758	30507	79565	74188
山　西	Shanxi	6149386	5691587	9738	448061	17391	239747	91548
内蒙古	Inner Mongolia	5446901	5119856	4686	322359	56198	188014	36648
辽　宁	Liaoning	7541699	6870706	22037	648956	30064	351589	243665
吉　林	Jilin	2302099	1883042	10029	409028	3582	170535	98089
黑龙江	Heilongjiang	1409840	1205903	7837	196100	32276	47984	74872
上　海	Shanghai	8446127	7272268	46933	1126926	202918	679722	451058
江　苏	Jiangsu	6001566	5388279	19538	593749	55559	316570	167649
浙　江	Zhejiang	8429960	7856385	16890	556685	46383	260743	154306
安　徽	Anhui	5834557	5177017	20840	636700	44908	230514	121090
福　建	Fujian	4266024	3917604	7616	340804	63682	192895	80425
江　西	Jiangxi	1891134	1700467	3605	187062	6750	79152	66627
山　东	Shandong	8272193	7359816	45073	867304	86556	431232	206649
河　南	Henan	4184526	3815434	18814	350278	19132	167953	97473
湖　北	Hubei	9587945	8514481	48830	1024634	192663	619687	255889
湖　南	Hunan	9567085	8669444	38342	859299	26985	370002	236805
广　东	Guangdong	17849841	15742150	54553	2053138	124153	887859	335663
广　西	Guangxi	1236726	1091876	6852	137998	18740	72535	61186
海　南	Hainan	1759508	1555419	11479	192610	2715	77785	32206
重　庆	Chongqing	5966880	5329809	26534	610537	93151	407272	140821
四　川	Sichuan	8681049	7779811	17393	883845	22995	350332	153197
贵　州	Guizhou	2451780	2512548	4662	-65430	7387	99270	36620
云　南	Yunnan	3417775	3199339	3993	214443	5350	120891	44971
西　藏	Tibet	507590	416635	2989	87966	435	26185	9471
陕　西	Shaanxi	1855098	1614275	9778	231045	9341	105520	74479
甘　肃	Gansu	2522642	2344938	4342	173362	18499	64592	22618
青　海	Qinghai	140161	130064	424	9673	1538	12952	5029
宁　夏	Ningxia	371742	351547	538	19657	1683	15510	5437
新　疆	Xinjiang	2160589	1934176	2681	223732	7653	96371	75290

3-4-5 Continued

单位：万元
Unit: 10000 yuan

#税金 Taxes	#差旅费 Travel Allowance	#工会经费 Trade Unions Funds	财务费用 Financial Expenses	#利息支出 Interest Expenses	营业利润 Operating Profits	利润总额 Total Profits	应交所得税 Income Tax Payable	应付职工薪酬 Payables to Employees	应交增值税 VAT Payable
218773	**66410**	**45934**	**468761**	**398132**	**4907641**	**4956314**	**753801**	**5047311**	**3509003**
14967	7172	6198	70405	90953	568789	602620	120596	657022	246808
6199	1609	1134	26664	22896	76335	90565	23951	189174	86573
2444	420	547	4859	2618	43237	18607	13809	55344	37166
3459	954	558	10691	6451	115218	98975	5323	109243	164570
42287	530	142	18492	15321	163152	125355	10559	97664	223471
13345	2037	1015	13824	6301	158456	162061	15032	249140	47397
5306	484	197	13235	1439	79283	53626	13439	62298	99630
3662	2681	423	5297	5016	81236	50743	7742	43439	11806
7838	3263	2323	-672	16313	284503	364038	71259	276642	151045
6465	3586	1566	36901	29721	134643	138937	26050	159232	84070
7018	2174	1469	11188	13918	185857	192641	43384	184194	85650
5842	1637	1066	9189	11711	180041	179832	18874	127355	80181
4260	2063	1033	-164	6268	189685	188494	29976	117582	99265
2369	2588	435	2185	4268	44955	47769	2582	57016	31904
13907	5483	1911	56949	39842	227553	264586	55381	442357	283666
4658	1403	910	13530	7513	112309	101596	12875	103499	94547
14269	3844	1969	37631	27211	305559	274819	49484	340571	126368
9054	2633	1716	23735	14255	233735	260613	45362	194640	111008
20412	5759	13938	42730	20507	832321	830795	84424	525747	235554
3917	834	815	4576	2316	25641	30004	10303	57298	35257
911	872	207	743	760	81003	89371	10102	37007	44773
6074	1693	740	149	1392	144971	152517	12107	225289	143986
6833	3559	1511	25856	20210	222346	233520	28793	210555	104240
1642	975	412	4033	2746	113757	113198	13308	231759	410378
2459	1081	318	7946	6420	52709	63870	7505	85201	195600
294	311	41	250	30	52362	49731	792	12208	13239
1693	4670	1947	9995	9282	43949	19272	4381	67990	69558
2989	522	260	3716	2451	80058	76462	2009	36563	67442
75	41	16	740	543	3568	3711	524	4869	1756
593	160	75	580	483	-695	4292	540	11969	3918
3532	1374	1048	13511	8979	71106	73698	13336	74446	118179

3-4-6 各地区限额以上零售业企业损益及分配(按登记注册类型分)

内资企业
Domestic Funded Enterprises

地 区	Region	主营业务收入 Revenue from Principal Business	主营业务成本 Cost of Principal Business	主营业务税金及附加 Taxes and Other Charges on Principal Business	主营业务利润 Profits from Principal Business	其他业务利润 Profits from Other Business	销售费用 Selling Expenses	管理费用 Administrative Expenses
全 国	**National Total**	**637669074**	**570872055**	**3302324**	**63494695**	**7217635**	**33046403**	**18917615**
北 京	Beijing	49304520	44789505	166576	4348439	1161441	3319298	1473584
天 津	Tianjin	14855377	13679856	34479	1141042	185092	713805	421328
河 北	Hebei	16170552	14601191	78988	1490373	243075	816364	561331
山 西	Shanxi	17540523	16179283	45917	1315323	134852	710601	449075
内蒙古	Inner Mongolia	13353094	12110775	56109	1186210	140761	559976	335034
辽 宁	Liaoning	25837403	22936632	194526	2706245	248360	1096643	1011437
吉 林	Jilin	10681913	9118508	55531	1507874	85523	501400	443663
黑龙江	Heilongjiang	9644683	8365623	70292	1208768	125171	400925	372982
上 海	Shanghai	27063225	23861948	108136	3093141	493358	2229510	1080965
江 苏	Jiangsu	51085629	45756178	215850	5113601	495027	2452456	1640745
浙 江	Zhejiang	43103854	39716717	122222	3264915	596227	2113306	1151268
安 徽	Anhui	19286579	17232302	75586	1978691	149162	855892	502832
福 建	Fujian	19782922	17661292	79078	2042552	188813	1086672	549871
江 西	Jiangxi	8508088	7628201	43255	836632	66361	378604	227279
山 东	Shandong	66667513	58759582	534399	7373532	495247	2594658	1823994
河 南	Henan	24721869	22188757	198810	2334302	196926	985532	631030
湖 北	Hubei	30130381	27859328	247300	2023753	292350	1714493	950129
湖 南	Hunan	24812662	21861419	174185	2777058	165361	1268841	742429
广 东	Guangdong	56128454	49501776	194003	6432675	710135	3562343	1573765
广 西	Guangxi	7575071	7044915	29018	501138	126173	465288	257468
海 南	Hainan	3632753	3271037	17768	343948	30902	181181	108786
重 庆	Chongqing	17660472	15780815	149513	1730144	246349	817234	427212
四 川	Sichuan	30328748	26901236	148145	3279367	242569	1656532	742794
贵 州	Guizhou	6630838	6198871	20389	411578	51203	342040	159567
云 南	Yunnan	12494672	11066511	40217	1387944	63911	647929	366006
西 藏	Tibet	876750	720907	4653	151190	4092	76613	21498
陕 西	Shaanxi	14396641	12307538	148561	1940542	127177	699594	467988
甘 肃	Gansu	6143683	5447795	26186	669702	39544	259264	126657
青 海	Qinghai	1120968	1008173	3096	109699	20629	61626	36512
宁 夏	Ningxia	2316688	2097944	6619	212125	37956	136312	64150
新 疆	Xinjiang	5812549	5217443	12920	582186	53890	341473	196238

Income and Distribution of Enterprises above Designated Size of Retail Trade by Region and Type of Registration

单位：万元
Unit: 10000 yuan

#税金 Taxes	#差旅费 Travel Allowance	#工会经费 Trade Unions Funds	财务费用 Financial Expenses	#利息支出 Interest Expenses	营业利润 Operating Profits	利润总额 Total Profits	应交所得税 Income Tax Payable	应付职工薪酬 Payables to Employees	应交增值税 VAT Payable
905971	**517130**	**162729**	**4578569**	**3192557**	**15059775**	**14095358**	**2913848**	**19925571**	**12955140**
32273	44036	11416	264990	272115	442622	513815	241328	1657225	732250
11829	3885	1392	91847	56797	82682	103373	41601	401985	201092
21407	9368	3000	133319	74452	226926	179690	125917	498387	238095
16378	10586	2530	136004	82219	176551	90149	22582	364389	306156
65200	10782	1309	103413	66869	438164	278638	37347	686476	364552
58608	26746	8530	233086	155448	586000	588263	86112	852515	398216
17806	8051	3964	102671	63558	375592	243214	45387	229527	199660
25560	10750	3030	69418	49007	421663	561900	54014	331532	170288
16854	13587	5204	116414	95837	231262	438415	137345	1344208	448752
59169	37842	7880	443331	302907	1004472	896134	260327	1292283	687049
48225	26091	7141	385457	393000	220947	290646	166469	1234696	630971
32312	17157	3247	139287	104354	390402	385214	70279	512108	255235
29628	21530	3572	126204	96304	436838	402356	83967	613953	285763
10109	7644	1744	56695	39733	166917	159574	26050	222978	155093
128888	63801	11824	549543	324290	2789523	2612394	468289	1964403	1259160
35394	15042	3142	171332	95217	713827	649013	76939	841403	424017
47066	24206	6131	229661	144907	1225014	993097	172196	893997	425150
32304	19370	5275	148948	68872	721811	602569	84361	615030	347361
64412	43908	47387	344673	205285	1360181	1429458	276791	1932726	1389743
18038	13731	3288	46342	39353	136698	144579	38480	314388	251267
4889	2831	1403	22435	12968	88321	105014	17811	100194	108961
22182	15899	2140	86245	55310	557420	481960	62100	570296	248097
30152	23569	5668	205347	143062	587778	503014	97040	789618	1666640
6458	6032	1130	45228	30054	179997	190935	30851	348297	618458
18224	10598	2473	100249	70033	312001	256997	43828	381305	390573
882	924	304	893	265	56475	58105	1901	26542	22991
27290	16380	4380	120127	74055	781347	588063	83481	432845	373485
7555	5385	904	38270	27485	176051	142576	17580	146262	128405
1692	764	218	6332	3724	23648	29292	5464	35507	17513
6027	1686	832	20402	14592	13246	25644	7424	83679	30872
9163	4948	2275	40406	30485	135400	151266	30588	206821	179278

3-4-6 续表 1

国有企业
State-owned Enterprises

地区	Region	主营业务收入 Revenue from Principal Business	主营业务成本 Cost of Principal Business	主营业务税金及附加 Taxes and Other Charges on Principal Business	主营业务利润 Profits from Principal Business	其他业务利润 Profits from Other Business	销售费用 Selling Expenses	管理费用 Administrative Expenses
全国	**National Total**	**53119032**	**48033096**	**161703**	**4924233**	**365252**	**2206502**	**1270335**
北京	Beijing	1134382	966182	4052	164148	37514	68915	85159
天津	Tianjin	4834960	4556317	4947	273696	25951	160380	79191
河北	Hebei	542690	455452	4888	82350	9648	22333	31861
山西	Shanxi	2880363	2676923	4828	198612	7045	117089	37898
内蒙古	Inner Mongolia	4416728	4174022	2487	240219	53316	146498	27939
辽宁	Liaoning	1954392	1770838	5143	178411	8807	103198	63396
吉林	Jilin	175053	159839	353	14861	407	5222	4783
黑龙江	Heilongjiang	477322	370324	4532	102466	23448	24623	24662
上海	Shanghai	3001346	2625566	13599	362181	55651	152284	181183
江苏	Jiangsu	1302620	1146079	2861	153680	20556	68895	51814
浙江	Zhejiang	1085143	995913	1696	87534	7462	47450	28257
安徽	Anhui	1471063	1352456	3476	115131	7133	66625	31089
福建	Fujian	971396	866463	1740	103193	5303	43605	19569
江西	Jiangxi	407868	387277	499	20092	123	13225	6672
山东	Shandong	2427882	2102558	20409	304915	13838	146757	66965
河南	Henan	1325573	1168782	12828	143963	13843	65164	58497
湖北	Hubei	3938294	3606143	16966	315185	4290	127679	52517
湖南	Hunan	2790026	2505485	13103	271438	5239	104242	73230
广东	Guangdong	5860874	5046038	16011	798825	26969	235220	153163
广西	Guangxi	306546	267805	1548	37193	4043	25908	16435
海南	Hainan	498129	456606	619	40904	248	28038	9074
重庆	Chongqing	1500380	1388695	2356	109329	4657	66605	12906
四川	Sichuan	4215059	3961909	5053	248097	5499	128579	35836
贵州	Guizhou	730310	602313	2256	125741	2483	39117	18451
云南	Yunnan	2241057	2143850	2135	95072	2095	60983	14963
西藏	Tibet	482768	396589	2930	83249	435	23974	8743
陕西	Shaanxi	709005	584978	8080	115947	5025	43490	43410
甘肃	Gansu	962509	888358	1056	73095	8984	26559	13497
青海	Qinghai	139151	129292	422	9437	1492	12820	4922
宁夏	Ningxia	45357	37801	296	7260	1300	6557	3708
新疆	Xinjiang	290787	242244	537	48006	2452	24471	10548

3-4-6 Continued 1

单位：万元
Unit: 10000 yuan

#税金 Taxes	#差旅费 Travel Allowance	#工会经费 Trade Unions Funds	财务费用 Financial Expenses	#利息支出 Interest Expenses	营业利润 Operating Profits	利润总额 Total Profits	应交所得税 Income Tax Payable	应付职工薪酬 Payables to Employees	应交增值税 VAT Payable
90774	**20825**	**20454**	**152503**	**96261**	**1577198**	**1478984**	**194615**	**1583955**	**977731**
1495	813	760	501	2720	56881	69507	14234	77345	19781
2293	776	396	4718	4399	46119	51203	12639	91495	31692
1066	192	264	1424	1336	36735	7333	11291	21421	18887
1960	412	281	4737	2877	42988	29422	2352	49290	55532
41598	375	87	13821	11929	146224	105442	7795	68674	208370
4180	976	317	10637	998	5863	6851	1998	37779	17400
89	52	25	165	18	5120	2757	121	3974	460
1714	365	148	2459	2367	42342	19215	1816	11801	4971
2164	986	811	7363	7658	77761	81392	17542	65197	36346
1712	920	467	5244	4330	45456	46492	6996	43870	16577
1106	550	328	734	1953	19854	22960	5893	34575	11171
1028	447	238	1101	1425	30386	30375	1940	32648	9209
641	465	262	2752	1811	17915	19939	5337	33465	42438
162	67	32	360	195	40	-1022	293	8866	3655
4541	1740	572	15032	6164	81440	132972	29728	321656	49227
2807	722	602	4498	1611	49681	41539	3570	58747	27497
2169	1541	463	9696	4143	121673	96949	6814	64933	25382
2663	1106	553	10844	7077	73743	47919	6433	52988	22983
8303	3624	11685	21522	5080	340883	328370	21566	222906	41670
1018	294	436	1045	1035	990	3823	1201	17245	4732
181	466	63	444	758	3785	5134	504	8451	4442
484	281	175	3040	1839	23915	23075	1192	26557	13729
2202	1041	221	19834	16667	68114	73224	9866	70911	35158
754	417	199	841	244	98544	96967	11108	17278	22207
1392	288	159	4829	3904	21137	26392	2717	52823	165329
294	311	40	250	28	50585	49684	785	11560	13124
923	871	357	2616	1961	26795	16756	2087	32724	9604
1075	239	140	830	728	25103	22928	1438	15412	58013
75	38	13	740	543	3535	3636	513	4754	1756
126	52	57	232	120	-1828	1154	245	6614	1327
559	399	305	194	345	15420	16595	4601	17999	5061

集体企业
Collective-owned Enterprises

地区	Region	主营业务收入 Revenue from Principal Business	主营业务成本 Cost of Principal Business	主营业务税金及附加 Taxes and Other Charges on Principal Business	主营业务利润 Profits from Principal Business	其他业务利润 Profits from Other Business	销售费用 Selling Expenses	管理费用 Administr-ative Expenses
全国	**National Total**	**13099267**	**11360669**	**110996**	**1627602**	**67685**	**421956**	**391152**
北京	Beijing	414440	358720	2173	53547	17068	40460	25149
天津	Tianjin	157038	140712	442	15884		8063	3524
河北	Hebei	565909	499658	3126	63125	1639	22932	17100
山西	Shanxi	530722	456235	1795	72692	2144	12917	23288
内蒙古	Inner Mongolia	81114	78742	124	2248	499	856	5033
辽宁	Liaoning	243677	202326	2405	38946	1357	9904	10773
吉林	Jilin	162300	150728	1583	9989		4395	2513
黑龙江	Heilongjiang	115677	95043	2389	18245	179	8210	3724
上海	Shanghai	276135	253777	608	21750	7396	16663	13070
江苏	Jiangsu	709034	623381	5686	79967	3003	20693	16396
浙江	Zhejiang	452083	419657	1113	31313	8074	14199	15252
安徽	Anhui	200247	176767	735	22745	446	4068	5229
福建	Fujian	185422	165064	845	19513	270	6484	7439
江西	Jiangxi	56854	52937	315	3602	81	979	1729
山东	Shandong	3520622	2948777	33563	538282	13162	91441	108477
河南	Henan	1511212	1377583	18616	115013	2077	39271	27428
湖北	Hubei	1172036	990155	18647	163234	3611	34953	39954
湖南	Hunan	249478	222722	3013	23743	697	9107	7272
广东	Guangdong	1227555	1121151	3808	102596	3131	36230	23858
广西	Guangxi	153968	138952	1471	13545	270	4619	3634
海南	Hainan	3027	2804	4	219		119	81
重庆	Chongqing	42240	37024	483	4733	38	1659	1299
四川	Sichuan	268283	207476	1453	59354	112	9966	6343
贵州	Guizhou	33043	22920	165	9958	106	820	763
云南	Yunnan	269621	248975	1740	18906	700	10776	7012
西藏	Tibet	764	500	3	261		313	73
陕西	Shaanxi	396331	315862	4366	76103	1213	10843	12422
甘肃	Gansu	90985	43573	294	47118	412	969	1552
青海	Qinghai							
宁夏	Ningxia	2959	2851	1	107	2	17	85
新疆	Xinjiang	6495	5598	33	864		32	682

3-4-6 Continued 2

单位：万元
Unit: 10000 yuan

#税金 Taxes	#差旅费 Travel Allowance	#工会经费 Trade Unions Funds	财务费用 Financial Expenses	#利息支出 Interest Expenses	营业利润 Operating Profits	利润总额 Total Profits	应交所得税 Income Tax Payable	应付职工薪酬 Payables to Employees	应交增值税 VAT Payable
22699	**11437**	**3237**	**72540**	**37749**	**631873**	**502641**	**69393**	**317038**	**178552**
516	141	136	7296	6426	-2311	-2923	970	16060	7422
100	24	2	106	42	1259	591	393	6269	4039
489	1146	51	7057	3607	14440	7657	1719	8383	3587
1286	1403	295	1567	635	5288	4083	1989	8966	2288
48	33	2	138	130	-12	189	82	1018	144
670	399	278	2505	965	16246	15720	977	9554	5318
112	34	8	23	22	3161	2820	188	1561	417
389	203	19	922	358	5549	1147	293	3512	1832
146	209	86	410	151	10	4003	844	9676	2736
588	421	132	4164	2149	40992	32519	5713	12230	11800
484	122	95	1551	1684	4065	4557	1116	10338	4311
212	65	25	944	721	12708	13418	128	6304	1405
253	186	51	613	221	2070	2347	244	5198	1847
15	22	2	155	122	1459	402	34	743	202
5446	3069	1029	18869	8733	322674	249688	40708	78759	60433
2522	648	118	5925	2670	49366	34734	2644	65601	22487
3722	1187	413	11129	4279	40718	29004	1044	19260	5235
520	100	25	682	26	6789	1914	160	3389	1857
2103	794	212	2648	1156	46171	42000	5880	24834	19387
496	237	24	1041	326	3762	3619	648	2918	692
4	4	1			18	18	5	59	34
208	300	18	142	29	1682	1760	117	1399	281
181	130	30	727	369	8402	6862	703	5339	11647
5	45	7	197	89	8195	8661	2138	426	1083
368	117	42	696	717	874	1895	255	3721	955
34	29				-125	-132	2	16	
1729	307	124	2414	1615	37933	35475	323	8717	6781
44	59	3	602	493	354	359	4	2219	176
1	1	1	10	4	-4	-3		42	14
13	5	6	7	11	139	259	72	528	143

股份合作企业
Cooperative Enterprises

地　区	Region	主营业务收入 Revenue from Principal Business	主营业务成本 Cost of Principal Business	主营业务税金及附加 Taxes and Other Charges on Principal Business	主营业务利润 Profits from Principal Business	其他业务利润 Profits from Other Business	销售费用 Selling Expenses	管理费用 Administrative Expenses
全　国	**National Total**	**4577435**	**4092183**	**27670**	**457582**	**47787**	**164236**	**156022**
北　京	Beijing	267318	250825	388	16105	1072	6849	9124
天　津	Tianjin	396034	322803	3334	69897	23943	15517	51025
河　北	Hebei	260224	232060	1210	26954	912	15109	7799
山　西	Shanxi	24726	20835	57	3834	167	799	903
内蒙古	Inner Mongolia	6972	6071	63	838	176	344	611
辽　宁	Liaoning	161147	149671	362	11114	72	5184	2874
吉　林	Jilin	43919	40417	499	3003		266	1498
黑龙江	Heilongjiang	52675	44193	760	7722	690	1488	2959
上　海	Shanghai	64684	57922	94	6668	483	2035	5618
江　苏	Jiangsu	504530	474611	1351	28568	3726	14742	6603
浙　江	Zhejiang	46114	42676	122	3316	475	1512	1261
安　徽	Anhui	182101	172025	674	9402	3111	7890	3425
福　建	Fujian	20652	17938	73	2641	129	1261	1243
江　西	Jiangxi	55372	48886	862	5624	393	1723	1982
山　东	Shandong	808014	731840	4509	71665	7898	18124	13189
河　南	Henan	149511	125500	2662	21349	20	3412	4375
湖　北	Hubei	113605	94957	1543	17105	243	5793	4147
湖　南	Hunan	103143	91229	1483	10431	265	14266	6016
广　东	Guangdong	371529	325180	605	45744	728	16596	8421
广　西	Guangxi	34081	29950	164	3967	59	847	3755
海　南	Hainan							
重　庆	Chongqing	147595	123982	466	23147	283	6331	3416
四　川	Sichuan	115194	100525	4159	10510	262	4112	3790
贵　州	Guizhou	383942	355560	474	27908	56	6720	3172
云　南	Yunnan	167046	155706	234	11106	1054	6556	4298
西　藏	Tibet							
陕　西	Shaanxi	56601	41480	1404	13717	228	4613	2630
甘　肃	Gansu	29560	25836	45	3679	359	1065	470
青　海	Qinghai	888	810		78	76		75
宁　夏	Ningxia	8743	7374	75	1294	910	927	622
新　疆	Xinjiang	1519	1325		194		157	722

3-4-6 Continued 3

单位：万元
Unit: 10000 yuan

#税金 Taxes	#差旅费 Travel Allowance	#工会经费 Trade Unions Funds	财务费用 Financial Expenses	#利息支出 Interest Expenses	营业利润 Operating Profits	利润总额 Total Profits	应交所得税 Income Tax Payable	应付职工薪酬 Payables to Employees	应交增值税 VAT Payable
8912	**2586**	**868**	**31231**	**16613**	**163524**	**146462**	**18796**	**123960**	**69835**
115	107	47	121	413	1130	2147	389	5091	2436
1809	423	366	9508	6829	17791	19128	4835	31920	23908
278	128	8	1186	1583	2069	2536	533	9515	2202
7	25	2	40	14	93	95	41	293	456
2	7	6	114	42	151	142	49	415	21
280	159	10	1362	1221	1926	2106	401	2086	1077
38	64	19	233	101	1006	915	156	3766	210
46	61	30	197	154	3769	286	10	2065	570
27	16	28	-134	10	1917	2159	476	2148	650
474	221	13	3002	-383	6033	6035	1404	6674	4571
111	11	4	503	475	516	654	109	1339	437
482	31	6	1928	502	-1802	1459	157	3611	1259
68	94	8	196	228	68	130	29	1104	264
198	83	11	296	201	1808	1334	388	2189	895
644	231	44	2772	1013	53111	43650	5081	11586	5684
223	44	6	1093	83	12567	5992	359	4227	1749
761	100	32	1812	740	3611	3193	292	4594	1375
322	127	55	1652	398	6110	3743	92	3497	1793
599	139	35	919	264	17295	16323	2912	5571	7582
13	75	13	41	25	666	521	93	1369	409
48	89	11	1376	1162	8908	7309	529	3389	773
121	49	19	291	148	2637	2034	185	5037	4753
202	123	27	579	476	17711	17928	47	4553	3782
102	56	21	740	842	475	977	107	3608	506
1479	113	13	1303	64	4949	5051	24	2400	2143
32	10	11	45	10	4	5	6	951	86
					1	1		52	12
422		15	59		-313	596	89	492	229
11		8			-681	16	4	419	3

联营企业
Joint Ownership Enterprises

地区	Region	主营业务收入 Revenue from Principal Business	主营业务成本 Cost of Principal Business	主营业务税金及附加 Taxes and Other Charges on Principal Business	主营业务利润 Profits from Principal Business	其他业务利润 Profits from Other Business	销售费用 Selling Expenses	管理费用 Administr-ative Expenses
全国	**National Total**	**2185559**	**1982161**	**11764**	**191634**	**5658**	**80449**	**35055**
北京	Beijing	50843	42408	45	8390	13	7552	416
天津	Tianjin	70774	66603	75	4096		782	678
河北	Hebei	27633	24458	92	3083	536	1769	1455
山西	Shanxi	17152	15165	26	1961	2	109	597
内蒙古	Inner Mongolia							
辽宁	Liaoning	69438	59976	428	9034	3	4909	1651
吉林	Jilin							
黑龙江	Heilongjiang	110313	97697	561	12055		1516	1572
上海	Shanghai	318747	297156	753	20838	978	7646	4045
江苏	Jiangsu	155704	147262	188	8254	337	4477	2464
浙江	Zhejiang	182043	173414	171	8458	13	3688	592
安徽	Anhui	20821	19039	24	1758	8	859	503
福建	Fujian	74190	70029	99	4062	180	1240	791
江西	Jiangxi	1956	1365	6	585		23	76
山东	Shandong	124268	109867	2349	12052	179	3739	2473
河南	Henan	139649	126064	1019	12566	1894	3164	1611
湖北	Hubei	68703	56403	2701	9599		2099	1771
湖南	Hunan	12085	11312	18	755	135	318	496
广东	Guangdong	325826	286451	1980	37395	1092	21850	4820
广西	Guangxi							
海南	Hainan							
重庆	Chongqing	166250	151417	887	13946	178	5286	3491
四川	Sichuan	201035	183038	289	17708	109	7171	4083
贵州	Guizhou	15445	13590	3	1852		672	635
云南	Yunnan	15083	13389	31	1663		1254	377
西藏	Tibet							
陕西	Shaanxi	17601	16060	24	1517		326	460
甘肃	Gansu							
青海	Qinghai							
宁夏	Ningxia							
新疆	Xinjiang							

3-4-6 Continued 4

单位：万元

Unit: 10000 yuan

			财务费用 Financial Expenses		营业利润 Operating Profits	利润总额 Total Profits	应交所得税 Income Tax Payable	应付职工薪酬 Payables to Employees	应交增值税 VAT Payable
#税金 Taxes	#差旅费 Travel Allowance	#工会经费 Trade Unions Funds		#利息支出 Interest Expenses					
3051	**1450**	**337**	**8215**	**5980**	**72537**	**70739**	**10501**	**61925**	**45833**
18	14	3	232	-1	485	298	138	1540	610
52	10		48		2713	1871	626	19692	556
33	72		306	9	89	567	28	364	464
10	4	1	64	67	-106	-221	2	175	187
486	159	6	18	4	2458	2457	69	1901	625
58	4	1	185		8775	8775	6	399	4897
41	78	17	242	-107	9633	9698	2467	5014	4719
154	26	4	602	477	1229	1438	409	2921	1225
205	10	3	8	20	4183	4144	1144	1925	2179
35	6	2	48	46	348	348	9	350	427
35	13	3	78	44	1974	1844	447	802	1339
	11		1	1	486	216	54	104	50
383	119	42	775	207	6191	5541	583	2492	11738
206	39	19	208	722	7584	8786	340	1882	995
335	559	67	1412	1140	4575	4590	697	2087	3312
7	2	2	10	12	220	58	19	304	69
268	243	42	890	310	10988	11052	2768	9456	6284
488	48	86	1134	800	4693	3710	457	4959	1760
165	10	33	1527	1875	5039	4897	207	4166	4118
			228	225	318	326		529	25
4	1		151	118	-20	112	33	724	202
70	23	7	49	12	682	232		140	54

有限责任公司
Limited Liability Corporations

地 区	Region	主营业务收入 Revenue from Principal Business	主营业务成本 Cost of Principal Business	主营业务税金及附加 Taxes and Other Charges on Principal Business	主营业务利润 Profits from Principal Business	其他业务利润 Profits from Other Business	销售费用 Selling Expenses	管理费用 Administrative Expenses
全 国	**National Total**	**237141472**	**211076173**	**1053920**	**25011379**	**3528921**	**14689772**	**7159631**
北 京	Beijing	27501815	25264197	79369	2158249	672640	1791037	698617
天 津	Tianjin	4789424	4351241	14321	423862	102356	332207	143979
河 北	Hebei	7006681	6315529	33783	657369	113664	409139	264064
山 西	Shanxi	2506447	2280399	8554	217494	26786	116792	95837
内蒙古	Inner Mongolia	4089855	3649060	27325	413470	47105	213107	161480
辽 宁	Liaoning	7376842	6343519	74421	958902	123864	398791	336291
吉 林	Jilin	3612709	3061234	13438	538037	48593	197055	187209
黑龙江	Heilongjiang	3455017	3050219	15343	389455	39259	156288	131831
上 海	Shanghai	11879663	10527565	54953	1297145	293111	1055519	405283
江 苏	Jiangsu	15869606	14142561	64582	1662463	209276	1038328	457029
浙 江	Zhejiang	16274324	14879627	54066	1340631	289678	969937	441765
安 徽	Anhui	7393787	6594606	33603	765578	79891	417924	202672
福 建	Fujian	8350512	7404135	32449	913928	73940	526057	207918
江 西	Jiangxi	3906612	3483755	17756	405101	23177	203661	114494
山 东	Shandong	20925856	18725751	104579	2095526	209418	998122	593780
河 南	Henan	9145721	8260278	39960	845483	120525	476264	275403
湖 北	Hubei	10962834	9530981	63025	1368828	77752	671112	332670
湖 南	Hunan	5187931	4495124	27621	665186	47679	374817	188841
广 东	Guangdong	23298545	20508891	80326	2709328	403540	1822022	638997
广 西	Guangxi	3418543	3049087	11083	358373	69746	229837	89681
海 南	Hainan	1835402	1629814	15041	190547	25968	101179	74709
重 庆	Chongqing	7552439	6858504	28992	664943	68749	366626	182344
四 川	Sichuan	11079155	9572709	48269	1458177	133718	678783	289057
贵 州	Guizhou	2955364	2569732	11828	373804	39474	193313	92943
云 南	Yunnan	3755974	3084398	13283	658293	33511	235460	154175
西 藏	Tibet	236852	185939	1203	49710	3145	44640	6180
陕 西	Shaanxi	7661644	6678056	68265	915323	91924	408727	254603
甘 肃	Gansu	1570552	1365309	8145	197098	13281	94413	48201
青 海	Qinghai	488983	434289	1176	53518	14530	29852	17676
宁 夏	Ningxia	1014420	902228	3769	108423	17361	69516	30831
新 疆	Xinjiang	2037965	1877434	3393	157138	15262	69249	41073

3-4-6 Continued 5

单位：万元
Unit: 10000 yuan

#税金 Taxes	#差旅费 Travel Allowance	#工会经费 Trade Unions Funds	财务费用 Financial Expenses	#利息支出 Interest Expenses	营业利润 Operating Profits	利润总额 Total Profits	应交所得税 Income Tax Payable	应付职工薪酬 Payables to Employees	应交增值税 VAT Payable
289430	**181232**	**65340**	**1736648**	**1265627**	**4032639**	**4034956**	**1169327**	**7859523**	**4706084**
16221	17198	5474	194291	183328	-41441	-3191	120145	885694	398268
4170	1186	509	41226	23683	-12786	-666	12117	152311	73136
10759	3574	1175	55650	35748	50290	71939	81256	212689	104164
2230	1425	362	23491	16408	33855	3880	4852	61901	102165
16190	6010	561	35430	16750	112862	98901	16186	481540	93116
16920	10237	1657	93123	66641	122507	131134	29919	203973	158469
4792	3272	1866	45280	28305	79587	79510	12405	79718	45377
5481	2903	906	24840	16812	109403	72670	18093	167049	47040
8825	3813	1815	32109	30579	136597	232093	71750	378505	207570
15823	7665	2195	116258	84464	296838	284230	96837	452844	252248
17896	8851	3663	106272	125702	144541	175825	75269	511593	246862
9395	5600	1572	43927	33278	124731	118945	34692	216119	121402
10485	8176	1816	58893	41977	140387	135530	36433	244942	100792
4035	4287	689	21988	16478	79351	75158	8366	108859	90742
36003	15243	3266	158868	92719	503805	508147	115815	660575	371000
10714	7450	1300	62717	40433	115078	116693	28820	314417	162489
15761	8871	2063	89874	58153	408728	317098	63914	259223	178463
7165	4349	1534	24783	14399	138757	117902	14473	209273	91462
21004	14757	22139	166479	104670	341110	399871	129913	834874	730904
9984	9730	1541	18319	16499	68753	74434	15902	114932	143173
3740	1786	1157	20591	11067	46910	61404	7015	64335	86420
5161	6305	997	32704	20270	165414	167317	23789	293983	103387
9946	6360	1574	106661	72189	218203	222848	50333	323222	294382
2730	2818	559	35469	23774	45497	56649	13302	89816	140914
4093	3463	812	37552	28456	158545	115395	17253	136260	125300
338	392	14	248	16	2022	7167	985	9939	8442
12550	10859	2931	53887	37837	338507	290037	48716	230069	149139
1870	1928	207	15421	9917	38292	24505	4679	54039	36228
996	347	95	2877	1251	5481	9975	2097	17190	9005
1692	919	406	5188	3143	11184	16925	4850	40955	19648
2460	1461	486	12231	10682	49633	52634	9150	48686	14381

股份有限公司
Share-holding Corporations Ltd.

地 区	Region	主营业务收入 Revenue from Principal Business	主营业务成本 Cost of Principal Business	主营业务税金及附加 Taxes and Other Charges on Principal Business	主营业务利润 Profits from Principal Business	其他业务利润 Profits from Other Business	销售费用 Selling Expenses	管理费用 Administr-ative Expenses
全 国	**National Total**	**97649856**	**88307739**	**412491**	**8929626**	**1299115**	**4720826**	**2641631**
北 京	Beijing	9934087	9111553	48626	773908	264212	578242	222617
天 津	Tianjin	309093	275575	2179	31339	4619	22741	17547
河 北	Hebei	2402502	2201509	11110	189883	68687	90930	86254
山 西	Shanxi	2587806	2414890	2506	170410	7003	83002	29298
内蒙古	Inner Mongolia	1162423	1041681	2105	118637	8087	47715	17348
辽 宁	Liaoning	5678735	5213967	16314	448454	20730	215723	182818
吉 林	Jilin	2676539	2085635	13881	577023	13798	182911	108908
黑龙江	Heilongjiang	1951782	1679241	14737	257804	36091	84312	100007
上 海	Shanghai	1704937	1385319	12072	307546	27640	184125	110888
江 苏	Jiangsu	4788637	4100714	31788	656135	76201	226769	210749
浙 江	Zhejiang	6039206	5587858	18421	432927	59545	215211	124052
安 徽	Anhui	3598463	3197408	7895	393160	28804	113828	64632
福 建	Fujian	2406227	2225547	6262	174418	56787	116675	43597
江 西	Jiangxi	1396009	1230675	8949	156385	17083	60847	40675
山 东	Shandong	11637985	10600565	55566	981854	138861	469420	311984
河 南	Henan	3542121	3267230	23876	251015	32422	125902	59549
湖 北	Hubei	5461421	4698980	35466	726975	181760	459542	208755
湖 南	Hunan	6828105	6258313	22821	546971	47705	265307	143183
广 东	Guangdong	8830890	7974409	23370	833111	71744	431461	140001
广 西	Guangxi	1005122	1172393	7344	-174615	15957	56829	53016
海 南	Hainan	1062944	974512	1453	86979	1244	35336	14250
重 庆	Chongqing	1602161	1382441	10681	209039	44877	138993	68231
四 川	Sichuan	3952170	3523199	11511	417460	39440	217035	120282
贵 州	Guizhou	1200287	1443105	1447	-244265	1109	46002	8292
云 南	Yunnan	1052372	927281	2930	122161	2032	56532	24333
西 藏	Tibet	29582	23841	66	5675	302	2498	1206
陕 西	Shaanxi	1680554	1443264	13744	223546	16295	68171	57518
甘 肃	Gansu	1794928	1668518	4238	122172	11617	53852	12756
青 海	Qinghai	30380	26961	45	3374	479	1745	2637
宁 夏	Ningxia	286460	274575	336	11549	2100	14675	1012
新 疆	Xinjiang	1015926	896583	753	118590	1885	54496	55240

3-4-6 Continued 6

单位：万元
Unit: 10000 yuan

#税金 Taxes	#差旅费 Travel Allowance	#工会经费 Trade Unions Funds	财务费用 Financial Expenses	#利息支出 Interest Expenses	营业利润 Operating Profits	利润总额 Total Profits	应交所得税 Income Tax Payable	应付职工薪酬 Payables to Employees	应交增值税 VAT Payable
132083	**40277**	**19364**	**430356**	**387635**	**3188279**	**3172479**	**479408**	**2878836**	**2079628**
8737	3837	3428	17001	42395	399766	410874	61327	314476	107892
476	60	66	5220	5615	806	2838	361	8877	3440
2712	768	608	17522	2985	60373	59893	15025	60196	31874
843	163	153	3088	1522	60532	56914	180	41652	18663
1193	337	47	7387	5028	15378	15761	1689	28862	7003
9492	1167	699	21819	24824	163299	164498	13294	241118	28310
6273	737	303	16407	7038	180346	68364	16232	64711	102049
9698	3016	820	5701	5653	110177	111567	19672	58867	27466
1432	1028	725	8920	15965	95676	161740	14100	81505	20204
9005	2358	1475	39253	43847	177089	184996	37018	131920	80797
5437	1185	772	21752	26664	140091	149407	40457	132034	70635
5294	1101	415	12046	11883	102255	105003	10398	68524	43223
2161	1044	179	434	5940	149403	149136	17085	84969	47116
2010	620	223	13444	7509	40304	47634	9774	35588	18775
17880	6191	2155	98985	83920	293385	275718	41954	243419	273177
3367	956	271	13378	6917	80334	72594	7542	70802	75386
10630	2746	1491	28223	29094	189705	168137	41650	263281	97510
5451	2359	875	15529	12694	185143	233190	40542	122919	82463
8366	1541	845	14475	9319	308824	317302	38641	206253	165602
2986	845	815	4984	3003	44820	46082	14801	47496	43474
652	237	105	-297	236	39101	38701	9824	19318	13243
2820	1494	81	5262	4315	41353	42740	1531	79109	39622
6335	3676	1379	10017	7642	123030	122685	7361	137657	55866
370	238	92	787	270	-8826	-9207	39	200174	380534
808	443	55	3312	1346	40631	39541	6243	22541	12867
2	21	1	53	62	2220	425	8	965	217
2420	1160	497	32801	14249	62980	46520	6325	35442	99455
2585	338	190	3800	3328	65717	62718	2179	26704	17116
98	16	28	505	372	-1169	-1092	103	1855	363
350	20	1	343	343	-2650	-554	-846	6795	2254
2205	576	573	8207	3660	28187	28355	4901	40806	113035

私营企业
Private Enterprises

地 区	Region	主营业务收入 Revenue from Principal Business	主营业务成本 Cost of Principal Business	主营业务税金及附加 Taxes and Other Charges on Principal Business	主营业务利润 Profits from Principal Business	其他业务利润 Profits from Other Business	销售费用 Selling Expenses	管理费用 Administr-ative Expenses
全 国	**National Total**	**212885974**	**191126872**	**1363636**	**20395466**	**1754858**	**10023129**	**6789321**
北 京	Beijing	10001637	8795620	31924	1174093	168922	826243	432503
天 津	Tianjin	3849640	3554569	8078	286993	19747	145743	117282
河 北	Hebei	5003481	4542719	23575	437187	46229	233627	140174
山 西	Shanxi	8747227	8094040	26999	626188	89033	370925	250262
内蒙古	Inner Mongolia	3058445	2735066	18539	304840	28831	123723	103810
辽 宁	Liaoning	10046920	8929622	91369	1025929	88654	345305	395151
吉 林	Jilin	3515171	3185174	24078	305919	19913	101468	115467
黑龙江	Heilongjiang	2945946	2554402	27990	363554	20870	103526	94367
上 海	Shanghai	9625733	8548450	25527	1051756	86056	797183	354886
江 苏	Jiangsu	26905998	24362320	105291	2438387	175394	1036183	868394
浙 江	Zhejiang	18861909	17459497	46242	1356170	229245	855837	537134
安 徽	Anhui	5769529	5157048	24049	588432	25417	218597	177801
福 建	Fujian	6689281	5971853	31509	685919	45566	332765	238358
江 西	Jiangxi	2507559	2275184	13159	219216	24414	91124	57567
山 东	Shandong	23419465	20239695	258156	2921614	83250	748547	637881
河 南	Henan	8491995	7496241	95844	899910	25899	253540	187768
湖 北	Hubei	7592985	8185054	99423	-691492	23303	372712	287857
湖 南	Hunan	9036103	7760183	100800	1175120	43833	451374	305202
广 东	Guangdong	15010386	13181170	59827	1769389	189935	921095	568527
广 西	Guangxi	2455456	2203271	7076	245109	34785	137965	87166
海 南	Hainan	208964	186240	593	22131	2827	15470	9075
重 庆	Chongqing	5989640	5247245	100569	641826	126091	210056	142455
四 川	Sichuan	9427083	8384354	70040	972689	57770	566360	254784
贵 州	Guizhou	1152373	1050456	3680	98237	7265	46110	29676
云 南	Yunnan	4176254	3745104	14702	416448	20747	248745	146840
西 藏	Tibet	71355	68329	271	2755	211	2608	3277
陕 西	Shaanxi	3065347	2559755	30907	474685	11999	137055	76841
甘 肃	Gansu	1466079	1249656	11926	204497	4592	77946	44645
青 海	Qinghai	418788	377909	1283	39596	3960	15247	9483
宁 夏	Ningxia	935128	850945	2023	82160	15939	43539	27516
新 疆	Xinjiang	2440100	2175701	8190	256209	34163	192514	87172

3-4-6 Continued 7

单位：万元
Unit: 10000 yuan

#税金 Taxes	#差旅费 Travel Allowance	#工会经费 Trade Unions Funds	财务费用 Financial Expenses	#利息支出 Interest Expenses	营业利润 Operating Profits	利润总额 Total Profits	应交所得税 Income Tax Payable	应付职工薪酬 Payables to Employees	应交增值税 VAT Payable
333623	**241680**	**48934**	**2007180**	**1298451**	**4725826**	**4240083**	**897292**	**6595396**	**4589301**
5171	21926	1568	45549	36833	28112	37103	44125	357019	195843
2546	1358	52	27829	14188	28461	29461	10035	84504	60132
5751	3236	838	45131	27141	65153	31950	15648	171123	71577
9793	6841	1381	99595	59186	31330	-6374	12662	196033	110837
4535	3504	510	41546	30156	63742	48216	9187	92005	45455
25777	13197	5446	98673	59072	273066	266332	39213	345469	183007
6122	3413	1306	37607	26625	84076	74166	11267	65236	46149
7369	3806	828	32890	22644	107069	335642	10800	74746	74145
4184	7384	1699	66836	41218	-94011	-58916	29456	797136	171707
30555	25560	3500	265925	162377	427651	331078	109347	617651	310828
22925	15332	2266	252786	234511	-88443	-63006	42348	540982	294542
14717	9332	924	68525	47223	98597	93188	18313	167047	60132
12594	9808	1081	56796	40870	91455	67215	20344	207739	79342
3329	2293	748	18866	14528	38926	32486	6980	60646	36773
58565	33432	4106	226275	116215	1322774	1226276	206151	522629	405867
14667	4955	795	80679	42220	391924	360259	33270	306908	123327
12179	7939	1322	80427	44383	415390	357531	53887	260480	102750
15516	10403	2066	91082	32049	294978	192071	22445	203986	136255
21422	21173	11746	128131	76940	266776	280099	69129	579325	392334
3386	2498	452	19825	18005	14431	13355	5269	124916	47212
282	253	72	1570	874	-2035	-998	358	7424	4587
12564	6823	712	37660	23570	286166	224379	33727	131791	87062
10153	11508	2173	58501	40119	141547	54744	25878	216396	1246218
2261	1731	226	6393	4742	15239	16376	3580	30885	67502
10412	5669	1235	43722	27930	69980	54500	14234	145453	73473
135	100		34	14	1105	733	102	1978	696
7358	2752	418	23640	16350	244268	136315	23664	106106	86684
1566	1991	169	14950	10858	43342	29261	8445	43700	15730
491	315	66	1640	1064	15105	15707	2499	10092	5812
3424	687	344	14315	10786	6922	7535	3076	28148	6814
3874	2463	890	19782	15760	42732	53401	11852	97845	46511

其他企业

Other Enterprises

地区	Region	主营业务收入 Revenue from Principal Business	主营业务成本 Cost of Principal Business	主营业务税金及附加 Taxes and Other Charges on Principal Business	主营业务利润 Profits from Principal Business	其他业务利润 Profits from Other Business	销售费用 Selling Expenses	管理费用 Administrative Expenses
全国	**National Total**	**17010479**	**14893162**	**160145**	**1957172**	**148359**	**739535**	**474468**
北京	Beijing							
天津	Tianjin	448414	412036	1105	35273	8477	28372	8103
河北	Hebei	361433	329805	1205	30423	1760	20525	12625
山西	Shanxi	246080	220796	1151	24133	2672	8970	10993
内蒙古	Inner Mongolia	537556	426133	5467	105956	2748	27734	18814
辽宁	Liaoning	306252	266714	4084	35454	4873	13630	18484
吉林	Jilin	496222	435480	1699	59043	2813	10083	23286
黑龙江	Heilongjiang	535951	474504	3982	57465	4633	20961	13861
上海	Shanghai	191980	166194	532	25254	22042	14055	5992
江苏	Jiangsu	849500	759250	4103	86147	6536	42371	27296
浙江	Zhejiang	163032	158075	391	4566	1735	5472	2955
安徽	Anhui	650567	562953	5130	82484	4353	26101	17482
福建	Fujian	1085244	940265	6101	138878	6638	58585	30955
江西	Jiangxi	175859	148122	1709	26028	1091	7023	4085
山东	Shandong	3803422	3300528	55270	447624	28641	118509	89246
河南	Henan	416088	367079	4005	45004	247	18815	16400
湖北	Hubei	820504	696656	9529	114319	1391	40603	22458
湖南	Hunan	605792	517051	5326	83415	19809	49410	18189
广东	Guangdong	1202849	1058486	8077	136286	12998	77869	35979
广西	Guangxi	201356	183458	333	17565	1313	9284	3781
海南	Hainan	24288	21061	58	3169	614	1039	1598
重庆	Chongqing	659768	591508	5080	63180	1475	21680	13070
四川	Sichuan	1070770	968026	7371	95373	5659	44526	28619
贵州	Guizhou	160074	141195	537	18342	712	9287	5635
云南	Yunnan	817265	747809	5163	64293	3772	27622	14009
西藏	Tibet	55429	45710	179	9540		2580	2020
陕西	Shaanxi	809558	668083	21772	119703	495	26370	20104
甘肃	Gansu	229072	206545	484	22043	300	4460	5537
青海	Qinghai	42777	38912	171	3694	92	1962	1718
宁夏	Ningxia	23621	22170	119	1332	344	1081	375
新疆	Xinjiang	19758	18559	15	1184	128	555	801

单位：万元
Unit: 10000 yuan

#税金 Taxes	#差旅费 Travel Allowance	#工会经费 Trade Unions Funds	财务费用 Financial Expenses	#利息支出 Interest Expenses	营业利润 Operating Profits	利润总额 Total Profits	应交所得税 Income Tax Payable	应付职工薪酬 Payables to Employees	应交增值税 VAT Payable
25400	**17643**	**4195**	**139897**	**84241**	**667899**	**449014**	**74517**	**504938**	**308178**
384	49	1	3192	2042	-1681	-1053	596	6918	4190
319	252	56	5043	2042	-2223	-2184	418	14697	5341
249	313	56	3423	1511	2573	2350	507	6079	16028
1635	516	95	4977	2833	99819	9987	2360	13962	10443
802	453	116	4949	1723	634	-835	240	10634	4011
380	479	438	2957	1449	22297	14682	5018	10562	4999
804	393	279	2223	1020	34579	12600	3324	13094	9367
35	72	23	667	363	3679	6246	710	5027	4819
858	672	95	8884	5647	9184	9347	2602	24173	9004
62	31	11	1852	1990	-3859	-3896	132	1911	834
1149	576	66	10768	9276	23180	22478	4643	17505	18178
3391	1746	172	6441	5214	33566	26215	4048	35734	12626
361	262	40	1584	700	4544	3366	161	5984	4002
5426	3775	610	27968	15319	206143	170403	28269	123287	82035
889	228	31	2835	561	7294	8417	394	18820	10088
1509	1264	279	7089	2975	40614	16595	3898	20138	11123
660	923	167	4365	2217	16070	5773	196	18675	10479
2348	1639	683	9609	7545	28135	34441	5983	49507	25980
156	52	8	1086	461	3274	2745	566	5511	11576
31	84	5	127	34	542	756	106	607	235
410	559	60	4927	3326	25289	11672	757	29109	1482
1049	796	239	7791	4053	20807	15721	2506	26890	14498
136	661	19	733	236	3320	3236	638	4637	2411
1044	562	149	9247	6722	20379	18186	2986	16176	11941
80	72	249	309	145	668	229	20	2084	512
761	295	33	3418	1968	65233	57677	2342	17247	19626
384	821	185	2623	2151	3239	2801	831	3237	1057
31	48	17	570	494	696	1065	251	1564	565
12	8	9	255	196	-66	-10	9	633	587
41	44	7	-14	27	-29	7	7	536	143

3-4-6 续表 9

港、澳、台商投资企业

Enterprises with Funds from Hong Kong,Macao and Taiwan

地　区	Region	主营业务收入 Revenue from Principal Business	主营业务成本 Cost of Principal Business	主营业务税金及附加 Taxes and Other Charges on Principal Business	主营业务利润 Profits from Principal Business	其他业务利润 Profits from Other Business	销售费用 Selling Expenses	管理费用 Administr-ative Expenses
全　国	**National Total**	**43809257**	**36668493**	**270924**	**6869840**	**884985**	**4265538**	**2060023**
北　京	Beijing	3152084	2623734	15799	512551	75414	381381	141314
天　津	Tianjin	1207045	1050437	6384	150224	58899	131830	53513
河　北	Hebei	14799	13250	31	1518	1040	3822	
山　西	Shanxi	229404	202372	1217	25815	8273	11039	15128
内蒙古	Inner Mongolia	86462	80204	493	5765	5499	2537	7160
辽　宁	Liaoning	1417016	1231584	12307	173125	43246	135662	95018
吉　林	Jilin	366128	312700	3360	50068	888	16020	18813
黑龙江	Heilongjiang	407427	335716	1702	70009	7685	26435	30766
上　海	Shanghai	9010101	7072095	36099	1901907	74390	1160991	623801
江　苏	Jiangsu	5685401	4797656	85652	802093	124157	426644	305919
浙　江	Zhejiang	2768181	2469938	11975	286268	26132	173177	103523
安　徽	Anhui	481801	408335	2374	71092	7312	54456	23402
福　建	Fujian	1130514	950762	3880	175872	10507	115855	30007
江　西	Jiangxi	258039	219370	2203	36466	3175	27786	4459
山　东	Shandong	1286173	1125630	3391	157152	21596	138330	31376
河　南	Henan	1037134	859796	5597	171741	13242	38807	59485
湖　北	Hubei	1069473	952202	3765	113506	93231	93707	44441
湖　南	Hunan	455030	371815	2594	80621	5492	61345	15654
广　东	Guangdong	7113922	5877640	34737	1201545	192632	781367	272325
广　西	Guangxi	543572	456872	1436	85264	5127	39419	11610
海　南	Hainan	46788	37943	300	8545	271	5616	1707
重　庆	Chongqing	1940512	1665769	16984	257759	37596	171616	46961
四　川	Sichuan	1330757	1143645	4937	182175	18055	80894	59433
贵　州	Guizhou	238104	205079	1251	31774	7302	18340	5036
云　南	Yunnan	670493	587915	1219	81359	6757	44450	14345
西　藏	Tibet							
陕　西	Shaanxi	1572679	1371176	9827	191676	32785	104961	33548
甘　肃	Gansu	121013	99034	664	21315	1955	6926	5760
青　海	Qinghai	18969	16307		2662	140	1058	206
宁　夏	Ningxia							
新　疆	Xinjiang	150236	129515	747	19974	2188	11069	5316

单位：万元

Unit: 10000 yuan

#税金 Taxes	#差旅费 Travel Allowance	#工会经费 Trade Unions Funds	财务费用 Financial Expenses	#利息支出 Interest Expenses	营业利润 Operating Profits	利润总额 Total Profits	应交所得税 Income Tax Payable	应付职工薪酬 Payables to Employees	应交增值税 VAT Payable
48115	**47078**	**13260**	**221997**	**180737**	**1387029**	**1470623**	**404139**	**1599244**	**1125122**
1757	4199	735	13839	7441	58901	63523	35191	137006	85405
648	589	18	859	-100	14821	-1959	8084	53986	23259
			8		-2312	-1291	47	211	254
3121	193	80	1391	1381	7957	7890	2559	6864	13135
336	419	305	7182	6800	-2850	300	200	2699	830
3576	858	456	19466	13966	-30542	-28968	7160	51501	157384
11	127	50	2343	78	30475	30437	7662	3898	10212
3582	756	86	5089	4459	-4172	-4222	-514	12201	7182
1902	21578	5073	35886	23816	334574	369729	113623	313016	143362
2701	2559	590	18734	15407	165411	92182	36445	186447	114915
3869	1307	581	18518	17413	24765	26738	18413	86808	47560
713	269	59	193	832	3714	14106	2647	19823	8564
945	667	747	7641	2631	42258	39674	6682	55278	17596
29	27	5	2775	22	4565	4361	67	10156	2052
1405	1068	73	5940	4528	5017	3839	6800	52534	17114
1788	573	158	-3089	1466	88995	89155	22646	16128	35840
3442	511	82	-8097	143	-11549	73814	23039	35140	20695
494	413	191	5423	3953	7118	3832	1735	24963	10800
6731	6818	2402	48839	44282	346805	399776	56723	309283	255400
1009	181	127	2128	2772	36220	14746	2297	12476	29163
			1029		286	153	530	1462	851
3248	420	570	8499	1465	81646	82522	14332	81094	48444
1930	603	412	11958	11978	51154	52054	10380	61066	18881
211	84	74	1169	1108	15164	15088	3520	5919	3886
288	500	32	2491	5391	25668	31288	5427	13149	27802
1354	2032	285	10878	8691	76971	79686	15723	37105	12310
1194	90	21	336	331	9690	5472	721	2749	2434
			159	154	1342	1378	354	690	6914
1834	239	48	414	329	4938	5320	1648	5593	2878

外商投资企业
Foreign Funded Enterprises

地 区	Region	主营业务收入 Revenue from Principal Business	主营业务成本 Cost of Principal Business	主营业务税金及附加 Taxes and Other Charges on Principal Business	主营业务利润 Profits from Principal Business	其他业务利润 Profits from Other Business	销售费用 Selling Expenses	管理费用 Administrative Expenses
全 国	**National Total**	**45705152**	**38396788**	**185539**	**7122825**	**1234564**	**5388199**	**2073713**
北 京	Beijing	7493945	6164658	31044	1298243	190031	930349	485871
天 津	Tianjin	950520	792566	2445	155509	21280	138931	43953
河 北	Hebei	227175	196461	700	30014	10418	41554	11361
山 西	Shanxi	48188	39702	150	8336	5990	7982	1802
内蒙古	Inner Mongolia							
辽 宁	Liaoning	1094257	925392	3749	165116	29799	128283	55964
吉 林	Jilin	205359	180297	581	24481	2383	17313	9129
黑龙江	Heilongjiang	263166	242304	1039	19823	12641	48204	15749
上 海	Shanghai	6939604	5403287	24672	1511645	294407	1245769	524808
江 苏	Jiangsu	6211011	5506373	24077	680561	199605	598841	147654
浙 江	Zhejiang	3194026	2823401	15538	355087	96063	272576	108178
安 徽	Anhui	698842	590134	3085	105623	25338	100431	22347
福 建	Fujian	1231169	988990	6204	235975	22476	158128	25908
江 西	Jiangxi	257314	221403	898	35013	3032	21671	8600
山 东	Shandong	1813906	1593299	8215	212392	34080	125891	107603
河 南	Henan	417337	385356	767	31214	9520	39635	7719
湖 北	Hubei	1161591	982810	6131	172650	25855	109628	45398
湖 南	Hunan	446897	375064	2293	69540	12530	34033	26398
广 东	Guangdong	7706117	6522821	30282	1153014	132654	865079	225450
广 西	Guangxi	22627	20636	75	1916	681	3828	613
海 南	Hainan	175706	134222	1230	40254	6502	27366	6706
重 庆	Chongqing	478801	349370	2314	127117	12364	56977	22164
四 川	Sichuan	2305813	1917801	9846	378166	35520	229433	103389
贵 州	Guizhou	227087	183119	1453	42515	7114	25736	7020
云 南	Yunnan	708516	592708	3264	112544	18430	77549	18238
西 藏	Tibet	3753	2941	18	794	47	510	29
陕 西	Shaanxi	1172326	1047406	4274	120646	23076	66390	33355
甘 肃	Gansu	16195	13938	83	2174	688	1730	801
青 海	Qinghai							
宁 夏	Ningxia	4198	2771	23	1404		619	273
新 疆	Xinjiang	229709	197561	1089	31059	2043	13764	7232

3-4-6 Continued 10

单位：万元
Unit: 10000 yuan

			财务费用 Financial Expenses		营业利润 Operating Profits	利润总额 Total Profits	应交所得税 Income Tax Payable	应付职工薪酬 Payables to Employees	应交增值税 VAT Payable
#税金 Taxes	#差旅费 Travel Allowance	#工会经费 Trade Unions Funds		#利息支出 Interest Expenses					
51402	**37705**	**12790**	**199543**	**150352**	**683710**	**715041**	**380685**	**1777321**	**941379**
7296	12667	3811	11485	21716	57530	50032	66212	416430	176949
646	691	60	6833	2816	-6353	-8668	4461	45569	17388
479	64	115	2544	1808	-10865	-11531	1261	17296	2406
40	6	5	241	85	-91	-163	153	3138	1286
1454	494	228	22317	11203	-15477	-7280	6440	39786	23417
580	193	205	4582	3289	-2873	-2431	1417	5363	9832
760	63	93	2539	1020	2730	-3031	826	10354	12830
5241	5864	453	45092	16321	35647	40207	78396	301613	127396
4226	1964	848	8593	9389	108963	134780	49236	177953	104207
3629	2430	648	20692	20151	51710	55763	23911	106860	49044
787	146	120	2117	71	36	464	3581	35151	16900
488	686	407	5703	2175	60471	63192	11287	50683	35428
146	61	19	524	517	6916	8350	2515	5155	2734
4103	2167	1056	2309	4955	18374	16218	16103	38576	31558
111	136	95	1697	1145	-251	2068	1183	13089	6294
2022	674	359	6348	7721	36972	21806	10639	40485	25566
1166	255	179	-1296	171	19634	17693	2478	14936	8062
13395	6093	3060	27169	22493	175164	179217	41088	305125	170567
6	62	9	573	18	-1447	-900	67	1128	578
177	220	12	655	543	7737	8927	2401	1303	7560
392	543	84	5004	5644	16359	18012	5206	10656	12477
1162	1122	487	9337	8177	29646	30750	33217	59366	50330
237	208	71	2218	1981	14638	16380	2894	7201	7864
1101	237	193	2277	146	41066	41473	6271	30291	18723
		2	15		287	285	131	126	147
1410	517	95	9861	5813	20915	27805	7948	34282	16142
			-39		370	368		310	313
16	7	6	61	55	450	-254		290	233
334	134	72	93	932	15452	15512	1366	4808	5150

3-4-7 各地区限额以上零售业企业损益及分配(按国民经济行业分)

综合零售

Integrated Retail

地区	Region	主营业务收入 Revenue from Principal Business	主营业务成本 Cost of Principal Business	主营业务税金及附加 Taxes and Other Charges on Principal Business	主营业务利润 Profits from Principal Business	其他业务利润 Profits from Other Business	销售费用 Selling Expenses	管理费用 Administrative Expenses
全国	**National Total**	**182836933**	**154780700**	**1443990**	**26612243**	**5943360**	**16565454**	**8454479**
北京	Beijing	14580681	12420646	104585	2055450	803355	1673837	690570
天津	Tianjin	3152857	2662447	22282	468128	210690	413211	225187
河北	Hebei	6108575	5336163	55752	716660	190877	446121	301539
山西	Shanxi	2256650	1954837	12196	289617	77416	175979	111961
内蒙古	Inner Mongolia	1748116	1530514	15146	202456	33804	94811	82496
辽宁	Liaoning	7911665	6637381	85895	1188389	228465	543142	586014
吉林	Jilin	3475486	2809119	26139	640228	51951	177523	230666
黑龙江	Heilongjiang	3413892	2861937	34721	517234	100095	201417	193581
上海	Shanghai	12099477	10016243	65434	2017800	557810	1680594	713007
江苏	Jiangsu	18493208	15653880	194761	2644567	557643	1512755	930427
浙江	Zhejiang	10690513	9237654	71479	1381380	473493	1042425	497315
安徽	Anhui	5875605	4995652	38289	841664	134087	473202	244809
福建	Fujian	4527605	3788891	29914	708800	95500	535613	137338
江西	Jiangxi	1949861	1676060	16652	257149	43137	158500	62773
山东	Shandong	22959345	20079394	159648	2720303	420972	1313442	867471
河南	Henan	6524841	5633568	79317	811956	145545	401719	286088
湖北	Hubei	9691627	8197854	89619	1404154	345843	853144	417780
湖南	Hunan	5589336	4688328	49157	851851	128153	445095	251782
广东	Guangdong	15838726	13112479	96457	2629790	598944	2070885	535766
广西	Guangxi	2241144	1882493	15682	342969	97331	235989	99655
海南	Hainan	406560	325280	2807	78473	19576	53281	25690
重庆	Chongqing	5371505	4593228	38916	739361	144470	526232	164456
四川	Sichuan	6857284	5542207	52657	1262420	178760	619360	258375
贵州	Guizhou	1022098	845993	8325	167780	38421	109051	42306
云南	Yunnan	2307421	1955899	14880	336642	47378	174653	99836
西藏	Tibet	56218	49802	482	5934	2256	3268	5029
陕西	Shaanxi	4546657	3735147	40363	771147	133942	375393	212019
甘肃	Gansu	1179556	904275	12577	262704	16829	84379	54129
青海	Qinghai	314814	268815	1709	44290	16818	25517	12731
宁夏	Ningxia	405667	340073	3386	62208	20412	48473	17352
新疆	Xinjiang	1239944	1044444	4764	190736	29392	96446	96328

Income and Distribution of Enterprises above Designated Size of Retail Trade by Region and Sector

单位：万元
Unit: 10000 yuan

#税金 Taxes	#差旅费 Travel Allowance	#工会经费 Trade Unions Funds	财务费用 Financial Expenses	#利息支出 Interest Expenses	营业利润 Operating Profits	利润总额 Total Profits	应交所得税 Income Tax Payable	应付职工薪酬 Payables to Employees	应交增值税 VAT Payable
358178	**121293**	**58052**	**1240295**	**900426**	**6063909**	**5885967**	**1476282**	**7768630**	**3914590**
17309	9176	6935	77118	82196	590345	601920	161454	771532	314763
7376	1521	976	27713	23791	11974	431	17430	188158	77940
12224	3715	2150	56763	21831	110479	80826	46176	256878	116168
3727	1148	414	31982	15119	41877	11018	6442	81096	115176
3993	815	625	25579	16197	41541	61017	10954	86803	29015
25168	10190	5090	101225	75314	188201	199492	48253	351977	201116
9129	1689	711	41284	19402	254619	145790	28103	89888	39249
13619	3602	1308	26721	21172	183722	159823	36221	125182	96439
11068	4552	2146	31318	31456	292144	396786	135804	488587	215662
26072	9642	4555	102108	73071	556671	473004	155744	728862	385392
19724	5460	3597	70537	99493	281635	312018	98719	535482	219511
16811	4069	1199	46204	31409	99546	120845	32437	235731	132336
6704	2682	1824	29479	14463	108663	116235	28060	251985	102428
2843	856	247	17812	8480	48765	57075	11423	76301	33755
59803	18941	6859	186084	125323	809797	795872	176066	720568	445596
14896	3191	1202	26952	14305	276899	256166	38522	288051	146185
25068	6242	2646	68302	48561	238191	262355	78925	413187	178347
11615	4620	1765	30274	15060	276366	238660	36499	203422	102656
18252	9242	6123	71019	42306	606205	676745	135115	735088	389468
5374	1774	1222	11092	5449	83952	61291	16853	116105	88814
1120	507	140	4152	3588	4111	11946	3957	12439	9750
6780	3708	915	19890	9408	177646	163721	25182	256486	114007
9824	3733	1489	53035	35058	240566	232663	65254	261950	114408
1873	1594	228	10725	8888	38542	44555	9829	44246	27934
3804	1857	831	14081	11863	91856	94411	16476	102086	52024
376	84	5	130	2	2948	2251	339	3222	1184
13085	4296	1442	33599	29242	286730	193285	34806	194733	88154
2756	877	215	8988	5866	61262	46999	9141	42309	23012
658	142	93	1709	931	8948	12814	2000	16899	7632
3410	268	178	3994	2863	3953	5644	1228	30626	6549
3719	1102	923	10428	8321	45755	50310	8872	58754	39920

食品、饮料及烟草制品专门零售
Special Retail of Food, Beverages and Tobaccos

地 区	Region	主营业务收入 Revenue from Principal Business	主营业务成本 Cost of Principal Business	主营业务税金及附加 Taxes and Other Charges on Principal Business	主营业务利润 Profits from Principal Business	其他业务利润 Profits from Other Business	销售费用 Selling Expenses	管理费用 Administrative Expenses
全 国	**National Total**	**22098354**	**18322369**	**211408**	**3564577**	**137310**	**1471357**	**853762**
北 京	Beijing	800894	565261	5804	229829	14397	136171	44068
天 津	Tianjin	287715	231348	1414	54953	1949	21709	18106
河 北	Hebei	83110	71220	676	11214	418	4844	4096
山 西	Shanxi	438903	383168	3009	52726	1833	20775	14506
内蒙古	Inner Mongolia	119486	90760	466	28260	51	5691	3982
辽 宁	Liaoning	343074	295951	4096	43027	2730	17908	19500
吉 林	Jilin	402139	307043	5343	89753	1413	13389	26930
黑龙江	Heilongjiang	135239	110694	1937	22608	79	7868	4913
上 海	Shanghai	3951360	3669835	4524	277001	28747	136337	144481
江 苏	Jiangsu	1591677	1333006	8872	249799	6934	96191	65266
浙 江	Zhejiang	565367	469750	2023	93594	10627	58098	30102
安 徽	Anhui	556059	483001	2568	70490	2366	31018	19701
福 建	Fujian	1213898	966599	9765	237534	2489	121187	46968
江 西	Jiangxi	243621	186582	3302	53737	2112	20058	10547
山 东	Shandong	2301746	1895862	33155	372729	5735	92317	74293
河 南	Henan	778623	679041	10028	89554	1763	32138	16581
湖 北	Hubei	2733720	1976256	60073	697391	4394	294568	92057
湖 南	Hunan	631436	516237	9004	106195	3485	41776	28147
广 东	Guangdong	1301517	996984	10002	294531	25697	119222	62497
广 西	Guangxi	135326	125878	432	9016	526	4709	4309
海 南	Hainan	23924	22569	36	1319	-54	1900	1637
重 庆	Chongqing	801244	705324	9858	86062	8805	43948	26145
四 川	Sichuan	1046375	890665	15077	140633	4874	65761	31866
贵 州	Guizhou	299036	221721	2235	75080	291	10379	9153
云 南	Yunnan	654044	582176	1868	70000	2777	26287	24615
西 藏	Tibet	37120	30226	1629	5265	200	1230	3019
陕 西	Shaanxi	434140	360606	3607	69927	1498	27369	16952
甘 肃	Gansu	165456	133056	580	31820	1058	16892	7630
青 海	Qinghai	4811	4144	6	661		227	426
宁 夏	Ningxia	3010	3651	4	-645	19	553	306
新 疆	Xinjiang	14287	13759	17	511	100	841	964

单位：万元
Unit: 10000 yuan

			财务费用 Financial Expenses		营业利润 Operating Profits	利润总额 Total Profits	应交所得税 Income Tax Payable	应付职工薪酬 Payables to Employees	应交增值税 VAT Payable
#税金 Taxes	#差旅费 Travel Allowance	#工会经费 Trade Unions Funds		#利息支出 Interest Expenses					
35393	**26351**	**10294**	**126128**	**66216**	**1447311**	**1368738**	**235028**	**870838**	**430178**
1114	1910	661	1656	1153	62354	65123	18388	74055	39317
302	118	43	1310	544	16261	16828	4256	21700	9988
147	85	37	1165	801	1536	2714	199	3631	1261
347	412	124	3043	2213	8352	10427	841	12241	3615
176	125	11	2962	758	-1040	3139	542	3839	1209
649	447	143	1956	984	12739	14204	1812	12159	13772
233	458	530	1914	883	24946	23664	4046	7453	8098
130	69	19	673	360	9228	4141	881	3806	1221
266	333	575	-2463	1525	224607	249711	32048	67240	26180
2041	2351	222	11702	7727	94369	87168	19274	61170	30831
925	668	173	3385	2118	13334	19461	4868	34414	12219
1057	939	150	4228	3352	26112	18956	3192	27828	6661
2019	3608	449	4599	2572	64354	60885	11915	61451	25084
368	595	87	2701	1676	22313	18746	2830	7522	6753
5658	3314	478	19923	10245	185570	169517	23902	50801	44000
990	609	115	5185	2764	38244	38145	4022	22037	9572
5394	2295	496	12916	4104	277654	211391	36460	138907	59996
1534	999	343	6707	2312	37442	24970	3142	54047	13532
2484	2356	3898	2724	3999	161647	163713	31994	94974	55965
198	158	246	1213	796	-27	676	145	4250	1188
4	65	11	380	294	-2543	-917	96	1225	360
4702	870	264	5428	2704	39472	31781	4270	13596	8124
1606	1281	281	5463	3705	42048	36298	4850	35437	21816
377	536	93	1064	572	56172	58305	14558	4774	9758
515	353	146	6492	5258	19506	26563	3821	24457	6295
83	59	21	24	22	1027	1191	141	1961	827
1882	1051	558	17787	1437	7659	6936	1132	13429	8864
105	125	44	1733	1108	6749	5641	1384	10835	3393
1	85				9	9	5	97	49
5	7	3	44	47	-1545	-106		668	2
82	72	73	215	181	-1238	-541	18	832	231

纺织、服装及日用品专门零售
Special Retail of Textiles, Garments and Daily Consumer Articles

地 区	Region	主营业务收入 Revenue from Principal Business	主营业务成本 Cost of Principal Business	主营业务税金及附加 Taxes and Other Charges on Principal Business	主营业务利润 Profits from Principal Business	其他业务利润 Profits from Other Business	销售费用 Selling Expenses	管理费用 Administr-ative Expenses
全 国	**National Total**	**29454503**	**21844059**	**271825**	**7338620**	**316481**	**4303581**	**1960477**
北 京	Beijing	2697483	1866794	16228	814461	48758	705538	205037
天 津	Tianjin	483062	387909	2498	92655	6913	81886	22792
河 北	Hebei	532544	400665	4499	127380	7529	85145	27811
山 西	Shanxi	700751	637583	4065	59103	24025	62932	56378
内蒙古	Inner Mongolia	598179	409729	9315	179135	13828	32980	45708
辽 宁	Liaoning	878836	702268	8455	168113	18125	92536	79071
吉 林	Jilin	477806	410093	3900	63813	7299	30378	28278
黑龙江	Heilongjiang	366479	313200	5921	47358	9416	14631	24284
上 海	Shanghai	4889690	2808874	33937	2046879	43925	1218162	593486
江 苏	Jiangsu	1652778	1328953	10521	313304	16138	185462	62577
浙 江	Zhejiang	1239205	945881	7185	286139	11507	207203	83097
安 徽	Anhui	495021	399360	3967	91694	3441	44469	21699
福 建	Fujian	887552	712182	4936	170434	9866	78466	36991
江 西	Jiangxi	182132	148086	2821	31225	841	20085	6268
山 东	Shandong	2680785	2232868	31979	415938	8613	128294	83238
河 南	Henan	941708	789819	15669	136220	3488	48774	35138
湖 北	Hubei	1015710	795699	9732	210279	5432	128277	38103
湖 南	Hunan	628917	487749	8344	132824	4040	65360	28695
广 东	Guangdong	3899030	2752606	18941	1127483	26221	681350	254773
广 西	Guangxi	79654	63330	401	15923	695	14689	3757
海 南	Hainan	343977	238124	11150	94703	2189	23473	17080
重 庆	Chongqing	629969	515553	5492	108924	4769	53687	43691
四 川	Sichuan	988229	751180	10587	226462	11392	120481	76229
贵 州	Guizhou	91619	73729	577	17313	2152	13605	4667
云 南	Yunnan	293189	237953	2272	52964	1393	37202	14516
西 藏	Tibet	3967	3101	18	848	47	510	44
陕 西	Shaanxi	1396997	1083509	35072	278416	10619	75503	37407
甘 肃	Gansu	71381	55504	433	15444	181	7282	5076
青 海	Qinghai	25678	21002	53	4623	856	3250	3018
宁 夏	Ningxia	42532	35575	497	6460	3798	8726	4142
新 疆	Xinjiang	239645	235183	2360	2102	8988	33245	17427

单位：万元
Unit: 10000 yuan

#税金 Taxes	#差旅费 Travel Allowance	#工会经费 Trade Unions Funds	财务费用 Financial Expenses	#利息支出 Interest Expenses	营业利润 Operating Profits	利润总额 Total Profits	应交所得税 Income Tax Payable	应付职工薪酬 Payables to Employees	应交增值税 VAT Payable
46950	**68160**	**16134**	**206518**	**127554**	**1277929**	**1088062**	**325197**	**1715765**	**939377**
2477	8118	998	10287	8746	-70061	-70315	21418	222213	112490
418	181	50	3292	1260	1281	484	2143	29523	19680
1218	582	92	7503	6851	18761	7741	1437	19797	8993
4320	919	128	12604	9708	-7540	-9461	1461	32487	11165
1639	363	68	3102	1319	112912	11064	730	28098	8721
3118	2836	377	6114	6410	6127	3897	3919	35194	22209
1009	1129	771	6321	4791	9019	3646	1108	12150	5699
525	890	65	2718	1418	15634	13643	1537	17685	4501
1929	24439	5402	28181	5719	241329	260915	100909	356283	182780
1635	1627	267	12569	4197	75999	71638	23269	75383	42799
2782	3326	560	16443	16103	-12348	-3827	10779	86390	42969
1060	1278	89	2297	645	18077	20310	4361	22378	10577
1393	1862	186	5211	3028	53854	52627	7563	39584	16852
415	205	47	1354	1436	2826	2639	544	9085	7237
4465	3746	316	13307	5635	196583	135310	25408	77413	34652
1755	778	141	4493	2704	40175	40162	6520	48785	17103
1543	1745	390	-2076	3015	45994	42486	8705	51484	21225
1016	797	111	4571	2709	38604	9695	1463	25043	10055
7642	8300	4829	27846	20533	225299	237804	49776	340860	173239
64	88	1	653	625	-1209	-926	141	4802	8014
1255	270	37	7172		45581	53271	1457	14034	32141
1686	1017	162	10139	5734	13408	11979	2760	29602	12126
1516	1893	609	4209	3922	53512	52402	13738	66477	59949
160	127	41	1291	1426	-70	1205	605	3334	3674
135	513	68	4294	3655	-2833	903	1063	11940	24274
15		2	15		326	325	131	156	147
795	505	104	5535	971	159558	140441	29382	27198	36910
283	194	36	746	622	2190	2338	309	7063	1504
65	9	60	407	315	-2053	-1604	12	2691	235
48	38	39	828	373	-2315	-2683	120	3138	934
569	387	88	5094	3685	-691	-46	2430	15498	6526

文化、体育用品及器材专门零售
Special Retail of Culture, Sports Appliances and Equipments

地区	Region	主营业务收入 Revenue from Principal Business	主营业务成本 Cost of Principal Business	主营业务税金及附加 Taxes and Other Charges on Principal Business	主营业务利润 Profits from Principal Business	其他业务利润 Profits from Other Business	销售费用 Selling Expenses	管理费用 Administrative Expenses
全国	**National Total**	**18791804**	**15042301**	**173247**	**3576256**	**243002**	**1791046**	**1297614**
北京	Beijing	1997763	1623081	10745	363937	45206	235913	135619
天津	Tianjin	231803	190024	1952	39827	6003	23681	15988
河北	Hebei	231273	176447	867	53959	4256	13899	34025
山西	Shanxi	360091	299067	3836	57188	3028	34268	14473
内蒙古	Inner Mongolia	90498	73831	1325	15342	745	6970	8186
辽宁	Liaoning	581446	488665	9394	83387	5253	27094	40649
吉林	Jilin	155936	127633	792	27511	2012	9848	14563
黑龙江	Heilongjiang	259558	200727	1266	57565	3322	21472	14978
上海	Shanghai	2398522	1873231	29958	495333	43788	415617	135466
江苏	Jiangsu	2223516	1845230	19220	359066	20812	200596	108493
浙江	Zhejiang	1109016	915473	14222	179321	13285	100725	60256
安徽	Anhui	461629	364481	3716	93432	2685	34830	22572
福建	Fujian	779032	613977	7832	157223	7275	58761	65999
江西	Jiangxi	498247	385539	3058	109650	8146	27894	42565
山东	Shandong	901035	753398	11552	136085	4584	41051	51289
河南	Henan	467369	377434	3514	86421	9922	33891	40153
湖北	Hubei	604422	472040	9274	123108	2395	38700	36842
湖南	Hunan	639305	484873	4294	150138	1437	51670	54181
广东	Guangdong	2057525	1767030	11689	278806	22300	114625	129932
广西	Guangxi	147805	115643	1036	31126	2510	15223	17374
海南	Hainan	27198	20149	161	6888	592	3376	4455
重庆	Chongqing	491853	414942	2514	74397	2213	27327	26591
四川	Sichuan	638936	415985	8696	214255	10344	84897	99228
贵州	Guizhou	104014	81466	572	21976	2357	8467	11093
云南	Yunnan	579364	367466	6214	205684	5204	87915	59218
西藏	Tibet	3748	2870	10	868	345	229	558
陕西	Shaanxi	421138	349131	3304	68703	2839	36644	26936
甘肃	Gansu	118099	91405	1021	25673	8204	8067	10974
青海	Qinghai	6278	4836	138	1304	46	690	820
宁夏	Ningxia	29707	23362	101	6244	397	3451	3093
新疆	Xinjiang	175678	122868	972	51838	1499	23258	11050

3-4-7 Continued 3

单位：万元
Unit: 10000 yuan

#税金 Taxes	#差旅费 Travel Allowance	#工会经费 Trade Unions Funds	财务费用 Financial Expenses	#利息支出 Interest Expenses	营业利润 Operating Profits	利润总额 Total Profits	应交所得税 Income Tax Payable	应付职工薪酬 Payables to Employees	应交增值税 VAT Payable
40558	**34597**	**12623**	**134788**	**104599**	**610364**	**651551**	**103281**	**1414756**	**376924**
2771	6799	2397	11595	10280	24554	41635	16948	150941	40188
304	136	99	1795	1477	-285	2309	1514	19674	3711
862	177	278	-50	255	9406	15213	55	19776	4615
440	297	165	2121	1184	8613	9182	2445	20066	7631
565	262	76	2101	1442	-204	-858	154	5155	522
4063	814	587	18321	5270	4101	4628	2452	22391	11795
774	727	281	978	826	3790	3967	285	9413	2341
609	481	215	1663	339	22237	13396	1671	17568	5478
1448	2331	207	30446	26583	-42167	-27279	8531	119686	34636
3537	2991	885	7216	7275	73638	81848	14067	97096	38426
2230	1407	634	16576	14968	14767	18219	4395	63184	18233
765	406	290	-1179	335	40144	34367	92	24622	4617
1797	1308	439	1765	923	33073	32803	5898	32432	8740
1653	1576	350	-705	342	47310	48999	2832	29981	4845
2225	2036	252	10691	8281	37708	40566	8239	301239	17463
1689	528	422	2577	2125	17527	18326	913	31860	11337
867	1130	232	6218	4577	50464	33410	2730	20945	11082
1727	1140	549	3234	930	44514	38790	1021	31738	6889
5093	2971	1697	3171	3559	53082	59653	7033	177824	45759
842	267	206	817	681	1176	2202	194	13135	4839
104	110	96	2953	2929	-2375	-2100	99	2149	1084
223	1454	247	-4663	-5032	28804	33595	741	18747	7614
2160	2032	951	3703	4352	52483	57676	799	78185	21988
469	236	96	351	98	3878	3619	824	7282	2906
1286	1172	192	9218	6647	52813	58174	11067	43753	43066
1	17	2	-8	1	315	421	11	336	120
884	770	293	3079	3037	6627	6170	2901	24823	7972
587	359	150	341	203	4825	2411	38	7460	2022
32	26	10	41	37	-20	178	14	674	129
67	68	38	120	131	94	453	54	4079	674
485	570	289	302	547	19473	19578	5266	18544	6199

医药及医疗器材专门零售

Special Retail of Medicines and Medical Appliances

地 区	Region	主营业务收入 Revenue from Principal Business	主营业务成本 Cost of Principal Business	主营业务税金及附加 Taxes and Other Charges on Principal Business	主营业务利润 Profits from Principal Business	其他业务利润 Profits from Other Business	销售费用 Selling Expenses	管理费用 Administrative Expenses
全 国	**National Total**	**33446425**	**29624791**	**136726**	**3684908**	**150269**	**2017182**	**1119623**
北 京	Beijing	3967993	3463269	12586	492138	25744	237192	145631
天 津	Tianjin	401617	362631	765	38221	1544	15642	8224
河 北	Hebei	303509	257444	805	45260	863	20804	19075
山 西	Shanxi	506084	446459	1181	58444	909	29265	22580
内蒙古	Inner Mongolia	266648	236090	823	29735	563	14389	10198
辽 宁	Liaoning	1267716	1079114	6857	181745	7126	101749	50530
吉 林	Jilin	486592	410419	1398	74775	1975	24770	20216
黑龙江	Heilongjiang	1010731	892385	5843	112503	3040	35373	52324
上 海	Shanghai	1366066	1191960	3359	170747	12180	85653	50420
江 苏	Jiangsu	4821662	4395482	10297	415883	14223	194562	110435
浙 江	Zhejiang	1766920	1555980	4127	206813	8003	108207	59406
安 徽	Anhui	1676188	1535208	3242	137738	2756	65620	40021
福 建	Fujian	627831	536829	6134	84868	2513	35565	25218
江 西	Jiangxi	710634	639887	1316	69431	2170	35329	16686
山 东	Shandong	3006626	2572126	19859	414641	4926	166361	107700
河 南	Henan	1179414	1051615	9493	118306	6285	59475	29970
湖 北	Hubei	2110341	1897739	6805	205797	6446	86348	56973
湖 南	Hunan	1605333	1382991	12012	210330	6794	108111	51016
广 东	Guangdong	1899472	1581175	7011	311286	20952	200078	69744
广 西	Guangxi	679406	892882	2694	-216170	3215	44204	26819
海 南	Hainan	27407	21243	47	6117	37	4199	1413
重 庆	Chongqing	740563	628337	3773	108453	3011	45945	31448
四 川	Sichuan	497254	428091	4746	64417	7136	48553	25945
贵 州	Guizhou	280678	239987	834	39857	1332	19515	11547
云 南	Yunnan	597455	521233	3777	72445	1276	102402	27969
西 藏	Tibet	96198	54447	882	40869		41108	781
陕 西	Shaanxi	402074	336168	1951	63955	1327	30105	15415
甘 肃	Gansu	171707	136116	2287	33304	235	21320	8085
青 海	Qinghai	60739	54311	182	6246	530	3442	2144
宁 夏	Ningxia	232908	211994	364	20550	633	9912	6500
新 疆	Xinjiang	678661	611179	1277	66205	2526	21988	15192

3-4-7 Continued 4

单位：万元
Unit: 10000 yuan

#税金 Taxes	#差旅费 Travel Allowance	#工会经费 Trade Unions Funds	财务费用 Financial Expenses	#利息支出 Interest Expenses	营业利润 Operating Profits	利润总额 Total Profits	应交所得税 Income Tax Payable	应付职工薪酬 Payables to Employees	应交增值税 VAT Payable
42674	**44708**	**8943**	**255175**	**207973**	**898223**	**846318**	**167766**	**1211274**	**692808**
2501	10001	1043	52348	57877	111075	114694	26803	136393	93308
221	91	20	3092	2930	12954	13126	3056	9950	5566
526	643	35	3063	2204	3312	2493	448	19276	6495
414	220	82	2156	1644	6385	6271	1795	16768	26203
355	282	49	1097	606	4485	4404	956	9710	3467
2461	1709	386	6289	4738	23192	23984	5786	43974	17170
628	486	136	4514	1361	14796	13885	3574	22338	7635
1880	2639	475	4935	4424	40324	27191	5398	38021	15527
1501	834	451	602	220	42465	39695	4787	47749	22426
2763	3822	706	32303	26437	101351	97333	21475	108287	62229
1952	1446	534	11397	10782	37955	39941	11033	74959	32866
1831	2006	240	13552	12053	14841	16842	3908	37897	25295
4935	731	181	3961	3263	26054	19463	3510	25048	9788
755	1324	53	6586	6716	10006	6232	1540	24217	11144
3795	3164	413	22019	11728	125668	126476	20226	86273	100064
1776	1022	154	5467	4053	33100	31937	4722	40173	18245
2929	2794	495	22324	13042	47731	38400	6578	46061	27250
1795	3494	656	14464	8091	44976	36189	5766	50932	27414
2129	2662	953	10137	6658	65100	67269	14677	126462	82984
1307	904	195	8491	7524	22188	23498	6485	29418	15560
80	12	4	418		88	174	72	1050	299
1349	776	221	4733	3170	29364	16814	2316	46397	10067
1167	651	206	4119	2936	2731	2992	1376	30033	9610
213	437	85	3137	2533	6232	6407	896	11348	5811
652	989	663	4107	3647	23182	22833	3937	55395	24833
35	288	1	-2	2	-1250	3835	574	6288	6901
704	390	152	1307	2056	17762	9432	539	29033	6215
273	226	23	1498	830	2537	2783	370	13421	4216
129	40	7	280	274	413	460	342	2513	2593
255	182	90	1258	989	3017	3579	691	8196	6671
1362	448	237	5523	5185	26188	27687	4131	13697	4959

汽车、摩托车、燃料及零配件专门零售
Special Retail of Motor Vehicles, Motorcycles, Fuel and Parts

地 区	Region	主营业务收入 Revenue from Principal Business	主营业务成本 Cost of Principal Business	主营业务税金及附加 Taxes and Other Charges on Principal Business	主营业务利润 Profits from Principal Business	其他业务利润 Profits from Other Business	销售费用 Selling Expenses	管理费用 Administrative Expenses
全 国	**National Total**	**339774038**	**318219694**	**787415**	**20766929**	**1538782**	**10128397**	**6160947**
北 京	Beijing	22562234	21333043	29456	1199735	390297	722554	447614
天 津	Tianjin	10083215	9545776	8628	528811	30783	284077	150237
河 北	Hebei	7620939	7195456	11107	414376	33427	204427	137885
山 西	Shanxi	11512311	10899576	12299	600436	24375	311561	168673
内 蒙 古	Inner Mongolia	9509995	8857661	22920	629414	77650	316850	140684
辽 宁	Liaoning	14272447	13165685	64078	1042684	37578	429876	274928
吉 林	Jilin	5299616	4667665	9139	622812	15931	228210	113168
黑 龙 江	Heilongjiang	3687230	3332356	14510	340364	8166	118188	89292
上 海	Shanghai	11313702	10628896	11548	673258	48551	307458	255609
江 苏	Jiangsu	25016969	23357210	42374	1617385	124737	706480	526565
浙 江	Zhejiang	29982942	28590471	37115	1355356	117336	752819	516940
安 徽	Anhui	8972129	8420624	11303	540202	18198	226598	133327
福 建	Fujian	10431931	9716688	16237	699006	87017	332350	187623
江 西	Jiangxi	4139912	3867423	11517	260972	11709	97416	71157
山 东	Shandong	27328987	25029246	152288	2147453	60047	737579	504324
河 南	Henan	12897911	12013674	40873	843364	26660	328550	199550
湖 北	Hubei	10831898	11719725	39094	-926921	16449	278802	257617
湖 南	Hunan	13750595	12687496	51140	1011959	19086	419934	259616
广 东	Guangdong	36686560	33749615	70900	2866045	198446	1243570	705336
广 西	Guangxi	3798342	3505023	6777	286542	18427	125433	82597
海 南	Hainan	2727330	2552566	4309	170455	12130	103982	54837
重 庆	Chongqing	7731346	7161202	22072	548072	17582	193469	109869
四 川	Sichuan	19779508	18283214	46876	1449418	57227	767501	300388
贵 州	Guizhou	4734813	4664972	7478	62363	12524	153310	70734
云 南	Yunnan	8208816	7591941	10356	606519	23954	244471	130150
西 藏	Tibet	643232	551071	1604	90557	751	28370	10793
陕 西	Shaanxi	6829356	6330727	18641	479988	18113	195046	138776
甘 肃	Gansu	4151731	3871069	7313	273349	12445	101270	36009
青 海	Qinghai	631255	585536	663	45056	2024	23462	14554
宁 夏	Ningxia	1352654	1260865	1536	90253	6818	42787	22822
新 疆	Xinjiang	3284134	3083224	3266	197644	10345	102000	49280

3-4-7 Continued 5

单位：万元
Unit: 10000 yuan

#税金 Taxes	#差旅费 Travel Allowance	#工会经费 Trade Unions Funds	财务费用 Financial Expenses	#利息支出 Interest Expenses	营业利润 Operating Profits	利润总额 Total Profits	应交所得税 Income Tax Payable	应付职工薪酬 Payables to Employees	应交增值税 VAT Payable
354216	**196317**	**48999**	**2528793**	**1768552**	**4336436**	**4403852**	**943961**	**6949003**	**6869035**
7887	9870	2277	119756	109880	87485	106436	65897	439560	239577
3316	2293	232	56292	27582	40556	51007	21590	186476	94114
5550	3454	358	57835	38198	46077	42320	74193	144315	88724
7800	4544	1157	71048	43983	93384	45080	8295	169272	117166
56679	6496	357	65986	47844	230583	162295	19757	519138	298770
22129	8446	1578	114978	74740	236028	237579	27859	377495	275436
4693	2777	1008	47601	36205	59927	64019	15957	80687	141339
11246	2303	890	34216	24054	69520	290336	4159	119732	36219
3208	4312	758	87826	54933	50850	104484	37957	188422	127202
21654	14742	1782	269852	183560	201709	164318	68405	398679	227994
24104	14788	2255	274687	261574	-45839	-32086	71131	507896	346638
9294	5963	973	60321	45926	82954	87249	16185	147079	71602
10237	6798	1296	73475	60042	186419	179765	33545	213970	142350
3173	2154	776	26931	17344	29156	23365	6743	57672	64510
31266	20550	2693	223509	128994	631356	652345	119918	587422	483473
10850	5205	919	103403	63990	235904	201434	30426	334024	208589
11368	7327	1434	94676	67001	368719	342507	54354	164737	121074
12139	5780	1295	72691	38906	177395	196250	33216	210931	158610
33567	18333	18737	262476	149630	600595	635565	88972	726140	741076
10192	9856	1385	22525	22408	48485	52596	12537	121761	145299
2188	1661	1009	7802	6041	50873	50885	14155	62256	69894
5341	4432	571	50515	37424	143764	115873	15797	126919	90672
13204	12389	2054	122281	88496	179476	127598	43085	339452	1322270
3069	2383	568	29359	17983	87739	89390	6392	259702	561065
11155	5236	542	62048	41576	85216	86104	15257	153952	266177
365	448	274	625	179	53143	49962	797	13013	13779
7552	7545	488	61550	40588	127238	108472	16997	136816	182960
4063	2936	393	21697	15954	100593	79916	5032	51949	94184
433	410	42	3764	2243	15567	16657	2916	11205	11988
1876	690	323	11888	8481	15920	18166	4323	26396	14243
4621	2199	576	17181	12793	45643	53966	8116	71937	112042

家用电器及电子产品专门零售
Special Retail of Household Electric Appliances and Electronic Products

地 区	Region	主营业务收入 Revenue from Principal Business	主营业务成本 Cost of Principal Business	主营业务税金及附加 Taxes and Other Charges on Principal Business	主营业务利润 Profits from Principal Business	其他业务利润 Profits from Other Business	销售费用 Selling Expenses	管理费用 Administr-ative Expenses
全 国	**National Total**	**58383887**	**51740207**	**298138**	**6345542**	**630012**	**3859639**	**1633752**
北 京	Beijing	8782386	8158054	19943	604389	113622	506568	205830
天 津	Tianjin	820095	744570	2442	73083	5821	67912	18399
河 北	Hebei	1267214	1140109	3895	123210	8888	74505	33467
山 西	Shanxi	855864	778006	2652	75206	4632	43489	25432
内 蒙 古	Inner Mongolia	646629	580061	3757	62811	7289	47293	23733
辽 宁	Liaoning	2046509	1838506	20038	187965	13367	96548	59633
吉 林	Jilin	499833	429651	2014	68168	7059	37788	23829
黑 龙 江	Heilongjiang	1030601	909302	6273	115026	20909	52932	26848
上 海	Shanghai	3106863	2697529	8036	401298	18451	404110	138337
江 苏	Jiangsu	5262874	4604500	24267	634107	62026	384769	179030
浙 江	Zhejiang	2641391	2360047	7157	274187	79253	214553	78629
安 徽	Anhui	1664728	1487374	5009	172345	15042	101511	38058
福 建	Fujian	2034568	1831273	6132	197163	11592	115390	52594
江 西	Jiangxi	919115	824997	3751	90367	2234	50550	18712
山 东	Shandong	4745293	4095419	40385	609489	25979	200663	114392
河 南	Henan	2313970	1996723	25903	291344	22762	126988	56970
湖 北	Hubei	2910617	2584535	15466	310616	23645	132018	93222
湖 南	Hunan	1458772	1246362	12220	200190	7767	115091	40964
广 东	Guangdong	5660056	4924782	17794	717480	103091	472513	150598
广 西	Guangxi	743347	666660	2167	74520	8325	46459	22165
海 南	Hainan	250698	222926	577	27195	3100	20325	10132
重 庆	Chongqing	2006580	1802688	19221	184671	12027	101240	36929
四 川	Sichuan	2788782	2473763	14498	300521	22503	172521	69357
贵 州	Guizhou	364367	323447	1433	39487	2591	29752	12574
云 南	Yunnan	853960	675102	2726	176132	5856	76738	29101
西 藏	Tibet	36344	29203	44	7097	540	2140	1160
陕 西	Shaanxi	1729865	1469153	27243	233469	10472	96336	48167
甘 肃	Gansu	249199	225452	1294	22453	783	18767	6056
青 海	Qinghai	72461	63742	217	8502	477	5181	1633
宁 夏	Ningxia	233719	208385	677	24657	5679	16793	7393
新 疆	Xinjiang	387192	347888	908	38396	4230	28195	10409

单位：万元
Unit: 10000 yuan

#税金 Taxes	#差旅费 Travel Allowance	#工会经费 Trade Unions Funds	财务费用 Financial Expenses	#利息支出 Interest Expenses	营业利润 Operating Profits	利润总额 Total Profits	应交所得税 Income Tax Payable	应付职工薪酬 Payables to Employees	应交增值税 VAT Payable
66837	**55419**	**14663**	**233143**	**154748**	**1072738**	**891994**	**210060**	**2089953**	**919081**
3374	8549	994	5720	12644	5083	17508	16141	200243	98690
324	188	12	1181	1376	-1219	-1196	726	25185	21051
1124	517	107	7256	4120	15584	7010	1941	34008	11345
646	564	122	4074	2566	5374	3198	819	20950	23020
1318	807	203	5058	2895	10867	9820	1687	21162	16608
2730	1543	587	9509	5089	39416	39689	4216	78815	25590
641	816	752	4764	2349	3806	3845	1005	10104	8421
1119	502	122	4505	2070	41619	29372	4030	24328	15748
1827	1549	854	3971	1277	-108308	-100597	2931	609867	66820
6159	3753	488	14269	15112	117101	99564	27153	126916	86227
2183	1955	395	21166	16988	-4881	4565	4773	96800	43449
1548	1667	276	8275	6114	35766	30209	7064	48640	21099
1412	1738	157	11245	7847	23297	23653	6270	62332	18967
940	649	178	3750	3027	12670	10062	1815	25761	13562
14244	5970	960	26544	13439	282338	275808	51163	91140	81803
3482	3756	267	10799	4192	69393	66855	8647	59329	33564
2947	2533	657	12982	6478	124412	99257	13647	70288	39010
2127	1434	430	10237	2273	46494	22496	3732	40605	20821
7230	5526	4003	22825	14670	59892	59580	18179	210382	120353
621	693	57	4534	3886	6806	8821	1803	25592	9899
304	315	109	974	517	-1435	-1325	364	8054	2822
2598	2064	205	7203	5540	59671	49429	6655	41559	26343
3098	2155	490	15820	11609	63969	45711	6899	60498	47280
583	449	106	2377	1385	5555	5758	950	19689	10086
1230	803	197	2657	999	72465	7057	2095	22057	13393
6	23		65		179	331	32	1513	56
1955	3812	1572	6481	2427	81379	63363	12722	26710	32982
101	283	18	1931	1851	-745	1333	449	5480	946
364	16	5	254	54	2451	2432	529	1331	1441
284	400	154	1664	1191	292	4623	847	7699	1478
321	392	186	1053	768	3449	3764	779	12916	6208

五金、家具及室内装饰材料专门零售
Special Retail of Hardware, Furniture and Interior Decoration Materials

地区	Region	主营业务收入 Revenue from Principal Business	主营业务成本 Cost of Principal Business	主营业务税金及附加 Taxes and Other Charges on Principal Business	主营业务利润 Profits from Principal Business	其他业务利润 Profits from Other Business	销售费用 Selling Expenses	管理费用 Administrative Expenses
全国	**National Total**	**17316270**	**13912454**	**305462**	**3098354**	**258508**	**1048395**	**702161**
北京	Beijing	559771	361322	6287	192162	10525	122865	46151
天津	Tianjin	211190	145057	1044	65089	1142	32553	35385
河北	Hebei	160684	137643	1713	21328	6644	6164	10547
山西	Shanxi	670806	566626	6337	97843	3598	20919	28100
内蒙古	Inner Mongolia	199078	156970	1908	40200	4282	12309	17678
辽宁	Liaoning	579833	491042	7031	81760	5237	29357	33877
吉林	Jilin	120803	90568	2146	28089	591	4517	9406
黑龙江	Heilongjiang	98072	54606	946	42520	175	2753	4646
上海	Shanghai	571467	421631	4846	144990	40997	99136	52741
江苏	Jiangsu	1897113	1665142	10751	221220	8836	96457	61944
浙江	Zhejiang	327606	260991	4937	61678	3184	35083	15756
安徽	Anhui	544190	355132	11961	177097	2207	24839	21712
福建	Fujian	1062329	915631	6925	139773	2482	42350	34387
江西	Jiangxi	268801	246174	3509	19118	2064	8251	7731
山东	Shandong	3160257	2536150	73001	551106	14094	110049	86834
河南	Henan	623359	515019	14337	94003	1604	23554	21643
湖北	Hubei	950940	782153	20224	148563	1869	43320	27634
湖南	Hunan	437263	345512	8697	83054	10756	36916	21617
广东	Guangdong	1039397	809995	13804	215598	27605	104203	60810
广西	Guangxi	30357	25268	124	4965	270	1634	2224
海南	Hainan	13424	11487	23	1914	11	950	792
重庆	Chongqing	1514809	1276110	63949	174750	102360	36532	33103
四川	Sichuan	555892	451621	6111	98160	2838	44069	19840
贵州	Guizhou	8219	6648	35	1536		353	355
云南	Yunnan	261053	229585	1104	30364	818	15861	5167
西藏	Tibet							
陕西	Shaanxi	1253693	951179	31779	270735	2486	26879	31528
甘肃	Gansu	32986	23751	790	8445	1411	3265	2051
青海	Qinghai	1312	787	40	485			484
宁夏	Ningxia	8624	6305	36	2283		4756	1963
新疆	Xinjiang	152943	72352	1069	79522	421	58504	6055

3-4-7 Continued 7

单位：万元

Unit: 10000 yuan

			财务费用 Financial Expenses		营业利润 Operating Profits	利润总额 Total Profits	应交所得税 Income Tax Payable	应付职工薪酬 Payables to Employees	应交增值税 VAT Payable
#税金 Taxes	#差旅费 Travel Allowance	#工会经费 Trade Unions Funds		#利息支出 Interest Expenses					
38835	**27079**	**6234**	**176767**	**124689**	**1219591**	**1014773**	**130702**	**574857**	**294576**
1728	1340	225	6951	9472	38225	39003	10844	43966	15855
355	56	7	4758	803	-6868	-6785	193	6995	-443
113	211	21	1832	1586	8970	8148	2213	10035	1662
1431	1857	319	3211	1946	26436	17597	1010	7400	3339
439	1841	185	2807	2214	9216	8897	601	11232	2080
1676	1022	262	7552	5641	11672	11159	3062	12163	5882
1099	55	3	1197	190	11451	2153	103	3153	834
604	352	101	972	277	23458	3305	240	2807	848
1829	777	168	12099	11807	941	4136	1257	37226	9426
1294	2222	285	16738	6658	62182	55726	10560	29837	21001
973	326	55	7759	5381	6130	6412	1329	10163	5628
1165	919	167	6079	4114	65721	60312	7783	17519	5851
2038	2370	120	5118	4406	48716	24891	3834	15693	10085
99	161	6	981	602	2152	2254	349	5040	15664
8088	5725	573	35478	18362	326696	291595	42613	102335	51106
1139	296	78	7390	2513	42527	41705	3576	37420	11486
1870	797	100	8938	3668	75470	43841	1710	38388	7132
960	600	124	3494	1139	35215	11212	1231	11385	6418
4804	2989	2946	14474	26341	79749	79006	7740	42850	26584
21	34	15	817	655	-280	-7	113	1437	483
	11	5	143	18	30	153	34	620	151
2588	1659	126	4963	2637	117655	114106	15487	19479	36345
378	475	141	9796	4453	21094	14898	2049	20226	5914
49	20	13	37	7	150	194	11	216	67
431	102	14	509	467	9624	4631	688	5800	3248
3033	454	135	10678	8327	191614	165536	8371	47829	36806
494	338	26	624	537	2102	909	154	8100	342
		1	-1			1		111	
46	33	13	496	470	-4932	-4916	21	1757	226
91	39	1	876		14473	14701	3527	23679	10559

货摊、无店铺及其他零售业
Stalls, Non-shop and Other Retails

地　区	Region	主营业务收入 Revenue from Principal Business	主营业务成本 Cost of Principal Business	主营业务税金及附加 Taxes and Other Charges on Principal Business	主营业务利润 Profits from Principal Business	其他业务利润 Profits from Other Business	销售费用 Selling Expenses	管理费用 Administrative Expenses
全　国	**National Total**	**25081269**	**22450760**	**130577**	**2499932**	**119461**	**1515088**	**868536**
北　京	Beijing	4001343	3786428	7785	207130	-25019	290391	180248
天　津	Tianjin	1341389	1253099	2283	86007	426	43895	24475
河　北	Hebei	104677	95757	405	8515	1632	5830	4249
山　西	Shanxi	516654	456034	1708	58912	9298	30435	23902
内蒙古	Inner Mongolia	260929	255364	943	4622	8047	31220	9529
辽　宁	Liaoning	467151	394998	4737	67416	3524	22377	18216
吉　林	Jilin	335190	359312	8600	-32722	564	8311	4548
黑龙江	Heilongjiang	313473	268438	1617	43418	296	20930	8631
上　海	Shanghai	3315784	3029131	7264	279389	67705	289203	146027
江　苏	Jiangsu	2022247	1876805	4516	140926	7440	100668	49582
浙　江	Zhejiang	743101	673811	1491	67799	1735	39946	21469
安　徽	Anhui	221672	189939	991	30742	1030	8691	6683
福　建	Fujian	579860	518977	1288	59595	3062	40973	18666
江　西	Jiangxi	111119	94226	431	16462	156	9978	3900
山　东	Shandong	2683520	2284049	24138	375333	5975	69124	73434
河　南	Henan	449146	377015	6041	66090	1658	8885	12142
湖　北	Hubei	1512170	1368339	6909	136922	4962	62653	19740
湖　南	Hunan	973632	768750	24204	180678	1864	80266	48463
广　东	Guangdong	2566212	2207573	12424	346215	12165	202345	102084
广　西	Guangxi	285889	245245	1216	39428	681	20196	10792
海　南	Hainan	34729	28858	187	5684	95	2677	1164
重　庆	Chongqing	791916	698570	3017	90329	1074	17450	24105
四　川	Sichuan	813059	725956	3680	83423	1072	43718	24389
贵　州	Guizhou	191186	129106	1603	60477	5952	41685	9193
云　南	Yunnan	118379	85778	1502	31099	441	4401	8017
西　藏	Tibet	3678	3129	3	546		268	144
陕　西	Shaanxi	127726	110501	702	16523	1743	7670	7692
甘　肃	Gansu	140776	120141	639	19996	1043	6678	3209
青　海	Qinghai	22588	21308	89	1191	18	915	907
宁　夏	Ningxia	12065	10505	42	1518	201	1480	854
新　疆	Xinjiang	20010	13622	124	6264	621	1830	2081

3-4-7 Continued 8

单位：万元

Unit: 10000 yuan

#税金 Taxes	#差旅费 Travel Allowance	#工会经费 Trade Unions Funds	财务费用 Financial Expenses	#利息支出 Interest Expenses	营业利润 Operating Profits	利润总额 Total Profits	应交所得税 Income Tax Payable	应付职工薪酬 Payables to Employees	应交增值税 VAT Payable
21848	**27988**	**12836**	**98503**	**68889**	**204013**	**129767**	**106396**	**707061**	**585073**
2165	5139	433	4882	9025	-290007	-288634	4839	171759	40417
509	581	31	106	-250	16497	16542	3238	13880	10131
123	49	35	504	415	-376	402	564	8180	1491
413	824	105	7398	5321	1535	4566	2187	14111	13263
371	210	42	1904	393	26953	19160	2165	4038	4990
1645	1092	204	8924	2431	18506	17383	2352	9634	6047
191	234	28	1023	918	20838	10253	285	3603	6088
170	732	12	643	374	14478	13440	188	4957	14320
921	1902	169	5411	2455	-100379	-79501	5140	43776	34379
942	1216	126	3900	3667	-4174	-7503	6062	30452	11273
851	453	166	2718	3156	6669	8444	1765	19076	6061
283	325	43	1819	1308	10992	10694	1485	5388	2660
526	1787	73	4696	4566	-4863	-5100	1342	17420	4493
38	213	23	585	648	3200	2912	557	2710	2409
4851	3590	409	20237	11766	217199	144962	23657	38324	49675
715	366	98	3674	1183	48803	45506	3422	8941	10070
543	529	124	3633	2325	21801	15072	2767	25625	6294
1051	1174	372	7403	1576	47558	45831	2505	26827	19829
3338	4442	9664	6009	4365	30580	29115	21116	92553	180283
433	201	96	-1100	119	10381	10275	2574	11493	6913
11	101	5	126	124	2014	2006	509	1129	872
556	882	81	1538	835	45640	45197	8430	109261	3719
290	686	347	8216	8687	12700	15581	2586	17791	132616
114	544	47	274	250	11602	12970	3200	10826	8908
406	311	44	1613	1458	26907	29082	1123	5305	3788
1	6	1	60	60	75	75	8	179	125
165	106	16	850	475	666	1919	303	3663	1076
87	137	21	1009	846	6597	6087	1424	2705	1532
12	37		37	23	-325	-276		677	359
52	7	1	171	104	-788	630	142	1411	329
81	114	22	241	269	2737	2680	464	1366	663

3-5-1 限额以上批发和零售业产业活动单位和个体经营户基本情况

Basic Conditions of Establishments and Getihus above Designated Size of Wholesale and Retail Trades

项 目	Item	单位数（个）Number of Units (unit)	年末从业人数（人）Engaged Persons the Year-end (person)
总 计	**Total**	**42685**	**845006**
一、批发业	**Wholesale Trade**	**6822**	**183198**
(一)按登记注册类型分	**by Type of Registration**		
1.内资企业	**Domestic Funded Enterprises**	**386**	**82840**
国有企业	State-owned Enterprises	105	10996
集体企业	Collective-owned Enterprises	12	480
股份合作企业	Cooperative Enterprises	2	35
联营企业	Joint Ownership Enterprises	1	330
国有联营企业	State Joint Ownership Enterprises		
集体联营企业	Collective Joint Ownership Enterprises		
国有与集体联营企业	Joint State-collective Enterprises		
其他联营企业	Other Joint Ownership Enterprises	1	330
有限责任公司	Limited Liability Corporations	96	14485
国有独资公司	State Sole Funded Corporations	8	748
其他有限责任公司	Other Limited Liability Corporations	88	13737
股份有限公司	Share-holding Corporations Ltd.	56	7724
私营企业	Private Enterprises	95	47512
私营独资企业	Private-funded Enterprises	23	667
私营合伙企业	Private Partnership Enterprises	2	751
私营有限责任公司	Private Limited Liability Corporations	58	45855
私营股份有限公司	Private Share-holding Corporations Ltd.	12	239
其他企业	Other Enterprises	19	1278
2.港、澳、台商投资企业	**Enterprises with Funds from Hongkong, Macao and Taiwan**	**54**	**9317**
合资经营企业	Joint-venture Enterprises	12	891
合作经营企业	Cooperative Enterprises	1	25
独资经营企业	Enterprises with Sole Investment	31	7882
投资股份有限公司	Share-holding Corporations Ltd. with Investment	10	519
其他港澳台商投资企业	Other Enterprises with Funds from Hongkong, Macao and Taiwan		
3.外商投资企业	**Foreign Funded Enterprises**	**101**	**13286**
中外合资经营企业	Joint-venture Enterprises	37	3184
中外合作经营企业	Cooperative Enterprises	4	823
外资企业	Enterprises with Sole Foreign Investment	53	8018
外商投资股份有限公司	Share-holding Corporations Ltd. with Foreign Investment	7	1261
其他外商投资企业	Other Foreign Funded Enterprises		
4.个体经营户	**Getihus**	**6281**	**77755**

项 目	Item	单位数(个) Number of Units (unit)	年末从业人数(人) Engaged Persons the Year-end (person)
(二)按国民经济行业分	by Sector		
农、林、牧产品批发	Wholesale of Agricultural, Forestry and Livestock Products	451	7382
食品、饮料及烟草制品批发	Wholesale of Food, Beverages and Tobaccos	1965	45540
米、面制品及食用油批发	Wholesale of Rice, Flour and Edible Oil	153	2875
肉、禽、蛋、奶及水产品批发	Wholesale of Meal, Fowls, Eggs, Milk and Aquatic Products	441	8018
酒、饮料及茶叶批发	Wholesale of Wine, Beverages and Teas	252	9119
烟草制品批发	Wholesale of Tobaccos	23	1925
纺织、服装及家庭用品批发	Wholesale of Textiles, Wearing Apparel and Household Articles	1858	71423
服装批发	Wholesale of Garments	834	42837
鞋帽批发	Wholesale of Shoes and Hats	113	1779
家用电器批发	Wholesale of Household Electrical Appliances	100	7986
文化、体育用品及器材批发	Wholesale of Culture, Sports Appliances and Equipments	266	5305
文具用品批发	Wholesale of Stationeries	47	301
体育用品及器材批发	Wholesale of Sporting Appliances and Equipment	10	51
图书批发	Wholesale of Books	5	120
医药及医疗器材批发	Wholesale of Medicines and Medical Appliances	150	9264
西药批发	Wholesale of Western Medicine	10	844
中药批发	Wholesale of Chinese Traditional Medicine	137	8344
矿产品、建材及化工产品批发	Wholesale of Mineral Products, Building Materials and Chemical Products	1102	23465
煤炭及制品批发	Wholesale of Coal and Related Products	82	5052
石油及制品批发	Wholesale of Petroleum and Related Products	38	3471
金属及金属矿批发	Wholesale of Metal Materials	223	2658
建材批发	Wholesale of Building Materials	430	7529
化肥批发	Wholesale of Chemical Fertilizer	177	2491
农药批发	Wholesale of Pesticides	17	371
机械设备、五金产品及电子产品批发	Wholesale of Machinery, Hardware and Electronics	920	17169
汽车批发	Wholesale of Motor Vehicles	6	60
计算机、软件及辅助设备批发	Wholesale of Computer, Software and Assistant Appliances	204	4918
通讯及广播电视设备批发	Wholesale of Communication, Radios and Televisions Equipments	136	2463
贸易经纪与代理	Trade Broker and Agency	9	67
其他批发业	Other Wholesale not Classified Elsewhere	101	3583

3-5-1 续表 2 Continued 2

项　目	Item	单位数（个）Number of Units (unit)	年末从业人数（人）Engaged Persons the Year-end (person)	零售业营业面积（平方米）Business Area of Retail Trade at the Year-end (m²)
二、零售业	**Retail Trade**	**35863**	**661808**	**25185030**
(一)按登记注册类型分	**by Type of Registration**			
1.内资企业	**Domestic Funded Enterprises**	**824**	**68991**	**3434561**
国有企业	State-owned Enterprises	168	23972	496132
集体企业	Collective-owned Enterprises	38	3504	61844
股份合作企业	Cooperative Enterprises	8	346	18218
联营企业	Joint Ownership Enterprises			
国有联营企业	State Joint Ownership Enterprises			
集体联营企业	Collective Joint Ownership Enterprises			
国有与集体联营企业	Joint State-collective Enterprises			
其他联营企业	Other Joint Ownership Enterprises			
有限责任公司	Limited Liability Corporations	228	17358	1761421
国有独资公司	State Sole Funded Corporations	5	322	1660
其他有限责任公司	Other Limited Liability Corporations	223	17036	1759761
股份有限公司	Share-holding Corporations Ltd.	53	4923	249119
私营企业	Private Enterprises	271	14819	674895
私营独资企业	Private-funded Enterprises	54	2012	54268
私营合伙企业	Private Partnership Enterprises	13	323	15682
私营有限责任公司	Private Limited Liability Corporations	191	11734	586692
私营股份有限公司	Private Share-holding Corporations Ltd.	13	750	18253
其他企业	Other Enterprises	58	4069	172932
2.港、澳、台商投资企业	**Enterprises with Funds from Hongkong, Macao and Taiwan**	**114**	**10537**	**285068**
合资经营企业	Joint-venture Enterprises	15	3242	162712
合作经营企业	Cooperative Enterprises	3	105	764
独资经营企业	Enterprises with Sole Investment	90	6625	110506
投资股份有限公司	Share-holding Corporations Ltd. with Investment	6	565	11086
其他港澳台商投资企业	Other Enterprises with Funds from Hongkong, Macao and Taiwan			
3.外商投资企业	**Foreign Funded Enterprises**	**177**	**18879**	**1438468**
中外合资经营企业	Joint-venture Enterprises	36	5178	388148
中外合作经营企业	Cooperative Enterprises	7	1426	26598
外资企业	Enterprises with Sole Foreign Investment	126	12122	1021848
外商投资股份有限公司	Share-holding Corporations Ltd. with Foreign Investment	6	132	1274
其他外商投资企业	Other Foreign Funded Enterprises	2	21	600
4.个体经营户	**Getihus**	**34748**	**563401**	**20026933**

3-5-1 续表 3 Continued 3

项　　目	Item	单位数（个）Number of Units (unit)	年末从业人数（人）Engaged Persons the Year-end (person)	零售业营业面积（平方米）Business Area of Retail Trade at the Year-end (m²)
(二)按国民经济行业分	**by Sector**			
综合零售	Integrated Retail	8001	233453	8505754
百货零售	Retail of General Merchandise	3502	92801	3901519
超级市场零售	Retail of Supermarkets	3048	105349	3652772
食品、饮料及烟草制品专门零售	Special Retail of Food, Beverages and Tobaccos	3733	62816	1491480
粮油零售	Retail of Cereal and Oil	388	4942	171914
肉、禽、蛋、奶及水产品零售	Retail of Meat, Poultry, Eggs, Milk and Aquatic Products	677	10681	266957
酒、饮料及茶叶零售	Retail of Wine, Beverages and Teas	1204	15311	350663
烟草制品零售	Retail of Tobaccos	305	2140	49679
纺织、服装及日用品专门零售	Special Retail of Textiles, Garments and Daily Consumer Articles	5708	93339	3599059
服装零售	Retail of Garments	3129	60787	2657792
文化、体育用品及器材专门零售	Special Retail of Culture, Sports Appliances and Equipments	2154	42099	698049
体育用品及器材零售	Retail of Sports Appliances and Equipment	78	1174	34818
图书、报刊零售	Retail of Books, Newspapers and Magazines	124	17836	66057
医药及医疗器材专门零售	Special Retail of Medicines and Medical Appliances	1043	17528	496395
药品零售	Retail of Medicines	989	17040	486546
汽车、摩托车、燃料及零配件专门零售	Special Retail of Motor Vehicles, Motorcycles, Fuel and Parts	2050	26335	1789997
汽车零售	Retail of Motor Vehicles	316	5082	427460
机动车燃料零售	Retail of Fuel of Motor Vehicles	716	11228	1046129
家用电器及电子产品专门零售	Special Retail of Household Electric and Electronic Products	5150	68770	1984426
日用家电设备零售	Retail of Household Electric Appliances	2570	38194	1166522
计算机、软件及辅助设备零售	Retail of Computer, Software and Assistant Appliances	790	8580	140489
通信设备零售	Retail of Communication Equipments	472	6954	123868
五金、家具及室内装饰材料专门零售	Special Retail of Hardware, Furniture and Interior Decoration Materials	7300	100892	6030564
货摊、无店铺及其他零售业	Stalls, Non-shop and Other Retails	724	16576	589307
互联网零售	Retails on the Internet	4	701	140
(三)按零售业态分	**by Modes of Business Operation**			
有店铺零售	Store-based Retailing	35782	655044	25171371
超市	Supermarket	5805	147908	5151136
大型超市	Hypermarket	535	40404	1502845
百货店	Department Store	2626	67154	3303072
专业店	Speciality Store	13293	197117	6878874
专卖店	Exclusive Shop	8154	109285	4062936
无店铺零售	Non-Store Selling	81	6764	13659

3-5-2 各地区限额以上批发和零售业产业活动单位和个体经营户基本情况

Basic Conditions of Establishments and Getihus above Designated Size of Wholesale and Retail Trades by Region

地区	Region	批发业 Wholesale Trade		零售业 Retail Trade	
		单位数（个）Number of Units (unit)	年末从业人数（人）Engaged Persons at the Year-end (person)	单位数（个）Number of Units (unit)	年末从业人数（人）Engaged Persons at the Year-end (person)
全　国	**National Total**	**6822**	**183198**	**35863**	**661808**
北　京	Beijing	43	5276	162	8212
天　津	Tianjin	170	4117	253	2229
河　北	Hebei	64	2246	456	10532
山　西	Shanxi	42	1857	518	17127
内蒙古	Inner Mongolia	42	7044	279	12340
辽　宁	Liaoning	196	4447	1936	26585
吉　林	Jilin	63	816	1434	30788
黑龙江	Heilongjiang	165	1601	1075	17530
上　海	Shanghai	5	4286	5	908
江　苏	Jiangsu	767	9363	5690	68081
浙　江	Zhejiang	260	8696	799	18698
安　徽	Anhui	115	2671	1065	19341
福　建	Fujian	230	6384	802	17375
江　西	Jiangxi	40	3125	373	14087
山　东	Shandong	624	13893	3945	77911
河　南	Henan	237	4898	2372	44870
湖　北	Hubei	106	14941	3357	80051
湖　南	Hunan	423	5517	2468	49235
广　东	Guangdong	2670	32108	3297	35605
广　西	Guangxi	31	2917	93	4894
海　南	Hainan	6	87	19	874
重　庆	Chongqing	281	3810	1642	21618
四　川	Sichuan	107	3230	2509	33501
贵　州	Guizhou	15	1363	136	4747
云　南	Yunnan	46	34455	495	25564
西　藏	Tibet				
陕　西	Shaanxi	14	660	503	13148
甘　肃	Gansu	9	1006	70	2532
青　海	Qinghai			1	44
宁　夏	Ningxia	2	35	18	350
新　疆	Xinjiang	49	2349	91	3031

3-5-3 限额以上批发和零售业产业活动单位和个体经营户商品购、销、存总额

Total Purchases, Sales and Inventory of Establishments and Getihus above Designated Size of Wholesale and Retail Trades

单位：万元
Unit: 10000 yuan

项目	Item	商品购进额 Total Purchases Value	#进口 Imports	商品销售额 Total Sales Value	#出口 Exports	期末商品库存额 Inventory (year-end)
总计	**Total**	**164903979**	**2294923**	**182009777**	**291995**	**8414016**
一、批发业	**Wholesale Trade**	**98160599**	**2052468**	**108520919**	**281788**	**3707336**
(一)按登记注册类型分	**by Type of Registration**					
1.内资企业	**Domestic Funded Enterprises**	**27872875**	**555712**	**29042562**	**192030**	**1470919**
国有企业	State-owned Enterprises	11387092	87	11614700		312228
集体企业	Collective-owned Enterprises	739903		840286		14731
股份合作企业	Cooperative Enterprises	8343		9981		174
联营企业	Joint Ownership Enterprises	51445		51445		
国有联营企业	State Joint Ownership Enterprises					
集体联营企业	Collective Joint Ownership Enterprises					
国有与集体联营企业	Joint State-collective Enterprises					
其他联营企业	Other Joint Ownership Enterprises	51445		51445		
有限责任公司	Limited Liability Corporations	6364486	517541	6854368	44465	444700
国有独资公司	State Sole Funded Corporations	575093		597814		520
其他有限责任公司	Other Limited Liability Corporations	5789393	517541	6256554	44465	444180
股份有限公司	Share-holding Corporations Ltd.	2676252	36922	2995773	73977	267211
私营企业	Private Enterprises	6366313	1162	6367774	73588	423703
私营独资企业	Private-funded Enterprises	105306		116184		4954
私营合伙企业	Private Partnership Enterprises	116928		141590		2326
私营有限责任公司	Private Limited Liability Corporations	6025826	1162	5991823		407595
私营股份有限公司	Private Share-holding Corporations Ltd.	118254		118178	73588	8829
其他企业	Other Enterprises	279041		308235		8173
2.港、澳、台商投资企业	**Enterprises with Funds from Hongkong, Macao and Taiwan**	**3619321**	**617917**	**3676469**		**566284**
合资经营企业	Joint-venture Enterprises	219954		236609		23852
合作经营企业	Cooperative Enterprises	1992		1992		
独资经营企业	Enterprises with Sole Investment	3277146	617917	3310796		538505
投资股份有限公司	Share-holding Corporations Ltd. with Investment	120230		127073		3928
其他港澳台商投资企业	Other Enterprises with Funds from Hongkong, Macao and Taiwan					
3.外商投资企业	**Foreign Funded Enterprises**	**3360921**	**41785**	**3965018**	**11239**	**114391**
中外合资经营企业	Joint-venture Enterprises	557803	39397	831389	11239	35949
中外合作经营企业	Cooperative Enterprises	92215	223	108874		8682
外资企业	Enterprises with Sole Foreign Investment	2550164	2166	2864041		65392
外商投资股份有限公司	Share-holding Corporations Ltd. with Foreign Investment	160739		160714		4369
其他外商投资企业	Other Foreign Funded Enterprises					
4.个体经营户	**Getihus**	**63307482**	**837055**	**71836870**	**78519**	**1555742**

3-5-3 续表 1 Continued 1

单位：万元
Unit: 10000 yuan

项 目	Item	商品购进额 Total Purchases Value	#进口 Imports	商品销售额 Total Sales Value	#出口 Exports	期末商品库存额 Inventory (year-end)
(二)按国民经济行业分	**by Sector**					
农、林、牧产品批发	Wholesale of Agricultural, Forestry and Livestock Products	2323160	55103	2657755	73588	198311
食品、饮料及烟草制品批发	Wholesale of Food, Beverages and Tobaccos	13511525	2878	15558996	13062	407413
米、面制品及食用油批发	Wholesale of Rice, Flour and Edible Oil	935505	1076	1050323	24	45166
肉、禽、蛋、奶及水产品批发	Wholesale of Meal, Fowls, Eggs, Milk and Aquatic Products	2816260	696	3480097	11216	101508
酒、饮料及茶叶批发	Wholesale of Wine, Beverages and Teas	1862428		2094741	1823	139762
烟草制品批发	Wholesale of Tobaccos	568204		665498		1569
纺织、服装及家庭用品批发	Wholesale of Textiles, Wearing Apparel and Household Articles	20655919	54519	23157544	61731	886518
服装批发	Wholesale of Garments	7357132	28135	8300559	33989	588011
鞋帽批发	Wholesale of Shoes and Hats	641404		785987		44886
家用电器批发	Wholesale of Household Electrical Appliances	4849577	26384	5311140	32	56398
文化、体育用品及器材批发	Wholesale of Culture, Sports Appliances and Equipments	3103003	10	4035386	6725	457703
文具用品批发	Wholesale of Stationeries	175315		178656	6688	15133
体育用品及器材批发	Wholesale of Sporting Appliances and Equipment	31939		34501		1611
图书批发	Wholesale of Books	16218		19136		2023
医药及医疗器材批发	Wholesale of Medicines and Medical Appliances	2005219		2213966	4388	132322
西药批发	Wholesale of Western Medicine	197465		320901		20547
中药批发	Wholesale of Chinese Traditional Medicine	1798180		1883489	4388	111296
矿产品、建材及化工产品批发	Wholesale of Mineral Products, Building Materials and Chemical Products	19653016	62968	20249531	99313	806332
煤炭及制品批发	Wholesale of Coal and Related Products	4333399		4275994		110505
石油及制品批发	Wholesale of Petroleum and Related Products	7062680	21725	7015837	29724	189411
金属及金属矿批发	Wholesale of Metal Materials	3104782	3865	3557795	69589	242371
建材批发	Wholesale of Building Materials	2999002	35126	3178613		167363
化肥批发	Wholesale of Chemical Fertilizer	1206156		1265741		77089
农药批发	Wholesale of Pesticides	77234		78861		3971
机械设备、五金产品及电子产品批发	Wholesale of Machinery, Hardware and Electronics	35960867	1866318	39659355	17344	776766
汽车批发	Wholesale of Motor Vehicles	32121		34442		595
计算机、软件及辅助设备批发	Wholesale of Computer, Software and Assistant Appliances	11757389	1099592	13162445	1706	496633
通讯及广播电视设备批发	Wholesale of Communication, Radios and Televisions Equipments	10548107	728199	11080853	71	24421
贸易经纪与代理	Trade Broker and Agency	99505	10673	126059		355
其他批发业	Other Wholesale not Classified Elsewhere	848385		862327	5638	41616

3-5-3 续表 2 Continued 2

单位：万元
Unit: 10000 yuan

项　目	Item	商品购进额 Total Purchases Value	#进口 Imports	商品销售额 Total Sales Value	#出口 Exports	期末商品库存额 Inventory (year-end)
二、零售业	**Retail Trade**	**66743380**	**242454**	**73488859**	**10208**	**4706680**
(一)按登记注册类型分	**by Type of Registration**					
1.内资企业	**Domestic Funded Enterprises**	**5973259**	**29016**	**7046899**	**6592**	**428680**
国有企业	State-owned Enterprises	1194196	25689	1449904	5592	115401
集体企业	Collective-owned Enterprises	297881		313513		14358
股份合作企业	Cooperative Enterprises	73588		93249		3189
联营企业	Joint Ownership Enterprises					
国有联营企业	State Joint Ownership Enterprises					
集体联营企业	Collective Joint Ownership Enterprises					
国有与集体联营企业	Joint State-collective Enterprises					
其他联营企业	Other Joint Ownership Enterprises					
有限责任公司	Limited Liability Corporations	2028354	986	2422638		129249
国有独资公司	State Sole Funded Corporations	10132		11155		95
其他有限责任公司	Other Limited Liability Corporations	2018222	986	2411483		129154
股份有限公司	Share-holding Corporations Ltd.	794832		978556		54209
私营企业	Private Enterprises	1389471	1341	1579440		97346
私营独资企业	Private-funded Enterprises	240309		254333		12245
私营合伙企业	Private Partnership Enterprises	42830		65540		2819
私营有限责任公司	Private Limited Liability Corporations	1053682	1341	1206797		80386
私营股份有限公司	Private Share-holding Corporations Ltd.	52649		52771		1895
其他企业	Other Enterprises	194937	1000	209599	1000	14929
2.港、澳、台商投资企业	**Enterprises with Funds from Hongkong, Macao and Taiwan**	**907297**		**1312201**		**168061**
合资经营企业	Joint-venture Enterprises	139665		374427		40378
合作经营企业	Cooperative Enterprises	5804		6797		30
独资经营企业	Enterprises with Sole Investment	720263		888036		126943
投资股份有限公司	Share-holding Corporations Ltd. with Investment	41565		42941		710
其他港澳台商投资企业	Other Enterprises with Funds from Hongkong, Macao and Taiwan					
3.外商投资企业	**Foreign Funded Enterprises**	**2281827**	**4658**	**2830577**	**1444**	**257032**
中外合资经营企业	Joint-venture Enterprises	795363	25	911059		89757
中外合作经营企业	Cooperative Enterprises	244450		228854		37910
外资企业	Enterprises with Sole Foreign Investment	1185627	4633	1616353	1444	119608
外商投资股份有限公司	Share-holding Corporations Ltd. with Foreign Investment	39996		58461		9216
其他外商投资企业	Other Foreign Funded Enterprises	16390		15850		540
4.个体经营户	**Getihus**	**57580997**	**208780**	**62299181**	**2172**	**3852908**

3-5-3 续表 3 Continued 3

单位：万元
Unit: 10000 yuan

项　目	Item	商品购进额 Total Purchases Value	#进口 Imports	商品销售额 Total Sales Value	#出口 Exports	期末商品库存额 Inventory (year-end)
(二)按国民经济行业分	**by Sector**					
综合零售	Integrated Retail	14979170	9458	16114878	1454	1206043
百货零售	Retail of General Merchandise	6344344	165	6916234	2	473036
超级市场零售	Retail of Supermarkets	6089229	9255	6507957	1444	582661
食品、饮料及烟草制品专门零售	Special Retail of Food, Beverages and Tobaccos	7103385	16207	7916523	5333	378131
粮油零售	Retail of Cereal and Oil	805988	9954	945905		34028
肉、禽、蛋、奶及水产品零售	Retail of Meat, Poultry, Eggs, Milk and Aquatic Products	1622108		1767281		50868
酒、饮料及茶叶零售	Retail of Wine, Beverages and Teas	1910536	570	2050387	1045	126613
烟草制品零售	Retail of Tobaccos	295513	5190	313417	4289	17852
纺织、服装及日用品专门零售	Special Retail of Textiles, Garments and Daily Consumer Articles	9528019	8449	11230094	60	776373
服装零售	Retail of Garments	5753213	3683	6244774		501985
文化、体育用品及器材专门零售	Special Retail of Culture, Sports Appliances and Equipments	3865906	57213	4889263		483509
体育用品及器材零售	Retail of Sports Appliances and Equipment	149146		152265		27028
图书、报刊零售	Retail of Books, Newspapers and Magazines	466901		557164		93120
医药及医疗器材专门零售	Special Retail of Medicines and Medical Appliances	1432424	1799	1549105	280	121327
药品零售	Retail of Medicines	1360492	1799	1478885	280	107372
汽车、摩托车、燃料及零配件专门零售	Special Retail of Motor Vehicles, Motorcycles, Fuel and Parts	5009728	24356	5338459	1030	236115
汽车零售	Retail of Motor Vehicles	1015189	2863	1072627	1000	57387
机动车燃料零售	Retail of Fuel of Motor Vehicles	2382541	19460	2569007	30	80163
家用电器及电子产品专门零售	Special Retail of Household Electric and Electronic Products	8724780	118457	9171511	464	530629
日用家电设备零售	Retail of Household Electric Appliances	3850541	3588	3965305		291390
计算机、软件及辅助设备零售	Retail of Computer, Software and Assistant Appliances	1144814	4356	1366685	364	55871
通信设备零售	Retail of Communication Equipments	1755436	109162	1749117		42001
五金、家具及室内装饰材料专门零售	Special Retail of Hardware, Furniture and Interior Decoration Materials	14258794	4614	15144285	564	855831
货摊、无店铺及其他零售业	Stalls, Non-shop and Other Retails	1841174	1902	2134742	1024	118724
互联网零售	Retails on the Internet	78403		98668		131
(三)按零售业态分	**by Mode of Business Operation**					
有店铺零售	Store-based Retailing	66260346	242454	72784452	10208	4691023
超市	Supermarket	9136042	8028	9462501	7	759462
大型超市	Hypermarket	2341774	3136	2603212	1444	284461
百货店	Department Store	5049139	185	5683613		324636
专业店	Speciality Store	24509959	205407	27094956	2332	1570171
专卖店	Exclusive Shop	14148841	17664	15742674	4713	1072818
无店铺零售	Non-Store Selling	483034		704407		15657

3-5-4 各地区限额以上批发业产业活动单位和个体经营户商品购、销、存情况

Total Purchases, Sales and Inventory of Establishments and Getihus above Designated Size of Wholesale Trade by Region

单位：万元

Unit: 10000 yuan

地区	Region	商品购进额 Total Purchases Value	#进口 Imports	商品销售额 Total Sales Value	#出口 Exports	期末商品库存额 Inventory (year-end)
全国	**National Total**	**98160599**	**2052468**	**108520919**	**281788**	**3707336**
北京	Beijing	4755434	1101540	4963566		485174
天津	Tianjin	2584267	22800	3223260	34135	174000
河北	Hebei	2997178	17597	2846332	26170	43160
山西	Shanxi	269913		387411		26526
内蒙古	Inner Mongolia	997736		1131263		80693
辽宁	Liaoning	1850579	37669	1856173		133534
吉林	Jilin	192013		238094		13423
黑龙江	Heilongjiang	744303		743973		59295
上海	Shanghai	4906488		5033433		86834
江苏	Jiangsu	3996850		5137457		152605
浙江	Zhejiang	3684977	40126	3838511	59070	138407
安徽	Anhui	528206		558312		28484
福建	Fujian	1780459		1912443		49328
江西	Jiangxi	461054		691668		27732
山东	Shandong	4993811	3865	5494087		148823
河南	Henan	1931625	1106	1919633		140469
湖北	Hubei	2238211		2330070		40106
湖南	Hunan	2252989	10673	2653445		154189
广东	Guangdong	45018175	729372	50632341	6976	1050689
广西	Guangxi	973474		1045146	69589	62455
海南	Hainan	12326		12973		1421
重庆	Chongqing	2291232		2520743		35836
四川	Sichuan	2055097	41025	2340648		90437
贵州	Guizhou	214915		236280		9890
云南	Yunnan	4598229	46696	4537310		379363
西藏	Tibet					
陕西	Shaanxi	123195		134231		7688
甘肃	Gansu	100593		241594		3735
青海	Qinghai					
宁夏	Ningxia	16778		16390		389
新疆	Xinjiang	1590494		1844134	85847	82653

3-5-5 各地区限额以上零售业产业活动单位和个体经营户商品购、销、存情况

Total Purchases, Sales and Inventory of Establishments and Getihus above Designated Size of Retail Trade by Region

单位：万元

Unit: 10000 yuan

地区	Region	商品购进额 Total Purchases Value	#进口 Imports	商品销售额 Total Sales Value	#出口 Exports	期末商品库存额 Inventery (year-end)
全国	**National Total**	**66743380**	**242454**	**73488859**	**10208**	**4706680**
北京	Beijing	1008158	3000	1329239	1024	281553
天津	Tianjin	938045		1008430		42214
河北	Hebei	611362	180	626556	510	67349
山西	Shanxi	1099742		1160251		76192
内蒙古	Inner Mongolia	597382		706764		55060
辽宁	Liaoning	3485749	5372	3641561	4289	393684
吉林	Jilin	2161813	357	2399348		203003
黑龙江	Heilongjiang	2044924		2025194		153276
上海	Shanghai	141331		301472		10567
江苏	Jiangsu	7305646	20536	8362495	518	433031
浙江	Zhejiang	2019625	19238	2475407	2449	259412
安徽	Anhui	1358507	1668	1383869		149343
福建	Fujian	1143708	12	1299140		89722
江西	Jiangxi	563587		544139		54673
山东	Shandong	10754242	37	11412635	143	438794
河南	Henan	3098419	2822	3151347	260	235064
湖北	Hubei	8972736	3892	9318755	785	483251
湖南	Hunan	5073587	7688	5380584		299793
广东	Guangdong	4722829	169502	6244933		257582
广西	Guangxi	184705	850	220258		20548
海南	Hainan	18771	1026	21817		1884
重庆	Chongqing	2499729	939	2921534	1	112220
四川	Sichuan	3485210	4994	4061566		325033
贵州	Guizhou	177079	102	193263	230	31919
云南	Yunnan	1710514	240	1727308		124450
西藏	Tibet					
陕西	Shaanxi	1197165		1184993		72193
甘肃	Gansu	145593		149187		13456
青海	Qinghai	2143		1856		287
宁夏	Ningxia	12345		12329		772
新疆	Xinjiang	208734		222634		20356

3-6-1 按业态分连锁零售企业基本情况

Basic Conditions of Chain Retail Enterprises by Business Categories

业 态	Business Categories	门店总数 (个) Number of Stores (unit)	从业人员 (万人) Engaged Persons (10 000 persons)	营业面积 (万平方米) Operating Area (10 000 sq.m)	商品销售额 (亿元) Total Sales Value (100 million yuan)	#零售额 Retail Value
总 计	**Total**	**192870**	**256.3**	**14765.9**	**35462.1**	**24605.3**
便利店	Convenience Store	13277	7.0	111.2	263.9	241.9
折扣店	Discount Store	432	0.4	18.5	34.3	31.1
超市	Supermarket	31016	48.7	1771.3	2915.9	2407.5
大型超市	Hypermarket	11947	53.2	2744.9	4221.9	3438.6
仓储会员店	Warehouse Club	351	1.4	90.4	216.3	216.3
百货店	Department Store	4377	25.5	1696.7	3251.8	2849.5
专业店	Specialty Store	89227	93.8	6480.4	19629.0	12324.0
#加油站	Gas Station	25300	26.0	3666.3	12413.6	7542.2
专卖店	Franchised Store	28939	17.4	471.2	2260.4	1743.0
家居建材商店	Building Material Store	49	0.4	32.4	47.3	42.3
厂家直销中心	Factory Outlets Center	14	0.0	0.6	3.8	3.0
其他	Other Store	13241	8.6	1348.3	2617.5	1308.1

3-6-2 按登记注册类型分连锁零售企业基本情况

Basic Conditions of Chain Retail Enterprises by Status of Registration

项 目	Item	门店总数（个）Number of Stores (unit)	从业人员（万人）Employed Person (10000 person)	营业面积（万平方米）Operational Area (10000 sq.m)	商品销售额（亿元）Total Sales Value (100 million yuan)	#零售额 Retail Value
合 计	**Total**	**192870**	**256.3**	**14765.9**	**35462.1**	**24605.3**
内资企业	**Domestic Funded Enterprises**	**174933**	**207.1**	**12341.4**	**30107.7**	**20212.8**
国有企业	State-owned Enterprises	17433	15.8	1270.8	4849.8	2428.4
集体企业	Collective-owned Enterprises	2476	1.1	40.7	65.8	53.2
股份合作企业	Cooperative Enterprises	391	0.5	13.4	123.0	100.3
联营企业	Joint Ownership Enterprises	376	0.3	10.7	13.0	11.9
国有联营企业	State Joint Ownership Enterprises	330	0.2	9.8	8.5	8.5
集体联营企业	Collective Joint Ownership Enterprises					
国有与集体联营企业	Joint State-collective Enterprises	5	0.0	0.1	0.1	0.1
其他联营企业	Other Joint Ownership Enterprises	41	0.0	0.8	4.5	3.4
有限责任公司	Limited Liability Corporations	58278	69.0	2819.9	5113.9	3899.1
国有独资公司	State Sole Funded Corporations	1144	0.5	9.6	57.5	25.4
其他有限责任公司	Other Limited Liability Corporations	57134	68.4	2810.3	5056.4	3873.8
股份有限公司	Share-holding Corporations Ltd.	50420	84.3	7042.4	18232.4	12224.7
私营企业	Private Enterprises	43325	34.3	1094.8	1646.0	1432.2
私营独资企业	Private-funded Enterprises	1858	0.9	37.7	26.9	24.2
私营合伙企业	Private Partnership Enterprises	291	0.4	24.9	21.4	21.4
私营有限责任公司	Private Limited Liability Corporations	37961	30.0	922.1	1461.1	1261.8
私营股份有限公司	Private Share-holding Corporations Ltd.	3215	3.1	110.2	136.6	124.9
其他企业	Other Enterprises	2234	1.9	48.7	63.9	62.8
港、澳、台商投资企业	**Enterprises with Funds from Hong Kong, Macao and Taiwan**	**6673**	**21.6**	**1074.8**	**2376.5**	**1869.2**
港、澳、台商合资经营企业	Joint-venture Enterprises	2504	3.7	164.0	377.5	341.5
港、澳、台商合作经营企业	Cooperative Enterprises	191	4.6	202.8	691.6	329.9
港、澳、台商独资经营企业	Enterprises with Sole Investment	3445	9.2	360.4	919.7	813.5
港、澳、台商投资股份有限公司	Share-holding Corporations Ltd. with Investment	211	0.3	3.7	7.8	7.3
其他港澳台商投资企业	Other Enterprises with Funds from Hongkong, Macao and Taiwan	322	3.9	343.9	379.9	377.1
外商投资企业	**Foreign Funded Enterprises**	**11264**	**27.7**	**1349.6**	**2977.9**	**2523.4**
中外合资经营企业	Joint-venture Enterprises	4556	17.6	963.0	2038.7	1726.4
中外合作经营企业	Cooperative Enterprises	1419	2.4	54.0	225.2	137.3
外资企业	Enterprises with Sole Foreign Investment	5271	7.6	328.1	708.5	654.3
外商投资股份有限公司	Share-holding Corporations Ltd. with Foreign Investment	18		4.4	5.4	5.4
其他外商投资企业	Other Foreign Funded Enterprises					

3-6-3 按行业分连锁零售企业基本情况

Basic Conditions of Chain Retail Enterprises by Sector

项 目	Item	门店总数（个）Number of Stores (unit)	从业人员（万人）Employed Person (10000 person)	营业面积（万平方米）Operational Area (10000 sq.m)
总 计	**Total**	**192870**	**256.3**	**14765.9**
一、批发业	**Wholesale Trade**	**53637**	**35.6**	**4047.0**
农、林、牧产品批发	Wholesale of Agricultural, Forestry and Livestock Products	3004	0.9	1.9
食品、饮料及烟草制品专门批发	Wholesale of Food, Beverages and Tobaccos	4830	3.1	43.3
纺织、服装及家庭用品批发	Wholesale of Textiles, Wearing Apparel and Household Articles	7941	5.5	192.6
文化、体育用品及器材批发	Wholesale of Culture, Sports Appliances and Equipments	646	1.7	76.3
医药及医疗器材批发	Wholesale of Medicines and Medical Appliances	2724	0.9	21.9
矿产品、建材及化工产品批发	Wholesale of Mineral Products, Building Materials and Chemical Products	32653	22.1	3590.1
机械设备、五金产品及电子产品批发	Wholesale of Machinery, Hardware and Electronics	443	0.5	10.6
贸易经济及代理	Trade Broker and Agency			
其他批发业	Other Wholesale not Classified Elsewhere	1396	0.8	110.4
二、零售业	**Retail Trade**	**139233**	**220.8**	**10718.8**
综合零售	Integrated Retail	62948	138.3	6593.0
食品、饮料及烟草制品专门零售	Special Retail of Food, Beverages and Tobaccos	9047	4.9	58.7
纺织、服装及日用品专门零售	Special Retail of Textiles, Garments and Daily Consumer Articles	10507	6.7	147.7
文化、体育用品及器材专门零售	Special Retail of Culture, Sports Appliances and Equipments	1732	3.6	104.2
医药及医疗器材专门零售	Special Retail of Medicines and Medical Appliances	35835	25.5	436.6
汽车、摩托车、燃料及零配件专门零售	Special Retail of Motor Vehicles, Motorcycles, Fuel and Parts	11999	13.7	1849.2
家用电器及电子产品专门零售	Special Retail of Household Electric Appliances and Electronic Products	6886	27.3	1491.9
五金、家具及室内装饰材料专门零售	Special Retail of Hardware, Furniture and Interior Decoration Materials	147	0.7	35.5
货摊、无店铺及其他零售业	Stalls, Non-shop and Other Retails	132	0.1	2.0

3-6-3 续表 Continued

项 目	Item	商品销售额（亿元）Total Sales (100 million yuan)	#零售额 Retail
总 计	**Total**	**35462.1**	**24605.3**
一、批发业	**Wholesale Trade**	**12769.3**	**6448.2**
农、林、牧产品批发	Wholesale of Agricultural, Forestry and Livestock Products	166.0	2.8
食品、饮料及烟草制品专门批发	Wholesale of Food, Beverages and Tobaccos	737.6	46.7
纺织、服装及家庭用品批发	Wholesale of Textiles, Wearing Apparel and Household Articles	339.3	141.3
文化、体育用品及器材批发	Wholesale of Culture, Sports Appliances and Equipments	272.4	106.7
医药及医疗器材批发	Wholesale of Medicines and Medical Appliances	65.5	28.1
矿产品、建材及化工产品批发	Wholesale of Mineral Products, Building Materials and Chemical Products	10837.5	5889.6
机械设备、五金产品及电子产品批发	Wholesale of Machinery, Hardware and Electronics	78.8	25.1
贸易经济及代理	Trade Broker and Agency		
其他批发业	Other Wholesale not Classified Elsewhere	272.2	207.8
二、零售业	**Retail Trade**	**22692.8**	**18157.1**
综合零售	Integrated Retail	11446.8	9464.9
食品、饮料及烟草制品专门零售	Special Retail of Food, Beverages and Tobaccos	255.6	230.3
纺织、服装及日用品专门零售	Special Retail of Textiles, Garments and Daily Consumer Articles	369.5	315.4
文化、体育用品及器材专门零售	Special Retail of Culture, Sports Appliances and Equipments	266.9	213.8
医药及医疗器材专门零售	Special Retail of Medicines and Medical Appliances	638.4	609.3
汽车、摩托车、燃料及零配件专门零售	Special Retail of Motor Vehicles, Motorcycles, Fuel and Parts	6231.2	4495.4
家用电器及电子产品专门零售	Special Retail of Household Electric Appliances and Electronic Products	3407.7	2764.4
五金、家具及室内装饰材料专门零售	Special Retail of Hardware, Furniture and Interior Decoration Materials	64.0	59.0
货摊、无店铺及其他零售业	Stalls, Non-shop and Other Retails	12.8	4.7

3-6-4 各地区连锁零售企业基本情况

Basic Conditions of Chain Retail Enterprises by Region

年份 Year	地区 Region	门店总数(个) Number of Stores (unit)	从业人数(万人) Employed Person (10 000 persons)	营业面积(万平方米) Selling Space (10 000 sq.m)	商品销售额(亿元) Total Revenue of Sales (100 million yuan)	#零售额 Retail Sales
	2004	77631	128.2	7202.6	8393.6	6163.1
	2005	105684	160.1	8687.5	12587.8	8569.5
	2006	128924	187.1	8979.0	14952.2	10764.8
	2007	145366	186.2	10044.0	17754.3	13066.8
	2008	168502	197.1	10197.8	20466.5	14369.7
	2009	175677	210.9	11809.2	22240.0	15860.3
	2010	176792	225.2	12756.8	27385.4	19009.5
	2011	195779	249.1	13670.7	34510.7	23812.5
	2012	192870	256.3	14765.9	35462.1	24605.3
北京	Beijing	6810	15.0	668.1	2421.0	1769.7
天津	Tianjin	1915	3.8	262.7	731.3	502.3
河北	Hebei	4299	5.2	589.7	1100.5	651.8
山西	Shanxi	2388	4.1	158.5	379.5	317.7
内蒙古	Inner Mongolia	236	0.5	21.4	29.0	29.0
辽宁	Liaoning	5836	6.9	444.9	986.3	598.3
吉林	Jilin	898	1.2	50.1	156.2	140.7
黑龙江	Heilongjiang	1761	2.3	65.7	227.6	196.0
上海	Shanghai	19310	29.4	1027.7	3605.6	2185.1
江苏	Jiangsu	18300	38.8	1873.1	4851.5	3036.5
浙江	Zhejiang	29496	17.7	1082.9	2302.4	1636.7
安徽	Anhui	9533	9.8	533.2	1501.5	1061.7
福建	Fujian	3922	7.7	617.7	1196.4	1032.6
江西	Jiangxi	3389	5.2	279.5	1010.7	626.2
山东	Shandong	10327	16.7	1209.7	2459.7	1999.2
河南	Henan	5370	7.3	656.6	806.2	626.8
湖北	Hubei	5330	14.6	592.0	1555.4	1273.5
湖南	Hunan	5326	6.2	513.4	909.9	782.6
广东	Guangdong	22216	27.5	2406.6	4908.6	3515.9
广西	Guangxi	3465	3.9	330.9	841.1	398.3
海南	Hainan	506	0.6	32.0	179.7	159.3
重庆	Chongqing	11517	9.1	388.2	975.5	723.7
四川	Sichuan	9355	11.1	247.7	490.7	404.7
贵州	Guizhou	951	0.7	11.3	17.2	16.8
云南	Yunnan	3652	3.6	187.5	472.0	290.7
西藏	Tibet	15	0.1	2.4	2.0	2.0
陕西	Shaanxi	659	1.9	68.9	279.6	97.2
甘肃	Gansu	671	0.7	65.6	203.0	155.6
青海	Qinghai	98	0.7	24.0	24.7	24.4
宁夏	Ningxia	1608	1.2	61.9	123.3	66.8
新疆	Xinjiang	3711	3.1	292.0	713.9	283.5

3-6-4 续表 Continued

年份 Year	地区 Region	商品购进总额(亿元) Total Purchases (100 million yuan)	统一配送商品购进额(亿元) Centralized Purchase and Delivery (100 million yuan)	自有配送中心配送商品购进额 Self Centralized Purchase and Delivery	非自有配送中心配送商品购进额 Non-self Centralized Purchase and Delivery
2004		7130.1	5545.6	4481.7	1063.9
2005		10734.6	8409.4	6696.1	1251.8
2006		13447.4	10565.7	7729.7	1384.0
2007		15917.0	12542.4	9057.0	1707.3
2008		17193.1	13782.1	8654.9	3118.8
2009		19343.7	14723.1	9616.9	2647.2
2010		24044.6	17412.5	10910.3	3373.4
2011		29653.0	22919.6	13458.8	3384.1
2012		30825.5	23975.8	13932.9	3522.8
北 京	Beijing	2074.9	995.1	321.9	121.6
天 津	Tianjin	721.1	570.4	372.3	185.1
河 北	Hebei	1028.9	741.4	454.7	15.2
山 西	Shanxi	262.3	128.6	25.3	1.9
内蒙古	Inner Mongolia	27.1	23.4	14.2	0.4
辽 宁	Liaoning	876.6	557.9	182.2	139.0
吉 林	Jilin	148.1	137.0	123.4	0.4
黑龙江	Heilongjiang	233.5	219.0	173.5	19.2
上 海	Shanghai	3170.5	2558.1	867.1	331.5
江 苏	Jiangsu	4401.8	3706.7	3422.7	232.4
浙 江	Zhejiang	2138.4	1915.1	1755.1	53.9
安 徽	Anhui	1444.7	1131.8	555.4	34.4
福 建	Fujian	877.2	578.3	219.7	68.1
江 西	Jiangxi	548.7	483.8	312.7	50.2
山 东	Shandong	2183.8	1540.0	1109.9	118.2
河 南	Henan	744.2	490.5	289.6	5.4
湖 北	Hubei	1362.5	1037.0	792.4	63.8
湖 南	Hunan	897.7	631.5	352.2	6.6
广 东	Guangdong	4283.4	3804.4	1190.5	1743.0
广 西	Guangxi	378.0	351.3	147.0	2.8
海 南	Hainan	169.5	169.5	0.5	30.2
重 庆	Chongqing	889.2	533.3	347.1	75.2
四 川	Sichuan	433.0	363.5	126.7	31.5
贵 州	Guizhou	14.4	14.2	5.3	0.4
云 南	Yunnan	289.7	287.2	108.7	20.5
西 藏	Tibet	2.2	2.2		
陕 西	Shaanxi	217.1	130.0	110.5	2.0
甘 肃	Gansu	174.6	137.3	33.5	0.2
青 海	Qinghai	19.9	6.6	0.7	2.0
宁 夏	Ningxia	153.2	152.9	145.9	4.7
新 疆	Xinjiang	659.3	577.7	372.5	162.9

住宿和餐饮业

HOTELS AND CATERING SERVICES

第4篇

4-1-1 限额以上住宿和餐饮业企业基本情况

Basic Conditions of Enterprises above Designated Size of Hotels and Catering Services

项　目	Item	法人单位数（个）Number of Corporation Enterprises (unit)	年末从业人数（人）Engaged Persons at the Year-end (person)	年末餐饮营业面积（平方米）Business Area of Catering Services at the Year-end (㎡)
总　计	**Total**	**40499**	**4544590**	**100007573**
一、住宿业	**Hotels**	**17109**	**2107502**	**46416287**
#国有控股	State-controlled Enterprises	3743	595231	10009269
(一)按登记注册类型分	**by Type of Registration**			
1.内资企业	**Domestic Funded Enterprises**	**16129**	**1861890**	**40021860**
国有企业	State-owned Enterprises	2829	401892	7257882
集体企业	Collective-owned Enterprises	592	49999	977404
股份合作企业	Cooperative Enterprises	179	15813	339843
联营企业	Joint Ownership Enterprises	60	7562	128248
国有联营企业	State Joint Ownership Enterprises	27	3913	50045
集体联营企业	Collective Joint Ownership Enterprises	13	1022	42658
国有与集体联营企业	Joint State-collective Enterprises	10	1413	11130
其他联营企业	Other Joint Ownership Enterprises	10	1214	24415
有限责任公司	Limited Liability Corporations	4582	655923	13027777
国有独资公司	State Sole Funded Corporations	139	25643	496988
其他有限责任公司	Other Limited Liability Corporations	4443	630280	12530789
股份有限公司	Share-holding Corporations Ltd.	528	70508	1636753
私营企业	Private Enterprises	6646	586448	14805468
私营独资企业	Private-funded Enterprises	1458	101772	2865898
私营合伙企业	Private Partnership Enterprises	389	23229	679397
私营有限责任公司	Private Limited Liability Corporations	4470	429418	10491367
私营股份有限公司	Private Share-holding Corporations Ltd.	329	32029	768806
其他企业	Other Enterprises	713	73745	1848485
2.港、澳、台商投资企业	**Enterprises with Funds from Hongkong, Macao and Taiwan**	**544**	**146661**	**4968134**
合资经营企业	Joint-venture Enterprises	248	72498	1390974
合作经营企业	Cooperative Enterprises	68	19501	446929
独资经营企业	Enterprises with Sole Investment	198	48586	3040401
投资股份有限公司	Share-holding Corporations Ltd. with Investment	28	5759	87841
其他港澳台商投资企业	Other Enterprises with Funds from Hongkong, Macao and Taiwan	2	317	1989
3.外商投资企业	**Foreign Funded Enterprises**	**436**	**98951**	**1426293**
中外合资经营企业	Joint-venture Enterprises	187	46581	601947
中外合作经营企业	Cooperative Enterprises	60	16138	207420
外资企业	Enterprises with Sole Foreign Investment	171	32703	563769
外商投资股份有限公司	Share-holding Corporations Ltd. with Foreign Investment	13	2364	31011
其他外商投资企业	Other Foreign Funded Enterprises	5	1165	22146
(二)按国民经济行业分	**by Sector**			
旅游饭店	Tourist Hotel	11629	1746336	37301840
一般旅馆	Fonda	4983	321212	7901375
其他住宿业	Others	497	39954	1213072

项 目	Item	法人单位数(个) Number of Corporation Enterprises (unit)	年末从业人数(人) Engaged Persons at the Year-end (person)	年末餐饮营业面积(平方米) Business Area of Catering Services at the Year-end (m²)
二、餐饮业	**Catering Services**	**23390**	**2437088**	**53591286**
#国有控股	State-controlled Enterprises	931	135150	3036762
(一)按登记注册类型分	**by Type of Registration**			
1.内资企业	**Domestic Funded Enterprises**	**22200**	**1876851**	**48118279**
国有企业	State-owned Enterprises	659	70715	1885338
集体企业	Collective-owned Enterprises	359	20762	551144
股份合作企业	Cooperative Enterprises	233	16408	360413
联营企业	Joint Ownership Enterprises	23	1881	47826
国有联营企业	State Joint Ownership Enterprises	2	55	1860
集体联营企业	Collective Joint Ownership Enterprises	12	860	18966
国有与集体联营企业	Joint State-collective Enterprises			
其他联营企业	Other Joint Ownership Enterprises	9	966	27000
有限责任公司	Limited Liability Corporations	4809	496914	13293857
国有独资公司	State Sole Funded Corporations	53	8626	217234
其他有限责任公司	Other Limited Liability Corporations	4756	488288	13076623
股份有限公司	Share-holding Corporations Ltd.	449	70021	1751430
私营企业	Private Enterprises	14353	1103936	27713212
私营独资企业	Private-funded Enterprises	4044	216440	5791795
私营合伙企业	Private Partnership Enterprises	634	34841	990200
私营有限责任公司	Private Limited Liability Corporations	9119	802198	19560556
私营股份有限公司	Private Share-holding Corporations Ltd.	556	50457	1370661
其他企业	Other Enterprises	1315	96214	2515059
2.港、澳、台商投资企业	**Enterprises with Funds from Hongkong, Macao and Taiwan**	**619**	**171514**	**1937126**
合资经营企业	Joint-venture Enterprises	158	50374	561128
合作经营企业	Cooperative Enterprises	31	8527	105777
独资经营企业	Enterprises with Sole Investment	417	111400	1248931
投资股份有限公司	Share-holding Corporations Ltd. with Investment	10	1000	17927
其他港澳台商投资企业	Other Enterprises with Funds from Hongkong, Macao and Taiwan	3	213	3363
3.外商投资企业	**Foreign Funded Enterprises**	**571**	**388723**	**3535881**
中外合资经营企业	Joint-venture Enterprises	158	86732	954069
中外合作经营企业	Cooperative Enterprises	26	6069	72500
外资企业	Enterprises with Sole Foreign Investment	354	292451	2423076
外商投资股份有限公司	Share-holding Corporations Ltd. with Foreign Investment	23	2807	58088
其他外商投资企业	Other Foreign Funded Enterprises	10	664	28148
(二)按国民经济行业分	**by Sector**			
正餐服务	Dinner	21924	1896449	48510282
快餐服务	Snack	837	440396	3977220
饮料及冷饮服务	Beverage and Cold Drink	188	33115	341053
其他餐饮业	Others	441	67128	762731

4-1-2 各地区限额以上住宿业企业基本情况

Basic Conditions of Enterprises above Designated Size of Hotels by Region

地　区	Region	住宿业 Hotels		#国有控股 State-controlled Enterprises	
		法人单位数（个） Number of Corporation Enterprises (unit)	年末从业人数（人） Engaged Persons at the Year-end (person)	法人单位数（个） Number of Corporation Enterprises (unit)	年末从业人数（人） Engaged Persons at the Year-end (person)
全　国	**National Total**	**17109**	**2107502**	**3743**	**595231**
北　京	Beijing	1154	162885	501	86698
天　津	Tianjin	220	25543	70	11001
河　北	Hebei	486	68013	158	23901
山　西	Shanxi	397	53625	98	14272
内蒙古	Inner Mongolia	307	33839	58	9320
辽　宁	Liaoning	557	60584	142	20030
吉　林	Jilin	198	22392	69	9470
黑龙江	Heilongjiang	242	24901	84	9757
上　海	Shanghai	610	82482	178	35551
江　苏	Jiangsu	935	128454	195	35810
浙　江	Zhejiang	1216	155799	177	28813
安　徽	Anhui	487	54394	99	13474
福　建	Fujian	682	88566	120	19832
江　西	Jiangxi	373	43499	92	9972
山　东	Shandong	1021	121082	200	39501
河　南	Henan	994	98294	185	28168
湖　北	Hubei	678	64494	106	13041
湖　南	Hunan	663	32164	121	4991
广　东	Guangdong	1861	306915	258	53332
广　西	Guangxi	460	52606	82	12287
海　南	Hainan	265	56910	42	10654
重　庆	Chongqing	304	41758	54	9177
四　川	Sichuan	899	90268	147	21886
贵　州	Guizhou	324	31814	59	7142
云　南	Yunnan	513	59150	112	17314
西　藏	Tibet	55	5332	23	3136
陕　西	Shaanxi	605	76310	119	19270
甘　肃	Gansu	239	24379	71	9177
青　海	Qinghai	55	6095	15	2258
宁　夏	Ningxia	75	9357	11	2207
新　疆	Xinjiang	234	25598	97	13789

4-1-3 各地区限额以上住宿业企业基本情况(按登记注册类型分)

Basic Conditions of Enterprises above Designated Size of Hotels by Region and Type of Registration

地区	Region	内资企业 Domestic Funded Enterprises		国有企业 State-owned Enterprises	
		法人单位数(个) Number of Corporation Enterprises (unit)	年末从业人数(人) Engaged Persons at the Year-end (person)	法人单位数(个) Number of Corporation Enterprises (unit)	年末从业人数(人) Engaged Persons at the Year-end (person)
全国	**National Total**	**16129**	**1861890**	**2829**	**401892**
北京	Beijing	1086	135682	293	41964
天津	Tianjin	199	23271	54	7569
河北	Hebei	475	65626	145	21445
山西	Shanxi	395	53007	95	12942
内蒙古	Inner Mongolia	300	31874	47	6873
辽宁	Liaoning	491	49615	117	13955
吉林	Jilin	190	20429	60	8266
黑龙江	Heilongjiang	226	22584	68	8873
上海	Shanghai	553	68765	113	21176
江苏	Jiangsu	871	115275	143	22865
浙江	Zhejiang	1153	138219	116	16806
安徽	Anhui	467	51067	57	6347
福建	Fujian	603	68469	92	13070
江西	Jiangxi	356	41393	80	9497
山东	Shandong	989	113932	182	36369
河南	Henan	973	93068	165	23204
湖北	Hubei	656	59239	91	10016
湖南	Hunan	639	28431	95	3187
广东	Guangdong	1619	240026	176	32471
广西	Guangxi	436	45891	67	8716
海南	Hainan	234	45004	22	3968
重庆	Chongqing	295	38981	34	5333
四川	Sichuan	878	85650	102	13987
贵州	Guizhou	318	30541	49	4851
云南	Yunnan	490	55812	85	9740
西藏	Tibet	54	5234	23	3136
陕西	Shaanxi	587	70535	97	15236
甘肃	Gansu	237	23818	66	8422
青海	Qinghai	53	5650	13	1953
宁夏	Ningxia	74	9251	4	964
新疆	Xinjiang	232	25551	78	8691

4-1-3 续表 1 Continued 1

地 区	Region	集体企业 Collective-owned Enterprises 法人单位数(个) Number of Corporation Enterprises (unit)	集体企业 Collective-owned Enterprises 年末从业人数(人) Engaged Persons at the Year-end (person)	股份合作企业 Cooperative Enterprises 法人单位数(个) Number of Corporation Enterprises (unit)	股份合作企业 Cooperative Enterprises 年末从业人数(人) Engaged Persons at the Year-end (person)
全 国	**National Total**	**592**	**49999**	**179**	**15813**
北 京	Beijing	55	5805	38	2793
天 津	Tianjin	14	1233	2	517
河 北	Hebei	18	1668	5	943
山 西	Shanxi	25	2629		
内蒙古	Inner Mongolia	6	586	5	579
辽 宁	Liaoning	38	2135	2	75
吉 林	Jilin	4	299	2	170
黑龙江	Heilongjiang	3	235	2	376
上 海	Shanghai	23	2035		
江 苏	Jiangsu	36	3363	1	102
浙 江	Zhejiang	38	3919	6	268
安 徽	Anhui	5	302	5	422
福 建	Fujian	12	643	7	652
江 西	Jiangxi	4	247	15	1415
山 东	Shandong	49	5336	11	621
河 南	Henan	56	4271	11	792
湖 北	Hubei	18	1904	9	987
湖 南	Hunan	16	266	9	505
广 东	Guangdong	64	4493	11	1222
广 西	Guangxi	14	939	5	732
海 南	Hainan	1	79	4	397
重 庆	Chongqing	10	970	2	44
四 川	Sichuan	11	1200	13	1253
贵 州	Guizhou	12	427	3	140
云 南	Yunnan	22	1709	6	349
西 藏	Tibet	2	87		
陕 西	Shaanxi	17	1284	3	291
甘 肃	Gansu	9	847	2	168
青 海	Qinghai	4	217		
宁 夏	Ningxia				
新 疆	Xinjiang	6	871		

4-1-3 续表 2 Continued 2

地区	Region	联营企业 Joint Ownership Enterprises		有限责任公司 Limited Liability Corporations	
		法人单位数（个） Number of Corporation Enterprises (unit)	年末从业人数（人） Engaged Persons at the Year-end (person)	法人单位数（个） Number of Corporation Enterprises (unit)	年末从业人数（人） Engaged Persons at the Year-end (person)
全国	**National Total**	**60**	**7562**	**4582**	**655923**
北京	Beijing	3	324	397	61908
天津	Tianjin			58	8846
河北	Hebei	2	322	148	21967
山西	Shanxi			43	8518
内蒙古	Inner Mongolia	1	100	96	11506
辽宁	Liaoning	1	48	106	15140
吉林	Jilin	1	192	47	5001
黑龙江	Heilongjiang	2	36	64	6805
上海	Shanghai	4	624	125	22012
江苏	Jiangsu	5	519	192	30852
浙江	Zhejiang	6	1174	310	49025
安徽	Anhui			155	21016
福建	Fujian	5	1562	161	21817
江西	Jiangxi			81	13298
山东	Shandong			249	33627
河南	Henan	2	87	229	28181
湖北	Hubei	2	277	202	20960
湖南	Hunan	4	35	147	9688
广东	Guangdong	14	1477	509	93886
广西	Guangxi			106	11846
海南	Hainan			142	30455
重庆	Chongqing			94	16756
四川	Sichuan	4	286	274	27740
贵州	Guizhou			119	14498
云南	Yunnan	3	448	133	19638
西藏	Tibet			8	523
陕西	Shaanxi			217	29310
甘肃	Gansu			75	8226
青海	Qinghai			12	1302
宁夏	Ningxia			19	2764
新疆	Xinjiang	1	51	64	8812

4-1-3 续表 3 Continued 3

地 区	Region	股份有限公司 Share-holding Corporations Ltd. 法人单位数(个) Number of Corporation Enterprises (unit)	股份有限公司 Share-holding Corporations Ltd. 年末从业人数(人) Engaged Persons at the Year-end (person)	私营企业 Private Enterprises 法人单位数(个) Number of Corporation Enterprises (unit)	私营企业 Private Enterprises 年末从业人数(人) Engaged Persons at the Year-end (person)
全 国	**National Total**	**528**	**70508**	**6646**	**586448**
北 京	Beijing	14	2913	286	19975
天 津	Tianjin	2	143	57	3425
河 北	Hebei	17	2606	122	15131
山 西	Shanxi	8	1444	214	25935
内蒙古	Inner Mongolia	18	1446	104	8762
辽 宁	Liaoning	10	622	204	15960
吉 林	Jilin	8	347	60	5117
黑龙江	Heilongjiang	11	854	67	4996
上 海	Shanghai	11	1147	270	20682
江 苏	Jiangsu	28	6270	451	49760
浙 江	Zhejiang	18	4939	656	61846
安 徽	Anhui	27	4650	186	15420
福 建	Fujian	9	1570	288	25334
江 西	Jiangxi	25	2210	130	12205
山 东	Shandong	45	5800	392	26397
河 南	Henan	46	4937	425	28810
湖 北	Hubei	20	2953	274	19590
湖 南	Hunan	35	2365	298	11495
广 东	Guangdong	30	6416	720	85390
广 西	Guangxi	26	2988	184	17220
海 南	Hainan	13	2112	35	5262
重 庆	Chongqing	13	1655	125	12144
四 川	Sichuan	48	4867	371	31130
贵 州	Guizhou	3	190	117	9137
云 南	Yunnan	12	1870	189	17845
西 藏	Tibet	5	454	14	959
陕 西	Shaanxi	18	2033	196	18235
甘 肃	Gansu	3	184	71	5144
青 海	Qinghai			19	1956
宁 夏	Ningxia			48	5251
新 疆	Xinjiang	5	523	73	5935

地 区	Region	港、澳、台商投资企业 Enterprises with Funds from Hongkong, Macao and Taiwan		外商投资企业 Foreign Funded Enterprises	
		法人单位数 (个) Number of Corporation Enterprises (unit)	年末从业人数 (人) Engaged Persons at the Year-end (person)	法人单位数 (个) Number of Corporation Enterprises (unit)	年末从业人数 (人) Engaged Persons at the Year-end (person)
全 国	**National Total**	**544**	**146661**	**436**	**98951**
北 京	Beijing	40	18188	28	9015
天 津	Tianjin	10	845	11	1427
河 北	Hebei	5	1046	6	1341
山 西	Shanxi	2	618		
内蒙古	Inner Mongolia	3	645	4	1320
辽 宁	Liaoning	33	6973	33	3996
吉 林	Jilin	4	879	4	1084
黑龙江	Heilongjiang	11	1221	5	1096
上 海	Shanghai	24	6580	33	7137
江 苏	Jiangsu	24	6037	40	7142
浙 江	Zhejiang	35	12793	28	4787
安 徽	Anhui	11	1920	9	1407
福 建	Fujian	44	11153	35	8944
江 西	Jiangxi	9	1025	8	1081
山 东	Shandong	16	4120	16	3030
河 南	Henan	14	4290	7	936
湖 北	Hubei	16	4566	6	689
湖 南	Hunan	18	3289	6	444
广 东	Guangdong	149	39049	93	27840
广 西	Guangxi	18	5119	6	1596
海 南	Hainan	17	6666	14	5240
重 庆	Chongqing	4	911	5	1866
四 川	Sichuan	13	2933	8	1685
贵 州	Guizhou	5	1014	1	259
云 南	Yunnan	9	1832	14	1506
西 藏	Tibet			1	98
陕 西	Shaanxi	8	2750	10	3025
甘 肃	Gansu	1	173	1	388
青 海	Qinghai			2	445
宁 夏	Ningxia			1	106
新 疆	Xinjiang	1	26	1	21

4-1-4 各地区限额以上住宿业企业基本情况(按国民经济行业分)

Basic Conditions of Enterprises above Designated Size of Hotels by Region and Sector

地 区	Region	旅游饭店 Tourist Hotel		一般旅馆 Fonda		其他住宿业 Others	
		法人单位数 (个) Number of Corporation Enterprises (unit)	年末从业人数 (人) Engaged Persons at the Year-end (person)	法人单位数 (个) Number of Corporation Enterprises (unit)	年末从业人数 (人) Engaged Persons at the Year-end (person)	法人单位数 (个) Number of Corporation Enterprises (unit)	年末从业人数 (人) Engaged Persons at the Year-end (person)
全 国	**National Total**	**11629**	**1746336**	**4983**	**321212**	**497**	**39954**
北 京	Beijing	681	133556	452	27436	21	1893
天 津	Tianjin	114	16423	87	7446	19	1674
河 北	Hebei	332	49912	138	14377	16	3724
山 西	Shanxi	235	39219	146	12544	16	1862
内蒙古	Inner Mongolia	211	26833	89	6744	7	262
辽 宁	Liaoning	411	54107	129	5792	17	685
吉 林	Jilin	156	19690	35	2002	7	700
黑龙江	Heilongjiang	173	20677	62	3827	7	397
上 海	Shanghai	325	61702	250	16457	35	4323
江 苏	Jiangsu	695	115949	214	10652	26	1853
浙 江	Zhejiang	855	136487	350	18734	11	578
安 徽	Anhui	342	44778	136	8845	9	771
福 建	Fujian	476	74555	180	11780	26	2231
江 西	Jiangxi	282	35172	85	7935	6	392
山 东	Shandong	683	99899	317	20201	21	982
河 南	Henan	578	73183	386	23225	30	1886
湖 北	Hubei	394	48838	266	14608	18	1048
湖 南	Hunan	449	25455	187	6018	27	691
广 东	Guangdong	1329	264409	467	36810	65	5696
广 西	Guangxi	359	45746	95	6374	6	486
海 南	Hainan	250	55499	13	790	2	621
重 庆	Chongqing	197	35544	85	4883	22	1331
四 川	Sichuan	541	71203	335	17401	23	1664
贵 州	Guizhou	232	26054	83	5150	9	610
云 南	Yunnan	393	49734	105	8263	15	1153
西 藏	Tibet	54	5272			1	60
陕 西	Shaanxi	410	59960	174	14735	21	1615
甘 肃	Gansu	170	19874	59	3961	10	544
青 海	Qinghai	47	5809	5	144	3	142
宁 夏	Ningxia	62	8589	12	688	1	80
新 疆	Xinjiang	193	22208	41	3390		

4-1-5 各地区限额以上餐饮业企业基本情况
Basic Conditions of Enterprises above Designated Size of Catering Services by Region

地区	Region	餐饮业 Catering Services		#国有控股 State-controlled Enterprises	
		法人单位数（个） Number of Corporation Enterprises (unit)	年末从业人数（人） Engaged Persons at the Year-end (person)	法人单位数（个） Number of Corporation Enterprises (unit)	年末从业人数（人） Engaged Persons at the Year-end (person)
全　国	**National Total**	**23390**	**2437088**	**931**	**135150**
北　京	Beijing	1963	248833	111	22154
天　津	Tianjin	398	59281	22	2319
河　北	Hebei	451	45845	25	2499
山　西	Shanxi	582	78526	42	6693
内蒙古	Inner Mongolia	436	39729	22	2412
辽　宁	Liaoning	717	51525	32	2081
吉　林	Jilin	162	11470	14	1566
黑龙江	Heilongjiang	246	19327	19	3737
上　海	Shanghai	1417	202669	47	10164
江　苏	Jiangsu	1812	209371	75	8773
浙　江	Zhejiang	1273	144237	30	6499
安　徽	Anhui	836	73114	30	3263
福　建	Fujian	719	80218	18	3080
江　西	Jiangxi	242	27699	15	1287
山　东	Shandong	2168	158638	116	15191
河　南	Henan	1374	76559	33	1772
湖　北	Hubei	1175	108818	45	4297
湖　南	Hunan	489	16157	16	695
广　东	Guangdong	2540	348662	54	14197
广　西	Guangxi	277	31030	14	950
海　南	Hainan	96	8888	1	77
重　庆	Chongqing	769	74942	20	2783
四　川	Sichuan	1398	132501	28	2605
贵　州	Guizhou	184	17593	12	2112
云　南	Yunnan	296	30702	17	2632
西　藏	Tibet	14	895		
陕　西	Shaanxi	852	92120	40	8112
甘　肃	Gansu	306	23120	18	1738
青　海	Qinghai	29	4480	3	309
宁　夏	Ningxia	94	10230	3	384
新　疆	Xinjiang	75	9909	9	769

4-1-6 各地区限额以上餐饮业企业基本情况(按登记注册类型分)

Basic Conditions of Enterprises above Designated Size of Catering Services by Region and Type of Registration

地区	Region	内资企业 Domestic Funded Enterprises		国有企业 State-owned Enterprises	
		法人单位数(个) Number of Corporation Enterprises (unit)	年末从业人数(人) Engaged Persons at the Year-end (person)	法人单位数(个) Number of Corporation Enterprises (unit)	年末从业人数(人) Engaged Persons at the Year-end (person)
全国	**National Total**	**22200**	**1876851**	**659**	**70715**
北京	Beijing	1815	178697	34	2622
天津	Tianjin	361	29113	15	1308
河北	Hebei	446	45241	26	2408
山西	Shanxi	575	71035	37	4035
内蒙古	Inner Mongolia	430	39136	19	2164
辽宁	Liaoning	639	35889	27	1687
吉林	Jilin	159	11297	11	1321
黑龙江	Heilongjiang	203	14604	17	1268
上海	Shanghai	1209	99517	17	2423
江苏	Jiangsu	1731	146795	55	5583
浙江	Zhejiang	1230	114198	19	2005
安徽	Anhui	826	71815	21	2128
福建	Fujian	658	60073	16	2271
江西	Jiangxi	232	20803	12	1108
山东	Shandong	2122	148553	94	12238
河南	Henan	1363	72354	28	1117
湖北	Hubei	1140	85010	40	3630
湖南	Hunan	473	15758	13	695
广东	Guangdong	2292	235293	34	7252
广西	Guangxi	268	24358	14	950
海南	Hainan	89	7909	1	77
重庆	Chongqing	759	61991	9	1708
四川	Sichuan	1369	117313	20	2172
贵州	Guizhou	183	17290	12	2200
云南	Yunnan	287	24286	11	727
西藏	Tibet	14	895		
陕西	Shaanxi	828	81851	27	2475
甘肃	Gansu	303	22360	16	1403
青海	Qinghai	29	4480	2	247
宁夏	Ningxia	93	9899	1	94
新疆	Xinjiang	74	9038	11	1399

4-1-6 续表 1 Continued 1

地区	Region	集体企业 Collective-owned Enterprises 法人单位数(个) Number of Corporation Enterprises (unit)	集体企业 Collective-owned Enterprises 年末从业人数(人) Engaged Persons at the Year-end (person)	股份合作企业 Cooperative Enterprises 法人单位数(个) Number of Corporation Enterprises (unit)	股份合作企业 Cooperative Enterprises 年末从业人数(人) Engaged Persons at the Year-end (person)
全　国	**National Total**	**359**	**20762**	**233**	**16408**
北　京	Beijing	38	1659	56	2427
天　津	Tianjin	6	200	1	80
河　北	Hebei	7	564	4	246
山　西	Shanxi	11	876	4	330
内蒙古	Inner Mongolia	4	211	5	235
辽　宁	Liaoning	22	566	5	152
吉　林	Jilin	8	409	2	67
黑龙江	Heilongjiang	3	161	2	75
上　海	Shanghai	23	1863	7	449
江　苏	Jiangsu	20	1349	4	335
浙　江	Zhejiang	3	251	4	451
安　徽	Anhui	8	517	6	253
福　建	Fujian	5	409	3	187
江　西	Jiangxi	2	117	11	893
山　东	Shandong	42	2208	18	1361
河　南	Henan	23	1035	5	255
湖　北	Hubei	10	646	12	801
湖　南	Hunan	2		5	
广　东	Guangdong	49	3919	38	3537
广　西	Guangxi	7	266	7	484
海　南	Hainan				
重　庆	Chongqing	31	1079	5	190
四　川	Sichuan	17	1077	15	2712
贵　州	Guizhou			3	66
云　南	Yunnan	3	176	2	143
西　藏	Tibet				
陕　西	Shaanxi	11	809	6	432
甘　肃	Gansu	3	343	3	247
青　海	Qinghai				
宁　夏	Ningxia				
新　疆	Xinjiang	1	52		

地 区	Region	联营企业 Joint Ownership Enterprises		有限责任公司 Limited Liability Corporations	
		法人单位数 (个) Number of Corporation Enterprises (unit)	年末从业人数 (人) Engaged Persons at the Year-end (person)	法人单位数 (个) Number of Corporation Enterprises (unit)	年末从业人数 (人) Engaged Persons at the Year-end (person)
全 国	**National Total**	**23**	**1881**	**4809**	**496914**
北 京	Beijing	1		491	69291
天 津	Tianjin	1	75	88	9672
河 北	Hebei	1	60	133	11775
山 西	Shanxi			74	10809
内蒙古	Inner Mongolia			155	15143
辽 宁	Liaoning			93	6006
吉 林	Jilin	1	149	41	2841
黑龙江	Heilongjiang			45	5723
上 海	Shanghai	1	33	98	11183
江 苏	Jiangsu	2	180	215	27638
浙 江	Zhejiang	1	60	179	19619
安 徽	Anhui			200	16995
福 建	Fujian			106	9965
江 西	Jiangxi	1	55	54	3976
山 东	Shandong	2	132	435	37577
河 南	Henan	3	199	247	20804
湖 北	Hubei	1	262	373	34863
湖 南	Hunan			111	3211
广 东	Guangdong	3	486	423	55918
广 西	Guangxi	1	32	49	6367
海 南	Hainan			50	4142
重 庆	Chongqing	1		130	13342
四 川	Sichuan			448	36646
贵 州	Guizhou			57	7281
云 南	Yunnan			72	6527
西 藏	Tibet			6	463
陕 西	Shaanxi	1	41	313	37268
甘 肃	Gansu	2	117	88	6973
青 海	Qinghai			5	1200
宁 夏	Ningxia			14	1598
新 疆	Xinjiang			16	2098

4-1-6 续表 3 Continued 3

地区	Region	股份有限公司 Share-holding Corporations Ltd.		私营企业 Private Enterprises	
		法人单位数（个）Number of Corporation Enterprises (unit)	年末从业人数（人）Engaged Persons at the Year-end (person)	法人单位数（个）Number of Corporation Enterprises (unit)	年末从业人数（人）Engaged Persons at the Year-end (person)
全　国	**National Total**	**449**	**70021**	**14353**	**1103936**
北　京	Beijing	37	9657	1158	93041
天　津	Tianjin	3	863	208	14890
河　北	Hebei	14	2238	232	25800
山　西	Shanxi	5	1005	415	49366
内蒙古	Inner Mongolia	23	2643	169	14280
辽　宁	Liaoning	10	1006	460	25076
吉　林	Jilin	10	533	69	4793
黑龙江	Heilongjiang	6	395	106	5648
上　海	Shanghai	6	3577	1038	78830
江　苏	Jiangsu	31	3465	1354	104911
浙　江	Zhejiang	10	3242	1009	88111
安　徽	Anhui	19	1515	511	43919
福　建	Fujian	7	451	454	42706
江　西	Jiangxi	7	829	125	12400
山　东	Shandong	57	10406	1270	71394
河　南	Henan	40	2119	951	43810
湖　北	Hubei	18	1247	626	39905
湖　南	Hunan	12	743	301	10201
广　东	Guangdong	21	7144	1555	142418
广　西	Guangxi	5	254	165	14730
海　南	Hainan	7	693	18	1427
重　庆	Chongqing	14	5498	510	37083
四　川	Sichuan	36	3298	734	64732
贵　州	Guizhou	2	311	94	6225
云　南	Yunnan	5	277	160	13441
西　藏	Tibet			6	382
陕　西	Shaanxi	28	5279	362	27998
甘　肃	Gansu	13	958	162	11228
青　海	Qinghai	1	98	19	2776
宁　夏	Ningxia	1	148	72	7544
新　疆	Xinjiang	1	129	40	4871

4-1-6 续表 4 Continued 4

地区	Region	港、澳、台商投资企业 Enterprises with Funds from Hongkong, Macao and Taiwan 法人单位数(个) Number of Corporation Enterprises (unit)	港、澳、台商投资企业 年末从业人数(人) Engaged Persons at the Year-end (person)	外商投资企业 Foreign Funded Enterprises 法人单位数(个) Number of Corporation Enterprises (unit)	外商投资企业 年末从业人数(人) Engaged Persons at the Year-end (person)
全　国	**National Total**	**619**	**171514**	**571**	**388723**
北　京	Beijing	68	22969	80	47167
天　津	Tianjin	11	672	26	29496
河　北	Hebei	3	302	2	302
山　西	Shanxi	1	186	6	7305
内蒙古	Inner Mongolia	2	116	4	477
辽　宁	Liaoning	22	2305	56	13331
吉　林	Jilin	1	107	2	66
黑龙江	Heilongjiang	19	1778	24	2945
上　海	Shanghai	106	58990	102	44162
江　苏	Jiangsu	46	11733	35	50843
浙　江	Zhejiang	23	2988	20	27051
安　徽	Anhui	5	968	5	331
福　建	Fujian	40	8496	21	11649
江　西	Jiangxi	6	1305	4	5591
山　东	Shandong	19	2612	27	7473
河　南	Henan	5	1226	6	2979
湖　北	Hubei	19	3108	16	20700
湖　南	Hunan	9	386	7	13
广　东	Guangdong	173	39526	75	73843
广　西	Guangxi	5	617	4	6055
海　南	Hainan	6	889	1	90
重　庆	Chongqing	3	1216	7	11735
四　川	Sichuan	10	832	19	14356
贵　州	Guizhou			1	303
云　南	Yunnan	5	1761	4	4655
西　藏	Tibet				
陕　西	Shaanxi	11	6267	13	4002
甘　肃	Gansu	1	159	2	601
青　海	Qinghai				
宁　夏	Ningxia			1	331
新　疆	Xinjiang			1	871

4-1-7 各地区限额以上餐饮业企业基本情况(按国民经济行业分)

Basic Conditions of Enterprises above Designated Size of Catering Services by Region and Sector

地区	Region	正餐服务 Dinner		快餐服务 Snack	
		法人单位数(个) Number of Corporation Enterprises (unit)	年末从业人数(人) Engaged Persons at the Year-end (person)	法人单位数(个) Number of Corporation Enterprises (unit)	年末从业人数(人) Engaged Persons at the Year-end (person)
全　国	**National Total**	**21924**	**1896449**	**837**	**440396**
北　京	Beijing	1752	181330	131	54076
天　津	Tianjin	351	27733	22	29219
河　北	Hebei	443	44960	5	436
山　西	Shanxi	565	70343	13	7908
内蒙古	Inner Mongolia	428	39030	7	699
辽　宁	Liaoning	663	36749	29	12928
吉　林	Jilin	161	11444	1	26
黑龙江	Heilongjiang	236	18623	8	649
上　海	Shanghai	1276	138679	70	41940
江　苏	Jiangsu	1668	134599	74	60946
浙　江	Zhejiang	1167	111682	44	29039
安　徽	Anhui	802	66842	20	5167
福　建	Fujian	672	63972	24	14739
江　西	Jiangxi	237	22067	5	5632
山　东	Shandong	2093	147066	59	10140
河　南	Henan	1256	69491	88	5803
湖　北	Hubei	1131	85856	26	20470
湖　南	Hunan	466	15311	17	456
广　东	Guangdong	2356	240189	106	97374
广　西	Guangxi	261	22209	12	7944
海　南	Hainan	93	8541	3	347
重　庆	Chongqing	723	67901	16	5509
四　川	Sichuan	1325	99830	25	13686
贵　州	Guizhou	182	17386	2	207
云　南	Yunnan	285	24085	4	5641
西　藏	Tibet	13	847	1	48
陕　西	Shaanxi	828	85330	16	6256
甘　肃	Gansu	300	22098	3	788
青　海	Qinghai	29	4480		
宁　夏	Ningxia	91	10062	2	128
新　疆	Xinjiang	71	7714	4	2195

4-1-7 续表 Continued

地区	Region	饮料及冷饮服务 Beverage and Cold Drink 法人单位数（个） Number of Corporation Enterprises (unit)	饮料及冷饮服务 Beverage and Cold Drink 年末从业人数（人） Engaged Persons at the Year-end (person)	其他餐饮业 Others 法人单位数（个） Number of Corporation Enterprises (unit)	其他餐饮业 Others 年末从业人数（人） Engaged Persons at the Year-end (person)
全　国	**National Total**	**188**	**33115**	**441**	**67128**
北　京	Beijing	30	3791	50	9636
天　津	Tianjin			25	2329
河　北	Hebei	1	40	2	409
山　西	Shanxi			4	275
内蒙古	Inner Mongolia			1	
辽　宁	Liaoning	12	474	13	1374
吉　林	Jilin				
黑龙江	Heilongjiang	1	35	1	20
上　海	Shanghai	16	15013	55	7037
江　苏	Jiangsu	14	4024	56	9802
浙　江	Zhejiang	24	793	38	2723
安　徽	Anhui	9	690	5	415
福　建	Fujian	11	845	12	662
江　西	Jiangxi				
山　东	Shandong	3	180	13	1252
河　南	Henan	3	47	27	1218
湖　北	Hubei	9	1309	9	1183
湖　南	Hunan	3	390	3	
广　东	Guangdong	19	4345	59	6754
广　西	Guangxi	2	154	2	723
海　南	Hainan				
重　庆	Chongqing	3	58	27	1474
四　川	Sichuan	24	609	24	18376
贵　州	Guizhou				
云　南	Yunnan	2	128	5	848
西　藏	Tibet				
陕　西	Shaanxi			8	534
甘　肃	Gansu	2	190	1	44
青　海	Qinghai				
宁　夏	Ningxia			1	40
新　疆	Xinjiang				

4-2-1 限额以上住宿和餐饮业企业经营情况

项　目	Item	营业额 Business Revenue	客房收入 from Hotel Rooms
总　计	**Total**	**79542841**	**18625069**
一、住宿业	**Hotels**	**35344388**	**16179135**
#国有控股	State-controlled Enterprises	10317945	4414890
(一)按登记注册类型分	**by Type of Registration**		
1.内资企业	**Domestic Funded Enterprises**	**29683123**	**13481359**
国有企业	State-owned Enterprises	6414419	2671903
集体企业	Collective-owned Enterprises	838515	330579
股份合作企业	Cooperative Enterprises	226803	102856
联营企业	Joint Ownership Enterprises	132010	60003
国有联营企业	State Joint Ownership Enterprises	60011	32480
集体联营企业	Collective Joint Ownership Enterprises	22410	7975
国有与集体联营企业	Joint State-collective Enterprises	27193	9356
其他联营企业	Other Joint Ownership Enterprises	22397	10192
有限责任公司	Limited Liability Corporations	10639544	4989227
国有独资公司	State Sole Funded Corporations	424383	191372
其他有限责任公司	Other Limited Liability Corporations	10215161	4797855
股份有限公司	Share-holding Corporations Ltd.	1215594	510358
私营企业	Private Enterprises	9114485	4296702
私营独资企业	Private-funded Enterprises	1611986	735461
私营合伙企业	Private Partnership Enterprises	375662	179652
私营有限责任公司	Private Limited Liability Corporations	6565735	3130851
私营股份有限公司	Private Share-holding Corporations Ltd.	561103	250737
其他企业	Other Enterprises	1101754	519731
2.港、澳、台商投资企业	**Enterprises with Funds from Hongkong, Macao and Taiwan**	**3309539**	**1546341**
合资经营企业	Joint-venture Enterprises	1685539	785955
合作经营企业	Cooperative Enterprises	433231	194228
独资经营企业	Enterprises with Sole Investment	1082480	515140
投资股份有限公司	Share-holding Corporations Ltd. with Investment	105305	49633
其他港澳台商投资企业	Other Enterprises with Funds from Hongkong, Macao and Taiwan	2984	1385
3.外商投资企业	**Foreign Funded Enterprises**	**2351726**	**1151435**
中外合资经营企业	Joint-venture Enterprises	1154260	550546
中外合作经营企业	Cooperative Enterprises	369205	166628
外资企业	Enterprises with Sole Foreign Investment	778225	413075
外商投资股份有限公司	Share-holding Corporations Ltd. with Foreign Investment	35226	17002
其他外商投资企业	Other Foreign Funded Enterprises	14810	4185
(二)按国民经济行业分	**by Sector**		
旅游饭店	Tourist Hotel	29531340	12837512
一般旅馆	Fonda	5154009	2996715
其他住宿业	Others	659040	344908

Business of Enterprises above Designated Size of Hotels and Catering Services

单位：万元
Unit: 10000 yuan

餐费收入 from Meals	商品销售额 from Commodities	其他收入 Others	客房数（间） Hotel Rooms (unit)	床位数（个） Hotel Beds (unit)	餐位数（位） Seats for Meal (unit)
54427611	**2185013**	**4305148**	**4996047**	**8557985**	**18951472**
14760317	**982575**	**3422361**	**4396833**	**7560589**	**7437474**
4229785	317475	1355795	753395	1271423	1787451
12607116	**838940**	**2755708**	**4076520**	**7055773**	**6866869**
2726926	200539	815050	552124	944774	1331146
397262	19586	91087	57823	107860	178894
92378	8390	23179	19714	36134	53042
54927	4986	12095	8385	14782	25043
20733	320	6478	3958	6676	8482
13011	464	960	1670	3367	8758
10768	3953	3116	1409	2497	4445
10416	249	1541	1348	2242	3358
4392972	268024	989321	2058093	3717185	2052387
168472	12666	51874	36109	57197	70173
4224500	255358	937448	2021984	3659988	1982214
510843	68093	126300	95635	165069	644181
3963279	238793	615711	1184623	1910812	2303525
732663	62694	81168	183641	316473	463866
158365	15363	22282	47561	75725	96456
2813676	143515	477692	910555	1445905	1617449
258575	17222	34568	42866	72709	125754
468529	30529	82965	100123	159157	278651
1261099	**111481**	**390620**	**202190**	**331005**	**351272**
652387	28490	218707	119420	206982	175954
167054	22287	49662	16612	25995	39087
395432	60029	111880	60285	88646	117046
44798	674	10200	5702	9104	18205
1428		171	171	278	980
892102	**32155**	**276033**	**118123**	**173811**	**219333**
433272	11113	159330	47204	71124	112454
162576	7639	32361	18115	27115	34547
274555	13029	77566	49195	69907	62899
14012	353	3860	2819	4409	6353
7688	21	2916	790	1256	3080
12865515	829369	2998945	3699603	6415051	6260858
1675711	130027	351556	627697	1033817	1046800
219092	23180	71860	69533	111721	129816

项 目	Item	营业额 Business Revenue	客房收入 from Hotel Rooms
二、餐饮业	**Catering Services**	**44198453**	**2445934**
#国有控股	State-controlled Enterprises	2213905	288965
(一)按登记注册类型分	**by Type of Registration**		
1.内资企业	**Domestic Funded Enterprises**	**32804109**	**2362620**
国有企业	State-owned Enterprises	1077558	215580
集体企业	Collective-owned Enterprises	352403	40451
股份合作企业	Cooperative Enterprises	266814	19492
联营企业	Joint Ownership Enterprises	59357	1278
国有联营企业	State Joint Ownership Enterprises	1407	243
集体联营企业	Collective Joint Ownership Enterprises	47299	356
国有与集体联营企业	Joint State-collective Enterprises		
其他联营企业	Other Joint Ownership Enterprises	10651	680
有限责任公司	Limited Liability Corporations	8611660	682764
国有独资公司	State Sole Funded Corporations	149736	12597
其他有限责任公司	Other Limited Liability Corporations	8461924	670168
股份有限公司	Share-holding Corporations Ltd.	1364221	86843
私营企业	Private Enterprises	19609125	1184834
私营独资企业	Private-funded Enterprises	4437573	322636
私营合伙企业	Private Partnership Enterprises	617692	49258
私营有限责任公司	Private Limited Liability Corporations	13665453	760486
私营股份有限公司	Private Share-holding Corporations Ltd.	888407	52454
其他企业	Other Enterprises	1462970	131379
2.港、澳、台商投资企业	**Enterprises with Funds from Hongkong, Macao and Taiwan**	**3398907**	**46762**
合资经营企业	Joint-venture Enterprises	828697	14272
合作经营企业	Cooperative Enterprises	219361	2445
独资经营企业	Enterprises with Sole Investment	2322240	30009
投资股份有限公司	Share-holding Corporations Ltd. with Investment	24969	35
其他港澳台商投资企业	Other Enterprises with Funds from Hongkong, Macao and Taiwan	3640	
3.外商投资企业	**Foreign Funded Enterprises**	**7995437**	**36552**
中外合资经营企业	Joint-venture Enterprises	1946982	25675
中外合作经营企业	Cooperative Enterprises	154410	2339
外资企业	Enterprises with Sole Foreign Investment	5829414	7120
外商投资股份有限公司	Share-holding Corporations Ltd. with Foreign Investment	53001	1164
其他外商投资企业	Other Foreign Funded Enterprises	11630	255
(二)按国民经济行业分	**by Sector**		
正餐服务	Restaurant	33563155	2418491
快餐服务	Snack	8826490	7618
饮料及冷饮服务	Beverage and Cold Drink	672412	448
其他餐饮业	Others	1136396	19377

4-2-1 Continued

单位：万元

Unit: 10000 yuan

餐费收入 from Meals	商品销售额 from Commodities	其他收入 Others	客房数 (间) Hotel Rooms (unit)	床位数 (个) Hotel Beds (unit)	餐位数 (位) Seats for Meal (unit)
39667294	**1202437**	**882787**	**599214**	**997396**	**11513998**
1640924	118680	165336	51239	92136	537458
28592194	**1082457**	**766837**	**569710**	**945385**	**9873212**
748326	40552	73101	39735	71735	315463
277065	16998	17889	9282	17138	132864
222397	16754	8170	4213	7028	93370
44321	13290	468	378	633	15666
1081		83	45	108	380
33774	13136	33	142	204	8560
9466	154	352	191	321	6726
7324601	321867	282428	149880	251072	2395144
100401	12154	24585	2917	4705	34835
7224200	309713	257844	146963	246367	2360309
1140986	104391	32001	14584	25117	282078
17576734	527011	320546	312411	499776	6150258
3878047	162357	74532	61449	108339	1453333
546954	15421	6060	10416	18615	245316
12365511	330745	208712	229432	353800	4166334
786222	18488	31243	11114	19022	285275
1257765	41594	32233	39227	72886	488369
3232394	**70690**	**49061**	**23465**	**42099**	**516542**
773161	16158	25105	17893	32740	135425
204850	8812	3254	584	1225	26845
2228150	44248	19833	4938	8079	350133
22902	1163	868	50	55	3529
3332	309				610
7842706	**49290**	**66889**	**6039**	**9912**	**1124244**
1885019	19207	17081	3308	5206	274061
134389	357	17325	331	618	18909
5763652	26705	31938	1621	2603	810363
48480	3020	336	659	1288	16712
11166		209	120	197	4199
29307274	1073685	763705	592027	981131	9888494
8712092	42228	64552	3580	10518	1348286
622960	39636	9368	177	297	74813
1024969	46889	45161	3430	5450	202405

4-2-2 各地区限额以上住宿业企业经营情况

Business of Enterprises above Designated Size of Hotels by Region

单位：万元

Unit: 10000 yuan

地 区	Region	营业额 Business Revenue	客房收入 from Hotel Rooms	餐费收入 from Meals	商品销售额 from Commodities	其他收入 Others
全 国	**National Total**	**35344388**	**16179135**	**14760317**	**982575**	**3422361**
北 京	Beijing	3751218	1859370	1138802	70953	682093
天 津	Tianjin	421870	196902	156153	10345	58470
河 北	Hebei	840585	319993	431244	16519	72829
山 西	Shanxi	568537	229272	275417	17312	46536
内蒙古	Inner Mongolia	451052	195532	220169	6450	28900
辽 宁	Liaoning	1080196	485622	482090	23016	89467
吉 林	Jilin	365982	158020	174265	7064	26634
黑龙江	Heilongjiang	351159	190851	129333	13025	17950
上 海	Shanghai	2102609	1057223	701213	33586	310588
江 苏	Jiangsu	2232620	862159	1100650	81155	188656
浙 江	Zhejiang	3015703	1214554	1508953	39242	252953
安 徽	Anhui	719550	311273	333114	28313	46849
福 建	Fujian	1417510	585708	664102	70944	96756
江 西	Jiangxi	537625	264648	221122	22203	29653
山 东	Shandong	2113202	824256	1077913	86313	124720
河 南	Henan	1416879	643732	613342	65989	93816
湖 北	Hubei	1088714	518017	455829	37643	77224
湖 南	Hunan	1448427	635051	668570	56053	88754
广 东	Guangdong	4711170	2176445	1870734	89847	574144
广 西	Guangxi	632012	307385	252514	22349	49764
海 南	Hainan	911885	566463	277585	12667	55170
重 庆	Chongqing	663199	289047	296717	22178	55258
四 川	Sichuan	1447421	766645	522103	41837	116837
贵 州	Guizhou	358836	203057	122511	9207	24061
云 南	Yunnan	781556	428374	235580	39328	78274
西 藏	Tibet	61481	35808	16301	1112	8260
陕 西	Shaanxi	986561	424526	464678	36585	60772
甘 肃	Gansu	309529	162116	126181	6852	14381
青 海	Qinghai	70195	43163	21339	1483	4210
宁 夏	Ningxia	101292	46805	44911	3179	6396
新 疆	Xinjiang	385814	177117	156885	9825	41987

4-2-2 续表 Continued

国有控股
State-controlled Enterprises

单位：万元
Unit: 10000 yuan

地 区	Region	营业额 Business Revenue	客房收入 from Hotel Rooms	餐费收入 from Meals	商品销售额 from Commodities	其他收入 Others
全 国	**National Total**	**10317945**	**4414890**	**4229785**	**317475**	**1355795**
北 京	Beijing	1905143	864173	638159	31767	371044
天 津	Tianjin	143946	62359	56319	3721	21548
河 北	Hebei	314951	107896	170373	7118	29564
山 西	Shanxi	154381	64682	73422	3196	13081
内蒙古	Inner Mongolia	127144	44188	68128	3030	11798
辽 宁	Liaoning	316788	129008	155759	6983	25038
吉 林	Jilin	137525	57612	67150	1793	10971
黑龙江	Heilongjiang	118112	52837	51212	6675	7388
上 海	Shanghai	932133	383616	318663	26634	203220
江 苏	Jiangsu	663622	224133	315666	44215	79608
浙 江	Zhejiang	588298	237898	282237	7651	60513
安 徽	Anhui	198209	88135	85296	12381	12398
福 建	Fujian	328919	150354	157484	2774	18308
江 西	Jiangxi	126175	62461	54087	4297	5330
山 东	Shandong	601696	228662	287043	25425	60567
河 南	Henan	365645	150574	150960	26476	37636
湖 北	Hubei	208597	99057	80145	7415	21981
湖 南	Hunan	376365	148166	182913	17997	27290
广 东	Guangdong	934180	441866	338571	9149	144595
广 西	Guangxi	165264	63867	71687	13294	16417
海 南	Hainan	167085	104780	50719	1570	10016
重 庆	Chongqing	127170	54480	53860	4925	13905
四 川	Sichuan	318769	148920	122529	7977	39342
贵 州	Guizhou	93292	44227	39179	4101	5785
云 南	Yunnan	235492	107981	77193	11579	38739
西 藏	Tibet	37473	21063	10129	345	5936
陕 西	Shaanxi	225256	90759	104442	11277	18778
甘 肃	Gansu	127173	63546	52146	4296	7185
青 海	Qinghai	31466	17098	11011	1276	2081
宁 夏	Ningxia	32680	14385	12884	814	4597
新 疆	Xinjiang	214993	86107	90420	7329	31137

4-2-3 分地区限额以上住宿业企业经营情况(按登记注册类型分)

Business of Enterprises above Designated Size of Hotels by Region and Type of Registration

内资企业 单位：万元

Domestic Funded Enterprises Unit: 10000 yuan

地　区	Region	营业额 Business Revenue	客房收入 from Hotel Rooms	餐费收入 from Meals	商品销售额 from Commodities	其他收入 Others
全　国	**National Total**	**29683123**	**13481359**	**12607116**	**838940**	**2755708**
北　京	Beijing	2756500	1393665	861455	45886	455494
天　津	Tianjin	363236	166880	137013	10183	49161
河　北	Hebei	816207	310640	422496	14593	68478
山　西	Shanxi	558787	225698	271116	17307	44666
内蒙古	Inner Mongolia	407727	176671	201464	4951	24641
辽　宁	Liaoning	835360	371214	381150	17463	65533
吉　林	Jilin	317245	139788	152215	5999	19244
黑龙江	Heilongjiang	290996	156986	109254	10742	14015
上　海	Shanghai	1661243	833645	525056	29905	272637
江　苏	Jiangsu	1983913	749125	982757	78443	173589
浙　江	Zhejiang	2533726	1021894	1268342	35751	207740
安　徽	Anhui	671203	289253	313553	27697	40700
福　建	Fujian	995580	428106	478050	25047	64378
江　西	Jiangxi	510389	249195	212090	21536	27569
山　东	Shandong	1975653	758594	1020997	84562	111500
河　南	Henan	1334062	607898	578135	62355	85675
湖　北	Hubei	988269	469299	412539	36934	69497
湖　南	Hunan	1359292	593592	632438	54067	79195
广　东	Guangdong	3401734	1520711	1382606	61165	437252
广　西	Guangxi	536459	259213	211399	19830	46018
海　南	Hainan	651741	397464	201189	11442	41645
重　庆	Chongqing	597152	260224	273867	20161	42900
四　川	Sichuan	1290960	684205	469146	40947	96662
贵　州	Guizhou	342178	194748	114556	9161	23713
云　南	Yunnan	729519	400546	216691	39192	73091
西　藏	Tibet	59498	34453	15700	1085	8260
陕　西	Shaanxi	865253	368144	419852	31200	46058
甘　肃	Gansu	300289	156590	122973	6852	13875
青　海	Qinghai	64657	40123	18903	1483	4148
宁　夏	Ningxia	98986	46177	43233	3179	6396
新　疆	Xinjiang	385310	176623	156885	9825	41977

4-2-3 续表 1 Continued 1

国有企业 单位: 万元
State-owned Enterprises Unit: 10000 yuan

地 区	Region	营业额 Business Revenue	客房收入 from Hotel Rooms	餐费收入 from Meals	商品销售额 from Commodities	其他收入 Others
全 国	**National Total**	**6414419**	**2671903**	**2726926**	**200539**	**815050**
北 京	Beijing	793675	364426	276825	14716	137709
天 津	Tianjin	76614	28264	29408	4872	14069
河 北	Hebei	265402	91206	144454	6094	23648
山 西	Shanxi	138714	58755	66896	2020	11043
内蒙古	Inner Mongolia	90086	31786	48394	2789	7117
辽 宁	Liaoning	229584	94572	116096	3629	15288
吉 林	Jilin	119132	49721	60326	1748	7338
黑龙江	Heilongjiang	104258	45608	48851	3488	6311
上 海	Shanghai	573591	223338	180856	8518	160878
江 苏	Jiangsu	397136	135734	193109	13922	54371
浙 江	Zhejiang	330000	129790	158535	3665	38011
安 徽	Anhui	87428	31564	41336	6676	7851
福 建	Fujian	219716	98214	107899	666	12938
江 西	Jiangxi	113036	57025	47142	4135	4734
山 东	Shandong	564572	211898	269379	24639	58656
河 南	Henan	303581	117247	130709	25297	30327
湖 北	Hubei	160551	76936	61494	6978	15144
湖 南	Hunan	224140	88583	110469	11004	14084
广 东	Guangdong	510398	234864	191331	6779	77425
广 西	Guangxi	113450	39744	52550	11911	9245
海 南	Hainan	42683	22967	14039	1176	4502
重 庆	Chongqing	68556	28708	29445	3602	6800
四 川	Sichuan	202248	95207	77307	4724	25009
贵 州	Guizhou	58598	29929	23450	1994	3225
云 南	Yunnan	130145	60130	41135	8730	20151
西 藏	Tibet	37473	21063	10129	345	5936
陕 西	Shaanxi	175576	69605	84378	8740	12853
甘 肃	Gansu	113810	55899	47901	4173	5837
青 海	Qinghai	29135	15415	11128	1276	1315
宁 夏	Ningxia	16333	7416	6931	68	1919
新 疆	Xinjiang	124799	56289	45028	2166	21316

集体企业
Collective-owned Enterprises

单位：万元
Unit: 10000 yuan

地 区	Region	营业额 Business Revenue	客房收入 from Hotel Rooms	餐费收入 from Meals	商品销售额 from Commodities	其他收入 Others
全 国	**National Total**	**838515**	**330579**	**397262**	**19586**	**91087**
北 京	Beijing	103221	49263	24564	699	28696
天 津	Tianjin	26217	9075	11601	216	5326
河 北	Hebei	23001	10144	11399	862	597
山 西	Shanxi	26024	12372	11961	315	1375
内蒙古	Inner Mongolia	4872	2615	2154	62	41
辽 宁	Liaoning	33684	15949	15791	389	1556
吉 林	Jilin	7030	2373	4658		
黑龙江	Heilongjiang	2339	1844	463	10	23
上 海	Shanghai	35679	10094	19812	227	5546
江 苏	Jiangsu	56580	19692	29959	1787	5142
浙 江	Zhejiang	68201	30044	27942	570	9645
安 徽	Anhui	3272	1532	1577	84	79
福 建	Fujian	10867	2814	3499	39	4516
江 西	Jiangxi	4230	1701	2452	57	20
山 东	Shandong	150454	39287	103866	4400	2901
河 南	Henan	57326	24466	26774	1548	4538
湖 北	Hubei	37930	12938	21356	923	2713
湖 南	Hunan	34195	13965	16221	3369	640
广 东	Guangdong	51233	23075	19950	634	7575
广 西	Guangxi	8686	3351	3436	313	1587
海 南	Hainan	861	653			209
重 庆	Chongqing	16335	7688	8060	332	255
四 川	Sichuan	14967	6478	6151	664	1673
贵 州	Guizhou	8291	4655	2158	174	1304
云 南	Yunnan	14893	8017	4882	288	1706
西 藏	Tibet	688	412	25		251
陕 西	Shaanxi	17643	6927	8540	966	1210
甘 肃	Gansu	5069	3625	1149	158	138
青 海	Qinghai	1189	673	298		219
宁 夏	Ningxia					
新 疆	Xinjiang	13536	4860	6567	500	1609

4-2-3 续表 3 Continued 3

股份合作企业 单位：万元
Cooperative Enterprises Unit: 10000 yuan

地 区	Region	营业额 Business Revenue	客房收入 from Hotel Rooms	餐费收入 from Meals	商品销售额 from Commodities	其他收入 Others
全 国	**National Total**	**226803**	**102856**	**92378**	**8390**	**23179**
北 京	Beijing	43294	24889	9692	837	7877
天 津	Tianjin	8297	1536	1907	353	4501
河 北	Hebei	11495	4515	4893		2087
山 西	Shanxi					
内蒙古	Inner Mongolia	6947	3416	3399		132
辽 宁	Liaoning	1081	531	546		3
吉 林	Jilin	4777	2232	1864		681
黑龙江	Heilongjiang	7204	1647	2377	3020	161
上 海	Shanghai					
江 苏	Jiangsu	1704	738	226		740
浙 江	Zhejiang	4615	3514	849	15	236
安 徽	Anhui	4367	1514	2528	245	80
福 建	Fujian	6579	1762	3914	73	830
江 西	Jiangxi	27280	11756	13775	1377	373
山 东	Shandong	9635	4301	4906	334	95
河 南	Henan	7899	4130	3040	185	544
湖 北	Hubei	10661	3511	5907	413	830
湖 南	Hunan	17926	10029	6970	446	482
广 东	Guangdong	13164	3226	8828	631	479
广 西	Guangxi	10617	5644	3567		1406
海 南	Hainan	3100	1574	1278	48	201
重 庆	Chongqing	819	819			
四 川	Sichuan	16659	6932	8285	289	1154
贵 州	Guizhou	1343	1269	72		2
云 南	Yunnan	3048	2010	627	125	287
西 藏	Tibet					
陕 西	Shaanxi	3199	829	2370		
甘 肃	Gansu	1094	537	557		
青 海	Qinghai					
宁 夏	Ningxia					
新 疆	Xinjiang					

4-2-3 续表 4 Continued 4

联营企业
Joint Ownership Enterprises

单位：万元
Unit: 10000 yuan

地 区	Region	营业额 Business Revenue	客房收入 from Hotel Rooms	餐费收入 from Meals	商品销售额 from Commodities	其他收入 Others
全 国	**National Total**	**132010**	**60003**	**54927**	**4986**	**12095**
北 京	Beijing	6776	2876	3023		877
天 津	Tianjin					
河 北	Hebei	2892	696	1899	5	293
山 西	Shanxi					
内蒙古	Inner Mongolia	1862	145	1717		
辽 宁	Liaoning	477	285		53	138
吉 林	Jilin	4001	1462	1276		1263
黑龙江	Heilongjiang	797	483	251	43	20
上 海	Shanghai	11804	5250	4279	284	1991
江 苏	Jiangsu	14409	4114	7146	2381	768
浙 江	Zhejiang	16263	6614	8494	289	866
安 徽	Anhui					
福 建	Fujian	30965	14232	15328	32	1373
江 西	Jiangxi					
山 东	Shandong					
河 南	Henan	5306	4784	245	147	130
湖 北	Hubei	3372	1481	857	173	861
湖 南	Hunan	4579	2029	2407	72	71
广 东	Guangdong	18682	10736	4815	165	2966
广 西	Guangxi					
海 南	Hainan					
重 庆	Chongqing					
四 川	Sichuan	4262	1970	953	1339	
贵 州	Guizhou					
云 南	Yunnan	5111	2483	2155	2	471
西 藏	Tibet					
陕 西	Shaanxi					
甘 肃	Gansu					
青 海	Qinghai					
宁 夏	Ningxia					
新 疆	Xinjiang	453	362	82		9

4-2-3 续表 5 Continued 5

有限责任公司
Limited Liability Corporations

单位：万元
Unit: 10000 yuan

地 区	Region	营业额 Business Revenue	客房收入 from Hotel Rooms	餐费收入 from Meals	商品销售额 from Commodities	其他收入 Others
全 国	**National Total**	**10639544**	**4989227**	**4392972**	**268024**	**989321**
北 京	Beijing	1348958	682788	421172	23724	221274
天 津	Tianjin	155758	73441	62268	3496	16553
河 北	Hebei	285591	118018	141347	3872	22354
山 西	Shanxi	103259	34103	54897	5349	8910
内 蒙 古	Inner Mongolia	144797	64215	72652	867	7062
辽 宁	Liaoning	227815	98590	103281	4507	21437
吉 林	Jilin	75442	38321	31315	2090	3715
黑 龙 江	Heilongjiang	87053	51632	29363	1549	4509
上 海	Shanghai	541581	264601	196887	18281	61813
江 苏	Jiangsu	556107	224137	274393	11388	46190
浙 江	Zhejiang	930312	373290	465661	14976	76384
安 徽	Anhui	282532	119500	133971	11389	17671
福 建	Fujian	308270	154044	126643	5750	21833
江 西	Jiangxi	150149	76184	60682	5430	7853
山 东	Shandong	519360	203118	278062	16448	21732
河 南	Henan	358161	173111	148950	10756	25344
湖 北	Hubei	324804	178516	115702	6150	24436
湖 南	Hunan	458420	188803	224203	16144	29270
广 东	Guangdong	1334960	574898	551353	28111	180598
广 西	Guangxi	133688	71479	45501	2082	14627
海 南	Hainan	481946	294160	149240	9577	28969
重 庆	Chongqing	266085	116675	123740	8820	16851
四 川	Sichuan	433310	242754	150905	9656	29996
贵 州	Guizhou	175724	98736	58024	4734	14229
云 南	Yunnan	306086	164503	92442	23511	25629
西 藏	Tibet	5376	3453	1140	532	251
陕 西	Shaanxi	357383	172815	157739	10243	16585
甘 肃	Gansu	101174	54877	39682	1271	5344
青 海	Qinghai	12380	7689	2717	63	1911
宁 夏	Ningxia	29535	12165	12674	1516	3180
新 疆	Xinjiang	143530	58611	66367	5741	12812

股份有限公司 单位：万元
Share-holding Corporations Ltd Unit: 10000 yuan

地 区	Region	营业额 Business Revenue	客房收入 from Hotel Rooms	餐费收入 from Meals	商品销售额 from Commodities	其他收入 Others
全 国	**National Total**	**1215594**	**510358**	**510843**	**68093**	**126300**
北 京	Beijing	69181	28256	21686	1866	17373
天 津	Tianjin	2114	1196	296	4	618
河 北	Hebei	27263	9243	12334	484	5202
山 西	Shanxi	11262	3196	7022	134	909
内蒙古	Inner Mongolia	16842	7878	7811	262	890
辽 宁	Liaoning	8042	5175	2414	90	363
吉 林	Jilin	6841	3632	3052	26	131
黑龙江	Heilongjiang	21350	16575	3451	416	908
上 海	Shanghai	19710	11297	5241	708	2464
江 苏	Jiangsu	138367	40961	51673	28802	16931
浙 江	Zhejiang	101932	36444	52617	2984	9886
安 徽	Anhui	69194	39332	26834	1045	1983
福 建	Fujian	32988	13258	15840	86	3805
江 西	Jiangxi	30824	14615	14453	1242	514
山 东	Shandong	113187	33646	62133	9704	7704
河 南	Henan	79425	34217	36282	3443	5483
湖 北	Hubei	49905	18472	16295	8227	6911
湖 南	Hunan	111296	44839	52514	2402	11541
广 东	Guangdong	90329	35448	41378	927	12575
广 西	Guangxi	36614	16490	14628	1733	3764
海 南	Hainan	29785	19156	9132	82	1414
重 庆	Chongqing	25310	11885	8767	529	4129
四 川	Sichuan	67744	36512	22771	2179	6283
贵 州	Guizhou	2186	1024	1144	9	9
云 南	Yunnan	21012	12493	7510	181	828
西 藏	Tibet	4357	2266	1268	88	735
陕 西	Shaanxi	18732	7972	8086	404	2271
甘 肃	Gansu	2952	1699	1251	3	
青 海	Qinghai					
宁 夏	Ningxia					
新 疆	Xinjiang	6856	3183	2961	34	678

私营企业
Private Enterprises

单位：万元
Unit: 10000 yuan

地 区	Region	营业额 Business Revenue	客房收入 from Hotel Rooms	餐费收入 from Meals	商品销售额 from Commodities	其他收入 Others
全 国	**National Total**	**9114485**	**4296702**	**3963279**	**238793**	**615711**
北 京	Beijing	391394	241169	104493	4044	41689
天 津	Tianjin	69154	41159	21496	929	5570
河 北	Hebei	179897	67597	96169	2192	13940
山 西	Shanxi	264367	113290	122629	7217	21231
内蒙古	Inner Mongolia	108880	46377	52926	658	8919
辽 宁	Liaoning	298911	141056	128782	6285	22789
吉 林	Jilin	87202	36758	43492	1991	4962
黑龙江	Heilongjiang	62319	36163	22171	1943	2042
上 海	Shanghai	437512	292543	106200	1875	36895
江 苏	Jiangsu	788604	311309	411869	17261	48165
浙 江	Zhejiang	1078426	439478	553039	13243	72667
安 徽	Anhui	177907	79222	85436	5863	7386
福 建	Fujian	343479	127211	183014	16478	16776
江 西	Jiangxi	158685	76167	61444	8339	12735
山 东	Shandong	512798	220313	249602	24753	18130
河 南	Henan	475045	227903	210609	19140	17394
湖 北	Hubei	346607	155263	161435	12212	17698
湖 南	Hunan	459205	223378	196563	19810	19454
广 东	Guangdong	1179723	544254	483066	21904	130500
广 西	Guangxi	200979	105476	77877	3726	13901
海 南	Hainan	54905	33443	18057	531	2874
重 庆	Chongqing	179318	80907	80996	6399	11017
四 川	Sichuan	495311	261944	183911	20777	28680
贵 州	Guizhou	84839	52643	26321	2054	3821
云 南	Yunnan	191801	117489	52857	5675	15779
西 藏	Tibet	10582	6555	2985	121	922
陕 西	Shaanxi	248724	91693	137350	9336	10345
甘 肃	Gansu	66936	34893	28656	1246	2141
青 海	Qinghai	19447	14406	4216	145	680
宁 夏	Ningxia	50545	25608	22415	1263	1259
新 疆	Xinjiang	90983	51038	33207	1384	5354

4-2-3 续表 8 Continued 8

其他企业
Other Enterprises

单位：万元
Unit: 10000 yuan

地　区	Region	营业额 Business Revenue	客房收入 from Hotel Rooms	餐费收入 from Meals	商品销售额 from Commodities	其他收入 Others
全　国	**National Total**	**1101754**	**519731**	**468529**	**30529**	**82965**
北　京	Beijing					
天　津	Tianjin	25083	12209	10037	312	2524
河　北	Hebei	20665	9222	10001	1084	358
山　西	Shanxi	15162	3983	7710	2271	1198
内蒙古	Inner Mongolia	33441	20239	12412	311	480
辽　宁	Liaoning	35767	15057	14241	2511	3959
吉　林	Jilin	12821	5290	6232	145	1154
黑龙江	Heilongjiang	5677	3033	2327	273	44
上　海	Shanghai	41365	26522	11782	12	3049
江　苏	Jiangsu	31006	12440	14383	2902	1281
浙　江	Zhejiang	3979	2720	1205	9	44
安　徽	Anhui	46504	16589	21871	2395	5650
福　建	Fujian	42717	16571	21914	1924	2309
江　西	Jiangxi	26185	11748	12143	955	1340
山　东	Shandong	105648	46032	53049	4284	2283
河　南	Henan	47319	22039	21527	1838	1916
湖　北	Hubei	54440	22183	29495	1858	904
湖　南	Hunan	49531	21966	23091	821	3652
广　东	Guangdong	203245	94210	81886	2014	25135
广　西	Guangxi	32424	17028	13842	65	1489
海　南	Hainan	38461	25512	9444	28	3477
重　庆	Chongqing	40730	13543	22859	479	3849
四　川	Sichuan	56460	32409	18864	1319	3868
贵　州	Guizhou	11197	6492	3387	196	1122
云　南	Yunnan	57423	33421	15081	679	8241
西　藏	Tibet	1023	704	153		166
陕　西	Shaanxi	43996	18302	21389	1512	2794
甘　肃	Gansu	9255	5061	3778		415
青　海	Qinghai	2506	1940	543		23
宁　夏	Ningxia	2573	989	1213	332	39
新　疆	Xinjiang	5154	2279	2674		201

4-2-3 续表 9 Continued 9

港、澳、台商投资企业 单位：万元

Enterprises with Funds from Hong Kong, Macao and Taiwan Unit: 10000 yuan

地 区	Region	营业额 Business Revenue	客房收入 from Hotel Rooms	餐费收入 from Meals	商品销售额 from Commodities	其他收入 Others
全 国	**National Total**	**3309539**	**1546341**	**1261099**	**111481**	**390620**
北 京	Beijing	657975	322091	187289	22046	126549
天 津	Tianjin	20537	12131	1987	70	6348
河 北	Hebei	11769	3036	4460	1903	2371
山 西	Shanxi	9750	3574	4301	5	1870
内 蒙 古	Inner Mongolia	10339	5447	2668		2224
辽 宁	Liaoning	171455	82520	70757	4206	13973
吉 林	Jilin	13476	4343	7029	999	1105
黑 龙 江	Heilongjiang	25723	13539	8740	927	2517
上 海	Shanghai	196988	102575	76995	632	16787
江 苏	Jiangsu	112325	51863	54087	798	5576
浙 江	Zhejiang	387345	150742	191901	2954	41748
安 徽	Anhui	28743	14115	11883	386	2359
福 建	Fujian	235000	80589	95795	42618	15999
江 西	Jiangxi	13600	7558	5140	180	723
山 东	Shandong	91280	40541	38354	1678	10708
河 南	Henan	65701	27496	28567	2588	7050
湖 北	Hubei	87126	41650	37924	564	6988
湖 南	Hunan	75651	32693	31872	1964	9122
广 东	Guangdong	681129	324329	260129	19634	77038
广 西	Guangxi	72045	34009	33497	2048	2490
海 南	Hainan	134518	87342	38735	704	7737
重 庆	Chongqing	17317	10201	3780	522	2814
四 川	Sichuan	91127	50488	30533	6	10101
贵 州	Guizhou	13605	6838	6466	47	254
云 南	Yunnan	29230	15408	10325	75	3423
西 藏	Tibet					
陕 西	Shaanxi	52802	19046	17137	3927	12692
甘 肃	Gansu	2709	1913	749		46
青 海	Qinghai					
宁 夏	Ningxia					
新 疆	Xinjiang	277	268			10

4-2-3 续表 10 Continued 10

外商投资企业 单位：万元
Foreign Funded Enterprises Unit: 10000 yuan

地 区	Region	营业额 Business Revenue	客房收入 from Hotel Rooms	餐费收入 from Meals	商品销售额 from Commodities	其他收入 Others
全 国	**National Total**	**2351726**	**1151435**	**892102**	**32155**	**276033**
北 京	Beijing	336743	143614	90059	3021	100050
天 津	Tianjin	38097	17891	17153	92	2961
河 北	Hebei	12609	6317	4288	23	1980
山 西	Shanxi					
内蒙古	Inner Mongolia	32986	13415	16037	1500	2035
辽 宁	Liaoning	73380	31889	30183	1347	9961
吉 林	Jilin	35261	13889	15022	65	6285
黑龙江	Heilongjiang	34440	20326	11340	1356	1418
上 海	Shanghai	244378	121004	99162	3049	21164
江 苏	Jiangsu	136382	61170	63806	1914	9492
浙 江	Zhejiang	94632	41919	48710	537	3466
安 徽	Anhui	19604	7905	7679	230	3790
福 建	Fujian	186930	77014	90257	3279	16380
江 西	Jiangxi	13636	7896	3892	487	1361
山 东	Shandong	46269	25122	18562	74	2511
河 南	Henan	17116	8339	6640	1047	1091
湖 北	Hubei	13319	7068	5367	145	739
湖 南	Hunan	13484	8766	4259	22	437
广 东	Guangdong	628307	331406	228000	9049	59854
广 西	Guangxi	23508	14163	7618	471	1256
海 南	Hainan	125627	81657	37661	521	5788
重 庆	Chongqing	48731	18622	19070	1496	9544
四 川	Sichuan	65334	31953	22424	884	10073
贵 州	Guizhou	3054	1472	1489		93
云 南	Yunnan	22807	12420	8565	62	1760
西 藏	Tibet	1983	1355	602	27	
陕 西	Shaanxi	68506	37336	27690	1458	2022
甘 肃	Gansu	6531	3613	2458		460
青 海	Qinghai	5538	3040	2436		62
宁 夏	Ningxia	2306	628	1678		
新 疆	Xinjiang	227	227			

4-2-4 各地区限额以上住宿业企业经营情况(按国民经济行业分)

Business of Enterprises above Designated Size of Hotels by Region and Sector

旅游饭店 单位：万元

Tourist Hotel Unit: 10000 yuan

地区	Region	营业额 Business Revenue	客房收入 from Hotel Rooms	餐费收入 from Meals	商品销售额 from Commodities	其他收入 Others
全国	**National Total**	**29531340**	**12837512**	**12865515**	**829369**	**2998945**
北京	Beijing	3147886	1444824	1033613	63877	605571
天津	Tianjin	299939	135688	117991	8427	37833
河北	Hebei	627607	237737	324904	9731	55235
山西	Shanxi	440859	164135	222353	14761	39610
内蒙古	Inner Mongolia	359363	145172	182242	5877	26072
辽宁	Liaoning	953141	410731	443731	18609	80071
吉林	Jilin	330062	140284	158279	6653	24845
黑龙江	Heilongjiang	280435	143266	108734	11839	16596
上海	Shanghai	1612993	735982	596271	30915	249824
江苏	Jiangsu	2030666	742386	1034953	77922	175405
浙江	Zhejiang	2663567	989311	1407186	36699	230371
安徽	Anhui	602216	254121	282738	24120	41238
福建	Fujian	1220250	482137	585758	67403	84952
江西	Jiangxi	442036	212450	184460	17377	27749
山东	Shandong	1699276	621249	899249	68923	109856
河南	Henan	988837	422183	441273	47438	77943
湖北	Hubei	813437	375903	347648	23890	65995
湖南	Hunan	1175715	496092	559443	40193	79987
广东	Guangdong	4127794	1800842	1733046	80981	512925
广西	Guangxi	558428	261281	233092	20988	43067
海南	Hainan	899287	560643	271965	12533	54147
重庆	Chongqing	568375	239030	259767	19431	50148
四川	Sichuan	1138831	560363	441720	34114	102634
贵州	Guizhou	298104	165300	104651	8101	20051
云南	Yunnan	653985	352922	204822	29179	67061
西藏	Tibet	60924	35570	15993	1112	8248
陕西	Shaanxi	781084	343447	361716	28151	47771
甘肃	Gansu	251296	126323	104894	6230	13850
青海	Qinghai	66721	40454	20646	1483	4139
宁夏	Ningxia	92626	43037	40421	2884	6284
新疆	Xinjiang	345603	154651	141956	9528	39469

一般旅馆
Fonda

单位：万元
Unit: 10000 yuan

地 区	Region	营业额 Business Revenue	客房收入 from Hotel Rooms	餐费收入 from Meals	商品销售额 from Commodities	其他收入 Others
全 国	**National Total**	**5154009**	**2996715**	**1675711**	**130027**	**351556**
北 京	Beijing	575080	400167	98569	6181	70162
天 津	Tianjin	95096	48647	32052	1336	13061
河 北	Hebei	174905	67197	90536	4770	12402
山 西	Shanxi	110681	57726	48307	1717	2932
内 蒙 古	Inner Mongolia	89354	49132	37302	498	2422
辽 宁	Liaoning	105583	59322	33872	4387	8002
吉 林	Jilin	23618	13543	9160	405	510
黑 龙 江	Heilongjiang	66384	45576	18452	1179	1177
上 海	Shanghai	383031	248291	75732	2422	56585
江 苏	Jiangsu	171520	100728	56523	3059	11211
浙 江	Zhejiang	342907	219808	98346	2517	22237
安 徽	Anhui	105982	52404	45364	3958	4258
福 建	Fujian	170878	92633	67418	2946	7880
江 西	Jiangxi	89620	49129	34424	4250	1818
山 东	Shandong	384233	188530	165818	15620	14265
河 南	Henan	398721	203934	163015	17217	14556
湖 北	Hubei	251691	130087	103112	7582	10909
湖 南	Hunan	244473	125419	98153	13889	7012
广 东	Guangdong	513918	338548	115762	8159	51449
广 西	Guangxi	64029	42714	17854	853	2608
海 南	Hainan	7926	4415	3321	47	143
重 庆	Chongqing	72931	41419	26915	1734	2863
四 川	Sichuan	276763	188235	69141	7197	12190
贵 州	Guizhou	53989	34857	15035	1072	3026
云 南	Yunnan	116900	69348	27857	10055	9641
西 藏	Tibet					
陕 西	Shaanxi	173337	70360	92208	5764	5005
甘 肃	Gansu	40446	27154	12139	622	531
青 海	Qinghai	1776	1672	32		72
宁 夏	Ningxia	8026	3256	4362	295	113
新 疆	Xinjiang	40211	22466	14929	298	2518

4-2-4 续表 2 Continued 2

其他住宿业
Others

单位：万元
Unit: 10000 yuan

地区	Region	营业额 Business Revenue	客房收入 from Hotel Rooms	餐费收入 from Meals	商品销售额 from Commodities	其他收入 Others
全国	**National Total**	**659040**	**344908**	**219092**	**23180**	**71860**
北京	Beijing	28253	14379	6620	895	6360
天津	Tianjin	26835	12567	6109	582	7577
河北	Hebei	38072	15058	15804	2019	5192
山西	Shanxi	16997	7412	4757	834	3994
内蒙古	Inner Mongolia	2335	1228	625	76	406
辽宁	Liaoning	21471	15569	4487	21	1394
吉林	Jilin	12303	4193	6826	6	1278
黑龙江	Heilongjiang	4340	2008	2148	7	177
上海	Shanghai	106585	72949	29209	249	4178
江苏	Jiangsu	30434	19045	9174	175	2041
浙江	Zhejiang	9229	5435	3421	27	346
安徽	Anhui	11352	4749	5013	236	1354
福建	Fujian	26382	10938	10925	594	3924
江西	Jiangxi	5969	3070	2238	576	85
山东	Shandong	29693	14478	12846	1770	599
河南	Henan	29321	17616	9054	1335	1317
湖北	Hubei	23586	12027	5069	6171	320
湖南	Hunan	28240	13540	10974	1972	1755
广东	Guangdong	69457	37055	21926	707	9770
广西	Guangxi	9556	3390	1568	508	4089
海南	Hainan	4673	1406	2298	88	881
重庆	Chongqing	21893	8598	10035	1014	2246
四川	Sichuan	31828	18048	11241	525	2014
贵州	Guizhou	6742	2901	2824	34	984
云南	Yunnan	10672	6105	2901	94	1572
西藏	Tibet	558	238	309		12
陕西	Shaanxi	32140	10719	10755	2670	7996
甘肃	Gansu	17787	8639	9148		
青海	Qinghai	1698	1037	661		
宁夏	Ningxia	640	512	128		
新疆	Xinjiang					

4-2-5 各地区限额以上餐饮业企业经营情况

Business of Enterprises above Designated Size of Catering Services by Region

单位：万元

Unit: 10000 yuan

地 区	Region	营业额 Business Revenue	客房收入 from Hotel Rooms	餐费收入 from Meals	商品销售额 from Commodities	其他收入 Others
全 国	**National Total**	**44198453**	**2445934**	**39667294**	**1202437**	**882787**
北 京	Beijing	5435079	45850	5192580	64283	132365
天 津	Tianjin	999858	24416	941442	5492	28507
河 北	Hebei	543970	67312	453779	13891	8988
山 西	Shanxi	997439	149162	791015	39219	18044
内蒙古	Inner Mongolia	558016	93326	444224	12342	8125
辽 宁	Liaoning	1469700	49103	1382577	21002	17019
吉 林	Jilin	218134	41322	157769	7171	11872
黑龙江	Heilongjiang	318374	26042	243809	28119	20405
上 海	Shanghai	4197849	57967	4040520	48046	51316
江 苏	Jiangsu	3336673	248009	2935991	91551	61122
浙 江	Zhejiang	2795968	183793	2492154	43895	76127
安 徽	Anhui	888408	94303	712790	61413	19901
福 建	Fujian	1475303	53535	1375298	29596	16874
江 西	Jiangxi	357367	35062	290420	28510	3375
山 东	Shandong	3289319	308707	2700776	205591	74245
河 南	Henan	1534260	114421	1344664	43516	31658
湖 北	Hubei	1891773	182706	1625161	55228	28679
湖 南	Hunan	987038	86085	857335	20702	22917
广 东	Guangdong	5824433	187490	5451186	89173	96584
广 西	Guangxi	333244	19681	303028	5143	5392
海 南	Hainan	136091	4195	121511	1932	8453
重 庆	Chongqing	1462781	62901	1315486	64606	19788
四 川	Sichuan	2510389	106950	2245797	100118	57523
贵 州	Guizhou	190209	14168	164163	6935	4944
云 南	Yunnan	479920	12821	439006	16324	11769
西 藏	Tibet	11380	466	10678	120	116
陕 西	Shaanxi	1317074	114751	1081288	84184	36851
甘 肃	Gansu	335083	26565	301589	4687	2242
青 海	Qinghai	46095	7825	36794	446	1029
宁 夏	Ningxia	115331	9371	95250	6557	4153
新 疆	Xinjiang	141897	17631	119218	2645	2403

4-2-5 续表 Continued

国有控股
State-controlled Enterprises

单位：万元
Unit: 10000 yuan

地 区	Region	营业额 Business Revenue	客房收入 from Hotel Rooms	餐费收入 from Meals	商品销售额 from Commodities	其他收入 Others
全 国	**National Total**	**2213905**	**288965**	**1640924**	**118680**	**165336**
北 京	Beijing	455560	8384	380625	13948	52603
天 津	Tianjin	48764	3876	33257	871	10761
河 北	Hebei	31631	3630	25231	2097	673
山 西	Shanxi	78709	24540	46719	1661	5788
内 蒙 古	Inner Mongolia	28572	7855	18735	675	1307
辽 宁	Liaoning	30431	7294	20751	1085	1302
吉 林	Jilin	31780	9194	18893	593	3101
黑 龙 江	Heilongjiang	43421	14171	18816	175	10259
上 海	Shanghai	258293	8690	220568	22618	6416
江 苏	Jiangsu	125438	28236	83216	5123	8863
浙 江	Zhejiang	123660	11105	109116	1699	1741
安 徽	Anhui	43664	13001	27425	2150	1088
福 建	Fujian	36832	4467	31033	224	1108
江 西	Jiangxi	14734	4418	9802	391	124
山 东	Shandong	229584	42455	159133	18172	9825
河 南	Henan	38319	5757	30272	1381	909
湖 北	Hubei	57593	13133	38379	839	5242
湖 南	Hunan	22337	7122	14178	522	514
广 东	Guangdong	213656	23950	149916	20897	18893
广 西	Guangxi	8957	1906	5903	690	458
海 南	Hainan	547		547		
重 庆	Chongqing	45560	8384	33215	1243	2718
四 川	Sichuan	36027	8920	22567	1668	2872
贵 州	Guizhou	15284	2023	12028	483	750
云 南	Yunnan	33432	2564	21020	6756	3093
西 藏	Tibet					
陕 西	Shaanxi	123595	12424	84674	11888	14609
甘 肃	Gansu	19446	5242	13623	566	15
青 海	Qinghai	4006	1731	2173	32	70
宁 夏	Ningxia	5024	1573	3207	109	135
新 疆	Xinjiang	9052	2922	5905	125	100

4-2-6 各地区限额以上餐饮业企业经营情况(按登记注册类型分)

Business of Enterprises above Designated Size of Catering Services by Region and Type of Registration

内资企业
Domestic Funded Enterprises

单位：万元
Unit: 10000 yuan

地区	Region	营业额 Business Revenue	客房收入 from Hotel Rooms	餐费收入 from Meals	商品销售额 from Commodities	其他收入 Others
全国	**National Total**	**32804109**	**2362620**	**28592194**	**1082457**	**766837**
北京	Beijing	3575729	45723	3381190	47318	101497
天津	Tianjin	517216	22283	461261	5315	28358
河北	Hebei	536761	65918	447964	13890	8988
山西	Shanxi	902146	148237	696938	39219	17753
内蒙古	Inner Mongolia	542680	92847	435600	6124	8110
辽宁	Liaoning	791818	46809	714108	15828	15073
吉林	Jilin	216825	41308	156555	7091	11872
黑龙江	Heilongjiang	229524	26008	166181	16933	20402
上海	Shanghai	2133211	57326	1998374	29159	48352
江苏	Jiangsu	2424325	236774	2068792	65573	53187
浙江	Zhejiang	2144353	163622	1883180	40325	57227
安徽	Anhui	856906	92918	682989	61281	19718
福建	Fujian	1084582	44337	999770	26328	14147
江西	Jiangxi	275633	34186	213374	24698	3375
山东	Shandong	2938044	299832	2360470	204279	73462
河南	Henan	1400329	114421	1220947	43201	21760
湖北	Hubei	1543708	179001	1284738	54778	25191
湖南	Hunan	832875	85473	704747	20123	22531
广东	Guangdong	3700452	171759	3375557	72812	80324
广西	Guangxi	270524	19681	240354	5098	5392
海南	Hainan	118608	4195	106095	1718	6600
重庆	Chongqing	1259794	61294	1116445	64550	17506
四川	Sichuan	2245059	106471	1983769	99910	54909
贵州	Guizhou	185414	14168	159367	6935	4944
云南	Yunnan	386351	12821	352099	13627	7805
西藏	Tibet	11380	466	10678	120	116
陕西	Shaanxi	1108361	113350	884708	81892	28412
甘肃	Gansu	304031	26565	270537	4687	2242
青海	Qinghai	46095	7825	36794	446	1029
宁夏	Ningxia	108810	9371	88729	6557	4153
新疆	Xinjiang	112566	17631	89887	2645	2403

4-2-6 续表 1 Continued 1

国有企业
State-controlled Enterprises

单位：万元
Unit: 10000 yuan

地 区	Region	营业额 Business Revenue	客房收入 from Hotel Rooms	餐费收入 from Meals	商品销售额 from Commodities	其他收入 Others
全 国	**National Total**	**1077558**	**215580**	**748326**	**40552**	**73101**
北 京	Beijing	46006	1072	37348	495	7091
天 津	Tianjin	23462	3556	17139	870	1897
河 北	Hebei	32128	4024	24547	2097	1460
山 西	Shanxi	40109	10160	27597	1403	948
内蒙古	Inner Mongolia	25541	9006	14759	469	1306
辽 宁	Liaoning	26749	6470	18613	504	1162
吉 林	Jilin	28125	9125	15306	593	3101
黑龙江	Heilongjiang	37932	9739	15971	133	12089
上 海	Shanghai	45376	2050	39017	101	4207
江 苏	Jiangsu	84518	16870	57518	4237	5894
浙 江	Zhejiang	63717	6276	56120	805	517
安 徽	Anhui	29561	9599	17156	2136	670
福 建	Fujian	30553	2717	27531	224	81
江 西	Jiangxi	11734	3422	7930	338	44
山 东	Shandong	184187	39785	122818	14130	7455
河 南	Henan	32243	2715	27480	1139	909
湖 北	Hubei	48485	12241	33942	782	1520
湖 南	Hunan	16664	6248	9765	137	514
广 东	Guangdong	112250	23264	75326	708	12952
广 西	Guangxi	8957	1906	5903	690	458
海 南	Hainan	547		547		
重 庆	Chongqing	20870	2205	15523	655	2487
四 川	Sichuan	30364	7551	18781	1537	2496
贵 州	Guizhou	16037	2284	12432	483	838
云 南	Yunnan	8260	1928	5794	496	42
西 藏	Tibet					
陕 西	Shaanxi	39249	9327	22948	4779	2195
甘 肃	Gansu	15129	4483	10218	418	10
青 海	Qinghai	3702	1731	1869	32	70
宁 夏	Ningxia	595	188	286	82	39
新 疆	Xinjiang	14507	5638	8141	78	651

4-2-6 续表 2 Continued 2

集体企业
Collective-owned Enterprises

单位：万元
Unit: 10000 yuan

地区	Region	营业额 Business Revenue	客房收入 from Hotel Rooms	餐费收入 from Meals	商品销售额 from Commodities	其他收入 Others
全国	**National Total**	**352403**	**40451**	**277065**	**16998**	**17889**
北京	Beijing	27596	173	26567	462	394
天津	Tianjin	3375		3172	71	132
河北	Hebei	5706	1320	4015	299	72
山西	Shanxi	8654	2887	4235	376	1156
内蒙古	Inner Mongolia	2559	628	1931		
辽宁	Liaoning	21990	1709	19510	726	46
吉林	Jilin	5553	1414	3944	24	171
黑龙江	Heilongjiang	1072		959	113	
上海	Shanghai	28080	826	23310		3943
江苏	Jiangsu	22826	3311	18646	454	415
浙江	Zhejiang	3276	1293	1715	56	212
安徽	Anhui	8287	759	6633	727	168
福建	Fujian	9255	75	5073	4044	64
江西	Jiangxi	3226	1365	1790	71	
山东	Shandong	48050	3772	41275	2229	775
河南	Henan	19430	4800	14294	171	165
湖北	Hubei	7437	2151	5007	240	40
湖南	Hunan	905	314	527	31	32
广东	Guangdong	66448	7910	52146	822	5570
广西	Guangxi	3372	212	2981	167	13
海南	Hainan					
重庆	Chongqing	26200	780	20765	4053	602
四川	Sichuan	13581	2379	6192	1105	3905
贵州	Guizhou					
云南	Yunnan	2236	604	1616		16
西藏	Tibet					
陕西	Shaanxi	10275	1424	8122	729	
甘肃	Gansu	2683	201	2456	27	
青海	Qinghai					
宁夏	Ningxia					
新疆	Xinjiang	333	147	187		

4-2-6 续表 3 Continued 3

股份合作企业
Cooperative Enterprises

单位：万元
Unit: 10000 yuan

地 区	Region	营业额 Business Revenue	客房收入 from Hotel Rooms	餐费收入 from Meals	商品销售额 from Commodities	其他收入 Others
全 国	**National Total**	**266814**	**19492**	**222397**	**16754**	**8170**
北 京	Beijing	50419	151	49588	364	317
天 津	Tianjin	566		566		
河 北	Hebei	2619		2530	89	
山 西	Shanxi	2471	1078	1305	13	76
内蒙古	Inner Mongolia	2661	528	2104	30	
辽 宁	Liaoning	2574	106	2468		
吉 林	Jilin	5519		5519		
黑龙江	Heilongjiang	590		290	245	55
上 海	Shanghai	7089	1261	5753	15	61
江 苏	Jiangsu	5060	191	4841	29	
浙 江	Zhejiang	8473	64	8293	117	
安 徽	Anhui	4979	911	3497	489	82
福 建	Fujian	2758		2758		
江 西	Jiangxi	14666	1513	10533	1799	821
山 东	Shandong	21897	3908	15175	2664	151
河 南	Henan	4551		2973	1270	309
湖 北	Hubei	8273	1999	5119	417	739
湖 南	Hunan	8399	437	7958	5	
广 东	Guangdong	46423	286	45880	70	186
广 西	Guangxi	5191	808	3877	446	60
海 南	Hainan					
重 庆	Chongqing	7453	1723	5107	564	59
四 川	Sichuan	43008	2613	27621	7551	5222
贵 州	Guizhou	1021		1021		
云 南	Yunnan	1361		1342	19	
西 藏	Tibet					
陕 西	Shaanxi	5972	1587	3797	561	28
甘 肃	Gansu	2819	328	2484		6
青 海	Qinghai					
宁 夏	Ningxia					
新 疆	Xinjiang					

4-2-6 续表 4 Continued 4

联营企业 单位：万元
Joint Ownership Enterprises Unit: 10000 yuan

地 区	Region	营业额 Business Revenue	客房收入 from Hotel Rooms	餐费收入 from Meals	商品销售额 from Commodities	其他收入 Others
全 国	**National Total**	**59357**	**1278**	**44321**	**13290**	**468**
北 京	Beijing					
天 津	Tianjin	710		710		
河 北	Hebei	433		433		
山 西	Shanxi					
内 蒙 古	Inner Mongolia					
辽 宁	Liaoning					
吉 林	Jilin	939	225	420	16	279
黑 龙 江	Heilongjiang					
上 海	Shanghai	560	58	475		28
江 苏	Jiangsu	2174	455	1531	114	74
浙 江	Zhejiang	312	142	163	6	
安 徽	Anhui					
福 建	Fujian					
江 西	Jiangxi	1096	243	771		83
山 东	Shandong	2608	63	2506	34	5
河 南	Henan	2027	92	1789	146	
湖 北	Hubei	39145		26171	12974	
湖 南	Hunan					
广 东	Guangdong	6152		6152		
广 西	Guangxi	594		594		
海 南	Hainan					
重 庆	Chongqing	311		311		
四 川	Sichuan					
贵 州	Guizhou					
云 南	Yunnan					
西 藏	Tibet					
陕 西	Shaanxi	720		720		
甘 肃	Gansu	1576		1576		
青 海	Qinghai					
宁 夏	Ningxia					
新 疆	Xinjiang					

4-2-6 续表 5 Continued 5

有限责任公司
Limited Liability Corporations

单位：万元
Unit: 10000 yuan

地 区	Region	营业额 Business Revenue	客房收入 from Hotel Rooms	餐费收入 from Meals	商品销售额 from Commodities	其他收入 Others
全 国	**National Total**	**8611660**	**682764**	**7324601**	**321867**	**282428**
北 京	Beijing	1385026	18794	1264865	23476	77891
天 津	Tianjin	184117	11766	158318	1630	12404
河 北	Hebei	125536	12147	106762	4285	2342
山 西	Shanxi	170097	28511	113576	20701	7309
内蒙古	Inner Mongolia	181715	38436	136863	2871	3546
辽 宁	Liaoning	112070	8996	96938	756	5381
吉 林	Jilin	49601	9700	35850	1087	2963
黑龙江	Heilongjiang	63235	9540	43273	5064	5358
上 海	Shanghai	247207	16834	219219	1880	9275
江 苏	Jiangsu	453656	67416	360440	10245	15555
浙 江	Zhejiang	401359	48475	313289	22035	17560
安 徽	Anhui	223224	37963	157426	18677	9158
福 建	Fujian	139146	12525	119740	3223	3658
江 西	Jiangxi	53986	5892	41990	5804	299
山 东	Shandong	549825	76652	429403	28653	15117
河 南	Henan	275859	32003	226405	7594	9856
湖 北	Hubei	575181	54343	501275	11262	8301
湖 南	Hunan	230885	17464	206261	2373	4787
广 东	Guangdong	984536	51001	882339	31887	19309
广 西	Guangxi	83047	2300	78244	403	2100
海 南	Hainan	63931	1857	57593	456	4024
重 庆	Chongqing	300342	18475	268829	8439	4599
四 川	Sichuan	929262	32556	817022	55574	24110
贵 州	Guizhou	80577	2232	72523	3543	2280
云 南	Yunnan	104183	1174	91939	9282	1789
西 藏	Tibet	6830	466	6265		99
陕 西	Shaanxi	492000	49468	395970	37128	9433
甘 肃	Gansu	91032	7569	81280	1325	858
青 海	Qinghai	11833	1867	8868	228	870
宁 夏	Ningxia	18127	2410	12917	750	2050
新 疆	Xinjiang	24237	3932	18920	1235	150

4-2-6 续表 6 Continued 6

股份有限公司
Share-holding Corporations Ltd.

单位：万元
Unit: 10000 yuan

地 区	Region	营业额 Business Revenue	客房收入 from Hotel Rooms	餐费收入 from Meals	商品销售额 from Commodities	其他收入 Others
全 国	**National Total**	**1364221**	**86843**	**1140986**	**104391**	**32001**
北 京	Beijing	260504		254382	3026	3097
天 津	Tianjin	17148		16404	29	716
河 北	Hebei	25961	3336	22440	184	
山 西	Shanxi	10287	3362	6262	496	168
内 蒙 古	Inner Mongolia	85819	2007	83491	306	14
辽 宁	Liaoning	27112	767	26345		
吉 林	Jilin	9658	1437	8047	124	50
黑 龙 江	Heilongjiang	5253	86	4785	299	83
上 海	Shanghai	137339		115986	21353	
江 苏	Jiangsu	60384	4457	53875	1400	651
浙 江	Zhejiang	67191	1967	62367	2139	718
安 徽	Anhui	17319	931	15721	229	439
福 建	Fujian	7467	733	5364	179	1191
江 西	Jiangxi	8328	693	6319	1317	0
山 东	Shandong	231229	34963	152080	38747	5440
河 南	Henan	36591	5218	30574	799	0
湖 北	Hubei	22571	3122	15610	2342	1497
湖 南	Hunan	28271	4124	19127	2989	2030
广 东	Guangdong	83441	5425	60459	14155	3402
广 西	Guangxi	2747	329	2285		132
海 南	Hainan	9282	750	8228	57	247
重 庆	Chongqing	54741	870	48973	4542	356
四 川	Sichuan	59077	5419	48694	2110	2855
贵 州	Guizhou	4510	1535	2698	278	
云 南	Yunnan	2554		2554		
西 藏	Tibet					
陕 西	Shaanxi	74089	3879	54626	7137	8447
甘 肃	Gansu	10952	387	10302		263
青 海	Qinghai	1395		1253	142	
宁 夏	Ningxia	1907	713	1187		8
新 疆	Xinjiang	1099	335	552	15	198

4-2-6 续表 7 Continued 7

私营企业
Private Enterprises

单位：万元
Unit: 10000 yuan

地 区	Region	营业额 Business Revenue	客房收入 from Hotel Rooms	餐费收入 from Meals	商品销售额 from Commodities	其他收入 Others
全 国	**National Total**	**19609125**	**1184834**	**17576734**	**527011**	**320546**
北 京	Beijing	1806177	25534	1748440	19495	12709
天 津	Tianjin	260478	6352	239406	2514	12206
河 北	Hebei	324017	43398	269333	6614	4673
山 西	Shanxi	635094	97401	514047	15917	7729
内蒙古	Inner Mongolia	179251	34782	139880	1499	3090
辽 宁	Liaoning	575209	26601	529086	13088	6434
吉 林	Jilin	100340	16958	73161	4920	5302
黑龙江	Heilongjiang	100986	5077	85746	8252	1911
上 海	Shanghai	1648772	34423	1579280	5142	29927
江 苏	Jiangsu	1738682	139974	1520612	48577	29519
浙 江	Zhejiang	1590662	104179	1434408	14248	37828
安 徽	Anhui	516033	36255	437361	36852	5565
福 建	Fujian	822270	25880	770369	17616	8405
江 西	Jiangxi	163231	16506	130071	14761	1893
山 东	Shandong	1656441	119774	1387739	107190	41737
河 南	Henan	969400	66558	862890	30293	9660
湖 北	Hubei	787229	96094	654387	24515	12233
湖 南	Hunan	512379	52913	430151	14415	14901
广 东	Guangdong	2203335	76311	2068920	23223	34881
广 西	Guangxi	155385	13598	135826	3391	2570
海 南	Hainan	25653	650	22754	611	1639
重 庆	Chongqing	777961	30366	695575	43739	8282
四 川	Sichuan	1058304	44232	972066	28768	13239
贵 州	Guizhou	69575	5576	60466	2443	1090
云 南	Yunnan	218171	7619	201877	3481	5194
西 藏	Tibet	4133		4056	60	17
陕 西	Shaanxi	367410	29272	308303	26017	3819
甘 肃	Gansu	166771	12481	150734	2656	900
青 海	Qinghai	27702	3901	23667	44	90
宁 夏	Ningxia	83448	5429	70902	5407	1709
新 疆	Xinjiang	64625	6741	55221	1265	1398

4-2-6 续表 8 Continued 8

其他企业
Other Enterprises

单位：万元
Unit: 10000 yuan

地 区	Region	营业额 Business Revenue	客房收入 from Hotel Rooms	餐费收入 from Meals	商品销售额 from Commodities	其他收入 Others
全 国	**National Total**	**1462970**	**131379**	**1257765**	**41594**	**32233**
北 京	Beijing					
天 津	Tianjin	27360	609	25547	202	1003
河 北	Hebei	20361	1694	17904	322	442
山 西	Shanxi	35434	4839	29916	313	367
内蒙古	Inner Mongolia	65134	7460	56572	949	154
辽 宁	Liaoning	26115	2161	21149	754	2050
吉 林	Jilin	17090	2450	14307	327	6
黑龙江	Heilongjiang	20456	1567	15157	2827	906
上 海	Shanghai	18789	1875	15335	668	911
江 苏	Jiangsu	57025	4100	51328	517	1080
浙 江	Zhejiang	9364	1227	6826	919	392
安 徽	Anhui	57503	6499	45196	2170	3638
福 建	Fujian	73133	2408	68934	1043	748
江 西	Jiangxi	19367	4553	13970	609	235
山 东	Shandong	243807	20915	209475	10633	2784
河 南	Henan	60227	3035	54542	1788	862
湖 北	Hubei	55386	9051	43227	2247	861
湖 南	Hunan	35371	3973	30958	174	267
广 东	Guangdong	197867	7561	184335	1947	4024
广 西	Guangxi	11233	529	10644		60
海 南	Hainan	19195	938	16973	595	690
重 庆	Chongqing	71917	6876	61362	2558	1122
四 川	Sichuan	111464	11722	93395	3265	3082
贵 州	Guizhou	13693	2541	10228	187	737
云 南	Yunnan	49586	1496	46978	349	764
西 藏	Tibet	417		357	60	
陕 西	Shaanxi	118646	18393	90222	5541	4490
甘 肃	Gansu	13070	1117	11487	261	205
青 海	Qinghai	1463	326	1138		
宁 夏	Ningxia	4734	631	3438	317	348
新 疆	Xinjiang	7765	838	6867	53	7

4-2-6 续表 9 Continued 9

港、澳、台商投资企业
Enterprises with Funds from Hongkong, Macao and Taiwan

单位：万元
Unit: 10000 yuan

地 区	Region	营业额 Business Revenue	客房收入 from Hotel Rooms	餐费收入 from Meals	商品销售额 from Commodities	其他收入 Others
全 国	**National Total**	**3398907**	**46762**	**3232394**	**70690**	**49061**
北 京	Beijing	607117		589479	10216	7422
天 津	Tianjin	16024		15697	178	150
河 北	Hebei	4918	506	4411		
山 西	Shanxi	1453	366	1085		2
内蒙古	Inner Mongolia	1647		1647		
辽 宁	Liaoning	72114	606	69578	1151	778
吉 林	Jilin	760		760		
黑龙江	Heilongjiang	35932		31129	4801	2
上 海	Shanghai	990409		988745		1664
江 苏	Jiangsu	151076	8782	112983	25845	3466
浙 江	Zhejiang	64683	5643	48749	577	9714
安 徽	Anhui	27211		27141	70	
福 建	Fujian	211272	6732	199350	3023	2168
江 西	Jiangxi	17722	875	14687	2159	
山 东	Shandong	45355	6066	37937	1114	238
河 南	Henan	27544		26868	77	599
湖 北	Hubei	56206	1453	51453	373	2927
湖 南	Hunan	17118	612	15621	579	306
广 东	Guangdong	799826	12378	761865	15248	10335
广 西	Guangxi	8763		8717	45	
海 南	Hainan	15912		13845	214	1853
重 庆	Chongqing	24774	1607	21009	56	2102
四 川	Sichuan	70914		70382		532
贵 州	Guizhou					
云 南	Yunnan	36372		29710	2697	3964
西 藏	Tibet					
陕 西	Shaanxi	92746	1136	88506	2266	838
甘 肃	Gansu	1042		1042		
青 海	Qinghai					
宁 夏	Ningxia					
新 疆	Xinjiang					

外商投资企业 单位：万元
Foreign Funded Enterprises Unit: 10000 yuan

地 区	Region	营业额 Business Revenue	客房收入 from Hotel Rooms	餐费收入 from Meals	商品销售额 from Commodities	其他收入 Others
全 国	**National Total**	**7995437**	**36552**	**7842706**	**49290**	**66889**
北 京	Beijing	1252233	128	1221910	6749	23446
天 津	Tianjin	466618	2133	464484		
河 北	Hebei	2291	887	1403	1	
山 西	Shanxi	93840	558	92992		289
内蒙古	Inner Mongolia	13689	478	6978	6218	15
辽 宁	Liaoning	605768	1687	598890	4023	1168
吉 林	Jilin	548	14	454	81	
黑龙江	Heilongjiang	52918	34	46498	6385	
上 海	Shanghai	1074229	641	1053401	18887	1300
江 苏	Jiangsu	761272	2454	754216	133	4469
浙 江	Zhejiang	586932	14528	560226	2992	9186
安 徽	Anhui	4291	1385	2661	62	183
福 建	Fujian	179449	2465	176179	245	560
江 西	Jiangxi	64013		62359	1654	
山 东	Shandong	305921	2809	302370	198	545
河 南	Henan	106387		96850	239	9299
湖 北	Hubei	291859	2252	288970	77	561
湖 南	Hunan	137046		136966		80
广 东	Guangdong	1324156	3354	1313764	1113	5925
广 西	Guangxi	53957		53957		
海 南	Hainan	1571		1571		
重 庆	Chongqing	178212		178032		180
四 川	Sichuan	194415	479	191646	208	2082
贵 州	Guizhou	4795		4795		
云 南	Yunnan	57198		57198		
西 藏	Tibet					
陕 西	Shaanxi	115968	265	108075	26	7601
甘 肃	Gansu	30011		30011		
青 海	Qinghai					
宁 夏	Ningxia	6521		6521		
新 疆	Xinjiang	29331		29331		

4-2-7 各地区限额以上餐饮业企业经营情况(按国民经济行业分)

Business of Enterprises above Designated Size of Catering Services by Region and Sector

正餐服务 单位：万元
Dinner Unit: 10000 yuan

地　区	Region	营业额 Business Revenue	客房收入 from Hotel Rooms	餐费收入 from Meals	商品销售额 from Commodities	其他收入 Others
全　国	**National Total**	**33563155**	**2418491**	**29307274**	**1073685**	**763705**
北　京	Beijing	3903312	45850	3723689	47887	85886
天　津	Tianjin	491680	19546	440543	4663	26929
河　北	Hebei	538825	67301	449448	13298	8779
山　西	Shanxi	892545	148517	687045	38943	18041
内蒙古	Inner Mongolia	543868	92481	437135	6175	8077
辽　宁	Liaoning	831369	48994	748551	18439	15385
吉　林	Jilin	218012	41322	157647	7171	11872
黑龙江	Heilongjiang	297515	25849	223286	27991	20390
上　海	Shanghai	3000402	56138	2868402	28867	46996
江　苏	Jiangsu	2251051	241310	1891255	62489	55997
浙　江	Zhejiang	2103186	182445	1821820	39075	59846
安　徽	Anhui	788516	93531	626609	51512	16864
福　建	Fujian	1068542	53477	970914	27564	16589
江　西	Jiangxi	294313	35062	227592	28387	3272
山　东	Shandong	2898295	307983	2320175	197605	72532
河　南	Henan	1314903	113195	1140325	39268	22114
湖　北	Hubei	1542049	180699	1280889	54532	25929
湖　南	Hunan	788718	85301	664125	17919	21374
广　东	Guangdong	3857299	185870	3508417	74185	88827
广　西	Guangxi	250446	19174	221901	5137	4234
海　南	Hainan	129240	4195	114660	1932	8453
重　庆	Chongqing	1301324	61166	1160975	61780	17402
四　川	Sichuan	1905301	106253	1644079	98139	56829
贵　州	Guizhou	186020	14168	159973	6935	4944
云　南	Yunnan	388769	12821	351860	16324	7764
西　藏	Tibet	10934	466	10232	120	116
陕　西	Shaanxi	1209978	113989	982802	84097	29090
甘　肃	Gansu	301954	26565	268460	4687	2242
青　海	Qinghai	46095	7825	36794	446	1029
宁　夏	Ningxia	114306	9371	94225	6557	4153
新　疆	Xinjiang	94391	17631	73449	1562	1750

4-2-7 续表 1 Continued 1

快餐服务 单位：万元
Snack Unit: 10000 yuan

地 区	Region	营业额 Business Revenue	客房收入 from Hotel Rooms	餐费收入 from Meals	商品销售额 from Commodities	其他收入 Others
全 国	**National Total**	**8826490**	**7618**	**8712092**	**42228**	**64552**
北 京	Beijing	1272637		1247510	5938	19189
天 津	Tianjin	468971		468105	830	36
河 北	Hebei	2777	11	2189	575	2
山 西	Shanxi	102300	90	102200	8	3
内 蒙 古	Inner Mongolia	14149	845	7089	6167	48
辽 宁	Liaoning	610179		609738	143	298
吉 林	Jilin	123		123		
黑 龙 江	Heilongjiang	19514		19385	128	
上 海	Shanghai	775783		772272	227	3284
江 苏	Jiangsu	931731	336	929811	1386	199
浙 江	Zhejiang	618509	985	603418	841	13264
安 徽	Anhui	90489	766	76887	9891	2945
福 建	Fujian	375559		375457	102	
江 西	Jiangxi	63054		62828	123	103
山 东	Shandong	363103	724	357444	3596	1340
河 南	Henan	189033	779	175512	3314	9427
湖 北	Hubei	293416	91	292987	213	124
湖 南	Hunan	183288	784	179674	1428	1402
广 东	Guangdong	1756089	269	1748695	5016	2109
广 西	Guangxi	77006	507	76499		
海 南	Hainan	6851		6851		
重 庆	Chongqing	112490	18	112221	251	
四 川	Sichuan	234538	697	232634	912	295
贵 州	Guizhou	4189		4189		
云 南	Yunnan	78179		76108		2071
西 藏	Tibet	446		446		
陕 西	Shaanxi	101911	715	93380	55	7761
甘 肃	Gansu	31918		31918		
青 海	Qinghai					
宁 夏	Ningxia	755		755		
新 疆	Xinjiang	47506		45769	1084	653

4-2-7 续表 2 Continued 2

饮料及冷饮服务
Beverage and Cold Drink

单位：万元
Unit: 10000 yuan

地　区	Region	营业额 Business Revenue	客房收入 from Hotel Rooms	餐费收入 from Meals	商品销售额 from Commodities	其他收入 Others
全　国	**National Total**	**672412**	**448**	**622960**	**39636**	**9368**
北　京	Beijing	107154		94481	9971	2701
天　津	Tianjin					
河　北	Hebei	417		417		
山　西	Shanxi					
内蒙古	Inner Mongolia					
辽　宁	Liaoning	12556		10933	1591	32
吉　林	Jilin					
黑龙江	Heilongjiang	794		779		15
上　海	Shanghai	318685		299501	18887	297
江　苏	Jiangsu	32846		28586	177	4083
浙　江	Zhejiang	17295	217	16226	267	585
安　徽	Anhui	3083	6	2985		92
福　建	Fujian	10005	58	8322	1571	54
江　西	Jiangxi					
山　东	Shandong	7695		5562	2133	
河　南	Henan	804		758	46	
湖　北	Hubei	20575	107	20109	358	
湖　南	Hunan	10118		8665	1311	142
广　东	Guangdong	93532	60	90321	3038	114
广　西	Guangxi	1716		552	6	1158
海　南	Hainan					
重　庆	Chongqing	4978		4978		
四　川	Sichuan	27878		27504	279	95
贵　州	Guizhou					
云　南	Yunnan	1383		1383		
西　藏	Tibet					
陕　西	Shaanxi					
甘　肃	Gansu	899		899		
青　海	Qinghai					
宁　夏	Ningxia					
新　疆	Xinjiang					

4-2-7 续表 3 Continued 3

其他餐饮业
Others

单位：万元
Unit: 10000 yuan

地　区	Region	营业额 Business Revenue	客房收入 from Hotel Rooms	餐费收入 from Meals	商品销售额 from Commodities	其他收入 Others
全　国	**National Total**	**1136396**	**19377**	**1024969**	**46889**	**45161**
北　京	Beijing	151976		126900	487	24589
天　津	Tianjin	39207	4870	32794		1543
河　北	Hebei	1951		1726	17	208
山　西	Shanxi	2593	555	1770	268	
内蒙古	Inner Mongolia					
辽　宁	Liaoning	15596	109	13356	829	1303
吉　林	Jilin					
黑龙江	Heilongjiang	551	193	358		
上　海	Shanghai	102979	1830	100345	65	739
江　苏	Jiangsu	121044	6363	86339	27499	843
浙　江	Zhejiang	56979	146	50689	3712	2432
安　徽	Anhui	6320		6310	11	
福　建	Fujian	21198		20606	360	231
江　西	Jiangxi					
山　东	Shandong	20227		17596	2258	373
河　南	Henan	29521	447	28069	888	117
湖　北	Hubei	35734	1808	31176	125	2626
湖　南	Hunan	4915		4870	44	
广　东	Guangdong	117513	1292	103753	6934	5534
广　西	Guangxi	4076		4076		
海　南	Hainan					
重　庆	Chongqing	43989	1717	37312	2574	2385
四　川	Sichuan	342672		341580	788	304
贵　州	Guizhou					
云　南	Yunnan	11590		9655		1935
西　藏	Tibet					
陕　西	Shaanxi	5186	48	5106	32	
甘　肃	Gansu	312		312		
青　海	Qinghai					
宁　夏	Ningxia	270		270		
新　疆	Xinjiang					

4-3-1 限额以上住宿和餐饮业企业年末资产负债

Assets and Liabilities of Enterprises above Designated Size of Hotels and Catering Services at the Year-end

项 目	Item	流动资产合计 Total Working Capitals	#存货 Stock	固定资产原价 Original Value of Fixed Assets
总 计	**Total**	**48765005**	**3829309**	**80258377**
一、住宿业	**Hotels**	**31372999**	**1875375**	**62931973**
#国有控股	State-controlled Enterprises	7314280	563454	23139090
(一)按登记注册类型分	**by Type of Registration**			
1.内资企业	**Domestic Funded Enterprises**	**25364541**	**1563241**	**48668689**
国有企业	State-owned Enterprises	4211540	300514	13646176
集体企业	Collective-owned Enterprises	489122	33788	1328896
股份合作企业	Cooperative Enterprises	195026	23762	354172
联营企业	Joint Ownership Enterprises	87657	8048	241107
国有联营企业	State Joint Ownership Enterprises	47089	1818	128599
集体联营企业	Collective Joint Ownership Enterprises	10660	420	23502
国有与集体联营企业	Joint State-collective Enterprises	13783	1353	70100
其他联营企业	Other Joint Ownership Enterprises	16125	4458	18906
有限责任公司	Limited Liability Corporations	10447000	581807	19155113
国有独资公司	State Sole Funded Corporations	281894	16041	1294833
其他有限责任公司	Other Limited Liability Corporations	10165106	565766	17860281
股份有限公司	Share-holding Corporations Ltd.	1135092	57111	1998297
私营企业	Private Enterprises	7792657	503809	10646278
私营独资企业	Private-funded Enterprises	937859	74171	1459588
私营合伙企业	Private Partnership Enterprises	238939	11680	395678
私营有限责任公司	Private Limited Liability Corporations	6107655	376436	8003351
私营股份有限公司	Private Share-holding Corporations Ltd.	508204	41522	787661
其他企业	Other Enterprises	1006449	54402	1298650
2.港、澳、台商投资企业	**Enterprises with Funds from Hongkong, Macao and Taiwan**	**3465543**	**196178**	**8440685**
合资经营企业	Joint-venture Enterprises	1858582	135839	4332648
合作经营企业	Cooperative Enterprises	544944	13421	1103800
独资经营企业	Enterprises with Sole Investment	952298	42348	2661441
投资股份有限公司	Share-holding Corporations Ltd. with Investment	105453	4369	326464
其他港澳台商投资企业	Other Enterprises with Funds from Hongkong, Macao and Taiwan	4266	201	16331
3.外商投资企业	**Foreign Funded Enterprises**	**2542915**	**115957**	**5822599**
中外合资经营企业	Joint-venture Enterprises	1213126	59418	2504143
中外合作经营企业	Cooperative Enterprises	350806	27598	868091
外资企业	Enterprises with Sole Foreign Investment	941435	26694	2123467
外商投资股份有限公司	Share-holding Corporations Ltd. with Foreign Investment	17794	1503	305218
其他外商投资企业	Other Foreign Funded Enterprises	19753	744	21680
(二)按国民经济行业分	**by Sector**			
旅游饭店	Tourist Hotel	27400277	1598643	56824239
一般旅馆	Fonda	3537061	245254	5286726
其他住宿业	Others	435661	31479	821009

项 目	Item	累计折旧 Accumulated Depreciation	#本年折旧 Current Year Depreciation
总 计	**Total**	**29087397**	**4306146**
一、住宿业	**Hotels**	**23634374**	**3119343**
#国有控股	State-controlled Enterprises	9408227	1060409
(一)按登记注册类型分	**by Type of Registration**		
1.内资企业	**Domestic Funded Enterprises**	**17084247**	**2456678**
国有企业	State-owned Enterprises	5503230	632241
集体企业	Collective-owned Enterprises	550349	58678
股份合作企业	Cooperative Enterprises	132252	26291
联营企业	Joint Ownership Enterprises	109360	13932
国有联营企业	State Joint Ownership Enterprises	61354	4859
集体联营企业	Collective Joint Ownership Enterprises	12884	855
国有与集体联营企业	Joint State-collective Enterprises	28754	4171
其他联营企业	Other Joint Ownership Enterprises	6368	4046
有限责任公司	Limited Liability Corporations	6216538	940631
国有独资公司	State Sole Funded Corporations	447550	45978
其他有限责任公司	Other Limited Liability Corporations	5768988	894653
股份有限公司	Share-holding Corporations Ltd.	774492	102845
私营企业	Private Enterprises	3367615	598978
私营独资企业	Private-funded Enterprises	388407	75402
私营合伙企业	Private Partnership Enterprises	120161	18499
私营有限责任公司	Private Limited Liability Corporations	2630975	463121
私营股份有限公司	Private Share-holding Corporations Ltd.	228072	41957
其他企业	Other Enterprises	430411	83083
2.港、澳、台商投资企业	**Enterprises with Funds from Hongkong, Macao and Taiwan**	**3935100**	**397245**
合资经营企业	Joint-venture Enterprises	2238693	199963
合作经营企业	Cooperative Enterprises	532408	45735
独资经营企业	Enterprises with Sole Investment	1056379	141327
投资股份有限公司	Share-holding Corporations Ltd. with Investment	102568	9465
其他港澳台商投资企业	Other Enterprises with Funds from Hongkong, Macao and Taiwan	5053	755
3.外商投资企业	**Foreign Funded Enterprises**	**2615027**	**265421**
中外合资经营企业	Joint-venture Enterprises	1249889	102218
中外合作经营企业	Cooperative Enterprises	495033	24754
外资企业	Enterprises with Sole Foreign Investment	815670	126512
外商投资股份有限公司	Share-holding Corporations Ltd. with Foreign Investment	44906	10924
其他外商投资企业	Other Foreign Funded Enterprises	9529	1013
(二)按国民经济行业分	**by Sector**		
旅游饭店	Tourist Hotel	21785001	2776876
一般旅馆	Fonda	1616427	298933
其他住宿业	Others	232946	43534

4-3-1 Continued 1

单位：万元
Unit:10000 yuan

资产合计 Total Assets	负债合计 Total Liabilities	所有者权益合计 Total Owners' Equities	实收资本 Paicl-up Capitals			
				#国家资本 State-owned Capitals	# 港澳台资本 Capitals from Hongkong, Macao and Taiwan	# 外商资本 Foreign Capitals
132771128	**92311269**	**40460781**	**51338633**	**8800431**	**3830008**	**2797422**
93101085	**65045959**	**28055372**	**41130818**	**8206314**	**3080802**	**1936702**
28052090	15862749	12189341	11160326	7477509	120143	78692
75334167	**52192539**	**23142717**	**34102587**	**7664318**	**65094**	**43721**
16530591	9074193	7456397	6298812	4933783	2031	1361
1560662	1079076	481586	424364	3315		
498829	311856	186973	150084	17358		200
264128	134495	129634	101610	67762		
141142	57552	83590	59450	50482		
30855	13777	17079	8247			
61298	43962	17336	23974	12180		
30833	19204	11628	9940	5100		
30962684	22426133	8536551	9281561	2367894	8569	23199
1484774	842436	642338	654702	394313		2800
29477910	21583697	7894213	8626859	1973581	8569	20399
3205491	2014154	1191337	884546	235519	326	2201
19882707	15378441	4505355	16347280	17086	7978	1717
2544975	1636675	908299	780657	5893	41	57
604196	405900	198296	272458	2970		
15336909	12269727	3068271	14963872	8223	7938	1660
1396628	1066139	330489	330294			
2429076	1774192	654884	614330	21601	46190	15043
10711299	**7780695**	**2929761**	**4274944**	**385340**	**2878152**	**72934**
5557473	4017999	1539473	1893553	259832	930139	65493
1392374	1083947	308427	566420	108328	322573	2979
3364494	2392070	971582	1590226	6370	1422354	4461
369446	269717	99730	214195	10810	192536	
27513	16962	10550	10550		10550	
7055619	**5072726**	**1982893**	**2753287**	**156656**	**137556**	**1820047**
3054620	2147054	907566	1122907	109992	63866	475425
894294	888638	5657	310358	45987	65157	108643
2686925	1641773	1045151	1241904	2	8533	1179972
332755	336245	-3490	48966	675		40515
87025	59016	28009	29153			15493
82163767	57751925	24412089	37482539	7494846	2890847	1773711
9683750	6414492	3269259	3261814	654713	164872	144904
1253567	879543	374025	386465	56755	25083	18086

项 目	Item	流动资产合 计 Working Assets	#存 货 Stock	固定资产原 价 Original Value of Fixed Assets
二、餐饮业	**Catering Services**	**17392006**	**1953934**	**17326404**
#国有控股	State-controlled Enterprises	1397585	191455	1762371
(一)按登记注册类型分	**by Type of Registration**			
1.内资企业	**Domestic Funded Enterprises**	**14771378**	**1601589**	**14270770**
国有企业	State-owned Enterprises	708336	148305	1109696
集体企业	Collective-owned Enterprises	103531	10738	158023
股份合作企业	Cooperative Enterprises	241671	97425	155230
联营企业	Joint Ownership Enterprises	8533	1641	13257
国有联营企业	State Joint Ownership Enterprises	343	230	1352
集体联营企业	Collective Joint Ownership Enterprises	5206	1196	10690
国有与集体联营企业	Joint State-collective Enterprises			
其他联营企业	Other Joint Ownership Enterprises	2985	215	1216
有限责任公司	Limited Liability Corporations	4291886	397880	4203754
国有独资公司	State Sole Funded Corporations	75691	4458	108390
其他有限责任公司	Other Limited Liability Corporations	4216195	393422	4095364
股份有限公司	Share-holding Corporations Ltd.	944558	69853	702490
私营企业	Private Enterprises	7830530	809355	7247876
私营独资企业	Private-funded Enterprises	1097438	139642	1620122
私营合伙企业	Private Partnership Enterprises	188111	19112	192329
私营有限责任公司	Private Limited Liability Corporations	6158287	616796	5132865
私营股份有限公司	Private Share-holding Corporations Ltd.	386695	33805	302561
其他企业	Other Enterprises	642334	66393	680444
2.港、澳、台商投资企业	**Enterprises with Funds from Hongkong, Macao and Taiwan**	**1319334**	**85580**	**1266078**
合资经营企业	Joint-venture Enterprises	347344	15886	358642
合作经营企业	Cooperative Enterprises	81611	8768	111080
独资经营企业	Enterprises with Sole Investment	814201	60197	780565
投资股份有限公司	Share-holding Corporations Ltd. with Investment	74986	603	15114
其他港澳台商投资企业	Other Enterprises with Funds from Hongkong, Macao and Taiwan	1191	126	678
3.外商投资企业	**Foreign Funded Enterprises**	**1301294**	**266765**	**1789556**
中外合资经营企业	Joint-venture Enterprises	317797	64543	666044
中外合作经营企业	Cooperative Enterprises	31020	3647	35020
外资企业	Enterprises with Sole Foreign Investment	931939	195536	1071190
外商投资股份有限公司	Share-holding Corporations Ltd. with Foreign Investment	15766	2638	13671
其他外商投资企业	Other Foreign Funded Enterprises	4772	400	3631
(二)按国民经济行业分	**by Sector**			
正餐服务	Dinner	15245903	1659206	15156939
快餐服务	Snack	1433109	240779	1786458
饮料及冷饮服务	Beverage and Cold Drink	225566	18722	126810
其他餐饮业	Others	487428	35227	256196

4-3-1 Continued 2

单位：万元
Unit:10000 yuan

累计折旧 Accumulation Depreciation	#本年折旧 Current Year Depreciation	资产合计 Total Assets	负债合计 Total liabilities	所有者权益合计 Total Owners' Equities	实收资本 Paid-up Capitals	#国家资本 State-owned Capitals	#港澳台资本 Capitals from Hongkong, Macao and Taiwan	#外商资本 Foreign Capitals
5453023	**1186802**	**39670044**	**27265310**	**12405410**	**10207815**	**594117**	**749206**	**860720**
615992	85601	3434379	2286275	1148104	736149	462335	3233	5467
4225117	**895031**	**32914501**	**22919863**	**9995314**	**8095536**	**565914**	**12051**	**12930**
372286	44856	1863009	1237311	625698	433818	360699	1015	952
56076	6819	319800	196098	123702	101075	3		
51129	7232	530100	392255	137845	104524	1308	40	40
2141	360	25366	9853	15513	12498	450		
136	7	2105	783	1323	641	450		
1289	220	17684	4618	13066	10676			
716	133	5577	4453	1124	1181			
1260101	287637	9768493	7234621	2533872	2317172	130445	3552	10220
16379	6732	210141	168137	42005	45966	21396		153
1243722	280905	9558352	7066485	2491867	2271206	109049	3552	10067
218066	34469	2209269	1273691	935578	391621	53262	1	831
2090119	476041	16769824	11656335	5114166	4339222	19228	1114	767
389430	90239	2904130	1512662	1391468	1021658	9520	844	21
51583	11780	394508	220403	174105	138567	35		
1546965	355986	12615986	9334220	3282443	2976859	9673	31	746
102142	18035	855201	589051	266150	202138		239	
175200	37617	1428639	919698	508942	395607	520	6329	120
528022	**93128**	**2752160**	**1758867**	**993293**	**944659**	**20142**	**715729**	**21713**
167118	15638	700980	404468	296512	251992	10530	128016	21384
55869	10763	170739	154570	16170	68497	1788	58605	
300016	65802	1787455	1145983	641472	599716	7824	523350	330
4501	863	91569	52763	38806	23734		5186	
518	63	1417	1084	333	722		571	
699884	**198644**	**4003383**	**2586580**	**1416803**	**1167619**	**8061**	**21426**	**826077**
243079	82569	1140061	702217	437844	336369	7340	16007	184702
19074	1428	67389	46822	20567	32774	441	2199	23317
429315	113019	2727286	1804827	922459	767546	80	2900	589686
7476	1253	59924	28192	31732	29258	200		27501
940	375	8723	4522	4201	1673		320	870
4573237	968741	34248997	23823414	10426259	8950945	563546	540211	347755
749674	186402	4083563	2650272	1433291	941792	16245	151892	447253
37533	11250	418111	220703	197408	111733	1203	44087	30865
92580	20411	919373	570921	348452	203344	13123	13016	34846

4-3-2 各地区限额以上住宿和餐饮业企业年末资产负债

Assets and Liabilities of Enterprises above Designated Size of Hotels and Catering Services by Region at the Year-end

单位：万元

Unit: 10000 yuan

地 区	Region	资产总计 Total Assets	#流动资产合计 Total Working Capitals	#固定资产合计 Total Fixed Assets	负债合计 Total Liabilities	所有者权益合计 Total Owners' Equities
全 国	**National Total**	**132771128**	**48765005**	**52917226**	**92311269**	**40460781**
北 京	Beijing	15443435	5830668	5203906	11455155	3988280
天 津	Tianjin	2091348	855751	747923	1583978	508458
河 北	Hebei	3162687	1095473	1547312	2318869	844600
山 西	Shanxi	2584027	956403	1135310	1914113	669914
内蒙古	Inner Mongolia	2395786	826006	1060400	1469263	926523
辽 宁	Liaoning	4133948	1510991	1808041	2926803	1207145
吉 林	Jilin	1195443	345255	693170	703696	491746
黑龙江	Heilongjiang	1122867	317454	641015	662033	460834
上 海	Shanghai	8257172	3253429	2841732	5253029	3004093
江 苏	Jiangsu	9680533	3429770	3628180	7037367	2643167
浙 江	Zhejiang	11298981	4317510	4503921	8511600	2787381
安 徽	Anhui	3399403	1171307	1286193	2276864	1122539
福 建	Fujian	4067687	1482363	1533259	2451247	1616440
江 西	Jiangxi	2041514	711974	854825	1205005	836509
山 东	Shandong	8051267	2659701	3661856	5457431	2593837
河 南	Henan	3979113	1542687	1608101	2671219	1307894
湖 北	Hubei	4399941	1489852	1812793	2955105	1444836
湖 南	Hunan	3909080	1159542	1854675	2589017	1320063
广 东	Guangdong	15879736	6345352	5835033	11660087	4218751
广 西	Guangxi	2076727	633748	946849	1449024	627703
海 南	Hainan	2694884	1204880	994975	1938244	756640
重 庆	Chongqing	2721456	1231626	978523	1940786	780669
四 川	Sichuan	6471399	2382219	2386780	4397462	2073937
贵 州	Guizhou	1200228	454859	540848	818585	381643
云 南	Yunnan	3283744	1231279	1335066	1911721	1372023
西 藏	Tibet	281034	43900	177008	110283	170751
陕 西	Shaanxi	3835101	1185175	1825272	2733786	1101315
甘 肃	Gansu	1051612	358882	484976	561833	489779
青 海	Qinghai	319918	93606	170395	159217	160701
宁 夏	Ningxia	494935	203965	283380	354705	140229
新 疆	Xinjiang	1246126	439380	535510	833743	412383

4-3-3 各地区限额以上住宿业企业年末资产负债

Assets and Liabilities of Enterprises above Designated Size of Hotels by Region at the Year-end

单位：万元

Unit: 10000 yuan

地区	Region	资产总计 Total Assets	#流动资产合计 Total Working Capitals	#固定资产合计 Total Fixed Assets	负债合计 Total Liabilities	所有者权益合计 Total Owners' Equities
全国	**National Total**	**93101085**	**31372999**	**40368839**	**65045959**	**28055372**
北京	Beijing	11364379	3610293	4562182	8275079	3089300
天津	Tianjin	1272698	502690	513920	956567	317219
河北	Hebei	2522153	811775	1303086	1882102	640050
山西	Shanxi	1268168	405091	664689	906259	361910
内蒙古	Inner Mongolia	1155279	317278	621993	706205	449074
辽宁	Liaoning	2839802	1035524	1347619	2021486	818316
吉林	Jilin	850462	241582	500218	561467	288995
黑龙江	Heilongjiang	891452	221532	546783	544778	346674
上海	Shanghai	5430112	1694708	2205723	3110903	2319210
江苏	Jiangsu	6291797	2011075	2522001	4485088	1806709
浙江	Zhejiang	8397035	3007545	3506766	6290077	2106958
安徽	Anhui	2049877	625968	847398	1411126	638751
福建	Fujian	3140190	1056710	1246557	1892957	1247232
江西	Jiangxi	1571717	529779	669721	955037	616680
山东	Shandong	4483837	1489157	2131419	3034988	1448850
河南	Henan	2883156	1092882	1214487	2087633	795524
湖北	Hubei	2690728	841038	1208506	1787403	903325
湖南	Hunan	3167749	924957	1525436	2167246	1000503
广东	Guangdong	12092654	4613553	4744420	9017054	3074757
广西	Guangxi	1770536	504463	835206	1278841	491695
海南	Hainan	2585301	1145726	962038	1849255	736046
重庆	Chongqing	1809403	788404	668177	1458522	350880
四川	Sichuan	3871841	1242591	1718389	2698844	1172997
贵州	Guizhou	973089	340585	469730	656473	316616
云南	Yunnan	2614504	847754	1145708	1518793	1095711
西藏	Tibet	272383	39920	175258	103372	169011
陕西	Shaanxi	2577225	666942	1382709	1978393	598831
甘肃	Gansu	745102	235855	366931	420590	324512
青海	Qinghai	229482	60050	122831	101321	128161
宁夏	Ningxia	258945	102203	178451	186296	72650
新疆	Xinjiang	1030030	365370	460490	701806	328224

4-3-3 续表 Continued

国有控股 单位：万元

State-controlled Enterprises Unit: 10000 yuan

地 区	Region	资产总计 Total Assets	#流动资产合计 Total Working Capitals	#固定资产合计 Total Fixed Assets	负债合计 Total Liabilities	所有者权益合计 Total Owners' Equities
全 国	**National Total**	**28052090**	**7314280**	**13952106**	**15862749**	**12189341**
北 京	Beijing	5141236	1308850	2504741	3268775	1872461
天 津	Tianjin	581320	139445	291181	458773	122548
河 北	Hebei	934051	193485	610170	563735	370316
山 西	Shanxi	373190	116646	222542	217160	156030
内蒙古	Inner Mongolia	317166	80832	195597	165410	151755
辽 宁	Liaoning	689442	171223	435255	441258	248184
吉 林	Jilin	347181	70188	208291	202377	144804
黑龙江	Heilongjiang	287924	72851	176336	146112	141813
上 海	Shanghai	2831629	697602	1207110	1212382	1619247
江 苏	Jiangsu	2159605	551239	975676	1158422	1001183
浙 江	Zhejiang	1681170	494816	782646	917875	763295
安 徽	Anhui	499173	98305	270310	302973	196200
福 建	Fujian	655997	175448	281970	285011	370986
江 西	Jiangxi	416140	108971	190178	223855	192285
山 东	Shandong	1631333	493300	753487	1001367	629967
河 南	Henan	642263	164668	372862	451561	190703
湖 北	Hubei	703195	133412	328138	348182	355013
湖 南	Hunan	1139419	292691	528122	702294	437125
广 东	Guangdong	2469322	744723	1100482	1253283	1216039
广 西	Guangxi	426173	69924	238700	249486	176687
海 南	Hainan	522254	139012	272951	232458	289797
重 庆	Chongqing	213181	44612	112728	151319	61862
四 川	Sichuan	871697	243583	420653	519529	352168
贵 州	Guizhou	210971	51675	135426	153511	57459
云 南	Yunnan	762259	271892	372081	356293	405967
西 藏	Tibet	181503	27603	112663	60683	120820
陕 西	Shaanxi	493874	99436	274402	369388	124485
甘 肃	Gansu	258275	79973	138544	133373	124901
青 海	Qinghai	87956	18221	60733	25795	62162
宁 夏	Ningxia	42795	13287	91427	33304	9491
新 疆	Xinjiang	480399	146370	286706	256809	223590

4-3-4 各地区限额以上住宿业企业年末资产负债(按登记注册类型分)

Assets and Liabilities of Enterprises above Designated Size of Hotels by Region and Type of Registration at the Year-end

内资企业 单位：万元

Domestic Funded Enterprises Unit: 10000 yuan

地 区	Region	资产总计 Total Assets	#流动资产合计 Total Working Capitals	#固定资产合计 Total Fixed Assets	负债合计 Total Liabilities	所有者权益合计 Total Owners' Equities
全 国	**National Total**	**75334167**	**25364541**	**32528574**	**52192539**	**23142717**
北 京	Beijing	8293823	2633069	3509453	6361662	1932161
天 津	Tianjin	1040193	391879	413142	784634	256648
河 北	Hebei	2409677	793291	1228960	1718394	691283
山 西	Shanxi	1255501	399959	658647	897633	357867
内蒙古	Inner Mongolia	981402	295882	480064	583958	397445
辽 宁	Liaoning	1984864	676298	985255	1369550	615315
吉 林	Jilin	727201	211092	419506	473999	253202
黑龙江	Heilongjiang	656122	185903	371645	395240	260882
上 海	Shanghai	4402642	1345697	1748726	2365085	2037557
江 苏	Jiangsu	5413671	1764025	2078302	3851395	1562276
浙 江	Zhejiang	6802045	2416983	2760257	5133043	1669002
安 徽	Anhui	1888868	580840	810949	1279485	609382
福 建	Fujian	2104597	740912	805806	1171496	933101
江 西	Jiangxi	1467590	503911	626841	889006	578584
山 东	Shandong	4136725	1407442	1910831	2752968	1383757
河 南	Henan	2419173	831885	1102638	1654959	764214
湖 北	Hubei	2426769	758033	1064380	1576783	849986
湖 南	Hunan	2850921	834202	1395817	1920067	930855
广 东	Guangdong	7639741	2938482	2827061	5859952	1779789
广 西	Guangxi	1309521	427073	563209	890335	419186
海 南	Hainan	2055066	908786	762468	1460532	594534
重 庆	Chongqing	1531050	657007	572304	1233798	297252
四 川	Sichuan	3487828	1179307	1476999	2366457	1121371
贵 州	Guizhou	932520	334647	444622	632154	300366
云 南	Yunnan	2423265	787267	1067792	1412791	1010473
西 藏	Tibet	271153	38690	175258	102743	168410
陕 西	Shaanxi	2253181	589929	1184949	1677301	575880
甘 肃	Gansu	721633	231759	347558	405171	316461
青 海	Qinghai	183761	53182	99010	93813	89948
宁 夏	Ningxia	234290	81914	176097	176402	57888
新 疆	Xinjiang	1029377	365199	460034	701734	327643

4-3-4 续表 1 Continued 1

国有企业
State-owned Enterprises

单位：万元
Unit: 10000 yuan

地　区	Region	资产总计 Total Assets	#流动资产合计 Total Working Capitals	#固定资产合计 Total Fixed Assets	负债合计 Total Liabilities	所有者权益合计 Total Owners' Equities
全　国	**National Total**	**16530591**	**4211540**	**8313175**	**9074193**	**7456397**
北　京	Beijing	2288516	535140	1125163	1493788	794728
天　津	Tianjin	143912	53497	58134	96199	47713
河　北	Hebei	706063	150003	456875	525861	180202
山　西	Shanxi	334974	112694	190057	207442	127533
内蒙古	Inner Mongolia	176934	48180	99731	109565	67369
辽　宁	Liaoning	439834	124594	261203	247194	192640
吉　林	Jilin	271156	63049	159759	168161	102996
黑龙江	Heilongjiang	246297	55357	158023	104645	141652
上　海	Shanghai	1903043	481638	704504	766706	1136337
江　苏	Jiangsu	1336871	311142	685653	656715	680157
浙　江	Zhejiang	712041	231600	296105	325403	386638
安　徽	Anhui	257767	48686	118720	162192	95575
福　建	Fujian	387911	98842	186261	158084	229827
江　西	Jiangxi	391913	91496	185766	192687	199226
山　东	Shandong	1541928	478966	696881	871830	670098
河　南	Henan	529801	147641	313680	364424	165377
湖　北	Hubei	555512	103374	242617	306210	249302
湖　南	Hunan	475809	90771	283036	250023	225786
广　东	Guangdong	1148550	337831	535794	604912	543638
广　西	Guangxi	299150	55375	153060	151213	147937
海　南	Hainan	158882	46750	73463	105798	53085
重　庆	Chongqing	105938	24784	63044	76064	29874
四　川	Sichuan	535362	129760	301737	295608	239754
贵　州	Guizhou	100565	29054	53977	43587	56978
云　南	Yunnan	326405	91289	182395	136246	190159
西　藏	Tibet	181503	27603	112663	60683	120820
陕　西	Shaanxi	394447	74121	209873	306103	88345
甘　肃	Gansu	219867	69545	119826	121307	98560
青　海	Qinghai	86536	17792	60615	25598	60938
宁　夏	Ningxia	12681	9273	70589	9372	3309
新　疆	Xinjiang	260423	71696	153974	130577	129846

4-3-4 续表 2 Continued 2

集体企业
Collective-owned Enterprises

单位：万元
Unit: 10000 yuan

地 区	Region	资产总计 Total Assets	#流动资产合计 Total Working Capitals	#固定资产合计 Total Fixed Assets	负债合计 Total Liabilities	所有者权益合计 Total Owners' Equities
全 国	**National Total**	**1560662**	**489122**	**801210**	**1079076**	**481586**
北 京	Beijing	326995	97299	187630	246985	80010
天 津	Tianjin	78268	38267	22410	55065	23203
河 北	Hebei	35534	8005	25200	20753	14782
山 西	Shanxi	54631	19683	22383	44806	9825
内蒙古	Inner Mongolia	6979	1293	2990	4953	2026
辽 宁	Liaoning	26718	9710	11464	21026	5693
吉 林	Jilin	2589	1423	1069	1738	851
黑龙江	Heilongjiang	5373	1635	3738	5951	-579
上 海	Shanghai	89399	25745	58122	73916	15483
江 苏	Jiangsu	122838	57654	39234	105959	16879
浙 江	Zhejiang	114460	25898	64500	80554	33906
安 徽	Anhui	6260	2384	2947	3150	3110
福 建	Fujian	8497	3793	3897	4514	3983
江 西	Jiangxi	2862	1081	1431	1374	1488
山 东	Shandong	164048	31207	116698	47761	116287
河 南	Henan	91670	30415	38502	84731	6939
湖 北	Hubei	41879	14547	23017	20010	21870
湖 南	Hunan	31872	20104	9201	11016	20857
广 东	Guangdong	99173	30472	46743	60092	39080
广 西	Guangxi	14739	3964	8985	10261	4477
海 南	Hainan	640	269	70	588	52
重 庆	Chongqing	13946	5605	6122	13811	135
四 川	Sichuan	41893	9331	26930	33254	8639
贵 州	Guizhou	21700	3657	17847	3629	18072
云 南	Yunnan	45075	21292	18858	17970	27105
西 藏	Tibet	2649	323	2319	1201	1447
陕 西	Shaanxi	36501	15172	17636	37091	-590
甘 肃	Gansu	16958	3729	11749	11757	5201
青 海	Qinghai	2455	950	1456	1799	656
宁 夏	Ningxia					
新 疆	Xinjiang	54063	4215	8064	53364	699

4-3-4 续表 3 Continued 3

股份合作企业 单位：万元

Cooperative Enterprises Unit: 10000 yuan

地 区	Region	资产总计 Total Assets	#流动资产合计 Total Working Capitals	#固定资产合计 Total Fixed Assets	负债合计 Total Liabilities	所有者权益合计 Total Owners' Equities
全 国	**National Total**	**498829**	**195026**	**226370**	**311856**	**186973**
北 京	Beijing	86745	36980	39769	60804	25941
天 津	Tianjin	14404	9034	4800	2657	11746
河 北	Hebei	31176	20849	8958	25428	5748
山 西	Shanxi					
内蒙古	Inner Mongolia	13459	5581	6495	5751	7708
辽 宁	Liaoning	702	278	253	1365	-663
吉 林	Jilin	3868	876	2683	698	3170
黑龙江	Heilongjiang	26247	13805	8922	25151	1096
上 海	Shanghai					
江 苏	Jiangsu	2097	517	987	1981	117
浙 江	Zhejiang	6164	1354	3406	3286	2878
安 徽	Anhui	7302	2145	2685	4192	3111
福 建	Fujian	17244	3459	7014	4433	12811
江 西	Jiangxi	70665	10442	49759	16517	54148
山 东	Shandong	11664	5492	5353	9417	2247
河 南	Henan	14981	2403	7864	9625	5356
湖 北	Hubei	28241	3383	15223	23563	4678
湖 南	Hunan	26947	5630	16855	17457	9490
广 东	Guangdong	8886	4789	1614	6250	2636
广 西	Guangxi	42340	20186	19610	40818	1522
海 南	Hainan	8255	916	2565	5100	3155
重 庆	Chongqing	2311	107	1461	1078	1233
四 川	Sichuan	65118	43390	15035	43559	21559
贵 州	Guizhou	2380	1131	1250	496	1884
云 南	Yunnan	4196	1464	2288	752	3444
西 藏	Tibet					
陕 西	Shaanxi	2429	389	1193	1023	1406
甘 肃	Gansu	1011	429	329	457	554
青 海	Qinghai					
宁 夏	Ningxia					
新 疆	Xinjiang					

联营企业
Joint Ownership Enterprises

单位：万元
Unit: 10000 yuan

地 区	Region	资产总计 Total Assets	#流动资产合计 Total Working Capitals	#固定资产合计 Total Fixed Assets	负债合计 Total Liabilities	所有者权益合计 Total Owners' Equities
全 国	**National Total**	**264128**	**87657**	**135743**	**134495**	**129634**
北 京	Beijing	11384	6833	1385	12762	-1378
天 津	Tianjin					
河 北	Hebei	10139	1243	8073	6348	3791
山 西	Shanxi					
内蒙古	Inner Mongolia	1672	205	752	344	1327
辽 宁	Liaoning	282	215	68	1033	-751
吉 林	Jilin	12155	1999	10084	8118	4037
黑龙江	Heilongjiang	1772	620	372	498	1274
上 海	Shanghai	33554	3758	27082	30081	3472
江 苏	Jiangsu	10866	3450	4891	12521	-1655
浙 江	Zhejiang	21113	13039	5658	9043	12070
安 徽	Anhui					
福 建	Fujian	70413	24964	31926	19140	51273
江 西	Jiangxi					
山 东	Shandong					
河 南	Henan	1195	109	50	112	1082
湖 北	Hubei	17183	5454	11178	10540	6643
湖 南	Hunan	3932	1971	1899	1633	2298
广 东	Guangdong	44940	17463	17674	17548	27392
广 西	Guangxi					
海 南	Hainan					
重 庆	Chongqing					
四 川	Sichuan	17855	3341	12878	2473	15382
贵 州	Guizhou					
云 南	Yunnan	3245	1489	846	1235	2010
西 藏	Tibet					
陕 西	Shaanxi					
甘 肃	Gansu					
青 海	Qinghai					
宁 夏	Ningxia					
新 疆	Xinjiang	2429	1503	926	1063	1367

4-3-4 续表 5 Continued 5

有限责任公司
Limited Liability Corporations

单位：万元
Unit: 10000 yuan

地 区	Region	资产总计 Total Assets	#流动资产合计 Total Working Capitals	#固定资产合计 Total Fixed Assets	负债合计 Total Liabilities	所有者权益合计 Total Owners' Equities
全 国	**National Total**	**30962684**	**10447000**	**13299292**	**22426133**	**8536551**
北 京	Beijing	4579582	1459516	1864648	3589903	989679
天 津	Tianjin	587901	216042	235652	454326	133576
河 北	Hebei	990934	373047	448570	659698	331236
山 西	Shanxi	154988	42711	91709	97859	57129
内蒙古	Inner Mongolia	412231	111693	212467	215921	196310
辽 宁	Liaoning	688458	168747	404366	436766	251692
吉 林	Jilin	227365	74993	122468	127665	99700
黑龙江	Heilongjiang	174086	65223	84003	104638	69448
上 海	Shanghai	1385090	378767	682450	703178	681912
江 苏	Jiangsu	1865389	639743	622749	1423724	441665
浙 江	Zhejiang	2826633	825954	1369072	2151563	675071
安 徽	Anhui	800508	276067	301832	530476	270032
福 建	Fujian	851757	309433	302973	524689	327068
江 西	Jiangxi	386488	168229	130975	282070	104418
山 东	Shandong	1388391	453059	714298	1074073	314317
河 南	Henan	888634	334493	345268	685865	202769
湖 北	Hubei	915076	357409	393185	649137	265939
湖 南	Hunan	1067166	316409	586179	800183	266982
广 东	Guangdong	3278363	1280749	1148047	2589986	688377
广 西	Guangxi	361329	103800	159560	253150	108180
海 南	Hainan	1543807	711814	535620	1102271	441537
重 庆	Chongqing	759971	284795	293544	636953	123018
四 川	Sichuan	1311757	392076	457758	890273	421484
贵 州	Guizhou	496728	176994	236313	399510	97218
云 南	Yunnan	934330	357343	442403	556663	377667
西 藏	Tibet	22266	3704	16216	7614	14652
陕 西	Shaanxi	1304454	317687	725031	1012757	291697
甘 肃	Gansu	312230	100293	136552	186977	125253
青 海	Qinghai	19720	5236	6443	12874	6846
宁 夏	Ningxia	54672	14984	29470	36793	17879
新 疆	Xinjiang	372381	125993	199473	228578	143803

4-3-4 续表 6 Continued 6

股份有限公司 单位：万元

Share-holding Corporations Ltd. Unit: 10000 yuan

地区	Region	资产总计 Total Assets	#流动资产合计 Total Working Capitals	#固定资产合计 Total Fixed Assets	负债合计 Total Liabilities	所有者权益合计 Total Owners' Equities
全国	**National Total**	**3205491**	**1135092**	**1249143**	**2014154**	**1191337**
北京	Beijing	285272	155328	86857	240944	44328
天津	Tianjin	2162	1408	67	1512	650
河北	Hebei	144710	58266	41551	101212	43498
山西	Shanxi	31141	7223	17042	14881	16260
内蒙古	Inner Mongolia	95050	25200	32958	58082	36968
辽宁	Liaoning	31489	12871	15081	16103	15386
吉林	Jilin	5061	880	3101	1660	3402
黑龙江	Heilongjiang	54174	7344	40785	51694	2480
上海	Shanghai	31189	9070	11259	17359	13830
江苏	Jiangsu	321512	83606	118885	158396	163116
浙江	Zhejiang	319486	182850	76119	177935	141551
安徽	Anhui	149056	21794	102538	102674	46382
福建	Fujian	71488	14970	11583	58408	13080
江西	Jiangxi	76371	15854	47427	48639	27731
山东	Shandong	223271	78593	111402	165221	58049
河南	Henan	135945	59378	48268	75178	60767
湖北	Hubei	100443	30941	43116	46232	54211
湖南	Hunan	480944	167866	107824	283561	197383
广东	Guangdong	168914	70045	66262	79114	89800
广西	Guangxi	63604	13524	41056	31849	31755
海南	Hainan	59420	24683	28529	31373	28046
重庆	Chongqing	46315	22178	13479	36326	9989
四川	Sichuan	171488	43894	99154	126939	44550
贵州	Guizhou	3266	1014	2105	2633	633
云南	Yunnan	48042	9270	27529	23770	24272
西藏	Tibet	15744	1753	8520	11429	4315
陕西	Shaanxi	41248	7373	30376	34555	6693
甘肃	Gansu	6432	2181	3428	1032	5400
青海	Qinghai					
宁夏	Ningxia					
新疆	Xinjiang	22257	5738	12844	15444	6812

4-3-4 续表 7 Continued 7

私营企业 单位：万元

Private Enterprises Unit: 10000 yuan

地 区	Region	资产总计 Total Assets	#流动资产合计 Total Working Capitals	#固定资产合计 Total Fixed Assets	负债合计 Total Liabilities	所有者权益合计 Total Owners' Equities
全 国	**National Total**	**19882707**	**7792657**	**7571652**	**15378441**	**4505355**
北 京	Beijing	715329	341974	204000	716477	-1148
天 津	Tianjin	186840	52289	87841	145454	42474
河 北	Hebei	432430	169693	206952	339611	92818
山 西	Shanxi	660017	210774	326406	522307	137710
内蒙古	Inner Mongolia	230476	87127	104319	161417	69059
辽 宁	Liaoning	686816	293578	263549	553037	133778
吉 林	Jilin	177828	57133	106529	152165	25663
黑龙江	Heilongjiang	145624	41266	74514	101964	43660
上 海	Shanghai	935031	429464	258640	743208	191823
江 苏	Jiangsu	1702615	651781	580441	1456040	246575
浙 江	Zhejiang	2784627	1130155	941255	2369308	415319
安 徽	Anhui	550271	208609	216469	398331	151941
福 建	Fujian	592290	251318	221529	348332	243958
江 西	Jiangxi	434039	177100	167305	282346	151693
山 东	Shandong	709090	311264	229969	521733	187358
河 南	Henan	700477	231667	330426	405870	294608
湖 北	Hubei	643313	221050	286164	417123	226190
湖 南	Hunan	644622	205656	344959	454897	189724
广 东	Guangdong	2461133	970293	867216	2136590	324543
广 西	Guangxi	429831	190871	134181	335457	94374
海 南	Hainan	207660	96790	82318	174392	33269
重 庆	Chongqing	452817	226558	169487	334983	117834
四 川	Sichuan	1217780	512273	507183	893112	324668
贵 州	Guizhou	269563	109819	109377	166371	103192
云 南	Yunnan	870411	220307	323596	554971	315439
西 藏	Tibet	46921	4411	34365	14924	31997
陕 西	Shaanxi	402052	154770	164864	242575	159478
甘 肃	Gansu	137680	47532	57023	71279	66401
青 海	Qinghai	51006	22838	25611	35166	15840
宁 夏	Ningxia	154459	54542	67903	119321	35138
新 疆	Xinjiang	249662	109759	77260	209681	39982

4-3-4 续表 8 Continued 8

其他企业
Other Enterprises

单位：万元
Unit: 10000 yuan

地 区	Region	资产总计 Total Assets	#流动资产合计 Total Working Capitals	#固定资产合计 Total Fixed Assets	负债合计 Total Liabilities	所有者权益合计 Total Owners' Equities
全 国	**National Total**	**2429076**	**1006449**	**931988**	**1774192**	**654884**
北 京	Beijing					
天 津	Tianjin	26708	21342	4238	29421	-2714
河 北	Hebei	58691	12185	32781	39483	19208
山 西	Shanxi	19750	6875	11050	10339	9411
内蒙古	Inner Mongolia	44602	16603	20353	27923	16679
辽 宁	Liaoning	110565	66307	29272	93025	17540
吉 林	Jilin	27179	10740	13814	13794	13384
黑龙江	Heilongjiang	2550	654	1288	699	1851
上 海	Shanghai	25336	17253	6669	30636	-5300
江 苏	Jiangsu	51483	16131	25464	36060	15424
浙 江	Zhejiang	17521	6134	4143	15951	1570
安 徽	Anhui	117704	21156	65758	78472	39232
福 建	Fujian	104998	34133	40623	53896	51102
江 西	Jiangxi	105253	39709	44179	65374	39879
山 东	Shandong	98334	48861	36229	62934	35400
河 南	Henan	56471	25780	18580	29155	27315
湖 北	Hubei	125122	21877	49879	103968	21153
湖 南	Hunan	119631	25795	45864	101296	18335
广 东	Guangdong	429783	226839	143711	365460	64323
广 西	Guangxi	98529	39354	46757	67588	30941
海 南	Hainan	76402	27565	39902	41011	35391
重 庆	Chongqing	149752	92981	25167	134583	15169
四 川	Sichuan	126574	45244	56324	81239	45335
贵 州	Guizhou	38318	12978	23753	15928	22390
云 南	Yunnan	191562	84814	69877	121185	70377
西 藏	Tibet	2071	896	1175	6891	-4821
陕 西	Shaanxi	72050	20418	35977	43198	28852
甘 肃	Gansu	27455	8050	18651	12363	15092
青 海	Qinghai	24044	6365	4885	18376	5668
宁 夏	Ningxia	12478	3116	8135	10915	1563
新 疆	Xinjiang	68162	46296	7493	63027	5135

港、澳、台商投资企业

Enterprises with Funds from Hongkong, Macao and Taiwan

单位：万元

Unit: 10000 yuan

地 区	Region	资产总计 Total Assets	#流动资产合计 Total Working Capitals	#固定资产合计 Total Fixed Assets	负债合计 Total Liabilities	所有者权益合计 Total Owners' Equities
全 国	**National Total**	**10711299**	**3465543**	**4609521**	**7780695**	**2929761**
北 京	Beijing	2050018	520726	653952	1195180	854838
天 津	Tianjin	185215	83593	87100	134237	50978
河 北	Hebei	44881	8500	20596	88698	-43817
山 西	Shanxi	12668	5132	6042	8625	4043
内蒙古	Inner Mongolia	71763	10482	59531	55999	15763
辽 宁	Liaoning	611499	242895	275937	324747	286752
吉 林	Jilin	45061	17790	21441	41809	3253
黑龙江	Heilongjiang	162769	23532	124237	110737	52031
上 海	Shanghai	453617	93456	227791	378913	74704
江 苏	Jiangsu	329751	80788	169798	255293	74458
浙 江	Zhejiang	1172981	425808	594728	788296	384685
安 徽	Anhui	100852	37649	8872	78624	22228
福 建	Fujian	610556	214146	228779	461334	149222
江 西	Jiangxi	58475	13031	18109	31849	26626
山 东	Shandong	257673	44645	175314	228082	29591
河 南	Henan	413170	243405	94315	402880	10290
湖 北	Hubei	204866	65748	109652	161891	42975
湖 南	Hunan	228845	77411	84434	164462	64383
广 东	Guangdong	2336960	813446	1045319	1691955	644164
广 西	Guangxi	373960	60488	208033	312565	61395
海 南	Hainan	363404	190580	101612	270415	92989
重 庆	Chongqing	117830	72809	37225	116055	1775
四 川	Sichuan	165935	30121	80819	258176	-92240
贵 州	Guizhou	23110	5393	16102	16930	6180
云 南	Yunnan	122202	44468	43357	85974	36228
西 藏	Tibet					
陕 西	Shaanxi	186933	37279	112370	115930	71003
甘 肃	Gansu	5797	2183	3614	952	4845
青 海	Qinghai					
宁 夏	Ningxia					
新 疆	Xinjiang	510	40	444	90	420

外商投资企业 单位：万元

Foreign Funded Enterprises Unit: 10000 yuan

地 区	Region	资产总计 Total Assets	#流动资产合计 Total Working Capitals	#固定资产合计 Total Fixed Assets	负债合计 Total Liabilities	所有者权益合计 Total Owners' Equities
全 国	**National Total**	**7055619**	**2542915**	**3230744**	**5072726**	**1982893**
北 京	Beijing	1020538	456498	398777	718237	302301
天 津	Tianjin	47289	27218	13677	37696	9593
河 北	Hebei	67594	9984	53530	75011	-7416
山 西	Shanxi					
内蒙古	Inner Mongolia	102115	10914	82398	66248	35866
辽 宁	Liaoning	243439	116332	86427	327189	-83750
吉 林	Jilin	78200	12700	59271	45660	32540
黑龙江	Heilongjiang	72561	12096	50902	38801	33760
上 海	Shanghai	573854	255555	229207	366904	206950
江 苏	Jiangsu	548375	166263	273901	378400	169975
浙 江	Zhejiang	422010	164754	151780	368739	53271
安 徽	Anhui	60157	7478	27578	53016	7141
福 建	Fujian	425037	101652	211972	260127	164909
江 西	Jiangxi	45652	12837	24771	34182	11470
山 东	Shandong	89440	37070	45275	53938	35502
河 南	Henan	50814	17592	17534	29794	21020
湖 北	Hubei	59093	17257	34475	48729	10364
湖 南	Hunan	87983	13344	45185	82718	5266
广 东	Guangdong	2115952	861625	872041	1465148	650805
广 西	Guangxi	87056	16903	63965	75942	11114
海 南	Hainan	166831	46360	97958	118308	48523
重 庆	Chongqing	160523	58588	58648	108669	51854
四 川	Sichuan	218078	33163	160571	74212	143866
贵 州	Guizhou	17459	545	9006	7389	10070
云 南	Yunnan	69038	16019	34560	20028	49009
西 藏	Tibet	1230	1230		629	601
陕 西	Shaanxi	137110	39734	85390	185162	-48052
甘 肃	Gansu	17672	1914	15758	14467	3205
青 海	Qinghai	45721	6869	23821	7507	38214
宁 夏	Ningxia	24655	20289	2354	9894	14762
新 疆	Xinjiang	143	131	12	-17	161

4-3-5 各地区限额以上住宿业企业年末资产负债(按国民经济行业分)

Assets and Liabilities of Enterprises above Designated Size of Hotels by Region and Sector at the Year-end

旅游饭店 单位：万元

Tourist Hotel Unit: 10000 yuan

地区	Region	资产总计 Total Assets	#流动资产合计 Total Working Capitals	#固定资产合计 Total Fixed Assets	负债合计 Total Liabilities	所有者权益合计 Total Owners' Equities
全国	**National Total**	**82163767**	**27400277**	**35935522**	**57751925**	**24412089**
北京	Beijing	9956803	3063224	4184668	7383126	2573677
天津	Tianjin	1019248	431995	360520	737917	282420
河北	Hebei	1960478	595929	1030603	1498291	462187
山西	Shanxi	998137	320153	504895	701009	297128
内蒙古	Inner Mongolia	975136	247701	535995	583338	391798
辽宁	Liaoning	2628263	966649	1231467	1887299	740964
吉林	Jilin	792250	217085	475126	511864	280386
黑龙江	Heilongjiang	799424	191793	499652	500356	299068
上海	Shanghai	4462655	1344536	1983758	2418806	2043849
江苏	Jiangsu	5915504	1887068	2404052	4198703	1716802
浙江	Zhejiang	7629901	2723446	3188117	5728185	1901716
安徽	Anhui	1707032	520041	684812	1179532	527500
福建	Fujian	2809932	907426	1136814	1676344	1133588
江西	Jiangxi	1341782	438275	579993	810977	530806
山东	Shandong	3815081	1270233	1811603	2568554	1246527
河南	Henan	2427858	956458	993655	1817127	610731
湖北	Hubei	2264848	683499	1026193	1528529	736320
湖南	Hunan	2919216	861918	1379664	2017957	901259
广东	Guangdong	10847951	4108401	4243014	8205171	2641937
广西	Guangxi	1605959	410053	794925	1143605	462354
海南	Hainan	2573588	1140119	956325	1841864	731724
重庆	Chongqing	1578932	701830	575668	1286192	292740
四川	Sichuan	3301696	1029266	1486688	2341535	960161
贵州	Guizhou	843621	294700	404315	593506	250116
云南	Yunnan	2347874	779657	993381	1347344	1000530
西藏	Tibet	270509	39702	173602	103372	167138
陕西	Shaanxi	2279304	556072	1264995	1821721	457583
甘肃	Gansu	663037	216133	316044	380344	282693
青海	Qinghai	218853	58293	118401	93905	124948
宁夏	Ningxia	243851	97548	169457	179304	64547
新疆	Xinjiang	965045	341075	427122	666149	298897

4-3-5 续表 1 Continued 1

一般旅馆 | 单位：万元
Fonda | Unit: 10000 yuan

地 区	Region	资产总计 Total Assets	#流动资产合计 Total Working Capitals	#固定资产合计 Total Fixed Assets	负债合计 Total Liabilities	所有者权益合计 Total Owners' Equities
全 国	**National Total**	**9683750**	**3537061**	**3841039**	**6414492**	**3269259**
北 京	Beijing	1332183	528287	341580	820262	511921
天 津	Tianjin	192240	55159	112071	173722	18518
河 北	Hebei	440397	187408	198174	270637	169761
山 西	Shanxi	235369	77691	134045	171498	63871
内蒙古	Inner Mongolia	176581	67704	84611	121968	54613
辽 宁	Liaoning	171051	61063	88198	124786	46265
吉 林	Jilin	45919	14522	23295	27270	18649
黑龙江	Heilongjiang	83903	26246	44617	40938	42965
上 海	Shanghai	817976	276956	168785	584021	233955
江 苏	Jiangsu	336312	105099	107931	249354	86958
浙 江	Zhejiang	759174	281284	316866	556119	203055
安 徽	Anhui	287115	99727	123152	183340	103775
福 建	Fujian	248180	98837	85495	151176	97004
江 西	Jiangxi	206003	78002	83649	132119	73884
山 东	Shandong	617503	184262	305422	432123	185380
河 南	Henan	434290	129221	210437	260020	174270
湖 北	Hubei	372398	148159	151236	224854	147544
湖 南	Hunan	226475	53671	137365	133982	92494
广 东	Guangdong	1099845	473393	423326	721324	378522
广 西	Guangxi	154153	88295	38300	128280	25873
海 南	Hainan	9370	3614	5364	5793	3577
重 庆	Chongqing	204655	79436	79257	147109	57546
四 川	Sichuan	507777	192567	209096	336836	170941
贵 州	Guizhou	125701	43273	64572	61213	64488
云 南	Yunnan	223835	51704	127884	138982	84853
西 藏	Tibet					
陕 西	Shaanxi	223876	84385	92974	136117	87759
甘 肃	Gansu	67305	17492	39833	36063	31242
青 海	Qinghai	5662	847	2528	3105	2557
宁 夏	Ningxia	13516	4462	7609	5826	7691
新 疆	Xinjiang	64985	24295	33368	35657	29327

4-3-5 续表 2 Continued 2

其他住宿业

Others

单位：万元

Unit: 10000 yuan

地区	Region	资产总计 Total Assets	#流动资产合计 Total Working Capitals	#固定资产合计 Total Fixed Assets	负债合计 Total Liabilities	所有者权益合计 Total Owners' Equities
全国	**National Total**	**1253567**	**435661**	**592278**	**879543**	**374025**
北京	Beijing	75393	18782	35934	71691	3702
天津	Tianjin	61210	15535	41328	44928	16282
河北	Hebei	121278	28439	74310	113175	8102
山西	Shanxi	34662	7247	25750	33751	911
内蒙古	Inner Mongolia	3562	1873	1387	899	2663
辽宁	Liaoning	40488	7813	27954	9400	31088
吉林	Jilin	12294	9975	1798	22333	-10040
黑龙江	Heilongjiang	8124	3493	2514	3484	4641
上海	Shanghai	149481	73216	53181	108075	41406
江苏	Jiangsu	39981	18909	10018	37031	2949
浙江	Zhejiang	7961	2814	1783	5773	2188
安徽	Anhui	55730	6199	39434	48254	7476
福建	Fujian	82078	50448	24249	65437	16641
江西	Jiangxi	23932	13502	6079	11941	11991
山东	Shandong	51254	34661	14394	34311	16942
河南	Henan	21008	7203	10395	10486	10523
湖北	Hubei	53482	9380	31077	34020	19462
湖南	Hunan	22059	9368	8407	15308	6751
广东	Guangdong	144858	31759	78080	90560	54298
广西	Guangxi	10425	6115	1982	6956	3469
海南	Hainan	2343	1993	348	1597	745
重庆	Chongqing	25816	7139	13252	25222	594
四川	Sichuan	62368	20759	22605	20474	41895
贵州	Guizhou	3766	2613	844	1754	2013
云南	Yunnan	42795	16393	24443	32467	10328
西藏	Tibet	1873	218	1656		1873
陕西	Shaanxi	74045	26485	24739	20556	53489
甘肃	Gansu	14759	2229	11053	4183	10577
青海	Qinghai	4967	910	1903	4311	657
宁夏	Ningxia	1578	193	1385	1166	412
新疆	Xinjiang					

4-3-6 各地区限额以上餐饮业企业年末资产负债

Assets and Liabilitiest of Enterprises above Designated Size of Catering Services by Region at the Year-end

单位：万元

Unit: 10000 yuan

地区	Region	资产总计 Total Assets	#流动资产合计 Total Working Capitals	#固定资产合计 Total Fixed Assets	负债合计 Total Liabilities	所有者权益合计 Total Owners' Equities
全国	**National Total**	**39670044**	**17392006**	**12548387**	**27265310**	**12405410**
北京	Beijing	4079056	2220375	641724	3180076	898980
天津	Tianjin	818650	353061	234003	627411	191239
河北	Hebei	640535	283698	244225	436766	204549
山西	Shanxi	1315859	551311	470621	1007855	308004
内蒙古	Inner Mongolia	1240507	508727	438407	763058	477449
辽宁	Liaoning	1294146	475466	460422	905317	388829
吉林	Jilin	344980	103673	192951	142229	202751
黑龙江	Heilongjiang	231415	95922	94231	117255	114160
上海	Shanghai	2827060	1558721	636009	2142126	684883
江苏	Jiangsu	3388737	1418695	1106179	2552279	836458
浙江	Zhejiang	2901945	1309965	997155	2221523	680423
安徽	Anhui	1349526	545339	438795	865738	483788
福建	Fujian	927497	425653	286702	558289	369208
江西	Jiangxi	469797	182195	185104	249968	219829
山东	Shandong	3567430	1170544	1530437	2422443	1144987
河南	Henan	1095957	449805	393615	583586	512370
湖北	Hubei	1709213	648815	604287	1167702	541511
湖南	Hunan	741331	234585	329239	421771	319560
广东	Guangdong	3787082	1731800	1090614	2643033	1143994
广西	Guangxi	306190	129285	111643	170183	136007
海南	Hainan	109583	59154	32938	88989	20594
重庆	Chongqing	912053	443222	310346	482264	429789
四川	Sichuan	2599558	1139628	668391	1698618	900940
贵州	Guizhou	227139	114274	71118	162112	65026
云南	Yunnan	669240	383525	189358	392928	276313
西藏	Tibet	8651	3981	1750	6911	1740
陕西	Shaanxi	1257876	518233	442564	755393	502484
甘肃	Gansu	306511	123027	118046	141243	165268
青海	Qinghai	90436	33556	47564	57897	32539
宁夏	Ningxia	235989	101762	104930	168410	67579
新疆	Xinjiang	216096	74010	75020	131937	84159

4-3-6 续表 Continued

国有控股
State-controlled Enterprises

单位：万元
Unit: 10000 yuan

地 区	Region	资产总计 Total Assets	#流动资产合计 Total Working Capitals	#固定资产合计 Total Fixed Assets	负债合计 Total Liabilities	所有者权益合计 Total Owners' Equities
全 国	**National Total**	**3434379**	**1397585**	**1230878**	**2286275**	**1148104**
北 京	Beijing	635081	278046	122661	441927	193153
天 津	Tianjin	47529	26196	17389	33290	14239
河 北	Hebei	42357	12567	15534	39771	2586
山 西	Shanxi	125382	42106	46230	100897	24485
内蒙古	Inner Mongolia	75480	29342	28363	43833	31647
辽 宁	Liaoning	49045	19509	19887	25906	23139
吉 林	Jilin	74898	22059	43313	37288	37610
黑龙江	Heilongjiang	21649	2567	16786	24626	-2977
上 海	Shanghai	477592	261979	114117	349365	128227
江 苏	Jiangsu	240364	135227	69989	205718	34646
浙 江	Zhejiang	138876	60137	28527	54789	84087
安 徽	Anhui	76349	15414	50786	65956	10393
福 建	Fujian	24327	12307	8203	23276	1051
江 西	Jiangxi	47530	9486	33667	11131	36399
山 东	Shandong	488178	143476	272794	324236	163942
河 南	Henan	19312	6361	11662	7414	11898
湖 北	Hubei	106968	44318	46057	59834	47134
湖 南	Hunan	34585	7076	21573	13951	20634
广 东	Guangdong	251045	103790	62267	173719	77326
广 西	Guangxi	11000	2280	5952	8944	2056
海 南	Hainan	1883	437	1447	1491	393
重 庆	Chongqing	85052	52631	25686	44367	40685
四 川	Sichuan	77630	22900	37736	38036	39594
贵 州	Guizhou	19785	6154	6976	18794	990
云 南	Yunnan	55620	24419	21950	29916	25704
西 藏	Tibet					
陕 西	Shaanxi	141657	40007	55925	65762	75895
甘 肃	Gansu	23994	7454	15651	12701	11292
青 海	Qinghai	9451	1521	6429	9248	203
宁 夏	Ningxia	18749	2515	16068	17045	1704
新 疆	Xinjiang	13014	5304	7256	3045	9969

4-3-7 各地区限额以上餐饮业企业年末资产负债(按登记注册类型分)

Assets and Liabilities of Enterprises above Designated Size of Catering Services by Region and Type of Registration at the Year-end

内资企业
Domestic Funded Enterprises

单位：万元
Unit: 10000 yuan

地区	Region	资产总计 Total Assets	#流动资产合计 Total Working Capitals	#固定资产合计 Total Fixed Assets	负债合计 Total Liabilities	所有者权益合计 Total Owners' Equities
全国	**National Total**	**32914501**	**14771378**	**10654868**	**22919863**	**9995314**
北京	Beijing	3073158	1730658	444814	2531363	541794
天津	Tianjin	627321	305842	180699	515733	111588
河北	Hebei	633858	279887	241949	434760	199879
山西	Shanxi	1288575	544221	465393	992152	296423
内蒙古	Inner Mongolia	1052353	402019	410628	719353	333000
辽宁	Liaoning	955391	349713	379776	665566	289825
吉林	Jilin	343297	103413	192429	141694	201603
黑龙江	Heilongjiang	184067	71927	85386	98088	85979
上海	Shanghai	1813534	1057781	391309	1417860	395624
江苏	Jiangsu	2846732	1269110	942555	2227962	618771
浙江	Zhejiang	2294826	1149655	708416	1763463	531362
安徽	Anhui	1298492	536543	433070	839703	458790
福建	Fujian	650878	326780	204455	356448	294430
江西	Jiangxi	407035	151750	165026	209268	197767
山东	Shandong	3329695	1103300	1445272	2232098	1097597
河南	Henan	976640	391077	358635	511955	464685
湖北	Hubei	1474646	587319	524990	969483	505164
湖南	Hunan	700945	221945	309438	394698	306247
广东	Guangdong	2600190	1268300	781257	1965893	634243
广西	Guangxi	280247	118576	107189	158308	121939
海南	Hainan	86470	51988	21420	68648	17822
重庆	Chongqing	786494	394276	264514	434599	351895
四川	Sichuan	2430947	1091911	607987	1574546	856401
贵州	Guizhou	223587	111551	71002	158676	64912
云南	Yunnan	625741	365497	178254	371991	253750
西藏	Tibet	8651	3981	1750	6911	1740
陕西	Shaanxi	1107358	468653	400805	679595	427763
甘肃	Gansu	296642	118488	116696	138179	158463
青海	Qinghai	90436	33556	47564	57897	32539
宁夏	Ningxia	218864	91137	98429	153954	64910
新疆	Xinjiang	207431	70527	73763	129020	78411

4-3-7 续表 1 Continued 1

国有企业
State-owned Enterprises

单位：万元
Unit: 10000 yuan

地 区	Region	资产总计 Total Assets	#流动资产合计 Total Working Capitals	#固定资产合计 Total Fixed Assets	负债合计 Total Liabilities	所有者权益合计 Total Owners' Equities
全 国	**National Total**	**1863009**	**708336**	**820822**	**1237311**	**625698**
北 京	Beijing	40191	24752	7375	21029	19162
天 津	Tianjin	26316	9603	14933	20821	5495
河 北	Hebei	42128	12206	15677	39145	2984
山 西	Shanxi	46128	16076	19681	30168	15960
内 蒙 古	Inner Mongolia	85413	26907	43170	38568	46846
辽 宁	Liaoning	44152	17625	16909	21877	22275
吉 林	Jilin	69482	20271	42879	31945	37537
黑 龙 江	Heilongjiang	22266	1754	19284	17261	5005
上 海	Shanghai	119397	113464	5476	112136	7262
江 苏	Jiangsu	171252	104613	52638	152402	18849
浙 江	Zhejiang	40178	18263	9761	21826	18352
安 徽	Anhui	55298	9585	39423	49342	5956
福 建	Fujian	18701	9859	5880	13279	5422
江 西	Jiangxi	42275	6307	33554	8264	34011
山 东	Shandong	452052	122473	247052	309132	142919
河 南	Henan	12982	4792	7009	6614	6368
湖 北	Hubei	99349	40721	44528	53977	45372
湖 南	Hunan	29671	5698	19373	10388	19283
广 东	Guangdong	162853	47935	53054	131695	31158
广 西	Guangxi	11000	2280	5952	8944	2056
海 南	Hainan	1883	437	1447	1491	393
重 庆	Chongqing	56557	38434	13183	34098	22460
四 川	Sichuan	61427	14476	35227	28233	33194
贵 州	Guizhou	23626	9312	7660	22070	1556
云 南	Yunnan	9158	3999	4685	5872	3286
西 藏	Tibet					
陕 西	Shaanxi	33026	9878	18331	19338	13689
甘 肃	Gansu	22701	6508	15494	11749	10953
青 海	Qinghai	9365	1435	6429	8284	1081
宁 夏	Ningxia	3984	195	3650	2573	1411
新 疆	Xinjiang	50197	8481	11107	4792	45405

4-3-7 续表 2 Continued 2

集体企业
Collective-owned Enterprises

单位：万元
Unit: 10000 yuan

地　区	Region	资产总计 Total Assets	#流动资产合计 Total Working Capitals	#固定资产合计 Total Fixed Assets	负债合计 Total Liabilities	所有者权益合计 Total Owners' Equities
全　国	**National Total**	**319800**	**103531**	**104201**	**196098**	**123702**
北　京	Beijing	14584	8755	1967	12888	1696
天　津	Tianjin	1288	368	801	1088	200
河　北	Hebei	4507	2069	2108	2382	2125
山　西	Shanxi	12254	3946	6246	5359	6895
内蒙古	Inner Mongolia	2723	1550	1000	2657	66
辽　宁	Liaoning	5669	2519	1886	2494	3175
吉　林	Jilin	6111	1268	4842	1613	4497
黑龙江	Heilongjiang	794	628	67	160	634
上　海	Shanghai	21261	10161	9235	13581	7680
江　苏	Jiangsu	30663	14332	7041	28683	1980
浙　江	Zhejiang	2911	1097	1784	1524	1387
安　徽	Anhui	5147	2808	1648	4735	412
福　建	Fujian	5937	2993	1333	2352	3585
江　西	Jiangxi	3266	672	1358	997	2270
山　东	Shandong	40101	10576	24508	15754	24346
河　南	Henan	35805	2358	12697	3790	32016
湖　北	Hubei	9456	1713	5983	11134	-1678
湖　南	Hunan	841	49	770	470	370
广　东	Guangdong	34317	23596	6052	20625	13692
广　西	Guangxi	1142	428	505	784	358
海　南	Hainan					
重　庆	Chongqing	5871	2120	3537	1842	4029
四　川	Sichuan	59807	6666	3902	55441	4365
贵　州	Guizhou					
云　南	Yunnan	1578	534	615	1318	260
西　藏	Tibet					
陕　西	Shaanxi	9826	1922	2469	3244	6581
甘　肃	Gansu	3900	374	1840	1139	2760
青　海	Qinghai					
宁　夏	Ningxia					
新　疆	Xinjiang	43	33	7	41	2

股份合作企业 单位：万元
Cooperative Enterprises Unit: 10000 yuan

地 区	Region	资产总计 Total Assets	#流动资产合计 Total Working Capitals	#固定资产合计 Total Fixed Assets	负债合计 Total Liabilities	所有者权益合计 Total Owners' Equities
全 国	**National Total**	**530100**	**241671**	**106090**	**392255**	**137845**
北 京	Beijing	25211	15945	3689	22100	3111
天 津	Tianjin	322	158	164	318	3
河 北	Hebei	1059	797	113	635	424
山 西	Shanxi	5320	3584	1320	2550	2770
内 蒙 古	Inner Mongolia	3053	1227	247	2658	395
辽 宁	Liaoning	2092	1784	282	1748	344
吉 林	Jilin	2080	1109	167	1203	877
黑 龙 江	Heilongjiang	1393	335	78	195	1198
上 海	Shanghai	8877	5967	1040	5841	3036
江 苏	Jiangsu	2748	891	1048	1680	1068
浙 江	Zhejiang	3004	1967	744	2320	685
安 徽	Anhui	3166	1515	739	2252	913
福 建	Fujian	2417	384	199	518	1899
江 西	Jiangxi	24610	10148	2040	15810	8800
山 东	Shandong	29536	9081	17789	24162	5374
河 南	Henan	4243	1310	2351	1706	2537
湖 北	Hubei	55172	5495	27928	38931	16241
湖 南	Hunan	3933	625	1527	1539	2394
广 东	Guangdong	9014	5282	2682	7177	1837
广 西	Guangxi	4862	3445	1293	1582	3280
海 南	Hainan					
重 庆	Chongqing	966	264	687	554	411
四 川	Sichuan	312909	164635	34372	246196	66712
贵 州	Guizhou	1436	407	93	697	740
云 南	Yunnan	6152	647	1068	3449	2703
西 藏	Tibet					
陕 西	Shaanxi	8000	4085	3646	5450	2549
甘 肃	Gansu	8529	587	786	983	7546
青 海	Qinghai					
宁 夏	Ningxia					
新 疆	Xinjiang					

4-3-7 续表 4 Continued 4

联营企业 单位：万元

Joint Ownership Enterprises Unit: 10000 yuan

地 区	Region	资产总计 Total Assets	#流动资产合计 Total Working Capitals	#固定资产合计 Total Fixed Assets	负债合计 Total Liabilities	所有者权益合计 Total Owners' Equities
全 国	**National Total**	**25366**	**8533**	**12610**	**9853**	**15513**
北 京	Beijing					
天 津	Tianjin	724	633	84	1308	-584
河 北	Hebei	116	76	39	113	2
山 西	Shanxi					
内 蒙 古	Inner Mongolia					
辽 宁	Liaoning					
吉 林	Jilin	2087	285	33	1117	970
黑 龙 江	Heilongjiang					
上 海	Shanghai	2233	130	2103	821	1412
江 苏	Jiangsu	802	434	266	617	186
浙 江	Zhejiang	290	190	100	90	200
安 徽	Anhui					
福 建	Fujian					
江 西	Jiangxi	2105	343	1216	783	1323
山 东	Shandong	1982	1029	77	1105	878
河 南	Henan	1171	476	344	1031	141
湖 北	Hubei	10721	2621	7601	524	10197
湖 南	Hunan					
广 东	Guangdong	2642	2051	534	2283	359
广 西	Guangxi	49	37	12	20	29
海 南	Hainan					
重 庆	Chongqing					
四 川	Sichuan					
贵 州	Guizhou					
云 南	Yunnan					
西 藏	Tibet					
陕 西	Shaanxi	45	25	8	5	40
甘 肃	Gansu	397	205	192	37	360
青 海	Qinghai					
宁 夏	Ningxia					
新 疆	Xinjiang					

4-3-7 续表 5 Continued 5

有限责任公司 单位：万元

Limited Liability Corporations Unit: 10000 yuan

地 区	Region	资产总计 Total Assets	#流动资产合计 Total Working Capitals	#固定资产合计 Total Fixed Assets	负债合计 Total Liabilities	所有者权益合计 Total Owners' Equities
全 国	**National Total**	**9768493**	**4291886**	**3116602**	**7234621**	**2533872**
北 京	Beijing	1322910	721439	212952	1164167	158744
天 津	Tianjin	204841	86267	51278	212152	-7310
河 北	Hebei	140012	57681	56944	85488	54524
山 西	Shanxi	213727	83290	66793	199176	14551
内 蒙 古	Inner Mongolia	476144	181497	207625	371547	104597
辽 宁	Liaoning	223005	54914	62192	173063	49942
吉 林	Jilin	103872	39959	48235	35369	68503
黑 龙 江	Heilongjiang	53026	25313	14770	27405	25621
上 海	Shanghai	264586	109536	101939	181608	82979
江 苏	Jiangsu	611943	223876	216078	490844	121099
浙 江	Zhejiang	509301	233943	200535	420807	88494
安 徽	Anhui	383405	144385	142875	246178	137227
福 建	Fujian	164824	86600	54424	113465	51359
江 西	Jiangxi	77263	37010	26957	43427	33837
山 东	Shandong	928370	253293	475561	576076	352294
河 南	Henan	333198	154503	93339	219918	113281
湖 北	Hubei	552369	244588	152502	420858	131511
湖 南	Hunan	158849	72648	42747	102099	56751
广 东	Guangdong	945060	474476	257575	748673	196386
广 西	Guangxi	65727	32225	19546	49700	16027
海 南	Hainan	38962	22222	8085	31682	7280
重 庆	Chongqing	246302	114364	75273	146924	99379
四 川	Sichuan	723382	359137	169087	484045	239337
贵 州	Guizhou	88439	54449	19902	67371	21068
云 南	Yunnan	150228	86287	37339	104761	45467
西 藏	Tibet	1016	328	385	700	316
陕 西	Shaanxi	530956	256903	170699	334722	196234
甘 肃	Gansu	78661	30360	29035	36088	42573
青 海	Qinghai	46668	15644	26204	29444	17224
宁 夏	Ningxia	76101	19462	40804	59699	16403
新 疆	Xinjiang	55346	15287	34925	57168	-1822

股份有限公司 单位：万元
Share-holding Corporations Ltd. Unit: 10000 yuan

地区	Region	资产总计 Total Assets	#流动资产合计 Total Working Capitals	#固定资产合计 Total Fixed Assets	负债合计 Total Liabilities	所有者权益合计 Total Owners' Equities
全国	**National Total**	**2209269**	**944558**	**490457**	**1273691**	**935578**
北京	Beijing	500178	234864	62355	222961	277216
天津	Tianjin	83150	36130	33105	47265	35885
河北	Hebei	37001	18561	11529	29275	7726
山西	Shanxi	42196	13276	27720	18420	23776
内蒙古	Inner Mongolia	75920	31348	14250	36880	39040
辽宁	Liaoning	28199	2815	24493	21214	6985
吉林	Jilin	9532	6422	1459	8184	1348
黑龙江	Heilongjiang	4680	948	2188	2146	2534
上海	Shanghai	241043	123355	21411	153156	87886
江苏	Jiangsu	103940	68153	9479	88383	15557
浙江	Zhejiang	96561	36277	15914	31202	65359
安徽	Anhui	58938	22984	8024	48074	10864
福建	Fujian	5865	1380	2681	994	4871
江西	Jiangxi	4677	2302	1871	2416	2261
山东	Shandong	364692	97038	68239	293292	71400
河南	Henan	33847	9899	19161	16072	17776
湖北	Hubei	29469	12683	13562	19794	9675
湖南	Hunan	36271	8533	24537	22316	13955
广东	Guangdong	73566	43725	6249	32709	40858
广西	Guangxi	5320	720	3121	2242	3078
海南	Hainan	12849	7881	2924	6920	5929
重庆	Chongqing	91337	59312	29982	43307	48029
四川	Sichuan	126231	55378	43654	60026	66205
贵州	Guizhou	5034	4877	158	4373	662
云南	Yunnan	3395	2588	608	1094	2302
西藏	Tibet					
陕西	Shaanxi	90616	19786	32852	36235	54381
甘肃	Gansu	9043	5535	2779	4724	4318
青海	Qinghai	1737	610	965	640	1097
宁夏	Ningxia	5074	2733	2333	3431	1644
新疆	Xinjiang	28910	14446	2856	15948	12963

私营企业
Private Enterprises

单位：万元
Unit: 10000 yuan

地　区	Region	资产总计 Total Assets	#流动资产合计 Total Working Capitals	#固定资产合计 Total Fixed Assets	负债合计 Total Liabilities	所有者权益合计 Total Owners' Equities
全　国	**National Total**	**16769824**	**7830530**	**5482938**	**11656335**	**5114166**
北　京	Beijing	1170084	724903	156476	1088219	81866
天　津	Tianjin	288595	163890	69787	211316	77278
河　北	Hebei	381291	173497	151808	257856	124215
山　西	Shanxi	938798	408097	332010	710781	228016
内蒙古	Inner Mongolia	358327	140020	127569	237548	120779
辽　宁	Liaoning	624394	264522	254393	422577	201817
吉　林	Jilin	142616	32305	91643	56465	86151
黑龙江	Heilongjiang	79807	31554	40855	37974	41833
上　海	Shanghai	1140257	689199	244613	937993	202213
江　苏	Jiangsu	1827149	795224	629664	1389453	437696
浙　江	Zhejiang	1633070	851740	477070	1278971	354100
安　徽	Anhui	655896	295298	215543	399471	256425
福　建	Fujian	413529	209486	122780	210646	202883
江　西	Jiangxi	225079	88710	80729	126801	98278
山　东	Shandong	1330778	501886	565127	895263	435514
河　南	Henan	525723	205235	213046	247906	277816
湖　北	Hubei	642479	246168	239435	384076	258404
湖　南	Hunan	381559	121106	164035	222284	159274
广　东	Guangdong	1273449	627010	419456	949353	324041
广　西	Guangxi	178579	74057	72580	85932	92647
海　南	Hainan	22255	16126	3977	18382	3873
重　庆	Chongqing	355840	164849	132087	192997	162843
四　川	Sichuan	990322	420033	264702	599049	391273
贵　州	Guizhou	79858	30511	32765	44339	35519
云　南	Yunnan	426610	255593	127017	243658	182952
西　藏	Tibet	7388	3423	1348	6118	1270
陕　西	Shaanxi	291774	119330	106949	175562	116213
甘　肃	Gansu	161641	68802	61937	77438	84203
青　海	Qinghai	32325	15727	13830	18757	13568
宁　夏	Ningxia	122796	64479	45472	82152	40645
新　疆	Xinjiang	67560	27754	24236	46997	20562

其他企业
Other Enterprises

单位：万元
Unit: 10000 yuan

地 区	Region	资产总计 Total Assets	#流动资产合计 Total Working Capitals	#固定资产合计 Total Fixed Assets	负债合计 Total Liabilities	所有者权益合计 Total Owners' Equities
全 国	**National Total**	**1428639**	**642334**	**521148**	**919698**	**508942**
北 京	Beijing					
天 津	Tianjin	22085	8795	10547	21465	619
河 北	Hebei	27745	15001	3731	19865	7879
山 西	Shanxi	30153	15953	11623	25697	4456
内 蒙 古	Inner Mongolia	50773	19471	16766	29495	21278
辽 宁	Liaoning	27883	5534	19622	22594	5288
吉 林	Jilin	7519	1794	3170	5798	1720
黑 龙 江	Heilongjiang	22102	11394	8142	12948	9154
上 海	Shanghai	15881	5969	5492	12725	3156
江 苏	Jiangsu	98235	61587	26341	75899	22336
浙 江	Zhejiang	9510	6178	2507	6724	2786
安 徽	Anhui	136643	59968	24818	89650	46993
福 建	Fujian	39606	16079	17160	15195	24411
江 西	Jiangxi	27758	6259	17301	10770	16989
山 东	Shandong	182186	107925	46920	117314	64872
河 南	Henan	29671	12505	10688	14920	14751
湖 北	Hubei	75631	33331	33452	40188	35443
湖 南	Hunan	89821	13286	56450	35602	54220
广 东	Guangdong	99289	44226	35655	73378	25912
广 西	Guangxi	13568	5385	4180	9104	4464
海 南	Hainan	10521	5322	4989	10173	348
重 庆	Chongqing	29621	14933	9765	14877	14745
四 川	Sichuan	156869	71586	57043	101556	55314
贵 州	Guizhou	25194	11996	10424	19826	5368
云 南	Yunnan	28619	15849	6923	11839	16780
西 藏	Tibet	247	230	17	93	153
陕 西	Shaanxi	143115	56725	65851	105039	38076
甘 肃	Gansu	11772	6117	4632	6021	5751
青 海	Qinghai	341	140	137	771	-430
宁 夏	Ningxia	10908	4269	6170	6100	4808
新 疆	Xinjiang	5375	4526	632	4074	1301

4-3-7 续表 9 Continued 9

港、澳、台商投资企业

Enterprises with Funds from Hongkong,Macao and Taiwan

单位：万元

Unit: 10000 yuan

地区	Region	资产总计 Total Assets	#流动资产合计 Total Working Capitals	#固定资产合计 Total Fixed Assets	负债合计 Total Liabilities	所有者权益合计 Total Owners' Equities
全国	**National Total**	**2752160**	**1319334**	**768459**	**1758867**	**993293**
北京	Beijing	436790	289244	59190	286443	150347
天津	Tianjin	8667	5866	972	5293	3374
河北	Hebei	2922	2392	378	783	2139
山西	Shanxi	668	180	299	339	329
内蒙古	Inner Mongolia	1645	1075	121	431	1214
辽宁	Liaoning	65579	26511	29087	47640	17939
吉林	Jilin	1195	152	157	51	1144
黑龙江	Heilongjiang	17910	10302	3170	6473	11437
上海	Shanghai	530304	281554	147920	336231	194073
江苏	Jiangsu	213766	60836	81851	106150	107615
浙江	Zhejiang	164709	44562	61944	125744	38965
安徽	Anhui	13406	4574	4287	8728	4678
福建	Fujian	186677	81063	47336	145997	40680
江西	Jiangxi	42652	24568	14918	30622	12030
山东	Shandong	76952	34592	33553	52464	24488
河南	Henan	61337	40069	14561	35029	26308
湖北	Hubei	55537	16941	22845	46562	8975
湖南	Hunan	9420	3814	3319	8117	1303
广东	Guangdong	618900	313632	157883	352155	266744
广西	Guangxi	8124	5264	1481	5582	2542
海南	Hainan	22545	6708	11407	20158	2386
重庆	Chongqing	28797	3646	18503	20686	8111
四川	Sichuan	64405	14421	21102	56386	8019
贵州	Guizhou					
云南	Yunnan	26352	14684	7267	11175	15177
西藏	Tibet					
陕西	Shaanxi	92782	32587	24896	49622	43160
甘肃	Gansu	120	98	14	8	112
青海	Qinghai					
宁夏	Ningxia					
新疆	Xinjiang					

4-3-7 续表 10 Continued 10

外商投资企业 单位：万元

Foreign Funded Enterprises Unit: 10000 yuan

地 区	Region	资产总计 Total Assets	#流动资产合计 Total Working Capitals	#固定资产合计 Total Fixed Assets	负债合计 Total Liabilities	所有者权益合计 Total Owners' Equities
全 国	**National Total**	**4003383**	**1301294**	**1125061**	**2586580**	**1416803**
北 京	Beijing	569109	200473	137719	362270	206839
天 津	Tianjin	182662	41353	52332	106385	76277
河 北	Hebei	3754	1420	1898	1224	2531
山 西	Shanxi	26616	6910	4929	15364	11252
内蒙古	Inner Mongolia	186510	105634	27658	43274	143235
辽 宁	Liaoning	273175	99243	51559	192111	81065
吉 林	Jilin	488	108	365	484	4
黑龙江	Heilongjiang	29439	13694	5676	12694	16744
上 海	Shanghai	483222	219386	96781	388036	95187
江 苏	Jiangsu	328239	88749	81774	218167	110072
浙 江	Zhejiang	442410	115748	226796	332315	110096
安 徽	Anhui	37628	4223	1438	17308	20320
福 建	Fujian	89943	17811	34911	55845	34098
江 西	Jiangxi	20111	5877	5160	10079	10032
山 东	Shandong	160783	32652	51612	137882	22902
河 南	Henan	57979	18659	20419	36603	21377
湖 北	Hubei	179029	44554	56452	151657	27372
湖 南	Hunan	30966	8826	16482	18956	12010
广 东	Guangdong	567992	149869	151474	324985	243007
广 西	Guangxi	17819	5444	2973	6293	11526
海 南	Hainan	568	457	111	183	385
重 庆	Chongqing	96762	45300	27330	26979	69783
四 川	Sichuan	104206	33296	39302	67685	36520
贵 州	Guizhou	3551	2722	116	3437	115
云 南	Yunnan	17147	3344	3838	9762	7385
西 藏	Tibet					
陕 西	Shaanxi	57736	16993	16863	26175	31561
甘 肃	Gansu	9748	4442	1336	3056	6692
青 海	Qinghai					
宁 夏	Ningxia	17126	10625	6501	14456	2670
新 疆	Xinjiang	8665	3483	1258	2917	5748

4-3-8 各地区限额以上餐饮业企业年末资产负债(按国民经济行业)

Assets and Liabilities of Enterprises above Designated Size of Catering Services by Region and Sector at the Year-end

正餐服务 单位：万元

Dinner Unit: 10000 yuan

地区	Region	资产总计 Total Assets	#流动资产合计 Total Working Capitals	#固定资产合计 Total Fixed Assets	负债合计 Total Liabilities	所有者权益合计 Total Owners' Equities
全国	**National Total**	**34248997**	**15245903**	**11239655**	**23823414**	**10426259**
北京	Beijing	3126168	1785402	492740	2475165	651002
天津	Tianjin	610351	291097	179208	509901	100451
河北	Hebei	635006	280563	242442	433824	201964
山西	Shanxi	1276619	542483	456645	990417	286202
内蒙古	Inner Mongolia	1222735	496679	433911	748324	474411
辽宁	Liaoning	1005992	371019	401815	724143	281849
吉林	Jilin	344850	103543	192951	142229	202621
黑龙江	Heilongjiang	216559	91256	90820	107568	108992
上海	Shanghai	2255689	1285007	473471	1728019	527620
江苏	Jiangsu	2897508	1248994	986687	2242688	654820
浙江	Zhejiang	2559720	1162718	914472	2000854	558866
安徽	Anhui	1281884	505760	421028	826401	455483
福建	Fujian	755457	370880	234585	435171	320287
江西	Jiangxi	450197	176125	180100	240623	209574
山东	Shandong	3373437	1126132	1471047	2278992	1094445
河南	Henan	989985	415147	350354	518780	471205
湖北	Hubei	1531064	605379	552489	1039531	491533
湖南	Hunan	678292	217588	301039	377518	300773
广东	Guangdong	2745684	1323222	867396	2073562	672067
广西	Guangxi	254862	105238	97654	145092	109770
海南	Hainan	105751	56465	32230	87331	18420
重庆	Chongqing	820631	415017	276201	421959	398672
四川	Sichuan	2300953	1001281	590981	1550913	750041
贵州	Guizhou	225981	113277	70995	161864	64118
云南	Yunnan	614456	359662	176847	363274	251181
西藏	Tibet	8288	3901	1661	6832	1456
陕西	Shaanxi	1154676	476675	418220	707386	447290
甘肃	Gansu	293636	116527	115913	136717	156919
青海	Qinghai	90436	33556	47564	57897	32539
宁夏	Ningxia	232018	100740	101985	167267	64751
新疆	Xinjiang	190110	64570	66202	123173	66937

4-3-8 续表 1 Continued 1

快餐服务

Snack

单位：万元

Unit: 10000 yuan

地区	Region	资产总计 Total Assets	#流动资产合计 Total Working Capitals	#固定资产合计 Total Fixed Assets	负债合计 Total Liabilities	所有者权益合计 Total Owners' Equities
全国	**National Total**	**4083563**	**1433109**	**1049779**	**2650272**	**1433291**
北京	Beijing	585176	247255	127177	364236	220940
天津	Tianjin	179907	39052	51991	101661	78247
河北	Hebei	3407	1522	1721	2890	518
山西	Shanxi	29387	8167	5690	13414	15973
内蒙古	Inner Mongolia	17772	12048	4496	14734	3038
辽宁	Liaoning	254296	88288	46015	172057	82239
吉林	Jilin	130	130			130
黑龙江	Heilongjiang	12845	4488	3068	8236	4609
上海	Shanghai	346588	143910	110602	285370	61218
江苏	Jiangsu	378817	125992	88109	254619	124198
浙江	Zhejiang	294228	114303	72649	194196	100032
安徽	Anhui	60846	37010	13857	36238	24608
福建	Fujian	143128	38890	44079	111955	31173
江西	Jiangxi	19600	6071	5004	9345	10255
山东	Shandong	180106	37208	55585	137485	42621
河南	Henan	83614	25303	38342	56493	27121
湖北	Hubei	138004	25685	38971	106055	31950
湖南	Hunan	57153	16389	26215	42148	15005
广东	Guangdong	912968	330489	202891	513026	399943
广西	Guangxi	30194	11029	6441	17125	13069
海南	Hainan	3832	2689	708	1658	2173
重庆	Chongqing	60295	19863	14514	44834	15461
四川	Sichuan	116164	31082	46193	83765	32399
贵州	Guizhou	1157	996	123	249	909
云南	Yunnan	31211	8150	8804	17578	13633
西藏	Tibet	363	79	89	79	283
陕西	Shaanxi	100928	40593	23407	46982	53947
甘肃	Gansu	11584	5981	1361	3941	7642
青海	Qinghai					
宁夏	Ningxia	3877	1011	2860	1139	2738
新疆	Xinjiang	25986	9439	8819	8765	17222

4-3-8 续表 2 Continued 2

饮料及冷饮服务 单位：万元

Beverage and Cold Drink Unit: 10000 yuan

地 区	Region	资产总计 Total Assets	#流动资产合计 Total Working Capitals	#固定资产合计 Total Fixed Assets	负债合计 Total Liabilities	所有者权益合计 Total Owners' Equities
全 国	**National Total**	**418111**	**225566**	**90538**	**220703**	**197408**
北 京	Beijing	76755	49393	10282	47633	29121
天 津	Tianjin					
河 北	Hebei	36	29	2	26	10
山 西	Shanxi					
内蒙古	Inner Mongolia					
辽 宁	Liaoning	8424	5203	992	2400	6024
吉 林	Jilin					
黑龙江	Heilongjiang	1023	159	251	651	372
上 海	Shanghai	172747	98069	36829	95788	76959
江 苏	Jiangsu	46025	16705	11532	19517	26508
浙 江	Zhejiang	9355	7330	1215	4983	4372
安 徽	Anhui	2859	1925	687	2236	624
福 建	Fujian	9527	3279	4762	2331	7196
江 西	Jiangxi					
山 东	Shandong	3710	1925	505	1495	2215
河 南	Henan	283	175	74	113	171
湖 北	Hubei	13250	2684	4071	6961	6289
湖 南	Hunan	1310	121	1092	369	940
广 东	Guangdong	43197	22099	8491	18254	24944
广 西	Guangxi	10126	5414	4147	5602	4524
海 南	Hainan					
重 庆	Chongqing	335	170	164	20	315
四 川	Sichuan	11431	3730	4881	6118	5313
贵 州	Guizhou					
云 南	Yunnan	7059	6822	237	5770	1288
西 藏	Tibet					
陕 西	Shaanxi					
甘 肃	Gansu	661	337	324	438	223
青 海	Qinghai					
宁 夏	Ningxia					
新 疆	Xinjiang					

4-3-8 续表 3 Continued 3

其他餐饮业
Others

单位：万元
Unit: 10000 yuan

地　区	Region	资产总计 Total Assets	#流动资产合计 Total Working Capitals	#固定资产合计 Total Fixed Assets	负债合计 Total Liabilities	所有者权益合计 Total Owners' Equities
全　国	**National Total**	**919373**	**487428**	**168416**	**570921**	**348452**
北　京	Beijing	290958	138326	11525	293042	-2083
天　津	Tianjin	28392	22912	2803	15850	12542
河　北	Hebei	2085	1585	61	27	2058
山　西	Shanxi	9853	662	8286	4023	5830
内蒙古	Inner Mongolia					
辽　宁	Liaoning	25434	10957	11600	6717	18717
吉　林	Jilin					
黑龙江	Heilongjiang	988	19	92	801	188
上　海	Shanghai	52036	31736	15107	32950	19086
江　苏	Jiangsu	66387	27005	19852	35455	30931
浙　江	Zhejiang	38642	25614	8821	21490	17152
安　徽	Anhui	3937	644	3223	864	3073
福　建	Fujian	19385	12604	3276	8832	10552
江　西	Jiangxi					
山　东	Shandong	10178	5280	3300	4471	5707
河　南	Henan	22074	9181	4845	8201	13874
湖　北	Hubei	26895	15068	8757	15155	11740
湖　南	Hunan	4577	488	893	1735	2842
广　东	Guangdong	85232	55990	11836	38192	47040
广　西	Guangxi	11008	7604	3400	2364	8644
海　南	Hainan					
重　庆	Chongqing	30792	8172	19467	15451	15341
四　川	Sichuan	171010	103535	26336	57823	113187
贵　州	Guizhou					
云　南	Yunnan	16515	8892	3469	6305	10210
西　藏	Tibet					
陕　西	Shaanxi	2272	965	936	1025	1247
甘　肃	Gansu	630	182	447	146	483
青　海	Qinghai					
宁　夏	Ningxia	95	11	84	5	91
新　疆	Xinjiang					

4-4-1 限额以上住宿和餐饮业企业损益及分配

项　目	Item	主营业务收入 Revenue from Principal Business	主营业务成本 Cost of Principal Business
总　计	**Total**	**77005841**	**33818594**
一、住宿业	**Hotels**	**34497663**	**12266038**
#国有控股	State-controlled Enterprises	10190518	3491013
(一)按登记注册类型分	**by Type of Registration**		
1.内资企业	**Domestic Funded Enterprises**	**28999717**	**10723852**
国有企业	State-owned Enterprises	6300651	2330258
集体企业	Collective-owned Enterprises	816689	362877
股份合作企业	Cooperative Enterprises	220512	81303
联营企业	Joint Ownership Enterprises	124930	45354
国有联营企业	State Joint Ownership Enterprises	58100	19539
集体联营企业	Collective Joint Ownership Enterprises	21422	9443
国有与集体联营企业	Joint State-collective Enterprises	23017	9715
其他联营企业	Other Joint Ownership Enterprises	22391	6657
有限责任公司	Limited Liability Corporations	10402995	3443648
国有独资公司	State Sole Funded Corporations	419793	133458
其他有限责任公司	Other Limited Liability Corporations	9983202	3310189
股份有限公司	Share-holding Corporations Ltd.	1182970	461875
私营企业	Private Enterprises	8863553	3571431
私营独资企业	Private-funded Enterprises	1531326	760880
私营合伙企业	Private Partnership Enterprises	364763	184361
私营有限责任公司	Private Limited Liability Corporations	6420630	2356230
私营股份有限公司	Private Share-holding Corporations Ltd.	546834	269960
其他企业	Other Enterprises	1087420	427106
2.港、澳、台商投资企业	**Enterprises with Funds from Hongkong, Macao and Taiwan**	**3210904**	**869443**
合资经营企业	Joint-venture Enterprises	1660928	443511
合作经营企业	Cooperative Enterprises	416832	111817
独资经营企业	Enterprises with Sole Investment	1027017	278582
投资股份有限公司	Share-holding Corporations Ltd. with Investment	103145	34950
其他港澳台商投资企业	Other Enterprises with Funds from Hongkong, Macao and Taiwan	2983	583
3.外商投资企业	**Foreign Funded Enterprises**	**2287042**	**672742**
中外合资经营企业	Joint-venture Enterprises	1124777	253555
中外合作经营企业	Cooperative Enterprises	372307	152054
外资企业	Enterprises with Sole Foreign Investment	739951	252719
外商投资股份有限公司	Share-holding Corporations Ltd. with Foreign Investment	35312	7966
其他外商投资企业	Other Foreign Funded Enterprises	14695	6448
(二)按国民经济行业分	**by Sector**		
旅游饭店	Tourist Hotel	28860693	9964181
一般旅馆	Fonda	5012072	2062751
其他住宿业	Others	624898	239106

Income and Distribution of Enterprises above Designated Size of Hotels and Catering Services

单位：万元

Unit: 10000 yuan

主营业务税金及附加 Taxes and Other Charges on Principal Business	主营业务利润 Profits from Principal Business	其他业务利润 Profits from Other Business	销售费用 Selling Expenses	管理费用 Administrative Expenses	#税 金 Taxes
4051406	**39135841**	**1125663**	**22144797**	**14402322**	**539672**
1828369	**20403257**	**677830**	**10155633**	**9486107**	**374101**
532609	6166896	197187	3060928	3132897	129855
1531796	**16744069**	**535837**	**8707597**	**7680502**	**295015**
323686	3646707	149095	1955325	1884276	70968
42035	411777	11034	193003	192140	8171
11671	127538	5033	67959	54010	1691
6506	73070	239	39605	32048	1115
3359	35202	236	18646	13542	811
768	11211	4	6252	3777	133
1178	12124		8223	9189	137
1201	14532		6485	5539	35
570223	6389124	188150	3242821	3019035	116727
22502	263832	1968	144086	134611	7355
547721	6125292	186182	3098735	2884424	109372
58909	662186	16636	310050	277453	15240
461760	4830361	140026	2616266	1945945	71930
74535	695911	22930	314626	264054	11965
17291	163111	2649	72686	61475	2903
344172	3720228	110216	2102841	1515116	51427
25763	251111	4231	126114	105299	5636
57006	603308	25625	282569	275595	9173
174584	**2166877**	**101981**	**882506**	**1074136**	**48655**
92631	1124785	37571	431874	528357	25046
22592	282423	9832	122307	138331	4260
53679	694756	53977	294417	372915	18790
5536	62660	602	32254	32961	559
146	2254		1655	1571	
121989	**1492311**	**40012**	**565530**	**731470**	**30432**
57593	813629	12654	297041	388070	16649
20346	199907	11460	77569	94302	3035
41160	446072	15822	174666	231191	9265
2001	25346	75	11752	13971	1457
889	7358	1	4502	3936	26
1541458	17355054	572009	8570273	8195970	329821
253646	2695675	81466	1408096	1117584	38598
33264	352528	24355	177264	172552	5682

项　目	Item	#差旅费 Travel Allowance	#工会经费 Trade Unions Funds
总　计	**Total**	**159859**	**71672**
一、住宿业	**Hotels**	**77715**	**42196**
#国有控股	State-controlled Enterprises	19422	17503
(一)按登记注册类型分	**by Type of Registration**		
1.内资企业	**Domestic Funded Enterprises**	**65947**	**35989**
国有企业	State-owned Enterprises	12977	10712
集体企业	Collective-owned Enterprises	1864	956
股份合作企业	Cooperative Enterprises	311	180
联营企业	Joint Ownership Enterprises	179	111
国有联营企业	State Joint Ownership Enterprises	109	66
集体联营企业	Collective Joint Ownership Enterprises	13	11
国有与集体联营企业	Joint State-collective Enterprises	41	26
其他联营企业	Other Joint Ownership Enterprises	16	9
有限责任公司	Limited Liability Corporations	20520	12798
国有独资公司	State Sole Funded Corporations	821	912
其他有限责任公司	Other Limited Liability Corporations	19698	11886
股份有限公司	Share-holding Corporations Ltd.	2309	1219
私营企业	Private Enterprises	24942	8345
私营独资企业	Private-funded Enterprises	3426	1220
私营合伙企业	Private Partnership Enterprises	1006	173
私营有限责任公司	Private Limited Liability Corporations	19253	6079
私营股份有限公司	Private Share-holding Corporations Ltd.	1257	873
其他企业	Other Enterprises	2846	1668
2.港、澳、台商投资企业	**Enterprises with Funds from Hongkong, Macao and Taiwan**	**8479**	**4270**
合资经营企业	Joint-venture Enterprises	3158	3004
合作经营企业	Cooperative Enterprises	927	298
独资经营企业	Enterprises with Sole Investment	4151	684
投资股份有限公司	Share-holding Corporations Ltd. with Investment	242	283
其他港澳台商投资企业	Other Enterprises with Funds from Hongkong, Macao and Taiwan	1	
3.外商投资企业	**Foreign Funded Enterprises**	**3289**	**1937**
中外合资经营企业	Joint-venture Enterprises	1486	1071
中外合作经营企业	Cooperative Enterprises	645	416
外资企业	Enterprises with Sole Foreign Investment	1106	440
外商投资股份有限公司	Share-holding Corporations Ltd. with Foreign Investment	29	5
其他外商投资企业	Other Foreign Funded Enterprises	23	5
(二)按国民经济行业分	**by Sector**		
旅游饭店	Tourist Hotel	62156	35586
一般旅馆	Fonda	14162	6232
其他住宿业	Others	1397	378

单位：万元
Unit: 10000 yuan

财务费用 Financial Expenses	#利息支出 Interest Expenses	营业利润 Operating Profits	利润总额 Total Profits	应交所得税 Income Tax Payable	应付职工薪酬 Payables to Employees
2217670	**1366572**	**1509762**	**1599849**	**853946**	**13835721**
1510342	**1014873**	**-260339**	**-173776**	**325543**	**7013879**
257835	204593	-178794	-55527	104983	2446504
1215004	**810059**	**-485727**	**-395873**	**230405**	**5913880**
122154	91873	-237735	-142237	42419	1498354
11418	6831	12335	9170	8511	149087
7160	3458	5499	2512	1100	47879
1393	892	3555	2716	797	27992
675	626	2536	2150	493	14329
82	55	1263	1022	173	2964
265	12	-2293	-2336	51	5345
370	199	2050	1880	80	5354
516365	352276	-259586	-231432	90925	2213133
9300	5947	-23498	-28679	2288	119576
507065	346329	-236088	-202753	88637	2093557
45832	37453	33639	10067	11650	224398
462844	286085	-59594	-59513	65504	1556141
53229	29450	92995	81804	18118	232049
16923	13065	15795	5512	2479	57161
361941	224002	-163033	-140192	42566	1179801
30751	19568	-5351	-6636	2341	87130
47837	31192	16160	12844	9499	196896
184714	**136419**	**107424**	**112142**	**50836**	**645347**
90673	57564	120799	124664	34797	349726
26116	25050	3101	916	4182	79290
59541	49424	-4833	2969	10970	194267
8163	4161	-10449	-15213	881	21056
221	221	-1194	-1194	6	1009
110624	**68395**	**117964**	**109955**	**44302**	**454652**
57295	37526	84582	72694	21920	238962
20800	13783	11311	12178	6730	65531
31260	16143	25874	28376	15349	133844
962	725	-2524	-1982	438	12656
307	217	-1280	-1311	-135	3659
1354865	926418	-381112	-291677	268387	5989137
134607	75315	122424	112632	49814	905664
20870	13140	-1651	5269	7343	119078

项　　目	Item	主营业务收入 Revenue from Principal Business	主营业务成本 Cost of Principal Business
二、餐饮业	**Catering Services**	**42508178**	**21552557**
#国有控股	State-controlled Enterprises	2202157	1090505
(一)按登记注册类型分	**by Type of Registration**		
1.内资企业	**Domestic Funded Enterprises**	**31945412**	**16876501**
国有企业	State-owned Enterprises	1051878	544605
集体企业	Collective-owned Enterprises	347632	206192
股份合作企业	Cooperative Enterprises	262904	139185
联营企业	Joint Ownership Enterprises	57831	45687
国有联营企业	State Joint Ownership Enterprises	1096	680
集体联营企业	Collective Joint Ownership Enterprises	46253	37641
国有与集体联营企业	Joint State-collective Enterprises		
其他联营企业	Other Joint Ownership Enterprises	10481	7366
有限责任公司	Limited Liability Corporations	8458829	4165674
国有独资公司	State Sole Funded Corporations	145915	52511
其他有限责任公司	Other Limited Liability Corporations	8312914	4113163
股份有限公司	Share-holding Corporations Ltd.	1332473	649236
私营企业	Private Enterprises	19023218	10331410
私营独资企业	Private-funded Enterprises	4172211	2545495
私营合伙企业	Private Partnership Enterprises	604268	363361
私营有限责任公司	Private Limited Liability Corporations	13379807	6959355
私营股份有限公司	Private Share-holding Corporations Ltd.	866932	463200
其他企业	Other Enterprises	1410647	794512
2.港、澳、台商投资企业	**Enterprises with Funds from Hongkong, Macao and Taiwan**	**3048662**	**1226437**
合资经营企业	Joint-venture Enterprises	518443	245645
合作经营企业	Cooperative Enterprises	218693	84263
独资经营企业	Enterprises with Sole Investment	2282918	884045
投资股份有限公司	Share-holding Corporations Ltd. with Investment	24969	10895
其他港澳台商投资企业	Other Enterprises with Funds from Hongkong, Macao and Taiwan	3640	1588
3.外商投资企业	**Foreign Funded Enterprises**	**7514104**	**3449620**
中外合资经营企业	Joint-venture Enterprises	1936596	903881
中外合作经营企业	Cooperative Enterprises	153380	80054
外资企业	Enterprises with Sole Foreign Investment	5362432	2437581
外商投资股份有限公司	Share-holding Corporations Ltd. with Foreign Investment	50431	23625
其他外商投资企业	Other Foreign Funded Enterprises	11264	4480
(二)按国民经济行业分	**by Sector**		
正餐服务	Dinner	32643309	16966881
快餐服务	Snack	8092665	3762317
饮料及冷饮服务	Beverage and Cold Drink	660148	222756
其他餐饮业	Others	1112055	600603

4-4-1 Continued 2

单位：万元

Unit: 10000 yuan

主营业务税金及附加 Taxes and Other Charges on Principal Business	主营业务利润 Profits from Principal Business	其他业务利润 Profits from Other Business	销售费用 Selling Expenses	管理费用 Administrative Expenses	
					#税 金 Taxes
2223037	**18732584**	**447833**	**11989164**	**4916215**	**165571**
101570	1010082	36992	546761	398993	9819
1631742	**13437169**	**361477**	**8020288**	**3853496**	**146581**
47216	460057	28005	239814	192493	5687
15944	125496	7366	62281	41973	1703
13999	109720	1278	71265	30283	1870
1127	11017	175	4043	3097	50
69	348			143	
469	8143		2866	1629	38
590	2525	175	1178	1325	13
446963	3846192	140556	2480874	1135380	38540
7244	86161	120	46239	49263	340
439719	3760032	140436	2434635	1086117	38200
61375	621862	9630	334059	165520	6209
969856	7721952	155142	4530027	2119607	83853
190665	1436052	24643	572361	340615	22431
28064	212843	2788	105290	61015	3279
707197	5713255	120263	3622948	1629462	55498
43930	359802	7448	229428	88515	2645
75262	540873	19326	297925	165143	8669
163963	**1658262**	**35366**	**1317433**	**359636**	**6217**
27099	245698	930	251884	83535	2149
10457	123973	142	88697	32152	142
124882	1273991	34295	967209	237111	3642
1342	12732		9025	5570	249
184	1868		619	1267	36
427332	**3637152**	**50990**	**2651444**	**703083**	**12773**
106699	926017	4594	631256	164081	3327
8481	64846	462	40134	18365	816
309764	2615087	45513	1958373	514160	8543
1777	25029	421	18966	4940	49
610	6174		2715	1537	37
1707551	13968877	354145	8545837	4054499	143686
431513	3898835	75357	2888865	690209	16863
32964	404428	12162	296485	52382	1218
51009	460443	6170	257978	119126	3805

项 目	Item	#差旅费 Travel Allowance	#工会经费 Trade Unions Funds
二、餐饮业	**Catering Services**	**82144**	**29476**
#国有控股	State-controlled Enterprises	3627	3045
(一)按登记注册类型分	**by Type of Registration**		
1.内资企业	**Domestic Funded Enterprises**	**67420**	**25625**
国有企业	State-owned Enterprises	1794	1512
集体企业	Collective-owned Enterprises	577	726
股份合作企业	Cooperative Enterprises	827	316
联营企业	Joint Ownership Enterprises	483	57
国有联营企业	State Joint Ownership Enterprises		
集体联营企业	Collective Joint Ownership Enterprises	475	57
国有与集体联营企业	Joint State-collective Enterprises		
其他联营企业	Other Joint Ownership Enterprises	8	
有限责任公司	Limited Liability Corporations	18488	6971
国有独资公司	State Sole Funded Corporations	204	351
其他有限责任公司	Other Limited Liability Corporations	18284	6620
股份有限公司	Share-holding Corporations Ltd.	2096	1580
私营企业	Private Enterprises	39485	12973
私营独资企业	Private-funded Enterprises	7926	2492
私营合伙企业	Private Partnership Enterprises	933	455
私营有限责任公司	Private Limited Liability Corporations	29083	9754
私营股份有限公司	Private Share-holding Corporations Ltd.	1543	271
其他企业	Other Enterprises	3670	1491
2.港、澳、台商投资企业	**Enterprises with Funds from Hongkong, Macao and Taiwan**	**5007**	**1687**
合资经营企业	Joint-venture Enterprises	958	385
合作经营企业	Cooperative Enterprises	462	87
独资经营企业	Enterprises with Sole Investment	3222	1209
投资股份有限公司	Share-holding Corporations Ltd. with Investment	335	1
其他港澳台商投资企业	Other Enterprises with Funds from Hongkong, Macao and Taiwan	30	6
3.外商投资企业	**Foreign Funded Enterprises**	**9717**	**2165**
中外合资经营企业	Joint-venture Enterprises	2231	921
中外合作经营企业	Cooperative Enterprises	172	111
外资企业	Enterprises with Sole Foreign Investment	7244	1113
外商投资股份有限公司	Share-holding Corporations Ltd. with Foreign Investment	58	18
其他外商投资企业	Other Foreign Funded Enterprises	11	2
(二)按国民经济行业分	**by Sector**		
正餐服务	Dinner	66463	24673
快餐服务	Snack	11516	3560
饮料及冷饮服务	Beverage and Cold Drink	1993	183
其他餐饮业	Others	2172	1060

单位：万元

Unit: 10000 yuan

财务费用 Financial Expenses	#利息支出 Interest Expenses	营业利润 Operating Profits	利润总额 Total Profits	应交所得税 Income Tax Payable	应付职工薪酬 Payables to Employees
707328	**351699**	**1770101**	**1773625**	**528403**	**6821842**
33898	18215	62288	79158	24016	476957
631598	**310994**	**1135864**	**1128103**	**328768**	**5135684**
16005	10092	-1964	4638	5883	212254
2940	1305	20015	13570	3795	58725
4521	1614	5620	3594	1890	43520
1357	67	2504	2696	615	5138
		205	205		105
1182	7	2451	2674	588	2275
175	60	-152	-183	27	2759
179037	97863	90747	81086	85705	1471208
3308	2859	-11308	-10650	683	32898
175729	95005	102055	91735	85023	1438310
40399	14736	161065	170240	22914	226185
361741	173790	783452	807360	194650	2893832
64944	25555	465394	408828	49303	511044
8902	3407	38075	30221	5006	84750
271777	136746	246719	339391	131435	2161972
16119	8082	33264	28920	8907	136066
25599	11527	74425	44919	13315	224822
36713	**16131**	**102345**	**114647**	**47269**	**493470**
7764	4711	38913	40032	12542	98762
2586	712	755	206	2416	35495
25557	10087	65364	77739	32109	352728
769	620	-2632	-3285	167	5623
37	1	-55	-45	36	863
39017	**24574**	**531892**	**530875**	**152367**	**1192688**
10810	10480	124908	120475	37591	330834
2886	536	3647	3879	2411	28938
24669	13333	400330	404403	111200	822105
588	226	1158	155	735	8825
64		1850	1964	430	1987
660700	323983	1061409	1079853	338369	5310465
36512	22259	576041	556031	152128	1215321
3199	926	51101	61514	16447	91076
6917	4532	81550	76227	21460	204980

4-4-2 各地区限额以上住宿和餐饮业企业损益及分配

地　区	Region	主营业务收入 Revenue from Principal Busines	主营业务成本 Cost of Principal Business	主营业务税金及附加 Taxes and Other Charges on Principal Business	主营业务利润 Profits from Principal Business	其他业务利润 Profits from Other Business	销售费用 Selling Expenses	管理费用 Administr-ative Expenses
全　国	**National Total**	**77005841**	**33818594**	**4051406**	**39135841**	**1125663**	**22144797**	**14402322**
北　京	Beijing	9201200	3387012	505737	5308451	44942	3073982	1898485
天　津	Tianjin	1411949	639163	76466	696320	13881	428449	226850
河　北	Hebei	1360369	639006	74878	646485	8736	409973	289547
山　西	Shanxi	1486756	701988	78475	706293	35347	465540	278421
内蒙古	Inner Mongolia	1179217	511686	54224	613307	29650	341847	233166
辽　宁	Liaoning	2477505	1161101	134187	1182217	50443	586874	468612
吉　林	Jilin	567426	271685	26824	268917	13219	131643	127464
黑龙江	Heilongjiang	644254	263454	38587	342213	21071	159500	137682
上　海	Shanghai	5535081	2095296	308527	3131258	160779	2123250	1196952
江　苏	Jiangsu	5484395	2463636	289883	2730876	30447	1562448	1061336
浙　江	Zhejiang	5760476	2416408	312853	3031215	59214	1733841	1172487
安　徽	Anhui	1548678	729220	77685	741773	42892	422364	287145
福　建	Fujian	2840145	1322202	154310	1363633	19188	730058	463582
江　西	Jiangxi	884372	386319	43006	455047	7841	235323	164995
山　东	Shandong	5282432	2774964	245469	2261999	58099	1087813	810035
河　南	Henan	2854730	1636213	127785	1090732	44643	493120	363108
湖　北	Hubei	2784401	1407231	140128	1237042	37656	693227	417977
湖　南	Hunan	2317249	1090904	112608	1113737	30077	535221	460498
广　东	Guangdong	10065012	4077779	556177	5431056	131062	3253044	1791606
广　西	Guangxi	866062	330116	48991	486955	21491	313266	219900
海　南	Hainan	1030860	264246	54782	711832	21243	304927	330986
重　庆	Chongqing	2037599	1134436	93261	809902	15729	397932	277393
四　川	Sichuan	3836166	1689103	204600	1942463	98389	1090960	625134
贵　州	Guizhou	533666	224001	30137	279528	18414	150806	125612
云　南	Yunnan	1213153	509564	66024	637565	30611	349254	262361
西　藏	Tibet	70574	23149	4161	43264	1708	25543	19341
陕　西	Shaanxi	2254227	1016480	112533	1125214	51096	629103	413337
甘　肃	Gansu	628572	292372	32900	303300	14868	144544	95474
青　海	Qinghai	121771	44045	6413	71313	3330	44190	26256
宁　夏	Ningxia	212838	91512	10928	110398	2308	75114	41291
新　疆	Xinjiang	514709	224306	28868	261535	7291	151643	115290

Income and Distribution of Enterprises above Designated Size of Hotels and Catering Services by Region

单位：万元

Unit: 10000 yuan

#税金 Taxes	#差旅费 Travel Allowance	#工会经费 Trade Unions Funds	财务费用 Financial Expenses	#利息支出 Interest Expenses	营业利润 Operating Profits	利润总额 Total Profits	应交所得税 Income Tax Payable	应付职工薪酬 Payables to Employees
539672	**159859**	**71672**	**2217670**	**1366572**	**1509762**	**1599849**	**853946**	**13835721**
76999	19446	13274	201016	164916	228697	189830	128780	1971352
3646	654	450	27071	10101	51368	54670	21298	229193
12861	2263	1388	54696	36607	-102556	-89256	6097	287160
6444	2767	1506	43892	17255	-48614	-43840	9602	253790
9840	3246	772	25782	12749	22663	13554	9722	248963
22372	3807	1855	60333	33811	85153	86007	35149	293959
5445	2309	1028	14516	8790	-1793	-3151	4469	85500
6917	2108	463	12158	6089	26766	12085	8038	105878
17841	7960	2544	131087	45267	71752	143198	84183	993006
33754	8122	3595	185358	101594	-47053	-68496	57226	967538
37664	11873	5359	273819	223674	-60850	-10169	56357	1064291
12570	3756	1214	54591	36729	-1770	1867	16447	293702
16631	7976	2189	77881	56024	104921	99878	36053	543001
4894	2174	746	33187	23446	13093	15262	7294	158131
38769	11890	2889	130346	63643	268051	258572	70203	771240
20366	5004	1551	66682	34146	193109	178832	27226	371014
14800	5014	3115	73067	38505	68204	55815	22475	411057
29094	5297	3874	94312	55279	57287	10565	15845	397530
66771	20226	9340	288322	177635	239088	222538	115562	2031495
9019	2302	1049	37567	27139	-23865	-7326	7179	196467
11434	2773	1151	28959	15713	80228	72529	12525	168858
10036	5651	1841	53114	31913	93437	87274	18014	305744
21644	8262	3563	106382	58275	143529	145192	39814	619787
3848	1920	830	27391	14474	-21159	-13359	5206	118115
12130	3504	1661	29848	24421	7479	141660	10894	229436
656	340	31	735	356	-2009	-1824	214	18433
17178	5513	2076	49808	22407	38709	19998	14485	406322
6102	1268	476	12671	8551	48582	39515	5821	103676
1119	433	148	3958	2297	-1692	-486	231	28160
1931	468	393	10109	5683	-16020	-10114	1260	47702
6900	1532	1299	9013	9082	-4976	-970	6278	115222

4-4-3 各地区限额以上住宿业企业损益及分配

地　区	Region	主营业务收入 Revenue from Principal Business	主营业务成本 Cost of Principal Business	主营业务税金及附加 Taxes and Other Charges on Principal Business	主营业务利润 Profits from Principal Business	其他业务利润 Profits from Other Business	销售费用 Selling Expenses	管理费用 Administrative Expenses
全　国	**National Total**	**34497663**	**12266038**	**1828369**	**20403257**	**677830**	**10155633**	**9486107**
北　京	Beijing	3765526	1008229	207522	2549775	16284	1108292	1266471
天　津	Tianjin	413614	143025	22044	248545	4840	134965	126196
河　北	Hebei	827726	351923	46184	429619	5473	260918	229381
山　西	Shanxi	537235	214487	29853	292895	21848	184229	139739
内蒙古	Inner Mongolia	433176	173537	21772	237867	20478	118962	123440
辽　宁	Liaoning	1043848	411928	53882	578038	40370	261541	319503
吉　林	Jilin	356790	157279	17811	181700	11279	95110	90397
黑龙江	Heilongjiang	339135	113420	19322	206393	16966	102875	104903
上　海	Shanghai	2037508	564329	107610	1365569	96318	654043	696046
江　苏	Jiangsu	2188583	806766	114671	1267146	15024	649203	636541
浙　江	Zhejiang	2994335	980785	165155	1848395	43426	959098	820458
安　徽	Anhui	693942	284418	35818	373706	30817	192613	174917
福　建	Fujian	1386462	501826	75548	809088	13956	419294	312279
江　西	Jiangxi	531976	200084	25926	305966	3484	159857	126601
山　东	Shandong	2049864	941618	100473	1007773	32464	501619	459600
河　南	Henan	1370170	686340	65131	618699	28850	294969	262840
湖　北	Hubei	1071245	496184	49775	525286	23500	260897	233961
湖　南	Hunan	1379984	548674	67812	763498	21310	327904	365923
广　东	Guangdong	4583818	1457853	259567	2866398	96399	1507881	1189355
广　西	Guangxi	604653	193391	33569	377693	16147	227673	184234
海　南	Hainan	904533	197032	46803	660698	13344	262262	313375
重　庆	Chongqing	635150	255125	33319	346706	6500	176195	169510
四　川	Sichuan	1380986	465865	70925	844196	17825	403246	360374
贵　州	Guizhou	354823	135078	19602	200143	16731	101736	95356
云　南	Yunnan	740317	253372	40284	446661	25142	230426	204459
西　藏	Tibet	58926	16503	3575	38848	927	21340	18392
陕　西	Shaanxi	963278	367922	47678	547678	25334	282347	261007
甘　肃	Gansu	300985	119192	16617	165176	4815	78007	65596
青　海	Qinghai	73903	21779	4042	48082	461	27500	20628
宁　夏	Ningxia	101088	37551	4894	58643	683	37866	24017
新　疆	Xinjiang	374085	160525	21187	192373	6834	112769	90608

Income and Distribution of Enterprises above Designated Size of Hotels by Region

单位：万元
Unit: 10000 yuan

#税金 Taxes	#差旅费 Travel Allowance	#工会经费 Trade Unions Funds	财务费用 Financial Expenses	#利息支出 Interest Expenses	营业利润 Operating Profits	利润总额 Total Profits	应交所得税 Income Tax Payable	应付职工薪酬 Payables to Employees
374101	**77715**	**42196**	**1510342**	**1014873**	**-260339**	**-173776**	**325543**	**7013879**
69171	9117	7215	146692	141362	85816	38902	60184	949930
2637	216	300	18807	9050	-23683	-19136	2152	84270
11035	1506	1192	45153	31471	-100552	-84301	3046	184063
3095	1217	511	18385	5443	-36869	-34546	1483	111072
5299	1199	327	13365	8322	-6794	-4434	2587	97801
15610	2180	923	36445	20791	-33717	-24725	7782	177020
3936	1574	258	10646	6774	-13887	-16386	2128	55577
3400	862	341	9902	5416	-1794	-6338	3898	61465
13176	3011	1691	76372	29810	-538	26401	29779	402613
23982	2392	1690	120404	65634	-117658	-128364	15761	404304
27418	7236	3985	202146	174571	-83645	-48273	25153	603836
8143	1897	676	28756	19250	-11807	-9040	4993	145244
13036	3801	1461	61140	46841	27260	29215	18285	305701
3603	1549	500	26250	19157	-9291	-6490	3536	104170
20771	5100	1363	55501	29807	21374	31994	20324	350419
13802	3042	1048	45310	24982	27846	30819	11005	210884
8870	1967	2153	36893	20551	6911	12481	4171	167550
16551	3036	2536	76889	48443	8376	-18103	9192	258314
41559	9287	4921	213464	139011	5177	29493	45373	1051575
7776	1754	847	32595	23922	-38729	-20544	2663	137527
11033	2573	1039	26961	14946	83573	74391	10851	148411
4679	1791	770	42032	27633	-29661	-23436	6361	124459
11657	3335	1747	67755	37328	36186	37913	12261	240870
3057	1260	527	22138	12623	-18197	-11721	3590	76207
8955	1839	1465	21055	17781	-1615	4025	7205	156835
629	234	26	718	354	-1270	-1282	177	16231
10091	2384	1366	31269	15392	-25125	-32870	3947	194680
3632	841	250	8645	6329	12773	11258	2991	56922
844	360	125	2974	1649	-2079	-1104	145	16871
953	138	245	5069	3250	-11659	-5959	472	24223
5705	1020	700	6614	6980	-7062	-3619	4050	94836

4-4-3 续表

国有控股

State-controlled Enterprises

地区	Region	主营业务收入 Revenue from Principal Business	主营业务成本 Cost of Principal Business	主营业务税金及附加 Taxes and Other Charges on Principal Business	主营业务利润 Profits from Principal Business	其他业务利润 Profits from Other Business	销售费用 Selling Expenses	管理费用 Administrative Expenses
全国	**National Total**	**10190518**	**3491013**	**532609**	**6166896**	**197187**	**3060928**	**3132897**
北京	Beijing	1924089	489847	105846	1328396	7865	574976	699211
天津	Tianjin	143092	52146	7853	83093	2633	41176	57197
河北	Hebei	312380	141402	17023	153955	2447	93871	91925
山西	Shanxi	141319	61145	6793	73381	15392	52294	41767
内蒙古	Inner Mongolia	122606	61549	5867	55190	1745	29136	32985
辽宁	Liaoning	298051	150114	12881	135056	3571	75390	81141
吉林	Jilin	132137	58713	7300	66124	4029	40844	36420
黑龙江	Heilongjiang	110097	48688	5561	55848	4898	31159	35975
上海	Shanghai	908035	228487	45995	633553	55190	320177	313560
江苏	Jiangsu	650482	250335	31899	368248	7571	183820	206379
浙江	Zhejiang	588498	172877	31851	383770	12625	184234	187372
安徽	Anhui	189560	88745	10040	90775	8462	46578	49752
福建	Fujian	322448	93021	18182	211245	3382	118849	84078
江西	Jiangxi	123904	42788	6152	74964	1263	41614	34471
山东	Shandong	586729	230263	30537	325929	10734	187207	175806
河南	Henan	357155	166857	18318	171980	5763	85956	78725
湖北	Hubei	234439	121987	9922	102530	2395	50155	49426
湖南	Hunan	369893	147952	17540	204401	1544	62693	110261
广东	Guangdong	925922	263565	50538	611819	4576	300490	261870
广西	Guangxi	162640	62705	8059	91876	6225	50851	44691
海南	Hainan	188877	34674	8634	145569	484	58347	58082
重庆	Chongqing	122566	49283	7124	66159	2242	35538	47924
四川	Sichuan	307694	101294	15615	190785	2592	100182	84208
贵州	Guizhou	91361	38638	5241	47482	7406	29463	25451
云南	Yunnan	227021	72438	12445	142138	6269	80063	67212
西藏	Tibet	34536	8039	2010	24487	678	15591	10290
陕西	Shaanxi	220547	78672	11832	130043	8888	67325	69382
甘肃	Gansu	123906	45775	6922	71209	1753	32771	30246
青海	Qinghai	30851	8167	1634	21050	293	9782	11810
宁夏	Ningxia	32622	15540	1286	15796	37	12038	5531
新疆	Xinjiang	207063	105310	11711	90042	4233	48359	49751

4-4-3 Continued

单位：万元

Unit: 10000 yuan

#税金 Taxes	#差旅费 Travel Allowance	#工会经费 Trade Unions Funds	财务费用 Financial Expenses	#利息支出 Interest Expenses	营业利润 Operating Profits	利润总额 Total Profits	应交所得税 Income Tax Payable	应付职工薪酬 Payables to Employees
129855	**19422**	**17503**	**257835**	**204593**	**-178794**	**-55527**	**104983**	**2446504**
38328	3995	4363	51006	45620	11729	25550	28106	537239
1966	115	233	7912	7677	-22940	-15823	310	35466
4267	390	833	12343	10822	-41619	-37891	699	73515
785	239	169	1629	631	-13066	-11415	315	31961
983	208	83	2410	1313	-7373	-1877	120	29184
4556	501	312	2212	1161	-21369	-14650	1166	64675
1188	502	69	1419	202	-8265	-8484	13	25130
1016	272	109	1797	837	-6901	-5241	466	24129
7954	1761	1228	19534	12561	-2475	16298	15833	212483
7805	642	879	22420	16708	-27577	-11161	5584	132140
6688	782	1547	25322	22259	90	13412	5157	148157
2910	713	257	2249	1227	-1550	-320	876	43334
2405	632	478	7870	5405	5761	7020	4323	91058
1219	268	154	3447	2400	-5481	-5785	221	27225
5405	1084	522	8138	6826	-41898	-31004	2760	126733
2940	438	468	7518	5456	704	4294	2212	62772
2191	413	474	4639	3811	-2625	818	695	39402
4445	632	647	21545	16969	-837	-10538	4726	77913
10717	1710	1458	16149	12522	25341	38052	15019	263225
2626	278	485	4813	3547	-4149	2417	899	41508
2406	525	306	5624	4994	26038	24024	4447	32123
779	430	206	3345	3014	-17544	-16107	492	29220
3150	658	544	9017	6210	5586	4599	3079	61403
862	248	201	4581	4197	-10525	-10985	732	23432
3134	434	433	2159	2039	-3814	391	2053	52460
430	137	17	236	149	-509	-394	135	10103
3670	475	334	7047	4307	-10992	-9475	997	53470
1386	247	136	1130	638	4912	2783	635	23115
551	232	107	415	360	-635	-38	51	6438
184	16	49	410	323	-5535	-5309	2	8929
2913	446	403	-499	410	-1276	1311	2864	58563

4-4-4 各地区限额以上住宿业企业损益及分配(按登记注册类型分)

内资企业

Domestic Funded Enterprises

地 区	Region	主营业务收入 Revenue from Principal Business	主营业务成本 Cost of Principal Business	主营业务税金及附加 Taxes and Other Charges on Principal Business	主营业务利润 Profits from Principal Business	其他业务利润 Profits from Other Business	销售费用 Selling Expenses	管理费用 Administrative Expense
全 国	**National Total**	**28999717**	**10723852**	**1531796**	**16744069**	**535837**	**8707597**	**7680502**
北 京	Beijing	2773724	761440	153226	1859058	14979	887813	961715
天 津	Tianjin	355651	124362	19004	212285	4781	120500	101423
河 北	Hebei	803331	343781	44804	414746	5466	256050	213573
山 西	Shanxi	527485	210203	29516	287766	21848	182203	136290
内蒙古	Inner Mongolia	389852	157304	19335	213213	20478	111188	102071
辽 宁	Liaoning	815113	357027	40780	417306	18286	209377	213518
吉 林	Jilin	309646	143556	15277	150813	11266	84179	76022
黑龙江	Heilongjiang	281286	103905	16074	161307	12718	84302	78273
上 海	Shanghai	1601243	410879	83204	1107160	87348	566316	551096
江 苏	Jiangsu	1945568	735941	101598	1108029	13185	571930	542663
浙 江	Zhejiang	2517860	855140	138675	1524045	35496	820670	689811
安 徽	Anhui	648050	271367	33196	343487	25429	180213	159451
福 建	Fujian	981367	366420	54476	560471	8623	309821	212592
江 西	Jiangxi	505597	192906	23833	288858	2511	150026	117393
山 东	Shandong	1919452	910000	93329	916123	27462	467743	405133
河 南	Henan	1290677	668904	60940	560833	27330	266262	233795
湖 北	Hubei	971482	462830	44038	464614	19210	234167	199934
湖 南	Hunan	1291137	519073	63280	708784	20774	298214	339402
广 东	Guangdong	3326611	1075840	193601	2057170	48078	1139689	814137
广 西	Guangxi	514149	175664	28033	310452	15531	194616	127697
海 南	Hainan	656334	149377	35507	471450	4011	207768	228124
重 庆	Chongqing	570886	239246	29847	301793	6500	158453	150527
四 川	Sichuan	1239379	434774	63548	741057	17816	371846	314680
贵 州	Guizhou	338164	132171	18658	187335	11604	95249	89372
云 南	Yunnan	691588	239976	37480	414132	21034	214198	187260
西 藏	Tibet	56942	16236	3452	37254	927	21340	18292
陕 西	Shaanxi	844715	329803	41267	473645	20364	253945	221892
甘 肃	Gansu	292205	117826	16098	158281	4815	75572	61387
青 海	Qinghai	67860	20545	3703	43612	452	24763	19056
宁 夏	Ningxia	98782	36836	4860	57086	683	36670	23432
新 疆	Xinjiang	373581	160521	21159	191901	6833	112515	90491

Income and Distribution of Enterprises above Designated Size of Hotels by Region and Type of Registration

单位：万元

Unit: 10000 yuan

#税金 Taxes	#差旅费 Travel Allowance	#工会经费 Trade Unions Funds	财务费用 Financial Expense	#利息支出 Interest Expense	营业利润 Operating Profit	利润总额 Total Profit	应交所得税 Income Tax Payable	应付职工薪酬 Payables to Employees
295015	**65947**	**35989**	**1215004**	**810059**	**-485727**	**-395873**	**230405**	**5913880**
45766	7061	4979	101377	94427	-66915	-111248	20262	704729
2251	165	274	15113	8043	-16987	-16537	1541	76200
10505	1483	1180	44341	31361	-93944	-77477	3033	177188
3095	1217	511	18330	5443	-36250	-33996	1478	108276
3626	1129	265	12134	8463	-957	2657	2587	86890
11562	1406	655	29962	16354	-33395	-23015	6067	138294
3507	1422	254	7948	5209	-17816	-19630	716	52217
3226	725	320	7189	2919	-648	-695	2210	55190
11050	2585	1441	52321	22882	-19442	7052	21252	329252
21075	2013	1571	103381	56268	-90897	-101038	14251	359440
23344	6291	3569	164300	139199	-110159	-77711	15938	515904
8065	1844	515	27063	18117	-12980	-9735	4817	136978
7386	2872	900	33558	24113	6724	7974	10596	223381
3536	1510	496	25087	18864	-7387	-4153	3438	98364
18283	4809	1313	47071	25345	20081	29973	19754	327154
12332	2953	1016	35999	20451	35972	41760	10512	195744
8382	1801	2097	32046	18831	9611	13299	4053	149621
13596	2652	2139	70717	43651	14412	-12132	8910	241203
24510	5933	4084	150137	98360	1215	25847	34856	778671
5552	1586	744	23240	16585	-18944	-9153	2429	116050
8364	1968	870	21503	13348	32075	31258	9367	113637
4090	1470	700	33872	23770	-31406	-25555	3971	113874
10529	3273	1671	65215	37004	12710	12633	8433	221936
2962	1255	518	21014	12550	-17409	-10966	3535	72837
8191	1755	1424	20520	16977	-3246	2950	6940	144731
629	234	26	718	354	-1566	-1282	177	15861
8823	2226	1141	27621	12999	-29202	-36559	1726	171669
3417	805	249	8608	6308	12099	10531	2899	54452
710	358	125	2942	1644	-2483	-1479	145	15407
953	132	245	5064	3243	-11430	-5730	472	24029
5698	1017	698	6614	6980	-7164	-3719	4042	94704

4-4-4 续表 1

国有企业

State-owned Enterprises

地 区	Region	主营业务收入 Revenue from Principal Business	主营业务成本 Cost of Principal Business	主营业务税金及附加 Taxes and Other Charges on Principal Business	主营业务利润 Profits from Principal Business	其他业务利润 Profits from Other Business	销售费用 Selling Expenses	管理费用 Administrative Expenses
全 国	**National Total**	**6300651**	**2330258**	**323686**	**3646707**	**149095**	**1955325**	**1884276**
北 京	Beijing	807783	230592	44369	532822	4587	256483	299108
天 津	Tianjin	75918	29573	4102	42243	2574	25512	30612
河 北	Hebei	263640	123791	14466	125383	2374	81050	70853
山 西	Shanxi	125212	52163	6345	66704	15388	49190	39328
内蒙古	Inner Mongolia	85914	51263	3810	30841	1708	15877	18477
辽 宁	Liaoning	221056	113755	9159	98142	3937	51205	57501
吉 林	Jilin	115436	53332	6236	55868	3551	33158	31612
黑龙江	Heilongjiang	98548	45878	5040	47630	7071	28127	32056
上 海	Shanghai	561485	133031	27908	400546	37825	199507	194676
江 苏	Jiangsu	388925	149094	19149	220682	5613	116857	120737
浙 江	Zhejiang	328012	100910	17312	209790	6874	107777	101445
安 徽	Anhui	81994	39648	4226	38120	7758	21487	25220
福 建	Fujian	214941	66001	12010	136930	2770	77217	54728
江 西	Jiangxi	111032	41545	5833	63654	1093	38080	28804
山 东	Shandong	548547	220057	28223	300267	7338	170323	164163
河 南	Henan	295197	141994	14730	138473	5695	71337	65663
湖 北	Hubei	186967	104977	7317	74673	2336	35007	38223
湖 南	Hunan	217842	95921	9044	112877	-59	43910	52381
广 东	Guangdong	504058	145003	27320	331735	3689	182568	149529
广 西	Guangxi	110923	44279	5268	61376	5580	38680	27282
海 南	Hainan	38967	12218	2120	24629	99	17571	14779
重 庆	Chongqing	63868	28332	4107	31429	2228	16357	29499
四 川	Sichuan	192364	63805	9790	118769	2404	65787	51871
贵 州	Guizhou	57516	21576	3379	32561	1305	18095	15617
云 南	Yunnan	123021	44170	6690	72161	1954	40828	35772
西 藏	Tibet	34536	8039	2010	24487	678	15591	10290
陕 西	Shaanxi	172143	60326	9162	102655	8405	52622	56305
甘 肃	Gansu	112455	42950	6292	63213	1718	28145	26723
青 海	Qinghai	28599	7547	1518	19534	293	9335	10771
宁 夏	Ningxia	16312	5125	345	10842		8405	2640
新 疆	Xinjiang	117441	53362	6407	57672	2311	39238	27610

4-4-4 Continued 1

单位：万元

Unit: 10000 yuan

#税金 Taxes	#差旅费 Travel Allowance	#工会经费 Trade Unions Funds	财务费用 Financial Expenses	#利息支出 Interest Expenses	营业利润 Operating Profits	利润总额 Total Profits	应交所得税 Income Tax Payable	应付职工薪酬 Payables to Employees
70968	**12977**	**10712**	**122154**	**91873**	**-237735**	**-142237**	**42419**	**1498354**
13347	2262	1967	20086	18268	-45598	-34407	3722	241598
548	64	74	921	574	-11691	-8860	222	22270
3118	316	778	11465	10065	-35488	-31526	586	62830
662	246	128	1590	634	-13790	-11752	261	28644
629	149	56	1766	645	-3366	660	112	19771
2732	352	231	1482	606	-14430	-8404	1014	36534
897	485	63	1320	185	-7617	-6978	7	21581
1195	240	83	1020	820	-7793	-6906	267	23231
4734	1303	715	11800	7957	3854	16771	10344	122612
4750	370	606	11549	9332	-20707	-10842	1521	80873
3582	426	967	5212	5403	2778	11748	3483	84114
1069	324	123	512	142	-4628	-5396	274	18080
1411	499	352	4326	2275	3743	5045	2550	60872
1129	246	152	2736	2195	-5758	-5621	191	25902
4120	862	468	6289	6336	-36745	-27883	2706	116204
2545	419	476	5164	3628	-2351	846	1832	50359
2112	369	262	3591	3141	-3309	-1359	689	30062
2637	384	435	6110	2602	2182	1871	900	44625
5382	1042	821	5686	3547	-3196	5496	6461	153628
1537	229	325	3278	2996	-4302	2083	218	27576
1252	116	88	687	1203	-5094	-4720	208	11005
544	246	128	1247	1086	-12737	-12409	394	17378
2091	362	258	5168	2026	4778	1242	1487	41490
542	172	133	458	265	-996	-1130	238	14265
1655	245	294	1485	1193	-4011	-127	554	26099
430	137	17	236	149	-509	-394	135	10103
2719	380	227	5083	3235	-8486	-7528	790	41923
1163	227	122	869	415	3474	1935	619	20557
539	229	96	403	360	-646	-50	25	5500
78	10	43	322	274	-525	-286		4050
1823	272	224	294	320	-4772	-3359	612	34619

集体企业

Collective-owned Enterprises

地 区	Region	主营业务收入 Revenue from Principal Business	主营业务成本 Cost of Principal Business	主营业务税金及附加 Taxes and Other Charges on Principal Business	主营业务利润 Profits from Principal Business	其他业务利润 Profits from Other Business	销售费用 Selling Expenses	管理费用 Administr-ative Expenses
全 国	**National Total**	**816689**	**362877**	**42035**	**411777**	**11034**	**193003**	**192140**
北 京	Beijing	103142	20851	5691	76600	585	21726	50198
天 津	Tianjin	25825	13232	865	11728	371	2551	6542
河 北	Hebei	22630	10924	1238	10468	38	6605	4171
山 西	Shanxi	24859	11312	1409	12138	297	6506	4862
内蒙古	Inner Mongolia	4859	1898	224	2737		1277	936
辽 宁	Liaoning	32175	19182	1684	11309	197	7161	5747
吉 林	Jilin	7030	5470	153	1407	193	685	493
黑龙江	Heilongjiang	2339	1142	142	1055	246	1120	1561
上 海	Shanghai	35095	14755	1970	18370	984	13383	10543
江 苏	Jiangsu	54462	26980	2921	24561	2478	14726	9745
浙 江	Zhejiang	70031	25030	3776	41225	624	21983	19768
安 徽	Anhui	3252	2032	239	981		252	646
福 建	Fujian	10732	5527	834	4371		1825	1044
江 西	Jiangxi	4174	1990	291	1893		849	862
山 东	Shandong	149662	79034	7224	63404	171	28589	15652
河 南	Henan	54162	32526	2487	19149	2440	9480	8541
湖 北	Hubei	35942	20182	1320	14440		5715	7743
湖 南	Hunan	33476	13907	1607	17962	20	6628	8534
广 东	Guangdong	47872	17415	2857	27600	2038	18909	10789
广 西	Guangxi	8923	2937	518	5468	98	3048	2897
海 南	Hainan	863		49	814		691	118
重 庆	Chongqing	15875	6624	823	8428		3824	3591
四 川	Sichuan	11371	4993	577	5801	40	2377	2710
贵 州	Guizhou	8139	4660	406	3073	18	216	581
云 南	Yunnan	14488	7703	829	5956	196	3102	2906
西 藏	Tibet	673	328	37	308		51	105
陕 西	Shaanxi	15057	6455	824	7778		3936	3223
甘 肃	Gansu	4997	1830	271	2896		1112	1887
青 海	Qinghai	1189	350	90	749		514	744
宁 夏	Ningxia							
新 疆	Xinjiang	13395	3608	681	9106		4162	5003

4-4-4 Continued 2

单位：万元

Unit: 10000 yuan

			财务费用 Financial Expenses		营业利润 Operating Profits	利润总额 Total Profits	应 交 所得税 Income Tax Payable	应付职工 薪 酬 Payables to Employees
#税金 Taxes	#差旅费 Travel Allowance	#工会经费 Trade Unions Funds		#利息支出 Interest Expenses				
8171	**1864**	**956**	**11418**	**6831**	**12335**	**9170**	**8511**	**149087**
2404	135	283	400	223	4862	4718	1347	27502
42		7	473	1	3009	-1048	15	4269
388	16	12	116	105	-385	-444	37	4480
84	35	34	658	250	115	-387	9	5807
30	7	4	81		458	307	97	1141
178	71	19	28	6	-1274	-1583	100	5165
6	19		24		206	219	27	631
41	24	5	7	5	-1633	-1631	56	545
157	71	9	304	136	-5211	-4531	87	6639
141	54	10	1157	843	-556	-976	195	8684
858	178	148	1855	1389	-1748	-1567	366	14239
3	8	3	9	4	80	95	17	730
30	35	6	43	20	1434	1553	401	2305
10		3	49	2	133	177	79	847
763	600	64	1020	400	18003	18131	3918	14022
460	88	35	618	155	1575	2292	365	8425
671	53	61	882	697	1524	1400		5657
388	101	41	976	529	1824	1360	41	3159
445	63	86	1017	720	-2196	-1750	673	13522
100	37	24	141	95	-420	-389	20	2148
6			6					151
138	46	8	236	132	884	862	152	2785
139	48	18	533	484	-9703	-9605	38	3646
30	47	2	66	63	2229	2127	285	961
219	37	33	102	51	155	450	85	3917
7	1		37	27	115	50	16	199
197	50	21	185	157	290	-19	37	2319
124	5	3	18		-642	-78		1587
5	8	7			-456	-510	2	569
108	28	12	378	336	-337	-53	47	3037

股份合作企业

Cooperative Enterprises

地 区	Region	主营业务收入 Revenue from Principal Business	主营业务成本 Cost of Principal Business	主营业务税金及附加 Taxes and Other Charges on Principal Business	主营业务利润 Profits from Principal Business	其他业务利润 Profits from Other Business	销售费用 Selling Expenses	管理费用 Administr-ative Expenses
全 国	**National Total**	**220512**	**81303**	**11671**	**127538**	**5033**	**67959**	**54010**
北 京	Beijing	43172	10420	2329	30423	76	17967	12187
天 津	Tianjin	8295	1312	329	6654		4048	1871
河 北	Hebei	11746	5526	653	5567	13	2648	2129
山 西	Shanxi							
内蒙古	Inner Mongolia	6599	2682	365	3552		2205	1756
辽 宁	Liaoning	1081	435	61	585		334	282
吉 林	Jilin	3295	2478	210	607	271	642	504
黑龙江	Heilongjiang	7204	2504	275	4425	874	1645	2194
上 海	Shanghai							
江 苏	Jiangsu	1704	320	95	1289		700	471
浙 江	Zhejiang	4684	1047	212	3425		1652	1319
安 徽	Anhui	4481	1282	215	2984		1737	354
福 建	Fujian	6246	2464	448	3334	9	2358	756
江 西	Jiangxi	27221	10740	1112	15369	49	6552	7010
山 东	Shandong	9571	3847	549	5175	3079	2576	2372
河 南	Henan	7180	3817	264	3099	135	1481	1105
湖 北	Hubei	10639	6168	451	4020	5	1974	2533
湖 南	Hunan	16066	8528	1296	6242	424	5474	4546
广 东	Guangdong	12291	5587	564	6140	38	2711	2029
广 西	Guangxi	10730	2643	759	7328	11	2630	4745
海 南	Hainan	2721	719	164	1838		1444	459
重 庆	Chongqing	888	342	17	529		325	61
四 川	Sichuan	16423	5345	902	10176	23	4737	3793
贵 州	Guizhou	1269	225	63	981	23	325	629
云 南	Yunnan	2777	1636	148	993	3	799	657
西 藏	Tibet							
陕 西	Shaanxi	3196	659	118	2419		700	193
甘 肃	Gansu	1036	577	75	384		298	57
青 海	Qinghai							
宁 夏	Ningxia							
新 疆	Xinjiang							

4-4-4 Continued 3

单位：万元

Unit: 10000 yuan

#税金 Taxes	#差旅费 Travel Allowance	#工会经费 Trade Unions Funds	财务费用 Financial Expenses	#利息支出 Interest Expense	营业利润 Operating Profits	利润总额 Total Profits	应交所得税 Income Tax Payable	应付职工薪酬 Payables to Employees
1691	**311**	**180**	**7160**	**3458**	**5499**	**2512**	**1100**	**47879**
423	90	69	853	845	-526	-298	400	12148
			-8		716	786	268	2012
149	6	9	707	708	236	322	46	2047
40		7	51	18	192	105	26	1808
20			3		-34	-34	1	189
		1	27	26	916			410
			592		-6	827		1590
68	3	3	31	23	86	84	16	277
49	10	4	42	6	410	358	24	910
17	7		182	14	717	141	9	822
21	1	3	216	151	5	-51	43	3091
18	30	3	580	491	1235	442	80	3936
138	13	2	293	65	-65	80	68	1646
27	25	9	70	2	732	473	14	1192
126	17	13	204	68	-604	-177	1	2178
162	28	18	221		1197	615	1	3721
178	6	8	205	22	759	761	90	2862
			1675	3	-1691	-1493		1362
26	11	4	228	214	-312	-399		711
1			6		91	91		142
161	29	15	931	766	468	196	12	2937
23	29	5	7		70	71	2	264
42	2	5	31	28	-290	-279		883
			12	9	1171	-133		513
2	5	1	3		26	26		230

联营企业

Joint Ownership Enterprises

地 区	Region	主营业务收入 Revenue from Principal Business	主营业务成本 Cost of Principal Business	主营业务税金及附加 Taxes and Other Charges on Principal Business	主营业务利润 Profits from Principal Business	其他业务利润 Profits from Other Business	销售费用 Selling Expenses	管理费用 Administrative Expenses
全 国	**National Total**	**124930**	**45354**	**6506**	**73070**	**239**	**39605**	**32048**
北 京	Beijing	6748	1778	383	4587	5	2636	2569
天 津	Tianjin							
河 北	Hebei	2892	2768	162	-38		65	918
山 西	Shanxi							
内蒙古	Inner Mongolia	1592	899	91	602		101	210
辽 宁	Liaoning	477	44	26	407		213	227
吉 林	Jilin	4001	709	362	2930		1882	514
黑龙江	Heilongjiang	797	563	31	203			139
上 海	Shanghai	7630	2591	419	4620		4815	4614
江 苏	Jiangsu	13738	6495	747	6496	1	2819	3604
浙 江	Zhejiang	16287	4888	880	10519		4560	3758
安 徽	Anhui							
福 建	Fujian	30946	9099	1466	20381	31	11814	5921
江 西	Jiangxi							
山 东	Shandong							
河 南	Henan	4378	2288	199	1891		139	221
湖 北	Hubei	3259	764	178	2317		1331	923
湖 南	Hunan	4579	2602	108	1869		359	504
广 东	Guangdong	17741	6548	1012	10181	200	4838	5541
广 西	Guangxi							
海 南	Hainan							
重 庆	Chongqing							
四 川	Sichuan	4261	1652	131	2478	3	1619	921
贵 州	Guizhou							
云 南	Yunnan	5152	1628	286	3238		2143	1339
西 藏	Tibet							
陕 西	Shaanxi							
甘 肃	Gansu							
青 海	Qinghai							
宁 夏	Ningxia							
新 疆	Xinjiang	453	39	25	389		271	126

4-4-4 Continued 4

单位：万元

Unit: 10000 yuan

#税金 Taxes	#差旅费 Travel Allowance	#工会经费 Trade Unions Funds	财务费用 Financial Expenses	#利息支出 Interest Expenses	营业利润 Operating Profits	利润总额 Total Profits	应交所得税 Income Tax Payable	应付职工薪酬 Payables to Employees
1115	**179**	**111**	**1393**	**892**	**3555**	**2716**	**797**	**27992**
33	12	6	22		-645	-663		1450
38	6		15		-1036	-1058		250
					291			300
					-34	-34		62
			10		524	524		609
10			12	5	52	52		89
1	2	13	336		-1860	-1828	74	2471
77	13		52	8	61	106	25	1539
75	22	11	5		2187	2089	1	4346
520	80	34	464	599	2173	2119	222	6950
4			131		1401	1401	136	182
10	1		220	199	-130	-116		936
12	2	1	32	31	974	818		719
259	20	30	68	48	78	-150	310	5401
8	2	1	12	2	-213	-135	23	942
38	9	12	12		-256	-363	6	1636
31	11	3	2	1	-11	-46		109

有限责任公司

Limited Liability Corporations

地区	Region	主营业务收入 Revenue from Principal Business	主营业务成本 Cost of Principal Business	主营业务税金及附加 Taxes and Other Charges on Principal Business	主营业务利润 Profits from Principal Business	其他业务利润 Profits from Other Business	销售费用 Selling Expenses	管理费用 Administrative Expenses
全国	**National Total**	**10402995**	**3443648**	**570223**	**6389124**	**188150**	**3242821**	**3019035**
北京	Beijing	1350412	359179	74840	916393	7394	412294	476825
天津	Tianjin	151996	50617	8264	93115	1489	53926	42075
河北	Hebei	284443	109861	15951	158631	1607	92221	86451
山西	Shanxi	92868	39737	4744	48387	365	31150	20192
内蒙古	Inner Mongolia	136064	43311	7448	85305	16772	45173	47011
辽宁	Liaoning	228895	83219	12183	133493	918	69939	72802
吉林	Jilin	74957	28245	3802	42910	1375	26515	17040
黑龙江	Heilongjiang	83057	21571	4969	56517	2626	28083	22335
上海	Shanghai	506578	142955	26911	336712	32050	160275	185525
江苏	Jiangsu	544664	181761	29874	333029	1014	158302	183827
浙江	Zhejiang	924094	293864	51813	578417	9332	301862	267666
安徽	Anhui	275006	105728	14792	154486	9710	90406	68976
福建	Fujian	304231	99799	17377	187055	2945	100222	79722
江西	Jiangxi	149169	43596	7262	98311	618	53630	39129
山东	Shandong	496908	228446	25615	242847	9149	136488	121871
河南	Henan	347958	146327	18325	183306	11986	93439	87530
湖北	Hubei	306031	117241	16226	172564	13276	88256	74638
湖南	Hunan	442413	150391	24027	267995	10817	116818	130463
广东	Guangdong	1320185	431094	77627	811464	22483	451930	309631
广西	Guangxi	130055	40273	7209	82573	4980	53416	35878
海南	Hainan	492248	110363	26475	355410	1979	146080	168044
重庆	Chongqing	249624	100267	12772	136585	412	72014	67603
四川	Sichuan	406081	122471	21031	262579	7703	113297	115524
贵州	Guizhou	173618	61041	9287	103290	2311	54419	50653
云南	Yunnan	287783	79938	15679	192166	3499	96565	77748
西藏	Tibet	6683	1985	386	4312		2015	1832
陕西	Shaanxi	353112	122077	18820	212215	8901	121720	105784
甘肃	Gansu	99914	39679	5901	54334	1181	30869	20890
青海	Qinghai	12203	4009	646	7548	66	3638	3198
宁夏	Ningxia	29467	14967	1726	12774	-11	8589	4885
新疆	Xinjiang	142280	69638	8245	64397	1204	29271	33290

4-4-4 Continued 5

单位：万元

Unit: 10000 yuan

#税金 Taxes	#差旅费 Travel Allowance	#工会经费 Trade Unions Funds	财务费用 Financial Expenses	#利息支出 Interest Expenses	营业利润 Operating Profits	利润总额 Total Profits	应交所得税 Income Tax Payable	应付职工薪酬 Payables to Employees
116727	**20520**	**12798**	**516365**	**352276**	**-259586**	**-231432**	**90925**	**2213133**
26523	2607	2340	65610	63634	-13521	-70253	13325	335591
1497	80	186	7844	6940	-8601	-7484	762	30171
5060	512	263	13654	6579	-31808	-21215	1410	62740
621	101	113	1986	436	-4803	-5471	235	18216
1119	580	114	2919	2474	-3093	-3004	849	31620
4027	443	162	8395	5155	-16577	-12113	898	49229
934	193	49	1544	849	-8489	-8862	201	13940
943	209	147	2064	1049	5300	5162	787	15508
4053	643	596	16605	10559	-3819	377	7643	114101
7674	507	359	42374	14351	-48799	-38734	4374	104535
9211	1241	1381	66951	57019	-42107	-33147	4631	198278
2831	495	156	14774	9838	-17194	-11085	2352	61067
2468	708	199	16919	14352	-9694	-7005	3151	70480
924	550	130	8839	6496	-5080	1264	1193	31350
4895	1039	322	21093	9578	-18139	-13283	3184	98358
3853	698	237	16812	10747	-7630	-2990	2112	64835
1832	597	464	13045	6414	2003	2809	1594	53809
4263	920	529	34304	19893	-9172	-19516	4346	83485
8504	2385	1507	60546	43497	-1910	12462	13136	297955
1904	414	209	5824	4125	-7504	-4925	1005	31418
5687	1457	614	12354	9673	41502	40288	9074	78969
1738	596	232	17343	9338	-15250	-12409	1302	50409
3587	772	566	20615	13090	1754	8933	2929	75350
1681	593	264	14441	8216	-15157	-12689	2138	37856
3343	645	847	7681	6022	13477	14317	4679	58688
1	36	7	180	4	285	471		1616
3886	752	391	14031	6128	-31806	-31143	566	74755
1614	330	98	5032	3484	-1134	-622	525	20328
50	43	15	993	80	-693	-311	26	3868
216	40	23	458	399	-4738	-4710	159	8411
1786	337	276	1137	1859	2813	3456	2341	36198

股份有限公司

Share-holding Corporations Ltd.

地 区	Region	主营业务收入 Revenue from Principal Business	主营业务成本 Cost of Principal Business	主营业务税金及附加 Taxes and Other Charges on Principal Business	主营业务利润 Profits from Principal Business	其他业务利润 Profits from Other Business	销售费用 Selling Expenses	管理费用 Administrative Expenses
全 国	**National Total**	**1182970**	**461875**	**58909**	**662186**	**16636**	**310050**	**277453**
北 京	Beijing	69003	36175	3753	29075	228	8994	13460
天 津	Tianjin	2119	411	120	1588		366	878
河 北	Hebei	27169	8227	1611	17331	18	10738	8183
山 西	Shanxi	11532	4017	653	6862	-71	3635	3266
内蒙古	Inner Mongolia	16933	6170	925	9838	1147	6078	4813
辽 宁	Liaoning	8015	2455	425	5135	27	3854	2043
吉 林	Jilin	7000	3892	310	2798	339	1291	1261
黑龙江	Heilongjiang	21802	3319	1469	17014	11	10007	5742
上 海	Shanghai	18382	4056	895	13431	1853	8279	5914
江 苏	Jiangsu	136660	63887	5647	67126	412	35950	28594
浙 江	Zhejiang	98473	33776	5576	59121	3416	32885	22175
安 徽	Anhui	68233	32093	3383	32757	93	9589	15334
福 建	Fujian	32324	8312	1910	22102	371	9548	12185
江 西	Jiangxi	30453	13731	1525	15197	50	6264	7926
山 东	Shandong	106327	57824	4399	44104	3386	20191	14613
河 南	Henan	75672	41061	3469	31142	649	16586	10803
湖 北	Hubei	48975	19387	2001	27587	334	13043	10845
湖 南	Hunan	103454	36510	5760	61184	1007	17339	26315
广 东	Guangdong	88487	12539	5239	70709	114	25395	24680
广 西	Guangxi	35739	12152	1684	21903	898	11527	9229
海 南	Hainan	29347	5304	1545	22498		11014	12678
重 庆	Chongqing	24837	8850	1144	14843	109	7652	6872
四 川	Sichuan	68654	27374	2705	38575	321	22448	12472
贵 州	Guizhou	2177	652	111	1414		358	810
云 南	Yunnan	20678	7063	1065	12550	511	6941	7873
西 藏	Tibet	4357	1743	246	2368		903	1760
陕 西	Shaanxi	18325	5661	926	11738	28	7183	3598
甘 肃	Gansu	1061	1143	17	-99	72	437	644
青 海	Qinghai							
宁 夏	Ningxia							
新 疆	Xinjiang	6785	4097	396	2292	1315	1556	2489

单位：万元
Unit: 10000 yuan

#税金 Taxes	#差旅费 Travel Allowance	#工会经费 Trade Unions Funds	财务费用 Financial Expenses	#利息支出 Interest Expenses	营业利润 Operating Profits	利润总额 Total Profits	应交所得税 Income Tax Payable	应付职工薪酬 Payables to Employees
15240	**2309**	**1219**	**45832**	**37453**	**33639**	**10067**	**11650**	**224398**
735	60	13	7627	7394	-775	-473	192	15178
	1	7	12		253	254		494
407	48	3	3745	3271	-5291	-4754	190	5954
30	4	2	145	19	-70	-178	90	2544
635	60	20	2509	2528	-3461	-2286	104	4830
139	1	2	125	30	-1269	-1265	18	1054
92	4	1	67	45	129	206	8	692
822	40	45	171	24	1095	470	266	3413
190	10	23	104	22	-467	-65	20	4798
777	110	98	1803	2592	7122	-15300	1781	19381
839	208	200	3273	2589	4533	5292	1144	21708
1872	317	109	1084	671	7375	7302	191	14964
114	50	18	746	237	-204	-170	173	5959
572	157	19	1657	544	-543	-748	230	4764
1627	236	56	3141	2575	6147	3723	864	15948
1322	166	46	733	154	3392	3634	1074	9456
673	168	98	2240	1455	236	1084	179	6735
1552	117	108	10024	8272	12391	8754	1886	21484
1096	67	64	689	302	7152	8991	2191	23169
202	63	63	351	216	1153	1395	205	8150
437	99	41	305		-1200	-1180	6	5949
31	62	21	1224	1072	-803	-827	67	4491
283	152	107	2853	2536	319	-557	493	10900
74	2	2	84	79	162	130	1	390
316	56	26	45	59	-2273	-1883	226	4683
21			106	26	-452	-481		864
297	19	16	308	122	722	542		4292
44			3		665	1	51	70
43	33	11	664	618	-2400	-1542		2083

4-4-4 续表 7

私营企业
Private Enterprises

地　区	Region	主营业务收入 Revenue from Principal Business	主营业务成本 Cost of Principal Business	主营业务税金及附加 Taxes and Other Charges on Principal Business	主营业务利润 Profits from Principal Business	其他业务利润 Profits from Other Business	销售费用 Selling Expenses	管理费用 Administrative Expenses
全　国	**National Total**	**8863553**	**3571431**	**461760**	**4830362**	**140026**	**2616266**	**1945945**
北　京	Beijing	393464	102445	21861	269158	2103	167714	107369
天　津	Tianjin	66058	19548	3826	42684	348	23825	15375
河　北	Hebei	176302	76308	10044	89950	1415	58247	37438
山　西	Shanxi	258400	96932	15148	146320	4541	87237	65136
内蒙古	Inner Mongolia	104782	37297	5437	62048	811	34584	24829
辽　宁	Liaoning	287677	120162	15409	152106	13092	72535	63530
吉　林	Jilin	86148	44678	3459	38011	1368	16881	20606
黑龙江	Heilongjiang	61871	26164	3944	31763	1892	15110	13109
上　海	Shanghai	430709	101154	22766	306789	14637	175769	138735
江　苏	Jiangsu	774701	295209	41655	437837	2949	233701	187590
浙　江	Zhejiang	1072302	394987	58859	618456	14947	348539	271664
安　徽	Anhui	170386	70535	8100	91751	6872	46894	37884
福　建	Fujian	338215	153972	18007	166236	2438	93764	52300
江　西	Jiangxi	156548	71171	6620	78757	532	36986	28805
山　东	Shandong	504262	273382	22476	208404	4186	87762	67372
河　南	Henan	459969	272499	19703	167767	6423	66562	54116
湖　北	Hubei	325743	166312	14225	145206	3210	76134	50924
湖　南	Hunan	426677	197144	18953	210580	8394	93485	90035
广　东	Guangdong	1128490	396064	67071	665355	16437	384983	251222
广　西	Guangxi	186044	66088	10622	109334	3446	74886	39343
海　南	Hainan	53789	12365	2984	38440	957	21360	17775
重　庆	Chongqing	175653	78491	8862	88300	3735	47754	35507
四　川	Sichuan	480386	184037	25267	271082	6211	145571	113757
贵　州	Guizhou	84549	38957	4791	40801	6481	20101	18751
云　南	Yunnan	181546	74156	9560	97830	5549	48849	45482
西　藏	Tibet	9922	3729	655	5538	249	2600	4101
陕　西	Shaanxi	242635	119642	9515	113478	2256	54076	44216
甘　肃	Gansu	63488	27438	2897	33153	1844	13553	9848
青　海	Qinghai	23363	7506	1308	14549	93	10591	3415
宁　夏	Ningxia	50504	15975	2650	31879	682	18749	15296
新　疆	Xinjiang	88971	27088	5089	56794	1933	37469	20416

4-4-4 Continued 7

单位：万元
Unit: 10000 yuan

#税金 Taxes	#差旅费 Travel Allowance	#工会经费 Trade Unions Funds	财务费用 Financial Expenses	#利息支出 Interest Expenses	营业利润 Operating Profits	利润总额 Total Profits	应交所得税 Income Tax Payable	应付职工薪酬 Payables to Employees
71930	**24942**	**8345**	**462844**	**286085**	**-59594**	**-59513**	**65504**	**1556141**
2302	1896	301	6779	4063	-10711	-9872	1278	71262
146	21	1	5188	27	461	839	254	12713
1167	541	100	12413	9127	-17495	-17925	731	35867
1672	788	209	13873	4075	-17288	-15800	844	49828
1057	274	48	3872	2245	679	-83	522	23627
3944	458	216	17916	9041	1754	722	3693	42002
1372	679	117	4605	3837	-2839	-4338	437	11616
202	207	38	3149	937	1212	400	833	10044
1816	519	64	22609	4051	-22695	-14547	3080	70381
7351	937	488	45817	28655	-28497	-35279	6205	138143
8713	4193	849	86924	72794	-76143	-62363	6277	191407
1584	528	87	9574	6736	-269	-1444	1484	33745
2045	1162	238	10039	5983	9242	6383	3555	64602
778	492	181	9106	7352	3758	2211	1573	25510
6093	1926	380	12502	5692	41881	41090	8041	66055
3846	1526	197	11707	5259	36935	34080	4798	55368
2433	537	1175	10993	6300	13504	13480	1330	45451
3306	745	890	17551	11754	17307	7297	1732	72053
7646	2085	744	67560	45844	-5076	-5483	8401	240217
1492	657	91	9899	7546	-6333	-6040	658	38118
678	171	71	7479	1979	-6493	-6840	-68	10869
1338	433	161	13427	7162	-8014	-4932	1213	30732
3988	1517	653	30427	15649	15736	13569	3261	76355
394	378	102	5427	3688	-4294	-57	794	17609
1940	595	143	7061	5698	-5290	-3513	1238	36298
171	43	2	159	148	-1059	-1096	10	3012
1506	961	453	6886	3114	8301	2537	282	39422
400	211	19	1942	1694	9253	9140	1613	10383
111	58	8	553	216	688	768	92	4837
598	82	170	4022	2319	-5970	-869	303	11131
1843	324	154	3386	3102	-1836	-1547	1043	17483

其他企业
Other Enterprises

地　区	Region	主营业务收入 Revenue from Principal Business	主营业务成本 Cost of Principal Business	主营业务税金及附加 Taxes and Other Charges on Principal Business	主营业务利润 Profits from Principal Business	其他业务利润 Profits from Other Business	销售费用 Selling Expenses	管理费用 Administr-ative Expenses
全　国	**National Total**	**1087420**	**427106**	**57006**	**603308**	**25625**	**282569**	**275595**
北　京	Beijing							
天　津	Tianjin	25440	9669	1497	14274		10272	4070
河　北	Hebei	14509	6376	679	7454		4479	3430
山　西	Shanxi	14614	6042	1217	7355	1328	4484	3506
内蒙古	Inner Mongolia	33110	13784	1036	18290	40	5893	4038
辽　宁	Liaoning	35738	17775	1833	16130	115	4136	11386
吉　林	Jilin	11779	4752	746	6281	4170	3125	3992
黑龙江	Heilongjiang	5667	2764	205	2698		210	1137
上　海	Shanghai	41365	12337	2335	26693		4290	11088
江　苏	Jiangsu	30715	12195	1511	17009	719	8874	8094
浙　江	Zhejiang	3979	637	246	3096	304	1412	2017
安　徽	Anhui	44698	20050	2241	22407	996	9849	11038
福　建	Fujian	43731	21247	2426	20058	59	13074	5937
江　西	Jiangxi	27001	10132	1191	15678	170	7666	4858
山　东	Shandong	104177	47411	4844	51922	154	21815	19091
河　南	Henan	46161	28392	1764	16005	1	7239	5816
湖　北	Hubei	53928	27799	2320	23809	51	12707	14106
湖　南	Hunan	46629	14071	2486	30072	172	14200	26626
广　东	Guangdong	207489	61589	11911	133989	3079	68356	60715
广　西	Guangxi	31737	7292	1974	22471	519	10429	8324
海　南	Hainan	38401	8410	2171	27820	976	9609	14273
重　庆	Chongqing	40141	16340	2121	21680	16	10528	7395
四　川	Sichuan	59839	25098	3145	31596	1113	16010	13633
贵　州	Guizhou	10897	5061	622	5214	1466	1736	2332
云　南	Yunnan	56143	23683	3223	29237	9323	14969	15482
西　藏	Tibet	772	414	117	241		179	205
陕　西	Shaanxi	40247	14985	1902	23360	775	13709	8573
甘　肃	Gansu	9255	4209	646	4400		1160	1339
青　海	Qinghai	2506	1134	142	1230		685	928
宁　夏	Ningxia	2499	768	139	1592	13	928	611
新　疆	Xinjiang	4256	2691	315	1250	70	547	1556

4-4-4 Continued 8

单位：万元
Unit: 10000 yuan

#税金 Taxes	#差旅费 Travel Allowance	#工会经费 Trade Unions Funds	财务费用 Financial Expenses	#利息支出 Interest Expenses	营业利润 Operating Profits	利润总额 Total Profits	应交所得税 Income Tax Payable	应付职工薪酬 Payables to Employees
9173	**2846**	**1668**	**47837**	**31192**	**16160**	**12844**	**9499**	**196896**
18			684	501	-1133	-1024	19	4271
179	39	14	2227	1507	-2677	-877	32	3021
25	43	26	79	30	-415	-409	41	3236
116	61	16	936	553	7343	6958	877	3792
522	81	25	2013	1516	-1531	-304	344	4060
206	42	24	353	267	-645	-401	37	2739
12	5	2	174	79	1125	932		769
101	37	21	563	156	10756	10876	3	8250
236	20	7	599	464	395	-99	134	6007
17	13	9	40		-69	-122	11	902
689	166	37	929	712	939	653	490	7571
779	339	50	807	496	25	100	502	9122
106	36	8	2119	1783	-1131	-1879	92	6055
647	133	22	2733	700	8999	8116	973	14921
276	31	16	765	507	1918	2026	182	5927
525	59	25	872	559	-3612	-3822	260	4793
1275	354	118	1500	570	-12291	-13331	5	11955
1000	266	824	14366	4380	5605	5520	3594	41916
317	187	31	2072	1604	153	216	323	7279
279	114	53	446	279	3671	4109	147	5982
301	87	150	389	4980	4423	4069	844	7937
272	392	54	4677	2450	-430	-1008	191	10315
219	35	11	530	239	578	582	76	1492
637	166	64	4103	3926	-4758	-5651	152	12528
	18		1		54	167	17	66
218	65	33	1115	236	607	-815	51	8445
69	28	6	740	714	457	130	91	1299
6	20		993	989	-1376	-1375	1	633
62	1	9	262	252	-196	135	10	438
65	11	17	753	745	-622	-628		1175

港、澳、台商投资企业
Enterprises with Funds from Hongkong, Macao and Taiwan

地区	Region	主营业务收入 Revenue from Principal Business	主营业务成本 Cost of Principal Business	主营业务税金及附加 Taxes and Other Charges on Principal Business	主营业务利润 Profits from Principal Business	其他业务利润 Profits from Other Business	销售费用 Selling Expenses	管理费用 Administr-ative Expenses
全国	**National Total**	**3210904**	**869443**	**174584**	**2166877**	**101981**	**882506**	**1074136**
北京	Beijing	653475	190349	35464	427662	656	142560	181218
天津	Tianjin	20463	7970	914	11579	61	3893	13231
河北	Hebei	11769	4672	668	6429		2607	4951
山西	Shanxi	9750	4284	337	5129		2026	3449
内蒙古	Inner Mongolia	10339	1423	554	8362		6259	6420
辽宁	Liaoning	161255	29374	9367	122514	20684	33369	77749
吉林	Jilin	11882	3562	685	7635	12	4673	3835
黑龙江	Heilongjiang	23415	5440	1276	16699		7789	14177
上海	Shanghai	178751	48006	10116	120629	3670	54875	69621
江苏	Jiangsu	110080	31117	6285	72678	935	34792	40081
浙江	Zhejiang	383087	95114	21205	266768	7032	111789	97075
安徽	Anhui	27922	7949	1570	18403		7440	7901
福建	Fujian	227131	83914	10828	132389	4201	53016	54473
江西	Jiangxi	12758	4220	1290	7248	938	4619	3545
山东	Shandong	84519	16849	4555	63115	4897	26017	38418
河南	Henan	64627	12979	3602	48046	354	24461	27174
湖北	Hubei	86444	29811	5016	51617	4290	23024	27250
湖南	Hunan	74349	23985	3803	46561	526	27132	20965
广东	Guangdong	673684	178593	35839	459252	41824	213327	224376
广西	Guangxi	70655	14602	3991	52062	242	24736	42138
海南	Hainan	122820	22385	7183	93252	3677	25428	46851
重庆	Chongqing	17317	3061	911	13345		3894	12707
四川	Sichuan	76127	19481	3762	52884		18451	21237
贵州	Guizhou	13605	2381	762	10462	5127	5910	3939
云南	Yunnan	29236	8085	1701	19450	2673	8125	10332
西藏	Tibet							
陕西	Shaanxi	52457	19539	2745	30173	181	11412	19508
甘肃	Gansu	2709	296	141	2272		706	1450
青海	Qinghai							
宁夏	Ningxia							
新疆	Xinjiang	277	4	16	257	1	178	67

4-4-4 Continued 9

单位：万元
Unit: 10000 yuan

			财务费用 Financial Expenses		营业利润 Operating Profits	利润总额 Total Profits	应交所得税 Income Tax Payable	应付职工薪酬 Payables to Employees
#税金 Taxes	#差旅费 Travel Allowance	#工会经费 Trade Unions Funds		#利息支出 Interest Expenses				
48655	**8479**	**4270**	**184714**	**136419**	**107424**	**112142**	**50836**	**645347**
13796	1512	1590	24734	26780	110853	109351	26121	160764
381	16		1560	821	-7632	-3579	539	3090
2	16	6	697		-1826	-2184	8	3253
			55		-619	-550	5	2796
35	5		1476	31	-5795	-5211		4630
2522	642	192	3753	1748	7334	5175	1293	26964
237	117	2	1925	1111	-1752	-2114	28	1276
174	117	21	2739	2406	-6360	-10796	56	3211
1289	355	134	13334	3260	-3643	-3006	1288	34185
604	230	68	6983	3382	-8706	-9311	606	19623
2988	723	342	26487	26660	39573	40432	8905	65952
54	51	161	1557	1133	1956	1319	47	5076
2632	411	409	17819	15568	8926	9158	4346	42971
64	21	3	496	248	-235	-527	93	2439
2124	127	32	6403	3042	-1329	-399	549	16795
1232	43	22	8024	3400	-10502	-10581	481	12915
352	146	53	4917	1720	-1343	579	105	14793
2438	262	275	4119	2977	-3773	-3667	282	13536
11753	2600	554	39580	28104	-19531	-23368	5553	144602
1872	162	104	7770	6564	-19420	-11540	81	17180
1724	390	92	1957	1598	29180	30123	4	16660
287	312	22	3875	3864	-7157	-7152		2825
735	55	47	730	48	11868	12708	65	8487
95	5	9	755	73	-145	-112	55	2479
739	57	17	404	348	599	386	28	8270
517	66	116	2545	1513	-3206	-3145	297	10004
1	36		21	21	94	141		491
7	2	1			14	12	1	81

4-4-4 续表 10

外商投资企业
Foreign Funded Enterprises

地　区	Region	主营业务收入 Revenue from Principal Business	主营业务成本 Cost of Principal Business	主营业务税金及附加 Taxes and Other Charges on Principal Business	主营业务利润 Profits from Principal Business	其他业务利润 Profits from Other Business	销售费用 Selling Expenses	管理费用 Administr-ative Expenses
全　国	**National Total**	**2287042**	**672742**	**121989**	**1492311**	**40012**	**565530**	**731470**
北　京	Beijing	338327	56440	18833	263054	649	77919	123537
天　津	Tianjin	37500	10693	2126	24681	-2	10572	11542
河　北	Hebei	12627	3470	712	8445	7	2261	10857
山　西	Shanxi							
内蒙古	Inner Mongolia	32985	14810	1882	16293		1515	14949
辽　宁	Liaoning	67481	25528	3735	38218	1400	18795	28237
吉　林	Jilin	35262	10162	1849	23251		6258	10540
黑龙江	Heilongjiang	34434	4075	1972	28387	4248	10784	12454
上　海	Shanghai	257514	105444	14290	137780	5300	32851	75329
江　苏	Jiangsu	132935	39708	6788	86439	903	42482	53798
浙　江	Zhejiang	93387	30531	5275	57581	898	26639	33573
安　徽	Anhui	17971	5103	1052	11816	5389	4960	7565
福　建	Fujian	177965	51492	10244	116229	1132	56457	45214
江　西	Jiangxi	13621	2958	804	9859	35	5212	5664
山　东	Shandong	45893	14769	2589	28535	105	7859	16049
河　南	Henan	14866	4458	588	9820	1166	4247	1871
湖　北	Hubei	13319	3542	721	9056		3706	6777
湖　南	Hunan	14498	5615	729	8154	10	2557	5556
广　东	Guangdong	583522	203421	30127	349974	6497	154866	150842
广　西	Guangxi	19848	3125	1545	15178	375	8321	14399
海　南	Hainan	125378	25270	4112	95996	5656	29067	38401
重　庆	Chongqing	46947	12819	2561	31567		13849	6276
四　川	Sichuan	65480	11611	3615	50254	9	12949	24456
贵　州	Guizhou	3054	525	182	2347		576	2044
云　南	Yunnan	19492	5311	1104	13077	1434	8103	6867
西　藏	Tibet	1984	267	123	1594			100
陕　西	Shaanxi	66106	18579	3667	43860	4790	16991	19607
甘　肃	Gansu	6071	1070	379	4622		1728	2758
青　海	Qinghai	6043	1234	339	4470	9	2737	1572
宁　夏	Ningxia	2306	715	35	1556		1196	585
新　疆	Xinjiang	227		12	215		76	51

4-4-4 Continued 10

单位：万元
Unit: 10000 yuan

#税金 Taxes	#差旅费 Travel Allowance	#工会经费 Trade Unions Funds	财务费用 Financial Expenses	#利息支出 Interest Expenses	营业利润 Operating Profits	利润总额 Total Profits	应交所得税 Income Tax Payable	应付职工薪酬 Payables to Employees
30432	**3289**	**1937**	**110624**	**68395**	**117964**	**109955**	**44302**	**454652**
9609	543	647	20582	20155	41877	40800	13801	84438
5	35	26	2133	187	936	979	72	4980
528	7	6	115	111	-4782	-4640	5	3622
1639	65	62	-245	-173	-42	-1880		6280
1525	131	76	2730	2690	-7656	-6886	422	11762
191	35	2	773	454	5681	5358	1384	2084
	20		-27	92	5214	5152	1632	3064
836	72	116	10717	3668	22547	22355	7240	39175
2304	149	51	10040	5984	-18056	-18014	905	25241
1087	223	73	11359	8712	-13059	-10994	310	21980
24	2	1	136		-783	-624	129	3189
3018	517	152	9763	7160	11611	12083	3343	39348
3	19	1	667	45	-1670	-1809	5	3368
364	164	18	2027	1420	2622	2420	21	6470
238	46	10	1287	1132	2376	-360	12	2225
136	20	2	-70		-1357	-1397	12	3137
517	123	123	2053	1815	-2263	-2304		3575
5296	754	284	23747	12548	23493	27014	4964	128303
353	6		1586	773	-365	149	153	4297
944	215	77	3501		22319	13011	1480	18114
302	10	48	4284		8902	9271	2390	7761
393	7	28	1810	277	11608	12572	3763	10448
			370		-643	-643		891
25	28	24	131	455	1033	689	237	3834
					296			371
751	91	109	1102	880	7284	6834	1923	13008
214			17		580	586	93	1979
134	2		33	5	404	375		1464
	5		5	7	-229	-229		194
	1	1			88	88	6	52

4-4-5 各地区限额以上住宿业企业损益及分配(按国民经济行业分)

旅游饭店

Tourist Hotel

地　区	Region	主营业务收入 Revenue from Principal Business	主营业务成本 Cost of Principal Business	主营业务税金及附加 Taxes and Other Charges on Principal Business	主营业务利润 Profits from Principal Business	其他业务利润 Profits from Other Business	销售费用 Selling Expenses	管理费用 Administr-ative Expenses
全　国	**National Total**	**28860693**	**9964181**	**1541458**	**17355054**	**572009**	**8570273**	**8195970**
北　京	Beijing	3156843	847383	173565	2135895	11123	888955	1085433
天　津	Tianjin	295307	105879	15562	173866	1804	88846	92863
河　北	Hebei	616801	244644	34209	337948	4959	212032	180915
山　西	Shanxi	416076	166007	22329	227740	19343	144890	107430
内蒙古	Inner Mongolia	346548	136674	17942	191932	19227	97036	102328
辽　宁	Liaoning	918753	352141	48156	518456	37928	238413	285782
吉　林	Jilin	320615	139397	15930	165288	8683	85171	83143
黑龙江	Heilongjiang	271390	88878	14823	167689	13668	82277	89630
上　海	Shanghai	1573410	464975	82412	1026023	71820	487748	524721
江　苏	Jiangsu	1991773	730165	104036	1157572	14783	586698	585646
浙　江	Zhejiang	2645331	884844	145806	1614681	38277	811469	727907
安　徽	Anhui	580619	233566	30322	316731	22607	162837	150171
福　建	Fujian	1193242	429056	64806	699380	10268	361973	267832
江　西	Jiangxi	437607	159737	20672	257198	2996	134677	109118
山　东	Shandong	1644686	725004	84236	835446	29018	426148	403799
河　南	Henan	958289	435296	49164	473829	24250	237671	218773
湖　北	Hubei	808263	356147	38604	413512	16820	204792	194215
湖　南	Hunan	1133928	404512	57529	671887	17964	280766	329814
广　东	Guangdong	4014822	1255212	227303	2532307	85064	1317964	1043012
广　西	Guangxi	535184	172327	29592	333265	15664	199790	167310
海　南	Hainan	892338	192869	46109	653360	13331	257877	309140
重　庆	Chongqing	547968	210362	28567	309039	6207	154781	150912
四　川	Sichuan	1088612	342631	56935	689046	12349	331609	295849
贵　州	Guizhou	294967	113301	16098	165568	15125	85520	80426
云　南	Yunnan	613838	191102	34267	388469	23274	202296	183386
西　藏	Tibet	58380	16354	3544	38482	915	21063	18292
陕　西	Shaanxi	763284	278947	38160	446177	22628	235745	223796
甘　肃	Gansu	245710	95086	13700	136924	4601	65703	58048
青　海	Qinghai	70429	19835	3846	46748	459	27036	19915
宁　夏	Ningxia	92506	33557	4422	54527	495	35560	22367
新　疆	Xinjiang	333177	138295	18815	176067	6359	102929	83999

Income and Distribution of Enterprises above Designated Size of Hotels by Region and Sector

单位：万元

Unit: 10000 yuan

#税金 Taxes	#差旅费 Travel Allowance	#工会经费 Trade Unions Funds	财务费用 Financial Expenses	#利息支出 Interest Expenses	营业利润 Operating Profits	利润总额 Total Profits	应交所得税 Income Tax Payable	应付职工薪酬 Payables to Employees
329821	**62156**	**35586**	**1354865**	**926418**	**-381112**	**-291677**	**268387**	**5989137**
63177	6565	6412	132359	129056	52718	856	53259	817196
1532	115	247	17143	8297	-19001	-15428	1335	56974
7555	1268	1111	38866	27597	-89586	-85092	2154	136183
2441	826	380	14859	4515	-29773	-27305	732	83237
4544	897	286	10609	6307	-10619	-9425	1251	82574
14226	1829	810	35224	20432	-32109	-23158	6474	157702
3514	1450	223	9288	5749	-12933	-14245	1774	49735
2267	750	245	9088	5214	-6261	-9211	2792	52476
11533	1749	1415	66597	29974	-22800	-3957	19329	323579
22658	2055	1566	112793	63251	-107333	-116791	13684	369013
24798	6123	3691	188835	162519	-69260	-36787	22659	538466
6524	1527	615	24612	16359	-12176	-9087	3708	123672
12093	2691	1265	55841	43564	23796	24879	15833	260762
3088	1292	378	21778	15343	-8369	-6708	3157	86310
17155	4384	1223	44783	24164	-9467	9665	14527	297368
11176	2555	720	38460	22539	-9333	-4117	7268	163492
7430	1316	1941	29054	15394	-6443	1187	2427	129318
15115	2488	1632	71432	45838	-8311	-23250	8047	224185
37310	8099	3479	193062	129911	18896	36431	39593	925027
7118	1451	784	29124	21988	-36675	-18952	1943	123735
10997	2535	1013	26900	14942	84028	75673	10753	144621
3982	1428	677	39795	25869	-29856	-22420	5703	108959
9171	2209	1486	58273	31648	35327	38611	10678	191255
2723	954	429	20301	11751	-18420	-12327	3152	63324
7922	1612	1326	16924	14815	-3202	2990	6491	136034
629	234	26	719	355	-1272	-1282	177	16071
8988	1657	1159	27157	12718	-37446	-37468	3962	155654
3245	745	226	6973	4884	5485	5764	1133	48979
828	344	117	2737	1421	-2002	-1040	145	16212
812	111	134	4962	3166	-11833	-6127	413	22532
5272	899	571	6320	6842	-6883	-3557	3837	84495

一般旅馆

Fonda

地 区	Region	主营业务收入 Revenue from Principal Business	主营业务成本 Cost of Principal Business	主营业务税金及附加 Taxes and Other Charges on Principal Business	主营业务利润 Profits from Principal Business	其他业务利润 Profits from Other Business	销售费用 Selling Expenses	管理费用 Administr-ative Expenses
全 国	**National Total**	**5012072**	**2062751**	**253646**	**2695675**	**81466**	**1408096**	**1117584**
北 京	Beijing	580461	151472	32436	396553	4842	210466	171026
天 津	Tianjin	91856	30440	5065	56351	2891	34538	26162
河 北	Hebei	172950	92792	9853	70305	514	41900	32546
山 西	Shanxi	107031	43881	6473	56677	2300	33790	26531
内蒙古	Inner Mongolia	83663	35902	3712	44049	1251	21465	20160
辽 宁	Liaoning	103225	46781	5168	51276	486	21344	28064
吉 林	Jilin	23768	12470	1201	10097	2257	5313	3917
黑龙江	Heilongjiang	63206	22809	4251	36146	3056	19044	14682
上 海	Shanghai	375069	82970	20320	271779	9486	130125	133520
江 苏	Jiangsu	167348	68405	9089	89854	859	52680	41289
浙 江	Zhejiang	340085	93711	18833	227541	4296	141875	91388
安 徽	Anhui	101939	44337	4978	52624	8070	27281	22022
福 建	Fujian	166958	63714	9081	94163	1380	51043	39800
江 西	Jiangxi	88402	38581	4946	44875	480	23361	15360
山 东	Shandong	375695	198652	14724	162319	3446	70326	53612
河 南	Henan	384174	234821	14702	134651	4406	53956	41998
湖 北	Hubei	241851	126176	10030	105645	6670	54010	36584
湖 南	Hunan	219978	129115	9543	81320	2797	43877	32368
广 东	Guangdong	503516	183673	28223	291620	11303	162849	121404
广 西	Guangxi	60520	19630	3443	37447	484	23983	14788
海 南	Hainan	7615	3052	439	4124	14	2249	2345
重 庆	Chongqing	67198	34552	3748	28898	263	16460	14670
四 川	Sichuan	258832	109297	11880	137655	2901	61899	58673
贵 州	Guizhou	53133	19579	3148	30406	1628	14737	12008
云 南	Yunnan	115992	58604	5404	51984	1863	25275	16420
西 藏	Tibet							
陕 西	Shaanxi	168935	78139	8231	82565	2696	40125	30850
甘 肃	Gansu	38044	12538	1820	23686	163	11876	6828
青 海	Qinghai	1777	921	100	756	2	106	414
宁 夏	Ningxia	7943	3509	436	3998	188	2305	1548
新 疆	Xinjiang	40908	22230	2372	16306	475	9840	6610

4-4-5 Continued 1

单位：万元
Unit: 10000 yuan

#税金 Taxes	#差旅费 Travel Allowance	#工会经费 Trade Unions Funds	财务费用 Financial Expenses	#利息支出 Interest Expenses	营业利润 Operating Profits	利润总额 Total Profits	应交所得税 Income Tax Payable	应付职工薪酬 Payables to Employees
38598	**14162**	**6232**	**134607**	**75315**	**122424**	**112632**	**49814**	**905664**
5313	2475	772	10446	8672	38471	42252	6904	125954
1079	101	53	1421	742	-4346	-3410	313	21723
2872	141	78	3964	2315	-7122	4630	784	38284
642	364	128	2001	928	-4050	-3685	677	23528
752	301	42	2578	2014	3528	4758	1333	14588
1062	311	100	1106	274	-796	-138	1233	16765
160	70	17	532	242	1520	306	331	3612
1113	106	96	714	203	4127	2965	1041	8193
1225	1196	251	8289	-830	13845	19067	7605	62303
911	289	122	7285	2314	-8659	-9223	1798	30826
2543	1107	277	13199	12003	-14331	-11455	2383	63474
1192	355	61	3725	2718	1667	-1377	1098	19093
753	1052	175	3863	2449	931	1653	1896	38960
437	254	118	4388	3800	-793	341	379	16879
3528	665	131	10250	5227	28607	20105	5658	49705
2455	436	315	6441	2369	32741	30351	3111	44208
1277	587	181	7053	4521	12525	10840	1724	36016
1338	536	897	4944	2547	15382	4954	1115	30505
3377	1099	1396	18502	7712	-3818	-4751	5344	105898
646	218	52	3405	1915	-3279	-2788	412	12627
36	22	10	44	4	-665	-479	16	1697
569	281	81	2145	1748	-927	-2212	469	11946
2420	765	240	7847	4260	1284	-424	1365	45201
228	280	80	1813	872	864	1407	437	11695
971	210	118	3763	2838	3088	2373	675	18341
976	699	178	3594	2553	7495	1815	-69	34520
183	89	20	752	539	5063	4559	1510	6852
4	9	5	161	161	78	91		370
105	25	111	89	66	174	168	59	1560
433	121	129	294	138	-179	-62	213	10341

其他住宿业
Others

地 区	Region	主营业务收入 Revenue from Principal Business	主营业务成本 Cost of Principal Business	主营业务税金及附加 Taxes and Other Charges on Principal Business	主营业务利润 Profits from Principal Business	其他业务利润 Profits from Other Business	销售费用 Selling Expenses	管理费用 Administrative Expenses
全 国	**National Total**	**624898**	**239106**	**33264**	**352528**	**24355**	**177264**	**172552**
北 京	Beijing	28223	9374	1521	17328	319	8871	10013
天 津	Tianjin	26452	6706	1417	18329	145	11580	7172
河 北	Hebei	37975	14486	2123	21366		6985	15920
山 西	Shanxi	14128	4599	1051	8478	205	5549	5778
内蒙古	Inner Mongolia	2966	961	118	1887		461	952
辽 宁	Liaoning	21871	13007	558	8306	1956	1784	5658
吉 林	Jilin	12407	5413	680	6314	338	4626	3337
黑龙江	Heilongjiang	4539	1733	248	2558	243	1554	591
上 海	Shanghai	89028	16385	4878	67765	15012	36170	37805
江 苏	Jiangsu	29462	8195	1547	19720	-619	9825	9606
浙 江	Zhejiang	8919	2229	516	6174	853	5754	1163
安 徽	Anhui	11384	6515	518	4351	141	2495	2723
福 建	Fujian	26262	9055	1661	15546	2308	6279	4646
江 西	Jiangxi	5967	1767	309	3891	8	1820	2124
山 东	Shandong	29483	17963	1514	10006	1	5145	2189
河 南	Henan	27708	16224	1264	10220	193	3342	2069
湖 北	Hubei	21131	13861	1141	6129	10	2095	3162
湖 南	Hunan	26079	15047	740	10292	549	3260	3741
广 东	Guangdong	65480	18968	4041	42471	33	27068	24940
广 西	Guangxi	8948	1434	534	6980		3901	2136
海 南	Hainan	4580	1111	256	3213		2136	1891
重 庆	Chongqing	19984	10211	1004	8769	30	4954	3928
四 川	Sichuan	33542	13937	2110	17495	2575	9737	5852
贵 州	Guizhou	6722	2198	356	4168	-23	1479	2922
云 南	Yunnan	10487	3666	614	6207	5	2854	4654
西 藏	Tibet	546	149	31	366	12	276	100
陕 西	Shaanxi	31059	10836	1287	18936	11	6478	6361
甘 肃	Gansu	17231	11568	1098	4565	51	428	721
青 海	Qinghai	1698	1023	97	578		358	299
宁 夏	Ningxia	640	484	36	120			102
新 疆	Xinjiang							

单位：万元
Unit: 10000 yuan

#税金 Taxes	#差旅费 Travel Allowance	#工会经费 Trade Unions Funds	财务费用 Financial Expenses	#利息支出 Interest Expenses	营业利润 Operating Profits	利润总额 Total Profits	应交所得税 Income Tax Payable	应付职工薪酬 Payables to Employees
5682	**1397**	**378**	**20870**	**13140**	**-1651**	**5269**	**7343**	**119078**
681	77	32	3888	3634	-5373	-4206	21	6781
26			243	11	-336	-298	503	5573
608	97	3	2323	1559	-3844	-3839	109	9596
11	28	4	1525		-3047	-3556	73	4306
4	1		178		296	232	4	639
322	40	13	115	86	-812	-1430	76	2554
261	55	17	826	782	-2474	-2446	23	2231
21	6		99		340	-92	65	796
418	66	25	1486	667	8418	11290	2845	16730
414	48	2	326	69	-1666	-2350	280	4465
76	7	17	112	49	-54	-30	112	1895
427	15		419	173	-1298	1425	188	2479
189	57	21	1436	829	2533	2683	557	5978
79	4	3	85	15	-129	-122		982
88	51	9	468	416	2234	2224	138	3345
171	52	13	410	75	4438	4586	627	3184
164	65	31	786	637	828	454	19	2216
99	12	7	513	58	1306	193	29	3625
872	89	46	1900	1388	-9900	-2187	437	20651
12	85	11	66	18	1225	1197	308	1166
	16	17	17		211	-803	82	2093
127	83	12	92	16	1122	1196	189	3554
66	361	21	1634	1420	-425	-274	218	4414
106	26	17	24		-641	-801		1188
63	18	21	367	128	-1501	-1338	39	2461
	1		-1	-1	2			161
127	27	29	518	122	4826	2784	54	4505
204	7	4	921	906	2224	934	348	1091
12	7	3	77	67	-155	-155		289
36	2		17	17				132

4-4-6 各地区限额以上餐饮业企业损益及分配

地　区	Region	主营业务收入 Revenue from Principal Business	主营业务成本 Cost of Principal Business	主营业务税金及附加 Taxes and Other Charges on Principal Business	主营业务利润 Profits from Principal Business	其他业务利润 Profits from Other Business	销售费用 Selling Expenses	管理费用 Administr-ative Expenses
全　国	**National Total**	**42508178**	**21552557**	**2223037**	**18732584**	**447833**	**11989164**	**4916215**
北　京	Beijing	5435674	2378783	298215	2758676	28659	1965690	632015
天　津	Tianjin	998335	496138	54423	447774	9041	293485	100654
河　北	Hebei	532643	287083	28694	216866	3263	149055	60166
山　西	Shanxi	949520	487501	48622	413397	13499	281311	138681
内蒙古	Inner Mongolia	746040	338149	32452	375439	9172	222885	109726
辽　宁	Liaoning	1433657	749173	80306	604178	10073	325334	149109
吉　林	Jilin	210636	114406	9013	87217	1940	36533	37067
黑龙江	Heilongjiang	305119	150034	19264	135821	4105	56625	32779
上　海	Shanghai	3497574	1530967	200916	1765691	64461	1469207	500907
江　苏	Jiangsu	3295812	1656870	175212	1463730	15423	913245	424795
浙　江	Zhejiang	2766141	1435623	147698	1182820	15788	774743	352029
安　徽	Anhui	854735	444802	41867	368066	12075	229751	112228
福　建	Fujian	1453683	820376	78762	554545	5232	310764	151303
江　西	Jiangxi	352396	186235	17080	149081	4357	75466	38394
山　东	Shandong	3232568	1833345	144995	1254228	25635	586194	350435
河　南	Henan	1484560	949872	62654	472034	15794	198150	100268
湖　北	Hubei	1713156	911047	90354	711755	14156	432330	184016
湖　南	Hunan	937265	542230	44796	350239	8767	207317	94575
广　东	Guangdong	5481194	2619925	296610	2564659	34663	1745162	602251
广　西	Guangxi	261409	136726	15422	109261	5343	85593	35666
海　南	Hainan	126327	67214	7979	51134	7899	42665	17611
重　庆	Chongqing	1402449	879311	59942	463196	9229	221737	107884
四　川	Sichuan	2455179	1223238	133675	1098266	80564	687715	264760
贵　州	Guizhou	178844	88923	10536	79385	1682	49070	30256
云　南	Yunnan	472836	256192	25740	190904	5469	118828	57902
西　藏	Tibet	11648	6646	586	4416	781	4204	949
陕　西	Shaanxi	1290949	648558	64855	577536	25761	346756	152330
甘　肃	Gansu	327587	173180	16283	138124	10052	66537	29878
青　海	Qinghai	47868	22266	2371	23231	2869	16690	5629
宁　夏	Ningxia	111750	53962	6034	51754	1625	37248	17274
新　疆	Xinjiang	140624	63781	7682	69161	457	38875	24681

Income and Distribution of Enterprises above Designated Size of Catering Services by Region

单位：万元
Unit: 10000 yuan

#税金 Taxes	#差旅费 Travel Allowance	#工会经费 Trade Unions Funds	财务费用 Financial Expenses	#利息支出 Interest Expenses	营业利润 Operating Profits	利润总额 Total Profits	应交所得税 Income Tax Payable	应付职工薪酬 Payables to Employees
165571	**82144**	**29476**	**707328**	**351699**	**1770101**	**1773625**	**528403**	**6821842**
7829	10329	6059	54324	23554	142881	150928	68596	1021422
1009	439	150	8264	1052	75051	73806	19146	144923
1826	757	196	9543	5136	-2005	-4956	3051	103096
3349	1550	995	25507	11812	-11745	-9294	8119	142718
4541	2047	445	12418	4427	29458	17988	7135	151162
6762	1628	932	23889	13020	118870	110732	27368	116939
1509	735	771	3870	2016	12094	13234	2341	29923
3517	1246	122	2257	672	28560	18424	4140	44413
4665	4949	854	54715	15457	72290	116797	54403	590393
9772	5730	1905	64955	35961	70605	59868	41465	563233
10247	4637	1375	71673	49103	22795	38104	31203	460455
4427	1859	538	25835	17479	10037	10906	11454	148458
3596	4175	728	16741	9183	77661	70663	17768	237300
1291	625	246	6937	4289	22385	21752	3758	53961
17998	6790	1527	74845	33836	246676	226577	49879	420822
6564	1962	503	21372	9163	165263	148013	16221	160130
5930	3046	962	36174	17954	61293	43334	18304	243507
12543	2261	1338	17423	6836	48911	28668	6654	139216
25212	10939	4419	74858	38624	233912	193045	70188	979920
1243	548	202	4972	3218	14864	13218	4516	58940
401	201	112	1998	767	-3345	-1863	1674	20447
5357	3860	1071	11082	4280	123098	110710	11653	181285
9987	4928	1816	38627	20947	107343	107279	27553	378917
790	661	303	5253	1850	-2962	-1638	1616	41908
3175	1665	196	8793	6640	9093	137635	3689	72600
27	106	5	16	2	-739	-542	37	2202
7086	3129	711	18540	7015	63834	52868	10539	211642
2470	427	227	4026	2223	35810	28257	2830	46754
275	74	23	983	648	386	618	87	11289
978	330	148	5040	2433	-4360	-4154	789	23479
1196	512	600	2399	2102	2086	2649	2228	20386

4-4-6 续表

国有控股

State-controlled Enterprises

地　区	Region	主营业务收入 Revenue from Principal Business	主营业务成本 Cost of Principal Business	主营业务税金及附加 Taxes and Other Charges on Principal Business	主营业务利润 Profits from Principal Business	其他业务利润 Profits from Other Business	销售费用 Selling Expenses	管理费用 Administrative Expenses
全　国	**National Total**	**2202157**	**1090505**	**101570**	**1010082**	**36992**	**546761**	**398993**
北　京	Beijing	480933	208319	25387	247227	7015	146393	85292
天　津	Tianjin	48536	27291	2528	18717	1632	11697	7894
河　北	Hebei	31167	16374	1645	13148	59	9692	2949
山　西	Shanxi	77654	36048	3844	37762	2562	12443	27620
内蒙古	Inner Mongolia	28519	11345	1521	15653	632	8764	10209
辽　宁	Liaoning	29981	16516	1435	12030	33	5287	6220
吉　林	Jilin	31760	12332	566	18862	245	2974	13571
黑龙江	Heilongjiang	42580	11705	1516	29359	393	6562	3212
上　海	Shanghai	255018	134451	8888	111679	13301	55967	40328
江　苏	Jiangsu	125737	52957	6691	66089	127	36245	35195
浙　江	Zhejiang	122837	59899	5889	57049	341	39178	23029
安　徽	Anhui	39092	19370	1783	17939	1392	9166	12749
福　建	Fujian	36718	18613	1487	16618	65	12390	5873
江　西	Jiangxi	13677	7626	489	5562	852	4648	2422
山　东	Shandong	227093	126528	9501	91064	2315	41976	35532
河　南	Henan	35916	29404	1161	5351	11	2198	1363
湖　北	Hubei	54491	35171	2426	16894	17	9152	7209
湖　南	Hunan	21954	8454	951	12549	409	4916	5094
广　东	Guangdong	202734	103015	9935	89784	1977	52316	28540
广　西	Guangxi	8449	5087	381	2981	204	2292	1466
海　南	Hainan	870	541	18	311		400	12
重　庆	Chongqing	51846	31224	2203	18419	10	7261	9717
四　川	Sichuan	33415	13730	1551	18134	145	10393	7428
贵　州	Guizhou	10265	6547	570	3148	39	2066	2304
云　南	Yunnan	32183	20418	1024	10741	167	5299	5419
西　藏	Tibet							
陕　西	Shaanxi	123193	62491	6568	54134	1646	36553	11541
甘　肃	Gansu	17509	8572	732	8205	10	4151	2679
青　海	Qinghai	4119	1427	232	2460	1384	1526	727
宁　夏	Ningxia	5024	1812	279	2933	8	2248	1026
新　疆	Xinjiang	8890	3238	373	5279		2611	2377

单位：万元

Unit: 10000 yuan

			财务费用 Financial Expenses		营业利润 Operating Profits	利润总额 Total Profits	应交所得税 Income Tax Payable	应付职工薪酬 Payables to Employees
#税金 Taxes	#差旅费 Travel Allowance	#工会经费 Trade Unions Funds		#利息支出 Interest Expenses				
9819	**3627**	**3045**	**33898**	**18215**	**62288**	**79158**	**24016**	**476957**
1955	787	1118	2807	938	25432	31907	7707	130654
31	31	11	168	26	-1967	-1275	253	9773
167	5	32	839	327	-754	-722	22	6949
410	116	112	3071	2979	-4408	-3463	164	17497
109	24	47	526	102	-3671	-2345	21	6319
216	62	28	206	111	267	454	341	4776
18	41	14	247	75	1055	715	39	4234
195	210	27	21	2	2545	305	118	8472
45	78	156	8665	2174	13308	19384	5636	39061
692	200	131	2395	1415	-9301	-4648	964	27485
246	278	308	573	121	14330	15863	1130	30618
352	140	131	293	122	-3587	-2600	292	8564
48	132	51	78	18	-1630	-2489	123	10352
23	21	2	208	148	-482	-646	80	2883
1924	400	227	4187	1385	10423	6829	1930	33295
115	18	8	64	12	2294	1896	283	2729
321	89	27	1094	588	-1049	-1446	289	8246
135	42	48	483	312	96	207	56	4771
645	107	269	5474	4915	14081	13480	2048	57026
25	14	13	190	185	-955	-530	6	1887
	9	2	1	1	-101	-96		169
591	59	47	-138	21	1898	3806	547	8418
185	103	56	763	473	-611	-1025	360	7747
118	24	12	59	34	-861	-875	59	7162
82	95	34	93	227	473	193	224	7962
797	336	110	1274	1291	3816	4530	1202	21723
127	39	10	134	107	1709	1571	2	3979
57	6	2	13	15	191	200	16	978
148	135	6	5	2	-338	-172		1391
44	28	8	107	90	83	148	104	1839

4-4-7 各地区限额以上餐饮业企业损益及分配(按登记注册类型分)

内资企业
Domestic Funded Enterprises

地　区	Region	主营业务收入 Revenue from Principal Business	主营业务成本 Cost of Principal Business	主营业务税金及附加 Taxes and Other Charges on Principal Business	主营业务利润 Profits from Principal Business	其他业务利润 Profits from Other Business	销售费用 Selling Expenses	管理费用 Administrative Expenses
全　国	**National Total**	**31945412**	**16876501**	**1631742**	**13437169**	**361477**	**8020288**	**3853496**
北　京	Beijing	3591041	1596795	196664	1797582	20484	1265217	459234
天　津	Tianjin	511297	274378	27475	209444	3294	142952	61102
河　北	Hebei	525434	283989	28270	213175	3263	146925	59336
山　西	Shanxi	854461	439501	43602	371358	13499	259151	131966
内蒙古	Inner Mongolia	536954	258441	23051	255462	9172	128968	90835
辽　宁	Liaoning	764518	438678	43015	282825	9202	126910	88618
吉　林	Jilin	209658	113759	8962	86937	1940	35963	36771
黑龙江	Heilongjiang	216067	102522	13756	99789	2903	32432	25864
上　海	Shanghai	2056571	1017229	105552	933790	53079	639978	290666
江　苏	Jiangsu	2384570	1224874	124705	1034991	9272	639309	335821
浙　江	Zhejiang	2121156	1127030	111687	882439	8855	581525	278587
安　徽	Anhui	823430	431301	40163	351966	12059	217016	109837
福　建	Fujian	1066121	645205	56779	364137	3061	170755	116915
江　西	Jiangxi	268824	141721	12434	114669	4329	53368	33011
山　东	Shandong	2885531	1663931	125902	1095698	25578	483883	318078
河　南	Henan	1360665	894503	55465	410697	8523	150812	87144
湖　北	Hubei	1366306	757025	70928	538353	14090	316506	150632
湖　南	Hunan	795096	463255	36924	294917	8376	168638	83261
广　东	Guangdong	3610086	1818172	201020	1590894	30785	967182	434187
广　西	Guangxi	251986	133275	14869	103842	5340	69799	31414
海　南	Hainan	108840	61186	6864	40790	1802	37178	12293
重　庆	Chongqing	1224822	752642	49996	422184	6329	207646	94507
四　川	Sichuan	2188996	1089294	118853	980849	64774	606908	238516
贵　州	Guizhou	174049	87196	10262	76591	1626	47248	29557
云　南	Yunnan	381120	210061	21164	149895	4042	93333	49928
西　藏	Tibet	11648	6646	586	4416	781	4204	949
陕　西	Shaanxi	1095216	561291	54075	479850	20015	281333	132104
甘　肃	Gansu	296559	159076	14527	122956	10052	59770	27708
青　海	Qinghai	47868	22266	2371	23231	2869	16690	5629
宁　夏	Ningxia	105229	50506	5675	49048	1625	35670	16695
新　疆	Xinjiang	111293	50756	6147	54390	457	33018	22332

Income and Distribution of Enterprises above Designated Size of Catering Services by Region and Type of Registration

单位：万元
Unit: 10000 yuan

#税金 Taxes	#差旅费 Travel Allowance	#工会经费 Trade Unions Funds	财务费用 Financial Expenses	#利息支出 Interest Expenses	营业利润 Operating Profits	利润总额 Total Profits	应交所得税 Income Tax Payable	应付职工薪酬 Payables to Employees
146581	**67420**	**25625**	**631598**	**310994**	**1135864**	**1128103**	**328768**	**5135684**
6614	7744	4548	46029	18093	55353	68527	37514	699413
817	172	110	7668	1024	21454	20704	5202	92327
1726	756	196	9528	5136	-2721	-5658	2991	102091
3347	1540	985	25619	11812	-25023	-22512	4831	139239
4451	1226	379	11041	4033	23792	12139	3826	107991
6410	1311	739	21219	11967	57367	50574	10255	87476
1508	735	771	3846	2016	12516	13656	2309	29643
2198	1004	70	1802	640	24283	14275	2215	32507
3709	3105	761	39370	13692	12663	36167	24515	343377
8978	3768	1413	54592	28336	14208	998	22609	397008
8707	3369	1140	58453	37083	-5698	9205	16891	328151
4397	1772	476	25222	17226	9545	10574	10615	143040
2901	3681	453	11445	6424	62946	56225	13448	176630
1274	624	245	6607	4288	15756	15932	2141	44185
17569	6483	1423	70076	30212	227518	207825	43356	367823
6500	1352	400	20105	8301	154127	136684	13344	142065
5706	2970	946	32583	17099	40751	24724	12562	197133
5318	2149	1243	16425	6797	38570	19135	4143	124848
22184	8133	4063	71642	36203	125665	94258	42564	631679
1243	546	202	5073	3215	3849	3359	1956	50275
376	154	87	1917	760	-2802	-1275	1390	17531
5176	3578	1052	11190	4233	112416	97999	9923	149206
9906	4890	1784	36773	20652	95283	87086	26240	344156
790	658	285	4993	1639	-2975	-1788	1579	41038
3131	1495	173	8848	6640	55	129418	3505	59090
27	106	5	16	2	-739	-542	37	2202
6765	2812	691	17243	6083	46956	35937	6139	187088
2470	421	221	4228	2220	29376	21932	1307	45191
275	74	23	983	648	386	618	87	11289
916	330	148	4562	2433	-4432	-4229	770	22309
1195	463	596	2501	2089	-4580	-3844	503	19688

国有企业

State-owned Enterprises

地 区	Region	主营业务收入 Revenue from Principal Business	主营业务成本 Cost of Principal Business	主营业务税金及附加 Taxes and Other Charges on Principal Business	主营业务利润 Profits from Principal Business	其他业务利润 Profits from Other Business	销售费用 Selling Expenses	管理费用 Administrative Expenses
全 国	**National Total**	**1051878**	**544605**	**47216**	**460057**	**28005**	**239814**	**192493**
北 京	Beijing	44375	19708	2835	21832	4621	17739	6998
天 津	Tianjin	23234	10880	1154	11200	1631	6945	4676
河 北	Hebei	30877	16657	1611	12609	59	9893	2921
山 西	Shanxi	38734	23984	1664	13086	1935	7070	6556
内蒙古	Inner Mongolia	25548	11340	1223	12985	632	7513	9016
辽 宁	Liaoning	26290	14865	1264	10161	1	4181	5701
吉 林	Jilin	28105	10260	398	17447	245	2303	12952
黑龙江	Heilongjiang	35898	10639	1163	24096	616	4343	3474
上 海	Shanghai	44692	22799	2109	19784	10478	12380	6928
江 苏	Jiangsu	84827	39081	4250	41496	143	22989	22798
浙 江	Zhejiang	63323	33827	2414	27082	76	12210	9307
安 徽	Anhui	26827	13329	1169	12329	1389	6619	8996
福 建	Fujian	30398	16484	1118	12796	59	9824	2321
江 西	Jiangxi	11586	5916	425	5245	852	4416	2259
山 东	Shandong	183076	101183	7561	74332	1680	35598	28105
河 南	Henan	30007	24305	948	4754	11	2043	1244
湖 北	Hubei	45383	29540	1935	13908	20	7488	6677
湖 南	Hunan	16288	6024	639	9625	9	3291	3807
广 东	Guangdong	106403	51103	5564	49736	66	27678	18611
广 西	Guangxi	8449	5087	381	2981	204	2292	1466
海 南	Hainan	870	541	18	311		400	12
重 庆	Chongqing	27587	17003	1211	9373	5	3272	5491
四 川	Sichuan	29487	12502	1356	15629	112	9154	5941
贵 州	Guizhou	11019	6594	617	3808	39	2559	2527
云 南	Yunnan	7178	3576	328	3274	74	1101	2050
西 藏	Tibet							
陕 西	Shaanxi	39395	24037	2429	12929	1646	6833	3586
甘 肃	Gansu	13345	6788	502	6055	10	2638	2144
青 海	Qinghai	3815	1101	214	2500	1384	1526	713
宁 夏	Ningxia	595	251	39	305		327	91
新 疆	Xinjiang	14269	5205	681	8383	9	5194	5128

4-4-7 Continued 1

单位：万元

Unit: 10000 yuan

#税金 Taxes	#差旅费 Travel Allowance	#工会经费 Trade Unions Funds	财务费用 Financial Expenses	#利息支出 Interest Expenses	营业利润 Operating Profits	利润总额 Total Profits	应交所得税 Income Tax Payable	应付职工薪酬 Payables to Employees
5687	**1794**	**1512**	**16005**	**10092**	**-1964**	**4638**	**5883**	**212254**
130	31	128	43	21	1593	1743	495	14320
25	10	10	107	22	-1454	-820	174	5877
167	5	32	839	327	-1465	-645	22	6732
172	58	29	496	440	-351	-211	81	7088
49	11	3	126	1	-3489	-2142	16	5885
193	62	25	193	112	10	185	223	4130
18	41	13	127	43	1051	709	39	3519
80	152	5	18	2	11	160	100	5963
6	3	88	-15	-7	987	1375	388	10290
363	140	78	1313	508	-7131	-1171	417	17341
108	63	80	1647	1152	4540	4635	243	9665
271	139	124	180	86	-2802	-2079	159	5310
48	127	51	42	18	697	-173	97	7446
23	10	1	95	68	-771	-934	1	2419
1753	216	83	3081	925	8276	4273	1678	25802
99	18	8	52	11	2009	1885	276	2029
320	88	27	1080	600	-1821	-2281	69	6695
119	30	22	413	262	154	-157	31	3598
561	76	108	5057	4676	-2404	-3141	259	31966
25	14	13	190	185	-955	-530	6	1887
	9	2	1	1	-101	-96		169
467	30	40	-155	9	662	2139	241	4679
181	77	56	438	173	-245	-567	332	6703
118	25	12	59	34	-917	-920	59	7387
23	9	3	28	16	483	467	29	1428
157	268	63	293	189	1874	1918	328	5522
127	35	8	130	107	1607	1466	2	3135
57	6	2	12	15	247	255	16	802
	1	6	2	2	-114	-4		258
29	42	394	113	96	-2144	-701	104	4207

集体企业

Collective-owned Enterprises

地 区	Region	主营业务收入 Revenue from Principal Business	主营业务成本 Cost of Principal Business	主营业务税金及附加 Taxes and Other Charges on Principal Business	主营业务利润 Profits from Principal Business	其他业务利润 Profits from Other Business	销售费用 Selling Expenses	管理费用 Administrative Expenses
全 国	**National Total**	**347632**	**206192**	**15944**	**125496**	**7366**	**62281**	**41973**
北 京	Beijing	27694	14780	1429	11485	-10	8339	3641
天 津	Tianjin	3355	2065	136	1154		669	552
河 北	Hebei	5528	1969	267	3292	21	1292	1406
山 西	Shanxi	8032	3950	376	3706	-42	2211	1866
内蒙古	Inner Mongolia	2559	1219	133	1207		749	331
辽 宁	Liaoning	21787	14022	1300	6465	856	1624	1996
吉 林	Jilin	5600	3772	298	1530	222	594	655
黑龙江	Heilongjiang	1071	652	117	302			267
上 海	Shanghai	23553	12187	1250	10116	3613	10136	3979
江 苏	Jiangsu	22659	11477	1257	9925	5	6077	4571
浙 江	Zhejiang	3237	1211	176	1850		979	960
安 徽	Anhui	8106	3225	462	4419	10	1876	1015
福 建	Fujian	9209	4764	320	4125	3	1684	1461
江 西	Jiangxi	3226	1488	180	1558		576	714
山 东	Shandong	46827	32600	1815	12412	42	3092	4194
河 南	Henan	17967	13378	1021	3568	4	1327	692
湖 北	Hubei	11262	4731	243	6288	197	1046	1297
湖 南	Hunan	905	605	66	234			125
广 东	Guangdong	70249	41788	3493	24968	2345	13096	7607
广 西	Guangxi	2655	1479	159	1017	6	598	444
海 南	Hainan							
重 庆	Chongqing	25496	20620	275	4601	72	665	593
四 川	Sichuan	12077	4109	575	7393	3	4004	1833
贵 州	Guizhou							
云 南	Yunnan	2175	1056	134	985	9	534	183
西 藏	Tibet							
陕 西	Shaanxi	9395	7177	341	1877	10	986	791
甘 肃	Gansu	2677	1572	101	1004		126	767
青 海	Qinghai							
宁 夏	Ningxia							
新 疆	Xinjiang	333	295	19	19			37

4-4-7 Continued 2

单位：万元
Unit: 10000 yuan

#税金 Taxes	#差旅费 Travel Allowance	#工会经费 Trade Unions Funds	财务费用 Financial Expenses	#利息支出 Interest Expenses	营业利润 Operating Profits	利润总额 Total Profits	应交所得税 Income Tax Payable	应付职工薪酬 Payables to Employees
1703	**577**	**726**	**2940**	**1305**	**20015**	**13570**	**3795**	**58725**
17	28	47	130	20	-634	-626	73	5441
52			1		-3	-68	7	632
3	1	6	6		1027	-91	24	992
7		1	219	142	-250	-236	13	1064
1			9	1	119	184		499
32	6	3	27		2820	2093	174	1149
161	15	1	11	6	233	117	79	842
1					35	-1		355
223	72	56	145	31	-234	794	288	6505
55	23	23	307	232	-1027	-1152	140	3627
	15	6	23	12	-113	-52	5	1093
71	12	12	56	1	920	946	56	1398
11	42	15	-1	12	984	894	243	2541
	1		87	87	181	195	6	269
354	132	54	280	146	4932	4901	916	5974
148	34	3	225	7	1255	848	92	1600
21	11	4	344	300	1512	-382	7	1387
11	2	2	13	2	96	96	21	182
292	103	456	657	98	5883	3568	1553	14792
8			9	4	94	2	1	1601
41	46	19	239	84	1134	791	36	2067
57	6	17	33	49	157	-157	60	2559
37	4	1	4		94	99		112
101	7	1	50	11	772	602		1337
			68	62	44	222	1	607
	19				-17	-18		102

股份合作企业
Cooperative Enterprises

地　区	Region	主营业务收　入 Revenue from Principal Business	主营业务成　本 Cost of Principal Business	主营业务税金及附加 Taxes and Other Charges on Principal Business	主营业务利　润 Profits from Principal Business	其他业务利　润 Profits from Other Business	销售费用 Selling Expenses	管理费用 Administr-ative Expenses
全　国	**National Total**	**262904**	**139185**	**13999**	**109720**	**1278**	**71265**	**30283**
北　京	Beijing	50285	28164	2824	19297	52	15096	3551
天　津	Tianjin	566	244	32	290		270	114
河　北	Hebei	2632	1373	154	1105		892	88
山　西	Shanxi	2240	725	133	1382		1140	695
内蒙古	Inner Mongolia	2661	1113	89	1459		954	635
辽　宁	Liaoning	2574	1622	183	769		429	279
吉　林	Jilin	5519	3363	394	1762		1289	185
黑龙江	Heilongjiang	427	155	20	252		50	2
上　海	Shanghai	7167	2826	386	3955		2328	1815
江　苏	Jiangsu	5027	2625	286	2116	22	1968	258
浙　江	Zhejiang	7923	5502	369	2052		827	545
安　徽	Anhui	4819	3350	273	1196	1	794	167
福　建	Fujian	2758	1530	169	1059		553	412
江　西	Jiangxi	14644	8149	760	5735	646	2698	1587
山　东	Shandong	23440	11910	1365	10165	11	4829	3106
河　南	Henan	4484	3172	147	1165	72	123	239
湖　北	Hubei	8139	4738	350	3051	314	2436	1107
湖　南	Hunan	5231	3447	277	1507	67	1341	393
广　东	Guangdong	46229	23471	2446	20312	18	13499	4986
广　西	Guangxi	4774	2064	340	2370	75	1452	794
海　南	Hainan							
重　庆	Chongqing	7453	5511	299	1643		912	295
四　川	Sichuan	42641	17832	2215	22594		15675	6715
贵　州	Guizhou	1035	373	40	622		256	224
云　南	Yunnan	1361	916	60	385		308	84
西　藏	Tibet							
陕　西	Shaanxi	5944	3505	226	2213		453	1534
甘　肃	Gansu	2932	1507	162	1263		694	472
青　海	Qinghai							
宁　夏	Ningxia							
新　疆	Xinjiang							

4-4-7 Continued 3

单位：万元

Unit: 10000 yuan

#税金 Taxes	#差旅费 Travel Allowance	#工会经费 Trade Unions Funds	财务费用 Financial Expenses	#利息支出 Interest Expenses	营业利润 Operating Profits	利润总额 Total Profits	应交所得税 Income Tax Payable	应付职工薪酬 Payables to Employees
1870	**827**	**315**	**4521**	**1614**	**5620**	**3594**	**1890**	**43520**
82	47	28	423	133	279	288	101	7595
	1		2		-97	-97		221
1	14		5		121	88	20	450
		2	56	57	-422	-271	13	234
4	1		55	12	-203	-203		531
68	5	2	9	1	52	56	23	217
		2	36	28	253	339		359
			88		106	171		123
2	19	29	3	11	-82	695	43	1867
11	8	1	54	7	-142	-148	21	1140
1	1	1	99	14	581	570	76	1229
5	2	1	29		207	155	5	558
1	2	6	1		95	96	53	332
87	21	3	239	116	869	764	241	2511
328	475	23	634	72	1634	1304	78	3054
40	5	16	72	2	1037	361	108	242
18	22	4	104	49	-528	-607	28	1121
11	2		78		1649	-8	12	1227
251	23	9	495	85	1095	970	589	8291
21			23	17	261	103		1295
16	125	12	17	5	388	388	3	603
834	19	133	1743	898	-1705	-1510	448	8510
		1			142	142	4	83
1	2	2	23	22	-31	-43	20	286
73	10	12	213	80	42	43	3	949
13	26	32	21	7	19	-54		496

联营企业

Joint Ownership Enterprises

地 区	Region	主营业务收入 Revenue from Principal Business	主营业务成本 Cost of Principal Business	主营业务税金及附加 Taxes and Other Charges on Principal Business	主营业务利润 Profits from Principal Business	其他业务利润 Profits from Other Business	销售费用 Selling Expenses	管理费用 Administrative Expenses
全 国	**National Total**	**57831**	**45687**	**1127**	**11017**	**175**	**4043**	**3097**
北 京	Beijing							
天 津	Tianjin	710	306	40	364		574	2
河 北	Hebei	433	231	24	178		138	26
山 西	Shanxi							
内蒙古	Inner Mongolia							
辽 宁	Liaoning							
吉 林	Jilin	939	712	53	174	175		144
黑龙江	Heilongjiang							
上 海	Shanghai	554	208	32	314		236	72
江 苏	Jiangsu	2174	1062	122	990		715	388
浙 江	Zhejiang	312	200	12	100		18	21
安 徽	Anhui							
福 建	Fujian							
江 西	Jiangxi	1096	680	69	347			143
山 东	Shandong	2619	2159	137	323		288	97
河 南	Henan	2027	1185	96	746		423	321
湖 北	Hubei	38095	32000	130	5965		1256	1333
湖 南	Hunan							
广 东	Guangdong	5982	4834	337	811		319	312
广 西	Guangxi	594	356	37	201		18	165
海 南	Hainan							
重 庆	Chongqing							
四 川	Sichuan							
贵 州	Guizhou							
云 南	Yunnan							
西 藏	Tibet							
陕 西	Shaanxi	720	540	3	177			4
甘 肃	Gansu	1576	1214	36	326		59	69
青 海	Qinghai							
宁 夏	Ningxia							
新 疆	Xinjiang							

4-4-7 Continued 4

单位：万元
Unit: 10000 yuan

#税金 Taxes	#差旅费 Travel Allowance	#工会经费 Trade Unions Funds	财务费用 Financial Expenses	#利息支出 Interest Expenses	营业利润 Operating Profits	利润总额 Total Profits	应交所得税 Income Tax Payable	应付职工薪酬 Payables to Employees
50	**483**	**57**	**1357**	**67**	**2504**	**2696**	**615**	**5138**
			3		-215			703
			1		13	6		267
			75		-44	-44		372
			4		2	8	1	95
			16		-128	-119	6	432
11	7	2	1		46	46		13
					205	205		105
	22		22		-85	-85	7	332
3	8		18		-17	-51	14	333
23	443	55	1127		2249	2249	562	566
1	3		81	66	99	100	11	1542
12			1	1	17	17	12	58
			5		168	168		80
			4		195	195	2	243

有限责任公司
Limited Liability Corporations

地　区	Region	主营业务收　入 Revenue from Principal Business	主营业务成　本 Cost of Principal Business	主营业务税金及　附　加 Taxes and Other Charges on Principal Business	主营业务利　润 Profits from Principal Business	其他业务利　润 Profits from Other Business	销售费用 Selling Expenses	管理费用 Administrative Expenses
全　国	**National Total**	**8458829**	**4165674**	**446963**	**3846192**	**140556**	**2480874**	**1135380**
北　京	Beijing	1407197	605411	76451	725335	7549	500115	184146
天　津	Tianjin	185045	93979	9770	81296	846	57260	21649
河　北	Hebei	122888	69299	6911	46678	479	35578	12510
山　西	Shanxi	167791	91519	7927	68345	2350	33669	38244
内蒙古	Inner Mongolia	176070	75347	8266	92457	6693	52772	42047
辽　宁	Liaoning	107748	56381	5673	45694	2013	24865	14234
吉　林	Jilin	49656	26546	2703	20407	387	5220	8948
黑龙江	Heilongjiang	56055	27333	3140	25582	1430	11808	6590
上　海	Shanghai	238861	106355	12345	120161	6616	75443	49593
江　苏	Jiangsu	446046	190736	24237	231073	842	155100	75477
浙　江	Zhejiang	401492	194887	21133	185472	1480	122172	73057
安　徽	Anhui	208523	105292	9524	93707	1979	60265	30179
福　建	Fujian	135592	70668	7180	57744	782	34965	18949
江　西	Jiangxi	51530	25581	2630	23319	331	12043	6667
山　东	Shandong	546945	289806	24740	232399	7038	135293	77836
河　南	Henan	271166	150648	13029	107489	5121	57091	33413
湖　北	Hubei	565947	287407	28917	249623	9050	155305	65012
湖　南	Hunan	230706	126717	12074	91915	2602	61737	23591
广　东	Guangdong	945917	453528	53407	438982	9627	282186	111765
广　西	Guangxi	79271	40061	4596	34614	675	25997	7710
海　南	Hainan	55921	30829	3805	21287	484	22771	7074
重　庆	Chongqing	285463	152554	12733	120176	1456	73947	27528
四　川	Sichuan	907855	485572	53460	368823	52595	251630	88222
贵　州	Guizhou	78424	38117	4469	35838	3	24211	13937
云　南	Yunnan	103698	59814	5029	38855	1466	24960	13223
西　藏	Tibet	6833	4036	363	2434	781	2774	605
陕　西	Shaanxi	486593	232628	25174	228791	10208	143324	63862
甘　肃	Gansu	89954	50632	4572	34750	5520	19362	8462
青　海	Qinghai	11545	4552	443	6550	19	4006	1931
宁　夏	Ningxia	14467	7848	971	5648	39	6520	2947
新　疆	Xinjiang	23632	11590	1292	10750	97	8486	5972

4-4-7 Continued 5

单位：万元

Unit: 10000 yuan

#税金 Taxes	#差旅费 Travel Allowance	#工会经费 Trade Unions Funds	财务费用 Financial Expenses	#利息支出 Interest Expenses	营业利润 Operating Profits	利润总额 Total Profits	应交所得税 Income Tax Payable	应付职工薪酬 Payables to Employees
38540	**18488**	**6971**	**179037**	**97863**	**90747**	**81086**	**85705**	**1471208**
2970	2401	1585	13379	4175	33495	41425	20772	282785
320	77	63	2075	483	633	-204	3436	34078
269	304	65	1540	593	-3537	-3723	796	26205
579	174	140	6773	3440	-8828	-1051	1376	27091
2253	386	136	5191	1953	-4157	-3642	844	39113
783	237	90	5097	4474	4633	2331	896	14076
194	93	32	1343	605	4697	5117	1141	7026
681	143	41	326	136	7793	3238	362	11197
120	503	355	3671	2295	-1164	1250	3248	46726
2155	629	237	9813	4572	-6679	-8507	4165	79903
2119	624	269	14173	6403	-21325	-15683	3127	65768
912	419	80	8441	6540	-2653	-681	2707	33357
1028	558	49	2114	1278	3308	2225	2123	26846
291	110	29	1190	1031	2298	2666	811	10565
4389	1391	492	15179	9195	6941	4533	4652	91199
1261	348	124	6866	3795	9744	7976	2439	45823
2639	1097	407	16495	10625	14167	8268	5466	88824
1941	510	342	3629	2389	3128	2280	812	39805
4179	3953	1356	26888	18061	21146	7850	12285	166451
370	133	7	1508	1057	174	995	849	12608
222	100	61	844	46	-2395	-2772	819	9776
799	432	53	2260	1347	16430	14871	2719	40473
1918	1576	390	14715	7519	5593	5294	5056	122659
117	439	151	3067	846	-3980	-2868	685	16260
982	204	72	1826	1345	-47	-123	921	17611
	86		15	2	-961	-643	13	917
3188	1151	175	6998	1671	12000	11026	2780	88548
1271	94	110	1010	512	5990	4812	327	13603
87	55	2	491	414	-4	180	6	2871
193	146	15	1465	430	-1639	-1373	18	3888
311	116	43	655	633	-4052	-3982	53	5159

股份有限公司

Share-holding Corporations Ltd.

地 区	Region	主营业务收入 Revenue from Principal Business	主营业务成本 Cost of Principal Business	主营业务税金及附加 Taxes and Other Charges on Principal Business	主营业务利润 Profits from Principal Business	其他业务利润 Profits from Other Business	销售费用 Selling Expenses	管理费用 Administrative Expenses
全 国	**National Total**	**1332473**	**649236**	**61375**	**621862**	**9630**	**334059**	**165520**
北 京	Beijing	257939	95439	13677	148823	2397	88168	36386
天 津	Tianjin	17029	5208	977	10844		7245	2167
河 北	Hebei	25592	12040	1332	12220		10250	2486
山 西	Shanxi	8693	6439	345	1909	2	1106	692
内蒙古	Inner Mongolia	85737	55812	2344	27581	20	11008	3948
辽 宁	Liaoning	26920	14701	1091	11128		2259	1073
吉 林	Jilin	9551	5723	340	3488	21	1984	1817
黑龙江	Heilongjiang	2365	1847	340	178		1226	360
上 海	Shanghai	134256	74128	2810	57318		19327	18546
江 苏	Jiangsu	58218	30578	3249	24391	126	14240	7858
浙 江	Zhejiang	66863	34145	3225	29493	212	22074	10176
安 徽	Anhui	16339	8360	1031	6948	1165	5832	2385
福 建	Fujian	7482	4468	484	2530	2	1293	603
江 西	Jiangxi	8107	3861	353	3893		2033	573
山 东	Shandong	225226	99632	10707	114887	1335	54059	36623
河 南	Henan	34830	22350	1817	10663	116	4640	2920
湖 北	Hubei	22520	14027	1176	7317	198	3911	1973
湖 南	Hunan	28172	18775	1011	8386	191	4254	3101
广 东	Guangdong	79140	37296	3938	37906	2494	20794	11425
广 西	Guangxi	2700	1264	86	1350		828	481
海 南	Hainan	9290	4511	527	4252	645	2437	1319
重 庆	Chongqing	54136	28098	2758	23280		5432	3350
四 川	Sichuan	56125	26220	2919	26986	52	16284	8059
贵 州	Guizhou	4510	1712	257	2541	2	1849	448
云 南	Yunnan	2552	1611	533	408	2	1036	476
西 藏	Tibet							
陕 西	Shaanxi	72778	33327	3531	35920	652	25788	4649
甘 肃	Gansu	10951	6033	350	4568		3145	738
青 海	Qinghai	1371	671	51	649		367	12
宁 夏	Ningxia	1984	709	61	1214		639	227
新 疆	Xinjiang	1099	252	59	788		551	650

4-4-7 Continued 6

单位：万元

Unit: 10000 yuan

#税金 Taxes	#差旅费 Travel Allowance	#工会经费 Trade Unions Funds	财务费用 Financial Expenses	#利息支出 Interest Expenses	营业利润 Operating Profits	利润总额 Total Profits	应交所得税 Income Tax Payable	应付职工薪酬 Payables to Employees
6209	**2096**	**1580**	**40399**	**14736**	**161064**	**170240**	**22914**	**226185**
722	844	625	10587	7548	27778	31896	6328	65766
			1755		22154	22446		3486
108	28	4	428	237	-944	-928	211	4761
17	39	23	1141	552	-689	-588		1741
405	11	92	2173	15	10448	7010	890	7637
147	13	19	168	17	7591	7555	146	2446
112	76	111	54	51	-371	-429	211	1327
20	4	1	26	2	284	268	119	299
36	1	10	6317		18708	23291	4680	11518
151	174	28	1652	1036	1462	559	491	9856
111	218	222	309	191	16325	17539	578	15093
229	58	7	1196	861	-2306	-1955	106	3548
20	11	2	36	10	600	261	53	1021
62	10	2	13	1	166	144	51	2059
543	144	33	7556	714	16393	16452	4370	24334
147	17	1	566	373	2519	3071	172	4180
50	35	11	846	659	555	1438	85	2396
52	32	11	1110	87	-236	790	117	3369
240	141	239	339	99	18462	18829	1475	15372
22	2	3	23	14	-52	232	21	769
10	5	5	240	136	184	90	72	1175
128	66	5	1414	148	14851	14892	1126	14946
1856	59	82	623	639	3005	3187	672	11726
1		4	315	6	-68	194	17	518
400	2		28	4	-1130	-1185	48	664
560	82	30	797	736	5418	5085	799	13279
54	16	8	78	44	578	519	71	1977
1	2	1	56	6		202		209
	4	3	94	94	254	270	7	318
6	5		460	457	-874	-892		394

私营企业

Private Enterprises

地 区	Region	主营业务收入 Revenue from Principal Business	主营业务成本 Cost of Principal Business	主营业务税金及附加 Taxes and Other Charges on Principal Business	主营业务利润 Profits from Principal Business	其他业务利润 Profits from Other Business	销售费用 Selling Expenses	管理费用 Administrative Expenses
全 国	**National Total**	**19023218**	**10331410**	**969856**	**7721952**	**155142**	**4530027**	**2119607**
北 京	Beijing	1803551	833293	99447	870811	5877	635760	224513
天 津	Tianjin	255326	145595	14014	95717	809	64654	28729
河 北	Hebei	317902	172859	16780	128263	2606	83219	36021
山 西	Shanxi	595263	297047	31182	267034	8431	201481	79795
内蒙古	Inner Mongolia	177192	82787	7791	86614	1675	42035	27114
辽 宁	Liaoning	556006	321704	31551	202751	6340	91323	62563
吉 林	Jilin	95675	54459	4033	37183	890	20132	10361
黑龙江	Heilongjiang	99881	51885	7002	40994	378	10696	12573
上 海	Shanghai	1588629	786971	85618	716040	32324	515908	207359
江 苏	Jiangsu	1709123	919017	88381	701725	7965	421941	216790
浙 江	Zhejiang	1568670	853430	83830	631410	7087	420660	183336
安 徽	Anhui	506157	266543	25097	214517	6914	128887	60639
福 建	Fujian	808078	501523	43331	263224	2173	110133	87648
江 西	Jiangxi	159669	87435	7233	65001	2461	29182	17883
山 东	Shandong	1617718	980529	68619	568570	11656	211858	145947
河 南	Henan	941484	635503	36774	269207	3200	80218	45647
湖 北	Hubei	622606	353641	35511	233454	3981	136093	68380
湖 南	Hunan	482214	289234	20992	171988	1970	91051	46131
广 东	Guangdong	2166421	1101198	120842	944381	15623	566692	259273
广 西	Guangxi	142231	78074	8653	55504	4376	35608	19102
海 南	Hainan	25556	16342	1492	7722	672	4181	2362
重 庆	Chongqing	754492	487227	29407	237858	4313	112240	51627
四 川	Sichuan	1040148	494711	52154	493283	10422	283010	108707
贵 州	Guizhou	65659	34818	4050	26791	911	13624	9375
云 南	Yunnan	215366	115143	11382	88841	1959	50879	28515
西 藏	Tibet	4398	2440	200	1758		1249	328
陕 西	Shaanxi	364131	200096	16667	147368	2582	80856	39831
甘 肃	Gansu	162256	84406	8206	69644	4146	32042	13886
青 海	Qinghai	29673	14804	1581	13288	1466	10647	2968
宁 夏	Ningxia	83449	39566	4364	39519	1585	26749	12587
新 疆	Xinjiang	64297	29128	3674	31495	351	17018	9618

4-4-7 Continued 7

单位：万元

Unit: 10000 yuan

			财务费用 Financial Expenses		营业利润 Operating Profits	利润总额 Total Profits	应交所得税 Income Tax Payable	应付职工薪酬 Payables to Employees
#税金 Taxes	#差旅费 Travel Allowance	#工会经费 Trade Unions Funds		#利息支出 Interest Expenses				
83853	**39485**	**12973**	**361741**	**173790**	**783452**	**807360**	**194650**	**2893832**
2692	4394	2136	21466	6197	-7157	-6199	9746	323507
297	75	36	3610	502	120	-367	1497	42907
1098	389	86	6365	3888	2974	597	1835	57657
2443	1220	777	16516	7003	-12914	-18384	3213	94843
1407	747	132	2779	1496	11239	7511	875	39813
4945	967	593	14946	7352	40799	37435	8626	61855
812	373	401	1992	1275	6078	7438	792	14241
1355	700	17	1096	341	14776	9228	1451	12005
3294	2487	222	29050	11311	-4876	8909	15692	262882
5491	2683	1022	40695	21806	29251	13821	17060	275728
6338	2429	547	41865	29029	-6627	1472	12862	233964
2481	954	235	13869	8752	13813	13042	6827	89243
1622	2853	308	8625	4736	53294	49247	10124	127105
730	447	203	4650	2858	10231	11241	927	23392
9017	3747	660	38796	17019	172078	160713	27650	182710
4555	787	233	11573	3984	132713	118470	9789	82260
2430	1120	412	11438	4469	20378	15046	6006	89579
2474	746	318	10565	4002	32049	19216	3059	70815
15941	3621	1829	35026	11668	69638	56655	24743	361071
718	366	157	3002	1675	3993	2513	1018	29683
119	31	15	338	199	571	2421	321	3128
2760	2761	888	6812	2395	70110	58880	5431	78409
4192	2941	889	16511	9422	84586	77175	18459	174358
327	147	67	868	417	3317	3178	798	13345
1495	634	53	6363	5055	3756	133354	2069	32437
27	20	5	2	1	197	75	19	1190
2345	1175	397	5904	2956	20607	11910	1911	59943
842	228	63	2765	1370	18629	13959	707	22891
130	10	18	421	214	53	101	65	6971
687	164	120	2568	1495	-2477	-2705	745	16806
792	271	135	1266	903	2253	1409	334	9097

其他企业
Other Enterprises

地　区	Region	主营业务收入 Revenue from Principal Business	主营业务成本 Cost of Principal Business	主营业务税金及附加 Taxes and Other Charges on Principal Business	主营业务利润 Profits from Principal Business	其他业务利润 Profits from Other Business	销售费用 Selling Expenses	管理费用 Administrative Expenses
全　国	**National Total**	**1410647**	**794512**	**75262**	**540873**	**19326**	**297925**	**165143**
北　京	Beijing							
天　津	Tianjin	26032	16101	1352	8579	9	5336	3213
河　北	Hebei	19582	9562	1191	8829	99	5663	3879
山　西	Shanxi	33709	15836	1975	15898	824	12475	4119
内蒙古	Inner Mongolia	67187	30824	3205	33158	152	13937	7744
辽　宁	Liaoning	23194	15381	1954	5859	-8	2230	2773
吉　林	Jilin	14613	8923	745	4945		4442	1709
黑龙江	Heilongjiang	20370	10012	1975	8383	479	4308	2598
上　海	Shanghai	18861	11756	1003	6102	49	4221	2376
江　苏	Jiangsu	56497	30298	2924	23275	169	16280	7681
浙　江	Zhejiang	9337	3827	530	4980		2584	1185
安　徽	Anhui	52661	31204	2607	18850	602	12744	6455
福　建	Fujian	72603	45769	4176	22658	41	12303	5521
江　西	Jiangxi	18967	8610	785	9572	38	2420	3185
山　东	Shandong	239680	146112	10958	82610	3818	38867	22170
河　南	Henan	58699	43963	1633	13103		4947	2668
湖　北	Hubei	52354	30940	2666	18748	330	8972	4854
湖　南	Hunan	31581	18453	1866	11262	3538	6965	6113
广　东	Guangdong	189744	104953	10993	73798	613	42918	20210
广　西	Guangxi	11314	4889	618	5807	3	3006	1251
海　南	Hainan	17204	8963	1023	7218		7390	1525
重　庆	Chongqing	70196	41630	3312	25254	484	11179	5622
四　川	Sichuan	100664	48348	6174	46142	1592	27151	19039
贵　州	Guizhou	13403	5582	829	6992	671	4749	3048
云　南	Yunnan	48791	27944	3698	17149	531	14515	5398
西　藏	Tibet	417	170	23	224		182	16
陕　西	Shaanxi	116260	59981	5704	50575	4917	23093	17847
甘　肃	Gansu	12869	6924	598	5347	376	1705	1171
青　海	Qinghai	1463	1138	82	243		144	5
宁　夏	Ningxia	4734	2132	242	2360		1435	844
新　疆	Xinjiang	7662	4285	423	2954		1769	927

4-4-7 Continued 8

单位：万元

Unit: 10000 yuan

#税金 Taxes	#差旅费 Travel Allowance	#工会经费 Trade Unions Funds	财务费用 Financial Expenses	#利息支出 Interest Expenses	营业利润 Operating Profits	利润总额 Total Profits	应交所得税 Income Tax Payable	应付职工薪酬 Payables to Employees
8669	**3670**	**1491**	**25599**	**11527**	**74425**	**44919**	**13315**	**224822**
124	10	1	115	17	315	-187	89	4424
79	16	4	346	91	-911	-961	83	5028
129	49	13	418	177	-1570	-1771	135	7179
332	70	15	708	555	9834	3420	1201	14514
242	21	7	781	11	1464	918	168	3603
212	137	211	208	9	620	410	47	1957
61	5	6	249	159	1277	1212	183	2567
29	21	1	195	50	-678	-156	175	3495
752	110	24	742	175	-1399	-2286	309	8981
19	13	13	335	281	876	677		1327
429	189	18	1452	985	2366	1145	755	9626
171	89	21	627	370	3969	3675	755	11340
80	26	7	333	128	2577	1651	104	2864
1184	356	79	4529	2142	17348	15734	4005	34418
247	136	15	733	129	4868	4125	454	5597
204	155	26	1150	397	4238	993	339	6565
711	828	548	617	57	1729	-3082	91	5851
719	212	67	3099	1451	11745	9427	1648	32194
67	30	22	318	263	317	28	49	2374
24	9	5	494	378	-1060	-919	178	3283
965	117	34	604	245	8842	6038	368	8029
868	213	217	2710	1952	3892	3664	1212	17640
228	48	52	684	336	-1469	-1513	16	3445
194	642	43	577	199	-3070	-3151	417	6551
					26	26	4	94
342	120	12	2984	440	6075	5186	318	17431
164	23		152	119	2314	813	197	2239
	1		3		91	-120		437
36	15	5	432	412	-456	-417		1038
56	11	25	5		254	340	13	730

港、澳、台商投资企业

Enterprises with Funds from Hongkong, Macao and Taiwan

地 区	Region	主营业务收入 Revenue from Principal Business	主营业务成本 Cost of Principal Business	主营业务税金及附加 Taxes and Other Charges on Principal Business	主营业务利润 Profits from Principal Business	其他业务利润 Profits from Other Business	销售费用 Selling Expenses	管理费用 Administr-ative Expenses
全 国	**National Total**	**3048662**	**1226437**	**163963**	**1658262**	**35366**	**1317433**	**359636**
北 京	Beijing	600981	233447	32888	334646	2951	232178	65588
天 津	Tianjin	15849	8602	879	6368	119	4379	1929
河 北	Hebei	4918	2377	277	2264		1153	478
山 西	Shanxi	1451	465	84	902		617	274
内蒙古	Inner Mongolia	1647	700	101	846		622	169
辽 宁	Liaoning	72733	33038	3773	35922	26	23862	7567
吉 林	Jilin	760	358	51	351		434	232
黑龙江	Heilongjiang	36016	20928	2174	12914		7410	3198
上 海	Shanghai	681086	242388	37828	400870	4339	393473	112569
江 苏	Jiangsu	150994	61555	7724	81715	292	55778	22745
浙 江	Zhejiang	63704	28156	3164	32384	1875	23138	12207
安 徽	Anhui	27222	10256	1465	15501		12417	1232
福 建	Fujian	210679	90060	11523	109096	2154	88617	15458
江 西	Jiangxi	17722	10949	1091	5682		4202	752
山 东	Shandong	41717	20040	2088	19589	59	11712	5450
河 南	Henan	27511	10097	1718	15696		14541	2486
湖 北	Hubei	55618	22633	3080	29905		21120	7342
湖 南	Hunan	11318	10017	610	691	102	3902	1165
广 东	Guangdong	787672	323469	40845	423358	2989	321483	73024
广 西	Guangxi	8396	3111	495	4790		4386	308
海 南	Hainan	15916	5167	1019	9730	6097	5178	5165
重 庆	Chongqing	13927	3550	733	9644	2674	1734	4257
四 川	Sichuan	72526	26638	3920	41968	10263	34110	4737
贵 州	Guizhou							
云 南	Yunnan	34520	17981	1432	15107	1428	12425	3516
西 藏	Tibet							
陕 西	Shaanxi	92737	40029	4943	47765		38141	7694
甘 肃	Gansu	1042	430	59	553		424	94
青 海	Qinghai							
宁 夏	Ningxia							
新 疆	Xinjiang							

4-4-7 Continued 9

单位：万元

Unit: 10000 yuan

			财务费用 Financial Expenses		营业利润 Operating Profits	利润总额 Total Profits	应交所得税 Income Tax Payable	应付职工薪酬 Payables to Employees
#税金 Taxes	#差旅费 Travel Allowance	#工会经费 Trade Unions Funds		#利息支出 Interest Expenses				
6217	**5007**	**1687**	**36713**	**16131**	**102345**	**114647**	**47269**	**493470**
911	1372	1079	6386	3635	33250	33203	12991	107150
39	6		44		133	121	119	3069
3	1		11		621	620	60	774
			11		3	3	1	376
10	1	4	5		50	51	39	349
192	78	69	255	216	4209	3115	1557	7439
			1		-315	-315	29	122
367	30	40	120	15	1932	1794	914	4615
637	1172	51	6758	1031	25270	44063	12937	121184
586	219	43	4881	1885	-1334	-1225	1904	28747
96	156	8	3787	2687	-3658	-3115	388	11693
7	87	62	278	253	1481	1289	828	4611
442	275	70	4645	2180	2537	2267	2790	27917
17	1	1	228	2	499	-284	17	2809
296	61	15	1320	1081	1167	975	683	7370
	2		1002	370	1925	2030	384	2216
8	56	6	861	518	563	303	1068	9450
77	8	3	312	39	1163	-678	25	1940
2129	1173	157	2764	1110	29869	25872	8359	116731
	2	1	31		36	40	105	1514
21	44	24	72	7	-684	-729	235	2666
159	5		41	48	895	839	194	1427
2	7	12	1649	124	1459	2940	595	10287
26	167	21	-139		747	130	179	6096
194	85	20	1389	932	492	1304	861	12663
		1			35	35	9	254

外商投资企业
Foreign Funded Enterprises

地　区	Region	主营业务收　入 Revenue from Principal Business	主营业务成　本 Cost of Principal Business	主营业务税金及　附　加 Taxes and Other Charges on Principal Business	主营业务利　润 Profits from Principal Business	其他业务利　润 Profits from Other Business	销售费用 Selling Expenses	管理费用 Administr-ative Expenses
全　国	**National Total**	**7514104**	**3449620**	**427332**	**3637152**	**50990**	**2651444**	**703083**
北　京	Beijing	1243651	548542	68663	626446	5223	468295	107193
天　津	Tianjin	471190	213159	26069	231962	5628	146154	37623
河　北	Hebei	2291	717	147	1427		977	352
山　西	Shanxi	93609	47535	4936	41138		21543	6442
内蒙古	Inner Mongolia	207440	79008	9300	119132		93295	18723
辽　宁	Liaoning	596405	277456	33517	285432	845	174561	52924
吉　林	Jilin	217	289		-72		137	64
黑龙江	Heilongjiang	53036	26585	3334	23117	1202	16783	3717
上　海	Shanghai	759916	271350	57537	431029	7043	435756	97671
江　苏	Jiangsu	760248	370442	42783	347023	5859	218159	66229
浙　江	Zhejiang	581281	280438	32847	267996	5058	170080	61236
安　徽	Anhui	4083	3245	240	598	16	318	1159
福　建	Fujian	176883	85112	10461	81310	18	51392	18930
江　西	Jiangxi	65851	33565	3555	28731	28	17896	4631
山　东	Shandong	305320	149374	17005	138941	-3	90600	26906
河　南	Henan	96384	45272	5471	45641	7270	32798	10638
湖　北	Hubei	291232	131389	16346	143497	66	94705	26041
湖　南	Hunan	130852	68959	7262	54631	289	34776	10149
广　东	Guangdong	1083436	478285	54745	550406	889	456498	95040
广　西	Guangxi	1026	340	58	628	3	11409	3944
海　南	Hainan	1571	862	96	613		310	154
重　庆	Chongqing	163700	123119	9213	31368	226	12357	9120
四　川	Sichuan	193657	107306	10902	75449	5527	46697	21507
贵　州	Guizhou	4795	1727	273	2795	56	1822	699
云　南	Yunnan	57196	28150	3143	25903		13070	4458
西　藏	Tibet							
陕　西	Shaanxi	102996	47238	5838	49920	5746	27282	12532
甘　肃	Gansu	29986	13675	1697	14614		6343	2076
青　海	Qinghai							
宁　夏	Ningxia	6521	3456	359	2706		1578	578
新　疆	Xinjiang	29331	13026	1535	14770		5856	2349

单位：万元
Unit: 10000 yuan

#税金 Taxes	#差旅费 Travel Allowance	#工会经费 Trade Unions Funds	财务费用 Financial Expenses	#利息支出 Interest Expenses	营业利润 Operating Profits	利润总额 Total Profits	应交所得税 Income Tax Payable	应付职工薪酬 Payables to Employees
12772	**9717**	**2165**	**39017**	**24574**	**531892**	**530875**	**152367**	**1192688**
304	1213	431	1909	1825	54278	49199	18091	214859
153	261	40	553	28	53464	52980	13825	49526
97	1		4		96	82		232
3	10	10	-123		13276	13215	3287	3104
81	821	62	1372	394	5616	5799	3270	42822
161	238	123	2414	836	57295	57043	15556	22024
2			23		-107	-107	3	158
953	212	13	334	18	2345	2354	1011	7291
320	671	42	8587	735	34358	36567	16951	125833
208	1743	448	5482	5740	57731	60096	16952	137479
1444	1112	228	9434	9334	32151	32014	13925	120612
23			335		-989	-956	10	807
253	219	205	651	579	12178	12171	1530	32754
			102		6130	6104	1600	6967
133	246	89	3449	2543	17992	17777	5841	45629
64	609	104	264	492	9210	9299	2492	15850
216	21	10	2730	338	19980	18307	4674	36925
7148	104	92	686		9178	10211	2486	12428
899	1634	199	453	1311	78377	72915	19266	231510
			-132	3	10979	9819	2455	7151
4	3		9		141	141	49	249
22	277	20	-149	-1	9787	11873	1536	30653
79	31	21	205	171	10601	17252	718	24474
	3	17	260	211	14	150	37	871
18	3	2	84		8291	8087	6	7415
127	232		-92		16386	15627	3540	11891
	6	5	-202	3	6399	6290	1514	1310
62			479		71	75	19	1170
1	48	3	-101	14	6666	6493	1725	698

4-4-8 各地区限额以上餐饮业企业损益及分配(按国民经济行业分)

正餐服务

Dinner

地区	Region	主营业务收入 Revenue from Principal Business	主营业务成本 Cost of Principal Business	主营业务税金及附加 Taxes and Other Charges on Principal Business	主营业务利润 Profits from Principal Business	其他业务利润 Profits from Other Business	销售费用 Selling Expenses	管理费用 Administrative Expenses
全国	**National Total**	**32643309**	**16966881**	**1707551**	**13968877**	**354145**	**8545837**	**4054499**
北京	Beijing	3926401	1717090	216964	1992347	14179	1375741	496987
天津	Tianjin	485792	253288	26713	205791	3355	144195	58196
河北	Hebei	527481	285148	28417	213916	3261	146945	59775
山西	Shanxi	848200	434578	43366	370256	13476	257278	131916
内蒙古	Inner Mongolia	733249	333079	32182	367988	9172	218656	106869
辽宁	Liaoning	802094	459830	45048	297216	8836	135424	98277
吉林	Jilin	210513	114305	9013	87195	1940	36532	37065
黑龙江	Heilongjiang	284268	141441	18067	124760	3368	48580	31392
上海	Shanghai	2616785	1164847	156861	1295077	51799	1014730	392154
江苏	Jiangsu	2214693	1131347	117503	965843	9239	596379	335250
浙江	Zhejiang	2082091	1089946	111178	880967	11021	587165	295665
安徽	Anhui	760393	401600	38442	320351	11885	191202	105838
福建	Fujian	1060408	601330	60768	398310	2232	196910	123869
江西	Jiangxi	287631	155020	13498	119113	4357	57713	33825
山东	Shandong	2843381	1633482	124755	1085144	24662	476811	319078
河南	Henan	1276861	835509	52073	389279	8310	147944	84960
湖北	Hubei	1365826	750658	71871	543297	14152	319837	155511
湖南	Hunan	749437	440775	35187	273475	8542	153070	81527
广东	Guangdong	3800133	1872573	209649	1717911	30326	1066357	454769
广西	Guangxi	232194	124022	14106	94066	4591	61441	29149
海南	Hainan	119476	64643	7599	47234	4386	41544	15318
重庆	Chongqing	1262468	813682	53488	395298	6460	177070	96401
四川	Sichuan	1846397	962371	101421	782605	63530	499978	214850
贵州	Guizhou	174654	86536	10297	77821	1682	48096	29838
云南	Yunnan	384319	212778	21250	150291	4042	94600	49960
西藏	Tibet	11202	6449	564	4189	781	4057	933
陕西	Shaanxi	1191478	603766	59321	528391	20001	308768	143896
甘肃	Gansu	294079	157644	14420	122015	9861	59368	27558
青海	Qinghai	47868	22266	2371	23231	2869	16690	5629
宁夏	Ningxia	110725	53480	5994	51251	1373	37018	17174
新疆	Xinjiang	92817	43400	5166	44251	457	25739	20871

Income and Distribution of Enterprises above Designated Size of Catering Services by Region and Sector

单位：万元
Unit: 10000 yuan

#税金 Taxes	#差旅费 Travel Allowance	#工会经费 Trade Unions Funds	财务费用 Financial Expenses	#利息支出 Interest Expenses	营业利润 Operating Profits	利润总额 Total Profits	应交所得税 Income Tax Payable	应付职工薪酬 Payables to Employees
143686	**66463**	**24673**	**660700**	**323983**	**1061409**	**1079853**	**338369**	**5310465**
6718	8496	4663	50978	20605	90645	101761	48489	753408
870	185	99	7672	996	21050	20032	4982	88252
1790	746	191	9522	5133	-1976	-4939	3034	101872
3321	1544	991	25631	11746	-26018	-23115	4797	138637
4457	2044	425	12002	4032	28794	17365	6859	148838
6607	1428	764	22685	12934	52900	45296	10614	91095
1508	735	771	3869	2016	12077	13217	2341	29829
3509	1238	120	2065	664	27121	17831	4076	41760
3828	4013	592	45815	15095	41409	73544	35955	433954
9297	3524	929	57822	30348	-14771	-26698	18110	372813
9388	3539	1123	65636	43318	-34912	-21002	15557	331016
4179	1640	452	24714	16404	5552	6345	9572	138166
3163	3700	461	14446	8470	61535	53811	14428	190446
1291	623	244	6864	4288	15498	14844	2018	46904
17625	6272	1385	70961	31465	221941	201726	42435	364320
6111	1284	382	19889	8539	142067	125597	12774	137385
5620	2949	934	32955	17522	36676	20826	12671	200424
5192	2032	1218	16030	6302	38238	20589	3880	118455
18545	5850	3706	74856	36006	124600	102053	44172	673334
1148	535	200	4627	2951	5129	4474	1967	48129
381	180	101	1984	760	-3817	-2278	1565	19300
4935	3757	1032	10783	4134	114230	103358	9636	162443
8441	3899	1752	34442	18330	32514	29531	11941	281198
781	655	297	5221	1850	-3102	-1779	1584	41425
3130	1494	173	8885	6618	-987	128712	3513	58954
27	106	5	13	2	-800	-603	37	2092
6931	2812	694	17823	6308	56721	46261	8777	197896
2467	427	225	4226	2219	28989	21799	1295	44532
275	74	23	983	648	386	618	87	11289
975	325	139	4941	2337	-4434	-4228	777	23206
1175	357	582	2360	1943	-5844	-5097	427	19092

快餐服务
Snack

地区	Region	主营业务收入 Revenue from Principal Business	主营业务成本 Cost of Principal Business	主营业务税金及附加 Taxes and Other Charges on Principal Business	主营业务利润 Profits from Principal Business	其他业务利润 Profits from Other Business	销售费用 Selling Expenses	管理费用 Administr-ative Expenses
全国	**National Total**	**8092665**	**3762317**	**431513**	**3898835**	**75357**	**2888865**	**690209**
北京	Beijing	1256834	527582	69159	660093	13963	508183	104487
天津	Tianjin	473435	219586	25889	227960	5602	142779	36622
河北	Hebei	2749	1030	111	1608		1061	175
山西	Shanxi	98727	51190	5197	42340	3	23602	6640
内蒙古	Inner Mongolia	12792	5070	270	7452		4230	2857
辽宁	Liaoning	602975	275235	34020	293720	1178	184017	47520
吉林	Jilin	123	101		22		1	1
黑龙江	Heilongjiang	19522	7831	1144	10547	723	7803	1185
上海	Shanghai	469887	208549	23450	237888	12200	283513	79357
江苏	Jiangsu	929516	452413	50513	426590	5783	268404	75988
浙江	Zhejiang	612668	304835	33334	274499	3072	171498	47194
安徽	Anhui	87733	38899	3012	45822	190	37643	5269
福建	Fujian	362560	198988	16714	146858	3000	108819	24858
江西	Jiangxi	64766	31215	3583	29968		17753	4569
山东	Shandong	361938	182806	18975	160157	599	105453	28709
河南	Henan	175882	94846	8658	72378	7308	47938	13872
湖北	Hubei	291076	131395	16386	143295	11	96097	25175
湖南	Hunan	175585	89218	9462	76905	51	53745	12871
广东	Guangdong	1468043	647363	77132	743548	1890	616050	119446
广西	Guangxi	24485	9761	1220	13504	97	22644	5275
海南	Hainan	6851	2571	380	3900	3513	1121	2293
重庆	Chongqing	100390	40819	5621	53950	2697	39033	6738
四川	Sichuan	238300	124813	13177	100310	6037	65248	19170
贵州	Guizhou	4190	2387	239	1564		974	418
云南	Yunnan	76396	35461	4203	36732	1428	23618	5914
西藏	Tibet	446	197	22	227		147	16
陕西	Shaanxi	94317	42772	5310	46235	5760	37226	7556
甘肃	Gansu	31918	14686	1777	15455		6926	2191
青海	Qinghai							
宁夏	Ningxia	755	321	39	395	252	205	35
新疆	Xinjiang	47807	20381	2516	24910		13136	3811

4-4-8 Continued 1

单位：万元
Unit: 10000 yuan

			财务费用 Financial Expenses		营业利润 Operating Profits	利润总额 Total Profits	应交所得税 Income Tax Payable	应付职工薪酬 Payables to Employees
#税金 Taxes	#差旅费 Travel Allowance	#工会经费 Trade Unions Funds		#利息支出 Interest Expenses				
16863	**11516**	**3560**	**36512**	**22259**	**576041**	**556031**	**152128**	**1215321**
961	944	1195	1820	2297	59799	56359	17431	218600
77	254	51	441	56	53755	53331	13921	48816
9	6	4			-84	-75		753
6	6	4	-130	66	14034	13821	3322	3617
84	3	20	416	396	664	623	276	2325
24	148	120	1110	55	61982	62952	16067	21004
1			1		17	17		94
7	2	1	167	7	1392	545	64	2488
657	467	222	7600	275	-556	5376	8602	95729
271	1780	507	5825	4971	76855	77399	21076	169256
127	1032	176	5428	5259	54503	55837	14325	116013
24	203	81	1064	1033	3538	3868	1781	9344
96	372	207	2192	682	14464	14399	2868	41182
	2	2	73	1	6887	6907	1739	7058
293	399	126	3645	2334	22432	22616	6920	52957
419	653	114	1288	547	16577	15747	3148	20578
301	60	26	2629	190	20868	18989	4845	36371
7315	222	113	1301	507	8821	7822	2760	18635
5630	4261	508	-704	2374	97367	78359	22775	267800
37	7	2	24	74	11233	9490	2497	10133
20	21	10	14	7	472	415	109	1147
190	15	2	213	52	5573	4831	1703	13717
90	46	14	1411	124	15376	17701	697	30693
9	5	6	32		141	141	32	483
41	136	6	31		8600	7785	92	10386
			4		61	61		110
153	314	16	684	698	6746	6480	1740	12780
		1	-204		6542	6433	1528	1734
2	5	10	100	96	55	55	9	228
20	155	17	39	159	7930	7746	1801	1295

饮料及冷饮服务
Beverage and Cold Drink

地 区	Region	主营业务收入 Revenue from Principal Business	主营业务成本 Cost of Principal Business	主营业务税金及附加 Taxes and Other Charges on Principal Business	主营业务利润 Profits from Principal Business	其他业务利润 Profits from Other Business	销售费用 Selling Expenses	管理费用 Administrative Expenses
全 国	**National Total**	**660148**	**222756**	**32964**	**404428**	**12162**	**296485**	**52382**
北 京	Beijing	103695	32093	5354	66248	345	51753	12252
天 津	Tianjin							
河 北	Hebei	417	200	19	198		46	121
山 西	Shanxi							
内蒙古	Inner Mongolia							
辽 宁	Liaoning	12320	4076	739	7505	56	5041	941
吉 林	Jilin							
黑龙江	Heilongjiang	779	338	53	388	15	243	194
上 海	Shanghai	309421	91233	16188	202000	39	148897	17156
江 苏	Jiangsu	32743	9590	1826	21327		16578	4871
浙 江	Zhejiang	16953	7402	949	8602	257	4344	3238
安 徽	Anhui	2822	1843	127	852		455	437
福 建	Fujian	9917	4505	468	4944		4066	1028
江 西	Jiangxi							
山 东	Shandong	7616	2270	389	4957		2836	523
河 南	Henan	576	343	20	213	105	41	122
湖 北	Hubei	20524	6409	1109	13006		9611	1370
湖 南	Hunan	10107	9455	76	576	22	373	66
广 东	Guangdong	95218	32763	4103	58352		42687	7008
广 西	Guangxi	1020	360	63	597	656	461	305
海 南	Hainan							
重 庆	Chongqing	4333	3870	116	347		297	32
四 川	Sichuan	29027	14995	1224	12808	10475	8270	2454
贵 州	Guizhou							
云 南	Yunnan	1383	327	76	980		245	238
西 藏	Tibet							
陕 西	Shaanxi							
甘 肃	Gansu	1278	686	66	526	191	243	26
青 海	Qinghai							
宁 夏	Ningxia							
新 疆	Xinjiang							

4-4-8 Continued 2

单位：万元
Unit: 10000 yuan

#税金 Taxes	#差旅费 Travel Allowance	#工会经费 Trade Unions Funds	财务费用 Financial Expenses	#利息支出 Interest Expenses	营业利润 Operating Profits	利润总额 Total Profits	应交所得税 Income Tax Payable	应付职工薪酬 Payables to Employees
1218	**1993**	**183**	**3199**	**926**	**51101**	**61514**	**16447**	**91076**
70	580	63	13	165	2243	2647	2241	16115
	2				31	31		88
12	34	9	106	27	1437	1354	364	1491
			14		-47	-47		108
117	413	1	1229	61	34534	40250	9533	38936
8	276	37	520	405	-642	629	357	3960
39	37	21	166	21	1111	1090	194	2901
19	6	5	29	29	186	40	42	713
17	54	6	83		-232	544	89	2149
20	1		178		1240	1242	350	590
			7	3	149	149	34	90
6	7		183	5	1842	1892	535	3557
36	7	7	27		132	68		1900
793	568	31	318	9	6972	7334	1951	15267
58	7		158	194	-443	213	41	295
			5		14	69	4	84
22	3	3	162	4	1823	3855	710	2170
			-1		499	158		242
			4	3	254		4	422

4-4-8 续表 3

其他餐饮业

Others

地　区	Region	主营业务收　入 Revenue from Principal Business	主营业务成　本 Cost of Principal Business	主营业务税金及　附　加 Taxes and Other Charges on Principal Business	主营业务利　润 Profits from Principal Business	其他业务利　润 Profits from Other Business	销售费用 Selling Expenses	管理费用 Administr-ative Expenses
全　国	**National Total**	**1112055**	**600603**	**51009**	**460443**	**6170**	**257978**	**119126**
北　京	Beijing	148743	102018	6738	39987	172	30014	18289
天　津	Tianjin	39108	23265	1820	14023	83	6511	5836
河　北	Hebei	1997	705	147	1145	2	1003	95
山　西	Shanxi	2593	1733	59	801	20	431	126
内 蒙 古	Inner Mongolia							
辽　宁	Liaoning	16268	10032	499	5737	3	852	2370
吉　林	Jilin							
黑 龙 江	Heilongjiang	551	425		126			8
上　海	Shanghai	101482	66338	4418	30726	422	22068	12240
江　苏	Jiangsu	118861	63521	5370	49970	402	31884	8686
浙　江	Zhejiang	54429	33441	2237	18751	1438	11735	5932
安　徽	Anhui	3788	2460	286	1042		452	685
福　建	Fujian	20798	15554	812	4432		969	1549
江　西	Jiangxi							
山　东	Shandong	19633	14788	877	3968	373	1095	2125
河　南	Henan	31241	19175	1902	10164	70	2228	1314
湖　北	Hubei	35729	22585	987	12157	-7	6785	1960
湖　南	Hunan	2137	2782	71	-716	152	128	111
广　东	Guangdong	117801	67227	5726	44848	2447	20068	21028
广　西	Guangxi	3710	2583	33	1094		1048	937
海　南	Hainan							
重　庆	Chongqing	35259	20941	718	13600	72	5337	4712
四　川	Sichuan	341455	121059	17853	202543	523	114218	28287
贵　州	Guizhou							
云　南	Yunnan	10738	7626	211	2901		365	1790
西　藏	Tibet							
陕　西	Shaanxi	5154	2020	224	2910		762	879
甘　肃	Gansu	312	165	20	127			103
青　海	Qinghai							
宁　夏	Ningxia	270	160	1	109		25	65
新　疆	Xinjiang							

4-4-8 Continued 3

单位：万元

Unit: 10000 yuan

			财务费用 Financial Expenses		营业利润 Operating Profits	利润总额 Total Profits	应交所得税 Income Tax Payable	应付职工薪酬 Payables to Employees
#税金 Taxes	#差旅费 Travel Allowance	#工会经费 Trade Unions Funds		#利息支出 Interest Expenses				
3805	**2172**	**1060**	**6917**	**4532**	**81550**	**76227**	**21460**	**204980**
79	309	139	1513	487	-9805	-9839	435	33299
63			152		246	443	244	7854
28	4	2	22	2	25	27	18	383
22			6		239			464
119	18	38	-13	4	2551	1129	323	3349
1	6	1	10	1	95	95		58
63	55	39	71	26	-3096	-2373	313	21775
196	151	432	788	237	9163	8538	1922	17204
693	29	55	442	505	2094	2178	1127	10525
205	11		30	13	762	653	58	235
321	49	54	21	31	1893	1909	383	3524
61	117	16	61	37	1064	993	175	2956
34	26	7	188	74	6471	6521	264	2077
2	31	2	407	238	1907	1627	254	3156
			65	27	1720	189	14	226
245	261	174	389	236	4973	5300	1290	23519
			163		-1055	-959	12	382
232	88	38	80	94	3282	2452	311	5042
1433	979	47	2613	2489	57631	56192	14205	64855
3	36	17	-122	22	982	981	84	3018
2	3	1	33	9	367	127	23	966
4	1		-1		25	25	4	67
					19	19	2	45

4-5-1 限额以上住宿和餐饮业产业活动单位和个体经营户基本情况

Basic Conditions of Establishments and Getihus above Designated Size of Hotels and Catering Services

项目	Item	单位数(个) Number of Units (unit)	年末从业人数(人) Engaged Persons at the Year-end (person)
总计	**Total**	**40813**	**1340755**
一、住宿业	**Hotels**	**4580**	**282367**
(一)按登记注册类型分	**by Type of Registration**		
1.内资企业	**Domestic Funded Enterprises**	**987**	**149469**
国有企业	State-owned Enterprises	274	31875
集体企业	Collective-owned Enterprises	36	2354
股份合作企业	Cooperative Enterprises	7	3317
联营企业	Joint Ownership Enterprises	5	791
国有联营企业	State Joint Ownership Enterprises	1	507
集体联营企业	Collective Joint Ownership Enterprises	1	34
国有与集体联营企业	Joint State-collective Enterprises		
其他联营企业	Other Joint Ownership Enterprises	3	250
有限责任公司	Limited Liability Corporations	337	59861
国有独资公司	State Sole Funded Corporations	13	1459
其他有限责任公司	Other Limited Liability Corporations	324	58402
股份有限公司	Share-holding Corporations Ltd.	69	14209
私营企业	Private Enterprises	226	33456
私营独资企业	Private-funded Enterprises	35	8069
私营合伙企业	Private Partnership Enterprises	8	248
私营有限责任公司	Private Limited Liability Corporations	170	23868
私营股份有限公司	Private Share-holding Corporations Ltd.	13	1271
其他企业	Other Enterprises	33	3606
2.港、澳、台商投资企业	**Enterprises with Funds from Hongkong, Macao and Taiwan**	**41**	**15422**
合资经营企业	Joint-venture Enterprises	25	8340
合作经营企业	Cooperative Enterprises	1	876
独资经营企业	Enterprises with Sole Investment	12	5188
投资股份有限公司	Share-holding Corporations Ltd. with Investment	2	738
其他港澳台商投资企业	Other Enterprises with Funds from Hongkong, Macao and Taiwan	1	280
3.外商投资企业	**Foreign Funded Enterprises**	**33**	**11075**
中外合资经营企业	Joint-venture Enterprises	12	5598
中外合作经营企业	Cooperative Enterprises	5	2506
外资企业	Enterprises with Sole Foreign Investment	13	2419
外商投资股份有限公司	Share-holding Corporations Ltd. With Foreign Investment	2	527
其他外商投资企业	Other Foreign Funded Enterprises	1	25
4.个体经营户	**Getihus**	**3519**	**106401**
(二)按国民经济行业分	**by Sector**		
旅游饭店	Tourist Hotel	1652	180483
一般旅馆	Fonda	2746	93676
其他住宿业	Others	182	8208

4-5-1 续表 1 Continued 1

项　目	Item	单位数(个) Number of Units (unit)	年末从业人数(人) Engaged Persons at the Year-end (person)	年末餐饮营业面积(平方米) Business Area of Catering Services at the Year-end (m²)
二、餐饮业	**Catering Services**	**36233**	**1058388**	**31082429**
(一)按登记注册类型分	**by Type of Registration**			
1.内资企业	**Domestic Funded Enterprises**	**782**	**66459**	**1916076**
国有企业	State-owned Enterprises	137	11492	430734
集体企业	Collective-owned Enterprises	40	2774	74986
股份合作企业	Cooperative Enterprises	8	814	13954
联营企业	Joint Ownership Enterprises	4	198	7350
国有联营企业	State Joint Ownership Enterprises			
集体联营企业	Collective Joint Ownership Enterprises	1	51	300
国有与集体联营企业	Joint State-collective Enterprises	1	70	5000
其他联营企业	Other Joint Ownership Enterprises	2	77	2050
有限责任公司	Limited Liability Corporations	177	18357	432695
国有独资公司	State Sole Funded Corporations	10	887	44964
其他有限责任公司	Other Limited Liability Corporations	167	17470	387731
股份有限公司	Share-holding Corporations Ltd.	26	4114	90081
私营企业	Private Enterprises	295	22330	614727
私营独资企业	Private-funded Enterprises	118	5318	177968
私营合伙企业	Private Partnership Enterprises	17	885	16547
私营有限责任公司	Private Limited Liability Corporations	142	14524	388776
私营股份有限公司	Private Share-holding Corporations Ltd.	18	1603	31436
其他企业	Other Enterprises	95	6380	251549

项　目	Item	单位数(个) Number of Units (unit)	年末从业人数(人) Engaged Persons at the Year-end (person)	年末餐饮营业面积(平方米) Business Area of Catering Services at the Year-end (㎡)
2.港、澳、台商投资企业	**Enterprises with Funds from Hongkong, Macao and Taiwan**	**19**	**4987**	**54589**
合资经营企业	Joint-venture Enterprises	5	585	18983
合作经营企业	Cooperative Enterprises	1	47	320
独资经营企业	Enterprises with Sole Investment	12	3636	30256
投资股份有限公司	Share-holding Corporations Ltd. with Investment	1	719	5030
其他港澳台商投资企业	Other Enterprises with Funds from Hongkong, Macao and Taiwan			
3.外商投资企业	**Foreign Funded Enterprises**	**80**	**6601**	**93591**
中外合资经营企业	Joint-venture Enterprises	5	617	10716
中外合作经营企业	Cooperative Enterprises	3	698	12257
外资企业	Enterprises with Sole Foreign Investment	68	5020	67070
外商投资股份有限公司	Share-holding Corporations Ltd. With Foreign Investment	4	266	3548
其他外商投资企业	Other Foreign Funded Enterprises			
4.个体经营户	**Getihus**	**35352**	**980341**	**29018173**
(二)按国民经济行业分	**by Sector**			
正餐服务	Dinner	34423	1008866	29721578
快餐服务	Snack	920	27090	761215
饮料及冷饮服务	Beverage and Cold Drink	360	9209	239125
其他餐饮业	Others	530	13223	360511

4-5-2 各地区限额以上住宿和餐饮业产业活动单位和个体经营户基本情况

Basic Conditions of Establishments and Getihus above Designated Size of Hotels and Catering Services by Region

地区	Region	住宿业 Hotels		餐饮业 Catering Services	
		单位数(个) Number of Units (unit)	年末从业人数(人) Engaged Persons at the Year-end (person)	单位数(个) Number of Units (unit)	年末从业人数(人) Engaged Persons at the Year-end (person)
全国	**National Total**	**4580**	**282367**	**36233**	**1058388**
北京	Beijing	188	30956	154	8884
天津	Tianjin	19	3010	202	10782
河北	Hebei	75	10143	524	21337
山西	Shanxi	50	6100	287	15009
内蒙古	Inner Mongolia	113	4341	491	18733
辽宁	Liaoning	203	18242	2339	56473
吉林	Jilin	155	3820	1348	41187
黑龙江	Heilongjiang	147	3303	750	18039
上海	Shanghai	39	12161	4	915
江苏	Jiangsu	345	19909	4345	99001
浙江	Zhejiang	207	16107	1673	63616
安徽	Anhui	103	5139	1080	30441
福建	Fujian	86	7327	1104	27775
江西	Jiangxi	96	6177	476	19918
山东	Shandong	359	10701	4823	110814
河南	Henan	437	12906	2497	64915
湖北	Hubei	323	9647	2640	66467
湖南	Hunan	368	23687	1464	49835
广东	Guangdong	259	16364	2747	109234
广西	Guangxi	69	3767	359	15643
海南	Hainan	37	1935	175	7637
重庆	Chongqing	171	6386	2601	56352
四川	Sichuan	221	12604	2432	74665
贵州	Guizhou	99	5847	272	12245
云南	Yunnan	175	11497	558	18945
西藏	Tibet	1	55	1	48
陕西	Shaanxi	80	6829	491	19490
甘肃	Gansu	32	1498	139	7148
青海	Qinghai	6	361	8	412
宁夏	Ningxia	12	1869	37	1824
新疆	Xinjiang	105	9679	212	10604

4-5-3 限额以上住宿和餐饮业产业活动单位和个体经营户经营情况

项　目	Item	营业额 Business Revenue	客房收入 from Hotel Rooms
总　计	**Total**	**31952948**	**3813849**
一、住宿业	**Hotels**	**5583589**	**3113264**
(一)按登记注册类型分	**by Type of Registration**		
1.内资企业	**Domestic Funded Enterprises**	**2685898**	**1334011**
国有企业	State-owned Enterprises	532185	244435
集体企业	Collective-owned Enterprises	32183	15097
股份合作企业	Cooperative Enterprises	22552	9918
联营企业	Joint Ownership Enterprises	16377	5873
国有联营企业	State Joint Ownership Enterprises	11491	3666
集体联营企业	Collective Joint Ownership Enterprises	200	127
国有与集体联营企业	Joint State-collective Enterprises		
其他联营企业	Other Joint Ownership Enterprises	4686	2080
有限责任公司	Limited Liability Corporations	1226110	616914
国有独资公司	State Sole Funded Corporations	46440	26119
其他有限责任公司	Other Limited Liability Corporations	1179670	590796
股份有限公司	Share-holding Corporations Ltd.	307245	154980
私营企业	Private Enterprises	491728	255525
私营独资企业	Private-funded Enterprises	54436	20912
私营合伙企业	Private Partnership Enterprises	3102	1341
私营有限责任公司	Private Limited Liability Corporations	423235	227912
私营股份有限公司	Private Share-holding Corporations Ltd.	10955	5360
其他企业	Other Enterprises	57518	31268
2.港、澳、台商投资企业	**Enterprises with Funds from Hongkong, Macao and Taiwan**	**425153**	**218191**
合资经营企业	Joint-venture Enterprises	219360	110211
合作经营企业	Cooperative Enterprises	58698	34654
独资经营企业	Enterprises with Sole Investment	127595	64483
投资股份有限公司	Share-holding Corporations Ltd. with Investment	15981	7888
其他港澳台商投资企业	Other Enterprises with Funds from Hongkong, Macao and Taiwan	3519	956
3.外商投资企业	**Foreign Funded Enterprises**	**400407**	**222789**
中外合资经营企业	Joint-venture Enterprises	184235	95321
中外合作经营企业	Cooperative Enterprises	126801	71106
外资企业	Enterprises with Sole Foreign Investment	77735	49221
外商投资股份有限公司	Share-holding Corporations Ltd. With Foreign Investment	9605	6512
其他外商投资企业	Other Foreign Funded Enterprises	2030	628
4.个体经营户	**Getihus**	**2072131**	**1338273**
(二)按国民经济行业分	**by Sector**		
旅游饭店	Tourist Hotel	3661768	1842064
一般旅馆	Fonda	1773144	1186190
其他住宿业	Others	148677	85010

Business of Establishments and Getihus above Designated Size of Hotels and Catering Services

单位：万元

Unit: 10000 yuan

餐费收入 from Meals	商品销售额 from Commodities	其他收入 Others	客房数 (间) Hotel Rooms (unit)	床位数 (个) Hotel Beds (unit)	餐位数 (位) Seats for Meal (unit)
26326878	**1377741**	**434480**	**535082**	**950103**	**10121825**
2037214	**151101**	**282009**	**404519**	**702838**	**928980**
1098328	**66126**	**187434**	**175349**	**289544**	**412940**
217305	18411	52034	34727	61162	113321
14433	494	2160	2726	5050	9701
10347	33	2253	3328	5350	6340
9415	439	650	782	1146	1803
7543		281	398	556	1079
73			58	96	109
1798	439	369	326	494	615
496135	32600	80461	67326	110233	162106
16953	88	3280	1601	2960	4076
479182	32512	77182	65725	107273	158030
119429	5607	27230	14220	24606	31091
208123	7565	20514	48375	75234	80091
28513	2239	2772	3507	6130	13267
1346	323	92	409	683	1650
174028	4331	16965	42906	65887	60915
4237	672	685	1553	2534	4259
23141	977	2132	3865	6763	8487
178646	**4240**	**24076**	**12209**	**17402**	**26869**
90528	3460	15161	7913	11114	16912
21754		2290	825	1017	1442
58934	333	3846	2709	3923	6457
6782	415	897	689	1248	1572
648	32	1882	73	100	486
148296	**2095**	**27228**	**10856**	**15364**	**19915**
75686	1785	11443	4727	6507	12304
49278	78	6340	2540	3341	3188
19682	128	8703	2974	4637	3540
2463	49	581	515	683	583
1187	54	160	100	196	300
611945	**78641**	**43272**	**206105**	**380528**	**469256**
1517613	90169	211922	219446	365290	580742
468749	58248	59957	173667	317336	305571
50852	2684	10131	11406	20212	42667

项　目	Item	营业额 Business Revenue	客房收入 from Hotel Rooms
二、餐饮业	**Catering Services**	**26369359**	**700585**
(一)按登记注册类型分	**by Type of Registration**		
1.内资企业	**Domestic Funded Enterprises**	**1188090**	**143006**
国有企业	State-owned Enterprises	184158	20550
集体企业	Collective-owned Enterprises	68254	5167
股份合作企业	Cooperative Enterprises	25242	10499
联营企业	Joint Ownership Enterprises	2474	264
国有联营企业	State Joint Ownership Enterprises		
集体联营企业	Collective Joint Ownership Enterprises	432	67
国有与集体联营企业	Joint State-collective Enterprises	1027	
其他联营企业	Other Joint Ownership Enterprises	1016	197
有限责任公司	Limited Liability Corporations	286591	45896
国有独资公司	State Sole Funded Corporations	15685	3327
其他有限责任公司	Other Limited Liability Corporations	270906	42569
股份有限公司	Share-holding Corporations Ltd.	82097	7202
私营企业	Private Enterprises	382676	43377
私营独资企业	Private-funded Enterprises	94664	8090
私营合伙企业	Private Partnership Enterprises	14560	298
私营有限责任公司	Private Limited Liability Corporations	246803	33314
私营股份有限公司	Private Share-holding Corporations Ltd.	26649	1675
其他企业	Other Enterprises	156598	10052
2.港、澳、台商投资企业	**Enterprises with Funds from Hongkong, Macao and Taiwan**	**53680**	**8933**
合资经营企业	Joint-venture Enterprises	14963	2375
合作经营企业	Cooperative Enterprises	1005	
独资经营企业	Enterprises with Sole Investment	28481	4551
投资股份有限公司	Share-holding Corporations Ltd. with Investment	9231	2007
其他港澳台商投资企业	Other Enterprises with Funds from Hongkong, Macao and Taiwan		
3.外商投资企业	**Foreign Funded Enterprises**	**194052**	**28970**
中外合资经营企业	Joint-venture Enterprises	18742	3051
中外合作经营企业	Cooperative Enterprises	22635	
外资企业	Enterprises with Sole Foreign Investment	147217	25919
外商投资股份有限公司	Share-holding Corporations Ltd. With Foreign Investment	5458	
其他外商投资企业	Other Foreign Funded Enterprises		
4.个体经营户	**Getihus**	**24933538**	**519676**
(二)按国民经济行业分	**by Sector**		
正餐服务	Restaurant	25005975	692794
快餐服务	Snack	702924	4897
饮料及冷饮服务	Beverage and Cold Drink	315849	442
其他餐饮业	Others	344611	2452

单位：万元

Unit: 10000 yuan

餐费收入 from Meals	商品销售额 from Commodities	其他收入 Others	客房数 (间) Hotel Rooms (unit)	床位数 (个) Hotel Beds (unit)	餐位数 (位) Seats for Meal (unit)
24289664	**1226640**	**152470**	**130563**	**247265**	**9192845**
926060	**88768**	**30257**	**24951**	**44632**	**466055**
148155	10087	5366	4537	10893	115071
42114	20458	515	1271	2507	28161
14324	59	360	488	706	4484
2017	194		67	125	1535
171	194		20	40	120
1027					900
819			47	85	515
209263	22819	8613	8367	13119	87423
10551	1186	621	614	1000	7540
198713	21633	7992	7753	12119	79883
67560	1654	5680	892	1467	22733
318397	14595	6306	7673	12821	124154
81241	4380	953	1185	2217	46279
13365	874	24	102	204	6996
199252	9276	4960	5796	9344	62079
24539	65	370	590	1056	8800
124228	18902	3417	1656	2994	82494
37897	**3235**	**3614**	**1187**	**1889**	**11125**
10004	2259	325	280	420	1946
1005					208
23187	123	619	692	1191	8657
3700	853	2670	215	278	314
160285	**1211**	**3586**	**1723**	**2246**	**25225**
15553		138	411	540	2177
21710		926			1662
117564	1211	2523	1312	1706	19924
5458					1462
23165423	**1133426**	**115013**	**102702**	**198498**	**8690440**
23042365	1128579	142237	128760	243772	8760765
666540	26718	4769	1254	2286	259207
270044	41543	3820	86	138	61025
310715	29800	1644	463	1069	111848

4-5-4 各地区限额以上住宿业产业活动单位和个体经营户经营情况
Business of Establishments and Getihus above Designated Size of Hotels by Region

单位：万元
Unit: 10000 yuan

地区	Region	营业额 Business Revenue	客房收入 from Hotel Rooms	餐费收入 from Meals	商品销售额 from Commodities	其他收入 Others
全国	**National Total**	**5583589**	**3113264**	**2037214**	**151101**	**282009**
北京	Beijing	999859	556496	346667	9766	86930
天津	Tianjin	51212	24785	20415	240	5772
河北	Hebei	106103	37927	59140	2039	6997
山西	Shanxi	94845	27231	44370	18492	4752
内蒙古	Inner Mongolia	69226	40409	26902	854	1061
辽宁	Liaoning	251158	137867	94546	7219	11526
吉林	Jilin	113849	63288	46208	3332	1021
黑龙江	Heilongjiang	75000	58799	12285	2770	1146
上海	Shanghai	434848	229451	177787	1724	25887
江苏	Jiangsu	442491	233508	172193	14056	22734
浙江	Zhejiang	273720	146785	111136	3402	12397
安徽	Anhui	62273	34719	23504	2483	1567
福建	Fujian	134591	64420	61620	2859	5693
江西	Jiangxi	77134	38898	31084	3146	4006
山东	Shandong	294867	171585	100274	17081	5928
河南	Henan	242450	153243	77788	6366	5053
湖北	Hubei	205602	135772	58467	6907	4456
湖南	Hunan	295135	188298	90582	9662	6593
广东	Guangdong	278733	172506	91197	3511	11519
广西	Guangxi	38992	22040	14758	198	1996
海南	Hainan	16996	9026	6656	719	595
重庆	Chongqing	187205	109763	65777	5804	5861
四川	Sichuan	268027	168259	82152	5565	12051
贵州	Guizhou	73909	45569	23209	1099	4032
云南	Yunnan	148503	83214	46121	3932	15235
西藏	Tibet	388	224	158		5
陕西	Shaanxi	123976	47227	54666	15272	6812
甘肃	Gansu	20648	14567	5723	141	217
青海	Qinghai	4108	2186	1863	12	47
宁夏	Ningxia	28749	13219	14722	175	632
新疆	Xinjiang	168997	81984	75246	2278	9489

4-5-5 各地区限额以上餐饮业产业活动单位和个体经营户经营情况

Business of Establishments and Getihus above Designated Size of Catering Services by Region

单位：万元
Unit: 10000 yuan

地 区	Region	营业额 Business Revenue	客房收入 from Hotel Rooms	餐费收入 from Meals	商品销售额 from Commodities	其他收入 Others
全 国	**National Total**	**26369359**	**700585**	**24289664**	**1226640**	**152470**
北 京	Beijing	186929	1161	181531	1716	2521
天 津	Tianjin	108680	1280	104848	1731	822
河 北	Hebei	272094	11824	247886	11038	1346
山 西	Shanxi	200438	18033	171050	6542	4812
内蒙古	Inner Mongolia	299041	26718	264424	6971	928
辽 宁	Liaoning	1617344	23908	1567815	21470	4152
吉 林	Jilin	1021010	14169	966067	38661	2113
黑龙江	Heilongjiang	400437	7189	355120	36935	1193
上 海	Shanghai	41541	23365	16185	5	1987
江 苏	Jiangsu	3097409	87689	2772759	220047	16914
浙 江	Zhejiang	1110175	48611	1026323	24882	10359
安 徽	Anhui	518800	19524	472019	25289	1968
福 建	Fujian	565584	7027	542835	13532	2190
江 西	Jiangxi	308044	10148	252424	43074	2397
山 东	Shandong	3945345	59761	3484365	368585	32634
河 南	Henan	1347415	40081	1241361	59182	6791
湖 北	Hubei	2070694	94395	1862699	102920	10679
湖 南	Hunan	1409749	85049	1269763	47612	7325
广 东	Guangdong	2846986	20458	2799066	14111	13350
广 西	Guangxi	180353	8129	168323	2767	1134
海 南	Hainan	119908	1183	115973	2260	492
重 庆	Chongqing	1961890	26881	1869890	57364	7756
四 川	Sichuan	1643544	27712	1542010	64038	9784
贵 州	Guizhou	175469	3625	161195	9438	1210
云 南	Yunnan	282325	5560	265568	8348	2848
西 藏	Tibet	420		420		
陕 西	Shaanxi	366017	16059	314814	31685	3459
甘 肃	Gansu	87271	3759	82330	946	237
青 海	Qinghai	3673	85	3583	5	
宁 夏	Ningxia	33340	361	31185	1184	610
新 疆	Xinjiang	147435	6843	135830	4303	458

4-6-1 按登记注册类型分连锁餐饮企业基本情况

Basic Conditions of Chain Catering Enterprises by Status of Registration

项　目	Item	门店总数 (个) Number of Stores (unit)	从业人员 (万人) Employed Person (10000 person)	营业面积 (万平方米) Operational Area (10000 sq.m)
合　计	**Total**	**18153**	**80.6**	**869.2**
内资企业	**Domestic Funded Enterprises**	**7248**	**29.0**	**474.6**
国有企业	State-owned Enterprises	47	0.2	2.0
集体企业	Collective-owned Enterprises	13	0.1	1.9
股份合作企业	Cooperative Enterprises	11		0.7
联营企业	Joint Ownership Enterprises			
国有联营企业	State Joint Ownership Enterprises			
集体联营企业	Collective Joint Ownership Enterprises			
国有与集体联营企业	Joint State-collective Enterprises			
其他联营企业	Other Joint Ownership Enterprises			
有限责任公司	Limited Liability Corporations	2529	8.6	187.5
国有独资公司	State Sole Funded Corporations	30	0.3	2.5
其他有限责任公司	Other Limited Liability Corporations	2499	8.4	185.0
股份有限公司	Share-holding Corporations Ltd.	841	5.1	87.0
私营企业	Private Enterprises	3797	14.9	195.2
私营独资企业	Private-funded Enterprises	113	0.5	8.4
私营合伙企业	Private Partnership Enterprises	2		0.1
私营有限责任公司	Private Limited Liability Corporations	3464	13.3	149.5
私营股份有限公司	Private Share-holding Corporations Ltd.	218	1.1	37.1
其他企业	Other Enterprises	10		0.4
港、澳、台商投资企业	**Enterprises with Funds from Hong Kong, Macao and Taiwan**	**2356**	**8.2**	**74.5**
港、澳、台商合资经营企业	Joint-venture Enterprises	619	3.2	25.4
港、澳、台商合作经营企业	Cooperative Enterprises	9	0.1	1.7
港、澳、台商独资经营企业	Enterprises with Sole Investment	1726	4.9	47.1
港、澳、台商投资股份有限公司	Share-holding Corporations Ltd. with Investment	2		0.3
其他港澳台商投资企业	Other Enterprises with Funds from Hongkong, Macao and Taiwan			
外商投资企业	**Foreign Funded Enterprises**	**8549**	**43.3**	**320.1**
中外合资经营企业	Joint-venture Enterprises	1754	11.2	69.5
中外合作经营企业	Cooperative Enterprises	54	0.2	2.2
外资企业	Enterprises with Sole Foreign Investment	6741	31.9	248.3
外商投资股份有限公司	Share-holding Corporations Ltd. With Foreign Investment			
其他外商投资企业	Other Foreign Funded Enterprises			

4-6-1 续表 Continued

项 目	Item	餐位数（万个）Number of Dining-seats (10000 units)	营业额（亿元）Business Revenue (100 million yuan)	#餐费及商品销售收入 From Meals and Commodities
合 计	**Total**	**286.5**	**1283.3**	**1280.3**
内资企业	**Domestic Funded Enterprises**	**143.5**	**408.3**	**405.9**
国有企业	State-owned Enterprises	0.6	4.4	4.4
集体企业	Collective-owned Enterprises	0.4	2.0	1.9
股份合作企业	Cooperative Enterprises	0.2	0.6	0.6
联营企业	Joint Ownership Enterprises			
国有联营企业	State Joint Ownership Enterprises			
集体联营企业	Collective Joint Ownership Enterprises			
国有与集体联营企业	Joint State-collective Enterprises			
其他联营企业	Other Joint Ownership Enterprises			
有限责任公司	Limited Liability Corporations	52.7	130.4	129.8
国有独资公司	State Sole Funded Corporations	1.1	3.6	3.6
其他有限责任公司	Other Limited Liability Corporations	51.6	126.8	126.2
股份有限公司	Share-holding Corporations Ltd.	19.2	96.0	95.7
私营企业	Private Enterprises	70.2	174.9	173.4
私营独资企业	Private-funded Enterprises	3.1	8.5	8.4
私营合伙企业	Private Partnership Enterprises	0.1	0.1	0.1
私营有限责任公司	Private Limited Liability Corporations	61.1	146.7	145.8
私营股份有限公司	Private Share-holding Corporations Ltd.	5.9	19.6	19.0
其他企业	Other Enterprises	0.1	0.2	0.2
港、澳、台商投资企业	**Enterprises with Funds from Hong Kong, Macao and Taiwan**	**25.1**	**153.6**	**153.1**
港、澳、台商合资经营企业	Joint-venture Enterprises	7.6	47.4	47.4
港、澳、台商合作经营企业	Cooperative Enterprises	0.2	2.9	2.9
港、澳、台商独资经营企业	Enterprises with Sole Investment	17.2	102.8	102.4
港、澳、台商投资股份有限公司	Share-holding Corporations Ltd. with Investment	0.1	0.5	0.4
其他港、澳、台商投资企业	Other Enterprises with Funds from Hongkong, Macao and Taiwan			
外商投资企业	**Foreign Funded Enterprises**	**117.9**	**721.3**	**721.3**
中外合资经营企业	Joint-venture Enterprises	24.8	168.5	168.5
中外合作经营企业	Cooperative Enterprises	0.9	4.3	4.3
外资企业	Enterprises with Sole Foreign Investment	92.2	548.6	548.5
外商投资股份有限公司	Share-holding Corporations Ltd. with Foreign Investment			
其他外商投资企业	Other Foreign Funded Enterprises			

4-6-2 按行业分连锁餐饮企业基本情况

Basic Conditions of Chain Catering Enterprises by Sector

行 业	Sector	门店总数 (个) Number of Stores (unit)	从业人数 (万人) Engaged Persons (10 000 persons)	营业面积 (万平方米) Operating Area (10 000 sq.m)
总 计	**Total**	**18153**	**80.6**	**869.2**
正餐服务	Restaurant	6275	32.2	523.0
快餐服务	Snack Counter	10412	46.0	324.6
饮料及冷饮服务	Beverages and Cold Drinks	976	1.6	14.6
其他餐饮业	Others	490	0.8	7.0

4-6-2 续表 Continued

业 态	Business Categories	餐位数 (万个) Number of Dining-seats (10 000 units)	营业额 (亿元) Business Revenue (100 million yuan)	#餐费及商品销售收入 From Meals and Commodities
总 计	**Total**	**286.5**	**1283.3**	**1280.3**
正餐服务	Restaurant	164.1	452.1	450.1
快餐服务	Snack Counter	117.3	779.0	778.0
饮料及冷饮服务	Beverages and Cold Drinks	3.8	38.5	38.5
其他餐饮业	Others	1.3	13.7	13.7

4-6-3 各地区连锁餐饮企业基本情况

Basic Conditions of Chain Catering Enterprises by Region

年份 Year	地区 Region	门店总数(个) Number of Stores (unit)	从业人数(万人) Employed Person (10000 persons)	营业面积(万平方米) Operational Area (10000 sq.m)	餐位数(万个) Number of dining-seat (10000 unit)	营业额(亿元) Business Revenue (100 million yuan)
2004		7578	37.9	352.6	180.1	348.2
2005		9748	50.1	478.1	245.8	454.4
2006		11360	55.7	588.2	274.8	563.8
2007		12743	62.6	629.2	280.0	640.0
2008		12561	66.1	651.9	253.1	806.9
2009		13739	65.2	691.6	248.9	879.3
2010		15333	70.6	742.6	263.8	955.4
2011		16285	83.3	821.4	277.1	1120.4
2012		18153	80.6	869.2	286.5	1283.3
北 京	Beijing	3079	13.5	165.1	44.9	244.6
天 津	Tianjin	458	3.3	17.7	5.4	44.4
河 北	Hebei	7	0.1	1.5	0.5	1.8
山 西	Shanxi	106	1.0	6.8	2.1	10.5
内蒙古	Inner Mongolia	314	0.6	16.0	2.2	15.1
辽 宁	Liaoning	459	1.3	17.7	7.2	61.0
吉 林	Jilin	19	0.1	1.2	0.4	0.9
黑龙江	Heilongjiang	74	0.3	4.1	1.5	3.6
上 海	Shanghai	1787	5.9	54.8	15.2	126.8
江 苏	Jiangsu	1333	6.3	45.6	14.7	91.8
浙 江	Zhejiang	1457	7.0	89.0	22.9	95.6
安 徽	Anhui	365	1.0	40.9	6.0	11.9
福 建	Fujian	952	3.2	25.1	9.2	49.2
江 西	Jiangxi	79	0.8	7.5	2.2	8.7
山 东	Shandong	390	0.7	14.7	6.5	28.6
河 南	Henan	206	0.8	8.7	3.0	11.4
湖 北	Hubei	498	3.3	45.6	15.4	49.3
湖 南	Hunan	350	2.3	23.7	9.5	20.8
广 东	Guangdong	2792	12.7	92.1	33.4	201.1
广 西	Guangxi	72	0.7	2.6	0.9	6.7
海 南	Hainan	4		0.1		0.6
重 庆	Chongqing	2179	10.7	143.2	64.4	125.5
四 川	Sichuan	590	2.3	22.5	10.1	37.8
贵 州	Guizhou	20	0.1	2.6	0.4	2.4
云 南	Yunnan	214	1.0	8.0	4.6	11.1
西 藏	Tibet	3				
陕 西	Shaanxi	162	1.1	6.7	2.5	12.7
甘 肃	Gansu	33	0.1	1.0	0.4	3.6
青 海	Qinghai					
宁 夏	Ningxia	3		0.1		0.1
新 疆	Xinjiang	148	0.3	4.7	1.2	5.9

4-6-3 续表 Continued

年 份 Year	地 区 Region	#餐费及商品销售收入 From Meals and Commodities	商品购进总额 (亿元) Total Purchases Value (100 million yuan)	统一配送商品购进额 (亿元) Centralized Purchase and Delivery (100 million yuan)	#自有配送中心配送商品购进额 Self Centralized Purchase and Delivery	#非自有配送中心配送商品购进额 Non-self Centralized Purchase and Delivery
	2004	345.3	124.6	89.3	64.7	24.6
	2005	447.2	171.5	109.1	77.9	31.0
	2006	563.2	201.2	127.5	93.6	33.7
	2007	639.3	274.9	168.8	110.0	30.9
	2008	796.2	271.6	192.5	118.7	35.3
	2009	878.5	362.0	239.8	138.0	50.7
	2010	952.9	455.8	298.8	159.5	51.4
	2011	1098.7	518.9	343.1	190.0	65.1
	2012	1280.3	561.4	388.5	202.3	86.0
北 京	Beijing	244.0	88.6	54.9	33.5	20.4
天 津	Tianjin	44.4	38.0	3.8	0.3	
河 北	Hebei	1.8	1.2			
山 西	Shanxi	10.4	4.7	3.6	3.5	
内蒙古	Inner Mongolia	15.1	7.0	0.9	0.3	0.4
辽 宁	Liaoning	61.0	30.4	23.7	1.6	
吉 林	Jilin	0.9	0.4	0.4	0.4	
黑龙江	Heilongjiang	3.6	1.5	1.4	0.5	0.8
上 海	Shanghai	126.8	41.2	36.4	16.3	16.9
江 苏	Jiangsu	91.8	45.1	43.3	21.9	21.3
浙 江	Zhejiang	95.5	37.9	34.3	27.7	5.0
安 徽	Anhui	11.3	4.6	3.1	1.8	0.3
福 建	Fujian	49.2	19.6	15.4	9.5	2.7
江 西	Jiangxi	8.7	4.3	3.7	0.5	3.0
山 东	Shandong	28.6	14.5	13.9	0.1	
河 南	Henan	11.4	6.1	4.3		0.0
湖 北	Hubei	48.9	26.9	25.0	20.1	1.4
湖 南	Hunan	20.3	3.9	0.6	0.3	
广 东	Guangdong	200.9	73.8	68.6	26.0	4.8
广 西	Guangxi	6.7	2.6	2.6	2.6	
海 南	Hainan	0.6	0.2	0.2		0.2
重 庆	Chongqing	125.4	73.2	14.9	9.5	5.2
四 川	Sichuan	37.8	14.4	13.2	8.7	0.9
贵 州	Guizhou	2.4	0.2	0.2		
云 南	Yunnan	10.8	8.7	8.6	6.6	2.0
西 藏	Tibet					
陕 西	Shaanxi	12.7	8.6	8.1	7.9	
甘 肃	Gansu	3.6	1.6	1.5	1.4	
青 海	Qinghai					
宁 夏	Ningxia	0.1	0.1	0.1	0.1	
新 疆	Xinjiang	5.6	1.9	1.8	1.1	0.6

国际收支

BALANCE OF PAYMENTS

第5篇

5-1 国际收支概况

Brief Table of BOP of China

单位：亿美元
Unit: USD 100 million

年 份 Year	经常项目差额 Current Account Balance	资本和金融项目差额 Capital and Financial Account Balance	储备资产变动 Reserve Assets	净误差与遗漏 Net Errors and Omissions
1982	56.74	-17.36	-42.17	2.79
1983	42.40	-13.72	-26.95	-1.73
1984	20.30	-37.52	5.31	11.91
1985	-114.17	84.85	54.22	-24.90
1986	-70.35	65.40	17.27	-12.32
1987	3.00	27.31	-16.60	-13.71
1988	-38.03	52.69	-4.55	-10.11
1989	-43.18	64.28	-22.02	0.92
1990	119.97	-27.74	-60.89	-31.34
1991	132.71	45.81	-110.91	-67.61
1992	64.01	-2.51	21.02	-82.52
1993	-119.04	234.74	-17.67	-98.03
1994	76.58	326.44	-305.27	-97.75
1995	16.18	386.75	-224.63	-178.30
1996	72.42	399.67	-316.62	-155.47
1997	369.63	210.15	-357.24	-222.54
1998	314.71	-63.21	-64.26	-187.24
1999	211.14	51.80	-85.05	-177.88
2000	205.19	19.22	-105.48	-118.93
2001	174.05	347.75	-473.25	-48.56
2002	354.22	322.91	-755.07	77.94
2003	430.52	548.73	-1061.48	82.24
2004	689.41	1081.52	-1900.60	129.67
2005	1323.78	953.49	-2506.49	229.21
2006	2318.43	493.05	-2847.76	36.28
2007	3531.83	942.32	-4607.04	132.90
2008	4205.69	401.26	-4795.39	188.44
2009	2432.57	1984.70	-4003.44	-413.83
2010	2378.10	2868.65	-4717.39	-529.36
2011	1360.97	2654.70	-3878.01	-137.66
2012	1931.39	-168.16	-965.52	-797.71

注：根据国家外汇管理局最新公布的时间序列数据对表中的部分年份数据进行了相应的调整。
Note: According to State Administration of Foreign Exchange latest time-series data on the table，some years data were adjusted accordingly.

5-2 国际收支平衡表

Balance of Payments

单位：万美元

Unit: USD 10000

项　目	Item	2011 差额 Balance	2011 贷方 Credit	2011 借方 Debit	2012 差额 Balance	2012 贷方 Credit	2012 借方 Debit
一、经常帐户	**Current Account**	**13609676.2**	**228966729.4**	**215357053.2**	**19313915.3**	**245992560.1**	**226678644.8**
A.货物和服务	Goods and Services	18190373.9	208982959.1	190792585.2	23184487.7	224831698.0	201647210.3
a.货物	Goods	24354893.2	190382058.5	166027165.3	32159480.9	205688656.2	173529175.2
b.服务	Services	-6164519.3	18600900.6	24765419.9	-8974993.3	19143041.8	28118035.1
1.运输	Transportation	-4487481.1	3556989.9	8044471.0	-4694943.5	3891216.5	8586160.0
2.旅游	Travel	-2412105.3	4846400.0	7258505.3	-5194858.2	5002800.0	10197658.2
3.通讯服务	Communication Services	53580.1	172637.5	119057.3	14617.6	179336.1	164718.6
4.建筑服务	Construction Services	1099590.9	1472434.4	372843.6	862721.5	1224591.9	361870.4
5.保险服务	Insurance Services	-1672005.6	301772.1	1973777.7	-1727090.1	332923.0	2060013.2
6. 金融服务	Financial Services	10252.9	84936.1	74683.2	-3977.1	188597.4	192574.6
7.计算机和信息服务	Computer and Information Services	833792.1	1218205.9	384413.8	1061033.0	1445350.8	384317.7
8.专有权利使用费和特许费	Royalties and License Fees	-1396280.7	74330.2	1470610.9	-1670488.1	104410.2	1774898.3
9.咨询	Consultation Services	980987.5	2839141.9	1858154.4	1342738.3	3344710.0	2001971.7
10.广告、宣传	Advertising and Public Opinion Polling	124465.8	401793.8	277328.1	197749.0	475090.2	277341.2
11.电影、音像	Audiovisual and Related Services	-27678.5	12277.6	39956.2	-43890.9	12557.9	56448.8
12.其他商业服务	Other Business Services	759559.2	3544704.3	2785145.1	886409.6	2842453.5	1956043.9
13.别处未提及的政府服务	Government Services,n.i.e	-31196.4	75277.0	106473.4	-5014.2	99004.3	104018.5
B.收益	Income	-7031756.7	14426758.8	21458515.5	-4213942.6	16044149.1	20258091.7
1.职工报酬	Compensation of Employees	1495022.4	1656837.1	161814.7	1527756.5	1706562.3	178805.9
2.投资收益	Investment Income	-8526779.1	12769921.7	21296700.8	-5741699.1	14337586.7	20079285.8
C.经常转移	Current Transfers	2451059.0	5557011.5	3105952.5	343370.2	5116713.1	4773342.8
1.各级政府	General Government	-333756.4	1582.4	335338.8	-309771.6	86340.3	396111.9
2.其它部门	Other Sectors	2784815.3	5555429.1	2770613.8	653141.8	5030372.8	4377230.9
二、资本和金融帐户	**Capital and Financial Account**	**26547043.8**	**144947429.8**	**118400386.0**	**-1681649.4**	**137832172.0**	**139513821.5**
A.资本帐户	Capital Account	544628.8	562053.4	17424.6	427227.7	454978.6	27750.9
B.金融帐户	Financial Account	26002415.0	144385376.4	118382961.4	-2108877.1	137377193.5	139486070.6
1.直接投资	Direct Investment	23165157.8	33159171.1	9994013.3	19111998.5	30788666.3	11676667.9
1.1 我国在外直接投资	Abroad	-4842064.1	1740744.5	6582808.6	-6235496.0	2335394.2	8570890.2
1.2 外国在华直接投资	In China	28007221.9	31418426.6	3411204.7	25347494.4	28453272.1	3105777.7
2.证券投资	Portfolio Investment	1963914.6	5194699.3	3230784.6	4777927.5	8294148.1	3516220.6
2.1 资产	Assets	624768.7	2549388.4	1924619.7	-639066.3	2366884.3	3005950.6
2.1.1 股本证券	Equity Securities	110411.9	1122893.5	1012481.6	202923.6	1198400.3	995476.8
2.1.2 债务证券	Debt	514356.8	1426494.9	912138.1	-841989.9	1168484.0	2010473.8
2.1.2.1 (中)长期债务	Bonds and Notes	499139.4	1374149.7	875010.3	-491007.5	1096683.3	1587690.9
2.1.2.2 货币市场工具	Money Market Instruments	15217.4	52345.2	37127.8	-350982.3	71800.6	422783.0

5-2 续表 Continued

单位：万美元
Unit: USD 10000

项　目	Item	2011 差额 Balance	2011 贷方 Credit	2011 借方 Debit	2012 差额 Balance	2012 贷方 Credit	2012 借方 Debit
2.2 负债	Liabilities	1339146.0	2645310.9	1306164.9	5416993.8	5927263.8	510270.0
2.2.1 股本证券	Equity Securities	530842.8	1519553.5	988710.7	2990270.2	3484652.0	494381.8
2.2.2 债务证券	Debt Securities	808303.2	1125757.4	317454.2	2426723.6	2442611.8	15888.2
2.2.2.1 (中)长期债务	Bonds and Notes	297508.7	614962.9	317454.2	1729630.4	1745503.4	15873.0
2.2.2.2 货币市场工具	Money Market Instruments	510794.5	510794.5		697093.2	697108.4	15.2
3.其它投资	Other Investment	873342.5	106031506.1	105158163.5	-25998803.1	98294379.0	124293182.1
3.1 资产	Assets	-18360410.9	10007910.1	28368320.9	-23160044.0	14016801.0	37176845.0
3.1.1 贸易信贷	Trade Credits	-7095781.0		7095781.0	-6181200.0	41000.0	6222200.0
长期	Long-term	-141915.6		141915.6	-123624.0	820.0	124444.0
短期	Short-term	-6953865.4		6953865.4	-6057576.0	40180.0	6097756.0
3.1.2 贷款	Loans	-4527504.4	607117.3	5134621.7	-6533210.6	2438477.9	8971688.5
长期	Long-term	-4332048.5	76726.5	4408775.0	-5679305.0	4341.4	5683646.4
短期	Short-term	-195456.0	530390.8	725846.8	-853905.6	2434136.5	3288042.1
3.1.3 货币和存款	Currency and Deposits	-11553127.3	4141956.5	15695083.7	-10470957.0	10265852.0	20736809.1
3.1.4 其它资产	Other Assets	4816001.8	5258836.3	442834.4	25323.6	1271471.1	1246147.5
长期	Long-term				-1000000.0		1000000.0
短期	Short-term	4816001.8	5258836.3	442834.4	1025323.6	1271471.1	246147.5
3.2 负债	Liabilities	19233753.4	96023596.0	76789842.6	-2838759.0	84277578.1	87116337.1
3.2.1 贸易信贷	Trade Credits	3802691.0	4542691.0	740000.0	4232600.0	5030000.0	797400.0
长期	Long-term	64565.4	77515.4	12950.0	74070.5	88025.0	13954.5
短期	Short-term	3738125.6	4465175.6	727050.0	4158529.5	4941975.0	783445.5
3.2.2 贷款	Loans	10506106.4	73430894.2	62924787.8	-1678432.7	64798144.3	66476577.0
长期	Long-term	1302105.0	5384660.9	4082555.9	1023696.8	5426124.1	4402427.3
短期	Short-term	9204001.4	68046233.3	58842231.9	-2702129.5	59372020.2	62074149.8
3.2.3 货币和存款	Currency and Deposits	4828309.6	17194554.4	12366244.8	-5937602.8	13394119.5	19331722.3
3.2.4 其它负债	Other Liabilities	96646.4	855456.4	758810.0	544676.5	1055314.2	510637.7
长期	Long-term	-147585.0	243376.3	390961.3	467146.6	473931.9	6785.4
短期	Short-term	244231.4	612080.1	367848.7	77529.9	581382.3	503852.3
三、储备资产	**Reserves Assets**	**-38780145.2**	**101643.9**	**38881789.0**	**-9655157.0**	**1355102.8**	**11010259.8**
3.1 货币黄金	Monetary Gold						
3.2 特别提款权	Special Drawing Rights	46518.2	46518.2		50534.8	69463.6	18928.8
3.3 在基金组织的储备头寸	Reserve Position in the Fund	-344905.4	55125.7	400031.0	161593.2	161593.2	
3.4 外汇	Foreign Exchange	-38481758.0		38481758.0	-9867285.0	1124046.0	10991331.0
3.5 其它债权	Other Claims						
四、净误差与遗漏	**Net Errors and Omissions**	**-1376574.8**		**1376574.8**	**-7977108.9**		**7977108.9**

5-3 外债概况

Notes of China's External Debt at the Year-end

单位：亿美元

Unit: USD 100 million

年 份 Year	合 计 Outstanding Debt	中长期外债 Long-term Debt	短期外债 Short-term Debt
1985	158.3	94.1	64.2
1986	214.8	167.1	47.7
1987	302.1	244.8	57.3
1988	400.0	326.9	73.1
1989	413.0	370.3	42.7
1990	525.5	457.8	67.7
1991	605.6	502.6	103.0
1992	693.2	584.7	108.5
1993	835.7	700.2	135.5
1994	928.1	823.9	104.2
1995	1065.9	946.8	119.1
1996	1162.8	1021.7	141.1
1997	1309.6	1128.2	181.4
1998	1460.4	1287.0	173.4
1999	1518.3	1366.5	151.8
2000	1457.3	1326.5	130.8
2001	2033.0	1195.3	837.7
2002	2026.3	1155.5	870.8
2003	2193.6	1165.9	1027.7
2004	2629.9	1242.9	1387.0
2005	2965.4	1249.0	1716.4
2006	3385.9	1393.6	1992.3
2007	3892.2	1535.3	2356.9
2008	3901.6	1638.8	2262.8
2009	4286.5	1693.9	2592.6
2010	5489.4	1732.4	3757.0
2011	6950.0	1941.0	5009.0
2012	7369.9	1960.6	5409.3
构成 Proportion (%)			
1985	100.0	59.4	40.6
1986	100.0	77.8	22.2
1987	100.0	81.1	18.9
1988	100.0	81.7	18.3
1989	100.0	89.7	10.3
1990	100.0	87.1	12.9
1991	100.0	83.0	17.0
1992	100.0	84.4	15.6
1993	100.0	83.8	16.2
1994	100.0	88.8	11.2
1995	100.0	88.8	11.2
1996	100.0	87.9	12.1
1997	100.0	86.1	13.9
1998	100.0	88.1	11.9
1999	100.0	90.0	10.0
2000	100.0	91.0	9.0
2001	100.0	58.8	41.2
2002	100.0	57.0	43.0
2003	100.0	53.2	46.8
2004	100.0	47.3	52.7
2005	100.0	42.1	57.9
2006	100.0	41.2	58.8
2007	100.0	39.4	60.6
2008	100.0	42.0	58.0
2009	100.0	39.5	60.5
2010	100.0	31.6	68.4
2011	100.0	27.9	72.1
2012	100.0	26.6	73.4

注：2009年,国家外汇管理局对贸易信贷抽样调查方法进行了调整，为保证数据的可比性，2001-2008年末贸易信贷余额及外债余额也相应进行了调整(下同)。

Note:In 2009, trade credit sample survey method was adjusted, outstanding of trade credit and external debts were adjusted accordingly from 2001 to 2008 for comparison. The same applies to the table following.

5-4 外债来源

Source of China's External Debt

单位：亿美元

Unit: USD 100 million

年 份 Year	合 计 Outstanding Debt	政府贷款 Government Loans	国际金融组织贷款 International financial Institutions Loans	商业贷款 Commercial Loans	其 他 Others	贸易信贷 trade credits
1985	158.38	36.34	11.85	64.51	45.68	
1986	214.83	49.37	26.31	75.97	63.18	
1987	302.05	50.17	37.40	121.79	92.69	
1988	400.03	66.48	42.53	189.82	101.20	
1989	412.99	69.49	53.44	216.74	73.32	
1990	525.45	83.90	62.86	291.84	86.85	
1991	605.61	95.06	70.71	315.90	123.94	
1992	693.21	114.95	84.15	354.79	139.32	
1993	835.73	143.15	104.64	410.80	177.14	
1994	928.06	195.91	129.39	473.34	129.42	
1995	1065.91	220.58	147.99	526.27	171.07	
1996	1162.75	221.64	167.39	569.44	204.28	
1997	1309.60	207.82	192.12	647.68	261.98	
1998	1460.43	224.06	229.54	682.21	324.62	
1999	1518.30	265.60	251.39	653.80	347.51	
2000	1457.27	246.05	263.49	947.73		
2001	2033.03	237.04	275.66	972.33		548.00
2002	2026.33	244.23	277.02	929.08		576.00
2003	2193.60	254.20	264.67	1051.73		623.00
2004	2629.92	322.08	251.01	1247.83		809.00
2005	2965.45	271.95	267.88	1362.62		1063.00
2006	3385.88	276.66	278.11	1635.11		1196.00
2007	3892.18	300.57	283.71	1820.90		1487.00
2008	3901.61	324.73	270.54	2010.34		1296.00
2009	4286.47	349.23	333.75	1986.49		1617.00
2010	5489.38	320.84	355.46	2701.08		2112.00
2011	6949.97	333.00	350.00	3774.97		2492.00
2012	7369.86	310.45	340.98	3803.43		2915.00

注：2001年以后"合计"项中取消了"其他"项，增加了"贸易信贷"项。

Note: The summation of external debt deletes the others and adds trade credits after 2001.

5-5　外债来源构成

Structure of China's External Debt

单位：%
Unit: %

年　份 Year	合　计 Outstanding Debt	政府贷款 Government Loans	国际金融组织贷款 International financial Institutions Loans	商业贷款 Commercial Loans	其　他 Others	贸易信贷 trade credits
1985	100.0	22.9	7.5	40.7	28.8	
1986	100.0	23.0	12.2	35.4	29.4	
1987	100.0	16.6	12.4	40.3	30.7	
1988	100.0	16.6	10.6	47.5	25.3	
1989	100.0	16.8	12.9	52.5	17.8	
1990	100.0	16.0	12.0	55.5	16.5	
1991	100.0	15.7	11.7	52.2	20.5	
1992	100.0	16.6	12.1	51.2	20.1	
1993	100.0	17.1	12.5	49.2	21.2	
1994	100.0	21.1	13.9	51.0	14.0	
1995	100.0	20.7	13.9	49.4	16.0	
1996	100.0	19.0	14.4	49.0	17.6	
1997	100.0	15.9	14.7	49.4	20.0	
1998	100.0	15.4	15.7	46.7	22.2	
1999	100.0	17.5	16.5	43.1	22.9	
2000	100.0	16.9	18.0	65.0		
2001	100.0	11.7	13.6	47.8		27.0
2002	100.0	12.1	13.7	45.9		28.4
2003	100.0	11.6	12.1	47.9		28.4
2004	100.0	12.2	9.5	47.4		30.8
2005	100.0	9.1	9.0	45.9		35.8
2006	100.0	8.2	8.2	48.3		35.3
2007	100.0	7.7	7.3	46.8		38.2
2008	100.0	8.3	6.9	51.5		33.2
2009	100.0	8.1	7.8	46.3		37.7
2010	100.0	5.8	6.5	49.2		38.5
2011	100.0	4.8	5.0	54.3		35.9
2012	100.0	4.2	4.6	51.6		39.6

注：2001年以后“合计”项中取消了“其他”项，增加了“贸易信贷”项。
Note: The summation of external debt deletes the others and adds trade credits after 2001.

5-6 外债风险指标

Risk Indicators on Foreign Debts

单位: %

Unit: %

年 份 Year	偿债率 Debt Service Ratio	负债率 Liability Ratio	债务率 Foreign Debt Ratio
1985	2.7	5.2	56.0
1986	15.4	7.3	72.1
1987	9.0	9.4	77.1
1988	6.5	10.0	87.1
1989	8.3	9.2	86.4
1990	8.7	13.6	91.6
1991	8.5	14.9	91.9
1992	7.1	14.4	87.9
1993	10.2	13.6	96.5
1994	9.1	16.6	78.0
1995	7.6	14.6	72.4
1996	6.0	13.6	67.7
1997	7.3	13.7	63.2
1998	10.9	14.3	70.4
1999	11.2	14.0	68.7
2000	9.2	12.2	52.1
2001	7.5	15.3	67.9
2002	7.9	13.9	55.5
2003	6.9	13.4	45.2
2004	3.2	13.6	40.2
2005	3.1	13.1	35.4
2006	2.1	12.5	31.9
2007	2.0	11.1	29.0
2008	1.8	8.6	24.7
2009	2.9	8.6	32.2
2010	1.6	9.3	29.2
2011	1.7	9.5	33.3
2012	1.6	9.0	32.8

注：1.偿债率指偿还外债本息与当年贸易和非贸易外汇收入(国际收支口径)之比。
2.负债率指外债余额与当年国民生产总值之比。
3.债务率指外债余额与当年贸易和非贸易外汇收入(国际收支口径)之比。
4.国家外汇管理局根据调整后的1993-2004年度国内生产总值数据对负债率指标的数据进行了相应的调整。

Note: a) Debt service ratio refers to the ratio of the payment of principal and interest of foreign debts to the foreign exchange receipts from foreign trade and non-trade services of the current year.
b) Liability ratio refers to the ratio of the balance of foreign debts to the gross national product of the current year.
c) Foreign debt ratio refers to the ratio of the balance of foreign debts to the foreign exchange receipts from foreign trade and non-trade services of the current year.
d) According to the adjusted 1993-2004 annual GDP data ,liability ratio data is adjusted accordingly by State Administration of Foreign Exchange.

5-7 人民币市场汇率(年平均汇价)

Reference Exchange Rate of Renminbi(Period Average)

单位：人民币元

Unit: RMB yuan

年 份 Year	美 元 US Dollar (100)	欧 元 EURO (100)	日 元 Japanese Yen (100)	港 币 Hong Kong Dollar (100)	英镑 Pound (100)
1981	170.50		0.77	30.41	
1982	189.25		0.76	31.15	
1983	197.57		0.83	27.36	
1984	232.70		0.98	29.71	
1985	293.67		1.25	37.57	
1986	345.28		2.07	44.22	
1987	372.21		2.58	47.74	
1988	372.21		2.91	47.70	
1989	376.51		2.74	48.28	
1990	478.32		3.32	61.39	
1991	532.33		3.96	68.45	
1992	551.46		4.36	71.24	
1993	576.20		5.20	74.41	
1994	861.87		8.44	111.53	
1995	835.10		8.92	107.96	
1996	831.42		7.64	107.51	
1997	828.98		6.86	107.09	
1998	827.91		6.35	106.88	
1999	827.83		7.29	106.66	
2000	827.84		7.69	106.18	
2001	827.70		6.81	106.08	
2002	827.70	800.58	6.62	106.07	
2003	827.70	936.13	7.15	106.24	
2004	827.68	1029.00	7.66	106.23	
2005	819.17	1019.53	7.45	105.30	
2006	797.18	1001.90	6.86	102.62	
2007	760.40	1041.75	6.46	97.46	1522.13
2008	694.51	1022.27	6.74	89.19	1286.64
2009	683.1	952.7	7.30	88.12	1071.97
2010	676.95	897.25	7.73	87.13	1045.72
2011	645.88	900.11	8.11	82.97	1036.39
2012	631.25	810.67	7.90	81.38	1000.12

5-8 人民币市场汇率(年末价)

Reference Exchange Rate of Renminbi(End of Period)

单位：人民币元
Unit: RMB yuan

年份 Year	美元 US Dollar (100)	欧元 EURO (100)	日元 Japanese Yen (100)	港币 Hong Kong Dollar (100)	英镑 Pound (100)
1981	174.55		0.79	30.80	
1982	192.27		0.82	29.80	
1983	198.09		0.85	25.30	
1984	257.55		1.13	35.90	
1985	320.15		1.59	40.79	
1986	372.21		2.33	47.68	
1987	372.21		3.01	47.90	
1988	372.21		2.98	47.61	
1989	472.21		3.29	60.48	
1990	522.21		3.87	67.00	
1991	543.42		4.32	69.42	
1992	575.18		4.61	74.31	
1993	580.00		5.21	75.09	
1994	844.62		8.48	109.14	
1995	831.74		8.05	107.96	
1996	829.84		7.20	107.24	
1997	827.96		6.35	106.99	
1998	827.87		7.17	106.78	
1999	827.93		8.09	106.51	
2000	827.81		7.24	106.06	
2001	827.66		6.30	106.06	
2002	827.73	863.60	6.90	106.11	
2003	827.67	1033.83	7.73	106.57	
2004	827.65	1126.27	7.97	106.37	
2005	807.02	957.97	6.87	104.03	
2006	780.87	1026.65	6.56	100.47	
2007	730.46	1066.69	6.11	93.64	1458.07
2008	683.46	965.90	7.57	88.19	987.98
2009	682.82	979.71	7.38	88.05	1097.8
2010	662.27	880.65	8.13	85.09	1021.82
2011	630.09	816.25	8.11	81.07	971.16
2012	628.55	831.76	7.30	81.09	1016.11

5-9 国家外汇储备和外债余额

Foreign Exchange Reserves and Outstanding External Debt

年 份 Year	黄金储备 (万盎司) Gold Reserves (10000 Ounces)	外汇储备 (亿美元) Foreign Exchange Reserves (USD 100 millions)	外债余额 (亿美元) Outstanding External Debt (USD 100 millions)
1979	1280	8.40	
1980	1280	-12.96	
1981	1267	27.08	
1982	1267	69.86	
1983	1267	89.01	
1984	1267	82.20	
1985	1267	26.44	158.28
1986	1267	20.72	214.84
1987	1267	29.23	302.05
1988	1267	33.72	400.02
1989	1267	55.50	412.99
1990	1267	110.93	525.45
1991	1267	217.12	605.61
1992	1267	194.43	693.21
1993	1267	211.99	835.74
1994	1267	516.20	928.06
1995	1267	735.97	1065.91
1996	1267	1050.49	1162.75
1997	1267	1398.90	1309.58
1998	1267	1449.59	1460.43
1999	1267	1546.75	1518.3
2000	1267	1655.74	1457.3
2001	1608	2121.65	1701.1
2002	1929	2864.07	1713.56
2003	1929	4032.51	1936.34
2004	1929	6099.32	2285.96
2005	1929	8188.72	2810.44
2006	1929	10663.44	3229.88
2007	1929	15282.49	3736.18
2008	1929	19460.30	3746.61
2009	3389	23991.52	4286.47
2010	3389	28473.38	5489.38
2011	3389	31811.48	6949.97
2012	3389	33115.89	7369.86

对外贸易

FOREIGN TRADE

第6篇

6-1 进出口额(按美元计算)

Total Value of Imports and Exports By USD

单位：亿美元
Unit: USD 100 million

年 份 Year	进出口总额 Total	出口额 Exports	进口额 Imports	差额(+顺差,-逆差) Balance
1950	11.3	5.5	5.8	-0.3
1955	31.4	14.1	17.3	-3.2
1960	38.1	18.6	19.5	-0.9
1961	29.4	14.9	14.5	0.4
1962	26.6	14.9	11.7	3.2
1963	29.2	16.5	12.7	3.8
1964	34.7	19.2	15.5	3.7
1965	42.5	22.3	20.2	2.1
1966	46.2	23.7	22.5	1.2
1967	41.6	21.4	20.2	1.2
1968	40.5	21.0	19.5	1.5
1969	40.3	22.0	18.3	3.7
1970	45.9	22.6	23.3	-0.7
1971	48.4	26.4	22.0	4.4
1972	63.0	34.4	28.6	5.8
1973	109.8	58.2	51.6	6.6
1974	145.7	69.5	76.2	-6.7
1975	147.5	72.6	74.9	-2.3
1976	134.3	68.5	65.8	2.7
1977	148.0	75.9	72.1	3.8
1978	206.4	97.5	108.9	-11.4
1979	293.3	136.6	156.7	-20.1
1980	381.4	181.2	200.2	-19.0
1981	440.3	220.1	220.2	-0.1
1982	416.1	223.2	192.9	30.3
1983	436.2	222.3	213.9	8.4
1984	535.5	261.4	274.1	-12.7
1985	696.0	273.5	422.5	-149.0
1986	738.5	309.4	429.1	-119.7
1987	826.5	394.4	432.1	-37.7
1988	1027.9	475.2	552.7	-77.5
1989	1116.8	525.4	591.4	-66.0
1990	1154.4	620.9	533.5	87.4
1991	1357.0	719.1	637.9	81.2
1992	1655.3	849.4	805.9	43.5
1993	1957.0	917.4	1039.6	-122.2
1994	2366.2	1210.1	1156.1	54.0
1995	2808.6	1487.8	1320.8	167.0
1996	2898.8	1510.5	1388.3	122.2
1997	3251.6	1827.9	1423.7	404.2
1998	3239.5	1837.1	1402.4	434.7
1999	3606.3	1949.3	1657.0	292.3
2000	4742.9	2492.0	2250.9	241.1
2001	5096.5	2661.0	2435.5	225.5
2002	6207.7	3256.0	2951.7	304.3
2003	8509.9	4382.3	4127.6	254.7
2004	11545.5	5933.3	5612.3	320.9
2005	14219.1	7619.5	6599.5	1020.0
2006	17604.4	9689.8	7914.6	1774.8
2007	21765.7	12204.6	9561.2	2618.3
2008	25632.6	14306.9	11325.7	2981.3
2009	22075.4	12016.1	10059.2	1956.9
2010	29740.0	15777.5	13962.4	1815.1
2011	36418.6	18983.8	17434.8	1549.0
2012	38671.2	20487.1	18184.1	2303.1

注：1.本表1979年以前为外贸业务统计数，1980年以后为海关进出口统计数。以下诸表同。
2.进出口差额负数为入超。

Note: a) Figures before 1980 are recorded by the Ministry of Foreign Trade and figures since 1980 are recorded by General Administration of Customs. The same to the following tables.
b) Negative figures in balance refer to unfavourable positions.

6-2 进出口额(按人民币计算)

Total Value of Imports and Exports by RMB

单位：亿元

Unit: USD 100 million

年 份 Year	进出口总额 Total	出口额 Exports	进口额 Imports	差额(+顺差,-逆差) Balance
1950	41.3	20.0	21.3	-1.3
1955	109.8	48.7	61.1	-12.4
1960	128.4	63.3	65.1	-1.8
1961	90.7	47.7	43.0	4.7
1962	80.9	47.1	33.8	13.3
1963	85.7	50.0	35.7	14.3
1964	97.5	55.4	42.1	13.3
1965	118.4	63.1	55.3	7.8
1966	127.1	66.0	61.1	4.9
1967	112.2	58.8	53.4	5.4
1968	108.5	57.6	50.9	6.7
1969	107.0	59.8	47.2	12.6
1970	112.9	56.8	56.1	0.7
1971	120.9	68.5	52.4	16.1
1972	146.9	82.9	64.0	18.9
1973	220.5	116.9	103.6	13.3
1974	292.2	139.4	152.8	-13.4
1975	290.4	143.0	147.4	-4.4
1976	264.1	134.8	129.3	5.5
1977	272.5	139.7	132.8	6.9
1978	355.0	167.6	187.4	-19.8
1979	454.6	211.7	242.9	-31.2
1980	570.0	271.2	298.8	-27.6
1981	735.3	367.6	367.7	-0.1
1982	771.3	413.8	357.5	56.3
1983	860.1	438.3	421.8	16.5
1984	1201.0	580.5	620.5	-40.0
1985	2066.7	808.9	1257.8	-448.9
1986	2580.4	1082.1	1498.3	-416.2
1987	3084.2	1470.0	1614.2	-144.2
1988	3821.8	1766.7	2055.1	-288.4
1989	4155.9	1956.0	2199.9	-243.9
1990	5560.1	2985.8	2574.3	411.5
1991	7225.8	3827.1	3398.7	428.4
1992	9119.6	4676.3	4443.3	233.0
1993	11271.0	5284.8	5986.2	-701.4
1994	20381.9	10421.8	9960.1	461.7
1995	23499.9	12451.8	11048.1	1403.7
1996	24133.8	12576.4	11557.4	1019.0
1997	26967.2	15160.7	11806.5	3354.2
1998	26849.7	15223.6	11626.1	3597.5
1999	29896.3	16159.8	13736.5	2423.3
2000	39273.2	20634.4	18638.8	1995.6
2001	42183.6	22024.4	20159.2	1865.2
2002	51378.2	26947.9	24430.3	2517.6
2003	70483.5	36287.9	34195.6	2092.3
2004	95539.1	49103.3	46435.8	2667.5
2005	116921.8	62648.1	54273.7	8374.4
2006	140974.0	77597.2	63376.9	14220.3
2007	166863.7	93563.6	73300.1	20263.5
2008	179921.5	100394.9	79526.5	20868.4
2009	150648.1	82029.7	68618.4	13411.3
2010	201722.1	107022.8	94699.3	12323.5
2011	236402.0	123240.6	113161.4	10079.2
2012	244160.2	129359.3	114801.0	14558.3

6-3 进出口额指数(按美元计算)

Indices of Total Value of Imports and Exports by USD

(1980年 =100) (Year of 1980 =100)

年 份 Year	进出口总额 Total	出口额 Exports	进口额 Imports
1980	100.00	100.00	100.00
1981	115.44	121.47	109.99
1982	109.10	123.18	96.35
1983	114.37	122.68	106.84
1984	140.40	144.26	136.91
1985	182.49	150.94	211.04
1986	193.63	170.75	214.34
1987	216.70	217.66	215.83
1988	269.51	262.25	276.07
1989	292.82	289.96	295.40
1990	302.67	342.66	266.48
1991	355.79	396.85	318.63
1992	434.01	468.76	402.55
1993	513.11	506.29	519.28
1994	620.40	667.83	577.47
1995	736.39	821.08	659.74
1996	760.04	833.61	693.46
1997	852.54	1008.77	711.14
1998	849.37	1013.85	700.50
1999	945.54	1075.77	827.67
2000	1243.55	1375.28	1124.33
2001	1336.26	1468.54	1216.53
2002	1627.61	1796.91	1474.38
2003	2231.23	2418.49	2061.74
2004	3027.14	3274.39	2803.35
2005	3728.13	4205.02	3296.45
2006	4615.62	5347.33	3953.35
2007	5699.33	6720.62	4774.98
2008	6720.65	7895.66	5657.15
2009	5787.98	6631.41	5024.59
2010	7797.58	8707.25	6974.25
2011	9548.67	10476.72	8708.71
2012	10139.27	11306.37	9082.94

6-4 进出口额增长速度(按美元计算)

Growth Rates of Import and Export Value by USD

(上年=100)

(Percentage change over previous year)

年 份 Year	进出口总额 Total (%)	出口额 Exports (%)	进口额 Imports (%)
1980	30.0	32.7	27.8
1981	15.4	21.5	10.0
1982	-5.5	1.4	-12.4
1983	4.8	-0.4	10.9
1984	22.8	17.6	28.1
1985	30.0	4.6	54.1
1986	6.1	13.1	1.6
1987	11.9	27.5	0.7
1988	24.4	20.5	27.9
1989	8.6	10.6	7.0
1990	3.4	18.2	-9.8
1991	17.6	15.8	19.6
1992	22.0	18.1	26.3
1993	18.2	8.0	29.0
1994	20.9	31.9	11.2
1995	18.7	22.9	14.2
1996	3.2	1.5	5.1
1997	12.2	21.0	2.5
1998	-0.4	0.5	-1.5
1999	11.3	6.1	18.2
2000	31.5	27.8	35.8
2001	7.5	6.8	8.2
2002	21.8	22.4	21.2
2003	37.1	34.6	39.8
2004	35.7	35.4	36.0
2005	23.2	28.4	17.6
2006	23.8	27.2	20.0
2007	23.5	25.7	20.8
2008	17.9	17.5	18.5
2009	-13.9	-16.0	-11.2
2010	34.7	31.3	38.8
2011	22.5	20.3	24.9
2012	6.2	7.9	4.3

6-5 中国出口额占国内生产总值的比重

China's Export Proportion in GDP

单位：人民币亿元
Unit: RMB 100 million yuan

年 份 Year	国内生产总值 GDP	出 口 额 Exports	出口占国内生产总值的比重(%) Exports Proportion(%)
1980	4545.6	271.2	6.0
1981	4891.6	367.6	7.5
1982	5323.4	413.8	7.8
1983	5962.7	438.3	7.4
1984	7208.1	580.5	8.1
1985	9016.0	808.9	9.0
1986	10275.2	1082.1	10.5
1987	12058.6	1470.0	12.2
1988	15042.8	1766.7	11.7
1989	16992.3	1956.0	11.5
1990	18667.8	2985.8	16.0
1991	21781.5	3827.1	17.6
1992	26923.5	4676.3	17.4
1993	35333.9	5284.8	15.0
1994	48197.9	10421.8	21.6
1995	60793.7	12451.8	20.5
1996	71176.6	12576.4	17.7
1997	78973.0	15160.7	19.2
1998	84402.3	15223.6	18.0
1999	89677.1	16159.8	18.0
2000	99214.6	20634.4	20.8
2001	109655.2	22024.4	20.1
2002	120332.7	26947.9	22.4
2003	135822.8	36287.9	26.7
2004	159878.3	49103.3	30.7
2005	184937.4	62648.1	33.9
2006	216314.4	77597.2	35.9
2007	265810.3	93563.6	35.2
2008	314045.4	100394.9	32.0
2009	340902.8	82029.7	24.1
2010	401512.8	107022.8	26.7
2011	473104.0	123240.6	26.0
2012	518942.1	129359.3	24.9

6-6 中国出口额占世界出口总额的比重和位次

China's Export Share and Ranking in the World

单位：亿美元
Unit: USD 100 million

年 份 Year	世界出口总额 World Exports	中国出口额 China Exports	中国出口额占世界出口总额的比重(%) China' s Share (%)	位 次 Ranking
1980	20340	181	0.9	26
1981	20100	220	1.1	19
1982	18830	223	1.2	17
1983	18460	222	1.2	17
1984	19560	261	1.3	18
1985	19540	274	1.4	17
1986	21380	309	1.4	16
1987	25160	394	1.6	16
1988	28690	475	1.7	16
1989	30980	525	1.7	14
1990	34490	621	1.8	15
1991	35160	719	2.0	13
1992	37670	849	2.3	11
1993	37830	917	2.4	11
1994	43270	1210	2.8	11
1995	51660	1488	2.9	11
1996	54040	1511	2.8	11
1997	55930	1827	3.3	10
1998	55030	1837	3.3	9
1999	57140	1949	3.4	9
2000	64590	2492	3.9	7
2001	61950	2661	4.3	6
2002	64950	3256	5.0	5
2003	75890	4382	5.8	4
2004	92220	5933	6.4	3
2005	105080	7620	7.3	3
2006	121300	9690	8.0	3
2007	140230	12205	8.7	2
2008	161600	14307	8.9	2
2009	125540	12016	9.6	1
2010	152830	15778	10.3	1
2011	183190	18984	10.4	1
2012	184010	20487	11.1	1

注：根据WTO网站公布的数据对历年“世界出口总额”进行了调整。
Note:"World Exports" from 1980 to 2011 is adjusted according to the statistics from WTO website.

6-7 分贸易方式进出口总额

Imports and Exports by Customs Regime

单位：万美元

Unit: USD 10000

贸易方式	Customs Regime	2011		2012	
		出口 Exports	进口 Imports	出口 Exports	进口 Imports
合 计	**Total**	**189838089**	**174348356**	**204871442**	**181840500**
一般贸易	Ordinary Trade	91703371	100762113	98789939	102238636
国家间、国际组织无偿援助和赠送的物资	Aid or Donation between Governments or by International Organizations	47133	1582	55172	2726
其他捐赠物资	Other Donation	1076	26469	164	33837
补偿贸易	Compensation Trade	20	2		
来料加工装配贸易	Processing and Assembling with Materials Provided Abroad	10765049	9363358	9881881	8456883
进料加工贸易	Processing with Imported Materials	72763304	37612210	76385772	39670646
寄售代销贸易	Goods on Consignment	227	177	372	52
边境小额贸易	Border Trade	2020289	1444897	2421594	1529369
加工贸易进口设备	Equipment Imported for Processing and Assembling		88598		91247
对外承包工程出口货物	Contracting Projects	1492431		1477666	
租赁贸易	Goods on Lease	16770	546401	56260	678265
外商投资企业作为投资进口的设备、物品	Equipment or Materials Invested by Foreign-invested Enterprises		1746479		1341803
出料加工贸易	Outward Processing	19858	7310	19581	23896
易货贸易	Barter Trade	86	217	29	19
免税外汇商品	Duty-free Commodities		1338		2545
保税监管场所进出境货物	Customs Trade through Bonded Supervision Areas	4329312	7964748	4246516	8385059
海关特殊监管区域物流货物	Logistics Goods By Customs Special Control Area	4966717	14078728	9482411	18513135
海关特殊监管区域进口设备	Equipment Imported Into Customs Special Control Area		474068		609359
其他	Others	1712444	229660	2054085	263024

注：自2011年起，表中原指标“华侨、港澳台同胞、外籍华人捐赠物资”、“保税仓库进出境货物”、“保税区仓储转口货物”和“出口加工区进口设备”分别更名为“其他捐赠物资”、“保税监管场所进出境货物”、“海关特殊监管区域物流货物”和“海关特殊监管区域进口设备”。

Note: Since 2011, "Donation by Overseas Chinese, Compatriots in Hongkong, Macau or Taiwan, or Chinese with Foreign Citizenship", "Customs Warehousing Trade","Entrepot Trade by Bonded Area","Equipment Imported in the Export Processing Zones" respectively change the name to "Other Donation","Customs Trade through Bonded Supervision Areas","Logistics Goods By Customs Special Control Area","Equipment Imported Into Customs Special Control Area".

6-8 一般贸易与加工贸易进出口额

Imports and Exports by Conventional Trade and Processing Trade

单位：亿美元
Unit: USD 100 million

年 份 Year	一般贸易 Conventional Trade		加工贸易 Processing Trade		其他贸易 Other Trading Forms	
	出 口 Exports	进 口 Imports	出 口 Exports	进 口 Imports	出 口 Exports	进 口 Imports
1981	208.00	203.66	11.31	15.04	0.79	1.50
1982	206.69	170.17	15.77	21.28	0.74	1.45
1983	201.60	187.68	20.01	24.01	0.69	2.21
1984	231.62	238.49	29.29	31.47	0.49	4.14
1985	237.30	372.72	33.16	42.74	3.04	7.04
1986	250.95	352.07	51.41	63.90	7.04	13.13
1987	296.43	287.72	81.38	95.02	16.59	49.36
1988	325.96	352.08	128.33	137.46	20.91	63.16
1989	315.52	356.14	188.04	156.78	21.84	78.48
1990	354.60	262.00	254.20	187.60	12.10	83.90
1991	381.20	295.40	324.30	250.30	13.60	92.20
1992	436.80	336.20	396.07	315.14	16.53	154.56
1993	432.00	380.45	442.36	363.60	43.04	295.55
1994	615.60	355.20	569.80	475.70	24.70	325.20
1995	713.61	433.81	737.18	583.59	37.01	303.40
1996	628.24	393.63	843.27	622.75	38.99	371.92
1997	779.74	390.30	996.02	702.06	52.14	331.34
1998	742.35	436.80	1044.54	685.99	50.22	279.58
1999	791.35	670.40	1108.82	735.78	49.14	250.81
2000	1051.81	1000.79	1376.52	925.58	63.70	324.57
2001	1118.81	1134.56	1474.34	939.74	67.83	361.23
2002	1361.87	1291.11	1799.27	1222.00	94.82	438.59
2003	1820.34	1877.00	2418.49	1629.35	143.45	621.22
2004	2436.06	2481.45	3279.70	2216.95	217.50	913.89
2005	3150.63	2796.33	4164.67	2740.12	304.23	1063.08
2006	4162.33	3330.74	5103.55	3214.72	423.81	1369.15
2007	5393.55	4286.64	6175.60	3684.74	623.20	1590.20
2008	6628.62	5720.93	6751.14	3783.77	927.17	1820.92
2009	5298.12	5344.70	5868.62	3222.91	849.37	1491.62
2010	7206.12	7692.76	7402.79	4174.82	1168.63	2094.86
2011	9170.34	10076.21	8352.84	4697.56	1460.64	2661.07
2012	9878.99	10223.86	8626.77	4812.75	1981.38	3147.43

6-9 一般贸易与加工贸易进出口增长速度

Growth Rates of Imports and Exports by Conventional Trade and Processing Trade

(上年=100) (Percentage change over previous year)

年 份 Year	一般贸易 Conventional Trade		加工贸易 Processing Trade		其他贸易 Other Trading Forms	
	出 口(%) Exports	进 口(%) Imports	出 口(%) Exports	进 口(%) Imports	出 口(%) Exports	进 口(%) Imports
1982	-0.6	-16.4	39.4	41.5	-6.3	-3.3
1983	-2.5	10.3	26.9	12.8	-6.8	52.4
1984	14.9	27.1	46.4	31.1	-29.0	87.3
1985	2.5	56.3	13.2	35.8	520.4	70.0
1986	5.8	-5.5	55.0	49.5	131.6	86.5
1987	18.1	-18.3	58.3	48.7	135.7	275.9
1988	10.0	22.4	57.7	44.7	26.0	28.0
1989	-3.2	1.2	46.5	14.1	4.4	24.3
1990	12.4	-26.4	35.2	19.7	-44.6	6.9
1991	7.5	12.7	27.6	33.4	12.4	9.9
1992	14.6	13.8	22.1	25.9	21.5	67.6
1993	-1.1	13.2	11.7	15.4	160.4	91.2
1994	42.5	-6.6	28.8	30.8	-42.6	10.0
1995	15.9	22.1	29.4	22.7	49.8	-6.7
1996	-12.0	-9.3	14.4	6.7	5.3	22.6
1997	24.1	-0.8	18.1	12.7	33.7	-10.9
1998	-4.8	11.9	4.9	-2.3	-3.7	-15.6
1999	6.6	53.5	6.2	7.3	-2.2	-10.3
2000	32.9	49.3	24.1	25.8	29.6	29.4
2001	6.4	13.4	7.1	1.5	6.5	11.3
2002	21.7	13.8	22.0	30.0	39.8	21.4
2003	33.7	45.4	34.4	33.3	51.3	41.6
2004	33.8	32.2	35.6	36.1	51.6	47.1
2005	29.3	12.7	27.0	23.6	39.9	16.3
2006	32.1	19.1	22.5	17.3	39.3	28.8
2007	29.6	28.7	21.0	14.6	47.0	16.1
2008	23.1	33.5	9.3	2.7	50.1	14.6
2009	-20.1	-6.6	-13.1	-14.8	-8.4	-18.1
2010	36.0	43.9	26.1	29.5	37.6	40.4
2011	27.3	31.0	12.8	12.5	25.0	27.0
2012	7.7	1.5	3.3	2.5	35.7	18.3

6-10 按国际贸易标准分类的进出口简表
Brief Table of Imports and Exports by SITC

单位：亿美元
Unit: USD 100 million

年 份 Year	初级产品 Primary Goods		工业制成品 Manufactured Goods	
	出 口 Exports	进 口 Imports	出 口 Exports	进 口 Imports
1980	91.14	69.59	90.05	130.58
1981	102.48	80.44	117.59	139.71
1982	100.50	76.34	122.71	116.51
1983	96.20	58.08	126.06	155.82
1984	119.34	52.08	142.05	222.02
1985	138.28	52.89	135.22	369.63
1986	112.72	56.49	196.70	372.55
1987	132.31	69.15	262.06	363.01
1988	144.06	100.68	331.10	452.07
1989	150.78	117.54	374.60	473.86
1990	158.86	98.53	462.05	434.92
1991	161.45	108.34	556.98	529.57
1992	170.04	132.55	679.36	673.30
1993	166.66	142.10	750.78	897.49
1994	197.08	164.86	1012.98	991.28
1995	214.85	244.17	1272.95	1076.67
1996	219.25	254.41	1291.23	1133.92
1997	239.53	286.20	1588.39	1137.50
1998	204.89	229.49	1632.20	1172.88
1999	199.41	268.46	1749.90	1388.53
2000	254.60	467.39	2237.43	1783.55
2001	263.38	457.43	2397.60	1978.10
2002	285.40	492.71	2970.56	2458.99
2003	348.12	727.63	4034.16	3399.96
2004	405.49	1172.67	5527.77	4439.62
2005	490.37	1477.14	7129.16	5122.39
2006	529.19	1871.29	9160.17	6043.32
2007	615.09	2430.85	11562.67	7128.65
2008	779.57	3623.95	13527.36	7701.67
2009	631.12	2898.04	11384.83	7161.19
2010	816.86	4338.50	14960.69	9623.94
2011	1005.45	6042.69	17978.36	11392.15
2012	1005.58	6349.34	19481.56	11834.71

6-11 按国际贸易标准分类的进出口增长速度

Growth Rates of Imports and Exports by SITC

(上年=100) (Percentage change over previous year)

年 份 Year	初级产品 Primary Goods		工业制成品 Manufactured Goods	
	出 口 Exports (%)	进 口 Imports (%)	出 口 Exports (%)	进 口 Imports (%)
1981	12.4	15.6	30.6	7.0
1982	-1.9	-5.1	4.4	-16.6
1983	-4.3	-23.9	2.7	33.7
1984	24.1	-10.3	12.7	42.5
1985	15.9	1.6	-4.8	66.5
1986	-18.5	6.8	45.5	0.8
1987	17.4	22.4	33.2	-2.6
1988	8.9	45.6	26.3	24.5
1989	4.7	16.7	13.1	4.8
1990	5.4	-16.2	23.3	-8.2
1991	1.6	10.0	20.5	21.8
1992	5.3	22.3	22.0	27.1
1993	-2.0	7.2	10.5	33.3
1994	18.3	16.0	34.9	10.5
1995	9.0	48.1	25.7	8.6
1996	2.0	4.2	1.4	5.3
1997	9.2	12.5	23.0	0.3
1998	-14.5	-19.8	2.8	3.1
1999	-2.7	17.0	7.2	18.4
2000	27.7	74.1	27.9	28.4
2001	3.4	-2.1	7.2	10.9
2002	8.4	7.7	23.9	24.3
2003	22.0	47.7	35.8	38.3
2004	16.5	61.2	37.0	30.6
2005	20.9	26.0	29.0	15.4
2006	7.9	26.7	28.5	18.0
2007	16.2	29.9	26.2	18.0
2008	26.7	49.1	17.0	8.0
2009	-19.0	-20.0	-15.8	-7.0
2010	29.4	49.7	31.4	34.4
2011	23.1	39.3	20.2	18.4
2012	0.0	5.1	8.4	3.9

6-12 按国际贸易标准分类的出口商品金额

Value of Exports by SITC

单位：亿美元

Unit: USD 100 million

商品分类	Category	2010	2011	2012
总　额	**Total**	**15777.54**	**18983.81**	**20487.14**
一、初级产品	**Primary Goods**	**816.86**	**1005.45**	**1005.58**
食品及主要供食用的活动物	Food and Live Animals Chiefly for food	411.48	504.93	520.75
饮料及烟类	Beverages and Tobacco	19.06	22.76	25.90
非食用原料	Crude Materials,Inedible,Except Fuels	116.03	149.77	143.41
矿物燃料、润滑油及有关原料	Mineral Fuels，Lubricants and Related Materials	266.73	322.74	310.07
动植物油、脂及蜡	Animal and Vegetable Oils，Fats and Waxes	3.55	5.26	5.44
二、工业制成品	**Manufactured Goods**	**14960.69**	**17978.36**	**19481.56**
化学成品及有关产品	Chemicals and Related Products	875.72	1147.88	1135.65
轻纺产品、橡胶制品、矿冶产品及其制品	Manufactured Goods Classified Chiefly by Material	2491.08	3195.60	3331.41
机械及运输设备	Machinery and Transport Equipment	7802.69	9017.74	9643.61
杂项制品	Miscellaneous Manufactured Articles	3776.52	4593.70	5356.72
未分类的其他商品	Products Not Classified Elsewhere	14.68	23.43	14.17

6-13 按国际贸易标准分类的进口商品金额

Value of Imports by SITC

单位：亿美元

Unit: USD 100 million

商品分类	Category	2010	2011	2012
总　额	**Total**	**13962.44**	**17434.84**	**18184.05**
一、初级产品	**Primary Goods**	**4338.50**	**6042.69**	**6349.34**
食品及主要供食用的活动物	Food and Live Animals Chiefly for food	215.70	287.74	352.60
饮料及烟类	Beverages and Tobacco	24.28	36.85	44.03
非食用原料	Crude Materials,Inedible,Except Fuels	2121.11	2849.23	2696.60
矿物燃料、润滑油及有关原料	Mineral Fuels，Lubricants and Related Materials	1890.00	2757.76	3130.85
动植物油、脂及蜡	Animal and Vegetable Oils，Fats and Waxes	87.40	111.12	125.27
二、工业制成品	**Manufactured Goods**	**9623.94**	**11392.15**	**11834.71**
化学成品及有关产品	Chemicals and Related Products	1497.00	1811.06	1792.87
轻纺产品、橡胶制品、矿冶产品及其制品	Manufactured Goods Classified Chiefly by Material	1312.78	1503.04	1459.53
机械及运输设备	Machinery and Transport Equipment	5494.21	6305.70	6529.41
杂项制品	Miscellaneous Manufactured Articles	1135.60	1277.22	1365.19
未分类的其他商品	Products Not Classified Elsewhere	184.35	495.13	687.72

6-14 按国际贸易标准分类的出口商品构成

Composition of Exports by SITC

单位：%
Unit: %

商品分类	Category	2010	2011	2012
总　额	**Total**	**100.00**	**100.00**	**100.00**
一、初级产品	**Primary Goods**	**5.18**	**5.30**	**4.91**
食品及主要供食用的活动物	Food and Live Animals Chiefly for food	2.61	2.66	2.54
饮料及烟类	Beverages and Tobacco	0.12	0.12	0.13
非食用原料	Crude Materials,Inedible,Except Fuels	0.74	0.79	0.70
矿物燃料、润滑油及有关原料	Mineral Fuels，Lubricants and Related Materials	1.69	1.70	1.51
动植物油、脂及蜡	Animal and Vegetable Oils，Fats and Waxes	0.02	0.03	0.03
二、工业制成品	**Manufactured Goods**	**94.82**	**94.70**	**95.09**
化学成品及有关产品	Chemicals and Related Products	5.55	6.05	5.54
轻纺产品、橡胶制品、矿冶产品及其制品	Manufactured Goods Classified Chiefly by Material	15.79	16.83	16.26
机械及运输设备	Machinery and Transport Equipment	49.45	47.50	47.07
杂项制品	Miscellaneous Manufactured Articles	23.94	24.20	26.15
未分类的其他商品	Products Not Classified Elsewhere	0.09	0.12	0.07

6-15 按国际贸易标准分类的进口商品构成

Composition of Imports by SITC

单位：%
Unit: %

商品分类	Category	2010	2011	2012
总　额	**Total**	**100.00**	**100.00**	**100.00**
一、初级产品	**Primary Goods**	**31.07**	**34.66**	**34.92**
食品及主要供食用的活动物	Food and Live Animals Chiefly for food	1.54	1.65	1.94
饮料及烟类	Beverages and Tobacco	0.17	0.21	0.24
非食用原料	Crude Materials,Inedible,Except Fuels	15.19	16.34	14.83
矿物燃料、润滑油及有关原料	Mineral Fuels，Lubricants and Related Materials	13.54	15.82	17.22
动植物油、脂及蜡	Animal and Vegetable Oils，Fats and Waxes	0.63	0.64	0.69
二、工业制成品	**Manufactured Goods**	**68.92**	**65.34**	**65.08**
化学成品及有关产品	Chemicals and Related Products	10.72	10.39	9.86
轻纺产品、橡胶制品、矿冶产品及其制品	Manufactured Goods Classified Chiefly by Material	9.40	8.62	8.03
机械及运输设备	Machinery and Transport Equipment	39.35	36.17	35.91
杂项制品	Miscellaneous Manufactured Articles	8.13	7.33	7.51
未分类的其他商品	Products Not Classified Elsewhere	1.32	2.84	3.78

6-16 出口商品分类金额

Value of Exports by HS

单位：亿元

Unit: 100 million

商品分类	HS Section and Division	2011		2012	
		人民币 RMB Yuan	美元 USD	人民币 RMB Yuan	美元 USD
总　　额	**Total**	**123240.56**	**18983.81**	**129359.25**	**20487.14**
第一类　活动物；动物产品	**LIVE ANIMALS；ANIMAL PRODUCTS**	**970.84**	**149.66**	**977.23**	**154.77**
01章　活动物	Live animals	36.91	5.71	36.79	5.83
02章　肉及食用杂碎	Meat and edible meat offal	69.80	10.75	61.91	9.81
03章　鱼、甲壳动物、软体动物及其他水生无脊椎动物	Fish and crustaceans molluscs and other aquatic invertebrates	712.58	109.85	714.98	113.23
04章　乳品；蛋品；天然蜂蜜；其他食用动物产品	Dairy produce；birds' eggs；natural honey；edible products of animal origin，not elsewhere specified or included	32.36	4.99	33.72	5.34
05章　其他动物产品	Products of animal origin，not elsewhere specified or included	119.18	18.36	129.83	20.57
第二类　植物产品	**VEGETABLE PRODUCTS**	**1219.34**	**187.69**	**1113.29**	**176.29**
06章　活树及其他活植物；鳞茎、根及类似品；插花及装饰用簇叶	Live tree and other plants；bulbs，roots and the like；cut flowers and ornamental foliage	14.85	2.29	16.18	2.56
07章　食用蔬菜、根及块茎	Edible vegetables and certain roots and tubers	567.06	87.23	436.10	69.06
08章　食用水果及坚果；甜瓜或柑桔属水果的果皮	Edible fruit and nuts；peel of citrus fruit or melons	206.63	31.88	238.21	37.72
09章　咖啡、茶、马黛茶及调味香料	Coffee，tea，mate and spices	131.41	20.21	122.67	19.43
10章　谷物	Cereals	39.47	6.09	27.99	4.43
11章　制粉工业产品；麦芽；淀粉；菊粉；面筋	Products of the milling industry；malt；starches；inulin；wheat gluten	38.19	5.87	38.03	6.02
12章　含油子仁及果实；杂项子仁及果实；工业用或药用植物；稻草、秸秆及饲料	Oil seeds and oleaginous fruits；miscellaneous grains，seeds and fruit；industrial or medicinal plants；straw and fodder	152.49	23.46	165.86	26.27
13章　虫胶；树胶、树脂及其他植物液、汁	Lac；gums，resins and other vegetable saps and extracts	63.70	9.81	62.49	9.90
14章　编结用植物材料；其他植物产品	Vegetable plaiting materials；vegetable products not elsewhere specified or included	5.54	0.85	5.76	0.91
第三类　动、植物油、脂及其分解产品；精制的食用油脂；动、植物蜡	**ANIMAL OR VEGETABLE FATS AND OILS AND THEIR CLEAVAGE PRODUCTS；PREPARED EDIBLE FATS；ANIMAL OR VEGETABLE WAXES**	**35.40**	**5.44**	**35.83**	**5.67**
15章　动、植物油、脂及其分解产品；精制的食用油脂；动、植物蜡	Animal or vegetable fats and oils and their cleavage products；prepared edible fats；animal or vegetable waxes	35.40	5.44	35.83	5.67
第四类　食品；饮料、酒及醋；烟草、烟草及烟草代用品的制品	**PREPARED FOODSTUFFS；BEVERAGES, SPIRITS AND VINEGAR；TOBACCO AND MANUFACTURED TOBACCO SUBSTITUTES**	**1579.55**	**243.38**	**1731.19**	**274.17**
16章　肉、鱼、甲壳动物、软体动物及其他水生无脊椎动物的制品	Preparations of meat，of fish or of crustaceans，molluscs or other aquatic invertebrates	509.57	78.66	565.16	89.51
17章　糖及糖食	Sugars and sugar confectionery	83.83	12.90	79.89	12.65
18章　可可及可可制品	Cocoa and cocoa preparations	20.42	3.15	21.03	3.33
19章　谷物、粮食粉、淀粉或乳的制品；糕饼点心	Preparations of cereals，flour，starch or milk；pastry-cooks' products	97.55	15.02	94.70	15.00

6-16 续表 1 Continued 1

单位：亿元
Unit: 100 million

商品分类	HS Section and Division	2011 人民币 RMB Yuan	2011 美元 USD	2012 人民币 RMB Yuan	2012 美元 USD
20章 蔬菜、水果、坚果或植物其他部分的制品	Preparations of vegetables, fruit, nuts or other parts of plants	453.54	69.79	477.49	75.62
21章 杂项食品	Miscellaneous edible preparations	130.23	20.06	140.41	22.23
22章 饮料、酒及醋	Beverages, spirits and vinegar	76.76	11.83	87.55	13.87
23章 食品工业的残渣及废料；配制的动物饲料	Residues and waste from the food industries; prepared animal fodder	133.66	20.57	185.32	29.34
24章 烟草及烟草代用品的制品	Tobacco and manufactured tobacco substitutes	73.99	11.41	79.64	12.62
第五类 矿产品	**MINERAL PRODUCTS**	**2361.92**	**362.88**	**2200.17**	**348.27**
25章 盐；硫磺；泥土及石料；石膏料、石灰及水泥	Salt; sulphur; earths and stone; plastering materials, lime and cement	222.21	34.19	214.28	33.92
26章 矿砂、矿渣及矿灰	Ores, slag and ash	38.80	5.94	26.80	4.24
27章 矿物燃料、矿物油及其蒸馏产品；沥青物质；矿物蜡	Mineral fuels, mineral oils and products of their distillation; bituminous substances; mineral waxes	2100.91	322.75	1959.09	310.11
第六类 化学工业及其相关工业的产品	**PRODUCTS OF THE CHEMICAL OR INDUSTRIES ALLIED**	**6310.25**	**970.91**	**5964.12**	**944.42**
28章 无机化学品；贵金属、稀土金属、放射性元素及其同位素的有机及无机化合物	Inorganic chemicals; organic or inorganic compounds of precious metals, of rare- earth metals, of radioactive elements or of isotopes	1124.76	173.08	879.39	139.24
29章 有机化学品	Organic chemicals	2555.90	392.92	2551.04	404.05
30章 药品	Pharmaceutical products	352.01	54.21	371.97	58.91
31章 肥料	Fertilizers	512.98	79.24	458.16	72.42
32章 鞣料浸膏及染料浸膏；鞣酸及其衍生物；染料、颜料及其他着色料；油漆及清漆；油灰及其他类似胶粘剂；墨水、油墨	Tanning or dyeing extracts; tannins and their derivatives; dyes, pigments and other colouring matter; paints and varnishes; putty and other mastics; inks	357.91	55.04	345.35	54.70
33章 精油及香膏；芳香料制品及化妆盥洗品	Essential oils and retinoid; perfumery, cosmetic or toilet preparations	196.55	30.29	208.40	33.00
34章 肥皂、有机表面活性剂、洗涤剂、润滑剂、人造蜡、调制蜡、光洁剂、蜡烛及类似品、塑型用膏、“牙科用蜡”及牙科用熟石膏制剂	Soap, organic surface-active agents, washing preparations, lubricating preparations, artificial waxes, prepared waxes, polishing or scouring preparations, candles and similar articles, modelling pastes, “dental waxes” and dental preparations with a basis of plast	173.87	26.78	186.06	29.47
35章 蛋白类物质；改性淀粉；胶；酶	Albuminoidal substances; modified starches; glues; enzymes	132.81	20.45	139.81	22.14
36章 炸药；烟火制品；火柴；引火合金；易燃材料制品	Explosives; pyrotechnic products; matches; pyrophoric alloys; certain combustible preparations	50.51	7.80	54.30	8.60
37章 照相及电影用品	Photographic or cinematographic goods	76.34	11.74	76.46	12.11
38章 杂项化学产品	Miscellaneous chcmical products	776.62	119.34	693.18	109.78
第七类 塑料及其制品，橡胶及其制品	**PLASTICS AND ARTICLES THEREOF RUBBER AND ARTICLES THEREOF**	**4306.62**	**663.46**	**4883.60**	**773.43**
39章 塑料及其制品	Plastics and articles thereof	2948.33	454.21	3485.02	551.93
40章 橡胶及其制品	Rubber and articles thereof	1358.29	209.25	1398.58	221.51
第八类 生皮、皮革、毛皮及其制品；鞍具及挽具；旅行用品、手提包及类似品；动物肠线（蚕胶丝除外）制品	**RAW HIDES AND SKINS, LEATHER, FUR SKINS AND ARTICLES THEREOF; SADDLERY AND HARNESS; TRAVEL GOODS, HANDBAGS AND SIMILAR CONTAINERS; ARTICLES OF ANIMAL GUT(OTHER THAN SILK-WORM GUT)**	**1942.05**	**299.45**	**2003.93**	**317.39**
41章 生皮(毛皮除外)及皮革	Raw hides and skins(other than fur skins) and leather	29.41	4.53	28.10	4.45

6-16 续表 2 Continued 2

单位：亿元
Unit: 100 million

商品分类	HS Section and Division	2011		2012	
		人民币 RMB Yuan	美元 USD	人民币 RMB Yuan	美元 USD
42章 皮革制品；鞍具及挽具；旅行用品、手提包及类似容器；动物肠线(蚕胶丝除外)制品	Articles of leather；saddlery and harness；travel goods，hand bags and similar containers；articles of animal gut (other than silk-worm gut)	1743.99	268.92	1783.21	282.43
43章 毛皮、人造毛皮及其制品	Fur skins and artificial fur；manufactures thereof	168.65	26.00	192.62	30.50
第九类 木及木制品；木炭；软木及软木制品；稻草，秸秆、针茅或其他编结材料制品；篮筐及柳条编结品	**WOOD AND ARTICLES OF WOOD；WOOD CHAR-COAL；CORK AND ARTICLES OF CORK；MANUFACTURES OF STRAW，OF ESPARTO OR OF OTHER PLAITING MATERIALS；BASKET WARE AND WICKERWORK**	**854.37**	**131.57**	**891.68**	**141.21**
44章 木及木制品；木炭	Wood and articles of wood；wood charcoal	737.22	113.54	777.61	123.15
45章 软木及软木制品	Cork and articles of cork	1.15	0.18	0.98	0.16
46章 稻草、秸秆、针茅或其他编结材料制品；篮筐及柳条编结品	Manufactures of straw，of esparto or of other plaiting Materials；basket ware and wickerwork	116.00	17.85	113.09	17.91
第十类 木浆及其他纤维状纤维素浆；纸及纸板的废碎品；纸、纸板及其制品	**PULP OF WOOD OR OF OTHER FIBROUS CELLULOSIC MATERIAL；WASTE AND SCRAP OF PAPER OR PAPERBOARD；PAPER AND PAPERBOARD AND ARTICLES THEREOF**	**1053.21**	**162.42**	**1093.75**	**173.21**
47章 木浆及其他纤维状纤维素浆；纸及纸板的废碎品	Pulp of wood or of other fibrous cellulosic material；waste and scrap of paper or paperboard	15.06	2.31	8.07	1.28
48章 纸及纸板；纸浆、纸或纸板制品	Paper and paperboard；articles of paper pulp，of paper or paperboard	836.83	129.05	866.45	137.22
49章 书籍、报纸、印刷图画及其他印制品；手稿、打字稿及设计图纸	Printed books，newspapers，pictures and other products of the printing industry；manuscripts，typescripts and plans	201.32	31.06	219.24	34.72
第十一类 纺织原料及纺织制品	**TEXTILES AND TEXTILE ARTICLES**	**15615.73**	**2405.39**	**15537.32**	**2460.45**
50章 蚕丝	Silk	113.46	17.46	107.74	17.07
51章 羊毛、动物细毛或粗毛；马毛纱线及其机织物	Wool，fine or coarse animal hair；horsehair yarn and woven fabric	192.52	29.59	163.11	25.84
52章 棉花	Cotton	1007.34	154.98	936.81	148.38
53章 其他植物纺织纤维；纸纱线及其机织物	Other vegetable textile fibres；paper yarn and woven fabrics of paper yarn	73.52	11.31	67.44	10.68
54章 化学纤维长丝	Man-made filaments	897.26	138.15	902.67	142.97
55章 化学纤维短纤	Man-made short fibres	726.90	111.76	670.84	106.24
56章 絮胎、毡呢及无纺织物；特种纱线；线、绳、索、缆及其制品	Wadding，felt and nonwoven；special yarns；twine，cordage，ropes and cables and articles thereof	224.54	34.58	223.53	35.40
57章 地毯及纺织材料的其他铺地制品	Carpets and other textile floor coverings	150.80	23.24	151.79	24.04
58章 特种机织物；簇绒织物；花边；装饰毯；装饰带；刺绣品	Special woven fabrics；tufted textile fabrics；lace；tapestries；trimmings；embroidery	296.78	45.70	292.79	46.37
59章 浸渍、涂布、包覆或层压的纺织物；工业用纺织制品	Impregnated，coated，covered or laminated textile fabrics；textile articles of a kind suitable for industrial use	471.24	72.54	432.40	68.49
60章 针织物及钩编织物	Knitted or crocheted fabrics	694.53	106.98	708.24	112.18
61章 针织或钩编的服装及衣着附件	Articles of apparel and clothing accessories，knitted or crocheted	5199.56	801.64	5497.24	870.43
62章 非针织或非钩编的服装及衣着附件	Articles of apparel and clothing accessories，not knitted or crocheted	4095.44	630.74	3866.18	612.20

6-16 续表 3 Continued 3

单位：亿元
Unit: 100 million

商品分类	HS Section and Division	2011 人民币 RMB Yuan	2011 美元 USD	2012 人民币 RMB Yuan	2012 美元 USD
63章 其他纺织制成品；成套物品；旧衣着及旧纺织品；碎织物	Other made up textile articles；sets；worn clothing and worn textile articles；rags articles；rags	1471.84	226.73	1516.51	240.16
第十二类 鞋、帽、伞、杖、鞭及其零件；已加工的羽毛及其制品；人造花；人发制品	**FOOTWEAR，HEADGEAR，UMBRELLAS，SUN UMBRELLAS，WALKING-STICKS，SEAT-STICKS，WHIPS，RIDING-CROPS AND PARTS THEREOF；PREPARED FEATHERS AND ARTICLES MADE THEREWITH；ARTIFICIAL FLOWERS；ARTICLES OF HUMAN HAIR**	**3405.92**	**524.64**	**3713.27**	**588.12**
64章 鞋靴、护腿和类似品及其零件	Footwear，gaiters and the like；parts of such articles	2709.17	417.22	2955.58	468.11
65章 帽类及其零件	Headgear and parts thereof	229.50	35.37	246.10	38.97
66章 雨伞、阳伞、手杖、鞭子、马鞭及其零件	Umbrellas，sun umbrellas，walking-sticks，seat-sticks，whips，riding-crops and parts thereof	187.29	28.81	178.37	28.25
67章 已加工羽毛、羽绒及其制品；人造花；人发制品	Prepared feathers and down and articles made of feathers or of down；artificial flowers；articles of human hair	279.96	43.24	333.23	52.78
第十三类 石料、石膏、水泥、石棉、云母及类似材料的制品；陶瓷产品；玻璃及其制品	**ARTICLES OF STONE，PLASTER，CEMENT，ASBESTOS，MICA OR SIMILAR MATERIALS；CERAMIC PRODUCTS；GLASS AND GLASSWARE**	**2206.90**	**340.21**	**2507.39**	**397.10**
68章 石料、石膏、水泥、石棉、云母及类似材料的制品	Articles of stone，plaster，cement，asbestos，mica or similar materials；ceramic products；glass and glassware	477.59	73.66	509.66	80.72
69章 陶瓷产品	Ceramic products	911.22	140.52	1057.42	167.46
70章 玻璃及其制品	Glass and glassware	818.09	126.03	940.31	148.92
第十四类 天然或养殖珍珠、宝石或半宝石、贵金属、包贵金属及其制品；仿首饰；硬币	**NATURAL OR CULTURED PEARLS，PRECIOUS OR SEMI-PRECIOUS STONES，PRECIOUS METALS，METALS CLAD WITH PRECIOUS METAL AND STONES，PRECIOUS METALS，METALS CLAD WITH PRECIOUS METAL AND ARTICLES THEREOF；IMITATION JEWELLERY；COIN**	**1784.70**	**275.04**	**2868.32**	**454.51**
71章 天然或养殖珍珠、宝石或半宝石、贵金属、包贵金属及其制品；仿首饰；硬币	Natural or cultured pearls，precious or semi-precious stones，precious metals，metals clad with precious metal and articles thereof；imitation jewellery；coin	1784.70	275.04	2868.32	454.51
第十五类 贱金属及其制品	**BASE METALS AND ARTICLES OF BASE METAL**	**9416.23**	**1449.21**	**9413.28**	**1490.73**
72章 钢铁	Iron and steel	2593.03	398.76	2343.93	371.16
73章 钢铁制品	Articles of iron or steel	3324.44	511.96	3546.39	561.60
74章 铜及其制品	Copper and articles thereof	439.78	67.44	453.75	71.91
75章 镍及其制品	Nickel and articles thereof	68.67	10.54	55.58	8.81
76章 铝及其制品	Aluminium and articles thereof	1211.32	186.48	1177.09	186.40
78章 铅及其制品	Lead and articles thereof	10.49	1.61	3.82	0.61
79章 锌及其制品	Zinc and articles thereof	18.81	2.89	10.00	1.58
80章 锡及其制品	Tin and articles thereof	11.39	1.74	6.13	0.97
81章 其他贱金属、金属陶瓷及其制品	Other base metals；cermets；articles thereof	242.24	37.18	201.65	31.93
82章 贱金属工具、器具、利口器、餐匙、餐叉及其零件	Tools，implements，cutlery，spoons and forks，of base metal；parts thereof of base metal	724.93	111.73	774.28	122.62
83章 贱金属杂项制品	Miscellaneous articles of base metal	771.14	118.88	840.66	133.14

6-16 续表 4 Continued 4

单位：亿元
Unit: 100 million

商品分类	HS Section and Division	2011		2012	
		人民币 RMB Yuan	美元 USD	人民币 RMB Yuan	美元 USD
第十六类 机器、机械器具、电气设备及其零件；录音机及放声机、电视图像、声音的录制和重放设备及其零件、附件	**MACHINERY AND MECHANICAL APPLIANCES；ELECTRICAL EQUIPMENT；PARTS THEREOF；SOUND RECORDERS AND REPRODUCERS，TELEVISION IMAGE AND SOUND RECORDERS AND REPRODUCERS；AND PARTS AND ACCESSORIES OF RECORDERS AND REPRODUCERS；AND PARTS AND ACCESSORIES OF SUCH ARTICLES**	**51890.44**	**7995.19**	**54500.10**	**8632.09**
84章 核反应堆、锅炉、机器、机械器具及其零件	Nuclear reactors，boilers，machinery and mechanical appliances；parts thereof	22961.70	3537.63	23732.54	3758.88
85章 电机、电气设备及其零件；录音机及放声机、电视图像、声音的录制和重放设备及其零件、附件	Electrical machinery and equipment and parts thereof；sound recorders and reproducers，television image and sound recorders and reproducers，and parts and accessories of such articles	28928.73	4457.56	30767.57	4873.21
第十七类 车辆、航空器、船舶及有关运输设备	**VEHICLES，AIRCRAFT，VESSELS AND ASSOCIATED TRANSPORT EQUIPMENT**	**7088.42**	**1091.07**	**6843.55**	**1083.70**
86章 铁道及电车道机车、车辆及其零件；铁道及电车轨道固定装置及其零件、附件；各种机械(包括电动机械)交通信号设备	Railway or tramway locomotives，rolling-stock and parts thereof；railway or tramway track fixtures and fittings and parts thereof；mechanical(including electro-mechanical) traffic signalling equipment of all kinds	931.07	143.16	813.60	128.86
87章 车辆及其零件、附件，但铁道及电车道车辆除外	Vehicles other than railway or tramway rolling-stock，and parts and accessories thereof	3216.56	495.40	3480.05	551.14
88章 航空器、航天器及其零件	Aircraft，spacecraft，and parts thereof	106.11	16.30	98.39	15.58
89章 船舶及浮动结构体	Ships，boats and floating structures	2834.68	436.21	2451.51	388.11
第十八类 光学、照相、电影、计量、检验、医疗或外科用仪器及设备、精密仪器及设备；钟表；乐器；上述物品的零件、附件	**OPTICAL，PHOTOGRAPHIC，CINEMATOGRAPHIC，MEASURING，CHECKING，PRECISION，MEDICAL OR SURGICAL INSTRUMENTS AND APPARATUS；CLOCKS AND WATCHES；MUSICAL INSTRUMENTS；PARTS AND ACCESSORIES THEREOF**	**4282.95**	**659.97**	**5012.93**	**793.91**
90章 光学、照相、电影、计量、检验、医疗或外科用仪器及设备、精密仪器及设备；上述物品的零件、附件	Optical，photographic，cinematographic，measuring，checking，precision medical or surgical instruments and apparatus；parts and accessories thereof	3938.64	606.85	4585.75	726.26
91章 钟表及其零件	Clocks and watches and parts thereof	238.94	36.88	319.67	50.63
92章 乐器及其零件、附件	Musical instruments；parts and accessories of such articles	105.36	16.24	107.51	17.02
第十九类 武器、弹药及其零件、附件	**ARMS AND AMMUNITION；PARTS AND ACCESSORIES THEREOF**	**7.59**	**1.17**	**8.76**	**1.39**
93章 武器、弹药及其零件、附件	Arms and ammunition；parts and accessories thereof	7.59	1.17	8.76	1.39
第二十类 杂项制品	**MISCELLANEOUS MANUFACTURED ARTICLES**	**6732.30**	**1037.89**	**7936.47**	**1256.80**
94章 家具；寝具、褥垫、弹簧床垫、软坐垫及类似的填充制品；未列名灯具及照明装置；发光标志、发光名牌及类似品；活动房屋	Furniture；bedding，mattresses，mattress supports，cushions and similar stuffed furnishings；lamps and lighting fittings，not elsewhere specified or included；illuminated signs，illuminated	3850.89	593.36	4917.96	778.86
95章 玩具、游戏品、运动用品及其零件、附件	Toys，games and sports requisites；parts and accessories thereof	2222.89	343.04	2249.76	356.19
96章 杂项制品	Miscellaneous manufactured articles	658.52	101.48	768.75	121.75
第二十一类 艺术品、收藏品及古物	**WORKS OF ART，COLLECTORS' PIECES AND ANTIQUES**	**24.16**	**3.75**	**33.74**	**5.34**
97章 艺术品、收藏品及古物	Works of art，collectors' pieces and antiques	24.16	3.75	33.74	5.34
第二十二类 特殊交易品及未分类商品	**COMMODITIES AND TRANSACTIONS NOT CLASSIFIED ACCORDING TO KIND**	**151.69**	**23.42**	**89.33**	**14.16**
98章 特殊交易品及未分类商品	Commodities and transactions not classified according to kind	151.69	23.42	89.33	14.16

6-17 进口商品分类金额
Value of Imports by HS

单位：亿元
Unit: 100 million

商品分类	HS Section and Division	2011 人民币 RMB Yuan	2011 美元 USD	2012 人民币 RMB Yuan	2012 美元 USD
总　　额	**Total**	**113161.39**	**17434.84**	**114800.55**	**18184.05**
第一类　活动物；动物产品	**LIVE ANIMALS；ANIMAL PRODUCTS**	**808.42**	**124.64**	**870.88**	**137.95**
01章　活动物	Live animals	24.39	3.77	31.52	5.00
02章　肉及食用杂碎	Meat and edible meat offal	220.94	34.12	259.35	41.08
03章　鱼、甲壳动物、软体动物及其他水生无脊椎动物	Fish and crustaceans molluscs and other aquatic invertebrates	362.12	55.89	346.59	54.89
04章　乳品；蛋品；天然蜂蜜；其他食用动物产品	Dairy produce；birds' eggs；natural honey；edible products of animal origin，not elsewhere specified or included	173.12	26.58	205.22	32.51
05章　其他动物产品	Products of animal origin，not elsewhere specified or included	27.85	4.29	28.19	4.47
第二类　植物产品	**VEGETABLE PRODUCTS**	**2611.33**	**402.25**	**3218.94**	**509.82**
06章　活树及其他活植物；鳞茎、根及类似品；插花及装饰用簇叶	Live tree and other plants；bulbs，roots and the like；cut flowers and ornamental foliage	8.34	1.29	8.64	1.37
07章　食用蔬菜、根及块茎	Edible vegetables and certain roots and tubers	118.62	18.24	151.95	24.07
08章　食用水果及坚果；甜瓜或柑桔属水果的果皮	Edible fruit and nuts； peel of citrus fruit or melons	197.21	30.37	240.44	38.08
09章　咖啡、茶、马黛茶及调味香料	Coffee，tea，mate and spices	15.09	2.32	19.33	3.06
10章　谷物	Cereals	130.30	20.16	299.97	47.51
11章　制粉工业产品；麦芽；淀粉；菊粉；面筋	Products of the milling industry；malt；starches；inulin；wheat gluten	35.18	5.41	36.60	5.80
12章　含油子仁及果实；杂项子仁及果实；工业用或药用植物；稻草、秸秆及饲料	Oil seeds and oleaginous fruits；miscellaneous grains，seeds and fruit；industrial or medicinal plants；straw and fodder	2080.41	320.44	2436.94	385.96
13章　虫胶；树胶、树脂及其他植物液、汁	Lac；gums，resins and other vegetable saps and extracts	10.27	1.58	12.83	2.03
14章　编结用植物材料；其他植物产品	Vegetable plaiting materials；vegetable products not elsewhere specified or included	15.90	2.44	12.24	1.94
第三类　动、植物油、脂及其分解产品；精制的食用油脂；动、植物蜡	**ANIMAL OR VEGETABLE FATS AND OILS AND THEIR CLEAVAGE PRODUCTS；PREPARED EDIBLE FATS；ANIMAL OR VEGETABLE WAXES**	**748.83**	**115.40**	**823.64**	**130.41**
15章　动、植物油、脂及其分解产品；精制的食用油脂；动、植物蜡	Animal or vegetable fats and oils and their cleavage products；prepared edible fats；animal or vegetable waxes	748.83	115.40	823.64	130.41
第四类　食品；饮料、酒及醋；烟草、烟草及烟草代用品的制品	**PREPARED FOODSTUFFS；BEVERAGES, SPIRITS AND VINEGAR；TOBACCO AND MANUFACTURED TOBACCO SUBSTITUTES**	**828.87**	**127.97**	**905.85**	**143.49**
16章　肉、鱼、甲壳动物、软体动物及其他水生无脊椎动物的制品	Preparations of meat，of fish or of crustaceans，molluscs or other aquatic invertebrates	11.67	1.80	11.53	1.83
17章　糖及糖食	Sugars and sugar confectionery	137.40	21.32	160.64	25.43
18章　可可及可可制品	Cocoa and cocoa preparations	39.11	6.05	39.40	6.24
19章　谷物、粮食粉、淀粉或乳的制品；糕饼点心	Preparations of cereals，flour，starch or milk；pastry-cooks' products	105.24	16.24	122.74	19.46

6-17 续表 1 Continued 1

单位：亿元
Unit: 100 million

商品分类	HS Section and Division	2011 人民币 RMB Yuan	2011 美元 USD	2012 人民币 RMB Yuan	2012 美元 USD
20章 蔬菜、水果、坚果或植物其他部分的制品	Preparations of vegetables, fruit，nuts or other parts of plants	38.49	5.93	39.36	6.24
21章 杂项食品	Miscellaneous edible preparations	56.18	8.66	60.99	9.66
22章 饮料、酒及醋	Beverages，spirits and vinegar	165.86	25.56	195.91	31.02
23章 食品工业的残渣及废料；配制的动物饲料	Residues and waste from the food industries；prepared animal fodder	201.37	31.02	192.30	30.46
24章 烟草及烟草代用品的制品	Tobacco and manufactured tobacco substitutes	73.57	11.38	82.99	13.16
第五类 矿产品	**MINERAL PRODUCTS**	**28059.55**	**4322.49**	**28624.44**	**4533.50**
25章 盐；硫磺；泥土及石料；石膏料、石灰及水泥	Salt；sulphur；earths and stone；plastering materials，lime and cement	375.92	57.95	400.72	63.47
26章 矿砂、矿渣及矿灰	Ores，slag and ash	9785.65	1506.40	8453.06	1338.71
27章 矿物燃料、矿物油及其蒸馏产品；沥青物质；矿物蜡	Mineral fuels，mineral oils and products of their distillation; bituminous substances; mineral waxes	17897.99	2758.14	19770.66	3131.32
第六类 化学工业及其相关工业的产品	**PRODUCTS OF THE CHEMICAL OR INDUSTRIES ALLIED**	**7657.87**	**1179.62**	**7453.05**	**1180.61**
28章 无机化学品；贵金属、稀土金属、放射性元素及其同位素的有机及无机化合物	Inorganic chemicals；organic or inorganic compounds of precious metals，of rare- earth metals, of radioactive elements or of isotopes	710.29	109.31	616.83	97.73
29章 有机化学品	Organic chemicals	4097.92	631.31	3842.31	608.64
30章 药品	Pharmaceutical products	671.57	103.47	820.38	129.94
31章 肥料	Fertilizers	223.66	34.50	254.08	40.24
32章 鞣料浸膏及染料浸膏；鞣酸及其衍生物；染料、颜料及其他着色料；油漆及清漆；油灰及其他类似胶粘剂；墨水、油墨	Tanning or dyeing extracts；tannins and their derivatives；dyes，pigments and other colouring matter；paints and varnishes；putty and other mastics；inks	294.82	45.40	263.01	41.66
33章 精油及香膏； 芳香料制品及化妆盥洗品	Essential oils and retinoid；perfumery，cosmetic or toilet preparations	125.72	19.38	135.78	21.51
34章 肥皂、有机表面活性剂、洗涤剂、润滑剂、人造蜡、调制蜡、光洁剂、蜡烛及类似品、塑型用膏、"牙科用蜡"及牙科用熟石膏制剂	Soap，organic surface-active agents，washing preparations，lubricating preparations，artificial waxes，prepared waxes，polishing or scouring preparations，candles and similar articles，modelling pastes，"dental waxes" and dental preparations with a basis of plast	213.66	32.91	215.27	34.10
35章 蛋白类物质；改性淀粉；胶；酶	Albuminoidal substances；modified starches；glues；enzymes	173.09	26.68	188.10	29.79
36章 炸药；烟火制品；火柴；引火合金；易燃材料制品	Explosives；pyrotechnic products；matches；pyrophoric alloys；certain combustible preparations	5.93	0.91	6.97	1.10
37章 照相及电影用品	Photographic or cinematographic goods	140.49	21.67	143.85	22.79
38章 杂项化学产品	Miscellaneous chemical products	1000.73	154.08	966.45	153.10
第七类 塑料及其制品，橡胶及其制品	**PLASTICS AND ARTICLES THEREOF RUBBER AND ARTICLES THEREOF**	**6054.04**	**932.59**	**5686.69**	**900.72**
39章 塑料及其制品	Plastics and articles thereof	4557.67	701.97	4382.94	694.20
40章 橡胶及其制品	Rubber and articles thereof	1496.38	230.62	1303.76	206.52
第八类 生皮、皮革、毛皮及其制品；鞍具及挽具；旅行用品、手提包及类似品；动物肠线（蚕胶丝除外）制品	**RAW HIDES AND SKINS，LEATHER，FUR SKINS AND ARTICLES THEREOF；SADDLERY AND HARNESS；TRAVEL GOODS，HANDBAGS AND SIMILAR CONTAINERS；ARTICLES OF ANIMAL GUT(OTHER THAN SILK-WORM GUT)**	**607.28**	**93.57**	**628.64**	**99.38**
41章 生皮(毛皮除外)及皮革	Raw hides and skins(other than fur skins) and leather	444.29	68.45	451.06	71.26

6-17 续表 2 Continued 2

单位：亿元
Unit: 100 million

商品分类	HS Section and Division	2011 人民币 RMB Yuan	2011 美元 USD	2012 人民币 RMB Yuan	2012 美元 USD
42章 皮革制品；鞍具及挽具；旅行用品、手提包及类似容器；动物肠线(蚕胶丝除外)制品	Articles of leather；saddlery and harness；travel goods，hand bags and similar containers；articles of animal gut (other than silk-worm gut)	109.41	16.87	118.48	18.76
43章 毛皮、人造毛皮及其制品	Fur skins and artificial fur；manufactures thereof	53.57	8.24	59.11	9.36
第九类 木及木制品；木炭；软木及软木制品；稻草、秸秆、针茅或其他编结材料制品；篮筐及柳条编结品	**WOOD AND ARTICLES OF WOOD；WOOD CHAR-COAL；CORK AND ARTICLES OF CORK；MANUFACTURES OF STRAW，OF ESPARTO OR OF OTHER PLAITING MATERIALS；BASKET WARE AND WICKERWORK**	**1032.96**	**159.18**	**946.81**	**149.98**
44章 木及木制品；木炭	Wood and articles of wood；wood charcoal	1029.12	158.59	943.06	149.38
45章 软木及软木制品	Cork and articles of cork	3.09	0.48	2.83	0.45
46章 稻草、秸秆、针茅或其他编结材料制品；篮筐及柳条编结品	Manufactures of straw，of esparto or of other plaiting Materials；basket ware and wickerwork	0.75	0.12	0.92	0.14
第十类 木浆及其他纤维状纤维素浆；纸及纸板的废碎品；纸、纸板及其制品	**PULP OF WOOD OR OF OTHER FIBROUS CELLULOSIC MATERIAL；WASTE AND SCRAP OF PAPER OR PAPERBOARD；PAPER AND PAPERBOARD AND ARTICLES THEREOF**	**1647.86**	**253.75**	**1476.41**	**233.86**
47章 木浆及其他纤维状纤维素浆；纸及纸板的废碎品	Pulp of wood or of other fibrous cellulosic material；waste and scrap of paper or paperboard	1228.01	189.07	1088.99	172.49
48章 纸及纸板；纸浆、纸或纸板制品	Paper and paperboard；articles of paper pulp，of paper or paperboard	328.20	50.55	290.41	46.00
49章 书籍、报纸、印刷图画及其他印制品；手稿、打字稿及设计图纸	Printed books，newspapers，pictures and other products of the printing industry；manuscripts，typescripts and plans	91.64	14.12	97.01	15.37
第十一类 纺织原料及纺织制品	**TEXTILES AND TEXTILE ARTICLES**	**2438.08**	**375.88**	**2579.70**	**408.68**
50章 蚕丝	Silk	7.27	1.12	6.02	0.95
51章 羊毛、动物细毛或粗毛；马毛纱线及其机织物	Wool，fine or coarse animal hair；horsehair yarn and woven fabric	249.37	38.41	226.27	35.86
52章 棉花	Cotton	954.88	147.30	1179.11	186.81
53章 其他植物纺织纤维；纸纱线及其机织物	Other vegetable textile fibres；paper yarn and woven fabrics of paper yarn	49.48	7.61	38.08	6.03
54章 化学纤维长丝	Man-made filaments	263.57	40.63	238.57	37.79
55章 化学纤维短纤	Man-made short fibres	233.53	35.99	213.60	33.83
56章 絮胎、毡呢及无纺织物；特种纱线；线、绳、索、缆及其制品	Wadding，felt and nonwoven；special yarns；twine，cordage，ropes and cables and articles thereof	77.16	11.89	72.88	11.54
57章 地毯及纺织材料的其他铺地制品	Carpets and other textile floor coverings	8.90	1.37	9.28	1.47
58章 特种机织物；簇绒织物；花边；装饰毯；装饰带；刺绣品	Special woven fabrics；tufted textile fabrics；lace；tapestries；trimmings；embroidery	47.51	7.32	46.51	7.37
59章 浸渍、涂布、包覆或层压的纺织物；工业用纺织制品	Impregnated，coated，covered or laminated textile fabrics；textile articles of a kind suitable for industrial use	129.49	19.94	122.10	19.34
60章 针织物及钩编织物	Knitted or crocheted fabrics	158.66	24.47	148.83	23.58
61章 针织或钩编的服装及衣着附件	Articles of apparel and clothing accessories，knitted or crocheted	77.00	11.87	84.90	13.45
62章 非针织或非钩编的服装及衣着附件	Articles of apparel and clothing accessories，not knitted or crocheted	154.61	23.85	168.64	26.71

6-17 续表 3 Continued 3

单位：亿元
Unit: 100 million

商品分类	HS Section and Division	2011 人民币 RMB Yuan	2011 美元 USD	2012 人民币 RMB Yuan	2012 美元 USD
63章 其他纺织制成品；成套物品；旧衣着及旧纺织品；碎织物	Other made up textile articles；sets；worn clothing and worn textile articles；rags articles；rags	26.63	4.11	24.91	3.94
第十二类 鞋、帽、伞、杖、鞭及其零件；已加工的羽毛及其制品；人造花；人发制品	**FOOTWEAR，HEADGEAR，UMBRELLAS，SUN UMBRELLAS，WALKING-STICKS，SEAT-STICKS，WHIPS，RIDING-CROPS AND PARTS THEREOF；PREPARED FEATHERS AND ARTICLES MADE THEREWITH；ARTIFICIAL FLOWERS；ARTICLES OF HUMAN HAIR**	**124.47**	**19.19**	**136.53**	**21.63**
64章 鞋靴、护腿和类似品及其零件	Footwear，gaiters and the like；parts of such articles	100.79	15.54	112.68	17.85
65章 帽类及其零件	Headgear and parts thereof	2.32	0.36	2.96	0.47
66章 雨伞、阳伞、手杖、鞭子、马鞭及其零件	Umbrellas，sun umbrellas，walking-sticks，seat-sticks，whips，riding-crops and parts thereof	0.62	0.10	1.31	0.21
67章 已加工羽毛、羽绒及其制品；人造花；人发制品	Prepared feathers and down and articles made of feathers or of down；artificial flowers；articles of human hair	20.73	3.20	19.59	3.10
第十三类 石料、石膏、水泥、石棉、云母及类似材料的制品；陶瓷产品；玻璃及其制品	**ARTICLES OF STONE，PLASTER，CEMENT，ASBESTOS，MICA OR SIMILAR MATERIALS；CERAMIC PRODUCTS；GLASS AND GLASSWARE**	**541.79**	**83.54**	**585.13**	**92.69**
68章 石料、石膏、水泥、石棉、云母及类似材料的制品	Articles of stone，plaster，cement，asbestos，mica or similar materials；ceramic products；glass and glassware	87.26	13.44	84.89	13.45
69章 陶瓷产品	Ceramic products	48.24	7.43	41.47	6.57
70章 玻璃及其制品	Glass and glassware	406.29	62.67	458.77	72.67
第十四类 天然或养殖珍珠、宝石或半宝石、贵金属、包贵金属及其制品；仿首饰；硬币	**NATURAL OR CULTURED PEARLS，PRECIOUS OR SEMI-PRECIOUS STONES，PRECIOUS METALS，METALS CLAD WITH PRECIOUS METAL AND STONES，PRECIOUS METALS，METALS CLAD WITH PRECIOUS METAL AND ARTICLES THEREOF；IMITATION JEWELLERY；COIN**	**968.59**	**149.12**	**834.48**	**132.20**
71章 天然或养殖珍珠、宝石或半宝石、贵金属、包贵金属及其制品；仿首饰；硬币	Natural or cultured pearls，precious or semi-precious stones，precious metals，metals clad with precious metal and articles thereof；imitation jewellery；coin	968.59	149.12	834.48	132.20
第十五类 贱金属及其制品	**BASE METALS AND ARTICLES OF BASE METAL**	**7712.60**	**1188.36**	**7020.19**	**1111.87**
72章 钢铁	Iron and steel	1842.71	283.79	1469.88	232.80
73章 钢铁制品	Articles of iron or steel	664.02	102.25	635.55	100.67
74章 铜及其制品	Copper and articles thereof	3518.06	542.42	3440.90	544.96
75章 镍及其制品	Nickel and articles thereof	479.63	73.74	302.17	47.86
76章 铝及其制品	Aluminium and articles thereof	634.24	97.72	606.04	95.98
78章 铅及其制品	Lead and articles thereof	8.97	1.38	7.24	1.15
79章 锌及其制品	Zinc and articles thereof	82.86	12.77	92.79	14.69
80章 锡及其制品	Tin and articles thereof	54.64	8.47	58.13	9.21
81章 其他贱金属、金属陶瓷及其制品	Other base metals；cermets；articles thereof	98.13	15.09	93.64	14.83
82章 贱金属工具、器具、利口器、餐匙、餐叉及其零件	Tools，implements，cutlery，spoons and forks，of base metal；parts thereof of base metal	211.37	32.55	200.47	31.76
83章 贱金属杂项制品	Miscellaneous articles of base metal	117.95	18.18	113.38	17.96

6-17 续表 4 Continued 4

单位：亿元

Unit: 100 million

商品分类	HS Section and Division	2011 人民币 RMB Yuan	2011 美元 USD	2012 人民币 RMB Yuan	2012 美元 USD
第十六类 机器、机械器具、电气设备及其零件；录音机及放声机、电视图像、声音的录制和重放设备及其零件、附件	**MACHINERY AND MECHANICAL APPLIANCES; ELECTRICAL EQUIPMENT; PARTS THEREOF; SOUND RECORDERS AND REPRODUCERS, TELEVISION IMAGE AND SOUND RECORDERS AND REPRODUCERS; AND PARTS AND ACCESSORIES OF RECORDERS AND REPRODUCERS; AND PARTS AND ACCESSORIES OF SUCH ARTICLES**	**35712.45**	**5502.46**	**35575.22**	**5635.01**
84章 核反应堆、锅炉、机器、机械器具及其零件	Nuclear reactors, boilers, machinery and mechanical appliances; parts thereof	12942.21	1992.95	11486.87	1819.80
85章 电机、电气设备及其零件；录音机及放声机、电视图像、声音的录制和重放设备及其零件、附件	Electrical machinery and equipment and parts thereof; sound recorders and reproducers, television image and sound recorders and reproducers, and parts and accessories of such articles	22770.24	3509.51	24088.36	3815.20
第十七类 车辆、航空器、船舶及有关运输设备	**VEHICLES, AIRCRAFT, VESSELS AND ASSOCIATED TRANSPORT EQUIPMENT**	**5390.40**	**830.30**	**5754.26**	**911.76**
86章 铁道及电车道机车、车辆及其零件；铁道及电车轨道固定装置及其零件、附件；各种机械(包括电动机械)交通信号设备	Railway or tramway locomotives, rolling-stock and parts thereof; railway or tramway track fixtures and fittings and parts thereof; mechanical(including electro-mechanical) traffic signalling equipment of all kinds	128.81	19.83	74.44	11.80
87章 车辆及其零件、附件，但铁道及电车道车辆除外	Vehicles other than railway or tramway rolling-stock, and parts and accessories thereof	4249.17	654.65	4454.86	705.98
88章 航空器、航天器及其零件	Aircraft, spacecraft, and parts thereof	879.39	135.42	1112.35	176.14
89章 船舶及浮动结构体	Ships, boats and floating structures	133.02	20.40	112.61	17.84
第十八类 光学、照相、电影、计量、检验、医疗或外科用仪器及设备、精密仪器及设备；钟表；乐器；上述物品的零件、附件	**OPTICAL, PHOTOGRAPHIC, CINEMATOGRAPHIC, MEASURING, CHECKING, PRECISION, MEDICAL OR SURGICAL INSTRUMENTS AND APPARATUS; CLOCKS AND WATCHES; MUSICAL INSTRUMENTS; PARTS AND ACCESSORIES THEREOF**	**6662.71**	**1026.74**	**6982.24**	**1106.06**
90章 光学、照相、电影、计量、检验、医疗或外科用仪器及设备、精密仪器及设备；上述物品的零件、附件	Optical, photographic, cinematographic, measuring, checking, precision medical or surgical instruments and apparatus; parts and accessories thereof	6434.14	991.38	6701.62	1061.54
91章 钟表及其零件	Clocks and watches and parts thereof	210.96	32.64	261.50	41.49
92章 乐器及其零件、附件	Musical instruments; parts and accessories of such articles	17.62	2.72	19.12	3.03
第十九类 武器、弹药及其零件、附件	**ARMS AND AMMUNITION; PARTS AND ACCESSORIES THEREOF**	**0.52**	**0.08**	**0.57**	**0.09**
93章 武器、弹药及其零件、附件	Arms and ammunition; parts and accessories thereof	0.52	0.08	0.57	0.09
第二十类 杂项制品	**MISCELLANEOUS MANUFACTURED ARTICLES**	**339.03**	**52.32**	**352.02**	**55.77**
94章 家具；寝具、褥垫、弹簧床垫、软坐垫及类似的填充制品；未列名灯具及照明装置；发光标志、发光名牌及类似品；活动房屋	Furniture; bedding, mattresses, mattress supports, cushions and similar stuffed furnishings; lamps and lighting fittings, not elsewhere specified or included; illuminated signs, illuminated	180.43	27.80	181.29	28.72
95章 玩具、游戏品、运动用品及其零件、附件	Toys, games and sports requisites; parts and accessories thereof	92.73	14.36	89.54	14.18
96章 杂项制品	Miscellaneous manufactured articles	65.87	10.15	81.20	12.86
第二十一类 艺术品、收藏品及古物	**WORKS OF ART, COLLECTORS' PIECES AND ANTIQUES**	**2.74**	**0.42**	**5.56**	**0.88**
97章 艺术品、收藏品及古物	Works of art, collectors' pieces and antiques	2.74	0.42	5.56	0.88
第二十二类 特殊交易品及未分类商品	**COMMODITIES AND TRANSACTIONS NOT CLASSIFIED ACCORDING TO KIND**	**3211.02**	**494.98**	**4339.30**	**687.69**
98章 特殊交易品及未分类商品	Commodities and transactions not classified according to kind	3211.02	494.98	4339.30	687.69

6-18 一般贸易进出口商品分类金额

Value of Imports and Exports in Ordinary by HS

单位：亿元

Unit: 100 million

商品分类	HS Section and Division	出口 Exports		进口 Imports	
		人民币 RMB Yuan	美元 USD	人民币 RMB Yuan	美元 USD
总　　额	**Total**	**62378.53**	**9878.99**	**64544.98**	**10223.86**
第一类　活动物；动物产品	**LIVE ANIMALS；ANIMAL PRODUCTS**	**686.80**	**108.78**	**567.40**	**89.88**
01章　活动物	Live animals	36.63	5.80	31.45	4.98
02章　肉及食用杂碎	Meat and edible meat offal	61.35	9.72	247.14	39.15
03章　鱼、甲壳动物、软体动物及其他水生无脊椎动物	Fish and crustaceans molluscs and other aquatic invertebrates	450.26	71.31	109.07	17.27
04章　乳品；蛋品；天然蜂蜜；其他食用动物产品	Dairy produce；birds' eggs；natural honey；edible products of animal origin，not elsewhere specified or included	32.14	5.09	169.85	26.91
05章　其他动物产品	Products of animal origin，not elsewhere specified or included	106.43	16.86	9.89	1.57
第二类　植物产品	**VEGETABLE PRODUCTS**	**956.23**	**151.42**	**2943.56**	**466.20**
06章　活树及其他活植物；鳞茎、根及类似品；插花及装饰用簇叶	Live tree and other plants；bulbs，roots and the like；cut flowers and ornamental foliage	15.10	2.39	8.56	1.35
07章　食用蔬菜、根及块茎	Edible vegetables and certain roots and tubers	406.67	64.39	145.83	23.10
08章　食用水果及坚果；甜瓜或柑桔属水果的果皮	Edible fruit and nuts；peel of citrus fruit or melons	179.32	28.39	190.26	30.13
09章　咖啡、茶、马黛茶及调味香料	Coffee，tea，mate and spices	113.96	18.05	11.43	1.81
10章　谷物	Cereals	18.81	2.98	283.69	44.93
11章　制粉工业产品；麦芽；淀粉；菊粉；面筋	Products of the milling industry；malt；starches；inulin；wheat gluten	22.24	3.52	31.17	4.94
12章　含油子仁及果实；杂项子仁及果实；工业用或药用植物；稻草、秸秆及饲料	Oil seeds and oleaginous fruits；miscellaneous grains，seeds and fruit；industrial or medicinal plants；straw and fodder	153.55	24.32	2251.82	356.65
13章　虫胶；树胶、树脂及其他植物液、汁	Lac；gums，resins and other vegetable saps and extracts	41.00	6.49	9.49	1.50
14章　编结用植物材料；其他植物产品	Vegetable plaiting materials；vegetable products not elsewhere specified or included	5.59	0.88	11.32	1.79
第三类　动、植物油、脂及其分解产品；精制的食用油脂；动、植物蜡	**ANIMAL OR VEGETABLE FATS AND OILS AND THEIR CLEAVAGE PRODUCTS；PREPARED EDIBLE FATS；ANIMAL OR VEGETABLE WAXES**	**25.07**	**3.97**	**637.65**	**100.96**
15章　动、植物油、脂及其分解产品；精制的食用油脂；动、植物蜡	Animal or vegetable fats and oils and their cleavage products；prepared edible fats；animal or vegetable waxes	25.07	3.97	637.65	100.96
第四类　食品；饮料、酒及醋；烟草、烟草及烟草代用品的制品	**PREPARED FOODSTUFFS；BEVERAGES, SPIRIT AND VINEGAR; TOBACCO AND MANUFACTURED TOBACCO SUBSTITUTES**	**1416.02**	**224.26**	**714.24**	**113.14**
16章　肉、鱼、甲壳动物、软体动物及其他水生无脊椎动物的制品	Preparations of meat，of fish or of crustaceans，mollu or other aquatic invertebrates	447.04	70.81	4.85	0.77
17章　糖及糖食	Sugars and sugar confectionery	68.87	10.91	152.42	24.13
18章　可可及可可制品	Cocoa and cocoa preparations	10.99	1.74	30.47	4.82
19章　谷物、粮食粉、淀粉或乳的制品；糕饼点心	Preparations of cereals，flour，starch or milk；pastry-cooks' products	69.76	11.05	94.64	15.00

6-18 续表 1 Continued 1

单位：亿元

Unit: 100 million

商品分类	HS Section and Division	出口 Exports		进口 Imports	
		人民币 RMB Yuan	美元 USD	人民币 RMB Yuan	美元 USD
20章 蔬菜、水果、坚果或植物其他部分的制品	Preparations of vegetables, fruit，nuts or other parts of plants	404.48	64.06	35.27	5.59
21章 杂项食品	Miscellaneous edible preparations	109.91	17.40	47.73	7.56
22章 饮料、酒及醋	Beverages，spirits and vinegar	73.34	11.62	78.95	12.50
23章 食品工业的残渣及废料；配制的动物饲料	Residues and waste from the food industries；prepared animal fodder	159.35	25.23	190.50	30.17
24章 烟草及烟草代用品的制品	Tobacco and manufactured tobacco substitutes	72.27	11.45	79.42	12.59
第五类 矿产品	**MINERAL PRODUCTS**	**560.89**	**88.79**	**23929.61**	**3789.99**
25章 盐；硫磺；泥土及石料；石膏料、石灰及水泥	Salt；sulphur；earths and stone；plastering materials，lime and cement	197.74	31.30	367.19	58.15
26章 矿砂、矿渣及矿灰	Ores，slag and ash	7.39	1.17	7732.58	1224.57
27章 矿物燃料、矿物油及其蒸馏产品；沥青物质；矿物蜡	Mineral fuels，mineral oils and products of their distillation; bituminous substances; mineral waxes	355.76	56.32	15829.84	2507.27
第六类 化学工业及其相关工业的产品	**PRODUCTS OF THE CHEMICAL OR INDUSTRIES ALLIED**	**4920.36**	**779.14**	**4870.02**	**771.39**
28章 无机化学品；贵金属、稀土金属、放射性元素及其同位素的有机及无机化合物	Inorganic chemicals；organic or inorganic compounds of precious metals，of rare- earth metals, of radioactive elements or of isotopes	799.35	126.57	391.98	62.10
29章 有机化学品	Organic chemicals	2164.75	342.87	2676.97	423.98
30章 药品	Pharmaceutical products	240.75	38.13	440.64	69.79
31章 肥料	Fertilizers	390.63	61.73	172.71	27.35
32章 鞣料浸膏及染料浸膏；鞣酸及其衍生物；染料、颜料及其他着色料；油漆及清漆；油灰及其他类似胶粘剂；墨水、油墨	Tanning or dyeing extracts；tannins and their derivatives；dyes，pigments and other colouring matter；paints and varnishes；putty and other mastics；inks	323.62	51.26	164.47	26.06
33章 精油及香膏；芳香料制品及化妆盥洗品	Essential oils and retinoid；perfumery，cosmetic or toilet preparations	120.57	19.09	62.91	9.97
34章 肥皂、有机表面活性剂、洗涤剂、润滑剂、人造蜡、调制蜡、光洁剂、蜡烛及类似品、塑型用膏、"牙科用蜡"及牙科用熟石膏制剂	Soap，organic surface-active agents，washing preparations，lubricating preparations，artificial waxes，prepared waxes，polishing or scouring preparations，candles and similar articles，modelling pastes，"dental waxes" and dental preparations with a basis of plast	141.50	22.41	177.54	28.12
35章 蛋白类物质；改性淀粉；胶；酶	Albuminoidal substances；modified starches；glues；enzymes	108.57	17.19	91.04	14.42
36章 炸药；烟火制品；火柴；引火合金；易燃材料制品	Explosives；pyrotechnic products；matches；pyrophoric alloys；certain combustible preparations	53.12	8.41	3.76	0.59
37章 照相及电影用品	Photographic or cinematographic goods	34.90	5.53	72.38	11.46
38章 杂项化学产品	Miscellaneous chemical products	542.60	85.93	615.62	97.53
第七类 塑料及其制品，橡胶及其制品	**PLASTICS AND ARTICLES THEREOF RUBBER AND ARTICLES THEREOF**	**2290.91**	**362.81**	**2887.63**	**457.36**
39章 塑料及其制品	Plastics and articles thereof	1999.75	316.70	2275.02	360.32
40章 橡胶及其制品	Rubber and articles thereof	291.16	46.11	612.61	97.03
第八类 生皮、皮革、毛皮及其制品；鞍具及挽具；旅行用品、手提包及类似品；动物肠线(蚕胶丝除外)制品	**RAW HIDES AND SKINS，LEATHER，FUR SKINS AND ARTICLES THEREOF；SADDLERY AND HARNESS；TRAVEL GOODS，HANDBAGS AND SIMILAR CONTAINERS；ARTICLES OF ANIMAL GUT(OTHER THAN SILK-WORM GUT)**	**1461.12**	**231.41**	**301.79**	**47.80**
41章 生皮(毛皮除外)及皮革	Raw hides and skins(other than fur skins) and leather	7.47	1.18	198.76	31.48

单位：亿元
Unit: 100 million

商品分类	HS Section and Division	出口 Exports 人民币 RMB Yuan	出口 Exports 美元 USD	进口 Imports 人民币 RMB Yuan	进口 Imports 美元 USD
42章 皮革制品；鞍具及挽具；旅行用品、手提包及类似容器；动物肠线(蚕胶丝除外)制品	Articles of leather；saddlery and harness；travel goods，hand bags and similar containers；articles of animal gut (other than silk-worm gut)	1325.77	209.98	94.57	14.98
43章 毛皮、人造毛皮及其制品	Fur skins and artificial fur；manufactures thereof	127.87	20.25	8.47	1.34
第九类 木及木制品；木炭；软木及软木制品；稻草、秸秆、针茅或其他编结材料制品；篮筐及柳条编结品	**WOOD AND ARTICLES OF WOOD；WOOD CHAR-COAL；CORK AND ARTICLES OF CORK；MANUFACTURES OF STRAW，OF ESPARTO OR OF OTHER PLAITING MATERIALS；BASKET WARE AND WICKERWORK**	**766.44**	**121.39**	**700.27**	**110.93**
44章 木及木制品；木炭	Wood and articles of wood；wood charcoal	657.32	104.11	697.13	110.43
45章 软木及软木制品	Cork and articles of cork	0.92	0.15	2.73	0.43
46章 稻草、秸秆、针茅或其他编结材料制品；篮筐及柳条编结品	Manufactures of straw，of esparto or of other plaiting Materials；basket ware and wickerwork	108.20	17.14	0.41	0.07
第十类 木浆及其他纤维状纤维素浆；纸及纸板的废碎品；纸、纸板及其制品	**PULP OF WOOD OR OF OTHER FIBROUS CELLULOSIC MATERIAL；WASTE AND SCRAP OF PAPER OR PAPERBOARD；PAPER AND PAPERBOARD AND ARTICLES THEREOF**	**568.18**	**89.98**	**1067.33**	**169.06**
47章 木浆及其他纤维状纤维素浆；纸及纸板的废碎品	Pulp of wood or of other fibrous cellulosic material；waste and scrap of paper or paperboard	7.33	1.16	834.23	132.13
48章 纸及纸板；纸浆、纸或纸板制品	Paper and paperboard；articles of paper pulp，of paper or paperboard	456.66	72.32	178.79	28.32
49章 书籍、报纸、印刷图画及其他印制品；手稿、打字稿及设计图纸	Printed books，newspapers，pictures and other products of the printing industry；manuscripts，typescripts and plans	104.19	16.50	54.30	8.61
第十一类 纺织原料及纺织制品	**TEXTILES AND TEXTILE ARTICLES**	**11673.84**	**1848.72**	**1264.17**	**200.26**
50章 蚕丝	Silk	106.35	16.84	1.31	0.21
51章 羊毛、动物细毛或粗毛；马毛纱线及其机织物	Wool，fine or coarse animal hair；horsehair yarn and woven fabric	108.52	17.19	120.27	19.06
52章 棉花	Cotton	632.87	100.25	617.36	97.79
53章 其他植物纺织纤维；纸纱线及其机织物	Other vegetable textile fibres；paper yarn and woven fabrics of paper yarn	53.00	8.39	26.44	4.19
54章 化学纤维长丝	Man-made filaments	721.58	114.29	69.96	11.08
55章 化学纤维短纤	Man-made short fibres	507.91	80.44	119.59	18.94
56章 絮胎、毡呢及无纺织物；特种纱线；线、绳、索、缆及其制品	Wadding，felt and nonwoven；special yarns；twine，cordage，ropes and cables and articles thereof	175.42	27.78	35.09	5.56
57章 地毯及纺织材料的其他铺地制品	Carpets and other textile floor coverings	130.64	20.69	5.05	0.80
58章 特种机织物；簇绒织物；花边；装饰毯；装饰带；刺绣品	Special woven fabrics；tufted textile fabrics；lace；tapestries；trimmings；embroidery	259.01	41.02	7.64	1.21
59章 浸渍、涂布、包覆或层压的纺织物；工业用纺织制品	Impregnated，coated，covered or laminated textile fabrics；textile articles of a kind suitable for industrial use	350.33	55.49	41.56	6.58
60章 针织物及钩编织物	Knitted or crocheted fabrics	513.02	81.26	17.73	2.81
61章 针织或钩编的服装及衣着附件	Articles of apparel and clothing accessories，Knitted or crocheted	4191.37	663.71	64.78	10.26
62章 非针织或非钩编的服装及衣着附件	Articles of apparel and clothing accessories，not knitted or crocheted	2756.49	436.51	122.73	19.44

6-18 续表 3 Continued 3

单位：亿元
Unit: 100 million

商品分类	HS Section and Division	出口 Exports 人民币 RMB Yuan	出口 Exports 美元 USD	进口 Imports 人民币 RMB Yuan	进口 Imports 美元 USD
63章 其他纺织制成品；成套物品；旧衣着及旧纺织品；碎织物	Other made up textile articles；sets；worn clothing and worn textile articles；rags articles；rags	1167.33	184.86	14.66	2.32
第十二类 鞋、帽、伞、杖、鞭及其零件；已加工的羽毛及其制品；人造花；人发制品	**FOOTWEAR，HEADGEAR，UMBRELLAS，SUN UMBRELLAS，WALKING-STICKS，SEAT-STICKS，WHIPS，RIDING-CROPS AND PARTS THEREOF；PREPARED FEATHERS AND ARTICLES MADE THEREWITH；ARTIFICIAL FLOWERS；ARTICLES OF HUMAN HAIR**	**2463.87**	**390.24**	**94.77**	**15.02**
64章 鞋靴、护腿和类似品及其零件	Footwear，gaiters and the like；parts of such articles	1891.60	299.60	92.77	14.70
65章 帽类及其零件	Headgear and parts thereof	173.28	27.44	1.54	0.24
66章 雨伞、阳伞、手杖、鞭子、马鞭及其零件	Umbrellas，sun umbrellas，walking-sticks，seat-sticks，whips，riding-crops and parts thereof	143.53	22.74	0.24	0.04
67章 已加工羽毛、羽绒及其制品；人造花；人发制品	Prepared feathers and down and articles made of feathers or of down；artificial flowers；articles of human hair	255.47	40.46	0.21	0.03
第十三类 石料、石膏、水泥、石棉、云母及类似材料的制品；陶瓷产品；玻璃及其制品	**ARTICLES OF STONE，PLASTER，CEMENT，ASBESTOS，MICA OR SIMILAR MATERIALS；CERAMIC PRODUCTS；GLASS AND GLASSWARE**	**2144.16**	**339.57**	**231.12**	**36.62**
68章 石料、石膏、水泥、石棉、云母及类似材料的制品	Articles of stone，plaster，cement，asbestos，mica or similar materials；ceramic products；glass and glassware	449.61	71.21	49.19	7.79
69章 陶瓷产品	Ceramic products	1011.83	160.24	29.67	4.70
70章 玻璃及其制品	Glass and glassware	682.72	108.12	152.26	24.13
第十四类 天然或养殖珍珠、宝石或半宝石、贵金属、包贵金属及其制品；仿首饰；硬币	**NATURAL OR CULTURED PEARLS，PRECIOUS OR SEMI-PRECIOUS STONES，PRECIOUS METALS，METALS CLAD WITH PRECIOUS METAL AND STONES，PRECIOUS METALS，METALS CLAD WITH PRECIOUS METAL AND ARTICLES THEREOF；IMITATION JEWELLERY；COIN**	**116.34**	**18.43**	**363.40**	**57.57**
71章 天然或养殖珍珠、宝石或半宝石、贵金属、包贵金属及其制品；仿首饰；硬币	Natural or cultured pearls，precious or semi-precious stones，precious metals，metals clad with precious metal and articles thereof；imitation jewellery；coin	116.34	18.43	363.40	57.57
第十五类 贱金属及其制品	**BASE METALS AND ARTICLES OF BASE METAL**	**7309.41**	**1157.52**	**3940.75**	**624.09**
72章 钢铁	Iron and steel	2091.14	331.12	890.69	141.05
73章 钢铁制品	Articles of iron or steel	2891.07	457.83	388.99	61.63
74章 铜及其制品	Copper and articles thereof	108.06	17.12	1895.41	300.15
75章 镍及其制品	Nickel and articles thereof	9.12	1.44	134.97	21.37
76章 铝及其制品	Aluminium and articles thereof	827.54	131.06	306.73	48.58
78章 铅及其制品	Lead and articles thereof	1.99	0.31	2.82	0.45
79章 锌及其制品	Zinc and articles thereof	6.29	1.00	43.90	6.95
80章 锡及其制品	Tin and articles thereof	0.49	0.08	24.65	3.90
81章 其他贱金属、金属陶瓷及其制品	Other base metals；cermets；articles thereof	184.60	29.23	43.39	6.87
82章 贱金属工具、器具、利口器、餐匙、餐叉及其零件	Tools，implements，cutlery，spoons and forks，of base metal；parts thereof of base metal	565.33	89.53	141.50	22.41
83章 贱金属杂项制品	Miscellaneous articles of base metal	623.79	98.79	67.71	10.73

6-18 续表 4 Continued 4

单位：亿元
Unit: 100 million

商品分类	HS Section and Division	出口 Exports		进口 Imports	
		人民币 RMB Yuan	美元 USD	人民币 RMB Yuan	美元 USD
第十六类 机器、机械器具、电气设备及其零件；录音机及放声机、电视图像、声音的录制和重放设备及其零件、附件	**MACHINERY AND MECHANICAL APPLIANCES; ELECTRICAL EQUIPMENT; PARTS THEREOF; SOUND RECORDERS AND REPRODUCERS, TELEVISION IMAGE AND SOUND RECORDERS AND REPRODUCERS; AND PARTS AND ACCESSORIES OF RECORDERS AND REPRODUCERS; AND PARTS AND ACCESSORIES OF SUCH ARTICLES**	**15403.08**	**2439.71**	**10841.85**	**1717.45**
84章 核反应堆、锅炉、机器、机械器具及其零件	Nuclear reactors, boilers, machinery and mechanical appliances; parts thereof	6776.66	1073.29	5689.45	901.34
85章 电机、电气设备及其零件；录音机及放声机、电视图像、声音的录制和重放设备及其零件、附件	Electrical machinery and equipment and parts thereof; sound recorders and reproducers, television image and sound recorders and reproducers, and parts and accessories of such articles	8626.42	1366.42	5152.40	816.12
第十七类 车辆、航空器、船舶及有关运输设备	**VEHICLES, AIRCRAFT, VESSELS AND ASSOCIATED TRANSPORT EQUIPMENT**	**2924.24**	**463.10**	**4811.62**	**762.42**
86章 铁道及电车道机车、车辆及其零件；铁道及电车轨道固定装置及其零件、附件；各种机械(包括电动机械)交通信号设备	Railway or tramway locomotives, rolling-stock and parts thereof; railway or tramway track fixtures and fittings and parts thereof; mechanical(including electro-mechanical) traffic signalling equipment of all kinds	148.97	23.59	56.53	8.96
87章 车辆及其零件、附件，但铁道及电车道车辆除外	Vehicles other than railway or tramway rolling-stock, and parts and accessories thereof	2669.15	422.71	4207.38	666.76
88章 航空器、航天器及其零件	Aircraft, spacecraft, and parts thereof	13.54	2.14	447.98	70.88
89章 船舶及浮动结构体	Ships, boats and floating structures	92.58	14.65	99.73	15.81
第十八类 光学、照相、电影、计量、检验、医疗或外科用仪器及设备、精密仪器及设备；钟表；乐器；上述物品的零件、附件	**OPTICAL, PHOTOGRAPHIC, CINEMATOGRAPHIC, MEASURING, CHECKING, PRECISION, MEDICAL OR SURGICAL INSTRUMENTS AND APPARATUS; CLOCKS AND WATCHES; MUSICAL INSTRUMENTS; PARTS AND ACCESSORIES THEREOF**	**1151.75**	**182.42**	**2254.81**	**357.25**
90章 光学、照相、电影、计量、检验、医疗或外科用仪器及设备、精密仪器及设备；上述物品的零件、附件	Optical, photographic, cinematographic, measuring, checking, precision medical or surgical instruments and apparatus; parts and accessories thereof	1005.71	159.29	2150.37	340.68
91章 钟表及其零件	Clocks and watches and parts thereof	87.48	13.86	92.82	14.73
92章 乐器及其零件、附件	Musical instruments; parts and accessories of such articles	58.56	9.27	11.62	1.84
第十九类 武器、弹药及其零件、附件	**ARMS AND AMMUNITION; PARTS AND ACCESSORIES THEREOF**	**8.63**	**1.37**	**0.56**	**0.09**
93章 武器、弹药及其零件、附件	Arms and ammunition; parts and accessories thereof	8.63	1.37	0.56	0.09
第二十类 杂项制品	**MISCELLANEOUS MANUFACTURED ARTICLES**	**5496.35**	**870.44**	**177.25**	**28.08**
94章 家具；寝具、褥垫、弹簧床垫、软坐垫及类似的填充制品；未列名灯具及照明装置；发光标志、发光名牌及类似品；活动房屋	Furniture; bedding, mattresses, mattress supports, cushions and similar stuffed furnishings; lamps and lighting fittings, not elsewhere specified or included; illuminated signs, illuminated	4071.26	644.77	108.49	17.19
95章 玩具、游戏品、运动用品及其零件、附件	Toys, games and sports requisites; parts and accessories thereof	903.56	143.07	27.35	4.33
96章 杂项制品	Miscellaneous manufactured articles	521.53	82.60	41.40	6.56
第二十一类 艺术品、收藏品及古物	**WORKS OF ART, COLLECTORS' PIECES AND ANTIQUES**	**32.15**	**5.09**	**2.51**	**0.40**
97章 艺术品、收藏品及古物	Works of art, collectors' pieces and antiques	32.15	5.09	2.51	0.40
第二十二类 特殊交易品及未分类商品	**COMMODITIES AND TRANSACTIONS NOT CLASSIFIED ACCORDING TO KIND**	**2.69**	**0.43**	**1942.67**	**307.91**
98章 特殊交易品及未分类商品	Commodities and transactions not classified according to kind	2.69	0.43	1942.67	307.91

6-19 加工贸易进出口商品分类金额

Value of Imports and Exports in Processing Trade by HS

单位：亿元

Unit: 100 million

商品分类	HS Section and Division	出口 Exports 人民币 RMB Yuan	出口 Exports 美元 USD	进口 Imports 人民币 RMB Yuan	进口 Imports 美元 USD
总　　额	**Total**	**54467.97**	**8626.77**	**30385.40**	**4812.75**
第一类　活动物；动物产品	**LIVE ANIMALS；ANIMAL PRODUCTS**	**275.69**	**43.66**	**194.81**	**30.86**
01章　活动物	Live animals				
02章　肉及食用杂碎	Meat and edible meat offal	0.34	0.05	8.17	1.29
03章　鱼、甲壳动物、软体动物及其他水生无脊椎动物	Fish and crustaceans molluscs and other aquatic invertebrates	251.68	39.85	167.93	26.60
04章　乳品；蛋品；天然蜂蜜；其他食用动物产品	Dairy produce；birds' eggs；natural honey；edible products of animal origin，not elsewhere specified or included	0.56	0.09	1.32	0.21
05章　其他动物产品	Products of animal origin，not elsewhere specified or included	23.11	3.66	17.39	2.76
第二类　植物产品	**VEGETABLE PRODUCTS**	**59.82**	**9.48**	**121.15**	**19.19**
06章　活树及其他活植物；鳞茎、根及类似品；插花及装饰用簇叶	Live tree and other plants；bulbs，roots and the like；cut flowers and ornamental foliage	0.24	0.04	0.00	0.00
07章　食用蔬菜、根及块茎	Edible vegetables and certain roots and tubers	2.93	0.46	2.16	0.34
08章　食用水果及坚果；甜瓜或柑桔属水果的果皮	Edible fruit and nuts； peel of citrus fruit or melons	16.66	2.64	26.59	4.22
09章　咖啡、茶、马黛茶及调味香料	Coffee，tea，mate and spices	4.98	0.79	2.64	0.42
10章　谷物	Cereals			13.38	2.12
11章　制粉工业产品；麦芽；淀粉；菊粉；面筋	Products of the milling industry；malt；starches；inulin；wheat gluten	11.84	1.88	4.90	0.78
12章　含油子仁及果实；杂项子仁及果实；工业用或药用植物；稻草、秸秆及饲料	Oil seeds and oleaginous fruits；miscellaneous grains，seeds and fruit；industrial or medicinal plants；straw and fodder	3.06	0.48	69.19	10.95
13章　虫胶；树胶、树脂及其他植物液、汁	Lac；gums，resins and other vegetable saps and extracts	20.01	3.17	1.55	0.25
14章　编结用植物材料；其他植物产品	Vegetable plaiting materials；vegetable products not elsewhere specified or included	0.09	0.01	0.74	0.12
第三类　动、植物油、脂及其分解产品；精制的食用油脂；动、植物蜡	**ANIMAL OR VEGETABLE FATS AND OILS AND THEIR CLEAVAGE PRODUCTS；PREPARED EDIBLE FATS；ANIMAL OR VEGETABLE WAXES**	**8.11**	**1.29**	**18.48**	**2.93**
15章　动、植物油、脂及其分解产品；精制的食用油脂；动、植物蜡	Animal or vegetable fats and oils and their cleavage products；prepared edible fats；animal or vegetable waxes	8.11	1.29	18.48	2.93
第四类　食品；饮料、酒及醋；烟草、烟草及烟草代用品的制品	**PREPARED FOODSTUFFS；BEVERAGES, SPIRITS AND VINEGAR；TOBACCO AND MANUFACTURED TOBACCO SUBSTITUTES**	**274.94**	**43.54**	**19.39**	**3.07**
16章　肉、鱼、甲壳动物、软体动物及其他水生无脊椎动物的制品	Preparations of meat，of fish or of crustaceans，molluscs or other aquatic invertebrates	117.09	18.55	5.25	0.83
17章　糖及糖食	Sugars and sugar confectionery	8.74	1.38	6.20	0.98
18章　可可及可可制品	Cocoa and cocoa preparations	8.59	1.36	1.93	0.31
19章　谷物、粮食粉、淀粉或乳的制品；糕饼点心	Preparations of cereals，flour，starch or milk；pastry-cooks' products	19.52	3.09	0.62	0.10

6-19 续表 1 Continued 1

单位：亿元
Unit: 100 million

商品分类	HS Section and Division	出口 Exports 人民币 RMB Yuan	出口 Exports 美元 USD	进口 Imports 人民币 RMB Yuan	进口 Imports 美元 USD
20章 蔬菜、水果、坚果或植物其他部分的制品	Preparations of vegetables, fruit，nuts or other parts of plants	67.91	10.75	1.66	0.26
21章 杂项食品	Miscellaneous edible preparations	25.14	3.98	3.10	0.49
22章 饮料、酒及醋	Beverages，spirits and vinegar	4.18	0.66	0.17	0.03
23章 食品工业的残渣及废料；配制的动物饲料	Residues and waste from the food industries；prepared animal fodder	23.64	3.74	0.38	0.06
24章 烟草及烟草代用品的制品	Tobacco and manufactured tobacco substitutes	0.11	0.02	0.07	0.01
第五类 矿产品	**MINERAL PRODUCTS**	**560.08**	**88.64**	**1290.11**	**204.30**
25章 盐；硫磺；泥土及石料；石膏料、石灰及水泥	Salt；sulphur；earths and stone；plastering materials，lime and cement	0.00	0.00	15.51	2.46
26章 矿砂、矿渣及矿灰	Ores，slag and ash			154.77	24.53
27章 矿物燃料、矿物油及其蒸馏产品；沥青物质；矿物蜡	Mineral fuels，mineral oils and products of their distillation; bituminous substances; mineral waxes	560.08	88.64	1119.83	177.32
第六类 化学工业及其相关工业的产品	**PRODUCTS OF THE CHEMICAL OR INDUSTRIES ALLIED**	**733.32**	**116.14**	**1200.36**	**190.15**
28章 无机化学品；贵金属、稀土金属、放射性元素及其同位素的有机及无机化合物	Inorganic chemicals；organic or inorganic compounds of precious metals，of rare- earth metals, of radioactive elements or of isotopes	61.58	9.75	107.34	17.01
29章 有机化学品	Organic chemicals	337.04	53.38	565.46	89.57
30章 药品	Pharmaceutical products	74.56	11.81	44.81	7.09
31章 肥料	Fertilizers			0.00	0.00
32章 鞣料浸膏及染料浸膏；鞣酸及其衍生物；染料、颜料及其他着色料；油漆及清漆；油灰及其他类似胶粘剂；墨水、油墨	Tanning or dyeing extracts；tannins and their derivatives；dyes，pigments and other colouring matter；paints and varnishes；putty and other mastics；inks	1.73	0.27	73.59	11.66
33章 精油及香膏；芳香料制品及化妆盥洗品	Essential oils and retinoid；perfumery，cosmetic or toilet preparations	67.45	10.68	16.35	2.59
34章 肥皂、有机表面活性剂、洗涤剂、润滑剂、人造蜡、调制蜡、光洁剂、蜡烛及类似品、塑型用膏、“牙科用蜡”及牙科用熟石膏制剂	Soap，organic surface-active agents，washing preparations，lubricating preparations，artificial waxes，prepared waxes，polishing or scouring preparations，candles and similar articles，modelling pastes，“dental waxes” and dental preparations with a basis of plast	31.58	5.00	19.59	3.10
35章 蛋白类物质；改性淀粉；胶；酶	Albuminoidal substances；modified starches；glues；enzymes	17.84	2.83	77.48	12.27
36章 炸药；烟火制品；火柴；引火合金；易燃材料制品	Explosives；pyrotechnic products；matches；pyrophoric alloys；certain combustible preparations	0.86	0.14	3.22	0.51
37章 照相及电影用品	Photographic or cinematographic goods	33.04	5.23	61.28	9.71
38章 杂项化学产品	Miscellaneous chemical products	107.63	17.05	231.26	36.63
第七类 塑料及其制品．橡胶及其制品	**PLASTICS AND ARTICLES THEREOF RUBBER AND ARTICLES THEREOF**	**2217.79**	**351.25**	**2039.28**	**323.03**
39章 塑料及其制品	Plastics and articles thereof	1179.14	186.75	1643.10	260.27
40章 橡胶及其制品	Rubber and articles thereof	1038.65	164.50	396.19	62.76
第八类 生皮、皮革、毛皮及其制品；鞍具及挽具；旅行用品、手提包及类似品；动物肠线（蚕胶丝除外）制品	**RAW HIDES AND SKINS，LEATHER，FUR SKINS AND ARTICLES THEREOF；SADDLERY AND HARNESS；TRAVEL GOODS，HANDBAGS AND SIMILAR CONTAINERS；ARTICLES OF ANIMAL GUT(OTHER THAN SILK-WORM GUT)**	**371.86**	**58.90**	**301.71**	**47.60**
41章 生皮(毛皮除外)及皮革	Raw hides and skins(other than fur skins) and leather	17.91	2.84	244.57	38.55

6-19 续表 2 Continued 2

单位：亿元
Unit: 100 million

商品分类	HS Section and Division	出口 Exports 人民币 RMB Yuan	出口 Exports 美元 USD	进口 Imports 人民币 RMB Yuan	进口 Imports 美元 USD
42章 皮革制品；鞍具及挽具；旅行用品、手提包及类似容器；动物肠线(蚕胶丝除外)制品	Articles of leather；saddlery and harness；travel goods, hand bags and similar containers；articles of animal gut (other than silk-worm gut)	289.67	45.88	6.88	1.09
43章 毛皮、人造毛皮及其制品	Fur skins and artificial fur；manufactures thereof	64.29	10.18	50.26	7.96
第九类 木及木制品；木炭；软木及软木制品；稻草、秸秆、针茅或其他编结材料制品；篮筐及柳条编结品	**WOOD AND ARTICLES OF WOOD；WOOD CHAR-COAL；CORK AND ARTICLES OF CORK；MANUFACTURES OF STRAW，OF ESPARTO OR OF OTHER PLAITING MATERIALS；BASKET WARE AND WICKERWORK**	**108.13**	**17.12**	**66.21**	**10.49**
44章 木及木制品；木炭	Wood and articles of wood；wood charcoal	104.74	16.58	65.92	10.44
45章 软木及软木制品	Cork and articles of cork	0.00	0.00	0.06	0.01
46章 稻草、秸秆、针茅或其他编结材料制品；篮筐及柳条编结品	Manufactures of straw，of esparto or of other plaiting Materials；basket ware and wickerwork	3.39	0.54	0.23	0.04
第十类 木浆及其他纤维状纤维素浆；纸及纸板的废碎品；纸、纸板及其制品	**PULP OF WOOD OR OF OTHER FIBROUS CELLULOSIC MATERIAL；WASTE AND SCRAP OF PAPER OR PAPERBOARD；PAPER AND PAPERBOARD AND ARTICLES THEREOF**	**451.38**	**71.49**	**255.73**	**40.51**
47章 木浆及其他纤维状纤维素浆；纸及纸板的废碎品	Pulp of wood or of other fibrous cellulosic material；waste and scrap of paper or paperboard			131.89	20.89
48章 纸及纸板；纸浆、纸或纸板制品	Paper and paperboard；articles of paper pulp，of paper or paperboard	352.56	55.83	95.70	15.16
49章 书籍、报纸、印刷图画及其他印制品；手稿、打字稿及设计图纸	Printed books，newspapers，pictures and other products of the printing industry；manuscripts，typescripts and plans	98.82	15.65	28.14	4.46
第十一类 纺织原料及纺织制品	**TEXTILES AND TEXTILE ARTICLES**	**2464.98**	**390.35**	**959.00**	**151.93**
50章 蚕丝	Silk	0.52	0.08	4.38	0.69
51章 羊毛、动物细毛或粗毛；马毛纱线及其机织物	Wool，fine or coarse animal hair；horsehair yarn and woven fabric	49.78	7.88	57.38	9.09
52章 棉花	Cotton	252.09	39.93	350.73	55.58
53章 其他植物纺织纤维；纸纱线及其机织物	Other vegetable textile fibres；paper yarn and woven fabrics of paper yarn	6.97	1.10	8.17	1.29
54章 化学纤维长丝	Man-made filaments	152.02	24.08	154.57	24.48
55章 化学纤维短纤	Man-made short fibres	123.48	19.55	84.06	13.31
56章 絮胎、毡呢及无纺织物；特种纱线；线、绳、索、缆及其制品	Wadding，felt and nonwoven；special yarns；twine，cordage，ropes and cables and articles thereof	36.05	5.71	34.88	5.53
57章 地毯及纺织材料的其他铺地制品	Carpets and other textile floor coverings	12.45	1.97	1.41	0.22
58章 特种机织物；簇绒织物；花边；装饰毯；装饰带；刺绣品	Special woven fabrics；tufted textile fabrics；lace；tapestries；trimmings；embroidery	22.78	3.61	37.51	5.94
59章 浸渍、涂布、包覆或层压的纺织物；工业用纺织制品	Impregnated，coated，covered or laminated textile fabrics；textile articles of a kind suitable for industrial use	63.30	10.03	75.24	11.92
60章 针织物及钩编织物	Knitted or crocheted fabrics	177.98	28.19	127.17	20.14
61章 针织或钩编的服装及衣着附件	Articles of apparel and clothing accessories，Knitted or crocheted	540.02	85.50	5.73	0.91
62章 非针织或非钩编的服装及衣着附件	Articles of apparel and clothing accessories，not knitted or crocheted	853.02	135.07	14.32	2.27

6-19 续表 3 Continued 3

单位：亿元
Unit: 100 million

商品分类	HS Section and Division	出口 Exports		进口 Imports	
		人民币 RMB Yuan	美元 USD	人民币 RMB Yuan	美元 USD
63章 其他纺织制成品；成套物品；旧衣着及旧纺织品；碎织物	Other made up textile articles；sets；worn clothing and worn textile articles；rags articles；rags	174.54	27.64	3.45	0.55
第十二类 鞋、帽、伞、杖、鞭及其零件；已加工的羽毛及其制品；人造花；人发制品	**FOOTWEAR，HEADGEAR，UMBRELLAS，SUN UMBRELLAS，WALKING-STICKS，SEAT-STICKS，WHIPS，RIDING-CROPS AND PARTS THEREOF；PREPARED FEATHERS AND ARTICLES MADE THEREWITH；ARTIFICIAL FLOWERS；ARTICLES OF HUMAN HAIR**	**803.17**	**127.21**	**36.03**	**5.71**
64章 鞋靴、护腿和类似品及其零件	Footwear，gaiters and the like；parts of such articles	694.03	109.93	15.99	2.53
65章 帽类及其零件	Headgear and parts thereof	38.01	6.02	0.60	0.10
66章 雨伞、阳伞、手杖、鞭子、马鞭及其零件	Umbrellas，sun umbrellas，walking-sticks，seat-sticks，whips，riding-crops and parts thereof	19.46	3.08	0.41	0.07
67章 已加工羽毛、羽绒及其制品；人造花；人发制品	Prepared feathers and down and articles made of feathers or of down；artificial flowers；articles of human hair	51.68	8.19	19.02	3.01
第十三类 石料、石膏、水泥、石棉、云母及类似材料的制品；陶瓷产品；玻璃及其制品	**ARTICLES OF STONE，PLASTER，CEMENT，ASBESTOS，MICA OR SIMILAR MATERIALS；CERAMIC PRODUCTS；GLASS AND GLASSWARE**	**193.75**	**30.69**	**313.17**	**49.60**
68章 石料、石膏、水泥、石棉、云母及类似材料的制品	Articles of stone，plaster，cement，asbestos，mica or similar materials；ceramic products；glass and glassware	39.60	6.27	23.78	3.77
69章 陶瓷产品	Ceramic products	8.74	1.38	8.15	1.29
70章 玻璃及其制品	Glass and glassware	145.42	23.03	281.24	44.54
第十四类 天然或养殖珍珠、宝石或半宝石、贵金属、包贵金属及其制品；仿首饰；硬币	**NATURAL OR CULTURED PEARLS，PRECIOUS OR SEMI-PRECIOUS STONES，PRECIOUS METALS，METALS CLAD WITH PRECIOUS METAL AND STONES，PRECIOUS METALS，METALS CLAD WITH PRECIOUS METAL AND ARTICLES THEREOF；IMITATION JEWELLERY；COIN**	**2689.74**	**426.23**	**348.73**	**55.25**
71章 天然或养殖珍珠、宝石或半宝石、贵金属、包贵金属及其制品；仿首饰；硬币	Natural or cultured pearls，precious or semi-precious stones，precious metals，metals clad with precious metal and articles thereof；imitation jewellery；coin	2689.74	426.23	348.73	55.25
第十五类 贱金属及其制品	**BASE METALS AND ARTICLES OF BASE METAL**	**1111.37**	**176.01**	**1702.20**	**269.63**
72章 钢铁	Iron and steel	168.87	26.75	485.34	76.88
73章 钢铁制品	Articles of iron or steel	349.05	55.27	180.60	28.60
74章 铜及其制品	Copper and articles thereof	199.14	31.55	591.28	93.66
75章 镍及其制品	Nickel and articles thereof	9.64	1.53	48.68	7.71
76章 铝及其制品	Aluminium and articles thereof	163.15	25.84	245.20	38.84
78章 铅及其制品	Lead and articles thereof	1.68	0.27	2.42	0.38
79章 锌及其制品	Zinc and articles thereof	1.80	0.28	21.89	3.47
80章 锡及其制品	Tin and articles thereof	2.38	0.38	26.12	4.14
81章 其他贱金属、金属陶瓷及其制品	Other base metals；cermets；articles thereof	8.02	1.27	42.34	6.71
82章 贱金属工具、器具、利口器、餐匙、餐叉及其零件	Tools，implements，cutlery，spoons and forks，of base metal；parts thereof of base metal	94.73	15.00	22.40	3.55
83章 贱金属杂项制品	Miscellaneous articles of base metal	112.91	17.88	35.94	5.69

6-19 续表 4 Continued 4

单位：亿元

Unit: 100 million

商品分类	HS Section and Division	出口 Exports 人民币 RMB Yuan	出口 Exports 美元 USD	进口 Imports 人民币 RMB Yuan	进口 Imports 美元 USD
第十六类 机器、机械器具、电气设备及其零件；录音机及放声机、电视图像、声音的录制和重放设备及其零件、附件	**MACHINERY AND MECHANICAL APPLIANCES; ELECTRICAL EQUIPMENT; PARTS THEREOF; SOUND RECORDERS AND REPRODUCERS, TELEVISION IMAGE AND SOUND RECORDERS AND REPRODUCERS; AND PARTS AND ACCESSORIES OF RECORDERS AND REPRODUCERS; AND PARTS AND ACCESSORIES OF SUCH ARTICLES**	**33414.64**	**5292.51**	**15649.18**	**2478.64**
84章 核反应堆、锅炉、机器、机械器具及其零件	Nuclear reactors, boilers, machinery and mechanical appliances; parts thereof	14996.08	2375.26	2545.76	403.29
85章 电机、电气设备及其零件；录音机及放声机、电视图像、声音的录制和重放设备及其零件、附件	Electrical machinery and equipment and parts thereof; sound recorders and reproducers, television image and sound recorders and reproducers, and parts and accessories of such articles	18418.56	2917.25	13103.42	2075.35
第十七类 车辆、航空器、船舶及有关运输设备	**VEHICLES, AIRCRAFT, VESSELS AND ASSOCIATED TRANSPORT EQUIPMENT**	**3623.19**	**573.70**	**116.34**	**18.41**
86章 铁道及电车道机车、车辆及其零件；铁道及电车轨道固定装置及其零件、附件；各种机械(包括电动机械)交通信号设备	Railway or tramway locomotives, rolling-stock and parts thereof; railway or tramway track fixtures and fittings and parts thereof; mechanical(including electro-mechanical) traffic signalling equipment of all kinds	635.71	100.69	15.70	2.49
87章 车辆及其零件、附件，但铁道及电车道车辆除外	Vehicles other than railway or tramway rolling-stock, and parts and accessories thereof	662.49	104.93	72.59	11.50
88章 航空器、航天器及其零件	Aircraft, spacecraft, and parts thereof	54.82	8.69	25.98	4.09
89章 船舶及浮动结构体	Ships, boats and floating structures	2270.17	359.40	2.06	0.33
第十八类 光学、照相、电影、计量、检验、医疗或外科用仪器及设备、精密仪器及设备；钟表；乐器；上述物品的零件、附件	**OPTICAL, PHOTOGRAPHIC, CINEMATOGRAPHIC, MEASURING, CHECKING, PRECISION, MEDICAL OR SURGICAL INSTRUMENTS AND APPARATUS; CLOCKS AND WATCHES; MUSICAL INSTRUMENTS; PARTS AND ACCESSORIES THEREOF**	**3060.67**	**484.72**	**3261.68**	**516.60**
90章 光学、照相、电影、计量、检验、医疗或外科用仪器及设备、精密仪器及设备；上述物品的零件、附件	Optical, photographic, cinematographic, measuring, checking, precision medical or surgical instruments and apparatus; parts and accessories thereof	2890.88	457.83	3207.28	507.98
91章 钟表及其零件	Clocks and watches and parts thereof	132.61	21.01	48.36	7.66
92章 乐器及其零件、附件	Musical instruments; parts and accessories of such articles	37.17	5.89	6.04	0.96
第十九类 武器、弹药及其零件、附件	**ARMS AND AMMUNITION; PARTS AND ACCESSORIES THEREOF**	**0.01**	**0.00**	**0.00**	**0.00**
93章 武器、弹药及其零件、附件	Arms and ammunition; parts and accessories thereof	0.01	0.00	0.00	0.00
第二十类 杂项制品	**MISCELLANEOUS MANUFACTURED ARTICLES**	**1958.90**	**310.16**	**105.73**	**16.75**
94章 家具；寝具、褥垫、弹簧床垫、软坐垫及类似的填充制品；未列名灯具及照明装置；发光标志、发光名牌及类似品；活动房屋	Furniture; bedding, mattresses, mattress supports, cushions and similar stuffed furnishings; lamps and lighting fittings, not elsewhere specified or included; illuminated signs, illuminated	680.69	107.79	25.50	4.04
95章 玩具、游戏品、运动用品及其零件、附件	Toys, games and sports requisites; parts and accessories thereof	1143.32	181.00	47.66	7.55
96章 杂项制品	Miscellaneous manufactured articles	134.89	21.36	32.57	5.16
第二十一类 艺术品、收藏品及古物	**WORKS OF ART, COLLECTORS' PIECES AND ANTIQUES**	**0.02**	**0.00**	**0.00**	**0.00**
97章 艺术品、收藏品及古物	Works of art, collectors' pieces and antiques	0.02	0.00	0.00	0.00
第二十二类 特殊交易品及未分类商品	**COMMODITIES AND TRANSACTIONS NOT CLASSIFIED ACCORDING TO KIND**	**86.41**	**13.69**	**2386.12**	**378.12**
98章 特殊交易品及未分类商品	Commodities and transactions not classified according to kind	86.41	13.69	2386.12	378.12

6-20 对香港地区进出口商品分类金额

Value of Exports and Imports from Hongkong by HS

单位：亿美元

Unit: USD 100 million

商品分类	HS Section and Division	2011		2012	
		出　口 Exports	进　口 Imports	出　口 Exports	进　口 Imports
总　额	**Total**	**2679.83**	**154.92**	**3234.31**	**178.80**
第一类　活动物；动物产品	**LIVE ANIMALS；ANIMAL PRODUCTS**	**20.73**	**0.02**	**24.09**	**0.01**
01章　活动物	Live animals	4.92		5.03	0.00
02章　肉及食用杂碎	Meat and edible meat offal	7.06		6.53	
03章　鱼、甲壳动物、软体动物及其他水生无脊椎动物	Fish and crustaceans molluscs and other aquatic invertebrates	6.99	0.01	10.68	0.01
04章　乳品；蛋品；天然蜂蜜；其他食用动物产品	Dairy produce；birds' eggs；natural honey；edible products of animal origin，not elsewhere specified or included	1.64		1.71	0.00
05章　其他动物产品	Products of animal origin，not elsewhere specified or included	0.13	0.01	0.15	0.00
第二类　植物产品	**VEGETABLE PRODUCTS**	**9.49**	**0.01**	**9.66**	**0.01**
06章　活树及其他活植物；鳞茎、根及类似品；插花及装饰用簇叶	Live tree and other plants；bulbs，roots and the like；cut flowers and ornamental foliage	0.04		0.06	
07章　食用蔬菜、根及块茎	Edible vegetables and certain roots and tubers	4.23		3.80	0.00
08章　食用水果及坚果；甜瓜或柑桔属水果的果皮	Edible fruit and nuts；peel of citrus fruit or melons	0.81		1.03	0.00
09章　咖啡、茶、马黛茶及调味香料	Coffee，tea，mate and spices	0.85	0.01	0.73	0.01
10章　谷物	Cereals	0.24		0.21	
11章　制粉工业产品；麦芽；淀粉；菊粉；面筋	Products of the milling industry；malt；starches；inulin；wheat gluten	0.87		0.86	0.00
12章　含油子仁及果实；杂项子仁及果实；工业用或药用植物；稻草、秸秆及饲料	Oil seeds and oleaginous fruits；miscellaneous grains，seeds and fruit；industrial or medicinal plants；straw and fodder	2.20		2.60	0.00
13章　虫胶；树胶、树脂及其他植物液、汁	Lac；gums，resins and other vegetable saps and extracts	0.21		0.29	0.00
14章　编结用植物材料；其他植物产品	Vegetable plaiting materials；vegetable products not elsewhere specified or included	0.05		0.06	
第三类　动、植物油、脂及其分解产品；精制的食用油脂；动、植物蜡	**ANIMAL OR VEGETABLE FATS AND OILS AND THEIR CLEAVAGE PRODUCTS；PREPARED EDIBLE FATS；ANIMAL OR VEGETABLE WAXES**	**0.53**	**0.04**	**0.67**	**0.04**
15章　动、植物油、脂及其分解产品；精制的食用油脂；动、植物蜡	Animal or vegetable fats and oils and their cleavage products；prepared edible fats；animal or vegetable waxes	0.53	0.04	0.67	0.04
第四类　食品；饮料、酒及醋；烟草、烟草及烟草代用品的制品	**PREPARED FOODSTUFFS；BEVERAGES, SPIRITS AND VINEGAR；TOBACCO AND MANUFACTURED TOBACCO SUBSTITUTES**	**25.47**	**1.22**	**29.55**	**1.38**
16章　肉、鱼、甲壳动物、软体动物及其他水生无脊椎动物的制品	Preparations of meat，of fish or of crustaceans，molluscs or other aquatic invertebrates	8.28		10.31	
17章　糖及糖食	Sugars and sugar confectionery	0.66	0.11	0.55	0.08
18章　可可及可可制品	Cocoa and cocoa preparations	0.60	0.01	0.57	0.01
19章　谷物、粮食粉、淀粉或乳的制品；糕饼点心	Preparations of cereals，flour，starch or milk；pastry-cooks' products	2.79	0.62	2.98	0.73

6-20 续表 1 Continued 1

单位：亿美元
Unit: USD100 million

商品分类	HS Section and Division	2011 出口 Exports	2011 进口 Imports	2012 出口 Exports	2012 进口 Imports
20章 蔬菜、水果、坚果或植物其他部分的制品	Preparations of vegetables, fruit，nuts or other parts of plants	1.21	0.02	1.39	0.02
21章 杂项食品	Miscellaneous edible preparations	2.41	0.23	2.75	0.21
22章 饮料、酒及醋	Beverages，spirits and vinegar	7.41	0.04	8.54	0.04
23章 食品工业的残渣及废料；配制的动物饲料	Residues and waste from the food industries；prepared animal fodder	0.10	0.00	0.12	0.00
24章 烟草及烟草代用品的制品	Tobacco and manufactured tobacco substitutes	2.01	0.19	2.33	0.28
第五类 矿产品	**MINERAL PRODUCTS**	**65.84**	**5.18**	**65.29**	**3.55**
25章 盐；硫磺；泥土及石料；石膏料、石灰及水泥	Salt；sulphur；earths and stone；plastering materials，lime and cement	0.87	0.00	0.94	0.01
26章 矿砂、矿渣及矿灰	Ores，slag and ash	0.02	0.00	0.04	0.00
27章 矿物燃料、矿物油及其蒸馏产品；沥青物质；矿物蜡	Mineral fuels，mineral oils and products of their distillation; bituminous substances; mineral waxes	64.95	5.17	64.31	3.54
第六类 化学工业及其相关工业的产品	**PRODUCTS OF THE CHEMICAL OR INDUSTRIES ALLIED**	**26.88**	**6.53**	**26.78**	**5.72**
28章 无机化学品；贵金属、稀土金属、放射性元素及其同位素的有机及无机化合物	Inorganic chemicals；organic or inorganic compounds of precious metals，of rare- earth metals, of radioactive elements or of isotopes	4.71	0.32	3.63	0.57
29章 有机化学品	Organic chemicals	3.58	0.07	3.47	0.03
30章 药品	Pharmaceutical products	2.29	3.02	2.64	3.55
31章 肥料	Fertilizers	0.02	0.00	0.03	0.00
32章 鞣料浸膏及染料浸膏；鞣酸及其衍生物；染料、颜料及其他着色料；油漆及清漆；油灰及其他类似胶粘剂；墨水、油墨	Tanning or dyeing extracts；tannins and their derivatives；dyes，pigments and other colouring matter；paints and varnishes；putty and other mastics；inks	2.67	0.38	2.54	0.18
33章 精油及香膏；芳香料制品及化妆盥洗品	Essential oils and retinoid；perfumery，cosmetic or toilet preparations	2.99	0.61	3.37	0.65
34章 肥皂、有机表面活性剂、洗涤剂、润滑剂、人造蜡、调制蜡、光洁剂、蜡烛及类似品、塑型用膏、"牙科用蜡"及牙科用熟石膏制剂	Soap，organic surface-active agents，washing preparations，lubricating preparations，artificial waxes，prepared waxes，polishing or scouring preparations，candles and similar articles，modelling pastes，"dental waxes" and dental preparations with a basis of plast	1.58	0.23	1.68	0.25
35章 蛋白类物质；改性淀粉；胶；酶	Albuminoidal substances；modified starches；glues；enzymes	2.31	0.10	2.38	0.07
36章 炸药；烟火制品；火柴；引火合金；易燃材料制品	Explosives；pyrotechnic products；matches；pyrophoric alloys；certain combustible preparations	0.03	0.00	0.02	0.00
37章 照相及电影用品	Photographic or cinematographic goods	1.90	0.02	2.01	0.03
38章 杂项化学产品	Miscellaneous chemical products	4.79	1.79	5.01	0.39
第七类 塑料及其制品，橡胶及其制品	**PLASTICS AND ARTICLES THEREOF RUBBER AND ARTICLES THEREOF**	**42.74**	**17.38**	**46.15**	**15.36**
39章 塑料及其制品	Plastics and articles thereof	39.68	17.17	42.99	15.21
40章 橡胶及其制品	Rubber and articles thereof	3.06	0.21	3.16	0.15
第八类 生皮、皮革、毛皮及其制品；鞍具及挽具；旅行用品、手提包及类似品；动物肠线(蚕胶丝除外)制品	**RAW HIDES AND SKINS，LEATHER，FUR SKINS AND ARTICLES THEREOF；SADDLERY AND HARNESS；TRAVEL GOODS，HANDBAGS AND SIMILAR CONTAINERS；ARTICLES OF ANIMAL GUT(OTHER THAN SILK-WORM GUT)**	**21.21**	**0.76**	**25.92**	**0.76**
41章 生皮(毛皮除外)及皮革	Raw hides and skins(other than fur skins) and leather	1.96	0.16	2.17	0.13

单位：亿美元
Unit: USD100 million

商品分类	HS Section and Division	2011 出口 Exports	2011 进口 Imports	2012 出口 Exports	2012 进口 Imports
42章 皮革制品；鞍具及挽具；旅行用品、手提包及类似容器；动物肠线(蚕胶丝除外)制品	Articles of leather；saddlery and harness；travel goods，hand bags and similar containers；articles of animal gut (other than silk-worm gut)	13.43	0.12	17.61	0.07
43章 毛皮、人造毛皮及其制品	Fur skins and artificial fur；manufactures thereof	5.82	0.48	6.14	0.56
第九类 木及木制品；木炭；软木及软木制品；稻草，秸秆、针茅或其他编结材料制品；篮筐及柳条编结品	**WOOD AND ARTICLES OF WOOD；WOOD CHAR-COAL；CORK AND ARTICLES OF CORK；MANUFACTURES OF STRAW，OF ESPARTO OR OF OTHER PLAITING MATERIALS；BASKET WARE AND WICKERWORK**	**2.45**	**0.03**	**2.67**	**0.02**
44章 木及木制品；木炭	Wood and articles of wood；wood charcoal	2.34	0.03	2.56	0.02
45章 软木及软木制品	Cork and articles of cork	0.00	0.00	0.00	0.00
46章 稻草、秸秆、针茅或其他编结材料制品；篮筐及柳条编结品	Manufactures of straw，of esparto or of other plaiting Materials；basket ware and wickerwork	0.11	0.00	0.12	0.00
第十类 木浆及其他纤维状纤维素浆；纸及纸板的废碎品；纸、纸板及其制品	**PULP OF WOOD OR OF OTHER FIBROUS CELLULOSIC MATERIAL；WASTE AND SCRAP OF PAPER OR PAPERBOARD；PAPER AND PAPERBOARD AND ARTICLES THEREOF**	**19.52**	**4.30**	**20.35**	**3.88**
47章 木浆及其他纤维状纤维素浆；纸及纸板的废碎品	Pulp of wood or of other fibrous cellulosic material；waste and scrap of paper or paperboard	0.00	3.06	0.00	2.58
48章 纸及纸板；纸浆、纸或纸板制品	Paper and paperboard；articles of paper pulp，of paper or paperboard	12.31	0.58	12.58	0.52
49章 书籍、报纸、印刷图画及其他印制品；手稿、打字稿及设计图纸	Printed books，newspapers，pictures and other products of the printing industry；manuscripts，typescripts and plans	7.20	0.66	7.76	0.79
第十一类 纺织原料及纺织制品	**TEXTILES AND TEXTILE ARTICLES**	**149.76**	**6.50**	**158.57**	**5.12**
50章 蚕丝	Silk	1.19	0.08	1.21	0.05
51章 羊毛、动物细毛或粗毛；马毛纱线及其机织物	Wool，fine or coarse animal hair；horsehair yarn and woven fabric	5.26	0.07	5.20	0.05
52章 棉花	Cotton	24.79	1.97	24.29	1.56
53章 其他植物纺织纤维；纸纱线及其机织物	Other vegetable textile fibres；paper yarn and woven fabrics of paper yarn	0.94	0.03	1.09	0.02
54章 化学纤维长丝	Man-made filaments	5.24	0.36	4.99	0.24
55章 化学纤维短纤	Man-made short fibres	9.69	0.20	7.35	0.15
56章 絮胎、毡呢及无纺织物；特种纱线；线、绳、索、缆及其制品	Wadding，felt and nonwoven；special yarns；twine，cordage，ropes and cables and articles thereof	1.02	0.18	1.12	0.15
57章 地毯及纺织材料的其他铺地制品	Carpets and other textile floor coverings	0.66	0.00	0.80	0.00
58章 特种机织物；簇绒织物；花边；装饰毯；装饰带；刺绣品	Special woven fabrics；tufted textile fabrics；lace；tapestries；trimmings；embroidery	4.78	0.53	5.02	0.40
59章 浸渍、涂布、包覆或层压的纺织物；工业用纺织制品	Impregnated，coated，covered or laminated textile fabrics；textile articles of a kind suitable for industrial use	4.18	0.30	3.84	0.19
60章 针织物及钩编织物	Knitted or crocheted fabrics	20.44	1.18	19.98	0.87
61章 针织或钩编的服装及衣着附件	Articles of apparel and clothing accessories，knitted or crocheted	43.06	0.59	54.08	0.47
62章 非针织或非钩编的服装及衣着附件	Articles of apparel and clothing accessories，not knitted or crocheted	25.73	0.90	25.97	0.95

6-20 续表 3 Continued 3

单位：亿美元
Unit: USD100 million

商品分类	HS Section and Division	2011 出口 Exports	2011 进口 Imports	2012 出口 Exports	2012 进口 Imports
63章 其他纺织制成品；成套物品；旧衣着及旧纺织品；碎织物	Other made up textile articles; sets; worn clothing and worn textile articles; rags articles; rags	2.80	0.10	3.63	0.02
第十二类 鞋、帽、伞、杖、鞭及其零件；已加工的羽毛及其制品；人造花；人发制品	**FOOTWEAR, HEADGEAR, UMBRELLAS, SUN UMBRELLAS, WALKING-STICKS, SEAT-STICKS, WHIPS, RIDING-CROPS AND PARTS THEREOF; PREPARED FEATHERS AND ARTICLES MADE THEREWITH; ARTIFICIAL FLOWERS; ARTICLES OF HUMAN HAIR**	**15.76**	**0.13**	**18.62**	**0.13**
64章 鞋靴、护腿和类似品及其零件	Footwear, gaiters and the like; parts of such articles	12.56	0.11	14.98	0.10
65章 帽类及其零件	Headgear and parts thereof	1.05	0.00	1.10	0.00
66章 雨伞、阳伞、手杖、鞭子、马鞭及其零件	Umbrellas, sun umbrellas, walking-sticks, seat-sticks, whips, riding-crops and parts thereof	0.95	0.02	1.15	0.01
67章 已加工羽毛、羽绒及其制品；人造花；人发制品	Prepared feathers and down and articles made of feathers or of down; artificial flowers; articles of human hair	1.20	0.01	1.39	0.01
第十三类 石料、石膏、水泥、石棉、云母及类似材料的制品；陶瓷产品；玻璃及其制品	**ARTICLES OF STONE, PLASTER, CEMENT, ASBESTOS, MICA OR SIMILAR MATERIALS; CERAMIC PRODUCTS; GLASS AND GLASSWARE**	**13.34**	**0.40**	**18.49**	**0.22**
68章 石料、石膏、水泥、石棉、云母及类似材料的制品	Articles of stone, plaster, cement, asbestos, mica or similar materials; ceramic products; glass and glassware	2.79	0.01	3.78	0.01
69章 陶瓷产品	Ceramic products	1.78	0.00	2.12	0.00
70章 玻璃及其制品	Glass and glassware	8.77	0.38	12.59	0.21
第十四类 天然或养殖珍珠、宝石或半宝石、贵金属、包贵金属及其制品；仿首饰；硬币	**NATURAL OR CULTURED PEARLS, PRECIOUS OR SEMI-PRECIOUS STONES, PRECIOUS METALS, METALS CLAD WITH PRECIOUS METAL AND STONES, PRECIOUS METALS, METALS CLAD WITH PRECIOUS METAL AND ARTICLES THEREOF; IMITATION JEWELLERY; COIN**	**223.27**	**1.69**	**398.00**	**3.91**
71章 天然或养殖珍珠、宝石或半宝石、贵金属、包贵金属及其制品；仿首饰；硬币	Natural or cultured pearls, precious or semi-precious stones, precious metals, metals clad with precious metal and articles thereof; imitation jewellery; coin	223.27	1.69	398.00	3.91
第十五类 贱金属及其制品	**BASE METALS AND ARTICLES OF BASE METAL**	**55.45**	**20.65**	**57.05**	**40.72**
72章 钢铁	Iron and steel	7.18	1.59	11.13	0.93
73章 钢铁制品	Articles of iron or steel	11.37	0.18	13.89	0.15
74章 铜及其制品	Copper and articles thereof	12.82	10.64	10.24	23.50
75章 镍及其制品	Nickel and articles thereof	2.91	0.01	0.74	0.01
76章 铝及其制品	Aluminium and articles thereof	10.76	7.82	10.79	15.85
78章 铅及其制品	Lead and articles thereof	0.01	0.00	0.02	0.00
79章 锌及其制品	Zinc and articles thereof	0.26	0.03	0.20	0.02
80章 锡及其制品	Tin and articles thereof	0.20	0.08	0.05	0.04
81章 其他贱金属、金属陶瓷及其制品	Other base metals; cermets; articles thereof	0.98	0.08	1.05	0.00
82章 贱金属工具、器具、利口器、餐匙、餐叉及其零件	Tools, implements, cutlery, spoons and forks, of base metal; parts thereof of base metal	3.28	0.04	3.23	0.04
83章 贱金属杂项制品	Miscellaneous articles of base metal	5.68	0.18	5.72	0.19

单位：亿美元
Unit: USD100 million

商品分类	HS Section and Division	2011 出口 Exports	2011 进口 Imports	2012 出口 Exports	2012 进口 Imports
第十六类 机器、机械器具、电气设备及其零件；录音机及放声机、电视图像、声音的录制和重放设备及其零件、附件	**MACHINERY AND MECHANICAL APPLIANCES；ELECTRICAL EQUIPMENT；PARTS THEREOF；SOUND RECORDERS AND REPRODUCERS，TELEVISION IMAGE AND SOUND RECORDERS AND REPRODUCERS；AND PARTS AND ACCESSORIES OF RECORDERS AND REPRODUCERS；AND PARTS AND ACCESSORIES OF SUCH ARTICLES**	**1632.57**	**34.96**	**1927.17**	**24.88**
84章 核反应堆、锅炉、机器、机械器具及其零件	Nuclear reactors，boilers，machinery and mechanical appliances；parts thereof	461.71	6.17	542.19	4.61
85章 电机、电气设备及其零件；录音机及放声机、电视图像、声音的录制和重放设备及其零件、附件	Electrical machinery and equipment and parts thereof；sound recorders and reproducers，television image and sound recorders and reproducers，and parts and accessories of such articles	1170.86	28.79	1384.98	20.27
第十七类 车辆、航空器、船舶及有关运输设备	**VEHICLES，AIRCRAFT，VESSELS AND ASSOCIATED TRANSPORT EQUIPMENT**	**144.45**	**0.08**	**123.08**	**0.09**
86章 铁道及电车道机车、车辆及其零件；铁道及电车轨道固定装置及其零件、附件；各种机械(包括电动机械)交通信号设备	Railway or tramway locomotives，rolling-stock and parts thereof；railway or tramway track fixtures and fittings and parts thereof；mechanical(including electro-mechanical) traffic signalling equipment of all kinds	31.78	0.00	18.28	0.00
87章 车辆及其零件、附件，但铁道及电车道车辆除外	Vehicles other than railway or tramway rolling-stock，and parts and accessories thereof	5.28	0.02	5.79	0.03
88章 航空器、航天器及其零件	Aircraft，spacecraft，and parts thereof	3.43	0.01	1.48	0.00
89章 船舶及浮动结构体	Ships，boats and floating structures	103.97	0.04	97.53	0.07
第十八类 光学、照相、电影、计量、检验、医疗或外科用仪器及设备、精密仪器及设备；钟表；乐器；上述物品的零件、附件	**OPTICAL，PHOTOGRAPHIC，CINEMATOGRAPHIC，MEASURING，CHECKING，PRECISION，MEDICAL OR SURGICAL INSTRUMENTS AND APPARATUS；CLOCKS AND WATCHES；MUSICAL INSTRUMENTS；PARTS AND ACCESSORIES THEREOF**	**165.02**	**3.06**	**229.75**	**2.54**
90章 光学、照相、电影、计量、检验、医疗或外科用仪器及设备、精密仪器及设备；上述物品的零件、附件	Optical，photographic，cinematographic，measuring，checking，precision medical or surgical instruments and apparatus；parts and accessories thereof	150.142	2.4837	211.102	2.10815
91章 钟表及其零件	Clocks and watches and parts thereof	14.17	0.56	17.89	0.43
92章 乐器及其零件、附件	Musical instruments；parts and accessories of such articles	0.70	0.02	0.76	0.01
第十九类 武器、弹药及其零件、附件	**ARMS AND AMMUNITION；PARTS AND ACCESSORIES THEREOF**	**0.11**		**0.11**	
93章 武器、弹药及其零件、附件	Arms and ammunition；parts and accessories thereof	0.11		0.11	
第二十类 杂项制品	**MISCELLANEOUS MANUFACTURED ARTICLES**	**39.99**	**0.73**	**44.81**	**0.66**
94章 家具；寝具、褥垫、弹簧床垫、软坐垫及类似的填充制品；未列名灯具及照明装置；发光标志、发光名牌及类似品；活动房屋	Furniture；bedding，mattresses，mattress supports，cushions and similar stuffed furnishings；lamps and lighting fittings，not elsewhere specified or included；illuminated signs，illuminated	12.67	0.18	15.24	0.14
95章 玩具、游戏品、运动用品及其零件、附件	Toys，games and sports requisites；parts and accessories thereof	19.76	0.02	20.87	0.04
96章 杂项制品	Miscellaneous manufactured articles	7.55	0.53	8.70	0.48
第二十一类 艺术品、收藏品及古物	**WORKS OF ART，COLLECTORS' PIECES AND ANTIQUES**	**0.03**	**0.02**	**0.14**	**0.03**
97章 艺术品、收藏品及古物	Works of art，collectors' pieces and antiques	0.03	0.02	0.14	0.03
第二十二类 特殊交易品及未分类商品	**COMMODITIES AND TRANSACTIONS NOT CLASSIFIED ACCORDING TO KIND**	**5.24**	**51.24**	**7.39**	**69.76**
98章 特殊交易品及未分类商品	Commodities and transactions not classified according to kind	5.24	51.24	7.39	69.76

6-21 对台湾地区进出口商品分类金额

Value of Exports and Imports from Taiwan Province by HS

单位：亿美元

Unit: USD100 million

商品分类	HS Section and Division	2011		2012	
		出口 Exports	进口 Imports	出口 Exports	进口 Imports
总 额	**Total**	**351.09**	**1249.09**	**367.77**	**1322.04**
第一类 活动物；动物产品	**LIVE ANIMALS；ANIMAL PRODUCTS**	**6.53**	**0.83**	**8.80**	**1.31**
01章 活动物	Live animals	0.01	0.01	0.01	0.01
02章 肉及食用杂碎	Meat and edible meat offal		0.04		0.04
03章 鱼、甲壳动物、软体动物及其他水生无脊椎动物	Fish and crustaceans molluscs and other aquatic invertebrates	4.90	0.48	5.82	0.92
04章 乳品；蛋品；天然蜂蜜；其他食用动物产品	Dairy produce；birds' eggs；natural honey；edible products of animal origin，not elsewhere specified or included	0.00	0.05	0.00	0.08
05章 其他动物产品	Products of animal origin，not elsewhere specified or included	1.62	0.24	2.97	0.25
第二类 植物产品	**VEGETABLE PRODUCTS**	**3.20**	**0.56**	**2.91**	**0.61**
06章 活树及其他活植物；鳞茎、根及类似品；插花及装饰用簇叶	Live tree and other plants；bulbs，roots and the like；cut flowers and ornamental foliage	0.00	0.07	0.01	0.09
07章 食用蔬菜、根及块茎	Edible vegetables and certain roots and tubers	0.67	0.04	0.63	0.02
08章 食用水果及坚果；甜瓜或柑桔属水果的果皮	Edible fruit and nuts； peel of citrus fruit or melons	0.33	0.25	0.33	0.29
09章 咖啡、茶、马黛茶及调味香料	Coffee，tea，mate and spices	0.21	0.12	0.25	0.12
10章 谷物	Cereals	0.22	0.00	0.14	0.01
11章 制粉工业产品；麦芽；淀粉；菊粉；面筋	Products of the milling industry；malt；starches；inulin；wheat gluten	0.27	0.01	0.19	0.01
12章 含油子仁及果实；杂项子仁及果实；工业用或药用植物；稻草、秸秆及饲料	Oil seeds and oleaginous fruits；miscellaneous grains，seeds and fruit；industrial or medicinal plants；straw and fodder	1.28	0.03	1.12	0.03
13章 虫胶；树胶、树脂及其他植物液、汁	Lac；gums，resins and other vegetable saps and extracts	0.16	0.01	0.18	0.02
14章 编结用植物材料；其他植物产品	Vegetable plaiting materials；vegetable products not elsewhere specified or included	0.06	0.03	0.06	0.03
第三类 动、植物油、脂及其分解产品；精制的食用油脂；动、植物蜡	**ANIMAL OR VEGETABLE FATS AND OILS AND THEIR CLEAVAGE PRODUCTS；PREPARED EDIBLE FATS；ANIMAL OR VEGETABLE WAXES**	**0.04**	**0.20**	**0.04**	**0.24**
15章 动、植物油、脂及其分解产品；精制的食用油脂；动、植物蜡	Animal or vegetable fats and oils and their cleavage products；prepared edible fats；animal or vegetable waxes	0.04	0.20	0.04	0.24
第四类 食品；饮料、酒及醋；烟草、烟草及烟草代用品的制品	**PREPARED FOODSTUFFS；BEVERAGES, SPIRITS AND VINEGAR；TOBACCO AND MANUFACTURED TOBACCO SUBSTITUTES**	**4.87**	**1.76**	**6.49**	**2.27**
16章 肉、鱼、甲壳动物、软体动物及其他水生无脊椎动物的制品	Preparations of meat，of fish or of crustaceans，molluscs or other aquatic invertebrates	2.80	0.06	3.98	0.05
17章 糖及糖食	Sugars and sugar confectionery	0.14	0.08	0.14	0.11
18章 可可及可可制品	Cocoa and cocoa preparations	0.06	0.02	0.10	0.01
19章 谷物、粮食粉、淀粉或乳的制品；糕饼点心	Preparations of cereals，flour，starch or milk；pastry-cooks' products	0.07	0.41	0.09	0.60

6-21 续表 1 Continued 1

单位：亿美元
Unit: USD100 million

商品分类	HS Section and Division	2011		2012	
		出口 Exports	进口 Imports	出口 Exports	进口 Imports
20章 蔬菜、水果、坚果或植物其他部分的制品	Preparations of vegetables, fruit，nuts or other parts of plants	0.84	0.06	1.18	0.06
21章 杂项食品	Miscellaneous edible preparations	0.26	0.51	0.29	0.66
22章 饮料、酒及醋	Beverages，spirits and vinegar	0.36	0.45	0.32	0.62
23章 食品工业的残渣及废料；配制的动物饲料	Residues and waste from the food industries；prepared animal fodder	0.28	0.15	0.34	0.15
24章 烟草及烟草代用品的制品	Tobacco and manufactured tobacco substitutes	0.06	0.01	0.05	0.02
第五类 矿产品	**MINERAL PRODUCTS**	**7.91**	**10.07**	**5.79**	**11.01**
25章 盐；硫磺；泥土及石料；石膏料、石灰及水泥	Salt；sulphur；earths and stone；plastering materials，lime and cement	1.90	0.45	1.63	0.42
26章 矿砂、矿渣及矿灰	Ores，slag and ash	0.16	0.28	0.21	0.54
27章 矿物燃料、矿物油及其蒸馏产品；沥青物质；矿物蜡	Mineral fuels，mineral oils and products of their distillation; bituminous substances; mineral waxes	5.85	9.34	3.95	10.05
第六类 化学工业及其相关工业的产品	**PRODUCTS OF THE CHEMICAL OR INDUSTRIES ALLIED**	**46.77**	**126.85**	**40.83**	**114.37**
28章 无机化学品；贵金属、稀土金属、放射性元素及其同位素的有机及无机化合物	Inorganic chemicals；organic or inorganic compounds of precious metals，of rare- earth metals, of radioactive elements or of isotopes	6.45	5.91	6.24	4.50
29章 有机化学品	Organic chemicals	16.31	93.10	15.29	79.19
30章 药品	Pharmaceutical products	0.30	0.92	0.24	1.05
31章 肥料	Fertilizers	0.85	0.00	0.74	0.04
32章 鞣料浸膏及染料浸膏；鞣酸及其衍生物；染料、颜料及其他着色料；油漆及清漆；油灰及其他类似胶粘剂；墨水、油墨	Tanning or dyeing extracts；tannins and their derivatives；dyes，pigments and other colouring matter；paints and varnishes；putty and other mastics；inks	2.31	5.34	2.27	4.84
33章 精油及香膏；芳香料制品及化妆盥洗品	Essential oils and retinoid；perfumery，cosmetic or toilet preparations	1.14	0.58	1.17	0.49
34章 肥皂、有机表面活性剂、洗涤剂、润滑剂、人造蜡、调制蜡、光洁剂、蜡烛及类似品、塑型用膏、“牙科用蜡”及牙科用熟石膏制剂	Soap，organic surface-active agents，washing preparations，lubricating preparations，artificial waxes，prepared waxes，polishing or scouring preparations，candles and similar articles，modelling pastes，“dental waxes” and dental preparations with a basis of plast	0.83	1.61	0.86	1.63
35章 蛋白类物质；改性淀粉；胶；酶	Albuminoidal substances；modified starches；glues；enzymes	0.76	2.72	0.83	2.45
36章 炸药；烟火制品；火柴；引火合金；易燃材料制品	Explosives；pyrotechnic products；matches；pyrophoric alloys；certain combustible preparations	0.15	0.00	0.18	0.00
37章 照相及电影用品	Photographic or cinematographic goods	0.87	1.19	0.81	1.75
38章 杂项化学产品	Miscellaneous chemical products	16.78	15.48	12.20	18.45
第七类 塑料及其制品，橡胶及其制品	**PLASTICS AND ARTICLES THEREOF RUBBER AND ARTICLES THEREOF**	**10.48**	**110.54**	**10.77**	**105.23**
39章 塑料及其制品	Plastics and articles thereof	8.72	105.42	9.14	100.90
40章 橡胶及其制品	Rubber and articles thereof	1.77	5.12	1.62	4.33
第八类 生皮、皮革、毛皮及其制品；鞍具及挽具；旅行用品、手提包及类似品；动物肠线(蚕胶丝除外)制品	**RAW HIDES AND SKINS，LEATHER，FUR SKINS AND ARTICLES THEREOF；SADDLERY AND HARNESS；TRAVEL GOODS，HANDBAGS AND SIMILAR CONTAINERS；ARTICLES OF ANIMAL GUT(OTHER THAN SILK-WORM GUT)**	**1.63**	**3.67**	**1.72**	**3.22**
41章 生皮(毛皮除外)及皮革	Raw hides and skins(other than fur skins) and leather	0.04	3.60	0.04	3.13

6-21 续表 2 Continued 2

单位：亿美元
Unit: USD100 million

商品分类	HS Section and Division	2011		2012	
		出口 Exports	进口 Imports	出口 Exports	进口 Imports
42章 皮革制品；鞍具及挽具；旅行用品、手提包及类似容器；动物肠线(蚕胶丝除外)制品	Articles of leather；saddlery and harness；travel goods，hand bags and similar containers；articles of animal gut (other than silk-worm gut)	1.58	0.07	1.67	0.08
43章 毛皮、人造毛皮及其制品	Fur skins and artificial fur；manufactures thereof	0.00	0.00	0.01	0.00
第九类 木及木制品；木炭；软木及软木制品；稻草，秸秆、针茅或其他编结材料制品；篮筐及柳条编结品	**WOOD AND ARTICLES OF WOOD；WOOD CHAR-COAL；CORK AND ARTICLES OF CORK；MANUFACTURES OF STRAW，OF ESPARTO OR OF OTHER PLAITING MATERIALS ；BASKET WARE AND WICKERWORK**	**1.93**	**0.24**	**1.97**	**0.30**
44章 木及木制品；木炭	Wood and articles of wood；wood charcoal	1.79	0.21	1.81	0.26
45章 软木及软木制品	Cork and articles of cork	0.01	0.00	0.00	0.00
46章 稻草、秸秆、针茅或其他编结材料制品；篮筐及柳条编结品	Manufactures of straw，of esparto or of other plaiting Materials；basket ware and wickerwork	0.14	0.03	0.16	0.04
第十类 木浆及其他纤维状纤维素浆；纸及纸板的废碎品；纸、纸板及其制品	**PULP OF WOOD OR OF OTHER FIBROUS CELLULOSIC MATERIAL；WASTE AND SCRAP OF PAPER OR PAPERBOARD；PAPER AND PAPERBOARD AND ARTICLES THEREOF**	**3.87**	**5.52**	**3.64**	**5.43**
47章 木浆及其他纤维状纤维素浆；纸及纸板的废碎品	Pulp of wood or of other fibrous cellulosic material；waste and scrap of paper or paperboard	0.15	0.19	0.01	0.19
48章 纸及纸板；纸浆、纸或纸板制品	Paper and paperboard；articles of paper pulp，of paper or paperboard	3.49	4.20	3.37	4.08
49章 书籍、报纸、印刷图画及其他印制品；手稿、打字稿及设计图纸	Printed books，newspapers，pictures and other products of the printing industry；manuscripts，typescripts and plans	0.23	1.13	0.26	1.17
第十一类 纺织原料及纺织制品	**TEXTILES AND TEXTILE ARTICLES**	**13.80**	**33.16**	**11.31**	**30.87**
50章 蚕丝	Silk	0.02	0.01	0.02	0.00
51章 羊毛、动物细毛或粗毛；马毛纱线及其机织物	Wool，fine or coarse animal hair；horsehair yarn and woven fabric	0.13	0.10	0.09	0.06
52章 棉花	Cotton	0.67	4.19	0.55	4.30
53章 其他植物纺织纤维；纸纱线及其机织物	Other vegetable textile fibres；paper yarn and woven fabrics of paper yarn	0.04	0.02	0.02	0.01
54章 化学纤维长丝	Man-made filaments	1.12	11.95	0.87	10.88
55章 化学纤维短纤	Man-made short fibres	0.68	3.77	0.65	3.09
56章 絮胎、毡呢及无纺织物；特种纱线；线、绳、索、缆及其制品	Wadding，felt and nonwoven；special yarns；twine，cordage，ropes and cables and articles thereof	0.72	1.35	0.59	1.28
57章 地毯及纺织材料的其他铺地制品	Carpets and other textile floor coverings	0.30	0.02	0.27	0.01
58章 特种机织物；簇绒织物；花边；装饰毯；装饰带；刺绣品	Special woven fabrics；tufted textile fabrics；lace；tapestries；trimmings；embroidery	0.27	1.16	0.16	1.18
59章 浸渍、涂布、包覆或层压的纺织物；工业用纺织制品	Impregnated，coated，covered or laminated textile fabrics；textile articles of a kind suitable for industrial use	0.78	4.01	0.58	3.66
60章 针织物及钩编织物	Knitted or crocheted fabrics	0.08	5.91	0.05	5.73
61章 针织或钩编的服装及衣着附件	Articles of apparel and clothing accessories，knitted or crocheted	4.91	0.25	3.87	0.23
62章 非针织或非钩编的服装及衣着附件	Articles of apparel and clothing accessories，not knitted or crocheted	2.48	0.16	2.16	0.13

6-21 续表 3 Continued 3

单位：亿美元
Unit: USD100 million

商品分类	HS Section and Division	2011 出口 Exports	2011 进口 Imports	2012 出口 Exports	2012 进口 Imports
63章 其他纺织制成品；成套物品；旧衣着及旧纺织品；碎织物	Other made up textile articles；sets；worn clothing and worn textile articles；rags articles；rags	1.61	0.27	1.42	0.31
第十二类 鞋、帽、伞、杖、鞭及其零件；已加工的羽毛及其制品；人造花；人发制品	**FOOTWEAR，HEADGEAR，UMBRELLAS，SUN UMBRELLAS，WALKING-STICKS，SEAT-STICKS，WHIPS，RIDING-CROPS AND PARTS THEREOF；PREPARED FEATHERS AND ARTICLES MADE THEREWITH；ARTIFICIAL FLOWERS；ARTICLES OF HUMAN HAIR**	**2.35**	**0.43**	**2.42**	**0.53**
64章 鞋靴、护腿和类似品及其零件	Footwear，gaiters and the like；parts of such articles	1.68	0.34	1.68	0.35
65章 帽类及其零件	Headgear and parts thereof	0.12	0.03	0.12	0.03
66章 雨伞、阳伞、手杖、鞭子、马鞭及其零件	Umbrellas，sun umbrellas，walking-sticks，seat-sticks，whips，riding-crops and parts thereof	0.42	0.04	0.46	0.13
67章 已加工羽毛、羽绒及其制品；人造花；人发制品	Prepared feathers and down and articles made of feathers or of down；artificial flowers；articles of human hair	0.13	0.02	0.16	0.02
第十三类 石料、石膏、水泥、石棉、云母及类似材料的制品；陶瓷产品；玻璃及其制品	**ARTICLES OF STONE，PLASTER，CEMENT，ASBESTOS，MICA OR SIMILAR MATERIALS；CERAMIC PRODUCTS；GLASS AND GLASSWARE**	**5.00**	**16.18**	**4.81**	**19.42**
68章 石料、石膏、水泥、石棉、云母及类似材料的制品	Articles of stone，plaster，cement，asbestos，mica or similar materials；ceramic products；glass and glassware	2.04	1.07	1.85	1.09
69章 陶瓷产品	Ceramic products	1.23	0.30	1.10	0.30
70章 玻璃及其制品	Glass and glassware	1.74	14.81	1.86	18.03
第十四类 天然或养殖珍珠、宝石或半宝石、贵金属、包贵金属及其制品；仿首饰；硬币	**NATURAL OR CULTURED PEARLS，PRECIOUS OR SEMI-PRECIOUS STONES，PRECIOUS METALS，METALS CLAD WITH PRECIOUS METAL AND STONES，PRECIOUS METALS，METALS CLAD WITH PRECIOUS METAL AND ARTICLES THEREOF；IMITATION JEWELLERY；COIN**	**1.76**	**2.86**	**2.18**	**2.56**
71章 天然或养殖珍珠、宝石或半宝石、贵金属、包贵金属及其制品；仿首饰；硬币	Natural or cultured pearls，precious or semi-precious stones，precious metals，metals clad with precious metal and articles thereof；imitation jewellery；coin	1.76	2.86	2.18	2.56
第十五类 贱金属及其制品	**BASE METALS AND ARTICLES OF BASE METAL**	**39.26**	**67.47**	**32.18**	**59.76**
72章 钢铁	Iron and steel	22.55	24.28	16.85	20.18
73章 钢铁制品	Articles of iron or steel	5.67	5.44	5.55	4.84
74章 铜及其制品	Copper and articles thereof	3.36	25.82	3.33	24.14
75章 镍及其制品	Nickel and articles thereof	0.97	1.16	0.58	0.34
76章 铝及其制品	Aluminium and articles thereof	2.33	4.37	2.20	4.36
78章 铅及其制品	Lead and articles thereof	0.58	0.02	0.16	0.03
79章 锌及其制品	Zinc and articles thereof	0.08	0.23	0.03	0.19
80章 锡及其制品	Tin and articles thereof	0.16	0.61	0.01	0.50
81章 其他贱金属、金属陶瓷及其制品	Other base metals；cermets；articles thereof	1.24	0.74	1.17	0.59
82章 贱金属工具、器具、利口器、餐匙、餐叉及其零件	Tools，implements，cutlery，spoons and forks，of base metal；parts thereof of base metal	1.49	2.96	1.40	2.89
83章 贱金属杂项制品	Miscellaneous articles of base metal	0.82	1.84	0.89	1.71

6-21 续表 4 Continued 4

单位：亿美元
Unit: USD100 million

商品分类	HS Section and Division	2011 出口 Exports	2011 进口 Imports	2012 出口 Exports	2012 进口 Imports
第十六类 机器、机械器具、电气设备及其零件；录音机及放声机、电视图像、声音的录制和重放设备及其零件、附件	**MACHINERY AND MECHANICAL APPLIANCES; ELECTRICAL EQUIPMENT; PARTS THEREOF; SOUND RECORDERS AND REPRODUCERS, TELEVISION IMAGE AND SOUND RECORDERS AND REPRODUCERS; AND PARTS AND ACCESSORIES OF RECORDERS AND REPRODUCERS; AND PARTS AND ACCESSORIES OF SUCH ARTICLES**	**161.44**	**669.30**	**193.93**	**754.19**
84章 核反应堆、锅炉、机器、机械器具及其零件	Nuclear reactors, boilers, machinery and mechanical appliances; parts thereof	45.68	98.77	45.83	91.79
85章 电机、电气设备及其零件；录音机及放声机、电视图像、声音的录制和重放设备及其零件、附件	Electrical machinery and equipment and parts thereof; sound recorders and reproducers, television image and sound recorders and reproducers, and parts and accessories of such articles	115.76	570.53	148.10	662.39
第十七类 车辆、航空器、船舶及有关运输设备	**VEHICLES, AIRCRAFT, VESSELS AND ASSOCIATED TRANSPORT EQUIPMENT**	**9.58**	**4.48**	**8.16**	**5.37**
86章 铁道及电车道机车、车辆及其零件；铁道及电车轨道固定装置及其零件、附件；各种机械(包括电动机械)交通信号设备	Railway or tramway locomotives, rolling-stock and parts thereof; railway or tramway track fixtures and fittings and parts thereof; mechanical(including electro-mechanical) traffic signalling equipment of all kinds	2.71	0.01	0.38	0.02
87章 车辆及其零件、附件，但铁道及电车道车辆除外	Vehicles other than railway or tramway rolling-stock, and parts and accessories thereof	6.79	3.96	7.51	4.44
88章 航空器、航天器及其零件	Aircraft, spacecraft, and parts thereof	0.01	0.01	0.01	0.01
89章 船舶及浮动结构体	Ships, boats and floating structures	0.08	0.50	0.25	0.90
第十八类 光学、照相、电影、计量、检验、医疗或外科用仪器及设备、精密仪器及设备；钟表；乐器；上述物品的零件、附件	**OPTICAL, PHOTOGRAPHIC, CINEMATOGRAPHIC, MEASURING, CHECKING, PRECISION, MEDICAL OR SURGICAL INSTRUMENTS AND APPARATUS; CLOCKS AND WATCHES; MUSICAL INSTRUMENTS; PARTS AND ACCESSORIES THEREOF**	**23.34**	**191.02**	**22.21**	**200.80**
90章 光学、照相、电影、计量、检验、医疗或外科用仪器及设备、精密仪器及设备；上述物品的零件、附件	Optical, photographic, cinematographic, measuring, checking, precision medical or surgical instruments and apparatus; parts and accessories thereof	23.05	190.72	21.93	200.51
91章 钟表及其零件	Clocks and watches and parts thereof	0.11	0.12	0.11	0.12
92章 乐器及其零件、附件	Musical instruments; parts and accessories of such articles	0.18	0.18	0.17	0.17
第十九类 武器、弹药及其零件、附件	**ARMS AND AMMUNITION; PARTS AND ACCESSORIES THEREOF**	**0.00**	**0.00**	**0.01**	
93章 武器、弹药及其零件、附件	Arms and ammunition; parts and accessories thereof	0.00	0.00	0.01	
第二十类 杂项制品	**MISCELLANEOUS MANUFACTURED ARTICLES**	**6.79**	**3.86**	**7.43**	**4.48**
94章 家具；寝具、褥垫、弹簧床垫、软坐垫及类似的填充制品；未列名灯具及照明装置；发光标志、发光名牌及类似品；活动房屋	Furniture; bedding, mattresses, mattress supports, cushions and similar stuffed furnishings; lamps and lighting fittings, not elsewhere specified or included; illuminated signs, illuminated	3.98	1.35	4.23	1.45
95章 玩具、游戏品、运动用品及其零件、附件	Toys, games and sports requisites; parts and accessories thereof	1.56	1.67	1.66	2.17
96章 杂项制品	Miscellaneous manufactured articles	1.24	0.84	1.54	0.86
第二十一类 艺术品、收藏品及古物	**WORKS OF ART, COLLECTORS' PIECES AND ANTIQUES**	**0.00**	**0.04**	**0.01**	**0.00**
97章 艺术品、收藏品及古物	Works of art, collectors' pieces and antiques	0.00	0.04	0.01	0.00
第二十二类 特殊交易品及未分类商品	**COMMODITIES AND TRANSACTIONS NOT CLASSIFIED ACCORDING TO KIND**	**0.54**	**0.05**	**0.19**	**0.06**
98章 特殊交易品及未分类商品	Commodities and transactions not classified according to kind	0.54	0.05	0.19	0.06

6-22 对日本进出口商品分类金额

Value of Exports and Imports from Japan by HS

单位：亿美元

Unit: USD100 million

商品分类	HS Section and Division	2011		2012	
		出口 Exports	进口 Imports	出口 Exports	进口 Imports
总　额	**Total**	**1482.71**	**1945.64**	**1516.22**	**1778.34**
第一类　活动物；动物产品	**LIVE ANIMALS；ANIMAL PRODUCTS**	**22.91**	**1.63**	**24.52**	**1.75**
01章　活动物	Live animals	0.06	0.04	0.04	0.02
02章　肉及食用杂碎	Meat and edible meat offal	0.00		0.01	
03章　鱼、甲壳动物、软体动物及其他水生无脊椎动物	Fish and crustaceans molluscs and other aquatic invertebrates	19.45	1.52	20.91	1.66
04章　乳品；蛋品；天然蜂蜜；其他食用动物产品	Dairy produce；birds' eggs；natural honey；edible products of animal origin，not elsewhere specified or included	0.97	0.00	0.98	0.00
05章　其他动物产品	Products of animal origin，not elsewhere specified or included	2.43	0.06	2.58	0.07
第二类　植物产品	**VEGETABLE PRODUCTS**	**25.24**	**0.56**	**25.61**	**0.67**
06章　活树及其他活植物；鳞茎、根及类似品；插花及装饰用簇叶	Live tree and other plants；bulbs，roots and the like；cut flowers and ornamental foliage	0.89	0.03	0.97	0.19
07章　食用蔬菜、根及块茎	Edible vegetables and certain roots and tubers	14.05	0.01	13.90	0.00
08章　食用水果及坚果；甜瓜或柑桔属水果的果皮	Edible fruit and nuts；peel of citrus fruit or melons	1.81	0.04	2.07	0.05
09章　咖啡、茶、马黛茶及调味香料	Coffee，tea，mate and spices	1.94	0.02	1.68	0.01
10章　谷物	Cereals	0.67	0.00	0.77	0.00
11章　制粉工业产品；麦芽；淀粉；菊粉；面筋	Products of the milling industry；malt；starches；inulin；wheat gluten	0.43	0.01	0.34	0.01
12章　含油子仁及果实；杂项子仁及果实；工业用或药用植物；稻草、秸秆及饲料	Oil seeds and oleaginous fruits；miscellaneous grains，seeds and fruit；industrial or medicinal plants；straw and fodder	3.93	0.41	4.21	0.37
13章　虫胶；树胶、树脂及其他植物液、汁	Lac；gums，resins and other vegetable saps and extracts	1.31	0.05	1.43	0.04
14章　编结用植物材料；其他植物产品	Vegetable plaiting materials；vegetable products not elsewhere specified or included	0.21	0.00	0.24	0.00
第三类　动、植物油、脂及其分解产品；精制的食用油脂；动、植物蜡	**ANIMAL OR VEGETABLE FATS AND OILS AND THEIR CLEAVAGE PRODUCTS；PREPARED EDIBLE FATS；ANIMAL OR VEGETABLE WAXES**	**0.31**	**0.07**	**0.41**	**0.08**
15章　动、植物油、脂及其分解产品；精制的食用油脂；动、植物蜡	Animal or vegetable fats and oils and their cleavage products；prepared edible fats；animal or vegetable waxes	0.31	0.07	0.41	0.08
第四类　食品；饮料、酒及醋；烟草、烟草及烟草代用品的制品	**PREPARED FOODSTUFFS；BEVERAGES, SPIRITS AND VINEGAR；TOBACCO AND MANUFACTURED TOBACCO SUBSTITUTES**	**60.04**	**1.00**	**67.67**	**1.38**
16章　肉、鱼、甲壳动物、软体动物及其他水生无脊椎动物的制品	Preparations of meat，of fish or of crustaceans，molluscs or other aquatic invertebrates	33.21	0.03	34.88	0.02
17章　糖及糖食	Sugars and sugar confectionery	0.19	0.04	0.22	0.05
18章　可可及可可制品	Cocoa and cocoa preparations	0.09	0.02	0.13	0.02
19章　谷物、粮食粉、淀粉或乳的制品；糕饼点心	Preparations of cereals，flour，starch or milk；pastry-cooks' products	2.80	0.06	3.14	0.09

6-22 续表 1 Continued 1

单位：亿美元
Unit: USD100 million

商品分类	HS Section and Division	2011 出口 Exports	2011 进口 Imports	2012 出口 Exports	2012 进口 Imports
20章 蔬菜、水果、坚果或植物其他部分的制品	Preparations of vegetables, fruit，nuts or other parts of plants	16.56	0.01	18.94	0.02
21章 杂项食品	Miscellaneous edible preparations	2.28	0.64	2.53	0.77
22章 饮料、酒及醋	Beverages，spirits and vinegar	0.53	0.12	0.58	0.27
23章 食品工业的残渣及废料；配制的动物饲料	Residues and waste from the food industries；prepared animal fodder	4.11	0.05	6.95	0.11
24章 烟草及烟草代用品的制品	Tobacco and manufactured tobacco substitutes	0.26	0.03	0.32	0.03
第五类 矿产品	**MINERAL PRODUCTS**	**37.78**	**27.87**	**31.01**	**24.61**
25章 盐；硫磺；泥土及石料；石膏料、石灰及水泥	Salt；sulphur；earths and stone；plastering materials，lime and cement	6.16	3.62	5.83	3.44
26章 矿砂、矿渣及矿灰	Ores，slag and ash	0.75	0.19	0.46	0.10
27章 矿物燃料、矿物油及其蒸馏产品；沥青物质；矿物蜡	Mineral fuels，mineral oils and products of their distillation; bituminous substances; mineral waxes	30.87	24.06	24.72	21.07
第六类 化学工业及其相关工业的产品	**PRODUCTS OF THE CHEMICAL OR INDUSTRIES ALLIED**	**98.15**	**168.49**	**77.06**	**166.34**
28章 无机化学品；贵金属、稀土金属、放射性元素及其同位素的有机及无机化合物	Inorganic chemicals；organic or inorganic compounds of precious metals，of rare- earth metals, of radioactive elements or of isotopes	40.44	9.34	21.58	6.31
29章 有机化学品	Organic chemicals	29.53	80.01	28.94	80.94
30章 药品	Pharmaceutical products	2.61	4.33	2.93	5.24
31章 肥料	Fertilizers	2.06	0.04	2.18	0.06
32章 鞣料浸膏及染料浸膏；鞣酸及其衍生物；染料、颜料及其他着色料；油漆及清漆；油灰及其他类似胶粘剂；墨水、油墨	Tanning or dyeing extracts；tannins and their derivatives；dyes，pigments and other colouring matter；paints and varnishes；putty and other mastics；inks	2.87	11.10	2.66	9.46
33章 精油及香膏； 芳香料制品及化妆盥洗品	Essential oils and retinoid；perfumery，cosmetic or toilet preparations	2.84	4.12	3.28	4.06
34章 肥皂、有机表面活性剂、洗涤剂、润滑剂、人造蜡、调制蜡、光洁剂、蜡烛及类似品、塑型用膏、“牙科用蜡”及牙科用熟石膏制剂	Soap，organic surface-active agents，washing preparations，lubricating preparations，artificial waxes，prepared waxes，polishing or scouring preparations，candles and similar articles，modelling pastes，“dental waxes” and dental preparations with a basis of plast	2.00	8.21	2.10	8.75
35章 蛋白类物质；改性淀粉；胶；酶	Albuminoidal substances；modified starches；glues；enzymes	1.56	7.83	1.75	9.36
36章 炸药；烟火制品；火柴；引火合金；易燃材料制品	Explosives；pyrotechnic products；matches；pyrophoric alloys；certain combustible preparations	0.19	0.27	0.22	0.28
37章 照相及电影用品	Photographic or cinematographic goods	0.53	10.48	0.64	10.75
38章 杂项化学产品	Miscellaneous chemical products	13.53	32.75	10.77	31.15
第七类 塑料及其制品，橡胶及其制品	**PLASTICS AND ARTICLES THEREOF RUBBER AND ARTICLES THEREOF**	**43.70**	**134.79**	**47.00**	**128.00**
39章 塑料及其制品	Plastics and articles thereof	37.49	113.87	40.05	108.04
40章 橡胶及其制品	Rubber and articles thereof	6.21	20.91	6.95	19.96
第八类 生皮、皮革、毛皮及其制品；鞍具及挽具；旅行用品、手提包及类似品；动物肠线(蚕胶丝除外)制品	**RAW HIDES AND SKINS，LEATHER，FUR SKINS AND ARTICLES THEREOF；SADDLERY AND HARNESS；TRAVEL GOODS，HANDBAGS AND SIMILAR CONTAINERS；ARTICLES OF ANIMAL GUT(OTHER THAN SILK-WORM GUT)**	**19.45**	**0.81**	**21.58**	**0.74**
41章 生皮(毛皮除外)及皮革	Raw hides and skins(other than fur skins) and leather	0.08	0.59	0.10	0.58

6-22 续表 2 Continued 2

单位：亿美元
Unit: USD100 million

商品分类	HS Section and Division	2011 出口 Exports	2011 进口 Imports	2012 出口 Exports	2012 进口 Imports
42章 皮革制品；鞍具及挽具；旅行用品、手提包及类似容器；动物肠线(蚕胶丝除外)制品	Articles of leather；saddlery and harness；travel goods，hand bags and similar containers；articles of animal gut (other than silk-worm gut)	18.29	0.21	20.50	0.15
43章 毛皮、人造毛皮及其制品	Fur skins and artificial fur；manufactures thereof	1.08	0.01	0.98	0.01
第九类 木及木制品；木炭；软木及软木制品；稻草、秸秆、针茅或其他编结材料制品；篮筐及柳条编结品	**WOOD AND ARTICLES OF WOOD；WOOD CHAR-COAL；CORK AND ARTICLES OF CORK；MANUFACTURES OF STRAW，OF ESPARTO OR OF OTHER PLAITING MATERIALS；BASKET WARE AND WICKERWORK**	**18.29**	**0.30**	**18.81**	**0.26**
44章 木及木制品；木炭	Wood and articles of wood；wood charcoal	14.80	0.30	14.88	0.26
45章 软木及软木制品	Cork and articles of cork	0.01	0.00	0.01	0.01
46章 稻草、秸秆、针茅或其他编结材料制品；篮筐及柳条编结品	Manufactures of straw，of esparto or of other plaiting Materials；basket ware and wickerwork	3.48	0.00	3.91	0.00
第十类 木浆及其他纤维状纤维素浆；纸及纸板的废碎品；纸、纸板及其制品	**PULP OF WOOD OR OF OTHER FIBROUS CELLULOSIC MATERIAL；WASTE AND SCRAP OF PAPER OR PAPERBOARD；PAPER AND PAPERBOARD AND ARTICLES THEREOF**	**13.80**	**22.19**	**14.60**	**19.28**
47章 木浆及其他纤维状纤维素浆；纸及纸板的废碎品	Pulp of wood or of other fibrous cellulosic material；waste and scrap of paper or paperboard	0.19	10.79	0.10	9.95
48章 纸及纸板；纸浆、纸或纸板制品	Paper and paperboard；articles of paper pulp，of paper or paperboard	12.47	8.17	13.14	6.81
49章 书籍、报纸、印刷图画及其他印制品；手稿、打字稿及设计图纸	Printed books，newspapers，pictures and other products of the printing industry；manuscripts，typescripts and plans	1.14	3.23	1.36	2.52
第十一类 纺织原料及纺织制品	**TEXTILES AND TEXTILE ARTICLES**	**263.32**	**41.26**	**264.24**	**38.77**
50章 蚕丝	Silk	1.21	0.20	1.23	0.13
51章 羊毛、动物细毛或粗毛；马毛纱线及其机织物	Wool，fine or coarse animal hair；horsehair yarn and woven fabric	2.76	2.35	2.97	2.36
52章 棉花	Cotton	3.10	4.27	2.25	3.57
53章 其他植物纺织纤维；纸纱线及其机织物	Other vegetable textile fibres；paper yarn and woven fabrics of paper yarn	0.45	0.15	0.44	0.17
54章 化学纤维长丝	Man-made filaments	2.18	9.49	1.89	9.53
55章 化学纤维短纤	Man-made short fibres	1.84	8.92	1.59	8.15
56章 絮胎、毡呢及无纺织物；特种纱线；线、绳、索、缆及其制品	Wadding，felt and nonwoven；special yarns；twine，cordage，ropes and cables and articles thereof	3.22	3.39	3.31	3.15
57章 地毯及纺织材料的其他铺地制品	Carpets and other textile floor coverings	4.24	0.10	4.56	0.13
58章 特种机织物；簇绒织物；花边；装饰毯；装饰带；刺绣品	Special woven fabrics；tufted textile fabrics；lace；tapestries；trimmings；embroidery	0.70	1.91	0.71	1.93
59章 浸渍、涂布、包覆或层压的纺织物；工业用纺织制品	Impregnated，coated，covered or laminated textile fabrics；textile articles of a kind suitable for industrial use	1.61	4.12	1.46	3.84
60章 针织物及钩编织物	Knitted or crocheted fabrics	0.35	4.71	0.38	4.26
61章 针织或钩编的服装及衣着附件	Articles of apparel and clothing accessories，Knitted or crocheted	109.37	0.51	111.51	0.46
62章 非针织或非钩编的服装及衣着附件	Articles of apparel and clothing accessories，not knitted or crocheted	102.84	0.85	102.54	0.78

6-22 续表 4 Continued 4

单位：亿美元
Unit: USD100 million

商品分类	HS Section and Division	2011 出口 Exports	2011 进口 Imports	2012 出口 Exports	2012 进口 Imports
第十六类 机器、机械器具、电气设备及其零件；录音机及放声机、电视图像、声音的录制和重放设备及其零件、附件	**MACHINERY AND MECHANICAL APPLIANCES; ELECTRICAL EQUIPMENT; PARTS THEREOF; SOUND RECORDERS AND REPRODUCERS, TELEVISION IMAGE AND SOUND RECORDERS AND REPRODUCERS; AND PARTS AND ACCESSORIES OF RECORDERS AND REPRODUCERS; AND PARTS AND ACCESSORIES OF SUCH ARTICLES**	**539.71**	**938.22**	**586.17**	**817.48**
84章 核反应堆、锅炉、机器、机械器具及其零件	Nuclear reactors, boilers, machinery and mechanical appliances; parts thereof	237.64	457.73	257.32	359.22
85章 电机、电气设备及其零件；录音机及放声机、电视图像、声音的录制和重放设备及其零件、附件	Electrical machinery and equipment and parts thereof; sound recorders and reproducers, television image and sound recorders and reproducers, and parts and accessories of such articles	302.08	480.49	328.85	458.26
第十七类 车辆、航空器、船舶及有关运输设备	**VEHICLES, AIRCRAFT, VESSELS AND ASSOCIATED TRANSPORT EQUIPMENT**	**38.82**	**180.25**	**40.34**	**164.68**
86章 铁道及电车道机车、车辆及其零件；铁道及电车轨道固定装置及其零件、附件；各种机械(包括电动机械)交通信号设备	Railway or tramway locomotives, rolling-stock and parts thereof; railway or tramway track fixtures and fittings and parts thereof; mechanical(including electro-mechanical) traffic signalling equipment of all kinds	3.20	4.75	1.44	3.60
87章 车辆及其零件、附件，但铁道及电车道车辆除外	Vehicles other than railway or tramway rolling-stock, and parts and accessories thereof	33.32	167.66	37.36	154.24
88章 航空器、航天器及其零件	Aircraft, spacecraft, and parts thereof	0.24	0.19	0.26	0.07
89章 船舶及浮动结构体	Ships, boats and floating structures	2.06	7.65	1.28	6.76
第十八类 光学、照相、电影、计量、检验、医疗或外科用仪器及设备、精密仪器及设备；钟表；乐器；上述物品的零件、附件	**OPTICAL, PHOTOGRAPHIC, CINEMATOGRAPHIC, MEASURING, CHECKING, PRECISION, MEDICAL OR SURGICAL INSTRUMENTS AND APPARATUS; CLOCKS AND WATCHES; MUSICAL INSTRUMENTS; PARTS AND ACCESSORIES THEREOF**	**53.36**	**168.03**	**61.82**	**174.47**
90章 光学、照相、电影、计量、检验、医疗或外科用仪器及设备、精密仪器及设备；上述物品的零件、附件	Optical, photographic, cinematographic, measuring, checking, precision medical or surgical instruments and apparatus; parts and accessories thereof	49.90	162.27	57.42	167.53
91章 钟表及其零件	Clocks and watches and parts thereof	2.51	4.52	3.32	5.59
92章 乐器及其零件、附件	Musical instruments; parts and accessories of such articles	**0.95**	**1.24**	**1.08**	**1.36**
第十九类 武器、弹药及其零件、附件	**ARMS AND AMMUNITION; PARTS AND ACCESSORIES THEREOF**	**0.00**	**0.00**	**0.00**	**0.00**
93章 武器、弹药及其零件、附件	Arms and ammunition; parts and accessories thereof	0.00	0.00	0.00	0.00
第二十类 杂项制品	**MISCELLANEOUS MANUFACTURED ARTICLES**	**78.53**	**10.65**	**90.32**	**10.91**
94章 家具；寝具、褥垫、弹簧床垫、软坐垫及类似的填充制品；未列名灯具及照明装置；发光标志、发光名牌及类似品；活动房屋	Furniture; bedding, mattresses, mattress supports, cushions and similar stuffed furnishings; lamps and lighting fittings, not elsewhere specified or included; illuminated signs, illuminated	42.96	4.80	50.69	3.69
95章 玩具、游戏品、运动用品及其零件、附件	Toys, games and sports requisites; parts and accessories thereof	28.70	1.76	31.74	2.06
96章 杂项制品	Miscellaneous manufactured articles	6.87	4.09	7.90	5.17
第二十一类 艺术品、收藏品及古物	**WORKS OF ART, COLLECTORS' PIECES AND ANTIQUES**	**1.27**	**0.01**	**2.63**	**0.01**
97章 艺术品、收藏品及古物	Works of art, collectors' pieces and antiques	1.27	0.01	2.63	0.01
第二十二类 特殊交易品及未分类商品	**COMMODITIES AND TRANSACTIONS NOT CLASSIFIED ACCORDING TO KIND**	**10.14**	**2.94**	**0.06**	**1.58**
98章 特殊交易品及未分类商品	Commodities and transactions not classified according to kind	10.14	2.94	0.06	1.58

6-23 对欧洲联盟进出口商品分类金额

Value of Exports to and Imports from EU by HS

单位：亿美元

Unit: USD100 million

商品分类	HS Section and Division	2011 出口 Exports	2011 进口 Imports	2012 出口 Exports	2012 进口 Imports
总　额	**Total**	**3559.75**	**2111.58**	**3339.59**	**2120.78**
第一类　活动物；动物产品	**LIVE ANIMALS；ANIMAL PRODUCTS**	**30.01**	**15.43**	**26.84**	**20.96**
01章　活动物	Live animals	0.03	0.23	0.02	0.34
02章　肉及食用杂碎	Meat and edible meat offal	0.31	6.88	0.25	10.89
03章　鱼、甲壳动物、软体动物及其他水生无脊椎动物	Fish and crustaceans molluscs and other aquatic invertebrates	20.97	2.14	18.33	2.13
04章　乳品；蛋品；天然蜂蜜；其他食用动物产品	Dairy produce；birds' eggs；natural honey；edible products of animal origin，not elsewhere specified or included	1.10	4.68	1.33	6.33
05章　其他动物产品	Products of animal origin，not elsewhere specified or included	7.61	1.51	6.92	1.27
第二类　植物产品	**VEGETABLE PRODUCTS**	**23.22**	**3.82**	**20.87**	**3.63**
06章　活树及其他活植物；鳞茎、根及类似品；插花及装饰用簇叶	Live tree and other plants；bulbs，roots and the like；cut flowers and ornamental foliage	0.45	0.71	0.44	0.77
07章　食用蔬菜、根及块茎	Edible vegetables and certain roots and tubers	8.71	0.06	6.66	0.06
08章　食用水果及坚果；甜瓜或柑桔属水果的果皮	Edible fruit and nuts；peel of citrus fruit or melons	3.48	0.60	3.63	0.71
09章　咖啡、茶、马黛茶及调味香料	Coffee，tea，mate and spices	2.80	0.16	3.21	0.19
10章　谷物	Cereals	0.18	0.88	0.06	0.17
11章　制粉工业产品；麦芽；淀粉；菊粉；面筋	Products of the milling industry；malt；starches；inulin；wheat gluten	0.22	0.36	0.26	0.54
12章　含油子仁及果实；杂项子仁及果实；工业用或药用植物；稻草、秸秆及饲料	Oil seeds and oleaginous fruits；miscellaneous grains，seeds and fruit；industrial or medicinal plants；straw and fodder	4.67	0.65	4.49	0.73
13章　虫胶；树胶、树脂及其他植物液、汁	Lac；gums，resins and other vegetable saps and extracts	2.39	0.41	1.82	0.44
14章　编结用植物材料；其他植物产品	Vegetable plaiting materials；vegetable products not elsewhere specified or included	0.33	0.01	0.29	0.03
第三类　动、植物油、脂及其分解产品；精制的食用油脂；动、植物蜡	**ANIMAL OR VEGETABLE FATS AND OILS AND THEIR CLEAVAGE PRODUCTS；PREPARED EDIBLE FATS；ANIMAL OR VEGETABLE WAXES**	**0.84**	**1.71**	**1.08**	**2.57**
15章　动、植物油、脂及其分解产品；精制的食用油脂；动、植物蜡	Animal or vegetable fats and oils and their cleavage products；prepared edible fats；animal or vegetable waxes	0.84	1.71	1.08	2.57
第四类　食品；饮料、酒及醋；烟草、烟草及烟草代用品的制品	**PREPARED FOODSTUFFS；BEVERAGES, SPIRITS AND VINEGAR；TOBACCO AND MANUFACTURED TOBACCO SUBSTITUTES**	**24.09**	**31.29**	**24.01**	**38.30**
16章　肉、鱼、甲壳动物、软体动物及其他水生无脊椎动物的制品	Preparations of meat，of fish or of crustaceans，molluscs or other aquatic invertebrates	4.21	0.02	4.62	0.03
17章　糖及糖食	Sugars and sugar confectionery	0.79	0.29	0.78	0.52
18章　可可及可可制品	Cocoa and cocoa preparations	0.66	1.84	0.69	2.11
19章　谷物、粮食粉、淀粉或乳的制品；糕饼点心	Preparations of cereals，flour，starch or milk；pastry-cooks' products	1.57	5.03	1.24	7.49

6-23 续表 1 Continued 1

单位：亿美元
Unit: USD100 million

商品分类	HS Section and Division	2011 出口 Exports	2011 进口 Imports	2012 出口 Exports	2012 进口 Imports
20章 蔬菜、水果、坚果或植物其他部分的制品	Preparations of vegetables, fruit，nuts or other parts of plants	10.87	0.60	9.43	0.72
21章 杂项食品	Miscellaneous edible preparations	1.17	2.76	1.38	2.78
22章 饮料、酒及醋	Beverages，spirits and vinegar	0.43	19.55	0.46	23.22
23章 食品工业的残渣及废料；配制的动物饲料	Residues and waste from the food industries；prepared animal fodder	2.49	0.85	3.41	1.00
24章 烟草及烟草代用品的制品	Tobacco and manufactured tobacco substitutes	1.91	0.33	2.00	0.44
第五类 矿产品	**MINERAL PRODUCTS**	**27.29**	**42.86**	**24.29**	**49.66**
25章 盐；硫磺；泥土及石料；石膏料、石灰及水泥	Salt；sulphur；earths and stone；plastering materials，lime and cement	5.49	7.08	4.23	7.32
26章 矿砂、矿渣及矿灰	Ores，slag and ash	0.86	13.00	0.40	12.95
27章 矿物燃料、矿物油及其蒸馏产品；沥青物质；矿物蜡	Mineral fuels，mineral oils and products of their distillation; bituminous substances; mineral waxes	20.93	22.79	19.67	29.40
第六类 化学工业及其相关工业的产品	**PRODUCTS OF THE CHEMICAL OR INDUSTRIES ALLIED**	**164.79**	**193.90**	**152.05**	**212.80**
28章 无机化学品；贵金属、稀土金属、放射性元素及其同位素的有机及无机化合物	Inorganic chemicals；organic or inorganic compounds of precious metals，of rare- earth metals, of radioactive elements or of isotopes	22.34	14.38	14.94	12.69
29章 有机化学品	Organic chemicals	85.06	52.88	85.93	50.75
30章 药品	Pharmaceutical products	14.87	63.35	14.37	83.34
31章 肥料	Fertilizers	0.08	2.27	0.04	3.66
32章 鞣料浸膏及染料浸膏；鞣酸及其衍生物；染料、颜料及其他着色料；油漆及清漆；油灰及其他类似胶粘剂；墨水、油墨	Tanning or dyeing extracts；tannins and their derivatives；dyes，pigments and other colouring matter；paints and varnishes；putty and other mastics；inks	10.39	9.46	8.45	9.29
33章 精油及香膏；芳香料制品及化妆盥洗品	Essential oils and retinoid；perfumery，cosmetic or toilet preparations	6.34	7.59	6.56	8.34
34章 肥皂、有机表面活性剂、洗涤剂、润滑剂、人造蜡、调制蜡、光洁剂、蜡烛及类似品、塑型用膏、“牙科用蜡”及牙科用熟石膏制剂	Soap，organic surface-active agents，washing preparations，lubricating preparations，artificial waxes，prepared waxes，polishing or scouring preparations，candles and similar articles，modelling pastes，“dental waxes” and dental preparations with a basis of plast	4.11	8.98	4.13	9.15
35章 蛋白类物质；改性淀粉；胶；酶	Albuminoidal substances；modified starches；glues；enzymes	2.26	5.00	2.35	5.13
36章 炸药；烟火制品；火柴；引火合金；易燃材料制品	Explosives；pyrotechnic products；matches；pyrophoric alloys；certain combustible preparations	2.49	0.04	2.68	0.04
37章 照相及电影用品	Photographic or cinematographic goods	1.10	2.67	1.10	2.58
38章 杂项化学产品	Miscellaneous chemical products	15.76	27.28	11.50	27.82
第七类 塑料及其制品，橡胶及其制品	**PLASTICS AND ARTICLES THEREOF RUBBER AND ARTICLES THEREOF**	**107.93**	**100.66**	**115.63**	**100.77**
39章 塑料及其制品	Plastics and articles thereof	70.62	77.70	82.94	77.43
40章 橡胶及其制品	Rubber and articles thereof	37.31	22.96	32.69	23.34
第八类 生皮、皮革、毛皮及其制品；鞍具及挽具；旅行用品、手提包及类似品；动物肠线（蚕胶丝除外）制品	**RAW HIDES AND SKINS，LEATHER，FUR SKINS AND ARTICLES THEREOF；SADDLERY AND HARNESS；TRAVEL GOODS，HANDBAGS AND SIMILAR CONTAINERS；ARTICLES OF ANIMAL GUT(OTHER THAN SILK-WORM GUT)**	**80.75**	**30.90**	**72.81**	**33.28**
41章 生皮(毛皮除外)及皮革	Raw hides and skins(other than fur skins) and leather	1.04	14.13	0.65	13.42

6-23 续表 2 Continued 2

单位：亿美元
Unit: USD100 million

商品分类	HS Section and Division	2011 出口 Exports	2011 进口 Imports	2012 出口 Exports	2012 进口 Imports
42章 皮革制品；鞍具及挽具；旅行用品、手提包及类似容器；动物肠线(蚕胶丝除外)制品	Articles of leather；saddlery and harness；travel goods，hand bags and similar containers；articles of animal gut (other than silk-worm gut)	76.51	11.67	69.07	13.22
43章 毛皮、人造毛皮及其制品	Fur skins and artificial fur；manufactures thereof	3.20	5.10	3.09	6.65
第九类 木及木制品；木炭；软木及软木制品；稻草，秸秆、针茅或其他编结材料制品；篮筐及柳条编结品	**WOOD AND ARTICLES OF WOOD；WOOD CHAR-COAL；CORK AND ARTICLES OF CORK；MANUFACTURES OF STRAW，OF ESPARTO OR OF OTHER PLAITING MATERIALS；BASKET WARE AND WICKERWORK**	**29.61**	**8.35**	**28.30**	**7.26**
44章 木及木制品；木炭	Wood and articles of wood；wood charcoal	23.73	7.89	23.10	6.83
45章 软木及软木制品	Cork and articles of cork	0.04	0.44	0.03	0.41
46章 稻草、秸秆、针茅或其他编结材料制品；篮筐及柳条编结品	Manufactures of straw，of esparto or of other plaiting Materials；basket ware and wickerwork	5.84	0.02	5.18	0.02
第十类 木浆及其他纤维状纤维素浆；纸及纸板的废碎品；纸、纸板及其制品	**PULP OF WOOD OR OF OTHER FIBROUS CELLULOSIC MATERIAL；WASTE AND SCRAP OF PAPER OR PAPERBOARD；PAPER AND PAPERBOARD AND ARTICLES THEREOF**	**25.22**	**48.07**	**26.47**	**46.47**
47章 木浆及其他纤维状纤维素浆；纸及纸板的废碎品	Pulp of wood or of other fibrous cellulosic material；waste and scrap of paper or paperboard	0.74	31.40	0.38	30.01
48章 纸及纸板；纸浆、纸或纸板制品	Paper and paperboard；articles of paper pulp，of paper or paperboard	17.24	13.47	18.25	12.71
49章 书籍、报纸、印刷图画及其他印制品；手稿、打字稿及设计图纸	Printed books，newspapers，pictures and other products of the printing industry；manuscripts，typescripts and plans	7.24	3.21	7.85	3.75
第十一类 纺织原料及纺织制品	**TEXTILES AND TEXTILE ARTICLES**	**517.31**	**35.86**	**453.97**	**36.94**
50章 蚕丝	Silk	3.99	0.18	3.68	0.17
51章 羊毛、动物细毛或粗毛；马毛纱线及其机织物	Wool，fine or coarse animal hair；horsehair yarn and woven fabric	9.30	4.76	6.59	4.35
52章 棉花	Cotton	8.67	2.31	6.23	2.55
53章 其他植物纺织纤维；纸纱线及其机织物	Other vegetable textile fibres；paper yarn and woven fabrics of paper yarn	1.69	3.49	1.65	2.35
54章 化学纤维长丝	Man-made filaments	16.24	2.48	15.63	2.35
55章 化学纤维短纤	Man-made short fibres	8.58	4.74	7.79	5.40
56章 絮胎、毡呢及无纺织物；特种纱线；线、绳、索、缆及其制品	Wadding，felt and nonwoven；special yarns；twine，cordage，ropes and cables and articles thereof	5.00	2.21	5.08	2.25
57章 地毯及纺织材料的其他铺地制品	Carpets and other textile floor coverings	3.40	0.27	3.37	0.31
58章 特种机织物；簇绒织物；花边；装饰毯；装饰带；刺绣品	Special woven fabrics；tufted textile fabrics；lace；tapestries；trimmings；embroidery	4.93	0.47	4.62	0.49
59章 浸渍、涂布、包覆或层压的纺织物；工业用纺织制品	Impregnated，coated，covered or laminated textile fabrics；textile articles of a kind suitable for industrial use	7.42	3.22	7.34	3.36
60章 针织物及钩编织物	Knitted or crocheted fabrics	6.35	0.86	7.14	0.81
61章 针织或钩编的服装及衣着附件	Articles of apparel and clothing accessories，Knitted or crocheted	200.06	2.77	176.62	3.41
62章 非针织或非钩编的服装及衣着附件	Articles of apparel and clothing accessories，not knitted or crocheted	195.23	7.66	164.23	8.68

6-23 续表 3 Continued 3

单位：亿美元
Unit: USD100 million

商品分类	HS Section and Division	2011		2012	
		出口 Exports	进口 Imports	出口 Exports	进口 Imports
63章 其他纺织制成品；成套物品；旧衣着及旧纺织品；碎织物	Other made up textile articles; sets; worn clothing and worn textile articles; rags articles; rags	46.46	0.44	44.01	0.46
第十二类 鞋、帽、伞、杖、鞭及其零件；已加工的羽毛及其制品；人造花；人发制品	**FOOTWEAR, HEADGEAR, UMBRELLAS, SUN UMBRELLAS, WALKING-STICKS, SEAT-STICKS, WHIPS, RIDING-CROPS AND PARTS THEREOF; PREPARED FEATHERS AND ARTICLES MADE THEREWITH; ARTIFICIAL FLOWERS; ARTICLES OF HUMAN HAIR**	**109.24**	**5.08**	**115.65**	**6.23**
64章 鞋靴、护腿和类似品及其零件	Footwear, gaiters and the like; parts of such articles	82.73	4.94	90.56	6.09
65章 帽类及其零件	Headgear and parts thereof	10.28	0.08	9.58	0.10
66章 雨伞、阳伞、手杖、鞭子、马鞭及其零件	Umbrellas, sun umbrellas, walking-sticks, seat-sticks, whips, riding-crops and parts thereof	7.15	0.01	5.53	0.01
67章 已加工羽毛、羽绒及其制品；人造花；人发制品	Prepared feathers and down and articles made of feathers or of down; artificial flowers; articles of human hair	9.09	0.03	9.98	0.03
第十三类 石料、石膏、水泥、石棉、云母及类似材料的制品；陶瓷产品；玻璃及其制品	**ARTICLES OF STONE, PLASTER, CEMENT, ASBESTOS, MICA OR SIMILAR MATERIALS; CERAMIC PRODUCTS; GLASS AND GLASSWARE**	**62.22**	**13.36**	**64.59**	**13.51**
68章 石料、石膏、水泥、石棉、云母及类似材料的制品	Articles of stone, plaster, cement, asbestos, mica or similar materials; ceramic products; glass and glassware	13.93	3.03	12.84	3.16
69章 陶瓷产品	Ceramic products	26.38	2.74	27.42	2.31
70章 玻璃及其制品	Glass and glassware	21.91	7.59	24.33	8.03
第十四类 天然或养殖珍珠、宝石或半宝石、贵金属、包贵金属及其制品；仿首饰；硬币	**NATURAL OR CULTURED PEARLS, PRECIOUS OR SEMI-PRECIOUS STONES, PRECIOUS METALS, METALS CLAD WITH PRECIOUS METAL AND STONES, PRECIOUS METALS, METALS CLAD WITH PRECIOUS METAL AND ARTICLES THEREOF; IMITATION JEWELLERY; COIN**	**14.55**	**30.69**	**14.10**	**24.58**
71章 天然或养殖珍珠、宝石或半宝石、贵金属、包贵金属及其制品；仿首饰；硬币	Natural or cultured pearls, precious or semi-precious stones, precious metals, metals clad with precious metal and articles thereof; imitation jewellery; coin	14.55	30.69	14.10	24.58
第十五类 贱金属及其制品	**BASE METALS AND ARTICLES OF BASE METAL**	**235.02**	**193.67**	**208.25**	**180.40**
72章 钢铁	Iron and steel	48.86	27.29	32.60	22.72
73章 钢铁制品	Articles of iron or steel	77.82	32.16	75.21	32.01
74章 铜及其制品	Copper and articles thereof	7.26	91.41	6.65	90.63
75章 镍及其制品	Nickel and articles thereof	0.90	4.03	0.71	3.62
76章 铝及其制品	Aluminium and articles thereof	32.18	20.55	26.52	13.55
78章 铅及其制品	Lead and articles thereof	0.03	0.14	0.01	0.12
79章 锌及其制品	Zinc and articles thereof	0.38	0.44	0.25	1.30
80章 锡及其制品	Tin and articles thereof	0.45	0.05	0.16	0.05
81章 其他贱金属、金属陶瓷及其制品	Other base metals; cermets; articles thereof	12.40	1.87	9.99	1.65
82章 贱金属工具、器具、利口器、餐匙、餐叉及其零件	Tools, implements, cutlery, spoons and forks, of base metal; parts thereof of base metal	27.16	10.02	28.58	9.13
83章 贱金属杂项制品	Miscellaneous articles of base metal	27.60	5.71	27.56	5.64

6-23 续表 4 Continued 4

单位：亿美元
Unit: USD100 million

商品分类	HS Section and Division	2011		2012	
		出口 Exports	进口 Imports	出口 Exports	进口 Imports
第十六类 机器、机械器具、电气设备及其零件；录音机及放声机、电视图像、声音的录制和重放设备及其零件、附件	**MACHINERY AND MECHANICAL APPLIANCES; ELECTRICAL EQUIPMENT; PARTS THEREOF; SOUND RECORDERS AND REPRODUCERS, TELEVISION IMAGE AND SOUND RECORDERS AND REPRODUCERS; AND PARTS AND CCESSORIES OF RECORDERS AND EPRODUCERS; AND PARTS AND ACCESSORIES OF SUCH ARTICLES**	**1553.17**	**785.14**	**1445.34**	**697.97**
84章 核反应堆、锅炉、机器、机械器具及其零件	Nuclear reactors, boilers, machinery and mechanical appliances; parts thereof	739.13	538.28	732.66	466.13
85章 电机、电气设备及其零件；录音机及放声机、电视图像、声音的录制和重放设备及其零件、附件	Electrical machinery and equipment and parts thereof; sound recorders and reproducers, television image and sound recorders and reproducers, and parts and accessories of such articles	814.04	246.86	712.67	231.85
第十七类 车辆、航空器、船舶及有关运输设备	**VEHICLES, AIRCRAFT, VESSELS AND ASSOCIATED TRANSPORT EQUIPMENT**	**191.00**	**424.72**	**152.60**	**490.79**
86章 铁道及电车道机车、车辆及其零件；铁道及电车轨道固定装置及其零件、附件；各种机械(包括电动机械)交通信号设备	Railway or tramway locomotives, rolling-stock and parts thereof; railway or tramway track fixtures and fittings and parts thereof; mechanical(including electro- mechanical) traffic signalling equipment of all kinds	32.72	12.68	26.80	5.66
87章 车辆及其零件、附件，但铁道及电车道车辆除外	Vehicles other than railway or tramway rolling-stock, and parts and accessories thereof	65.42	341.12	64.10	393.82
88章 航空器、航天器及其零件	Aircraft, spacecraft, and parts thereof	3.30	66.61	4.04	85.76
89章 船舶及浮动结构体	Ships, boats and floating structures	89.56	4.31	57.67	5.55
第十八类 光学、照相、电影、计量、检验、医疗或外科用仪器及设备、精密仪器及设备；钟表；乐器；上述物品的零件、附件	**OPTICAL, PHOTOGRAPHIC, CINEMATOGRAPHIC, MEASURING, CHECKING, PRECISION, MEDICAL OR SURGICAL INSTRUMENTS AND APPARATUS; CLOCKS AND WATCHES; MUSICAL INSTRUMENTS; PARTS AND ACCESSORIES THEREOF**	**104.13**	**131.28**	**109.44**	**138.33**
90章 光学、照相、电影、计量、检验、医疗或外科用仪器及设备、精密仪器及设备；上述物品的零件、附件	Optical, photographic, cinematographic, measuring, checking, precision medical or surgical instruments and apparatus; parts and accessories thereof	94.92	130.48	99.70	137.51
91章 钟表及其零件	Clocks and watches and parts thereof	4.95	0.46	5.66	0.40
92章 乐器及其零件、附件	Musical instruments; parts and accessories of such articles	4.27	0.35	4.08	0.41
第十九类 武器、弹药及其零件、附件	**ARMS AND AMMUNITION; PARTS AND ACCESSORIES THEREOF**	**0.17**	**0.06**	**0.19**	**0.08**
93章 武器、弹药及其零件、附件	Arms and ammunition; parts and accessories thereof	0.17	0.06	0.19	0.08
第二十类 杂项制品	**MISCELLANEOUS MANUFACTURED ARTICLES**	**257.74**	**14.25**	**282.13**	**15.77**
94章 家具；寝具、褥垫、弹簧床垫、软坐垫及类似的填充制品；未列名灯具及照明装置；发光标志、发光名牌及类似品；活动房屋	Furniture; bedding, mattresses, mattress supports, cushions and similar stuffed furnishings; lamps and lighting fittings, not elsewhere specified or included; illuminated signs, illuminated	146.94	11.97	178.02	13.07
95章 玩具、游戏品、运动用品及其零件、附件	Toys, games and sports requisites; parts and accessories thereof	90.52	0.86	82.75	1.27
96章 杂项制品	Miscellaneous manufactured articles	20.29	1.42	21.35	1.43
第二十一类 艺术品、收藏品及古物	**WORKS OF ART, COLLECTORS' PIECES AND ANTIQUES**	**0.70**	**0.13**	**0.77**	**0.17**
97章 艺术品、收藏品及古物	Works of art, collectors' pieces and antiques	0.70	0.13	0.77	0.17
第二十二类 特殊交易品及未分类商品	**COMMODITIES AND TRANSACTIONS NOT CLASSIFIED ACCORDING TO KIND**	**0.72**	**0.33**	**0.20**	**0.30**
98章 特殊交易品及未分类商品	Commodities and transactions not classified according to kind	0.72	0.33	0.20	0.30

6-24 对美国进出口商品分类金额

Value of Exports and Imports from United States by HS

单位：亿美元

Unit: USD100 million

商品分类	HS Section and Division	2011		2012	
		出口 Exports	进口 Imports	出口 Exports	进口 Imports
总　额	**Total**	**3244.53**	**1221.07**	**3517.77**	**1328.96**
第一类　活动物；动物产品	**LIVE ANIMALS；ANIMAL PRODUCTS**	**20.73**	**29.55**	**19.64**	**29.85**
01章　活动物	Live animals	0.19	0.54	0.17	0.72
02章　肉及食用杂碎	Meat and edible meat offal	0.04	13.59	0.04	13.40
03章　鱼、甲壳动物、软体动物及其他水生无脊椎动物	Fish and crustaceans molluscs and other aquatic invertebrates	17.81	11.27	16.52	11.13
04章　乳品；蛋品；天然蜂蜜；其他食用动物产品	Dairy produce；birds' eggs；natural honey；edible products of animal origin，not elsewhere specified or included	0.12	2.93	0.12	3.13
05章　其他动物产品	Products of animal origin，not elsewhere specified or included	2.57	1.21	2.79	1.47
第二类　植物产品	**VEGETABLE PRODUCTS**	**11.78**	**141.55**	**12.50**	**182.44**
06章　活树及其他活植物；鳞茎、根及类似品；插花及装饰用簇叶	Live tree and other plants；bulbs，roots and the like; cut flowers and ornamental foliage	0.16	0.05	0.19	0.05
07章　食用蔬菜、根及块茎	Edible vegetables and certain roots and tubers	5.84	0.30	4.75	0.31
08章　食用水果及坚果；甜瓜或柑桔属水果的果皮	Edible fruit and nuts； peel of citrus fruit or melons	1.21	5.00	1.45	5.33
09章　咖啡、茶、马黛茶及调味香料	Coffee，tea，mate and spices	1.86	0.14	1.78	0.23
10章　谷物	Cereals	0.01	7.16	0.01	18.92
11章　制粉工业产品；麦芽；淀粉；菊粉；面筋	Products of the milling industry；malt；starches；inulin；wheat gluten	0.17	0.17	0.25	0.11
12章　含油子仁及果实；杂项子仁及果实；工业用或药用植物；稻草、秸秆及饲料	Oil seeds and oleaginous fruits；miscellaneous grains，seeds and fruit；industrial or medicinal plants；straw and fodder	1.08	128.03	2.12	157.08
13章　虫胶；树胶、树脂及其他植物液、汁	Lac；gums，resins and other vegetable saps and extracts	1.37	0.29	1.86	0.30
14章　编结用植物材料；其他植物产品	Vegetable plaiting materials；vegetable products not elsewhere specified or included	0.08	0.42	0.10	0.11
第三类　动、植物油、脂及其分解产品；精制的食用油脂；动、植物蜡	**ANIMAL OR VEGETABLE FATS AND OILS AND THEIR CLEAVAGE PRODUCTS；PREPARED EDIBLE FATS；ANIMAL OR VEGETABLE WAXES**	**0.76**	**3.21**	**0.85**	**3.64**
15章　动、植物油、脂及其分解产品；精制的食用油脂；动、植物蜡	Animal or vegetable fats and oils and their cleavage products；prepared edible fats；animal or vegetable waxes	0.76	3.21	0.85	3.64
第四类　食品；饮料、酒及醋；烟草、烟草及烟草代用品的制品	**PREPARED FOODSTUFFS；BEVERAGES, SPIRITS AND VINEGAR；TOBACCO AND MANUFACTURED TOBACCO SUBSTITUTES**	**32.87**	**15.37**	**37.74**	**20.27**
16章　肉、鱼、甲壳动物、软体动物及其他水生无脊椎动物的制品	Preparations of meat，of fish or of crustaceans，molluscs or other aquatic invertebrates	10.58	0.07	11.91	0.06
17章　糖及糖食	Sugars and sugar confectionery	1.77	0.67	1.56	1.29
18章　可可及可可制品	Cocoa and cocoa preparations	0.07	0.53	0.09	0.48
19章　谷物、粮食粉、淀粉或乳的制品；糕饼点心	Preparations of cereals，flour，starch or milk；pastry-cooks' products	1.36	0.65	1.37	1.03

6-24 续表 1 Continued 1

单位：亿美元
Unit: USD100 million

商品分类	HS Section and Division	2011 出口 Exports	2011 进口 Imports	2012 出口 Exports	2012 进口 Imports
20章 蔬菜、水果、坚果或植物其他部分的制品	Preparations of vegetables, fruit, nuts or other parts of plants	12.04	1.81	13.68	2.06
21章 杂项食品	Miscellaneous edible preparations	1.75	1.66	2.39	2.00
22章 饮料、酒及醋	Beverages, spirits and vinegar	0.32	0.73	0.41	0.91
23章 食品工业的残渣及废料；配制的动物饲料	Residues and waste from the food industries; prepared animal fodder	4.93	8.06	6.24	11.23
24章 烟草及烟草代用品的制品	Tobacco and manufactured tobacco substitutes	0.06	1.18	0.09	1.20
第五类 矿产品	**MINERAL PRODUCTS**	**15.60**	**43.24**	**17.70**	**49.45**
25章 盐；硫磺；泥土及石料；石膏料、石灰及水泥	Salt; sulphur; earths and stone; plastering materials, lime and cement	4.80	2.59	4.39	2.43
26章 矿砂、矿渣及矿灰	Ores, slag and ash	0.12	17.33	0.23	19.10
27章 矿物燃料、矿物油及其蒸馏产品；沥青物质；矿物蜡	Mineral fuels, mineral oils and products of their distillation; bituminous substances; mineral waxes	10.67	23.32	13.08	27.92
第六类 化学工业及其相关工业的产品	**PRODUCTS OF THE CHEMICAL OR INDUSTRIES ALLIED**	**115.96**	**125.70**	**116.98**	**123.58**
28章 无机化学品；贵金属、稀土金属、放射性元素及其同位素的有机及无机化合物	Inorganic chemicals; organic or inorganic compounds of precious metals, of rare- earth metals, of radioactive elements or of isotopes	20.46	16.79	14.11	12.94
29章 有机化学品	Organic chemicals	55.32	39.99	61.45	42.23
30章 药品	Pharmaceutical products	9.17	14.19	9.65	15.46
31章 肥料	Fertilizers	1.36	0.59	2.32	0.86
32章 鞣料浸膏及染料浸膏；鞣酸及其衍生物；染料、颜料及其他着色料；油漆及清漆；油灰及其他类似胶粘剂；墨水、油墨	Tanning or dyeing extracts; tannins and their derivatives; dyes, pigments and other colouring matter; paints and varnishes; putty and other mastics; inks	4.54	4.32	4.82	4.25
33章 精油及香膏； 芳香料制品及化妆盥洗品	Essential oils and retinoid; perfumery, cosmetic or toilet preparations	6.92	2.62	7.61	2.80
34章 肥皂、有机表面活性剂、洗涤剂、润滑剂、人造蜡、调制蜡、光洁剂、蜡烛及类似品、塑型用膏、"牙科用蜡"及牙科用熟石膏制剂	Soap, organic surface-active agents, washing preparations, lubricating preparations, artificial waxes, prepared waxes, polishing or scouring preparations, candles and similar articles, modelling pastes, "dental waxes" and dental preparations with a basis of plast	3.08	6.77	2.95	6.45
35章 蛋白类物质；改性淀粉；胶；酶	Albuminoidal substances; modified starches; glues; enzymes	2.34	3.82	2.34	3.71
36章 炸药；烟火制品；火柴；引火合金；易燃材料制品	Explosives; pyrotechnic products; matches; pyrophoric alloys; certain combustible preparations	2.10	0.41	2.00	0.53
37章 照相及电影用品	Photographic or cinematographic goods	0.62	4.41	0.66	4.69
38章 杂项化学产品	Miscellaneous chemical products	10.06	31.78	9.06	29.66
第七类 塑料及其制品，橡胶及其制品	**PLASTICS AND ARTICLES THEREOF RUBBER AND ARTICLES THEREOF**	**134.06**	**80.14**	**160.03**	**76.66**
39章 塑料及其制品	Plastics and articles thereof	94.62	66.76	115.83	63.33
40章 橡胶及其制品	Rubber and articles thereof	39.44	13.38	44.20	13.33
第八类 生皮、皮革、毛皮及其制品；鞍具及挽具；旅行用品、手提包及类似品；动物肠线(蚕胶丝除外)制品	**RAW HIDES AND SKINS, LEATHER, FUR SKINS AND ARTICLES THEREOF; SADDLERY AND HARNESS; TRAVEL GOODS, HANDBAGS AND SIMILAR CONTAINERS; ARTICLES OF ANIMAL GUT(OTHER THAN SILK-WORM GUT)**	**71.61**	**14.26**	**71.87**	**15.79**
41章 生皮(毛皮除外)及皮革	Raw hides and skins(other than fur skins) and leather	0.18	13.87	0.22	15.29

6-24 续表 2 Continued 2

单位：亿美元
Unit: USD100 million

商品分类	HS Section and Division	2011		2012	
		出口 Exports	进口 Imports	出口 Exports	进口 Imports
42章 皮革制品；鞍具及挽具；旅行用品、手提包及类似容器；动物肠线(蚕胶丝除外)制品	Articles of leather；saddlery and harness；travel goods，hand bags and similar containers；articles of animal gut (other than silk-worm gut)	71.04	0.12	71.18	0.12
43章 毛皮、人造毛皮及其制品	Fur skins and artificial fur；manufactures thereof	0.40	0.28	0.47	0.38
第九类 木及木制品；木炭；软木及软木制品；稻草，秸秆、针茅或其他编结材料制品；篮筐及柳条编结品	**WOOD AND ARTICLES OF WOOD；WOOD CHAR-COAL；CORK AND ARTICLES OF CORK；MANUFACTURES OF STRAW，OF ESPARTO OR OF OTHER PLAITING MATERIALS；BASKET WARE AND WICKERWORK**	**28.43**	**20.33**	**32.84**	**16.72**
44章 木及木制品；木炭	Wood and articles of wood；wood charcoal	24.77	20.32	29.27	16.72
45章 软木及软木制品	Cork and articles of cork	0.05	0.00	0.05	0.00
46章 稻草、秸秆、针茅或其他编结材料制品；篮筐及柳条编结品	Manufactures of straw，of esparto or of other plaiting Materials；basket ware and wickerwork	3.61	0.00	3.52	0.00
第十类 木浆及其他纤维状纤维素浆；纸及纸板的废碎品；纸、纸板及其制品	**PULP OF WOOD OR OF OTHER FIBROUS CELLULOSIC MATERIAL；WASTE AND SCRAP OF PAPER OR PAPERBOARD；PAPER AND PAPERBOARD AND ARTICLES THEREOF**	**30.78**	**59.14**	**32.27**	**56.13**
47章 木浆及其他纤维状纤维素浆；纸及纸板的废碎品	Pulp of wood or of other fibrous cellulosic material；waste and scrap of paper or paperboard	0.19	46.60	0.04	44.01
48章 纸及纸板；纸浆、纸或纸板制品	Paper and paperboard；articles of paper pulp，of paper or paperboard	21.64	9.31	22.79	8.60
49章 书籍、报纸、印刷图画及其他印制品；手稿、打字稿及设计图纸	Printed books，newspapers，pictures and other products of the printing industry；manuscripts，typescripts and plans	8.94	3.23	9.44	3.52
第十一类 纺织原料及纺织制品	**TEXTILES AND TEXTILE ARTICLES**	**350.45**	**41.77**	**361.65**	**49.63**
50章 蚕丝	Silk	0.47	0.01	0.45	0.01
51章 羊毛、动物细毛或粗毛；马毛纱线及其机织物	Wool，fine or coarse animal hair；horsehair yarn and woven fabric	0.46	0.12	0.35	0.14
52章 棉花	Cotton	2.93	30.18	2.86	37.90
53章 其他植物纺织纤维；纸纱线及其机织物	Other vegetable textile fibres；paper yarn and woven fabrics of paper yarn	0.33	0.00	0.42	0.00
54章 化学纤维长丝	Man-made filaments	4.39	1.19	4.81	1.23
55章 化学纤维短纤	Man-made short fibres	5.37	5.82	5.05	5.96
56章 絮胎、毡呢及无纺织物；特种纱线；线、绳、索、缆及其制品	Wadding，felt and nonwoven；special yarns；twine，cordage，ropes and cables and articles thereof	4.63	2.22	4.51	2.05
57章 地毯及纺织材料的其他铺地制品	Carpets and other textile floor coverings	4.45	0.24	4.67	0.27
58章 特种机织物；簇绒织物；花边；装饰毯；装饰带；刺绣品	Special woven fabrics；tufted textile fabrics；lace；tapestries；trimmings；embroidery	3.69	0.17	3.74	0.19
59章 浸渍、涂布、包覆或层压的纺织物；工业用纺织制品	Impregnated，coated，covered or laminated textile fabrics；textile articles of a kind suitable for industrial use	4.25	1.04	4.56	1.03
60章 针织物及钩编织物	Knitted or crocheted fabrics	5.55	0.19	5.79	0.18
61章 针织或钩编的服装及衣着附件	Articles of apparel and clothing accessories，Knitted or crocheted	132.13	0.10	136.67	0.17
62章 非针织或非钩编的服装及衣着附件	Articles of apparel and clothing accessories，not knitted or crocheted	122.43	0.13	125.16	0.14

6-24 续表 3 Continued 3

单位：亿美元
Unit: USD100 million

商品分类	HS Section and Division	2011		2012	
		出　口 Exports	进　口 Imports	出　口 Exports	进　口 Imports
63章　其他纺织制成品；成套物品；旧衣着及旧纺织品；碎织物	Other made up textile articles；sets；worn clothing and worn textile articles；rags articles；rags	59.37	0.35	62.62	0.35
第十二类　鞋、帽、伞、杖、鞭及其零件；已加工的羽毛及其制品；人造花；人发制品	**FOOTWEAR，HEADGEAR，UMBRELLAS，SUN UMBRELLAS，WALKING-STICKS，SEAT-STICKS，WHIPS，RIDING-CROPS AND PARTS THEREOF；PREPARED FEATHERS AND ARTICLES MADE THEREWITH；ARTIFICIAL FLOWERS；ARTICLES OF HUMAN HAIR**	**149.89**	**0.91**	**163.89**	**0.91**
64章　鞋靴、护腿和类似品及其零件	Footwear，gaiters and the like；parts of such articles	119.35	0.83	129.21	0.80
65章　帽类及其零件	Headgear and parts thereof	10.19	0.01	10.58	0.02
66章　雨伞、阳伞、手杖、鞭子、马鞭及其零件	Umbrellas，sun umbrellas，walking-sticks，seat-sticks，whips，riding-crops and parts thereof	3.91	0.00	4.31	0.00
67章　已加工羽毛、羽绒及其制品；人造花；人发制品	Prepared feathers and down and articles made of feathers or of down；artificial flowers；articles of human hair	16.45	0.07	19.79	0.09
第十三类　石料、石膏、水泥、石棉、云母及类似材料的制品；陶瓷产品；玻璃及其制品	**ARTICLES OF STONE，PLASTER，CEMENT，ASBESTOS，MICA OR SIMILAR MATERIALS；CERAMIC PRODUCTS；GLASS AND GLASSWARE**	**52.46**	**12.46**	**52.94**	**9.53**
68章　石料、石膏、水泥、石棉、云母及类似材料的制品	Articles of stone，plaster，cement，asbestos，mica or similar materials；ceramic products；glass and glassware	8.76	1.52	8.43	1.44
69章　陶瓷产品	Ceramic products	24.70	1.11	22.81	0.67
70章　玻璃及其制品	Glass and glassware	19.01	9.82	21.70	7.42
第十四类　天然或养殖珍珠、宝石或半宝石、贵金属、包贵金属及其制品；仿首饰；硬币	**NATURAL OR CULTURED PEARLS，PRECIOUS OR SEMI-PRECIOUS STONES，PRECIOUS METALS，METALS CLAD WITH PRECIOUS METAL AND STONES，PRECIOUS METALS，METALS CLAD WITH PRECIOUS METAL AND ARTICLES THEREOF；IMITATION JEWELLERY；COIN**	**21.79**	**4.40**	**28.83**	**3.92**
71章　天然或养殖珍珠、宝石或半宝石、贵金属、包贵金属及其制品；仿首饰；硬币	Natural or cultured pearls，precious or semi-precious stones，precious metals，metals clad with precious metal and articles thereof；imitation jewellery；coin	21.79	4.40	28.83	3.92
第十五类　贱金属及其制品	**BASE METALS AND ARTICLES OF BASE METAL**	**178.61**	**83.52**	**190.45**	**85.02**
72章　钢铁	Iron and steel	15.11	17.07	14.98	7.78
73章　钢铁制品	Articles of iron or steel	80.00	10.37	85.97	10.69
74章　铜及其制品	Copper and articles thereof	4.77	30.77	4.81	40.27
75章　镍及其制品	Nickel and articles thereof	0.63	2.00	0.22	2.36
76章　铝及其制品	Aluminium and articles thereof	19.08	15.63	21.51	16.36
78章　铅及其制品	Lead and articles thereof	0.01	0.02	0.02	0.01
79章　锌及其制品	Zinc and articles thereof	0.30	0.42	0.25	0.48
80章　锡及其制品	Tin and articles thereof	0.15	0.06	0.15	0.07
81章　其他贱金属、金属陶瓷及其制品	Other base metals；cermets；articles thereof	5.83	1.71	6.06	1.86
82章　贱金属工具、器具、利口器、餐匙、餐叉及其零件	Tools，implements，cutlery，spoons and forks，of base metal；parts thereof of base metal	24.99	3.72	26.86	3.42
83章　贱金属杂项制品	Miscellaneous articles of base metal	27.75	1.73	29.61	1.74

6-24 续表 4 Continued 4

单位：亿美元
Unit: USD100 million

商品分类	HS Section and Division	2011 出口 Exports	2011 进口 Imports	2012 出口 Exports	2012 进口 Imports
第十六类 机器、机械器具、电气设备及其零件；录音机及放声机、电视图像、声音的录制和重放设备及其零件、附件	**MACHINERY AND MECHANICAL APPLIANCES; ELECTRICAL EQUIPMENT; PARTS THEREOF; SOUND RECORDERS AND REPRODUCERS, TELEVISION IMAGE AND SOUND RECORDERS AND REPRODUCERS; AND PARTS AND CCESSORIES OF RECORDERS AND EPRODUCERS; AND PARTS AND ACCESSORIES OF SUCH ARTICLES**	**1499.80**	**294.39**	**1633.18**	**289.80**
84章 核反应堆、锅炉、机器、机械器具及其零件	Nuclear reactors, boilers, machinery and mechanical appliances; parts thereof	820.18	155.27	858.93	146.74
85章 电机、电气设备及其零件；录音机及放声机、电视图像、声音的录制和重放设备及其零件、附件	Electrical machinery and equipment and parts thereof; sound recorders and reproducers, television image and sound recorders and reproducers, and parts and accessories of such articles	679.62	139.12	774.25	143.06
第十七类 车辆、航空器、船舶及有关运输设备	**VEHICLES, AIRCRAFT, VESSELS AND ASSOCIATED TRANSPORT EQUIPMENT**	**126.29**	**123.96**	**133.83**	**159.53**
86章 铁道及电车道机车、车辆及其零件；铁道及电车轨道固定装置及其零件、附件；各种机械(包括电动机械)交通信号设备	Railway or tramway locomotives, rolling-stock and parts thereof; railway or tramway track fixtures and fittings and parts thereof; mechanical(including electro-mechanical) traffic signalling equipment of all kinds	31.84	1.49	30.23	1.06
87章 车辆及其零件、附件，但铁道及电车道车辆除外	Vehicles other than railway or tramway rolling-stock, and parts and accessories thereof	85.27	67.04	96.79	81.90
88章 航空器、航天器及其零件	Aircraft, spacecraft, and parts thereof	5.24	54.97	5.45	75.91
89章 船舶及浮动结构体	Ships, boats and floating structures	3.94	0.46	1.36	0.67
第十八类 光学、照相、电影、计量、检验、医疗或外科用仪器及设备、精密仪器及设备；钟表；乐器；上述物品的零件、附件	**OPTICAL, PHOTOGRAPHIC, CINEMATOGRAPHIC, MEASURING, CHECKING, PRECISION, MEDICAL OR SURGICAL INSTRUMENTS AND APPARATUS; CLOCKS AND WATCHES; MUSICAL INSTRUMENTS; PARTS AND ACCESSORIES THEREOF**	**82.32**	**83.42**	**94.80**	**100.82**
90章 光学、照相、电影、计量、检验、医疗或外科用仪器及设备、精密仪器及设备；上述物品的零件、附件	Optical, photographic, cinematographic, measuring, checking, precision medical or surgical instruments and apparatus; parts and accessories thereof	72.50	83.26	84.73	100.66
91章 钟表及其零件	Clocks and watches and parts thereof	5.58	0.06	5.65	0.05
92章 乐器及其零件、附件	Musical instruments; parts and accessories of such articles	4.25	0.11	4.42	0.12
第十九类 武器、弹药及其零件、附件	**ARMS AND AMMUNITION; PARTS AND ACCESSORIES THEREOF**	**0.70**	**0.00**	**0.85**	**0.00**
93章 武器、弹药及其零件、附件	Arms and ammunition; parts and accessories thereof	0.70	0.00	0.85	0.00
第二十类 杂项制品	**MISCELLANEOUS MANUFACTURED ARTICLES**	**316.97**	**3.52**	**353.77**	**4.01**
94章 家具；寝具、褥垫、弹簧床垫、软坐垫及类似的填充制品；未列名灯具及照明装置；发光标志、发光名牌及类似品；活动房屋	Furniture; bedding, mattresses, mattress supports, cushions and similar stuffed furnishings; lamps and lighting fittings, not elsewhere specified or included; illuminated signs, illuminated	175.13	2.45	210.23	2.78
95章 玩具、游戏品、运动用品及其零件、附件	Toys, games and sports requisites; parts and accessories thereof	123.27	0.61	121.87	0.64
96章 杂项制品	Miscellaneous manufactured articles	18.57	0.46	21.67	0.59
第二十一类 艺术品、收藏品及古物	**WORKS OF ART, COLLECTORS' PIECES AND ANTIQUES**	**0.99**	**0.07**	**1.02**	**0.05**
97章 艺术品、收藏品及古物	Works of art, collectors' pieces and antiques	0.99	0.07	1.02	0.05
第二十二类 特殊交易品及未分类商品	**COMMODITIES AND TRANSACTIONS NOT CLASSIFIED ACCORDING TO KIND**	**1.68**	**40.17**	**0.14**	**51.19**
98章 特殊交易品及未分类商品	Commodities and transactions not classified according to kind	1.68	40.17	0.14	51.19

6-25 我国同各国(地区)海关进出口总额

China's Foreign Trade with Related Countries and Territories

单位：万美元

Unit: USD 10000

国别(地区)	Region	2011		2012	
		出口总额 Exports	进口总额 Imports	出口总额 Exports	进口总额 Imports
总　计	**Total**	**189838089**	**174348356**	**204871442**	**181840500**
亚洲	**Asia**	**89903809**	**100408463**	**100681186**	**103829337**
阿富汗	Afghanistan	23001	440	46405	519
巴林	Bahrain	88001	32584	120278	34803
孟加拉国	Bangladesh	781057	44864	796991	47992
不丹	Bhutan	1738	8	1560	1
文莱	Brunei	74439	56682	125244	37310
缅甸	Myanmar	482150	167990	567371	129823
柬埔寨	Cambodia	231481	18430	270811	21532
塞浦路斯	Cyprus	112341	2626	109332	14451
朝鲜	Korea DPR	316473	247677	353240	250376
中国香港	Hong Kong, China	26798308	1549243	32343062	1788037
印度	India	5053709	2337115	4767751	1879582
印度尼西亚	Indonesia	2921724	3133738	3428338	3195070
伊朗	Iran	1476209	3034131	1159745	2486839
伊拉克	Iraq	382465	1044363	491182	1265577
以色列	Israel	674080	303770	698813	292232
日本	Japan	14827049	19456352	15162183	17783395
约旦	Jordan	251272	25672	295864	29710
科威特	Kuwait	212841	917520	208918	1046781
老挝	Laos	47627	82461	93414	78663
黎巴嫩	Lebanon	145839	2592	169194	2033
中国澳门	Macao, China	235527	16227	270821	27918
马来西亚	Malaysia	2788598	6213671	3652528	5830677
马尔代夫	Maldives	9712	14	7649	19
蒙古	Mongolia	273164	370107	265350	394770
尼泊尔	Nepal	118123	1386	196816	2952
阿曼	Oman	99818	1487649	181158	1697544
巴基斯坦	Pakistan	843971	211862	927539	313825
巴勒斯坦	Palestine	4782	104	4067	34
菲律宾	Philippines	1425538	1799166	1673133	1964413
卡塔尔	Qatar	119876	469431	120510	727810
沙特阿拉伯	Saudi Arabia	1484971	4946754	1845235	5486187
新加坡	Singapore	3557013	2813992	4074187	2853078
韩国	Korea Rep.	8292006	16270629	8767768	16873762
斯里兰卡	Sri Lanka	298872	15289	300109	16196
叙利亚	Syria	242024	2616	118944	1092
泰国	Thailand	2569475	3903910	3119620	3855466
土耳其	Turkey	1561357	312376	1558456	351101
阿联酋	United Arab Emirates	2681285	830637	2956832	1085197
也门共和国	Republic of Yemen	110428	313570	195510	360406
越南	Vietnam	2909014	1111770	3420811	1623129
中华人民共和国	P. R. China		12261441		14294219
中国台湾	Taiwan, China	3510894	12490866	3677743	13220364
东帝汶	Timor Leste	7043	174	6247	69
哈萨克	Kazakhstan	956653	1539470	1100073	1468084
吉尔吉斯	Kirghizia	487829	9816	507337	8895

6-25 续表 1 Continued 1

单位：万美元
Unit: USD 10000

国 别（地 区）	Region	2011 出口总额 Exports	2011 进口总额 Imports	2012 出口总额 Exports	2012 进口总额 Imports
塔吉克	Tadzhikistan	199678	7223	174787	10883
土库曼	Turkmenistan	78416	469317	169912	867338
乌兹别克	Uzbekistan	135924	80737	178334	109185
亚洲其他国家(地区)	Other Countries (Regions) in Asia	11		10	
非洲	**Africa**	**7308303**	**9323987**	**8531061**	**11325064**
阿尔及利亚	Algeria	447188	196054	541666	231191
安哥拉	Angola	278416	2492218	403903	3356191
贝宁	Benin	287468	17648	241366	26154
博茨瓦那	Botswana	61616	10067	18212	12068
布隆迪	Burundi	4254	1375	4646	1068
喀麦隆	Cameroon	87411	66295	106432	89043
加那利群岛	Canary Is.	237		252	0
佛得角	Cape Verde	4975	1	5749	0
中非	Central Africa	1427	2814	1768	4862
塞卜泰(休达)	Ceuta	9		34	
乍得	Chad	9480	26532	17278	22073
科摩罗	Comoros	819	1	1494	1
刚果(布)	Congo	48943	467216	52110	455631
吉布提	Djibouti	50885	18	90178	62
埃及	Egypt	728324	151834	822399	132074
赤道几内亚	Eq. Guinea	26632	167295	36123	182283
埃塞俄比亚	Ethiopia	88536	29209	152948	30937
加蓬	Gabon	26991	57816	42660	61797
冈比亚	Gambia	29099	5419	25751	8471
加纳	Ghana	310995	36319	479066	64361
几内亚	Guinea	63017	1557	75385	1100
几内亚比绍	Guinea-Bissau	1485	410	1590	663
科特迪瓦共和国	Cote d'lvoire	54063	16210	80391	14256
肯尼亚	Kenya	236878	5969	278874	5242
利比里亚	Liberia	496669	4124	344655	22861
利比亚	Libya	72038	206358	238424	637612
马达加斯加	Madagascar	50338	10340	54241	11441
马拉维	Malawi	11210	4604	24907	4750
马里	Mali	29773	14960	29023	33169
毛里塔尼亚	Mauritania	38627	151045	45540	146497
毛里求斯	Mauritius	49693	969	62017	1071
摩洛哥	Morocco	304265	47670	313119	55964
莫桑比克	Mozambique	70025	25724	94089	40178
纳米比亚	Namibia	28226	22448	43891	24123
尼日尔	Niger	14217	211	15849	3716
尼日利亚	Nigeria	920408	158379	929603	127392
留尼汪	Reunion	14318	3	13974	15
卢旺达	Rwanda	6665	7813	9011	7147
圣多美和普林西比	Sao Tome & Principe	179	0	301	4
塞内加尔	Senegal	68036	6871	79397	5136
塞舌尔	Seychelles	3501	32	3317	26
塞拉利昂	Sierra Leone	22483	2799	24919	50298
索马里	Somalia	9121	580	10111	310
南非	South Africa	1336231	3210791	1532302	4467127
西撒哈拉	Western Sahara	0	2	29	

6-25 续表 2 Continued 2

单位：万美元
Unit: USD 10000

国别（地区）	Region	2011 出口总额 Exports	2011 进口总额 Imports	2012 出口总额 Exports	2012 进口总额 Imports
苏丹	Sudan	199460	954155	217862	155427
坦桑尼亚	Tanzania	165363	48989	208972	37930
多哥	Togo	183141	7657	338310	8481
突尼斯	Tunisia	111259	21946	139192	17698
乌干达	Uganda	35938	4027	49514	4288
布基纳法索	Burkina Faso	5562	18241	7251	23266
刚果(金)	Congo DR	82668	316053	83749	351291
赞比亚	Zambia	61734	277190	69722	269196
津巴布韦	Zimbabwe	41028	46409	43049	58443
莱索托	Lesotho	7311	741	9441	542
梅利利亚	Melilla	394		788	
斯威士兰	Swaziland	3069	34	2892	10038
厄立特里亚	Eritrea	14816	87	5353	126
马约特岛	Mayotte	1121		2340	11
南苏丹共和国	Republic of South Sudan	132		3452	49947
非洲其他国家(地区)	Other Countries (Regions) in Africa	133	461	181	21
欧洲	**Europe**	**41357108**	**28717489**	**39639909**	**28668986**
比利时	Belgium	1897361	1013115	1637659	996436
丹麦	Denmark	644659	281345	653974	290541
英国	United Kingdom	4412166	1455681	4629716	1680508
德国	Germany	7640005	9274397	6921033	9192106
法国	France	2999885	2206330	2689921	2411821
爱尔兰	Ireland	216609	369944	209835	379716
意大利	Italy	3369281	1757666	2565343	1606756
卢森堡	Luxembourg	159505	30923	195620	26258
荷兰	Netherlands	5949949	866030	5889680	870261
希腊	Greece	394937	35361	359317	42730
葡萄牙	Portugal	280143	116179	250069	151490
西班牙	Spain	1972125	755155	1823707	633389
阿尔巴尼亚	Albania	28148	15453	34391	14312
安道尔	Andorra	562	15	2685	32
奥地利	Austria	222682	476136	204023	472369
保加利亚	Bulgaria	100562	45928	105457	83889
芬兰	Finland	664037	454082	744055	383234
直布罗陀	Gibraltar	2875	2	11459	0
匈牙利	Hungary	680602	245222	573797	232310
冰岛	Iceland	7658	7560	9539	8896
列支敦士登	Liechtenstein	1332	7891	1524	7129
马耳他	Malta	232959	85173	224542	88471
摩纳哥	Monaco	2273	1265	8250	676
挪威	Norway	378587	362191	301971	306767
波兰	Poland	1093955	204798	1238646	199690
罗马尼亚	Romania	345378	94625	279718	97957
圣马力诺	San Marino	183	30	149	84
瑞典	Sweden	656686	711688	641528	692218
瑞士	Switzerland	370023	2720833	349224	2281669
爱沙尼亚	Estonia	113085	20542	123354	13577
拉脱维亚	Latvia	119295	6344	131271	6883
立陶宛	Lithuania	133510	8761	163043	8950
格鲁吉亚	Georgia	76107	3811	74016	3358

单位：万美元
Unit: USD 10000

国 别（地 区）	Region	2011 出口总额 Exports	2011 进口总额 Imports	2012 出口总额 Exports	2012 进口总额 Imports
亚美尼亚	Armenia	13572	3463	11320	3406
阿塞拜疆	Azerbaijan	89262	19372	106983	21390
白俄罗斯	Byelorussia	70513	59849	91982	66313
摩尔多瓦	Moldavia	9749	1283	12394	1862
俄罗斯	Russia	3890352	4036987	4405596	4415504
乌克兰	Ukraine	714708	326247	732327	303148
斯洛文尼亚	Slovenia	167537	20204	156664	25603
克罗地亚	Croatia	154093	7953	129983	7451
捷克	Czech	766941	231793	632304	240699
斯洛伐克	Slovak	251260	345735	242303	365523
马其顿	Macedonia	9181	15431	8875	13978
波黑	Bosnia & Herzegovina	4143	2989	4671	2330
梵蒂冈城国	Vatican City State		1	3	7
法罗群岛	Faroe Islands	41	2713	128	4953
塞尔维亚	Serbia	39635	7789	41288	10135
黑山	Montenegro	8998	1206	14576	2202
拉丁美洲	**Latin America**	**12171930**	**11966820**	**13521521**	**12607265**
安提瓜和巴布达	Antigua and Barbuda	65677	5	74698	7
阿根廷	Argentina	850251	625683	786926	656093
阿鲁巴岛	Aruba	1769	3	1624	1324
巴哈马	Bahamas	55014	6290	59208	11689
巴巴多斯	Barbados	14386	671	9611	1044
伯利兹	Belize	4949	290	5251	779
玻利维亚	Bolivia	38454	27345	35192	32408
博内尔	Bonaire	3		5	0
巴西	Brazil	3183663	5239449	3341956	5232940
开曼群岛	Cayman Is.	2954	9	11358	12
智利	Chile	1081673	2056856	1259945	2062667
哥伦比亚	Colombia	583884	239477	622925	315725
多米尼克	Dominica	2649	40	2530	115
哥斯达黎加	Costa Rica	88452	384403	90176	527024
古巴	Cuba	104365	90405	117358	56917
库腊索岛	Curacao	2009	12	2615	15
多米尼加共和国	Dominica Rep.	96739	28688	102993	40967
厄瓜多尔	Ecuador	222361	57989	261400	93832
法属圭亚那	French Guyana	1286	0	1548	3
格林纳达	Granada	591	0	1987	0
瓜德罗普岛	Guadeloupe	3840	0	3428	3
危地马拉	Guatemala	125397	2334	128367	6851
圭亚那	Guyana	13261	1453	19952	2608
海地	Haiti	30364	737	28371	997
洪都拉斯	Honduras	42185	14668	105665	25105
牙买加	Jamaica	37091	397	78610	3069
马提尼克岛	Martinique	2652	106	2193	44
墨西哥	Mexico	2397588	936858	2751549	915961
蒙特塞拉特	Montserrat	2	8	1	4
尼加拉瓜	Nicaragua	42203	2437	46679	11585
巴拿马	Panama	1455581	4286	1530604	5300
巴拉圭	Paraguay	124805	4449	133579	4784
秘鲁	Peru	465328	785671	533248	846635
波多黎各	Puerto Rico	55710	104308	65622	88238
萨巴	Saba	27	0	90	

6-25 续表 4 Continued 4

单位：万美元
Unit: USD 10000

国 别（地 区）	Region	2011 出口总额 Exports	2011 进口总额 Imports	2012 出口总额 Exports	2012 进口总额 Imports
圣卢西亚	Saint Lucia	1015	29	2879	12
圣马丁岛	Saint Martin Is.	343	0	219	
圣文森特和格林纳丁斯	Saint Vincent & Grenadines	7794	2	2906	0
萨尔瓦多	El Salvador	44999	638	49053	737
苏里南	Surinam	13618	1590	18911	2335
特立尼达和多巴哥	Trinidad and Tobago	28656	34011	31218	13966
特克斯和凯科斯群岛	Turks & Caicos Is.	40		30	0
乌拉圭	Uruguay	200153	141342	241327	191122
委内瑞拉	Venezuela	652189	1173822	930420	1454334
英属维尔京群岛	Virgin Is. (E)	15544	3	15382	1
圣其茨-尼维斯	St. Kitts-Nevis	438	48	271	13
荷属安地列斯群岛	Andreas Is. (N)	9925	8	11564	0
拉美其他国家(地区)	Other Countries (Regions) in Latin America	49		78	0
北美洲	**North America**	**35007506**	**14434694**	**38011010**	**15616567**
加拿大	Canada	2526610	2216995	2812480	2321049
美国	United States	32445336	12212891	35177679	13289746
格陵兰	Greenland	54	4806	45	5745
百慕大群岛	Bermuda	35502	0	20776	
北美洲其他国家(地区)	Other Countries (Regions) in North America	5	2	30	28
大洋洲及太平洋群岛	**Oceanic and Pacific Islands**	**4089432**	**8892733**	**4486757**	**9166611**
澳大利亚	Australia	3390994	8267315	3772831	8461794
库克群岛	Cook Islands	497	74	403	102
斐济	Fiji	17119	122	21402	2216
盖比群岛	Gambier Is.	20		4	
瑙鲁	Nauru	18	1	97	5
新喀里多尼亚	New Caledonia (Fr)	13516	8085	9665	14938
瓦努阿图	Vanuatu	13386	239	13361	242
新西兰	New Zealand	373669	498132	386454	581029
诺福克岛	Norfolk Islands	36		32	0
巴布亚新几内亚	Papua New Guinea	45302	81522	64010	64227
社会群岛	Society Is.	345		396	
所罗门群岛	Solomon Is.	3068	34881	3668	37770
汤加	Tonga	1328	5	2016	
土布艾群岛	Tubai Islands	6			
萨摩亚	Samoa	3782	3	7175	2
基里巴斯	Kiribati	1308	9	3398	17
图瓦卢	Tuvalu	1494	0	14345	
密克罗尼西亚联邦	Micronesia Commonwealth	341	162	408	1093
马绍尔群岛共和国	Marshall. Is.	219007	1654	182320	2338
帕劳共和国	Republic of Palau	119	1	164	3
法属波利尼西亚	Polynesia (F)	3813	529	4382	804
瓦利斯和浮图纳	Wallis and Futuna	56		20	
大洋洲其他国家(地区)	Other Countries (Regions) in Oceania	209	1	204	33
国别（地区）不详	**Others**		**604171**		**626672**
东南亚国家联盟	**ASEAN**	**17007061**	**19301809**	**20425458**	**19589161**
欧洲联盟	**EU**	**35597453**	**21115780**	**33395911**	**21207835**
亚太经济合作组织	**APEC**	**116290911**	**112154686**	**130608410**	**116277528**

6-26 主要出口商品数量和金额

Major Export Commodities in Quantity and Value

单位：万美元
Unit: USD 10000

商　品	Commodities	单 位	Unit	数 量 Quantity		金 额 Value	
				2011	2012	2011	2012
活猪(种猪除外)	Live Hogs	万头	10000 head	156	164	45205	46056
活家禽	Live Poultry	万只	10000 head	723	736	2862	3094
牛肉	Beef	万吨	10000 tn	2	1	11959	8060
猪肉	Pork	万吨	10000 tn	8	7	32610	29504
冻鸡	Frozen Chicken	万吨	10000 tn	11	9	26823	22175
水海产品	Aquatic Products	万吨	10000 tn	288	368	1098377	1811810
鲜蛋	Fresh Eggs	百万个	million pc.	1285	1230	12107	11203
谷物及谷物粉	Cereals and Cereals Flour	万吨	10000 tn	116	96	75346	59373
#稻谷和大米	Rice	万吨	10000 tn	52	28	42698	27213
玉米	Maize	万吨	10000 tn	14	26	4658	10117
蔬菜	Vegetables	万吨	10000 tn	772	741	934993	755935
#鲜或冷藏蔬菜	Fresh Vegetables	万吨	10000 tn	505	485	397112	317737
橘、橙	Mandarins and Oranges	吨	tn	792721	942596	63686	83932
苹果	Apples	吨	tn	1034635	975878	91433	95991
松子仁	Pine nut Kernels	吨	tn	9633	11576	15390	17459
大豆	Soybean	万吨	10000 tn	21	32	16154	27913
花生及花生仁	Peanuts	万吨	10000 tn	17	15	25977	27236
食用植物油(含棕榈油)	Edible Vegetable Oil	吨	tn	121602	99519	20804	18357
食糖	Sugar	吨	tn	59389	47144	5128	4349
天然蜂蜜	Natural Honey	吨	tn	99894	110158	20147	21505
茶叶	Tea	吨	tn	322580	313484	96510	104226
辣椒干	Dried Chillies	吨	tn	63107	51957	17954	13748
猪肉罐头	Canned Pork	吨	tn	45108	48109	12567	14967
蘑菇罐头	Canned Mushroom	吨	tn	326575	307841	55514	52250
啤酒	Beer	万升	10000 liters	22091	22574	13068	14099
肠衣	Casings	吨	tn	86443	82809	109991	109716
填充用羽毛及羽绒	Feathers and Dawn for Stuffing	吨	tn	32796	35810	55204	75434
中药材及中式成药	Medical Materials and Medicaments of Chinese Type	吨	tn	196620	196660	73847	84716
烤烟	Flue-cured Tobacco	吨	tn	103496	100800	47757	46326

6-26 续表 1 Continued 1

单位：万美元
Unit: USD 10000

商 品	Commodities	单 位	Unit	数量 Quantity		金额 Value	
				2011	2012	2011	2012
纸烟	Cigarette	万条	10000 items	11490	12172	37684	44992
锯材	Wood Sawn	万立方米	10000 cu.m	54	47	35895	32949
生丝	Raw Silk	吨	tn	7122	7674	36672	36845
山羊绒	Cashmere	吨	tn	2492	2342	25818	23354
棉花	Cotton	吨	tn	25698	17558	7873	3680
天然石墨	Natural Graphite	万吨	10000 tn	44	26	36518	28646
天然碳酸镁及氧化镁	Magnesian Ores	万吨	10000 tn	207	213	66223	61191
萤石(氟石)	Fluorite	万吨	10000 tn	72	43	25684	15691
天然硫酸钡(重晶石)	Barite	万吨	10000 tn	289	295	24191	36010
滑石	Talcum	万吨	10000 tn	67	75	15668	18987
氧化铝	Aluminium Oxide	吨	tn	76280	43293	5351	3941
煤及褐煤	Coal and Lignite	万吨	10000 tn	1466	928	271685	158788
焦炭及半焦炭	Coke and Semi-coke	万吨	10000 tn	330	102	148735	44506
原油	Crude Oil	万吨	10000 tn	252	243	190701	222603
成品油	Petroleum Products Refined	万吨	10000 tn	2570	2427	2076603	2130995
石蜡	Paraffin Wax	万吨	10000 tn	45	46	64106	62630
仲钨酸铵	Tungstate	吨	tn	5136	2533	18217	8772
氧化锌及过氧化锌	Zinc Oxide and Zinc Peroxide	吨	tn	17608	11567	3298	2112
合成有机染料	Synthetic Organic Dyestuffs	吨	tn	243532	269723	118018	125699
医药品	Medical and Pharmaceutical Products	吨	tn	758139	764623	1183326	1193474
#中式成药	Medicaments of Chinese Type	吨	tn	14693	14483	23305	26594
医用敷料	Pharmaceutical Goods	吨	tn	171515	173248	126082	128960
洗衣粉	Detergent	吨	tn	348534	372012	24940	29624
烟花、爆竹	Fireworks and Firecrackers	吨	tn	327232	336051	65686	72368
松香及树脂酸	Resin and Resin Acids	吨	tn	231153	167814	59334	26834
新的充气橡胶轮胎	Rubber Tyres	万条	10000 pc.	39733	41349	1476221	1588346
纸及纸板(未切成形的)	Paper and Paperboard in Rolls	万吨	10000 tn	450	471	516390	568847
棉纱线	Cotton Yarn	吨	tn	392909	447413	225621	218233
丝织物	Silk and Satins					106734	106543
棉机织物	Cotton Cloth					1395850	1327439
亚麻及苎麻机织物	Flax or Ramie Cloth	万米	10000 m	25978	23841	74931	71550
合成短纤与棉混纺机织物	Polyester Cotton Cloth	万米	10000 m	255738	218468	302182	262398
地毯	Carpets	万平方米	10 000 sq.m	56237	48025	232365	240374

6-26 续表 2 Continued 2

单位：万美元
Unit: USD 10000

商　　品	Commodities	单 位	Unit	数量 Quantity 2011	数量 Quantity 2012	金额 Value 2011	金额 Value 2012
塑料编织袋	Bags of PP or PE Strip	万条	10001 pc.	629812	609141	96981	98847
水泥及水泥熟料	Cement	万吨	10000 tn	1061	1200	62035	68363
平板玻璃	Plate Glass	万平方米	10000 sq.m	18726	17632	75084	61311
玻璃制品	Glass Products	万吨	tn	328	342	560051	733445
家用陶瓷器皿	Porcelain and Pottery Ware for Household Use	万吨	10000 tn	178	256	269604	367572
生铁及镜铁	Pig Iron and Spiegel	万吨	10000 tn	87	30	44098	14505
钢坯及粗锻件	Billet and Crude Forgings	万吨	10000 tn			487	405
钢材	Rolled Steel	万吨	10000 tn	4888	5573	5126622	5148654
未锻造的铜及铜合金	Unwrought Copper an its Alloys	吨	tn	156516	274180	149085	228432
铜材	Rolled Copper	吨	tn	500347	492980	452588	422333
未锻造的铝及铝合金	Unwrought Aluminium and its Alloys	万吨	tn	77	63	178906	146768
铝材	Rolled Aluminium	万吨	10000 tn	300	283	1036168	979716
未锻造的锌及锌合金	Zinc and Zinc Alloys	吨	tn	48369	7937	11565	1956
未锻造的锡及锡合金	Tin and Tin Alloys	吨	tn	1227	1738	3822	4361
未锻造的锑、粉末及废碎料	Antimony	吨	tn	5062	9583	6632	11832
未锻造的锰	Manganese	吨	tn	56386	42746	20177	12391
钢铁或铜制标准紧固件	Nails, Bolts,etc	万吨	10000 tn	260	247	476615	461214
手用或机用工具	Hand Tools and Tools for Machines	万吨	10000 tn	152	145	723236	797690
电扇	Fans	万台	10000 set	54785	53550	355818	369570
纺织机械及零件	Textile Machinery					224832	223892
缝纫机(包括工业用)	Sewing Machines (Including Industrial Use)	万台	10000 set	1280	1326	134610	124133
金属加工机床	Machine Tools	万台	10000 set	762	745	241808	274155
电子计算器	Electric calculator	万台	10000 set	36936	34827	66510	65195
自动数据处理设备及其部件	Automatic Data Processing Machines and Components	万台	10000 set	183427	183315	17628484	18532103
自动数据处理设备的零件	Parts for Auto Data Processing Equipment	万吨	10000 tn	94	80	2992993	2962266
轴承	Bearings	万套	10000 pc.	483970	439385	329290	319582
电动机及发电机	Electric Motors and Generators	万台	10000 set	337146	309632	879038	922490
静止式变流器	Static Converters	万个	10000 pc.	334308	404748	1465404	1555019
原电池	Primary Cells and Batteries	万个	10000 pc.	27453	26468	193759	186924
蓄电池	Electric Accumulators	万个	10000 pc.	240516	220640	713612	749110
电话机	Telephone Sets	万台	10000 set	100627	112951	6480456	8298745
收音设备(包括收录音组合机及整套散件)	Radio Sets(Including Sound Recording Apparatus)	万台	10000 set	27029	26091	425888	478161

6-26 续表 3 Continued 3

单位：万美元
Unit: USD 10000

商　品	Commodities	单 位	Unit	数量 Quantity 2011	2012	金额 Value 2011	2012
电视机(包括整套散件)	TV Sets	万台	10000 set	6570	6157	1367114	1211043
电容器	Electrical Capacitors	吨	tn	91636	87584	370372	405213
通断保护电路装置及零件	Electrical apparatus for switching or protecting electrical circuits					1760578	1991978
二极管及类似半导体器件	Semi Conductors	百万个	million pc.	312236	323917	3357723	2437040
电线和电缆	Insulated Wire or Cable			180	186	1489047	1660040
集装箱	Containers	万个	10000 unit	324	248	1140401	842204
汽车(包括整套散件)	Motor Vehicles	万辆	10000 unit	82	99	993816	1267084
汽车零件	Parts of Motor Vehicles					2297522	2567591
自行车	Bicycles	万辆	10000 unit	5572	5715	290455	317628
船舶	Ships	艘	unit	2850743	2758091	4180513	3611112
照相机	Cameras	万架	10000 set	11398	10093	657079	643604
医疗仪器及器械	Medical Instruments and Appliances					652500	729253
手表	Wrist Watches	万只	10000 pc.	68175	66216	158917	191298
日用钟	Clocks	万只	10000 set	40817	38993	97499	109214
家具及其零件	Furniture					3794178	4881712
非针织钩编织物服装	Garments (Excluding Knitwear and Crochet)					5736320	5502054
针织或钩编的服装	Garments, Knitted or Crocheted					7151789	7795402
皮面鞋	Leather Shoes	万双	10000 pair	91208	83644	1094792	1092544
橡胶或塑料底纺织材料为面的鞋	Cloth Shoes With Outer of Rubber or Artificial Plastic Materials(including Gym Shoes)	万双	10000 pair	185862	199268	708435	815204
塑料制品	Plastic Articles	万吨	10000 tn	795	851	2346825	3156517
玩具	Toys					1082621	1144977
足球、篮球、排球	Footballs、Basketballs and Volleyballs	万个	10000 pc.	19384	20992	43161	48001
伞	Umbrellas	万把	10000 pc.	53506	46661	256561	255930
竹编结品	Bamboo Products	吨	tn	39171	31936	20058	20403
藤编结品	Rattan Products	吨	tn	16142	12444	11485	10069
草编结品	Straw Products	吨	tn	28653	21840	16965	14287
柳编结品	Wickerwork	吨	tn	69452	64430	45695	46226
机电产品	**Mechanical and Electrical Products**					**108558926**	**117933764**
高新技术产品	**High and New-technology Products**					**54878832**	**60116385**

6-27 主要进口商品数量和金额

Major Import Commodities in Quantity and Value

单位：万美元
Unit: USD 10000

商　品	Commodities	单 位	Unit	数量 Quantity		金额 Value	
				2011	2012	2011	2012
谷物及谷物粉	Cereals and Cereals Flour	万吨	10000 tn	545	1398	204380	478673
#玉米	Maize	万吨	10000 tn	175	521	57842	168927
小麦	Wheat	万吨	10000 tn	126	370	42369	110863
稻谷和大米	Rice	万吨	10000 tn	60	237	40764	115335
大豆	Soybean	万吨	10000 tn	5264	5838	2983418	3499017
食用植物油(含棕榈油)	Edible Vegetable Oil	万吨	10000 tn	657	845	771400	969212
食糖	Sugar	万吨	10000 tn	292	375	194340	224374
天然橡胶(包括胶乳)	Natural Rubber	万吨	10000 tn	210	218	937982	681347
合成橡胶(包括胶乳)	Synthetic Rubber	万吨	10000 tn	144	144	536174	509697
原木	Logs	万立方米	10000 cu.m	4233	3789	827313	725288
锯材	Wood Sawn	万立方米	10000 cu.m	2156	2063	571189	551749
纸浆	Paper Pulp	万吨	10000 tn	1445	1646	1193963	1097283
羊毛及毛条	Wool and Wool Tops	万吨	10000 tn	33	32	292468	271002
棉花	Cotton, not Carded or Combed	万吨	10000 tn	336	513	946874	1180425
纺织用合成纤维	Synthetic Fiber Suitable for Spinning	万吨	10000 tn	35	33	111691	100866
#聚酯纤维	Polyester Fiber	万吨	10000 tn	12	11	23841	21121
聚丙烯腈纤维	Polyacrylonitrile Fiber	万吨	10000 tn	20	19	67875	59248
铁矿砂及其精矿	Iron Ore	万吨	10000 tn	68608	74360	11240654	9573960
锰矿砂及其精矿	Manganese Ores	万吨	10000 tn	1297	1235	267456	218599
铜矿砂及其精矿	Copper Ores	万吨	10000 tn	638	783	1551814	1695073
铬矿砂及其精矿	Chromium Ores	万吨	10000 tn	944	929	266379	203557
氧化铝	Aluminium Oxide	万吨	10000 tn	188	502	77781	181607
煤及褐煤	Coal and Lignite	万吨	10000 tn	22220	28841	2389029	2871613
原油	Crude Oil	万吨	10000 tn	25378	27103	19666447	22079989
成品油	Petroleum Products Refined	万吨	10000 tn	4060	3982	3269870	3307184
乙二醇	Ethylene Glycol	万吨	10000 tn	727	793	852313	813045
对苯二甲酸	Terephthalic Acid	万吨	10000 tn	653	537	823876	586359
已内酰胺	CPL	万吨	10000 tn	63	71	205904	181365
医药品	Pharmaceutical Products	吨	tn	85887	100066	1130809	1388602
肥料(自然吨)	Fertilizer	万吨	10000 tn	795	843	346512	404889

6-27 续表 Continued

单位：万美元
Unit: USD 10000

商　　品	Commodities	单 位	Unit	数量 Quantity 2011	数量 Quantity 2012	金额 Value 2011	金额 Value 2012
#尿素	Urea	吨	tn	2064	170978	146	7135
氮、磷、钾复合肥	Compound Fertilizers of Nitrogen, Phosphor and Kalium	万吨	10000 tn	102	132	53191	75393
磷酸氢二胺	Diammonium Phosphate	万吨	10000 tn	9	16	5857	10295
氯化钾	Potassium Chloride	万吨	10000 tn	640	634	269132	291853
初级形状的聚乙烯	Polyethylene in primary Forms	万吨	10000 tn	499	558	734388	776455
初级形状的聚丙烯	Polypropylene in Primary Forms	万吨	10000 tn	378	392	587485	580255
初级形状的苯乙烯聚合物	Polystyrene in Primary Forms	万吨	10000 tn	332	312	677267	631729
#ABS树脂	A BS Copolymers	万吨	10000 tn	185	167	411996	362422
初级形状的聚氯乙烯	Polyvinyl Chloride in Primary Forms	万吨	10000 tn	132	121	159486	136541
聚酯切片	Slices or Chips of Polyethylene Terephthalate	万吨	10000 tn	20	18	35010	32469
农药	Pesticides	吨	tn	52890	68928	48870	59230
纸及纸板(未切成形的)	Paper and Paperboard	万吨	10000 tn	328	311	407612	383539
钢材	Rolled Steel	万吨	10000 tn	1558	1366	2157592	1780522
未锻造的铜及铜合金	Copper and Copper Alloys	万吨	10000 tn	329	398	2897640	3187050
铜材	Rolled Copper	万吨	10000 tn	78	67	782835	674471
未锻造的铝及铝合金	Aluminium and Aluminium Alloys	万吨	10000 tn	33	64	82796	140036
铝材	Rolled Aluminium	万吨	10000 tn	58	53	359278	338947
蒸汽锅炉及过热水锅炉	Boilers	台	set	493	365	8798	6923
制冷设备用压缩机	Compressors for Refrigerating Equipment	万台	10000 set	1307	1196	113409	105089
金属加工机床	Machine Tools	台	set	115227	109957	1324022	1365356
阀门	Valves	万套	10000 set	39154	47827	632195	602973
自动数据处理设备及其部件	Automatic Data Processing Machines	万台	10000 set	72989	73316	3167522	3693788
自动数据处理设备的零件	Parts of Automatic Data Processing Machines	吨	tn	167061	155351	1670557	1724975
电话机	Line Telephonic or Telegraphic Switching Apparatus	万台	10000 set	1144	1167	132295	173598
收音设备(包括收录音组合机及整套散件)	Sound Recording Apparatus	万台	10000 set	212	164	23275	21676
电视机(包括整套散件)	TV Sets	万台	10000 set	2	3	1008	1414
电视显像管	Cathode-ray TV Picture Tube	万只	10000 set	265	118	7376	2469
汽车(包括整套散件)	Motor Vehicles and Chassis	辆	unit	1035557	1129731	4309235	4748806
#小轿车(包括整套散件)	Cars	辆	unit	410270	446783	1863024	1956291
货车(包括整套散件)	Trucks	辆	unit	18034	17998	149232	155949
自卸车(包括整套散件)	Dump Trucks	辆	unit	242	242	25827	19297
装有引擎的汽车底盘	Chassis with Engines	台	unit	1888	1099	9087	8103
汽车零件	Parts of Motor Vehicles					2209146	2296789
飞机	Aircraft	架	unit	421	517	1164924	1569269
船舶	Ships	艘	unit	6352	3540	78323	60139
医疗仪器及器械	Medical Instruments and Appliances	台	set			596485	708736
机电产品	**Mechanical and Electrical Products**					**75328917**	**78262735**
高新技术产品	**High and New-technology Products**					**46299236**	**50707782**

6-28 各地区进出口总额(按境内目的地、货源地分)

Import and Export Value by Region in Border According to Destination or Source of Goods

单位：万美元

Unit: USD 10000

地区	Region	2011		2012	
		出口 Exports	进口 Imports	出口 Exports	进口 Imports
全国	**Total**	**189838089**	**174348356**	**204871442**	**181840500**
北京	Beijing	3162521	9767537	3124774	9741817
天津	Tianjin	4506675	6661314	4906048	7378744
河北	Hebei	3585170	4829853	3727328	4501572
山西	Shanxi	768475	853751	844689	814485
内蒙古	Inner Mongolia	604497	877843	539399	857519
辽宁	Liaoning	5114215	6180929	5251715	6582069
吉林	Jilin	543392	1761819	602771	1845065
黑龙江	Heilongjiang	924669	1691503	990761	1830541
上海	Shanghai	19852912	23462036	19354245	24061467
江苏	Jiangsu	32443897	25680505	33424029	25442565
浙江	Zhejiang	23900740	11239927	24466543	10352191
安徽	Anhui	1572974	1460084	2064675	1231260
福建	Fujian	8071660	5385761	8882715	5736389
江西	Jiangxi	1664959	1134068	2002105	1021462
山东	Shandong	13449250	15006329	13593588	16071053
河南	Henan	2167255	1391505	3193072	2240236
湖北	Hubei	1907825	1467144	1875374	1368409
湖南	Hunan	1096948	913356	1234202	911032
广东	Guangdong	56321600	44357796	63622169	47910672
广西	Guangxi	859064	2373051	921500	3165972
海南	Hainan	223310	1121595	280703	1175351
重庆	Chongqing	1495691	952264	3104672	1419421
四川	Sichuan	2163358	1847803	3115567	2054635
贵州	Guizhou	263411	228545	314607	190636
云南	Yunnan	620874	604853	542364	669573
西藏	Tibet	94546	15664	202370	9170
陕西	Shaanxi	676818	731531	850077	668896
甘肃	Gansu	156986	625760	183042	533297
青海	Qinghai	33953	42215	42797	38499
宁夏	Ningxia	201306	79616	187459	79850
新疆	Xinjiang	1389141	1602401	1426084	1936653

6-29 各地区进出口总额(按经营单位所在地分)

Import and Export Value by Location of Importers and Exporters

单位：万美元

Unit: USD 10000

地区	Region	2011 出口 Exports	2011 进口 Imports	2012 出口 Exports	2012 进口 Imports
全国	**Total**	**189838089**	**174348356**	**204871442**	**181840500**
北京	Beijing	5899715	33055883	5963209	34847523
天津	Tianjin	4448194	5889423	4831256	6732171
河北	Hebei	2856985	2503099	2959820	2096485
山西	Shanxi	542512	931793	701604	802707
内蒙古	Inner Mongolia	468697	724393	397016	728882
辽宁	Liaoning	5104236	4499350	5795905	4613094
吉林	Jilin	499772	1706322	598268	1858033
黑龙江	Heilongjiang	1767299	2084969	1443517	2315512
上海	Shanghai	20967384	22787477	20673017	22985679
江苏	Jiangsu	31259006	22699084	32852352	21943797
浙江	Zhejiang	21634949	9302827	22451714	8788421
安徽	Anhui	1708264	1422661	2674850	1253604
福建	Fujian	9283778	5068465	9783259	5810536
江西	Jiangxi	2187606	959275	2511279	830104
山东	Shandong	12571257	11017351	12870921	11683512
河南	Henan	1923991	1338267	2967645	2206236
湖北	Hubei	1953460	1405233	1939850	1256525
湖南	Hunan	990380	903997	1260220	934653
广东	Guangdong	53192657	38154076	57405077	40996969
广西	Guangxi	1245776	1089821	1546775	1401671
海南	Hainan	254162	1021442	313610	1118600
重庆	Chongqing	1983165	937599	3856758	1463600
四川	Sichuan	2902729	1869688	3846907	2067453
贵州	Guizhou	298509	190249	495223	167933
云南	Yunnan	947245	655632	1001737	1099636
西藏	Tibet	118285	17552	335518	6896
陕西	Shaanxi	703503	761225	865226	614677
甘肃	Gansu	215878	656980	357355	532721
青海	Qinghai	66182	26199	72876	42871
宁夏	Ningxia	159943	68632	164112	57559
新疆	Xinjiang	1682572	599395	1934565	582441

6-30 外商投资企业出口额

Exports of Foreign-funded Enterprises

单位：万美元

Unit: USD 10000

年 份 Year	合计 Total	中外合资经营企业 Equity Joint Venture	中外合作经营企业 Contractual Joint Venture	外商独资经营企业 Wholly Foreignowned Enterprises
1980	824	824		
1981	3235	3022		213
1982	5287	2925		2362
1983	33036	3815		29221
1984	6894	5994		900
1985	29670	21825		7845
1986	58203	47865		10338
1987	120809	103793		17016
1988	245642	215391		30251
1989	491320	343596	79470	68254
1990	781379	526405	132135	122839
1991	1204725	769116	188447	247162
1992	1735619	1046465	261462	427692
1993	2523717	1411653	387817	724247
1994	3471297	1807458	535529	1128310
1995	4687587	2268886	679095	1739606
1996	6150636	2975031	794900	2380705
1997	7489986	3468059	898836	3123091
1998	8096189	3557015	872930	3666244
1999	8862766	3712097	814642	4336027
2000	11944121	5031107	992921	5920093
2001	13321810	5407673	1017667	6896470
2002	16998509	6207651	1169507	9621351
2003	24030598	8101382	1324353	14604863
2004	33859184	10962004	1478119	21419061
2005	44418252	13598693	1566396	29253163
2006	56377905	16372461	1771238	38234206
2007	69537077	19875818	1811744	47849515
2008	79049270	22674411	1833782	54541078
2009	67207409	18232943	1458524	47515943
2010	86222882	23758160	1647020	60817702
2011	99522704	27301423	1766749	70454532
2012	102262008	28726066	1616005	71919937

注：1989年以前中外合资数据包含了合作企业数据（下表同）。

Note: Figures of equity joint venture before 1989 include contractual joint ventures.The some applies to the table folloming.

6-31 外商投资企业进口额

Imports of Foreign-funded Enterprises

单位：万美元
Unit: USD 10000

年 份 Year	合计 Total	中外合资经营企业 Equity Joint Venture	中外合作经营企业 Contractual Joint Venture	外商独资经营企业 Wholly Foreignowned Enterprises
1980	3441	3412		29
1981	11087	10089		998
1982	27642	23999		3643
1983	28801	6159		22642
1984	39921	11720		28201
1985	206410	188594		17816
1986	243031	223568		19463
1987	312218	289851		22367
1988	574671	534534		40137
1989	879617	653242	142478	83897
1990	1230633	885345	177366	167922
1991	1690700	1140857	245268	304575
1992	2637070	1720559	381398	535113
1993	4183320	2590434	703739	889147
1994	5293418	2988082	920002	1385334
1995	6294271	3481818	901023	1911430
1996	7560380	4109442	929004	2521934
1997	7772135	4019173	913914	2839048
1998	7671749	3744447	795342	3131960
1999	8588361	4112889	690888	3784584
2000	11727269	5433175	851674	5442420
2001	12584296	5635689	773729	6174878
2002	16025439	6079503	840325	9105611
2003	23186398	8081936	995078	14109384
2004	32444849	10914713	1072630	20457506
2005	38745612	11834619	958539	25952453
2006	47248045	13552683	992681	32702680
2007	55979304	15495775	885985	39597544
2008	61942848	18128172	880413	42934264
2009	54540486	15886071	663684	37990732
2010	75485663	20978710	2385128	52121824
2011	86467170	25581427	856855	60028888
2012	87150012	27493460	824107	58832446

6-32 各地区外商投资企业进出口额

Exports and Imports of Foreign-funded Enterprises by Region in Border

单位：万美元

Unit: USD 10000

地区	Region	2011		2012	
		出口 Exports	进口 Imports	出口 Exports	进口 Imports
全 国	**Total**	**99522704**	**86467170**	**102262008**	**87150012**
北 京	Beijing	2164526	5515230	2134714	5313199
天 津	Tianjin	3085243	4028020	3281385	4462067
河 北	Hebei	1017219	1004985	942078	833103
山 西	Shanxi	90781	173721	221498	221798
内蒙古	Inner Mongolia	143589	102676	87697	87309
辽 宁	Liaoning	2322010	2276754	2350651	2353120
吉 林	Jilin	144656	774700	149685	953582
黑龙江	Heilongjiang	69932	43750	55994	48590
上 海	Shanghai	14237994	14994885	13867677	15123507
江 苏	Jiangsu	21519202	17011920	20466975	15310599
浙 江	Zhejiang	6528698	4263893	6298108	4020594
安 徽	Anhui	435117	593444	459109	538356
福 建	Fujian	3912418	2955698	3912712	3478547
江 西	Jiangxi	597155	755844	646261	683630
山 东	Shandong	6372487	4371314	6048932	4148210
河 南	Henan	836757	661127	1874349	1503708
湖 北	Hubei	760056	649937	762005	621262
湖 南	Hunan	190455	264784	293674	334405
广 东	Guangdong	32479001	22509584	34051040	23072672
广 西	Guangxi	264683	429845	354223	608363
海 南	Hainan	117261	888932	161005	987415
重 庆	Chongqing	685554	657117	1616612	878092
四 川	Sichuan	1207356	1128085	1826060	1194180
贵 州	Guizhou	13793	8608	11753	7256
云 南	Yunnan	36048	38857	34126	28249
西 藏	Tibet	2	37	15	26
陕 西	Shaanxi	236559	326395	303991	310920
甘 肃	Gansu	10782	3088	9806	1990
青 海	Qinghai	1727	2201	2406	2493
宁 夏	Ningxia	22413	17678	21816	10984
新 疆	Xinjiang	19230	14061	15651	11788

6-33 各地区中外合资企业进出口额

Exports and Imports of Equity Joint Ventures by Region in Border

单位：万美元
Unit: USD 10000

地区	Region	2011		2012	
		出口 Exports	进口 Imports	出口 Exports	进口 Imports
全国	**Total**	**27301423**	**25581427**	**28726066**	**27493460**
北京	Beijing	1365922	1185970	1294838	1045060
天津	Tianjin	1408778	1801897	1585705	2100411
河北	Hebei	542066	459846	495437	365089
山西	Shanxi	43759	134700	36034	121881
内蒙古	Inner Mongolia	73773	76193	31960	72925
辽宁	Liaoning	1114860	1298668	934744	1418752
吉林	Jilin	64313	681900	61369	852320
黑龙江	Heilongjiang	50849	20537	41323	21207
上海	Shanghai	2162393	2377403	1952908	2101697
江苏	Jiangsu	4694219	4443146	4547444	4109276
浙江	Zhejiang	3590569	2195818	3351016	2108908
安徽	Anhui	205884	362274	241205	393315
福建	Fujian	935812	1020530	921786	1558082
江西	Jiangxi	219109	543918	205434	493585
山东	Shandong	3101719	2026013	2749675	1883701
河南	Henan	227998	197712	1749160	1418734
湖北	Hubei	562039	551296	543816	527375
湖南	Hunan	83561	173635	162173	216777
广东	Guangdong	6308962	4334844	7167933	4889420
广西	Guangxi	89580	156909	156513	282376
海南	Hainan	66204	870688	116534	967491
重庆	Chongqing	120441	312657	120140	288252
四川	Sichuan	114659	208289	119610	173667
贵州	Guizhou	7743	6237	5549	4668
云南	Yunnan	14933	18240	10301	15726
西藏	Tibet		35	10	7
陕西	Shaanxi	89907	97877	87909	51009
甘肃	Gansu	7114	2409	6467	1240
青海	Qinghai	1727	2084	2404	2100
宁夏	Ningxia	16279	9399	14372	2800
新疆	Xinjiang	16250	10302	12301	5612

6-34 各地区中外合作企业进出口额

Exports and Imports of Contractual Joint Ventures by Region in Border

单位：万美元

Unit: USD 10000

地 区	Region	2011		2012	
		出口 Exports	进口 Imports	出口 Exports	进口 Imports
全 国	**Total**	**1766749**	**856855**	**1616005**	**824107**
北 京	Beijing	10259	7038	8276	4950
天 津	Tianjin	24870	24195	20307	26091
河 北	Hebei	18210	54880	19364	79170
山 西	Shanxi	2753	258	3163	141
内蒙古	Inner Mongolia	111		148	
辽 宁	Liaoning	49415	14549	47234	13803
吉 林	Jilin	5185	1619	8224	2771
黑龙江	Heilongjiang	250	27	250	22
上 海	Shanghai	270410	200762	256008	150065
江 苏	Jiangsu	115524	151515	103298	155013
浙 江	Zhejiang	59022	21732	59979	24701
安 徽	Anhui	4482	981	5205	862
福 建	Fujian	19119	20209	15284	15654
江 西	Jiangxi	1706	457	466	458
山 东	Shandong	53287	24705	58416	29136
河 南	Henan	630	2183	925	4996
湖 北	Hubei	2074	907	7089	607
湖 南	Hunan	197	1708	382	187
广 东	Guangdong	1088566	324640	969728	307927
广 西	Guangxi	3192	220	2036	344
海 南	Hainan	33707	1612	26257	1877
重 庆	Chongqing	535	177	785	45
四 川	Sichuan	996	1772	999	1988
贵 州	Guizhou	357	343	414	192
云 南	Yunnan	1160	241	1146	2131
西 藏	Tibet				
陕 西	Shaanxi	340	60	331	39
甘 肃	Gansu				
青 海	Qinghai		57		70
宁 夏	Ningxia	299		144	
新 疆	Xinjiang	92	10	146	869

6-35 各地区外商独资企业进出口额

Exports and Imports of Wholly Foreign-owned Enterprises by Region in Border

单位：万美元
Unit: USD 10000

地 区	Region	2011		2012	
		出口 Exports	进口 Imports	出口 Exports	进口 Imports
全 国	**Total**	**70454532**	**60028888**	**71919937**	**58832446**
北 京	Beijing	788344	4322222	831600	4263190
天 津	Tianjin	1651595	2201929	1675374	2335565
河 北	Hebei	456943	490259	427277	388845
山 西	Shanxi	44269	38763	182300	99776
内蒙古	Inner Mongolia	69705	26484	55589	14383
辽 宁	Liaoning	1157735	963537	1368673	920565
吉 林	Jilin	75157	91181	80092	98491
黑龙江	Heilongjiang	18833	23187	14422	27362
上 海	Shanghai	11805190	12416720	11658761	12871745
江 苏	Jiangsu	16709459	12417259	15816234	11046309
浙 江	Zhejiang	2879107	2046343	2887113	1886986
安 徽	Anhui	224751	230189	212699	144180
福 建	Fujian	2957487	1914959	2975643	1904810
江 西	Jiangxi	376340	211469	440362	189586
山 东	Shandong	3217481	2320596	3240842	2235373
河 南	Henan	608130	461232	124264	79978
湖 北	Hubei	195943	97734	211100	93280
湖 南	Hunan	106697	89440	131119	117442
广 东	Guangdong	25081473	17850100	25913379	17875325
广 西	Guangxi	171911	272716	195675	325642
海 南	Hainan	17349	16633	18214	18047
重 庆	Chongqing	564578	344283	1495687	589795
四 川	Sichuan	1091702	918025	1705452	1018526
贵 州	Guizhou	5693	2027	5790	2396
云 南	Yunnan	19955	20376	22679	10392
西 藏	Tibet	2	2	5	20
陕 西	Shaanxi	146312	228458	215751	259873
甘 肃	Gansu	3668	679	3339	750
青 海	Qinghai		59	2	322
宁 夏	Ningxia	5835	8278	7299	8185
新 疆	Xinjiang	2888	3749	3204	5307

6-36 经济特区中外合资企业进出口额

Exports and Imports of Equity Joint Ventures in Special Economic Zone

单位：万美元

Unit: USD 10000

地　区	Region	2011		2012	
		出口 Exports	进口 Imports	出口 Exports	进口 Imports
合　计	**Total**	**3098786**	**3086103**	**3250074**	**3205055**
深　圳	Shenzhen	2269440	1461878	2634175	1712166
珠　海	Zhuhai	293309	383962	215723	314430
汕　头	Shantou	89987	29750	50537	16259
厦　门	Xiamen	379847	339825	233106	194708
海　南	Hainan	66204	870688	116534	967491

6-37 经济特区中外合作企业进出口额

Exports and Imports of Contractual Joint Ventures in Special Economic Zone

单位：万美元

Unit: USD 10000

地　区	Region	2011		2012	
		出口 Exports	进口 Imports	出口 Exports	进口 Imports
合　计	**Total**	**622480**	**89742**	**582263**	**79113**
深　圳	Shenzhen	536778	52852	529577	51832
珠　海	Zhuhai	12158	10663	10738	9958
汕　头	Shantou	27668	4868	7643	1363
厦　门	Xiamen	12168	19747	8047	14084
海　南	Hainan	33707	1612	26257	1877

6-38 经济特区外商独资企业进出口额

Exports and Imports of Wholly Foreign-owned Enterprises in Special Economic Zone

单位：万美元

Unit: USD 10000

地　区	Region	2011		2012	
		出口 Exports	进口 Imports	出口 Exports	进口 Imports
合　计	**Total**	**14300173**	**10483556**	**12940819**	**9157507**
深　圳	Shenzhen	11039511	8098583	10852175	7688319
珠　海	Zhuhai	1558204	1069687	1374250	857292
汕　头	Shantou	110686	80167	82776	62335
厦　门	Xiamen	1574422	1218487	613403	531514
海　南	Hainan	17349	16633	18214	18047

外资

FOREIGN CAPITAL

第7篇

7-1 利用外资合同金额

Contractual Amount of Foreign Capital

单位:亿美元

Unit: USD 100 million

年 份 Year	总 计 Total		对外借款 Foreign Loans		外商直接投资 Direct Foreign Investment		外商其他投资 Other Foreign Investment
	项目(个) Number of Contracts (unit)	金 额 Amount	项目(个) Number of Contracts (unit)	金 额 Amount	项目(个) Number of Contracts (unit)	金 额 Amount	金 额 Amount
1979-2012	**764961**				**763278**		
1979-1982	947	194.96	27	135.49	920	49.58	9.89
1983	690	36.15	52	15.13	638	19.17	1.85
1984	2204	50.15	38	19.16	2166	28.75	2.24
1985	3145	102.69	72	35.34	3073	63.33	4.02
1986	1551	122.33	53	84.07	1498	33.30	4.96
1987	2289	121.36	56	78.17	2233	37.09	6.10
1988	6063	160.04	118	98.13	5945	52.97	8.94
1989	5909	114.79	130	51.85	5779	56.00	6.94
1990	7371	120.86	98	50.99	7273	65.96	3.91
1991	13086	195.83	108	71.61	12978	119.77	4.45
1992	48858	694.39	94	107.03	48764	581.24	6.12
1993	83595	1232.73	158	113.06	83437	1114.36	5.31
1994	47646	937.56	97	106.68	47549	826.80	4.08
1995	37184	1032.05	173	112.88	37011	912.82	6.35
1996	24673	816.10	117	79.62	24556	732.76	3.71
1997	21138	610.58	137	58.72	21001	510.03	41.82
1998	19850	632.01	51	83.85	19799	521.02	27.14
1999	17022	520.09	104	83.60	16918	412.23	24.26
2000	22347	711.30			22347	623.80	87.50
2001	26140	719.76			26140	691.95	27.81
2002	34171	847.51			34171	827.68	19.82
2003	41081	1169.01			41081	1150.69	18.32
2004	43664	1565.88			43664	1534.79	31.09
2005	44001	1925.93			44001	1890.65	35.28
2006	41473	1982.16			41473	1937.27	44.89
2007	37871				37871		
2008	27514				27514		
2009	23435				23435		
2010	27406				27406		
2011	27712				27712		
2012	24925				24925		

注：本数据来自商务部，从2007年起商务部不公布合同外资金额。

Note: Ministry of Commerce did not issue the Relative Data since 2007.

7-2 实际利用外资额

Amount of Foreign Capital Used

单位:亿美元

Unit: USD 100 million

年 份 Year	总 计 Total	对外借款 Foreign Loans	外商直接投资 Foreign Direct Investment	外商其他投资 Other Foreign Investment
1979-2012	**14814.35**		**12761.08**	**581.71**
1979-1982	130.60	106.90	17.69	6.01
1983	22.61	10.65	9.16	2.80
1984	28.66	12.86	14.19	1.61
1985	47.60	25.06	19.56	2.98
1986	76.28	50.14	22.44	3.70
1987	84.52	58.05	23.14	3.33
1988	102.26	64.87	31.94	5.45
1989	100.60	62.86	33.92	3.81
1990	102.89	65.34	34.87	2.68
1991	115.54	68.88	43.66	3.00
1992	192.03	79.11	110.08	2.84
1993	389.60	111.89	275.15	2.56
1994	432.13	92.67	337.67	1.79
1995	481.33	103.27	375.21	2.85
1996	548.05	126.69	417.26	4.10
1997	644.08	120.21	452.57	71.30
1998	585.57	110.00	454.63	20.94
1999	526.59	102.12	403.19	21.28
2000	593.56	100.00	407.15	86.41
2001	496.72		468.78	27.94
2002	550.11		527.43	22.68
2003	561.40		535.05	26.35
2004	640.72		606.30	34.43
2005	638.05		603.25	34.80
2006	670.76		630.21	40.55
2007	783.39		747.68	35.72
2008	952.53		923.95	28.58
2009	918.04		900.33	17.71
2010	1088.21		1057.35	30.86
2011	1176.98		1160.11	16.87
2012	1132.94		1117.16	15.78

7-3 分方式外商投资
Foreign Direct and Other Investment by Form

单位：亿美元
unit: USD 100 million

方式	Form	2010 项目(个) Nunber of Contracts (unit)	2010 金额 Amount	2011 项目(个) Nunber of Contracts (unit)	2011 金额 Amount	2012 项目(个) Nunber of Contracts (unit)	2012 金额 Amount
总　计	**Total**	**27406**	**1088.21**	**27712**	**1176.98**	**24925**	**1132.94**
一、外商直接投资	**Direct Foreign Investment**	**27406**	**1057.35**	**27712**	**1160.11**	**24925**	**1117.16**
合资经营	Equity Joint Venture	4970	224.98	5005	214.15	4355	217.06
合作经营	Contractual Joint Venture	300	16.16	284	17.57	166	23.08
独资经营	Wholly Foreign-owned Enterprise	22085	809.75	22388	912.05	20352	861.32
外商投资股份制企业	FDI Share- holding Inc.	51	6.46	35	16.34	52	15.70
合作开发	Joint Exploration						
其他	Other						
二、外商其他投资	**Other Foreign Investment**		**30.86**		**16.87**		**15.78**
对外发行股票	Shares Issued to Foreign Countries		16.64		9.39		7.27
国际租赁	International Leasing		3.00				
补偿贸易	Compensation Trade		0.45		0.54		0.95
加工装配	Processing Assembly		10.78		6.94		7.56

7-4 外商直接投资行业分布
Foreign Direct Investment by Sector

单位：万美元
Unit:USD 10000

行业	Sector	合同项目(个) Number of Contracts (unit)	实际使用金额 Actually Utilized Value
总　计	**Total**	**24925**	**11171614**
农、林、牧、渔业	Agriculture,Forestry,Animal Husbandry and Fishing	882	206220
农业	Agriculture	626	132874
采矿业	Mining	53	77046
石油和天然气开采业	Petroleum and Natural Gas Mining	16	11227
制造业	Manufacturing	8970	4886649
纺织业	Textile	226	127042
化学原料及化学制品制造业	Chemistry Raw Material and Chemical Product Manufacturing	311	390293
医药制造业	Medicine Manufacturing	98	94071
通用设备制造业	General Purpose Equipment Manufacturing	899	421710
专用设备制造业	Special Purpose Equipment Manufacturing	695	346265
通信设备、计算机及其他电子设备制造业	Communication Facility, Computer and other Electronic Installation Manufacturing	1035	658515
电力、燃气及水的生产和供应业	Production and Distribution of Electricity ,Gas and Water	187	163897
建筑业	Construction	209	118176
交通运输、仓储和邮政业	Transport, Storage and Post	397	347376
信息传输、计算机服务和软件业	Information Transmission, Computer Services and Software	926	335809
批发和零售业	Wholesale and Retail Trade	7029	946187
住宿和餐饮业	Hotel and Restaurants	505	70157
旅游饭店	Traveling Hotel	6	25020
金融业	Financial Intermediation	282	211945
房地产业	Real Estate	472	2412487
房地产开发经营	Property Development Management	312	2349148
租赁和商务服务业	Leasing and Business Services	3229	821105
科学研究、技术服务和地质勘查业	Scientific Research, Technical Service and Geologic Prospecting	1287	309554
水利、环境和公共设施管理业	Management of Water Conservancy, Environment and Public Facilities	122	85028
居民服务和其他服务业	Services to Households and Other Services	192	116451
教育	Education	11	3437
卫生、社会保障和社会福利业	Health, Social Security and Social Welfare	24	6430
文化、体育和娱乐业	Culture, Sports and Entertainment	145	53655
公共管理和社会组织	Public Management and Social Organizations	3	5

7-5 分国别(地区)外商实际投资

Utilization of Foreign Direct and Other Investment by Country or Region

单位：万美元

Unit: USD 10000

国别(地区)	Country/Region	2011			2012		
		外商直接投资合同项目 Number of FDI Contracts (unit)	外商直接投资 Foreign Direct Investment	外商其他投资 Other Foreign Investment	外商直接投资合同项目 Number of FDI Contracts (unit)	外商直接投资 Foreign Direct Investment	外商其他投资 Other Foreign Investment
总　计	**Total**	**27712**	**11600985**	**168745**	**24925**	**11171614**	**157807**
亚洲	**Asia**	**21778**	**8951427**	**105239**	**19601**	**8669559**	**117523**
阿富汗	Afghanistan	15	76		10	163	
巴林	Bahrain	5			1	79	
孟加拉国	Bangladesh	7	495		7	227	
文莱	Brunei	58	25582		51	15109	
缅甸	Myanmar	9	1021		2	384	
柬埔寨	Cambodia	4	1737		3	1660	
塞浦路斯	Cyprus	15	667		15	863	
朝鲜	Korea DPR	14	84		24	155	
中国香港	Hong Kong, China	13889	7050016	78795	12604	6556119	109534
印度	India	130	4217		77	4406	
印度尼西亚	Indonesia	46	4607		45	6378	
伊朗	Iran	74	787		83	410	
伊拉克	Iraq	20	99		8	93	
以色列	Israel	29	4394	1468	39	1250	
日本	Japan	1859	632963	24976	1579	735156	7500
约旦	Jordan	13	631		18	120	
老挝	LaoPDR		588		1	200	
黎巴嫩	Lebanon	22	215		10	371	
中国澳门	Macao, China	283	68043		303	50556	
马来西亚	Malaysia	213	35828		165	31751	
蒙古	Mongolia	6			15	25	
尼泊尔	Nepal	5			6	3	
巴基斯坦	Pakistan	33	971		52	183	
巴勒斯坦	Palestine	4	80		3	10	
菲律宾	Philippines	52	11185		28	13221	
卡塔尔	Qatar	1	73		1	2706	
沙特阿拉伯	Saudi Arabia	13	2394		14	4987	
新加坡	Singapore	740	609681		698	630508	
韩国	Korea	1375	255107		1306	303800	
斯里兰卡	Sri Lanka	2	68		6	20	
叙利亚	Syria	23	89		15	95	
泰国	Thailand	47	10120		55	7772	
土耳其	Turkey	43	1485		54	1556	
阿联酋	United Arab Emirates	38	7140		41	12963	
也门共和国	Yemen Rep.	28	888		9	287	
越南	Vietnam	5	129		8	316	
中国台湾	Taiwan, China	2639	218343		2229	284707	489
哈萨克斯坦	Kazakhstan	7	1127		8	555	
吉尔吉斯斯坦	Kirghizia	3			1	27	
塔吉克斯坦	Tadzhikistan	1			1	11	
乌兹别克斯坦	Uzbekstan	3	457		2	155	
亚洲其他	Oth.Asia.nes	5	40		4	202	
非洲	**Africa**	**513**	**164091**		**367**	**138787**	
阿尔及利亚	Algeria	10	29		2	571	

7-5　续表 1　Continued 1

单位：万美元
Unit: USD 10000

国别(地区)	Country/Region	2011 外商直接投资合同项目 Number of FDI Contracts(unit)	2011 外商直接投资 Foreign Direct Investment	2011 外商其他投资 Other Foreign Investment	2012 外商直接投资合同项目 Number of FDI Contracts(unit)	2012 外商直接投资 Foreign Direct Investment	2012 外商其他投资 Other Foreign Investment
安哥拉	Angola	8	303		6	195	
博茨瓦纳	Botswana		170				
刚果	Congo	4	11		4	16	
埃及	Egypt	16	552		11	567	
赤道几内亚	Eq. Guinea		215				
冈比亚	Gambia	1	60		2	131	
加纳	Ghana	7			7	382	
几内亚	Guinea	5	97		3		
几内亚(比绍)	Guinea Bissau	1	302				
肯尼亚	Kenya	1	235		1	209	
利比亚	Libya	1	121			180	
马里	Mali	6	26		1	9	
毛里求斯	Mauritius	89	113921		48	95873	
尼日利亚	Nigeria	17	1999		21	1253	
塞舌尔	Seychelles	296	43333		220	36507	
塞拉利昂	Sierra Leone	5	44		3		
南非	S. Africa	17	1323		19	1605	
苏丹	Sudan	3	255		3	7	
突尼斯	Tunisia	4	185		2	32	
乌干达	Uganda	1	488		2	511	
赞比亚	Zambia	1	1			629	
津巴布韦	Zimbabwe	2	66				
非洲其他国家	Oth. Afr. Nes	18	355		12	110	
欧洲	**Europe**	**1856**	**587654**	**1689**	**1794**	**629050**	**3338**
比利时	Belgium	29	12101		37	3821	
丹麦	Denmark	43	18021		57	13048	
英国	United Kingdom	246	58152		246	40960	
德国	Germany	458	112896		419	145095	1900
法国	France	188	76853	1353	153	65242	808
爱尔兰	Ireland	21	13091		21	11192	
意大利	Italy	214	38779		226	24576	
卢森堡	Luxembourg	34	51450		25	22702	
荷兰	Netherlands	121	76137		104	114358	
希腊	Greece	6	215		8	140	
葡萄牙	Portugal	7	1334		7	48	

7-5 续表 2 Continued 2

单位：万美元

Unit: USD 10000

国别(地区)	Country/Region	2011 外商直接投资合同项目 Number of FDI Contracts (unit)	2011 外商直接投资 Foreign Direct Investment	2011 外商其他投资 Other Foreign Investment	2012 外商直接投资合同项目 Number of FDI Contracts (unit)	2012 外商直接投资 Foreign Direct Investment	2012 外商其他投资 Other Foreign Investment
西班牙	Spain	99	27070	336	95	34717	
奥地利	Austria	44	10478		43	21626	630
保加利亚	Bulgaria	2	1441		5	747	
芬兰	Finland	27	5949		29	10891	
匈牙利	Hungary	6	1309		10	615	
冰岛	Iceland	1	4			882	
列支敦士登	Liechtenstein		200		1	170	
马耳他	Malta	2	170			54	
摩纳哥	Monaco				2	8	
挪威	Norway	27	1290		20	1751	
波兰	Poland	11	701		13	357	
罗马尼亚	Romania	9	517		5	456	
圣马力诺	San Marino				1	389	
瑞典	Sweden	60	17502		58	20250	
瑞士	Switzerland	97	55474		83	87280	
爱沙尼亚	Estonia		4		2	9	
拉脱维亚	Latvia	1	200		1		
立陶宛	Lithuania	2	30		3		
格鲁吉亚	Georgia	2			2	420	
亚美尼亚	Armenia	4	24		2		
阿塞拜疆	Azerbaijan	4					
白俄罗斯	Belarus	4	664		2		
摩尔多瓦	Moldavia	3				48	
俄罗斯	Russia	51	3102		73	2992	
乌克兰	Ukraine	7	622		13	280	
斯洛文尼亚	Slovenia	3	410		5	269	
克罗地亚	Croatia	4	15		2	289	
捷克	Czech	15	732		13	2071	
斯洛伐克	Slovak	2	486		5	429	
欧洲其他国家	Oth. Eur. Nes	2	231		3	868	
拉丁美洲	**Latin America**	**981**	**1250460**	**43191**	**765**	**1018357**	
安提瓜和巴布达	Antigua and Barbuda		218				
阿根廷	Argentina	7	732		5	830	
巴哈马	Bahamas		3961		1	3731	
巴巴多斯	Barbados	6	31005		4	15988	
伯利兹	Belize	13	2133		7	1130	
玻利维亚	Bolivia		189		1		
巴西	Brazil	26	4304		25	5760	
开曼群岛	Cayman Is.	135	224196		110	197540	
智利	Chile	6	1679		5	2075	
哥伦比亚	Colombia	4	1		3	3	
哥斯达黎加	Costa Rica		22		2	103	
多米尼克	Dominica	1	134		1		
古巴	Cuba		2300				
多米尼加共和国	Dominican Rep.		6				
厄瓜多尔	Ecuador	1	3		1	1	
洪都拉斯	Honduras		260				
墨西哥	Mexico	4	453		13	1487	

7-5 续表 3 Continued 3

单位：万美元

Unit: USD 10000

国别(地区)	Country/Region	2011			2012		
		外商直接投资合同项目 Number of FDI Contracts (unit)	外商直接投资 Foreign Direct Investment	外商其他投资 Other Foreign Investment	外商直接投资合同项目 Number of FDI Contracts (unit)	外商直接投资 Foreign Direct Investment	外商其他投资 Other Foreign Investment
巴拿马	Panama	11	3845		9	3281	
巴拉圭	Paraguay	1				2013	
秘鲁	Peru	2	87			16	
圣文森特和格林纳丁斯	SaintVincent & Grenadines		13			21	
特克斯和凯科斯群岛	Turks & Caicos Is.	1	495			25	
乌拉圭	Uruguay		63		1	50	
委内瑞拉	Venezuela	1	209		4	128	
维尔京群岛	Virgin Is.	758	972495	43191	572	783086	
圣其茨--尼维斯	St. Kitts-Nevis	3	263			652	
拉美洲其他国家	Oth. L. Amer. Nes	1	1394		1	437	
北美洲	**North America**	**1822**	**358156**	**1627**	**1648**	**382585**	**2863**
加拿大	Canada	378	46832		331	43497	
美国	United States	1426	236932	1627	1301	259809	2863
百慕大	Bermuda	14	74362		15	79160	
北美洲其他国家	Oth. N. Amer. nes	4	30		1	119	
大洋洲及太平洋岛屿	**Oceania and Pacific Is.**	**855**	**261998**	**230**	**775**	**226589**	
澳大利亚	Australia	280	30953	230	276	33797	
库克群岛	Cook Is.	1	150			134	
瓦努阿图	Vanuatu		1002		1	515	
新西兰	New Zealand	72	7422		66	11890	
汤加	Tonga					159	
萨摩亚	Samoa	476	207623		418	174371	
图瓦卢	Tuvalu					45	
马绍尔群岛	Marshall Is.	17	6370		11	1676	
其他太平洋岛屿	Oth. Pacific Is.	4	2331		3	3751	
大洋州其他国家	Oth. Ocean. Nes	5	6147			251	
其他	**Others**	**97**	**27199**	**16769**	**41**	**106687**	**34083**
东南亚国家联盟	**Association of Southeast Asian Nations**	**1174**	**700478**		**1056**	**707299**	
欧洲联盟	**European Union**	**1665**	**526695**	**1689**	**1605**	**534536**	**3338**

注：1. 东南亚国家联盟包括：文莱、缅甸、柬埔寨、印度尼西亚、老挝、马来西亚、菲律宾、新加坡、泰国、越南。

2. 欧洲联盟包括：比利时、丹麦、英国、德国、法国、爱尔兰、意大利、卢森堡、荷兰、希腊、葡萄牙、西班牙、奥地利、芬兰、瑞典、塞浦路斯、匈牙利、马耳他、波兰、爱沙尼亚、拉脱维亚、立陶宛、斯洛文尼亚、捷克、斯洛伐克、保加利亚、罗马尼亚。

a) Association of Southeast Asian Nations include Brunei, Myanmar,Cambodia,Indonesia,Laos,Malaysia,Philippines,Singapore,Thailand,Vietnam.

b) European Union include Belgium,Denmark,United Kingdom,Germany,France,Ireland,Italy,Luxembourg,Netherlands,Greece,Portugal,Spain, Austria,Finland,Sweden,Cyprus,Hungary,Malta,Poland,Estonia,Latvia,Lithuania,Slovenia,Czech,Slovak.

7-6 历年外商投资企业登记概况

Status of Registered Enterprises with Foreign Capital

年 份 Year	企业数(户) Number of Enterprise(unit)		投资总额 (万美元) Total Investment (USD 10000)	注册资本(万美元) Registered Capital(USD 10000)	
	小 计 Subtotal	#法人企业 Corporation Enterprises		小 计 Subtotal	#外 方 Foreign Partner
1980	7	7	470	432	179
1981	82	82	13248	11411	6646
1982	330	330	65085	60697	44201
1983	616	616	176747	143037	89589
1984	1999	1999	434644	325086	207109
1985	4912	4912	1641154	834410	508846
1986	6524	6524	2140438	1163741	582717
1987	8546	8546	2641308	1466820	827307
1988	13747	13747	3780628	2154354	1169072
1989	18968	18968	4690829	2759003	1501813
1990	25389	25389	5457370	3304208	1866511
1991	37215	37215	7178332	4465808	2577358
1992	84371	84371	17845550	11598693	6866484
1993	167507	167507	38238877	24563127	15018236
1994	206096	206096	49072446	31227534	19631486
1995	233564	233564	63900854	39912302	25688422
1996	240447	240447	71532202	44148483	28979610
1997	235681	235681	75347010	45981372	30298675
1998	227807	227807	77422942	46728674	31371224
1999	212436	212436	77856752	46354938	31668255
2000	203208	203208	82467505	48394975	33719912
2001	202306	202306	87501079	50579271	35968275
2002	208056	208056	98189328	55211904	40199985
2003	226373	226373	111735062	62264052	46577863
2004	242284	242284	131118108	72848575	55799291
2005	260000	260000	146399267	81203319	63193522
2006	274863	274863	170756477	94647381	74062533
2007	286232	286232	210878940	115541864	92114807
2008	434937	288069	232413047	130055348	103885057
2009	434248	283734	249996531	140348130	113694532
2010	445244	288088	270593108	157384290	125896928
2011	446487	288856	299312402	172942962	138102850
2012	440609	291960	326104777	188141484	149034975

注：本数据来源于国家工商管理总局，从2008年起企业户数包含分支机构.

Note: Data in this table are from fhe Stats Administration for Industry & Commerce. The number of enterprise includes branch Since 2008.

7-7 年末登记外商投资企业行业分布情况

Registered Foreign-funded Enterprises by Sector at the Year-end

行业	Sector	企业数(户) Number of Enterprises(unit) 小计 Subtotal	#法人企业 Corporation Enterprises	投资额(万美元) Total Investment (USD 10000)	注册资本(万美元) Registered Capital (USD 10000) 小计 Subtotal	#外方 Foreign Partner
合　计	**Total**	**446487**	**288856**	**299312402**	**172942962**	**138102850**
农、林、牧、渔业	Agriculture,Forestry,Animal Husbandry and Fishing	6993	6253	3749831	2325575	2019830
采矿业	Mining	991	779	1654890	1020532	703458
制造业	Manufacturing	181017	167350	155948735	85487062	68954351
电力、燃气及水的生产和供应业	Production and Distribution of Electricity , Gas and Water	3920	2376	14755570	6131969	3684128
建筑业	Construction	4812	3284	7125076	4703030	2434569
交通运输、仓储和邮政业	Transport, Storage and Post	10494	5611	10783636	5999771	3377306
信息传输、计算机服务和软件业	Information Transmission, Computer Services and Software	57836	8373	9122081	5642732	5405196
批发和零售业	Wholesale and Retail Trade	73163	35715	12951400	7499495	6498174
住宿和餐饮业	Hotel and Restaurants	17481	5363	3780549	2094894	1673437
金融业	Financial Intermediation	6442	532	5362344	4979308	3341329
房地产业	Real Estate	17826	12240	39985086	24662095	21047607
租赁和商务服务业	Leasing and Business Services	37491	21236	16013294	12265938	10821098
科学研究、技术服务和地质勘查业	Scientific Research, Technical Service and Geologic Prospecting	16212	14084	11399406	6427671	5383134
水利、环境和公共设施管理业	Management of Water Conservancy, Environment and Public Facilities	1021	904	1927560	1041566	880736
居民服务和其他服务业	Services to Households and Other Services	5001	2273	1017221	603241	495011
教育	Education	318	181	95196	54764	44476
卫生、社会保障和社会福利业	Health, Social Security and Social Welfare	229	174	290163	143820	104236
文化、体育和娱乐业	Culture, Sports and Entertainment	2276	1836	1922050	1174913	836152
其他	Others	2964	292	1428312	684585	398623

注：此表数据为2011年数据。
Note: The Period of data in this table is 2011.

7-8 各地区年末登记的外商投资企业数及投资额

Number and Investment of Registered Enterprise with Foreign Capital by Region or Department at the Year-end

地区、部门	Region/Department	企业数(户) Number of Enterprise(unit)				投资总额(万美元) Total Investment (USD 10000)	
		小计 Subtotal		#法人企业 Corporation Enterprises			
		2011	2012	2011	2012	2011	2012
总计	**Total**	**446487**	**440609**	**288856**	**291960**	**299312402**	**326104777**
一、地区合计	**Subtotal of Regions**	**446265**	**440383**	**288634**	**291734**	**287958122**	**314059517**
北京	Beijing	25672	26535	15187	15557	13436427	14935519
天津	Tianjin	11850	11491	8691	8040	11480637	11891259
河北	Hebei	8817	7426	3002	2857	4569978	4895994
山西	Shanxi	3849	3623	667	630	3189867	3196304
内蒙古	Inner Mongolia	3601	3114	862	891	2551906	2580213
辽宁	Liaoning	18164	17960	11793	11714	16596914	18556379
吉林	Jilin	4327	4298	1958	1946	2325302	2388975
黑龙江	Heilongjiang	5426	5039	2035	2048	2094112	2224677
上海	Shanghai	58993	61461	41566	43376	37735308	41376765
江苏	Jiangsu	52959	50461	40189	39851	57285081	62499990
浙江	Zhejiang	29288	29595	21994	22837	20191886	21780979
安徽	Anhui	5427	4466	2482	2441	3288412	3996177
福建	Fujian	23727	23381	17830	17954	13689837	14574439
江西	Jiangxi	6926	7334	5372	5778	4908056	5385714
山东	Shandong	28915	25885	17514	17135	14337447	15811420
河南	Henan	10404	10168	2467	2229	4235283	4634149
湖北	Hubei	7473	8023	3903	3889	5189566	5827377
湖南	Hunan	5257	4882	2294	2293	3495844	3838065
广东	Guangdong	97084	98564	73290	74551	45246597	47864532
广西	Guangxi	4650	3773	2174	2155	2994209	3114288
海南	Hainan	2960	3105	1916	1984	2206628	2707200
重庆	Chongqing	3985	4461	1967	2139	4519372	5369369
四川	Sichuan	10026	9107	3610	3477	5741932	6404530
贵州	Guizhou	2029	1688	639	686	568147	766967
云南	Yunnan	3919	3956	2013	1944	2064109	2256104
西藏	Tibet	298	208	79	82	72594	113079
陕西	Shaanxi	5765	5983	1969	2060	1988763	3112960
甘肃	Gansu	2177	2262	381	391	639371	697873
青海	Qinghai	471	347	123	123	314360	282922
宁夏	Ningxia	579	476	175	150	439928	309821
新疆	Xinjiang	1247	1311	492	526	560249	665476
二、部门合计	**Subtotal of Departments**	**222**	**226**	**222**	**226**	**11354280**	**12045260**

7-9 各地区外商投资企业年末注册资本

Registered Capital of Foreign-funded Enterprise by Region or Department at the Year-end

单位：万美元
Unit: USD 10000

地区、部门	Region/Department	注册资本 Registered Capital		外方注册资本 Registered Foreign Capital	
		2011	2012	2011	2012
总　计	**Total**	**172942962**	**188141484**	**138102850**	**149034975**
一、地区合计	**Subtotal of Regions**	**164852725**	**179521648**	**133031686**	**143808718**
北　京	Beijing	8032655	9070427	6464873	7388339
天　津	Tianjin	6476447	6494937	5440348	5430292
河　北	Hebei	2415585	2574992	1771862	1889480
山　西	Shanxi	1395097	1866757	839670	832826
内蒙古	Inner Mongolia	1356084	1350358	1051053	1042882
辽　宁	Liaoning	10576958	11713070	8648935	9625520
吉　林	Jilin	1301736	1302324	874430	870481
黑龙江	Heilongjiang	1224659	1278848	923126	945091
上　海	Shanghai	22623157	25109166	18412901	20335713
江　苏	Jiangsu	30500878	33013797	26116704	28030215
浙　江	Zhejiang	11700019	12746618	9124313	9713243
安　徽	Anhui	1843327	2070556	1371944	1542587
福　建	Fujian	7538621	8044264	6408865	6803763
江　西	Jiangxi	3128470	3490420	2698940	3012073
山　东	Shandong	8174865	8967905	6161527	6838443
河　南	Henan	2252199	2369677	1626160	1713193
湖　北	Hubei	2931743	3214953	2148624	2398113
湖　南	Hunan	1829534	1964708	1354017	1473955
广　东	Guangdong	26847527	28326899	22068228	23019849
广　西	Guangxi	1608168	1674408	1304664	1363154
海　南	Hainan	1311822	1433695	855096	964062
重　庆	Chongqing	2572875	3115490	2015652	2355786
四　川	Sichuan	3444371	3744499	2591803	2829778
贵　州	Guizhou	323144	419657	254362	329321
云　南	Yunnan	1211051	1338141	920674	1012725
西　藏	Tibet	45730	73919	30602	31797
陕　西	Shaanxi	1210792	1766684	907597	1332940
甘　肃	Gansu	285703	310846	190615	206066
青　海	Qinghai	148794	139350	85992	78956
宁　夏	Ningxia	212998	168918	123569	120667
新　疆	Xinjiang	327717	365367	244538	277406
二、部门合计	**Subtotal of Departments**	**8090237**	**8619836**	**5071164**	**5226257**

7-10 分国别(地区)外商投资企业年末登记数及投资额

Number and Investment of Registered Enterprises with Foreign Capital by Country or Region at the Year-end

国别(地区)	Country/Region	企业数(户) Number of Enterprise (unit)		投资总额(万美元) Total Investment (USD 10000)	
		2011	2012	2011	2012
总　计	**Total**	**288856**	**291960**	**299312402**	**326104777**
亚洲	**Asia**	**211692**	**215086**	**204502045**	**226593201**
阿富汗	Afghanistan	47	117	3541	3852
巴林	Bahrain	11	11	1316	1036
孟加拉国	Bangladesh	48	53	14394	12869
不丹	Bhutan	2	2	584	584
文莱	Brunei	1351	1352	621608	696672
缅甸	Myanmar	83	82	28213	34226
柬埔寨	Kampuchea	55	48	57748	33771
塞浦路斯	Cyprus	92	99	184501	187435
朝鲜	Korea DPR	103	122	10854	11632
中国香港	Hong Kong, China	122317	125074	145616038	160664876
印度	India	447	626	144660	182374
印度尼西亚	Indonesia	614	580	546181	779374
伊朗	Iran	251	314	36927	35749
伊拉克	Iraq	70	81	7874	7655
以色列	Israel	168	192	82711	85130
日本	Japan	22790	23094	19478699	21901453
约旦	Jordan	108	127	6445	7613
科威特	Kuwait	20	17	2175	1011
老挝	Laos	16	16	11120	11120
黎巴嫩	Lebanon	89	104	5620	6082
中国澳门	Macao, China	4466	4379	1765123	1762824
马来西亚	Malaysia	1840	1796	1716667	1747052
蒙古	Mongolia	49	57	18386	19165
尼泊尔	Nepal	44	53	1575	1513
阿曼	Oman	4	4	217	217
巴基斯坦	Pakistan	188	269	17033	22085
巴勒斯坦	Palestine	19	22	614	10620
菲律宾	Philippines	998	955	490942	471244
卡塔尔	Qatar	6	6	1038	649
沙特阿拉伯	Saudi Arabia	83	88	874214	876541
新加坡	Singapore	8729	8849	13558510	14855373
韩国	Korea	18082	17541	9505918	10565598
斯里兰卡	Sri Lanka	17	21	1810	1660
叙利亚	Syria	102	125	6070	5140
泰国	Thailand	789	746	707851	754997
土耳其	Turkey	211	244	50872	56921
阿联酋	United Arab Emirates	348	360	187066	193693
也门共和国	Yemen	112	132	3191	3280
越南	Vietnam	50	46	8749	7352
中国台湾	Taiwan, China	25470	25008	6896547	7077535
哈萨克	Kazakhstan	101	100	22310	19880
吉尔吉斯	Kirghizia	20	22	2835	2590
塔吉克	Tadzhikistan	5	6	61	69
土库曼	Turkmenistan	2	2	38	38
乌兹别克	Uzbekistan	18	15	2348	303
亚洲其他国家(地区)	Oth. Asia. Nes	1257	2129	1800851	3472350

7-10 续表 1 Continued 1

国别(地区)	Country/Region	企业数 (户) Number of Enterprise (unit)		投资总额 (万美元) Total Investment (USD 10000)	
		2011	2012	2011	2012
非洲	**Africa**	**3688**	**3918**	**4029365**	**4221718**
阿尔及利亚	Algeria	48	50	6737	2794
安哥拉	Angola	15	16	5425	5969
贝宁	Benin	5	5	2778	2778
博茨瓦那	Botswana	5	4	923	162
布隆迪	Burundi	2	1	330	30
喀麦隆	Cameroon	20	20	1144	595
佛得角	Cape Verde	5	3	1916	966
中非	Central African	5	4	9188	1190
乍得	Chad	6	5	631	605
刚果	Congo	2	5	55	72
吉布提	Djibouti	4	4	431	431
埃及	Egypt	94	132	19167	20028
赤道几内亚	Eq.Guinea	3	2	716	516
埃塞俄比亚	Ethiopia	13	12	846	521
加蓬	Gabon	7	7	4985	4985
冈比亚	Gambia	9	10	5825	5761
加纳	Ghana	15	22	5719	7243
几内亚	Guinea	16	24	2154	2257
几内亚(比绍)	Guinea Bissau	5	3	5422	5366
科特迪瓦共和国	Coted'Lvoire	2	2	87	87
肯尼亚	Kenya	13	13	2764	3244
利比里亚	Liberia	20	21	17629	17741
利比亚	Libya	21	24	12512	18162
马达加斯加	Madagascar	18	15	4279	3829
马拉维	Malawi	2	2	48	48
马里	Mali	17	19	315	303
毛里塔尼亚	Mauritania	5	9	12625	2958
毛里求斯	Mauritius	1844	1815	3223783	3353289
摩洛哥	Morocco	8	14	1051	2085
纳米比亚	Namibia	11	11	2082	2082
尼日尔	Niger	5	7	2486	2488
尼日利亚	Nigeria	100	107	32463	33056
卢旺达	Rwanda	1	1	10	10
塞内加尔	Senegalese	5	7	263	107
塞舌尔	Seychelles	934	1110	461708	546568
塞拉利昂	Sierra Leone	15	17	2240	2275
索马里	Somalia	10	10	533	393
南非	S.Africa	271	262	107531	103732
苏丹	Sudan	14	30	1164	1264
坦桑尼亚	Tanzania	10	9	1143	881
多哥	Togo	7	6	442	445
突尼斯	Tunisia	14	17	7721	7786
乌干达	Uganda	8	10	1368	2398
布基纳法索	Burkina Faso	2	2	302	302
民主刚果	Gongo DR	2	2	20	20
赞比亚	Zambia	20	18	23198	22185
津巴布韦	Zimbabwe	6	8	1590	2330
莱索托	Lesotho	1	1	71	71
厄立特里亚	Eritrea	3	3	1612	867
非洲其他国家(地区)	Oth. Afr. Nes	20	17	31933	28442

7-10 续表 2 Continued 2

国别(地区)	Country/Region	企业数 (户) Number of Enterprise (unit)		投资总额 (万美元) Total Investment (USD 10000)	
		2011	2012	2011	2012
欧洲	**Europe**	**19924**	**20350**	**25450515**	**27433413**
比利时	Belgium	376	381	258957	276587
丹麦	Denmark	459	486	587490	633470
英国	United Kingdom	3296	3282	4010968	4140242
德国	Germany	4271	4417	7491111	8121741
法国	France	2115	2142	3869329	4162256
爱尔兰	Ireland	157	167	195616	232449
意大利	Italy	2133	2174	1229824	1272331
卢森堡	Luxembourg	246	263	677133	701555
荷兰	Netherlands	1562	1574	3373564	3656604
希腊	Greece	55	55	21209	20799
葡萄牙	Portugal	77	73	45547	42565
西班牙	Spain	994	1000	595926	641761
阿尔巴尼亚	Albania	8	8	257	257
安道尔	Andorra	2	3	108	10808
奥地利	Austria	455	458	424436	500426
保加利亚	Bulgaria	32	28	13532	9133
芬兰	Finland	251	265	219631	251538
直布罗陀	Gibraltar	7	7	951	951
匈牙利	Hungary	216	203	64220	60450
冰岛	Iceland	13	12	4108	4078
列支敦士登	Liechtenstein	19	19	4140	4845
马耳他	Malta	13	11	6321	3047
摩纳哥	Monaco	5	9	711	1079
挪威	Norway	222	229	88432	88731
波兰	Poland	111	117	28582	26019
罗马尼亚	Romania	124	118	37161	37463
圣马力诺	San Marino	2	2	1127	1962
瑞典	Sweden	682	715	636500	712147
瑞士	Switzerland	929	968	1158339	1386584
爱沙尼亚	Estonia	4	4	44	429
拉脱维亚	Latvia	5	3	2800	2760
立陶宛	Lithuania	10	11	989	370
格鲁吉亚	Georgia	4	5	138	342
亚美尼亚	Armenia	3	6	12162	3040
阿塞拜疆	Azerbaijan	14	19	1602	1701
白俄罗斯	Byelorussia	23	23	4489	4502
摩尔多瓦	Moldavia	1	2	150	10150
俄罗斯	Russia	664	654	128714	110428
乌克兰	Ukraine	58	57	10731	8541
南斯拉夫	Yugoslavia	11	10	1769	1748
斯洛文尼亚	Slovenia	20	22	4413	4317
克罗地亚	Croatia	9	9	5358	1329
捷克	Czech Rep.	131	129	64319	63689
斯洛伐克	Slovak Rep.	24	28	8679	15454
波黑	Bosnia & Herzegovina	2	2	63	63
欧洲其他国家(地区)	Oth. Euo. Nes	109	180	158865	202670
拉丁美洲	**Latin America**	**17447**	**16961**	**38748652**	**39480048**
安提瓜和巴布达	Antigua & Barbuda	1	1	100	100
阿根廷	Argentina	98	96	27628	27819
阿鲁巴岛	Afrubs.Is	2	1	484	48
巴哈马	Bahamas	101	97	151941	161099
巴巴多斯	Barbados	277	272	1279071	1315829
伯利兹	Belize	124	123	79034	85616
玻利维亚	Bolivia	24	17	4334	2924
巴西	Brazil	192	193	132456	125344

7-10 续表 3 Continued 3

国别(地区)	Country/Region	企业数 (户) Number of Enterprise (unit)		投资总额 (万美元) Total Investment (USD 10000)	
		2011	2012	2011	2012
开曼群岛	Cayman Is.	1962	1928	6692168	6626482
智利	Chile	74	76	14695	19874
哥伦比亚	Colombia	15	17	6098	6146
多米尼克	Dominica	10	9	3474	6594
哥斯达黎加	Costa Rica	9	9	886	658
古巴	Cuba	8	5	33653	31512
多米尼加共和国	Dominican Rep.	16	11	6562	2643
厄瓜多尔	Ecuador	14	14	1034	836
格林纳达	Grenada	2	1	5061	63
危地马拉	Guatemala	5	5	424	424
圭亚那	Guyana	1	1	13	13
海地	Haiti	1	1	22	22
洪都拉斯	Honduras	19	17	18054	18021
牙买加	Jamaica	10	9	2370	2321
马提尼克岛	Martinique	2	1	34	20
墨西哥	Mexico	61	64	25908	26778
巴拿马	Panama	164	162	149784	146985
巴拉圭	Paraguay	16	14	8026	2534
秘鲁	Peru	22	22	6807	9678
波多黎各	Puerto Rico	1	1	14	14
圣文森特和格林纳丁斯	Saint Vincent & Grenadines	9	9	14178	14191
萨尔瓦多	Salvador	2	2	34	34
苏里南	Suriname	8	8	4720	4350
特立尼达和多巴哥	Trinidad & Tobago	4	4	2166	2243
特克斯和凯科斯群岛	Turks & Caicos Is.	9	8	3846	3796
乌拉圭	Uruguay	11	11	4480	4637
委内瑞拉	Venezuela	43	44	14594	14938
维尔京群岛	Br. Virgin Is.	13840	13573	29777404	30633943
圣其茨--尼维斯	St. Kitts-Nevis	8	7	6107	4507
拉丁美洲其他国家(地区)	Oth. L. Amer. Nes	282	128	270989	177014
北美洲	**North America**	**25581**	**24784**	**17620884**	**18376133**
加拿大	Canada	4387	4232	1866760	1802405
美国	United States	20855	20210	14175308	14838155
格陵兰	Greenland	3	3	1423	1423
百慕大	Bermuda	282	286	1450630	1574033
北美洲其他国家(地区)	Oth.N.Amer.nes	54	53	126764	160118
大洋洲及太平洋岛屿	**Oceanic and Pacific Is.**	**8842**	**9420**	**6548316**	**7672028**
澳大利亚	Australia	3413	3317	1712313	1734858
库克群岛	Cook Is.	19	19	18273	18273
斐济	Fiji	10	9	441	391
瑙鲁	Nauru	3	3	437	437
新喀里多尼亚	New Caledonia	2	1	810	84
瓦努阿图	Vanuatu	17	17	18458	19051
新西兰	New Zealand	718	686	320548	335071
巴布亚新几内亚	Papua New Guinea	2	2	1020	1020
社会群岛	Society Is.	1	1	10	10
所罗门群岛	Solomon Is.	1	1	45	45
汤加	Tonga	6	5	1158	1055
萨摩亚	Samoa	3899	4021	3731641	4107398
基里巴斯	Kiribati	2	2	15230	15230
图瓦卢	Tuvalu	2	2	249	249
马绍尔群岛	Marshall Is.	89	92	107246	112783
大洋洲其他国家(地区)	Other Countries (Regions) in Oceania	658	1242	620438	1326072
其他	**Others**	**1682**	**1441**	**2412624**	**2328236**

7-11 分国别(地区)外商投资企业年末注册资本

Registered Capital of Foreign-funded Enterprise by Country or Region at the Year-end

单位：万美元
Unit: USD 10000

国别(地区)	Country/Region	注册资本 Registered Capital		外方注册资本 Registered Foreign Capital	
		2011	2012	2011	2012
总　计	**Total**	**172942962**	**188141484**	**138102850**	**149034975**
亚洲	**Asia**	**120673156**	**133607051**	**96452931**	**106021337**
阿富汗	Afghanistan	2386	2693	1806	2231
巴林	Bahrain	1022	743	841	594
孟加拉国	Bangladesh	11298	10603	10819	10270
不丹	Bhutan	342	342	90	90
文莱	Brunei	376825	392520	359736	372331
缅甸	Myanmar	16593	19617	11174	13591
柬埔寨	Kampuchea	33789	23834	25262	15776
塞浦路斯	Cyprus	104129	105291	31884	32827
朝鲜	Korea DPR	7575	8243	4289	4538
中国香港	Hong Kong, China	87413308	96757154	69571017	76299568
印度	India	76658	95959	69421	87721
印度尼西亚	Indonesia	342379	365990	225713	251719
伊朗	Iran	26148	25822	19437	18544
伊拉克	Iraq	5010	4838	4331	4154
以色列	Israel	56345	60826	36151	37483
日本	Japan	10967049	12191847	8708132	9739650
约旦	Jordan	4464	6584	4184	6404
科威特	Kuwait	1958	874	1286	659
老挝	Laos	8499	8499	5720	5720
黎巴嫩	Lebanon	3982	4466	2696	3085
中国澳门	Macao, China	1181772	1145821	1004887	961449
马来西亚	Malaysia	873509	903559	681755	714127
蒙古	Mongolia	11271	9184	8215	6199
尼泊尔	Nepal	1483	1419	1048	910
阿曼	Oman	197	197	185	185
巴基斯坦	Pakistan	12597	16769	9403	13665
巴勒斯坦	Palestine	535	10543	404	6220
菲律宾	Philippines	318280	313642	291558	285326
卡塔尔	Qatar	579	403	494	318
沙特阿拉伯	Saudi Arabia	306747	309240	162678	165300
新加坡	Singapore	7345984	8102000	6076864	6752036
韩国	Korea	5029380	5446086	4076057	4443519
斯里兰卡	Sri Lanka	1189	1089	911	811
叙利亚	Syria	4554	3737	4023	3234
泰国	Thailand	437007	491033	343956	386253
土耳其	Turkey	32444	36455	29277	32839
阿联酋	United Arab Emirates	107746	114205	90270	93456
也门共和国	Yemen Rep.	2720	2817	2662	2770
越南	Vietnam	7259	5870	5781	4410
中国台湾	Taiwan, China	4503619	4602622	3855079	3901813

7-11 续表 1 continued 1

单位：万美元

Unit: USD 10000

国别(地区)	Country/Region	注册资本 Registered Capital		外方注册资本 Registered Foreign Capital	
		2011	2012	2011	2012
哈萨克	Kazakhstan	18487	16588	15123	13219
吉尔吉斯	Kirghizia	2125	1860	1752	1460
塔吉克	Tadzhikistan	52	60	45	51
土库曼斯坦	Turkmenistan	38	38	38	38
乌兹别克	Uzbekistan	1288	253	1181	169
亚洲其他国家(地区)	Oth. Asia. Nes	1012534	1984816	695296	1324604
非洲	**Africa**	**2191597**	**2283333**	**1815992**	**1878271**
阿尔及利亚	Algeria	5922	2367	5297	1936
安哥拉	Angola	5114	5575	5065	5551
贝宁	Benin	1770	1770	1480	1480
博茨瓦那	Botswana	506	131	221	128
布隆迪	Burundi	330	30	330	30
喀麦隆	Cameroon	950	550	921	521
佛得角	Cape Verde	1393	863	1275	820
中非	Central African	4881	683	4881	683
乍得	Chad	393	374	393	374
刚果	Congo	55	72	31	48
吉布提	Djibouti	431	431	431	431
埃及	Egypt	10579	10980	9778	10218
赤道几内亚	Eq.Guinea	709	509	482	282
埃塞俄比亚	Ethiopia	806	489	806	489
加蓬	Gabon	2232	2232	1604	1604
冈比亚	Gambia	3015	3031	2484	2501
加纳	Ghana	2597	3741	2177	3459
几内亚	Guinea	1615	1718	1314	1417
几内亚(比绍)	Guinea Bissau	3915	3865	3289	3239
科特迪瓦	Coted'Lvoire	74	74	74	74
肯尼亚	Kenya	1715	2195	1393	1873
利比里亚	Liberia	7890	7969	4353	4409
利比亚	Libya	6020	7831	3662	3698
马达加斯加	Madagascar	3879	3489	3478	3088
马拉维	Malawi	35	35	35	35
马里	Mali	288	276	288	276
毛里塔尼亚	Mauritania	4579	1256	4579	1256
毛里求斯	Mauritius	1716480	1779728	1408978	1449425
摩洛哥	Morocco	949	1482	562	1095
纳米比亚	Namibia	1173	1173	1048	1048
尼日尔	Niger	1531	1533	1004	1006
尼日利亚	Nigeria	20893	22112	17799	19094
卢旺达	Rwanda	7	7	4	4
塞内加尔	Senegal	199	64	199	64
塞舌尔	Seychelles	267791	310515	231784	269959

7-11 续表 2 continued 2

单位：万美元
Unit: USD 10000

国别(地区)	Country/Region	注册资本 Registered Capital		外方注册资本 Registered Foreign Capital	
		2011	2012	2011	2012
塞拉利昂	Sierra Leone	1803	1839	659	695
索马里	Somalia	495	355	469	329
南非	S.Africa	73456	68355	62161	55476
苏丹	Sudan	697	793	420	511
坦桑尼亚	Tanzania	773	593	653	473
多哥	Togo	346	349	142	144
突尼斯	Tunisia	3167	3217	2452	2502
乌干达	Uganda	1291	2321	1156	2186
布基纳法索	Burkina Faso	257	257	257	257
民主刚果	Gongo DR	20	20	20	20
赞比亚	Zambia	9213	8200	8789	8079
津巴布韦	Zimbabwe	1140	1540	615	1015
莱索托	Lesotho	50	50	50	50
厄立特里亚	Eritrea	669	867	537	867
非洲其他国家(地区)	Oth. Afr. Nes	17505	15429	16112	14055
欧洲	**Europe**	**13319473**	**14324338**	**10267844**	**10958500**
比利时	Belgium	144896	150105	104657	110952
丹麦	Denmark	331727	348945	307591	323647
英国	United Kingdom	2308998	2363498	1731776	1687589
德国	Germany	3556731	3864362	2656326	2920747
法国	France	2026050	2223198	1487334	1581977
爱尔兰	Ireland	91059	103865	87093	97418
意大利	Italy	711821	713596	511201	517403
卢森堡	Luxembourg	314375	357360	238976	269747
荷兰	Netherlands	1712055	1836313	1363523	1462311
希腊	Greece	14483	14345	9632	9503
葡萄牙	Portugal	22029	20346	15328	14436
西班牙	Spain	339124	352324	279158	293239
阿尔巴尼亚	Albania	250	250	195	195
安道尔	Andorra	102	6602	55	6555
奥地利	Austria	208892	259295	178208	224343
保加利亚	Bulgaria	8265	4851	7576	4398
芬兰	Finland	108060	124594	91577	104986
直布罗陀	Gibraltar	880	880	855	855
匈牙利	Hungary	38748	36340	30529	27732
冰岛	Iceland	2881	2851	2750	2720
列支敦士登	Liechtenstein	2289	2650	1550	1896
马耳他	Malta	2877	1780	2154	1601
摩纳哥	Monaco	533	825	191	346
挪威	Norway	48684	48840	40847	40918
波兰	Poland	21421	18978	13513	12037
罗马尼亚	Romania	21305	22380	13784	15366
圣马力诺	San Marino	775	1141	775	1141

7-11 续表 3 continued 3

单位：万美元
Unit: USD 10000

国别(地区)	Country/Region	注册资本 Registered Capital		外方注册资本 Registered Foreign Capital	
		2011	2012	2011	2012
瑞典	Sweden	389102	427635	338755	377612
瑞士	Switzerland	622744	743684	543511	643274
爱沙尼亚	Estonia	41	326	40	325
拉脱维亚	Latvia	1236	1210	1226	1210
立陶宛	Lithuania	931	310	884	263
格鲁吉亚	Georgia	126	330	46	150
亚美尼亚	Armenia	4126	3040	1668	3040
阿塞拜疆	Azerbaijan	1003	1101	632	730
白俄罗斯	Byelorussia	3008	3024	1460	1476
摩尔多瓦	Moldavia	117	3917	47	1567
俄罗斯	Russia	86516	75349	59286	51275
乌克兰	Ukraine	9647	7589	7073	5132
南斯拉夫	Yugoslavia	1167	1152	983	978
斯洛文尼亚	Slovenia	2712	2647	2404	2041
克罗地亚	Croatia	4560	861	4125	317
捷克	Czech	40934	40611	28185	28039
斯洛伐克	Slovak	4267	7336	3478	6234
波黑	Bosnia & Herzegovina	63	63	28	28
欧洲其他国家(地区)	Oth. Euo. Nes	107864	123638	96860	100752
拉丁美洲	**Latin America**	**20883214**	**21086890**	**17605477**	**17663751**
安提瓜和巴布达	Antigua & Barbuda	100	100		
阿根廷	Argentina	19561	20255	14368	14987
阿鲁巴岛	Aruba Is.	354	48	318	12
巴哈马	Bahamas	77757	80344	52227	54898
巴巴多斯	Barbados	694569	730666	537075	555947
伯利兹	Belize	45104	47947	41589	42160
玻利维亚	Bolivia	2946	1895	2443	1417
巴西	Brazil	75624	69648	54862	50109
开曼群岛	Cayman Is.	3409527	3417817	3063274	3037847
智利	Chile	9718	12586	6919	9553
哥伦比亚	Colombia	2905	2941	2888	2924
多米尼克	Dominica	2822	6366	2522	5166
哥斯达黎加	Costa Rica	794	632	546	384
古巴	Cuba	18548	19771	9208	9423
多米尼加共和国	Dominican Rep.	4722	2375	4597	1858
厄瓜多尔	Ecuador	906	708	813	614
格林纳达	Grenada	1715	45	1715	45
危地马拉	Guatemala	397	397	368	368
圭亚那	Guyana	13	13	13	13
海地	Haiti	22	22	22	22
洪都拉斯	Honduras	10052	10023	9491	9480
牙买加	Jamaica	1628	1594	1518	1484

7-11 续表 4 continued 4

单位：万美元
Unit: USD 10000

国别(地区)	Country/Region	注册资本 Registered Capital		外方注册资本 Registered Foreign Capital	
		2011	2012	2011	2012
马提尼克岛	Martinique	30	20	30	20
墨西哥	Mexico	17366	13824	15891	11497
巴拿马	Panama	83730	81885	71131	70217
巴拉圭	Paraguay	5796	2268	4071	846
秘鲁	Peru	4079	6267	3387	5570
波多黎各	Puerto Rico	10	10	10	10
圣文森特和格林纳丁斯	Saint Vincent & Grenadines	11818	11827	7709	7978
萨尔瓦多	El Salvador	30	30	30	30
苏里南	Suriname	3200	2830	2770	2622
特立尼达和多巴哥	Trinidad & Tobago	1142	1193	1112	1193
特克斯和凯科斯群岛	Turks & Caicos Is.	3277	3228	2027	1978
乌拉圭	Uruguay	1852	1962	1468	1578
委内瑞拉	Venezuela	9914	10067	9425	9664
维尔京群岛	Virgin Is.	16218770	16417217	13548324	13649815
圣其茨--尼维斯	St. Kitts-Nevis	3372	2517	2836	1981
拉丁美洲其他国家(地区)	Oth. Amer. Nes	139043	105554	128480	100039
北美洲	**North America**	**10569003**	**10933451**	**7792133**	**7852129**
加拿大	Canada	1127260	1119822	834176	812838
美国	United States	8561545	8870701	6198105	6223415
格陵兰	Greenland	872	872	250	250
百慕大	Bermuda	791129	830794	673866	708353
北美洲其他国家(地区)	Oth.N.Amer.nes	88198	111262	85736	107273
大洋洲及太平洋岛屿	**Oceanic and Pacific Is.**	**3746135**	**4286512**	**3179630**	**3660926**
澳大利亚	Australia	1044970	1094203	737114	748121
库克群岛	Cook Is.	8856	8856	8556	8556
斐济	Fiji	362	324	212	201
瑙鲁	Nauru	357	357	335	335
新喀里多尼亚	New Caledonia	447	84	422	59
瓦努阿图	Vanuatu	14514	14326	12611	11979
新西兰	New Zealand	205776	241723	156097	185011
巴布亚新几内亚	Papua New Guinea	540	540	498	498
社会群岛	Society Is.	10	10	10	10
所罗门群岛	Solomon Is.	45	45	45	45
汤加	Tonga	999	986	606	582
萨摩亚	Samoa	2013710	2139710	1856690	1987949
基里巴斯	Kiribati	5170	5170	5108	5108
图瓦卢	Tuvalu	249	249	144	144
马绍尔群岛	Marshall Is.	72916	72181	64459	58944
大洋洲其他国家(地区)	Other Countries (Regions) in Oceania	377215	707748	336723	653385
其他	**Others**	**1560383**	**1619909**	**988843**	**1000062**

对外合作

INTERNATIONAL COOPERATION

第8篇

8-1 对外经济合作概况

Foreign Economic Cooperation

年 份 Year	对外承包工程 Foreign Engineering Projects				对外劳务合作 Foreign Labour Services	
	合同数 (份) Contract Number (unit)	合同金额 (亿美元) Contract Value (USD 100 million)	完成营业额 (亿美元) Turnover (USD 100 million)	年末在外人数 (万人) Persons Abroad by the End of Year (10000 person)	派出劳务人数 (万人) Dispatched Labor (10000 person)	年末在外人数 (万人) Persons Abroad by the End of Year (10000 person)
1979	27	0.33				
1980	138	1.40	1.23			
1981	250	2.76				
1982	195	3.46	1.00			
1983	280	7.99	1.89			
1984	344	15.38	4.94	2.19		2.76
1985	465	11.16	6.63	3.06		2.49
1986	486	11.89	8.19	2.74		1.90
1987	616	16.48	11.14	3.13		3.19
1988	642	18.13	12.53	3.00		3.98
1989	776	17.81	14.84	2.40		4.31
1990	920	21.25	16.44	2.18		3.61
1991	1171	25.24	19.70	2.15		6.83
1992	1164	52.51	24.03	2.54		10.56
1993	1393	51.89	36.68	3.42		13.09
1994	1702	60.27	48.83	3.83		18.43
1995	1558	74.84	51.08	3.84		22.59
1996	1634	77.28	58.21	3.88		24.66
1997	2085	85.16	60.36	4.78		28.55
1998	2322	92.43	77.69	6.11		29.08
1999	2527	101.99	85.22	5.53		32.65
2000	2597	117.19	83.79	5.56		36.93
2001	5836	130.39	88.99	6.00		41.47
2002	4036	150.55	111.94	7.85		41.04
2003	3708	176.67	138.37	9.40		42.97
2004	6694	238.44	174.68	11.47	17.30	41.94
2005	9502	296.14	217.63	14.48	18.34	41.87
2006	12996	660.05	299.93	19.86	21.48	47.52
2007	6282	776.21	406.43	23.60	21.49	50.51
2008	5411	1045.62	566.12	27.16	22.49	46.71
2009	7280	1262.10	777.06	32.69	18.01	45.03
2010	9544	1343.67	921.70	37.65	18.68	47.01
2011	6381	1423.32	1034.24	32.40	20.91	48.84
2012	6710	1565.29	1165.97	34.46	27.84	50.56

注：自2011年起，商务部不再公布对外劳务合作项下合同数、合同金额以及完成营业额数据。

Note: Since 2011,Ministry of Commerce do not publish the number of projects contracted,contracted value and turnover fultilled data of Labor Services.

8-2 分国别(地区)对外承包工程合同数量及金额

Contracts Signed for Foreign Engineering Projects by Country or Region

国别(地区)	Country/Region	2011		2012	
		合同(份) Nunber of Contracts (unit)	金额(万美元) Contract Value (USD 10000)	合同(份) Nunber of Contracts (unit)	金额(万美元) Contract Value (USD 10000)
合　计	**Total**	**6381**	**14233229**	**6710**	**15652922**
亚 洲	**Asia**	**2838**	**6968663**	**2753**	**6522067**
阿富汗	Afghanistan	4	6315	8	17478
巴林	Bahrain	1	205	1	367
孟加拉国	Bangladesh	48	58615	54	260758
文莱	Brunei	8	19952	9	765
缅甸	Myanmar	111	370243	107	180229
柬埔寨	Cambodia	81	50467	59	295579
塞浦路斯	Cyprus	1	340	1	480
朝鲜	Korea DPR	12	462	26	5780
中国香港	Hong Kong, China	94	449436	120	540277
印度	India	227	1406451	308	452169
印度尼西亚	Indonesia	243	342264	243	480247
伊朗	Iran	166	295686	78	465826
伊拉克	Iran	72	196622	86	364101
以色列	Israel	2	19512	2	28
日本	Japan	156	27962	127	49407
约旦	Jordan	2	26	1	2014
科威特	Kuwait	24	155334	23	176937
老挝	Laos	42	300054	71	192062
中国澳门	Macao, China	19	81560	27	75110
马来西亚	Malaysia	40	296439	72	361464
马尔代夫	Maldives	4	1630	2	16013
蒙古	Mongolia	93	84011	96	339674
尼泊尔	Nepal	22	23299	14	16255
阿曼	Oman	20	25590	15	29013
巴基斯坦	Pakistan	67	309571	108	234785
菲律宾	Philippines	107	62379	63	101813
卡塔尔	Qatar	15	190517	8	44090
沙特阿拉伯	Saudi Arabia	141	451254	114	398830
新加坡	Singapore	147	229331	77	206473
韩国	Korea	116	20004	77	19422
斯里兰卡	Sri Lanka	30	152563	49	104744
叙利亚	Syria	45	29986	7	12402
泰国	Thailand	78	171661	91	79144
土耳其	Turkey	67	258679	75	85705
阿联酋	United Arab Emirates	60	105577	60	112673
也门共和国	Yemen Rep.	19	29880	12	6224
越南	Vietnam	167	303007	137	385400
中国台湾	Taiwan, China	15	4961	40	3639
东帝汶	Timor Leste	14	5926	4	1683
哈萨克斯坦	Kazakhstan	190	258468	179	212795
吉尔吉斯斯坦	Kirghizia	10	7167	15	15018
塔吉克斯坦	Tadzhikistan	11	16886	5	13452
土库曼斯坦	Turkmenistan	20	77496	20	84651
乌兹别克斯坦	Uzbekistan	27	70875	61	67557
亚洲其他国家	Other Countries(Regions) in Asia			1	9534

8-2 续表 1 Continued 1

国别(地区)	Country/Region	2011		2012	
		合同(份) Nunber of Contracts (unit)	金额(万美元) Contract Value (USD 10000)	合同(份) Nunber of Contracts (unit)	金额(万美元) Contract Value (USD 10000)
非洲	**Africa**	**2503**	**4576706**	**2557**	**6404698**
阿尔及利亚	Algeria	108	645847	161	503696
安哥拉	Angola	312	442570	308	976810
贝宁	Benin	9	6535	10	32361
博茨瓦纳	Botswana	31	61360	24	20191
布隆迪	Burundi	3	3117	6	8418
喀麦隆	Cameroon	93	148757	103	79256
佛得角	Cape Verde	6	954	4	3672
中非	Central African	5	6295	4	4404
乍得	Chad	38	170267	45	113701
科摩罗	Comoros	5	1311		6050
刚果(布)	Congo	39	87197	77	149335
吉布提	Djibouti	6	3217	7	25588
埃及	Egypt	21	127033	38	75982
赤道几内亚	Eq. Guinea	47	114090	55	217281
埃塞俄比亚	Ethiopia	143	601060	152	523087
加蓬	Gabon	24	60294	20	132074
冈比亚	Gambia		68	1	55
加纳	Ghana	48	157001	48	205756
几内亚	Guinea	39	132732	37	42980
几内亚(比绍)	Guinea Bissau	9	3114	12	3609
科特迪瓦	Cote d'Ivoire	7	14642	9	71836
肯尼亚	Kenya	80	117373	80	337509
利比里亚	Liberia	33	7631	50	40178
利比亚	Libya	14	77222	9	5257
马达加斯加	Madagascar	24	14876	13	13055
马拉维	Malawi	13	1810	17	4811
马里	Mali	25	54830	6	46527
毛里塔尼亚	Mauritania	16	15380	6	4879
毛里求斯	Mauritius	25	24174	31	14066
摩洛哥	Morocco	22	32103	20	34354
莫桑比克	Mozambique	35	44187	48	152642
纳米比亚	Namibia	21	22601	35	18169
尼日尔	Niger	38	44634	27	85340
尼日利亚	Nigeria	230	348431	206	1021146
卢旺达	Rwanda	12	4554	15	21113
圣多美和普林西比	Sao Tome and Principe				128
塞内加尔	Senegal	22	27574	21	52901
塞舌尔	Seychelles	12	5442	8	5433
塞拉利昂	Sierra Leone	14	15488	8	30632
索马里	Somali	1	5	5	835
南非	S. Africa	33	47538	23	79121
苏丹	Sudan	234	197698	224	174599
坦桑尼亚	Tanzania	55	96992	84	125997
多哥	Togo	8	23116	8	24290
突尼斯	Tunisia	9	6333	15	6597
乌干达	Uganda	29	99680	48	36816
布基纳法索	Burkina Faso	2	51		
刚果(金)	Congo DR	40	190765	42	47473
赞比亚	Zambia	311	201199	232	205696
津巴布韦	Zimbabwe	131	39639	115	128004
莱索托	Lesotho	11	10942	9	12429
斯威士兰	Swaziland	2	10		
厄立特里亚	Eritrea	5	11299	3	26116
南苏丹共和国	Republic of South Sudan	3	5668	28	452443

8-2 续表 2 Continued 2

国别(地区)	Country/Region	2011		2012	
		合 同 (份) Nunber of Contracts (unit)	金 额 (万美元) Contract Value (USD 10000)	合 同 (份) Nunber of Contracts (unit)	金 额 (万美元) Contract Value (USD 10000)
欧洲	**Europe**	**302**	**718509**	**435**	**866458**
比利时	Belgium	5	2264	23	35074
丹麦	Denmark	1	499	3	2940
英国	United Kingdom	15	44140	23	59730
德国	Germany	18	46987	30	66745
法国	France	46	84874	15	135319
意大利	Italy	10	10341	22	10456
荷兰	Netherlands	8	11453	19	54901
希腊	Greece	6	8166	10	37549
葡萄牙	Portugal	5	4319	5	6261
西班牙	Spain	10	21798	16	23824
阿尔巴尼亚	Albania	2	111	1	29
奥地利	Austria	5	4252	7	13512
保加利亚	Bulgaria	5	1729	11	25203
芬兰	Finland		688	2	138
匈牙利	Hungary	5	4124	5	3087
马耳他	Malta	1	4	1	139
挪威	Norway			3	13314
波兰	Poland	5	1490	16	9462
罗马尼亚	Romania	6	7266	15	30805
瑞典	Sweden	8	3438	5	4287
瑞士	Switaerland	1	736	3	765
爱沙尼亚	Estonia	2	4643	2	33
格鲁吉亚	Georgia	9	14617	11	15244
亚美尼亚	Armenia	3	8109	1	55
阿塞拜缰	Azerbaijan	16	32648	20	10363
白俄罗斯	Byelorussia	12	199540	13	16040
摩尔多瓦	Moldavia	1	4	5	6695
俄罗斯	Russia	80	137761	131	223562
乌克兰	Ukraine	6	15372	6	25173
捷克	Czech Rep.	5	3284	7	8009
波黑	Bosnia and Hercegovina	1	41624	1	5491
塞尔维亚	Serbia	2	1178	1	18830
欧洲其他国家(地区)	Other Countries(Regions) in Europe	3	1050	2	3423

8-2 续表 3 Continued 3

国别(地区)	Country/Region	2011		2012	
		合同(份) Nunber of Contracts (unit)	金额(万美元) Contract Value (USD 10000)	合同(份) Nunber of Contracts (unit)	金额(万美元) Contract Value (USD 10000)
拉丁美洲	**Latin America**	**412**	**1667191**	**743**	**1465699**
安提瓜和巴布达	Antigua Barbuda	5	4636	4	292
阿根廷	Argentina	27	32396	21	28732
巴哈马	Bahamas	2	202602		331
巴巴多斯	Barbados	3	583	1	125
玻利维亚	Bolivia	13	33996	13	19271
巴西	Brazil	76	214805	130	180085
智利	Chile	14	30126	21	17698
哥伦比亚	Colombia	27	26354	149	56588
多米尼克	Dominica	1	4036	1	14
哥斯达黎加	CostaRica	9	9757	5	2529
古巴	Cuba	14	464332	72	12024
多米尼加共和国	Dominican Rep.	14	1473	5	335
厄瓜多尔	Ecuador	24	67985	27	130896
格林纳达	Grenada	1	96	1	5
危地马拉	Guatemala	4	944		
圭亚那	Guyana	3	14646		55754
洪都拉斯	Honduras	1	5050	4	38561
牙买加	Jamaica	5	20670	2	54558
墨西哥	Mexico	26	86765	28	63828
尼加拉瓜	Nicaragua	3	87	1	18330
巴拿马	Panama	6	3155	13	12315
巴拉圭	Paraguay	2	21	2	103
秘鲁	Peru	32	13420	54	24142
圣文森特和格林纳丁斯	Saint Vincent & Grenadines		588	1	350
苏里南	Suriname	5	5538	3	302
特立尼达和多巴哥	Trinidad & Tobago	3	5178	8	11598
乌拉圭	Uruguay	15	211	17	1293
委内瑞拉	Venezuela	77	417741	160	735640
北美洲	**North America**	**178**	**132608**	**56**	**180626**
加拿大	Canada	17	18705	11	18827
美国	United States	159	113830	45	161799
格陵兰	Greenland	1	62		
北美洲其他国家(地区)	Oth. N.Amer. nes	1	11		
大洋洲及太平洋岛屿	**Oceania and Pacific Is.**	**146**	**169316**	**165**	**213322**
澳大利亚	Australia	83	118238	71	111061
库克群岛	Cook Islands			1	1871
斐济	Fiji	3	1828	9	15345
新喀里多尼亚	NewCaledonia		5476	3	4083
瓦努阿图	Vanuatu			3	402
新西兰	New Zealand	25	9235	11	4500
巴布亚新几内亚	Papua New Guinea	32	33821	60	70230
汤加	Tonga	2	674	7	1879
萨摩亚	Samoa	1	44		100
大洋洲其他国家（地区）	Other Countries (Regions) in Oceanic				3851
其他	**Others**	**2**	**236**	**1**	**52**

8-3 分国别(地区)对外承包工程营业额

Turnover of Foreign Engineering Projects by Country or Region

单位：万美元

Unit: USD 10000

国别(地区)	Country/Region	2009	2010	2011	2012
合　计	**Total**	**7770611**	**9217025**	**10342448**	**11659697**
亚洲	**Asia**	**3981117**	**4265811**	**5102172**	**5429281**
阿富汗	Afghanistan	3449	3766	5805	15553
巴林	Bahrain	6853	8873	1519	179
孟加拉国	Bangladesh	33862	35500	207304	146176
文莱	Brunei	1953	3843	4377	6257
缅甸	Myanmar	83030	133316	144684	219811
柬埔寨	Cambodia	39782	64818	82530	117150
塞浦路斯	Cyprus	5170	4338	4005	2091
朝鲜	Korea DPR	1801	3018	5610	10667
中国香港	Hong Kong, China	179860	159148	197255	278729
印度	India	579396	525532	744166	669331
印度尼西亚	Indonesia	264688	351773	345935	346415
伊朗	Iran	210376	186068	215792	149418
伊拉克	Iraq	35313	67165	177328	170054
以色列	Israel	7055	149	244	3254
日本	Japan	18349	25781	24092	46443
约旦	Jordan	33527	11006	25339	1774
科威特	Kuwait	21018	40754	65926	72217
老挝	Laos	41294	57310	98918	190523
黎巴嫩	Lebanon		3743	1739	3457
中国澳门	Macao, China	53413	113538	50157	46594
马来西亚	Malaysia	115398	130840	214546	237311
马尔代夫	Maldives	1322	825	5395	5653
蒙古	Mongolia	50991	25124	65442	84063
尼泊尔	Nepal	5417	6667	19143	16658
阿曼	Oman	27113	45627	58892	29681
巴基斯坦	Pakistan	173330	210848	237277	277832
菲律宾	Philippines	56423	177258	128502	116112
卡塔尔	Qatar	42364	104330	112918	151785
沙特阿拉伯	Saudi Arabia	359158	322705	435846	462231
新加坡	Singapore	199893	226734	252784	288006
韩国	Korea	61318	9871	21088	10164
斯里兰卡	Sri Lanka	68569	76868	125715	153025
叙利亚	Syria	20343	20143	11946	4813
泰国	Thailand	52682	46165	66845	107853
土耳其	Turkey	123207	81928	84201	105698
阿联酋	United Arab Emirates	354167	297160	193825	154369
也门共和国	Yemen Rep.	46047	37252	30225	6623
越南	Vietnam	237106	310961	319342	299763
中国台湾	Taiwan, China	4624	16515	3580	3746
东帝汶	East Timor	1352	5362	12529	13275
哈萨克斯坦	Kazakhstan	140555	146447	124237	156766
吉尔吉斯斯坦	Kirghizia	8704	15611	20874	35089
塔吉克斯坦	Tadzhikistan	33537	26459	22792	25244
土库曼斯坦	Turkmenistan	93323	73770	96045	130727
乌兹别克斯坦	Uzbekistan	75826	50042	34916	54730
亚洲其他国家	Oth.Asia.nes	8159	860	542	1971

8-3 续表 1 Continued 1

单位：万美元
Unit: USD 10000

国别(地区)	Country/Region	2009	2010	2011	2012
非洲	**Africa**	**2809899**	**3583027**	**3612187**	**4083452**
阿尔及利亚	Algeria	587726	494736	405255	446553
安哥拉	Angola	486189	496407	634417	755642
贝宁	Benin	2830	2524	4076	8766
博茨瓦纳	Botswana	60471	158497	156632	74502
布隆迪	Burundi	563	1435	2456	4593
喀麦隆	Cameroon	12211	13308	33738	63406
佛得角	Cape Verde	1739	1061	1531	1530
中非	Central African	3462	3663	12242	6960
乍得	Chad	44511	147476	92371	79807
科摩罗	Comoros	1008	1977	2410	3203
刚果(布)	Congo	85864	107768	94131	102858
吉布提	Djibouti	6923	2060	3850	3760
埃及	Egypt	79735	116881	102372	96904
赤道几内亚	Eq.Guinea	133518	174836	180158	179449
埃塞俄比亚	Ethiopia	119583	154966	180874	229168
加蓬	Gabon	19712	28583	40591	84052
冈比亚	Gambia	121	150	292	197
加纳	Ghana	46048	77077	86269	152503
几内亚	Guinea	7399	12759	13246	31400
几内亚(比绍)	Guinea Bissau	5607	3284	1666	3459
科特迪瓦	Cote d'Ivoire	2083	4673	2651	9037
肯尼亚	Kenya	57076	88512	139053	130637
利比里亚	Liberia	4724	10038	7852	30244
利比亚	Libya	191251	344930	80423	5257
马达加斯加	Madagascar	15349	11883	12256	14414
马拉维	Malawi	4847	11555	16651	15715
马里	Mali	26743	38860	53685	44287
毛里塔尼亚	Mauritania	19075	18586	26474	27867
毛里求斯	Mauritius	7803	13618	20557	36887
摩洛哥	Morocco	51100	59041	38135	42317
莫桑比克	Mozambique	32187	38760	22824	29505
纳米比亚	Namibia	14934	10567	11018	17941
尼日尔	Niger	32948	89407	55891	43022
尼日利亚	Nigeria	200352	292981	345969	499481
卢旺达	Rwanda	8142	14173	12950	12384
圣多美和普林西比	Sao Tome & Principe	43	25	36	93
塞内加尔	Senegal	14703	20492	35309	24174
塞舌尔	Seychelles	4384	3064	2316	5421
塞拉利昂	Sierra Leone	2664	3688	7998	8490
索马里	Somalia	19		5	835
南非	S. Africa	11818	36690	44594	69538
苏丹	Sudan	207843	233696	273502	240345
坦桑尼亚	Tanzania	54320	81153	98119	114610
多哥	Togo	3886	5296	8408	14404
突尼斯	Tunisia	5318	14802	9581	10989
乌干达	Uganda	18902	15152	31578	26899
布基纳法索	Burkina Faso	23	389	135	108
刚果(金)	Congo DR	62974	62767	78418	96851
赞比亚	Zambia	35361	40412	74817	123381
津巴布韦	Zimbabwe	6509	13805	39891	38296

8-3 续表 2 Continued 2

单位：万美元
Unit: USD 10000

国别(地区)	Country/Region	2009	2010	2011	2012
莱索托	Lesotho	4014	1905	2379	10365
斯威士兰	Swaziland			5	
厄立特里亚	Eritrea	3284	2659	9700	3279
南苏丹	Republic of South Sudan			430	7667
欧洲	**Europe**	**317464**	**498723**	**460042**	**706182**
比利时	Belgium	7345	11322	2197	35075
丹麦	Denmark	4414	241	420	2957
英国	United Kingdom	28525	43241	24078	37562
德国	Germany	45887	34556	30255	87818
法国	France	20319	46848	86753	117932
爱尔兰	Ireland	201	11	29	
意大利	Italy	10678	7790	8263	9700
卢森堡	Luxembourg		44		100
荷兰	Netherlands	10332	11927	9868	30436
希腊	Greece	3970	3333	5491	8553
葡萄牙	Portugal	5083	4377	2595	4481
西班牙	Spain	16109	22156	7984	10362
阿尔巴尼亚	Albania	8639	1945	2268	83
奥地利	Austria	1059	1788	3765	12073
保加利亚	Bulgaria	406	13209	2307	5969
芬兰	Finland	53	105	82	306
匈牙利	Hungary	6503	4429	5647	4835
冰岛	Iceland	474	1410	1684	163
马耳他	Malta			4	29
挪威	Norway	1059	3529	10	86
波兰	Poland	3362	5898	3369	628
罗马尼亚	Romania	5460	5727	5416	22498
瑞典	Sweden	519	1291	1487	4416
瑞士	Switzerland	235	366	1897	693
爱沙尼亚	Estonia		66		755
立陶宛	Lithuania	27	6	128	
格鲁吉亚	Georgia	426	3925	18617	36250
亚美尼亚	Armenia	1831	1136	3836	1478
阿塞拜疆	Azerbaijan	12509	55097	25586	13836
白俄罗斯	Belorussia	8327	48876	40511	56693
摩尔多瓦	Moldavia		284	25	102
俄罗斯	Russia	88382	143128	139797	164631
乌克兰	Ukraine	22114	12915	15866	16363
斯洛文尼亚	Slovenia	202	3		19
捷克	Czech Rep.	2569	6468	3753	4913
斯洛伐克	Slovak	114	75	880	700
马其顿共和国	Macedonia,FYR		57	4	
塞尔维亚	Serbia	303	426	5114	13685
欧洲其他国家(地区)	Other Countries(Regions) in Europe	28	718	56	2
拉丁美洲	**Latin America**	**364418**	**627449**	**791669**	**1131631**
安提瓜和巴布达	Antigua & Barbuda	844	3423	397	1687
阿根廷	Argentina	18058	10470	19279	34801

8-3 续表 3 Continued 3

单位：万美元

Unit: USD 10000

国别(地区)	Country/Region	2009	2010	2011	2012
巴哈马	Bahamas	1291	2292	14126	30894
巴巴多斯	Barbados	1560	1180	843	278
伯利兹	Belize	2597	926		
玻利维亚	Bolivia	111	205	29645	651
巴西	Brazil	111156	101997	143868	164606
智利	Chile	8218	6888	19471	11467
哥伦比亚	Colombia	6928	8093	8567	41643
多米尼克	Dominica		1720	4568	4068
哥斯达黎加	Costa Rica	3283	5330	2479	1641
古巴	Cuba	4698	6991	9194	8374
多米尼加共和国	Republic of Dominica	1002		133	1647
厄瓜多尔	Ecuador	22247	21886	53853	160815
格林纳达	Grenade	164	700	513	272
危地马拉	Guatemala	2200	8484	9200	11757
圭亚那	Guyana	1395	688	2411	1798
海地	Haiti			441	
洪都拉斯	Honduras		84	1454	4350
牙买加	Jamaica	9776	16178	32356	24567
墨西哥	Mexico	16557	39047	36620	45626
尼加拉瓜	Nicaragua			87	
巴拿马	Panama	7	3837	6748	8448
巴拉圭	Paraguay		37	21	103
秘鲁	Peru	18967	11071	21108	35005
波多黎各	Puerto Rico	2281			
圣文森特和格林纳丁斯	Saint Vincent & Grenadines	404	466	618	335
苏里南	Suriname	7711	8121	6522	7965
特立尼达和多巴哥	Trinidad & Tobago	27538	16097	7921	10741
特克斯和凯科斯岛	Turks & Caicos Is.	309			
乌拉圭	Uruguay	2269	3277	1079	2833
委内瑞拉	Venezuela	92847	347961	358147	515259
北美洲	**North America**	**93595**	**88832**	**142232**	**100694**
加拿大	Canada	10123	5025	16484	6777
美国	United States	83472	83607	125204	93654
格陵兰	Greenland			5	43
百慕大	Bermuda		200	28	
北美洲其他国家(地区)	Oth.N.Amer.nes			511	220
大洋洲及太平洋岛屿	**Oceania and Pacific Is.**	**200578**	**153039**	**232265**	**206900**
澳大利亚	Australia	112396	93323	94474	105994
库克群岛	Cook Islands	1604	120	15	15
斐济	Fiji	5774	14166	13664	17775
新喀里多尼亚	NewCaledonia	8714	12762	5710	4413
瓦努阿图	Vanuatu	127	1087	678	1699
新西兰	New Zealand	3642	2884	3826	5277
巴布亚新几内亚	Papua New Guinea	63591	20157	100171	38985
汤加	Tonga	2310	5390	9806	9971
萨摩亚	Samoa	1469	3119	3531	182
密克罗尼西亚	Micronesia	510	31	390	
大洋洲其他国家（地区）	Other Countries (Regions) in Oceanic	441			22589
其他	**Others**	**3540**	**144**	**1881**	**1557**
国境内	**Domestic Projects**				

8-4 分国别(地区)年末在境外从事承包工程人员

Personnel Abroad for Engineering Projects Classified by Country or Region at the Year-end

单位：人
Unit: person

国别(地区)	Country/Region	2009	2010	2011	2012
合　计	**Total**	**326861**	**376510**	**324018**	**344618**
亚洲	**Asia**	**142741**	**157113**	**150496**	**156276**
阿富汗	Afghanistan	222	209	521	367
巴林	Bahrain	265	82	21	11
孟加拉国	Bangladesh	1522	1592	1885	1900
文莱	Brunei	3	135	233	291
缅甸	Myanmar	7976	17450	16012	13374
柬埔寨	Cambodia	1845	4268	5082	5037
塞浦路斯	Cyprus	231	301	59	15
朝鲜	Korea DPR	474	664	148	259
中国香港	Hongkong,China	449	412	2054	2125
印度	India	3114	5408	4363	3709
印度尼西亚	Indonesia	5153	5389	6677	6866
伊朗	Iran	1365	2246	2537	2203
伊拉克	Iraq	1932	3798	4310	9683
以色列	Israel	691	90	90	185
日本	Japan	463	497	104	119
约旦	Jordan	1060	911	408	173
科威特	Kuwait	1135	1366	3061	3077
老挝	Laos	2607	2581	7011	8715
黎巴嫩	Lebanon	1	3		2
中国澳门	Macao,China	2091	1038	440	741
马来西亚	Malaysia	2940	3914	5220	6232
马尔代夫	Maldives	88	59	272	227
蒙古	Mongolia	4776	4596	7727	3821
尼泊尔	Nepal	722	1014	878	940
阿曼	Oman	1165	999	805	701
巴基斯坦	Pakistan	8573	6079	4395	5411
巴勒斯坦	Palestine	62			
菲律宾	Philippines	381	453	832	1065
卡塔尔	Qatar	3700	5252	5097	4805
沙特阿拉伯	Saudi Arabia	16472	18422	24363	28382
新加坡	Singapore	20808	20709	12666	8756
韩国	Korea	628	697	130	146
斯里兰卡	Sri Lanka	2455	2743	3624	4390
叙利亚	Syria	1349	1942	329	131
泰国	Thailand	587	543	418	1769
土耳其	Turkey	1232	1237	1481	1944
阿联酋	United Arab Emirates	24162	19591	9621	7324
也门共和国	Yemen Rep.	1325	896	738	525
越南	Vietnam	7337	9354	9358	7310
中国台湾	Taiwan,China	4	22	7	27
东帝汶	Timor Leste	242	310	511	402
哈萨克斯坦	Kazakhstan	4854	3451	2511	2900
吉尔吉斯斯坦	Kirghizia	306	919	582	2466

8-4 续表 1 Continued 1

单位：人
Unit: person

国别(地区)	Country/Region	2009	2010	2011	2012
塔吉克斯坦	Tadzhikistan	2073	2730	1413	2070
土库曼斯坦	Turkmenistan	1059	1971	1526	821
乌兹别克斯坦	Uzbekstan	1639	770	976	1060
亚洲其他国家	Oth.Asia.Nes	1203			3799
非洲	**Africa**	**161336**	**195584**	**152038**	**154542**
阿尔及利亚	Algeria	46039	40625	31858	31476
安哥拉	Angola	25620	25925	33159	31905
贝宁	Benin	292	268	326	560
博茨瓦纳	Botswana	1969	2539	3129	2097
布隆迪	Burundi	121	108	236	181
喀麦隆	Cameroon	690	607	1036	2186
佛得角	Cape Verde	132	376	339	389
中非	Central African	346	795	293	238
乍得	Chad	754	5739	2521	2772
科摩罗	Comoros	40	215	164	205
刚果(布)	Congo	3670	4231	3467	4838
吉布提	Djibouti	285	167	211	103
埃及	Egypt	539	1762	1015	1041
赤道几内亚	Eq. Guinea	5209	7091	9779	10885
埃塞俄比亚	Ethiopia	5104	7311	5463	6299
加蓬	Gabon	664	1352	1531	2174
冈比亚	Gambia	179	157	22	24
加纳	Ghana	1575	2137	2287	2683
几内亚	Guinea	572	594	576	1094
几内亚(比绍)	Guinea bissau	640	567	455	392
科特迪瓦	Cote d'Ivoire	196	272	146	325
肯尼亚	Kenya	1442	1531	2257	2617
利比里亚	Liberia	175	169	195	686
利比亚	Libya	21595	40080	1	40
马达加斯加	Madagascar	762	1243	446	338
马拉维	Malawi	227	541	571	500
马里	Mali	670	947	1358	861
毛里塔尼亚	Mauritania	873	1109	1424	1617
毛里求斯	Mauritius	765	1082	1790	2320
摩洛哥	Morocco	1042	1127	1437	1490
莫桑比克	Mozambique	1561	1324	1068	1696
纳米比亚	Namibia	539	406	323	471
尼日尔	Niger	1003	2408	2716	663
尼日利亚	Nigeria	3573	6173	6747	5771
卢旺达	Rwanda	248	471	426	339
圣多美和普林西比	Sao Tome & Principe	17	17	17	10
塞内加尔	Senegal	575	985	1726	1433
塞舌尔	Seychelles	420	547	387	349

8-4 续表 2 Continued 2

单位：人
Unit: person

国别(地区)	Country/Region	2009	2010	2011	2012
塞拉利昂	Sierra Leone	386	391	428	489
索马里	Somalia	12	12		
南非	S. Africa	1453	1069	1076	2106
苏丹	Sudan	20455	20108	15119	11995
坦桑尼亚	Tanzania	2114	2692	4141	4398
多哥	Togo	122	212	288	466
突尼斯	Tunisia	288	288	159	222
乌干达	Uganda	1909	1568	1487	893
布基纳法索	Burkina Faso		1	3	1
刚果(金)	Congo DR	1935	2449	3033	3022
赞比亚	Zambia	1959	2935	3894	6318
津巴布韦	Zimbabwe	208	526	1009	661
莱索托	Lesotho	146	137	141	338
厄立特里亚	Eritrea	226	198	210	160
南苏丹共和国	Republic of South Sudan			148	405
欧洲	**Europe**	**8939**	**8810**	**7606**	**10202**
比利时	Belgium	5	17	37	41
英国	United Kingdom	157	134	79	85
德国	Germany	256	316	337	367
法国	France	138	265	254	261
意大利	Italy		12	17	37
希腊	Greece	131	131		2
葡萄牙	Portugal		55		
西班牙	Spain	1321	1057	1048	1048
阿尔巴尼亚	Albania	635	154	4	5
奥地利	Austria	38	38	44	56
保加利亚	Bulgaria		32	37	40
芬兰	Finland			18	18
匈牙利	Hungary	29	41	27	17
冰岛	Iceland	53	30		2
波兰	Poland	255	301	32	30
罗马尼亚	Romania	29	24	40	93
瑞典	Sweden	142	142	137	157
瑞士	Switzerland	287	111	126	146
格鲁吉亚	Georgia	16	96	752	
亚美尼亚	Armenia	325	520	124	1220
阿塞拜疆	Azerbaijan	395	693	538	36
白俄罗斯	Byelorussia	47	219	464	305
摩尔多瓦	Moldavia			1	1718
俄罗斯	Russia	4439	4148	3233	5
乌克兰	Ukraine	99	99	99	4088
塞尔维亚和黑山	Serbia and Montenegro	96			99
波斯尼亚-黑塞哥维那	Bosnia&Hercegovina	32	32	32	
塞尔维亚	Serbia		127	122	32
欧洲其他国家(地区)	Other Countries(Regions) in Europe	14	16	4	294

8-4 续表 3 Continued 3

单位：人
Unit: person

国别(地区)	Country/Region	2009	2010	2011	2012
拉丁美洲	**Latin America**	**10187**	**10570**	**8908**	**18177**
安提瓜和巴布达	Antigua Barbuda	68	63	66	231
阿根廷	Argentina	2038	2137	735	2911
巴哈马	Bahama	376	330	11	10
巴巴多斯	Barbados	135	109	48	24
玻利维亚	Bolivia	6	2		30
巴西	Brazil	657	683	500	657
智利	Chile		39	11	11
哥伦比亚	Colombia	7	6	201	281
多米尼克	Dominica	5	5	175	143
哥斯达黎加	CostaRica	690	63	145	201
古巴	Cuba	334	430	349	352
厄瓜多尔	Ecuador	187	253	653	3056
格林纳达	Grenade	37	62	92	14
危地马拉	Guatemala	13	38	51	51
圭亚那	Guyana	166	126	126	248
海地	Haiti		2	28	28
洪都拉斯	Honduras			94	102
牙买加	Jamaica	430	399	131	216
墨西哥	Mexico	223	676	155	230
秘鲁	Peru	386	430	572	3493
苏里南	Suriname	659	803	582	497
特立尼达和多巴哥	Trinidad & Tobago	2109	1744	1332	791
委内瑞拉	Venezuela	1334	2052	2839	4583
拉美洲其他国家（地区）	Other Countries (Regions) in Latin America	327	118	12	17
北美洲	**North America**	**785**	**742**	**461**	**511**
加拿大	Canada	42	109	108	111
美国	United States	743	633	350	397
格陵兰	Greenland			3	3
大洋洲及太平洋岛屿	**Oceania and Pacific Is.**	**2862**	**3680**	**4491**	**4715**
澳大利亚	Australia	199	337	684	730
库克群岛	Cook Islands	45	45		
斐济	Fiji	380	548	726	898
新喀里多尼亚	NewCaledonia		638	1392	1675
瓦努阿图	Vanuatu	16	33	58	57
新西兰	New Zealand	80	162	204	54
巴布亚新几内亚	Papua New Guinea	1879	1238	1013	780
汤加	Tonga	70	243	301	240
萨摩亚	Samoa	122	416	105	2
密克罗尼西亚	Micronesia	71	20	8	
大洋洲其他国家（地区）	Other Countries (Regions) in Oceanic				279
其他	**Others**	**11**	**11**	**18**	**195**

8-5 分国别(地区)年末在境外从事劳务合作人员

Personnel Abroad for Labour Services Classified by Country or Region at the Year-end

单位：人
Unit: person

国别(地区)	Country/Region	2009	2010	2011	2012
合　计	**Total**	**450277**	**470095**	**488409**	**505563**
亚洲	**Asia**	**385257**	**397694**	**420443**	**417465**
巴林	Bahrain	49	42	6	74
孟加拉国	Bangladesh	509	228	247	44
不丹	Bhutan		1	1	1
文莱	Brunei	3			
缅甸	Myanmar	91	103	502	639
柬埔寨	Cambodia	2115	1632	1165	1613
塞浦路斯	Cyprus	126	149	166	170
朝鲜	Korea DPR	1032	1001	37	36
中国香港	Hong Kong, China	19103	20640	21992	32973
印度	India	327	449	373	219
印度尼西亚	Indonesia	558	529	597	737
伊拉克	Iraq			31	53
以色列	Israel	1665	793	499	413
日本	Japan	161942	171747	177560	173349
约旦	Jordan	6429	5546	4325	3229
科威特	Kuwait	633	645	1245	2107
老挝	Laos	982	843	928	1458
黎巴嫩	Lebanon		6	6	6
中国澳门	Macao, China	47908	47913	58103	67475
马来西亚	Malaysia	2587	2615	3065	2759
马尔代夫	Maldives	50	10	28	18
蒙古	Mongolia	1605	1506	2798	2257
尼泊尔	Nepal	8	3	61	61
阿曼	Oman	88	82	56	20
巴基斯坦	Pakistan	7	359	365	413
菲律宾	Philippines	181	102	115	49
卡塔尔	Qatar	1912	2095	1587	1535
沙特阿拉伯	Saudi Arabia	4426	4835	6243	7197
新加坡	Singapore	62856	65410	71463	68749
韩国	Korea	36592	38229	40941	26793
斯里兰卡	Sri Lanka	75	60	62	27
泰国	Thailand	598	908	1086	1006
土耳其	Turkey	125	270	269	204
阿联酋	United Arab Emirates	9904	8993	7196	6933
也门共和国	Yemen Rep.	50	15		
越南	Vietnam	6794	5828	5266	4624
中国台湾	Taiwan, China	12595	12789	10851	8512
东帝汶	East Timor	1	18	15	6
哈萨克	Kazakhstan	1166	849	922	909
吉尔吉斯	Kirghizia	85	93	94	174
塔吉克	Tadzhikistan	80	81	96	85
乌兹别克	Uzbekistan		1	81	21
亚洲其他国家	Oth.Asia.nes		276		517

8-5 续表 1 Continued 1

单位：人
Unit: person

国别(地区)	Country/Region	2009	2010	2011	2012
非洲	**Africa**	**26020**	**34380**	**29041**	**37910**
阿尔及利亚	Algeria	3592	4583	4704	9061
安哥拉	Angola	5452	6708	8534	11699
贝宁	Benin	94	90	73	36
博茨瓦纳	Botswana	93	114	109	60
布隆迪	Burundi	2	2	13	22
喀麦隆	Cameroon		26	27	123
佛得角	Cape Verde		15	651	1443
乍得	Chad	21	31	36	80
科摩罗	Comoros		2		
刚果(布)	Congo	881	1025	705	349
吉布提	Djibouti	2	34	2	2
埃及	Egypt	107	106	67	
赤道几内亚	Eq. Guinea	151	1148	1126	1490
埃塞俄比亚	Ethiopia	528	274	212	503
加蓬	Gabon	183	214	274	341
加纳	Ghana	4	16	81	473
几内亚	Guinea	96	36	41	119
几内亚(比绍)	Guinea bissau	31			1
科特迪瓦	Cote d' Ivoire	1	9	14	27
肯尼亚	Kenya	24	156	114	46
利比里亚	Liberia	669	708	684	1788
利比亚	Libya	2560	6664		
马达加斯加	Madagascar	330	314	212	100
马拉维	Malawi		38		1
马里	Mali	65	69	74	169
毛里塔尼亚	Mauritania	529	535	476	561
毛里求斯	Mauritius	5667	5454	4931	2892
摩洛哥	Morocco	321	184	179	206
莫桑比克	Mozambique	56	228	139	119
纳米比亚	Namibia	66	4	4	
尼日尔	Niger	5		13	33
尼日利亚	Nigeria	1694	2223	2315	1836
卢旺达	Rwanda	8	57	69	127
塞内加尔	Senegal	30	30	32	146
塞舌尔	Seychelles	54	56	68	84
塞拉利昂	Sierra Leone	82	65	59	434
南非	S. Africa	756	848	850	1114
苏丹	Sudan	83	187	138	69
坦桑尼亚	Tanzania	137	186	329	322
多哥	Togo	109	149	53	118
突尼斯	Tunisia		4	6	8
乌干达	Uganda	37	144	100	122
刚果(金)	Congo DR	10	17	27	47

8-5 续表 2 Continued 2

单位：人
Unit: person

国别(地区)	Country/Region	2009	2010	2011	2012
布基纳法索	Burkina Faso				1
赞比亚	Zambia	216	215	516	730
津巴布韦	Zimbabwe	20	21	28	35
莱索托	Lesotho	569	581	522	645
斯威士兰	Swaziland	403	427	177	12
厄立特里亚	Eritrea	282	383	256	280
南苏丹共和国	Republic of South Sudan			1	36
欧洲	**Europe**	**26632**	**26466**	**27421**	**24990**
丹麦	Denmark	57	119	7	57
英国	United Kingdom	1202	1135	1027	1218
德国	Germany	4529	4878	4978	4941
法国	France	41	62	61	24
爱尔兰	Ireland	177	173	174	168
意大利	Italy	10	97	143	188
荷兰	Netherlands	1474	1858	2176	2159
希腊	Greece	542	447	332	260
西班牙	Spain	18			
阿尔巴尼亚	Albania	6			
芬兰	Finland	173	173	25	21
直布罗陀	Gibraltar				13
匈牙利	Hungary	4	4	4	4
马耳他	Malta	211	209	201	242
摩纳哥	Monaco	12	25	3	1
挪威	Norway	212	219	260	421
波兰	Poland	191	182	138	21
罗马尼亚	Romania	280	15	15	15
瑞典	Sweden	4	21	29	25
瑞士	Switzerland	2	2	2	2
爱沙尼亚	Estonia	40			
立陶宛	Lithuania	51	55	53	49
阿塞拜疆	Azerbaijan	1	1	1	
白俄罗斯	Belorussia	292	13	209	374
俄罗斯	Russia	17018	16661	17527	14734
乌克兰	Ukraine	65	61	37	37
斯洛文尼亚	Slovenia	5	9	13	13
克罗地亚	Croatia				2
捷克	Czech	12	12	4	
斯洛伐克	Slovakia	3	3	1	
塞尔维亚	Serbia		32	1	1
拉丁美洲	**Latin America**	**3983**	**4379**	**4341**	**16106**
安提瓜和巴布达	Antigua & Barbuda	12	20		11
阿根廷	Argentina	88	90	95	133

8-5 续表 3 Continued 3

单位：人
Unit: person

国别(地区)	Country/Region	2009	2010	2011	2012
巴哈马	Bahamas			286	1586
巴巴多斯	Barbados	27	8	16	18
伯利兹	Belize	8	73	73	572
巴西	Brazil	175	184	123	75
开曼群岛	Cayman Is.				37
智利	Chile	101	343	387	484
多米尼克	Dominica				11
古巴	Cuba	2			
厄瓜多尔	Ecuador	2	2	2	108
洪都拉斯	Honduras	24	24	18	
牙买加	Jamaica	122	125	15	23
墨西哥	Mexico	313	297	289	259
尼加拉瓜	Nicaragua	315	196	49	9
巴拿马	Panama	1327	1502	1426	10228
秘鲁	Peru	79	82	82	82
圣卢西亚	Saint Lucia	48	48	48	
圣文森特和格林纳丁斯	Saint Vincent & Grenadines	321	292	246	1232
苏里南	Suriname				10
特立尼达和多巴哥	Trinidad & Tobago	879	932	963	961
特克斯和凯科斯岛	Turks and Caicos Island	57	57	57	57
委内瑞拉	Venezuela	39	42	111	127
英属维尔京群岛	Virgin Is.(E)	44	62	55	68
圣其茨-尼维斯	St. Kitts-Nevis				15
北美洲	**North America**	**4387**	**3726**	**3172**	**2271**
加拿大	Canada	912	536	492	139
美国	United States	3475	3190	2672	2123
北美洲其他国家(地区)	Oth. N.Amer. nes			8	9
大洋洲及太平洋岛屿	**Oceania and Pacific Is.**	**3727**	**3179**	**3742**	**5237**
澳大利亚	Australia	1144	952	906	845
库克群岛	Cook Is.	2			
斐济	Fiji	776	471	871	1251
新喀里多尼亚	New Caledonia			54	221
瓦努阿图	Vanuatu	353	444	581	478
新西兰	New Zealand	222	182	206	162
巴布亚新几内亚	Papua New Guinea				12
萨摩亚	Samoa	1130	1037	1037	1037
基里巴斯	Kiribati				427
图瓦卢	Tuvalu				78
密克罗尼西亚	Micronesia	73		23	81
马绍尔群岛	Marshall Is.	27	93	64	645
其它	**Others**	**271**	**271**	**249**	**1584**

8-6 各地区签订对外承包工程合同数量及金额

Contracts Signed for Foreign Engineering Projects by Region

公 司	Region/ Corporation	2011		2012	
		合同(份) Nunber of Contracts (unit)	金额(万美元) Contract Value (USD 10000)	合同(份) Nunber of Contracts (unit)	金额(万美元) Contract Value (USD 10000)
总 计	**Total**	**6381**	**14233229**	**6710**	**15652922**
一、专业公司	**National Specialized International Cooperation Companies**	**1213**	**6435235**	**1218**	**6648746**
二、地方公司	**Provincial and Civil International Cooperation Companies**	**5168**	**7797994**	**5492**	**9004176**
北 京	Beijing	230	261088	344	404037
天 津	Tianjin	92	194390	77	155516
河 北	Hebei	215	328230	169	417866
山 西	Shanxi	71	41821	42	63910
内蒙古	Inner Mongolia			1	8500
辽 宁	Liaoning	159	197637	132	436634
吉 林	Jilin	4	7605	9	23077
黑龙江	Heilongjiang	43	41254	43	83861
上 海	Shanghai	567	1234673	361	1031056
江 苏	Jiangsu	891	588537	1009	719844
浙 江	Zhejiang	601	257437	1068	326904
安 徽	Anhui	58	193661	52	233764
福 建	Fujian	35	49016	36	49828
江 西	Jiangxi	135	144191	127	168284
山 东	Shandong	289	864453	183	879954
河 南	Henan	241	230318	229	227458
湖 北	Hubei	69	631308	152	726900
湖 南	Hunan	64	39747	38	45742
广 东	Guangdong	528	1343526	517	1905053
广 西	Guangxi	20	55061	23	29703
海 南	Hainan	4	493	16	515
重 庆	Chongqing	28	16748	16	89326
四 川	Sichuan	577	745344	536	321806
贵 州	Guizhou	25	29649	22	21430
云 南	Yunnan	47	112125	52	127688
西 藏	Tibet			1	
陕 西	Shaanxi	69	83517	68	259092
甘 肃	Gansu	44	54691	14	20513
青 海	Qinghai	1	1225		
宁 夏	Ningxia	5	3262		1808
新 疆	Xinjiang	54	39840	154	217755
新疆兵团	Xinjiang Bingtuan	2	7147	1	6352

8-7 各地区对外承包工程营业额

Turnover of Foreign Engineering Projects by Region

单位：万美元

Unit: USD 10000

公司	Region/Corporation	2009	2010	2011	2012
总计	**Total**	**7770611**	**9217025**	**10342448**	**11659697**
一、专业公司	**National Specialized International Cooperation Co.**	**2815679**	**3468478**	**3516149**	**3640404**
二、地方公司	**Provincial and Civil International Cooperation Companies**	**4954932**	**5748547**	**6826299**	**8019293**
北京	Beijing	184997	222514	248098	289909
天津	Tianjin	208566	245205	299081	310174
河北	Hebei	287157	285351	243603	286271
山西	Shanxi	114297	71999	69676	44556
内蒙古	Inner Mongolia	1692	3159		857
辽宁	Liaoning	157858	132250	150798	184706
吉林	Jiling	23469	26364	29510	46653
黑龙江	Heilongjiang	78633	105093	109161	95033
上海	Shanghai	665664	689616	594113	681188
江苏	Jiangsu	435771	516738	600106	646755
浙江	Zhejiang	222269	275057	289942	371286
安徽	Anhui	149363	192716	236706	281148
福建	Fujian	17478	23531	50373	64228
江西	Jiangxi	71143	104334	158503	184082
山东	Shandong	425362	523767	747265	811423
河南	Henan	159823	207085	291264	228558
湖北	Hubei	275913	381301	406741	456194
湖南	Hunan	54785	109065	145987	172772
广东	Guangdong	758799	820815	1134158	1605342
广西	Guangxi	43495	56429	65296	74972
海南	Hainan	2173	825	1382	1050
重庆	Chongqing	17576	35987	41770	58424
四川	Sichuan	335622	399299	498692	563592
贵州	Guizhou	28287	22003	30015	40007
云南	Yunnan	73755	99194	114468	154762
西藏	Tibet				501
陕西	Shaanxi	62543	81022	136256	167927
甘肃	Gansu	28332	22403	29664	26221
青海	Qinghai			4633	22104
宁夏	Ningxia	1461	1711	1841	1551
新疆	Xingjiang	44621	62945	63209	101405
新疆兵团	Xinjiang Bingtuan	24028	30769	33988	45642

8-8 各地区年末在境外从事承包工程人数

Personnel Abroad for Foreign Engineering Projects Classified by Region at the Year-end

单位：人
Unit: person

公　司	Region/Corporation	2009	2010	2011	2012
总　　计	**Total**	**326861**	**376510**	**324018**	**344618**
一、专业公司	**National Specialized International Cooperation Co.**	**99086**	**114409**	**80415**	**83751**
二、地方公司	**Provincial and Civil International Cooperation Companies**	**227775**	**262101**	**243603**	**260867**
北　京	Beijing	11783	17145	12414	12143
天　津	Tianjin	6172	5911	8860	10110
河　北	Hebei	10642	8791	5503	7602
山　西	Shanxi	5066	4943	4983	3085
内蒙古	Inner Mongolia	2028	362	263	371
辽　宁	Liaoning	6946	7374	6733	7879
吉　林	Jiling	8325	9500	2709	3694
黑龙江	Heilongjiang	2943	3152	1893	2283
上　海	Shanghai	8178	9430	7559	8320
江　苏	Jiangsu	36739	36285	35415	35615
浙　江	Zhejiang	14578	18485	10120	19429
安　徽	Anhui	15054	11727	14190	14198
福　建	Fujian	223	367	571	1787
江　西	Jiangxi	6289	7467	7375	7433
山　东	Shandong	23621	26176	26925	25302
河　南	Henan	11028	16349	19013	17711
湖　北	Hubei	15995	21968	16575	20202
湖　南	Hunan	3187	3989	3897	6965
广　东	Guangdong	2105	4554	4017	3863
广　西	Guangxi	6281	5526	3979	4638
海　南	Hainan	4	2	6	26
重　庆	Chongqing	1508	2220	2390	2095
四　川	Sichuan	11511	11249	9658	12264
贵　州	Guizhou	1649	1789	1926	2410
云　南	Yunnan	8126	14560	22740	17353
西　藏	Tibet				21
陕　西	Shaanxi	2414	3959	5701	6488
甘　肃	Gansu	846	824	1746	2156
青　海	Qinghai			387	777
宁　夏	Ningxia	175	265	220	217
新　疆	Xingjiang	2059	3077	3134	2024
新疆兵团	Xinjiang Bingtuan	2300	4655	2701	2406

8-9 各地区年末在境外从事劳务合作人数

Personnel Abroad for Foreign Labour Services Classified by Region at the Year-end

单位：人

Unit: person

公　司	Region/Corporation	2009	2010	2011	2012
总　计	**Total**	**450277**	**470095**	**488409**	**505563**
一、专业公司	**National Specialized International Cooperation Co.**	**27909**	**28195**	**28418**	**31123**
二、地方公司	**Provincial and Civil International Cooperation Companies**	**422368**	**441900**	**459252**	**473592**
北　京	Beijing	5316	5354	5428	4616
天　津	Tianjin	6618	6772	7224	7400
河　北	Hebei	4385	4533	3370	2198
山　西	Shanxi	1047	1204	951	428
内蒙古	Inner Mongolia	4108	4344	5510	3901
辽　宁	Liaoning	31345	34074	36529	39264
吉　林	Jiling	50647	57066	60643	44591
黑龙江	Heilongjiang	9080	9733	9422	5484
上　海	Shanghai	17893	17417	15932	21030
江　苏	Jiangsu	62991	60051	53839	51234
浙　江	Zhejiang	8904	7776	5616	7720
安　徽	Anhui	9005	8509	6711	9550
福　建	Fujian	27840	23873	27030	33375
江　西	Jiangxi	6966	7148	6160	6383
山　东	Shandong	72612	75737	81741	78434
河　南	Henan	31295	39707	45180	57103
湖　北	Hubei	6249	7510	6898	10800
湖　南	Hunan	14568	16381	18681	23112
广　东	Guangdong	33124	33901	38621	44301
广　西	Guangxi	846	432	415	245
海　南	Hainan				
重　庆	Chongqing	1631	1846	1971	3308
四　川	Sichuan	9754	10734	12123	9037
贵　州	Guizhou			12	32
云　南	Yunnan	1534	2629	3566	2302
西　藏	Tibet				
陕　西	Shaanxi	4155	4594	5076	6124
甘　肃	Gansu	33	87	277	1176
青　海	Qinghai		51	24	168
宁　夏	Ningxia	412	427	302	276
新　疆	Xingjiang				
新疆兵团	Xinjiang Bingtuan	10	10		
三、其他	**Others**			**739**	**848**

旅 游

TOURISM

第9篇

9-1 历年入境游客
Visitor Arrivals

单位:万人次
Unit: 10000 person-times

年 份 Year	合 计 Total	#入境过夜游客 Overnight Tourists	外国人 Foreigners	港澳台同胞* Compatriot*	#台湾同胞 Taiwan Province
1978	180.92	71.60	22.96	156.15	
1979	420.39	152.90	36.24	382.06	
1980	570.25	350.00	52.91	513.90	
1981	776.71	376.70	67.52	705.31	
1982	792.43	392.40	76.45	711.70	
1983	947.70	379.10	87.25	856.41	
1984	1285.22	514.10	113.43	1167.04	
1985	1783.31	713.30	137.05	1637.78	
1986	2281.95	900.10	148.23	2126.90	
1987	2690.23	1076.00	172.78	2508.74	
1988	3169.48	1236.10	184.22	2977.33	43.77
1989	2450.14	936.10	146.10	2297.19	54.10
1990	2746.18	1048.40	174.73	2562.34	94.80
1991	3334.98	1246.40	271.01	3050.62	94.66
1992	3811.49	1651.20	400.64	3394.34	131.78
1993	4152.69	1898.20	465.59	3670.49	152.70
1994	4368.45	2107.00	518.21	3838.72	139.02
1995	4638.65	2003.40	588.67	4038.40	153.23
1996	5112.75	2276.50	674.43	4422.86	173.39
1997	5758.79	2377.00	742.80	5006.09	211.76
1998	6347.84	2507.29	710.77	5625.00	217.46
1999	7279.56	2704.66	843.23	6425.52	258.46
2000	8344.39	3122.88	1016.04	7320.80	310.86
2001	8901.29	3316.67	1122.64	7778.65	344.20
2002	9790.83	3680.26	1343.95	8446.88	366.06
2003	9166.21	3297.05	1140.29	8025.92	273.19
2004	10903.82	4176.14	1693.25	9210.57	368.53
2005	12029.23	4680.90	2025.51	10003.71	410.92
2006	12494.21	4991.34	2221.03	10273.19	441.35
2007	13187.33	5471.98	2610.97	10576.36	462.79
2008	13002.74	5304.92	2432.53	10570.21	438.56
2009	12647.59	5087.52	2193.75	10453.84	448.40
2010	13376.22	5566.45	2612.69	10763.53	514.06
2011	13542.35	5758.07	2711.20	10831.15	526.30
2012	13240.53	5772.49	2917.16	10521.37	534.02

注：港澳台同胞来自香港特别行政区、澳门特别行政区和台湾省(下同)。
Note: Compatriot From Hong Kong, Macao and Taiwan Province.(next the same)

9-2 历年入境游客增长速度

Growth Rates of Visitor Arrivals

单位：%
unit: %

年 份 Year	合 计 Total	#入境过夜游客 Overnight Tourists	外国人 Foreigners	港澳台同胞 Compatriot	#台湾同胞 Taiwan Province
1979	132.4	113.5	57.8	144.7	
1980	35.6	128.9	46.0	34.5	
1981	36.2	7.6	27.6	37.2	
1982	2.0	4.2	13.2	0.9	
1983	19.6	-3.4	14.1	20.3	
1984	35.6	35.6	30.0	36.3	
1985	38.8	38.7	20.8	40.3	
1986	28.0	26.2	8.2	29.9	
1987	17.9	19.5	16.6	18.0	
1988	17.8	14.9	6.6	18.7	
1989	-22.7	-24.3	-20.7	-22.8	23.6
1990	12.1	12.0	19.6	11.5	75.2
1991	21.4	18.9	55.1	19.1	-0.1
1992	14.3	32.5	47.8	11.3	39.2
1993	9.0	15.0	16.2	8.1	15.9
1994	5.2	11.0	11.3	4.6	-9.0
1995	6.2	-4.9	13.6	5.2	10.2
1996	10.2	13.6	14.6	9.5	13.2
1997	12.6	4.4	10.1	13.2	22.1
1998	10.2	5.5	-4.3	12.4	2.7
1999	14.7	7.9	18.6	14.2	18.9
2000	14.6	15.5	20.5	13.9	20.3
2001	6.7	6.2	10.5	6.3	10.7
2002	10.0	11.0	19.7	8.6	6.4
2003	-6.4	-10.4	-15.2	-5.0	-25.4
2004	19.0	26.7	48.5	14.8	34.9
2005	10.3	12.1	19.6	8.6	11.5
2006	3.9	6.6	9.7	2.7	7.4
2007	5.5	9.6	17.6	3.0	4.9
2008	-1.4	-3.1	-6.8	-0.1	-5.2
2009	-2.7	-4.1	-9.8	-1.1	2.2
2010	5.8	9.4	19.1	3.0	14.6
2011	1.2	3.4	3.8	0.6	2.4
2012	-2.3	0.3	7.6	-2.9	1.5

9-3 历年入境过夜游客和国际旅游(外汇)收入

International Tourism Receipts and Tourist Arrivals

年份 Year	入境过夜游客 (万人次) Tourist Arrivals (10000 person-time)	入境过夜游客 增速(%) Growth Rates (%)	入境过夜游客 居世界位次 Rank	旅游(外汇)收入 合计(亿美元) Tourism Receipts (USD 100 Million)	旅游(外汇) 收入增速(%) Growth Rates (%)	旅游(外汇)收入 居世界位次 Rank
1978	71.60			2.63		
1979	152.90	113.5		4.49	70.7	
1980	350.00	128.9	18	6.17	37.4	34
1981	376.70	7.6	17	7.85	27.2	34
1982	392.40	4.2	16	8.43	7.4	29
1983	379.10	-3.4	16	9.41	11.6	26
1984	514.10	35.6	14	11.31	20.2	21
1985	713.30	38.7	13	12.50	10.5	21
1986	900.10	26.2	12	15.31	22.5	22
1987	1076.00	19.5	12	18.62	21.6	26
1988	1236.10	14.9	10	22.47	20.7	26
1989	936.10	-24.3	12	18.60	-17.2	27
1990	1048.40	12.0	11	22.18	19.2	25
1991	1246.40	18.9	12	28.45	28.3	21
1992	1651.20	32.5	9	39.47	38.7	17
1993	1898.20	15.0	7	46.83	18.6	15
1994	2107.00	11.0	6	73.23	56.4	10
1995	2003.40	-4.9	8	87.33	19.3	10
1996	2276.50	13.6	6	102.00	16.8	9
1997	2377.00	4.4	6	120.74	18.4	8
1998	2507.29	5.5	6	126.02	4.4	7
1999	2704.66	7.9	5	140.99	11.9	7
2000	3122.88	15.5	5	162.24	15.1	7
2001	3316.67	6.2	5	177.92	9.7	5
2002	3680.26	11.0	5	203.85	14.6	5
2003	3297.05	-10.4	5	174.06	-14.6	7
2004	4176.14	26.7	4	257.39	47.9	7
2005	4680.90	12.1	4	292.96	13.8	6
2006	4991.34	6.6	4	339.49	15.9	5
2007	5471.98	9.6	4	419.19	23.5	5
2008	5304.92	-3.1	4	408.43	-2.6	5
2009	5087.52	-4.1	4	396.75	-2.9	5
2010	5566.45	9.4	3	458.14	15.5	4
2011	5758.07	3.4	3	484.64	5.8	4
2012	5772.49	0.3		500.28	3.2	

9-4　入境外国游客分组构成

Foreign Visitor Arrivals by Sex, Age, Purpose and Mode of Transport

单位：万人次

Unit: 10000 person-time

项　目	Item	2011		2012	
		人次数 person-time	比重 structure (%)	人次数 person-time	比重 structure (%)
总　计	**Total**	**2711.20**	**100.0**	**2719.16**	**100.0**
按性别分	**By Sex**				
男	Male	1745.41	64.4	1737.76	63.9
女	Female	965.79	35.6	981.40	36.1
按年龄分	**By Age**				
14岁及以下	Under 14	111.94	4.1	111.79	4.1
15~24岁	15～24	212.44	7.8	215.87	7.9
25~44岁	25～44	1227.62	45.3	1229.72	45.2
45~64岁	46～64	992.28	36.6	988.70	36.4
65岁以上	Over 65	166.92	6.2	173.07	6.4
按事由分	**By Purpose**				
会议/商务	Meeting/Business	632.64	23.3	628.01	23.1
观光/休闲	Sightseeing/Leisure	1221.82	45.1	1162.90	42.8
探亲/访友	Visiting Relatives and Friends	10.99	0.4	10.77	0.4
服务员工	Work and Crew	269.39	9.9	286.47	10.5
其他	Others	576.35	21.3	630.99	23.2
按入境方式分	**By Mode Of Transport**				
船舶	Sea	283.21	10.4	268.86	9.9
飞机	Air	1607.41	59.3	1637.37	60.2
火车	Rail	67.56	2.5	56.46	2.1
汽车	Motor	366.59	13.5	358.22	13.2
徒步	Foot	386.42	14.3	398.25	14.6

9-5 按国籍分入境外国游客

Foreign Visitor Arrivals by Nationality

单位：人次

Unit: person-time

国　籍	Nationality	2009	2010	2011	2012
总　计	**Total**	**21937480**	**26126885**	**27111971**	**27191591**
亚洲	**Asia**	**13779346**	**16178640**	**16623150**	**16622193**
#阿富汗	Afghanistan	15519	11809	11695	11651
巴林	Bahrain	3792	3839	3222	3085
孟加拉国	Bangladesh	32281	41648	47661	50855
不丹	Bhutan	282	569	597	619
文莱	Brunei	7538	10051	9449	9409
缅甸	Myanmar	607737	493400	191038	205936
柬埔寨	Cambodia	20104	24265	26534	29803
塞浦路斯	Cyprus	2884	3569	3229	3148
朝鲜	Korea DPR	105607	116382	152300	180573
印度	India	448942	549321	606474	610194
印度尼西亚	Indonesia	469044	573409	608675	621970
伊朗	Iran	87636	116999	125077	90991
伊拉克	Iraq	19234	22246	19289	20746
以色列	Israel	73008	83384	82234	82548
日本	Japan	3317459	3731200	3658169	3518153
约旦	Jordan	22661	25343	27568	27553
科威特	Kuwait	6948	7746	8303	9042
老挝	Laos	9674	11927	14186	16764
黎巴嫩	Lebanon	20186	22251	22854	22607
马来西亚	Malaysia	1059004	1245160	1245092	1235463
马尔代夫	Maldives	1330	2025	2623	3589
蒙古	Mongolia	576696	794386	994181	1010450
尼泊尔	Nepal	23272	30796	31944	40949
阿曼	Oman	3619	4739	4630	5006
巴基斯坦	Pakistan	81491	87320	92518	96707
巴勒斯坦	Palestine	5050	6886	6336	6874
菲律宾	Philippines	748943	828284	894309	961975
卡塔尔	Qatar	1876	2940	2431	2499
沙特阿拉伯	Saudi Arabia	19030	27223	34635	35424
新加坡	Singapore	889538	1003658	1062993	1027745
韩国	Korea	3197538	4076392	4185398	4069868
斯里兰卡	Sri Lanka	23574	30852	38013	42745
叙利亚	Syria	19745	21029	18473	15773
泰国	Thailand	541830	635539	608044	647597
土耳其	Turkey	64362	84460	98787	96053
阿联酋	United Arab Emirates	5256	8816	9041	8274
也门共和国	Yemen Rep.	19375	21661	18351	22021
越南	Vietnam	828630	919991	1006468	1137165
哈萨克斯坦	Kazakhstan	279875	380312	506215	491381
吉尔吉斯	Kirghizia	32787	35444	47633	48105

9-5 续表 1 Continued 1

单位：人次
Unit: person-time

国　籍	Nationality	2009	2010	2011	2012
塔吉克斯坦	Tadzhikistan	17480	23398	26441	28739
土库曼斯坦	Turkmenistan	11647	14836	15590	15629
乌兹别克斯坦	Uzbekistan	49534	42575	54038	56165
非洲	**Africa**	**401159**	**463550**	**488774**	**524882**
#阿尔及利亚	Algeria	24893	25776	27982	27627
安哥拉	Angola	14519	17140	18595	21353
贝宁	Benin	3887	4694	4993	4819
博茨瓦纳	Botswana	1643	2367	2545	2436
布隆迪	Burundi	727	934	1298	1241
喀麦隆	Cameroon	6886	6871	7052	7873
佛得角	Cape Verde	609	670	616	781
中非	Central African	327	375	426	572
乍得	Chad	685	824	808	945
科摩罗	Comoros	443	733	781	870
刚果(布)	Congo(B)	4409	4408	5111	5584
吉布提	Djibouti	378	449	545	648
埃及	Egypt	49665	59119	60880	72662
赤道几内亚	Eq.Guinea	407	669	709	950
埃塞俄比亚	Ethiopia	11952	14776	18561	23086
加蓬	Gabon	811	1118	1063	1228
冈比亚	Gambia	1874	2167	2100	2169
加纳	Ghana	14657	17152	19767	16918
几内亚	Guinea	8005	9068	9868	9987
几内亚(比绍)	Guinea Bissau	1837	1355	1248	1128
科特迪瓦	Cote d'Ivoire	2445	2886	2301	3697
肯尼亚	Kenya	11169	13051	15158	15696
利比里亚	Liberia	1029	1428	2079	1852
利比亚	Libya	11051	12956	3414	12605
马达加斯加	Madagascar	6308	8377	9392	9931
马拉维	Malawi	1017	1426	1645	1712
马里	Mali	12230	14389	15038	13806
毛里塔尼亚	Mauritania	1661	1854	2069	2022
毛里求斯	Mauritius	15084	17465	18289	17454
摩洛哥	Morocco	12434	14034	13810	13973
莫桑比克	Mozambique	1732	2280	3195	3751
纳米比亚	Namibia	892	1327	1438	1722
尼日尔	Niger	5457	6465	6890	7945
尼日利亚	Nigeria	50567	41372	45440	38852
留尼汪	Reunion	8	4	5	2
卢旺达	Rwanda	1086	1536	1799	2111
圣多美和普林西比	Sao Tome & Principe	70	74	62	47
塞内加尔	Senegal	5625	7484	8026	8492

9-5 续表 2 Continued 2

单位：人次
Unit: person-time

国　籍	Nationality	2009	2010	2011	2012
塞舌尔	Seychelles	1145	1346	1385	1467
塞拉利昂	Sierra Leone	1172	1279	1585	1871
索马里	Somalia	564	709	951	1300
南非	S.Africa	50783	64477	67354	71529
苏丹	Sudan	9928	11475	11944	11766
坦桑尼亚	Tanzania	13429	15246	16441	18572
多哥	Togo	2765	3111	3103	3241
突尼斯	Tunisia	8141	10625	8640	10133
乌干达	Uganda	7742	10821	14456	14878
布基纳法索	Burkina Faso	1960	2463	2350	2886
民主刚果	Congo DR	6853	10491	12080	14001
赞比亚	Zambia	2888	4256	4813	5659
津巴布韦	Zimbabwe	4361	6888	7072	6530
莱索托	Lesotho	343	474	555	595
斯威士兰	Swaziland	186	254	309	224
厄立特里亚	Eritrea	403	560	659	846
欧洲	**Europe**	**4591144**	**5697871**	**5937810**	**5948178**
#比利时	Belgium	60770	76249	70400	71103
丹麦	Denmark	77340	86718	84637	84330
英国	United Kingdom	528786	574963	595697	618351
德国	Germany	518533	608621	637015	659627
法国	France	424770	512734	493132	524837
爱尔兰	Ireland	31221	36164	37596	42166
意大利	Italy	191357	229233	235041	251991
卢森堡	Luxembourg	2446	4471	2692	3276
荷兰	Netherlands	166884	189128	197530	195474
希腊	Greece	32060	34690	32652	32490
葡萄牙	Portugal	43634	47678	47033	48577
西班牙	Spain	114485	138255	139876	136915
阿尔巴尼亚	Albania	2586	2740	2638	2478
安道尔	Andorra	128	120	167	157
奥地利	Austria	48413	67288	66922	66079
保加利亚	Bulgaria	13846	16421	17556	16847
芬兰	Finland	60906	69226	65288	67811
匈牙利	Hungary	13626	15791	16289	16905
冰岛	Iceland	2686	3056	3009	3370
列支敦士登	Liechtenstein	251	378	300	310
马耳他	Malta	1563	1934	1833	2015
摩纳哥	Monaco	118	237	88	118
挪威	Norway	47653	53500	51428	53478

9-5 续表 3 Continued 3

单位：人次
Unit: person-time

国　籍	Nationality	2009	2010	2011	2012
波兰	Poland	53718	62109	67986	68605
罗马尼亚	Romania	27760	33214	36290	35250
圣马力诺	San Marino	145	290	199	139
瑞典	Sweden	125771	154513	170137	171588
瑞士	Switzerland	62579	74296	75294	82786
爱沙尼亚	Estonia	4226	4726	4511	6288
拉脱维亚	Latvia	5066	5708	5747	7341
立陶宛	Lithuania	5821	7000	7508	8730
格鲁吉亚	Georgia	5178	5355	6719	6458
亚美尼亚	Armenia	3528	4684	5347	5492
阿塞拜疆	Azerbaijan	15122	18605	18202	17757
白俄罗斯	Byelorussia	7458	10914	10939	14121
摩尔多瓦	Moldavia	1759	2442	2794	2749
俄罗斯	Russia	1742973	2370313	2536302	2426161
乌克兰	Ukraine	86553	105711	120248	120214
南斯拉夫	Yugoslavia	2835	179	71	8
斯洛文尼亚	Slovenia	4969	5536	5685	6232
克罗地亚	Croatia	16072	16159	16355	16918
捷克	Czech	15768	19483	20285	21229
斯洛伐克	Slovak	7329	9028	9183	10508
波黑	Bosnia & Hercegovina	1118	1567	1390	1410
拉丁美洲	**Latin America**	**231011**	**300472**	**336867**	**353079**
#安提瓜和巴布达	Antigua & Barbuda	201	268	223	277
阿根廷	Argentina	16767	23084	25656	24883
阿鲁巴岛	Aruba	5	11	41	1
巴哈马	Bahamas	401	586	623	669
巴巴多斯	Barbados	266	595	329	374
伯利兹	Belize	3474	3186	3225	3053
玻利维亚	Bolivia	4083	5252	6470	6454
巴西	Brazil	63676	85050	97912	99445
开曼群岛	Cayman Is	11	17	27	27
智利	Chile	12245	15927	17763	19661
哥伦比亚	Colombia	20441	26870	31792	34315
哥斯达黎加	Costa Rica	4111	5084	5451	5748
古巴	Cuba	2391	2705	2433	2644
多米尼加共和国	Dominican Rep.	2593	3036	2943	3301
厄瓜多尔	Ecuador	4893	6271	7211	7965
法属圭亚那	French Guyana	15		1	1072
格林纳达	Grenada	174	181	189	192
危地马拉	Guatemala	1637	2135	2350	2538
圭亚那	Guyana	782	761	837	1072

9-5 续表 4 Continued 4

单位：人次
Unit: person-time

国　籍	Nationality	2009	2010	2011	2012
海地	Haiti	203	270	336	378
洪都拉斯	Honduras	2459	2780	2709	2943
牙买加	Jamaica	3627	3978	4612	5330
墨西哥	Mexico	32298	49351	53720	57716
尼加拉瓜	Nicaragua	467	599	526	754
巴拿马	Panama	5830	7655	7806	7839
巴拉圭	Paraguay	1119	1673	1535	1444
秘鲁	Peru	10910	12798	14190	15043
波多黎各	Puerto Rico	14	11	8	7
圣卢西亚	Saint Lucia	81	126	96	137
圣文森特和格林纳丁斯	S. Vinc. & Grenadines	261	160	100	357
萨尔瓦多	El Salvador	860	987	1120	1218
苏里南	Suriname	2658	2637	2944	3056
特立尼达和多巴哥	Trinidad & Tobago	2225	2286		2488
特克斯和凯科斯群岛	Turks & Caicos Is.	3	2		3
乌拉圭	Uruguay	2641	3540	3784	3886
委内瑞拉	Venezuela	26079	29578	34821	36648
维尔京群岛	Virgin Is.	1	1	2	4
北美洲	**North America**	**2260179**	**2694925**	**2864166**	**2826441**
加拿大	Canada	550333	685304	747981	708294
美国	United States	1709813	2009595	2116144	2118059
格陵兰	Greenland	1			
百慕大	Bermuda	32	26	41	88
大洋洲及太平洋群岛	**Oceania and Pacific Islands**	**672432**	**789331**	**859310**	**914899**
#澳大利亚	Australia	561542	661342	726184	774328
库克群岛	Cook Is.	2			
斐济	Fiji	2398	3342	3207	3462
瑙鲁	Nauru	1046	852	650	545
瓦努阿图	Vanuatu	390	463	503	526
新西兰	New Zealand	100438	116052	120898	128251
巴布亚新几内亚	Papua New Guinea	1228	1514	1301	1204
所罗门群岛	Solomon Is.	334	560	600	641
汤加	Tonga	1183	1139	1379	1355
萨摩亚	Samoa	241	399	425	899
基里巴斯	Kiribati	1988	2289	2652	2590
图瓦卢	Tuvalu	1137	740	856	505
密克罗尼西亚	Micronesia	203	232	228	138
马绍尔群岛	Marshall Is.	249	336	368	383
贝劳共和国	Palau	37	60	39	51
国际组织及其他人员	**Others**	**2209**	**2096**	**1894**	**1919**

9-6 国际旅游外汇收入构成

Breakdown of International Tourism Receipts

单位：亿美元

Unit: USD 100 million

指　标	Item	2009	2010	2011	2012
总　计	**Total**	**396.75**	**458.14**	**484.64**	**500.28**
一、商品收入	**Commodities**	**127.63**	**157.05**	**154.54**	**149.01**
1.商品销售	Shopping	91.49	115.90	118.56	111.54
2.餐饮	Food and Beverage	36.14	41.15	35.98	37.47
二、劳务收入	**Services**	**269.12**	**301.09**	**330.09**	**351.26**
1.长途交通	Long-Distance Transportation	117.41	130.91	151.17	172.78
民航	Air	85.84	98.08	114.70	131.64
铁路	Rail	12.77	12.47	14.06	16.46
汽车	Motor	9.58	10.81	14.06	15.54
轮船	Sea	9.22	9.56	8.35	9.14
2.游览	Sightseeing	20.80	21.07	25.32	25.55
3.住宿	Accommodation	44.34	51.95	50.98	52.11
4.娱乐	Entertainment	28.82	31.72	34.66	36.13
5.邮电通讯	Communication	9.55	14.60	10.36	7.91
6.市内交通	Local Transportation	13.29	10.68	16.19	16.10
7.其他服务	Others	34.91	40.15	41.41	40.68

9-7 各地区国际旅游(外汇)收入

International Tourism Receipts by Locality

单位：亿美元

Unit: USD 100 million

地　区	Region	2009	2010	2011	2012
北　京	Beijing	43.57	50.45	54.16	51.49
天　津	Tianjin	11.83	14.20	17.56	22.26
河　北	Hebei	3.08	3.51	4.48	5.45
山　西	Shanxi	3.78	4.65	5.67	7.20
内蒙古	Inner Mongolia	5.58	6.02	6.71	7.72
辽　宁	Liaoning	18.56	22.59	27.13	32.64
吉　林	Jilin	2.43	3.05	3.85	4.95
黑龙江	Heilongjiang	6.39	7.63	9.18	8.35
上　海	Shanghai	47.44	63.41	57.51	54.93
江　苏	Jiangsu	40.16	47.83	56.53	63.00
浙　江	Zhejiang	32.24	39.30	45.42	51.52
安　徽	Anhui	5.66	7.09	11.79	15.63
福　建	Fujian	25.99	29.78	36.34	42.26
江　西	Jiangxi	2.90	3.46	4.15	4.85
山　东	Shandong	17.65	21.55	25.51	29.24
河　南	Henan	4.33	4.99	5.49	6.11
湖　北	Hubei	5.10	7.51	9.40	12.03
湖　南	Hunan	6.73	9.06	10.14	9.28
广　东	Guangdong	100.28	123.83	139.06	156.11
广　西	Guangxi	6.43	8.06	10.52	12.79
海　南	Hainan	2.77	3.22	3.76	3.48
重　庆	Chongqing	5.37	7.03	9.68	11.68
四　川	Sichuan	2.89	3.54	5.94	7.98
贵　州	Guizhou	1.10	1.30	1.35	1.69
云　南	Yunnan	11.72	13.24	16.09	19.47
西　藏	Tibet	0.79	1.04	1.30	1.06
陕　西	Shaanxi	7.71	10.16	12.95	15.97
甘　肃	Gansu	0.13	0.15	0.17	0.22
青　海	Qinghai	0.15	0.20	0.27	0.24
宁　夏	Ningxia	0.04	0.06	0.06	0.05
新　疆	Xinjiang	1.37	1.85	4.65	5.51

9-8 各地区接待入境过夜游客情况

International Tourists by Region

地 区	Region	人数(万人次) Tourist Arrivals (10000 person-time)		#外国人 Foreigners		人天数(万人天) Tourist Arrivals Night (10000 person-night)		#外国人 Foreigners	
		2011	2012	2011	2012	2011	2012	2011	2012
北 京	Beijing	520.40	500.86	447.41	434.40	2186.37	2116.84	1931.84	1881.68
天 津	Tianjin	73.06	73.75	63.58	63.71	855.07	1043.51	707.69	860.16
河 北	Hebei	114.14	129.32	98.27	106.71	282.85	333.42	241.84	281.06
山 西	Shanxi	155.32	189.18	98.25	120.42	293.63	368.49	184.84	238.67
内蒙古	Inner Mongolia	151.52	159.17	147.64	151.46	378.94	411.36	364.33	393.02
辽 宁	Liaoning	405.33	473.13	339.41	388.59	1310.98	1596.01	1125.70	1363.11
吉 林	Jilin	99.32	118.27	85.49	100.90	216.42	273.99	181.98	230.05
黑龙江	Heilongjiang	206.52	207.62	197.84	194.73	460.93	441.23	441.08	414.27
上 海	Shanghai	668.61	651.23	554.99	539.64	2284.81	2172.56	1888.08	1787.22
江 苏	Jiangsu	737.33	791.54	537.91	575.21	3105.77	3391.25	2226.28	2428.74
浙 江	Zhejiang	773.69	865.93	515.04	570.51	2135.54	2357.22	1481.44	1657.30
安 徽	Anhui	262.87	331.47	151.75	190.41	696.88	877.49	413.55	496.43
福 建	Fujian	427.42	493.67	140.02	167.01	1850.82	2155.46	790.11	919.72
江 西	Jiangxi	135.83	156.18	43.98	50.39	276.19	299.21	92.44	102.68
山 东	Shandong	424.23	469.91	312.33	342.23	1265.99	1432.60	931.71	1046.64
河 南	Henan	168.29	190.77	104.29	118.74	367.14	403.42	238.20	261.88
湖 北	Hubei	213.52	264.72	160.11	192.96	459.63	593.44	349.41	442.42
湖 南	Hunan	227.63	224.55	119.80	90.64	527.97	499.37	302.83	228.63
广 东	Guangdong	3331.63	3489.43	749.34	773.05	7484.55	8020.65	2015.54	1996.00
广 西	Guangxi	302.79	350.27	171.48	192.70	540.04	651.13	315.36	365.52
海 南	Hainan	81.43	81.58	56.16	51.97	212.16	200.92	171.79	153.70
重 庆	Chongqing	186.40	224.28	132.61	152.63	563.20	719.51	413.34	503.68
四 川	Sichuan	163.97	227.34	113.73	151.29	312.04	429.16	223.13	296.65
贵 州	Guizhou	58.51	70.50	23.62	30.42	81.22	101.08	33.79	43.75
云 南	Yunnan	395.38	457.84	281.00	329.77	750.13	888.13	526.18	624.15
西 藏	Tibet	27.08	19.49	24.90	17.46	69.32	57.67	64.44	52.15
陕 西	Shaanxi	270.41	335.24	189.91	233.66	718.49	853.24	519.35	627.39
甘 肃	Gansu	9.11	10.20	5.47	6.69	11.33	13.47	7.16	9.33
青 海	Qinghai	5.17	4.73	4.11	3.84	16.91	15.63	14.03	13.27
宁 夏	Ningxia	1.95	1.90	1.37	1.43	3.89	3.49	2.93	2.77
新 疆	Xinjiang	56.37	62.49	48.77	49.02	170.00	287.03	150.79	221.65

9-9 各地区入境过夜游客人均天花费额

Average Daily Per Capita Expenditure of International Tourists by Region

单位：美元/人天

Unit: USD/night per capita

地 区	Region	人均天花费 Average Expenditure		外国人 Foreigners		香港同胞 Hongkong SAR	
		2011	2012	2011	2012	2011	2012
北 京	Beijing	247.78	243.01	242.68	241.37	287.52	255.81
天 津	Tianjin	197.64	203.84	190.77	198.51	219.60	230.72
河 北	Hebei	163.56	165.44	162.59	165.62	170.37	157.27
山 西	Shanxi	174.12	175.01	171.88	187.69	179.30	157.57
内蒙古	Inner Mongolia	181.02	185.81	182.41	187.13	181.58	181.69
辽 宁	Liaoning	204.49	206.37	204.42	207.34	196.92	201.86
吉 林	Jilin	177.90	180.44	177.38	185.11	192.25	159.60
黑龙江	Heilongjiang	188.79	189.35	201.25	186.15	162.85	244.22
上 海	Shanghai	251.81	252.79	249.14	251.19	266.80	269.87
江 苏	Jiangsu	213.82	214.35	213.12	214.93	216.21	215.20
浙 江	Zhejiang	208.53	213.48	208.84	210.11	205.30	219.51
安 徽	Anhui	178.37	182.52	180.33	182.62	152.36	182.00
福 建	Fujian	197.39	195.70	199.55	196.19	187.79	193.39
江 西	Jiangxi	156.64	161.50	165.71	160.50	133.33	162.92
山 东	Shandong	203.50	206.29	206.20	204.93	193.01	206.99
河 南	Henan	152.84	155.33	156.01	164.41	144.43	148.56
湖 北	Hubei	195.36	193.04	196.12	198.29	190.84	187.20
湖 南	Hunan	188.24	191.12	189.78	193.29	178.01	169.08
广 东	Guangdong	169.08	167.19	182.61	177.64	143.15	159.21
广 西	Guangxi	188.11	187.98	188.70	194.61	183.56	166.12
海 南	Hainan	176.69	176.86	184.86	181.16	150.60	160.09
重 庆	Chongqing	176.39	179.87	169.45	183.72	199.46	180.94
四 川	Sichuan	176.69	176.63	180.53	179.48	167.48	172.13
贵 州	Guizhou	168.68	170.95	171.14	176.21	190.99	167.16
云 南	Yunnan	186.59	187.69	189.31	187.08	183.52	216.11
西 藏	Tibet	180.33	184.36	179.96	182.03	205.07	210.19
陕 西	Shaanxi	188.30	187.52	196.34	187.53	131.13	196.47
甘 肃	Gansu	157.30	159.67	157.42	146.13	126.37	207.37
青 海	Qinghai	151.63	155.51	151.69	153.98	124.67	175.60
宁 夏	Ningxia	159.31	156.16	153.99	156.90	159.80	167.62
新 疆	Xinjiang	174.74	170.35	174.74	180.68	-	165.06

9-9 续表 Continued

单位：美元/人天

Unit: USD/night per capita

地 区	Region	澳门同胞 Macao SAR		台湾同胞 Taiwan Province	
		2011	2012	2011	2012
北 京	Beijing	255.09	247.63	271.17	252.31
天 津	Tianjin	313.57	232.70	211.50	215.12
河 北	Hebei	179.01	170.88	164.19	178.05
山 西	Shanxi	181.01	141.39	178.71	145.41
内蒙古	Inner Mongolia	116.02	146.10	173.69	173.05
辽 宁	Liaoning	218.86	198.53	209.35	198.72
吉 林	Jilin	194.28	167.40	165.24	152.50
黑龙江	Heilongjiang	258.44	185.04	120.78	183.46
上 海	Shanghai	296.09	252.82	261.00	255.23
江 苏	Jiangsu	227.56	223.05	213.39	210.11
浙 江	Zhejiang	185.40	255.86	215.26	226.31
安 徽	Anhui	171.30	172.74	167.41	185.05
福 建	Fujian	223.94	196.28	194.64	195.58
江 西	Jiangxi	163.18	162.16	143.52	163.07
山 东	Shandong	200.54	207.19	200.48	213.38
河 南	Henan	129.51	125.73	135.43	122.81
湖 北	Hubei	185.27	196.29	202.38	183.24
湖 南	Hunan	178.41	143.85	159.20	197.46
广 东	Guangdong	138.86	139.47	167.97	159.64
广 西	Guangxi	193.10	186.22	188.00	190.01
海 南	Hainan	113.81	202.51	140.41	152.40
重 庆	Chongqing	234.85	156.69	190.23	156.18
四 川	Sichuan	174.76	168.05	168.45	168.76
贵 州	Guizhou	146.95	151.51	147.84	157.96
云 南	Yunnan	160.69	218.07	179.10	164.90
西 藏	Tibet	135.07	156.15	188.01	199.13
陕 西	Shaanxi	152.84	175.92	138.59	181.89
甘 肃	Gansu	184.04	93.65	152.12	227.69
青 海	Qinghai	150.44	126.23	196.32	160.33
宁 夏	Ningxia	181.45	147.27	268.17	143.50
新 疆	Xinjiang	-	90.60	-	79.32

9-10 主要城市接待入境过夜游客情况

International Tourists to Major Cities

单位：万人次

Unit: 10000 person-time

城市	City	合计 Total		外国人 Foreigner	
		2011	2012	2011	2012
北京	Beijing	520.40	500.86	447.41	434.40
天津	Tianjin	73.06	73.75	63.58	63.71
沈阳	Shenyang	60.49	75.00	49.89	58.70
大连	Dalian	117.00	128.42	103.81	112.52
长春	Changchun	30.16	35.66	24.80	28.70
哈尔滨	Harbin	27.72	24.11	23.59	18.38
上海	Shanghai	668.61	651.23	554.99	539.64
南京	Nanjing	150.66	162.71	99.92	107.73
无锡	Wuxi	90.83	98.19	66.26	71.08
苏州	Suzhou	232.63	249.22	167.03	179.54
杭州	Hangzhou	306.31	331.12	210.82	229.88
宁波	Ningbo	107.39	116.21	60.87	63.10
黄山	Huangshan	131.36	160.27	76.31	92.82
厦门	Xiamen	179.92	212.42	61.81	76.11
济南	Jinan	28.99	31.59	19.37	20.56
青岛	Qingdao	115.64	127.01	80.74	87.78
武汉	Wuhan	115.91	150.89	88.70	114.17
广州	Guangzhou	778.69	786.60	276.27	289.20
深圳	Shenzhen	1104.55	1206.45	171.20	169.10
珠海	Zhuhai	320.84	297.58	58.17	53.83
中山	Zhongshang	60.81	55.86	11.45	11.58
桂林	Guilin	164.39	182.41	103.72	109.30
海口	Haikou	14.68	17.97	7.67	8.26
三亚	Sanya	52.89	48.14	42.12	36.78
重庆	Chongqing	186.40	224.28	132.61	152.63
成都	Chengdu	121.64	158.19	89.54	117.06
昆明	Kunming	100.40	113.74	77.20	87.34
西安	Xi'an	100.23	115.35	88.63	101.40

9-10 续表 Continued

单位：万人次

Unit: 10000 person-time

城市	City	香港 Hongkong		澳门 Macao		台湾 Taiwan	
		2011	2012	2011	2012	2011	2012
北京	Beijing	43.42	37.58	1.29	1.44	28.28	27.44
天津	Tianjin	4.41	4.63	0.24	0.27	4.83	5.14
沈阳	Shengyang	4.66	8.09	0.29	0.52	5.65	7.69
大连	Dalian	6.03	7.41	0.17	0.22	6.99	8.27
长春	Changchun	2.76	3.53	0.12	0.15	2.48	3.28
哈尔滨	Harbin	2.14	2.02	0.09	0.06	1.90	3.65
上海	Shanghai	47.95	45.05	2.42	1.82	63.25	64.72
南京	Nanjing	19.74	21.36	1.26	1.36	29.74	32.27
无锡	Wuxi	10.91	11.81	0.39	0.41	13.27	14.89
苏州	Suzhou	15.11	16.36	0.93	1.12	49.56	52.20
杭州	Hangzhou	36.03	38.46	3.07	4.25	56.38	58.53
宁波	Ningbo	17.07	18.68	5.48	6.16	23.98	28.26
黄山	Huangshan	19.33	23.27	1.56	1.93	34.16	42.25
厦门	Xiamen	16.63	22.04	0.62	0.78	100.86	113.49
济南	Jinan	5.51	6.03	0.11	0.12	3.99	4.89
青岛	Qingdao	17.36	19.41	3.90	4.60	13.63	15.22
武汉	Wuhan	12.99	18.14	0.19	0.27	14.04	18.31
广州	Guangzhou	402.69	393.44	46.21	49.87	53.51	54.09
深圳	Shenzhen	881.83	986.33	5.05	5.48	46.48	45.52
珠海	Zhuhai	121.63	113.07	71.76	71.21	69.28	59.47
中山	Zhongshang	33.79	31.41	10.19	7.05	5.38	5.82
桂林	Guilin	20.11	24.78	0.75	1.20	39.81	47.13
海口	Haikou	2.85	2.61	0.11	0.13	4.05	6.97
三亚	Sanya	7.53	5.34	0.46	0.34	2.79	5.68
重庆	Chongqing	28.38	44.44	0.86	1.10	24.55	26.12
成都	Chengdu	15.37	21.52	1.78	2.01	14.95	17.60
昆明	Kunming	7.67	8.98	0.27	0.24	15.27	17.18
西安	Xi'an	5.43	6.54	0.36	0.39	5.82	7.01

9-11 历年国内旅游情况

Major Statistics of Domestic Tourism

年 份	国内游客（亿人次）Domestic Travelers (100 million person-time)	城镇居民 Urban Residents	农村居民 Rural Residents	旅游总花费（亿元）Tourism Earnings (100 million yuan)	城镇居民 Urban Residents	农村居民 Rural Residents	人均花费（元）Average Expenditure Per Capita (yuan)	城镇居民 Urban Residents	农村居民 Rural Residents
1994	5.24	2.05	3.19	1023.51	848.21	175.30	195.33	414.67	54.88
1995	6.29	2.46	3.83	1375.70	1140.10	235.60	218.71	464.02	61.47
1996	6.40	2.56	3.83	1638.38	1368.36	270.02	256.20	534.10	70.45
1997	6.44	2.59	3.85	2112.70	1515.10	560.87	328.06	599.80	145.68
1998	6.95	2.50	4.45	2391.18	1515.10	876.05	345.00	607.00	197.00
1999	7.19	2.84	4.35	2831.92	1748.23	1083.69	394.00	614.80	249.50
2000	7.44	3.29	4.15	3175.54	2235.30	940.28	426.60	678.60	226.60
2001	7.84	3.75	4.09	3522.40	2651.70	870.70	449.50	708.30	212.70
2002	8.78	3.85	4.93	3878.36	2848.09	1030.27	441.80	739.70	209.10
2003	8.70	3.51	5.19	3442.27	2404.08	1038.19	395.70	684.90	200.00
2004	11.02	4.59	6.43	4710.70	3359.00	1351.70	427.50	731.80	210.20
2005	12.12	4.96	7.16	5285.90	3656.10	1629.70	436.10	737.10	227.60
2006	13.94	5.76	8.18	6229.74	4414.74	1815.00	446.90	766.40	221.90
2007	16.10	6.12	9.98	7770.60	5550.40	2220.20	482.60	906.90	222.50
2008	17.12	7.03	10.09	8749.30	5971.75	2777.55	511.03	849.36	275.28
2009	19.02	9.03	9.99	10183.69	7233.79	2949.90	535.40	801.10	295.30
2010	21.03	10.65	10.38	12579.77	9403.81	3175.96	598.20	883.00	306.00
2011	26.41	16.87	9.54	19305.39	14808.61	4496.78	731.00	877.80	471.40
2012	29.57	19.33	10.24	22706.22	17678.03	5028.19	767.90	914.50	491.00

附录Ⅰ 简要说明和主要统计指标解释

一、国内贸易部分

（一）主要内容

这一部分主要反映中国国内消费品市场、批发和零售业、住宿和餐饮业的发展变化情况。主要内容包括限额以上批发和零售业的基本情况、商品流转情况和财务状况，限额以上住宿和餐饮业的基本情况、经营情况和财务状况，社会消费品零售总额，商品交易市场成交情况，连锁零售业、餐饮业经营情况等。

（二）统计范围

1．批发和零售业、住宿和餐饮业：限额以上批发和零售业、住宿和餐饮业法人企业和个体户。统计限额标准为：批发业，年主营业务收入2000万元及以上；零售业，年主营业务收入500万元及以上；住宿和餐饮业，年主营业务收入200万元及以上。

2．社会消费品零售总额：从事商品零售活动或提供餐饮服务的法人企业、产业活动单位和个体户。

3．商品交易市场：年商品成交额在亿元及以上的商品交易市场。

4．连锁经营情况：零售业连锁总店（总部）、餐饮业连锁总店（总部）。

（三）资料来源

国家统计局贸易外经司根据《批发和零售业统计报表制度》、《住宿和餐饮业统计报表制度》进行搜集和加工整理而得。

（四）统计调查方法

限额以上批发和零售业、住宿和餐饮业单位（包括法人企业、产业活动单位和个体户，下同）、商品交易市场以及连锁总店（总部）采用全面调查方法，限额以下批发和零售业、住宿和餐饮业单位采用抽样调查方法。

（五）主要指标解释

1．批发和零售业

批发业 指批发商向批发、零售单位及其他企事业、机关单位批量销售生活用品和生产资料的活动，以及从事进出口贸易和贸易经纪与代理的活动。批发商可以对所批发的货物拥有所有权，并以本单位、公司的名义进行交易活动；也可以不拥有货物的所有权，而以中介身份做代理销售商。

零售业 指百货商店、超级市场、专门零售商店、品牌专卖店、售货摊等主要面向最终消费者（如居民等）的销售活动。包括以互联网、邮政、电话、售货机等方式的销售活动，还包括在同地点，后面加工生产，前面销售的店铺（如前店后厂的面包房）。

商品购进额 指从本企业以外的单位和个人购进（包括从国外直接进口）作为转卖或加工后转卖的商品金额（含增值税）。商品包括：（1）从工农业生产者、批发和零售业企业、住宿和餐饮业企业、出版社或报社的出版发行部门和其他服务业企业购进的商品；（2）从机关团体、事业单位购进的商品；（3）从海关、市场管理部门购进的缉私和没收的商品；（4）从居民收购的废旧商品等，不包括：（1）企业为本单位自身经营用，不是作为转卖而购进的商品，如材料物资、包装物、低值易耗品、办公用品等；（2）未通过买卖行为而收入的商品，如接受其他部门移交的商品、借入的商品、收入代其他单位保管的商品、其他单位赠送的样品、加工回收的成品等；（3）经本单位介绍，由买卖双方直接结算，本单位只收取手续费的业务；（4）

销售退回和买方拒付货款的商品；（5）商品溢余。

商品销售额 指对本单位以外的单位和个人出售的商品金额（包括售给本单位消费用的商品，含增值税）。商品包括（1）售给城乡居民和社会集团消费用的商品；（2）售给农业、工业、建筑业、运输邮电业、服务业、公用事业等国民经济各行业用于生产、经营用的商品，包括售予批发和零售业作为转卖或加工后转卖的商品；（3）对国（境）外直接出口的商品，不包括：（1）未通过买卖行为付出的商品，如随机构变动移交给其他企业单位的商品、借出的商品、归还受其他单位委托代保管的商品、付出的加工原料和赠送给其他单位的样品等；（2）经本单位介绍，由买卖双方直接结算，本单位只收取手续费的业务；（3）购货退回的商品；（4）商品损耗和损失；（5）出售本单位自用的废旧物资。

商品库存额 指报告期末各种登记注册类型的批发和零售业企业(单位)已取得所有权的商品。它反映批发和零售业企业(单位)的商品库存情况和对市场商品供应的保证程度。商品库存包括：(1)存放在批发和零售业经营单位(如门市部、批发站、经营处)仓库、货场、货柜和货架中的商品；(2)挑选、整理、包装中的商品；(3)已记入购进而尚未运到本单位的商品，即发货单或银行承兑凭证已到而货未到的商品；(4)寄放他处的商品，如因购货方拒绝承付而暂时存放在购货方的商品和已办完加工成品收回手续而未提回的商品；(5)委托其他单位代销(未作销售或调出)尚未售出的商品；(6)代其他单位购进尚未交付的商品。不包括所有权不属于本单位的商品、委托外单位加工生产尚未收回成品的商品、外贸企业代理其他单位从国外进口尚未付给订货单位的商品、代国家物资储备部门保管的商品等。

2．住宿和餐饮业

住宿业 指有偿为顾客提供临时住宿的服务活动。不包括：提供长期住宿场所的活动（如出租房屋、公寓等）。

餐饮业 指在一定场所，对食物进行现场烹饪、调制，并出售给顾客主要供现场消费的服务活动。

营业额 指住宿和餐饮业法人企业（单位）在经营活动中因提供服务或销售商品等取得的收入。包括：客房收入、餐费收入、商品销售额和其他收入。

客房收入 指住宿和餐饮业法人企业（单位）在经营活动中因提供住宿服务取得的收入。

餐费收入 指住宿和餐饮业法人企业（单位）因为顾客提供就餐服务取得的收入，包括经烹饪、调制加工后出售的各种食品，如主食、炒菜、凉拌菜等的收入。

3．商品交易市场

商品交易市场 指经有关部门和组织批准设立，有固定场所、设施，有经营管理部门和监管人员，若干市场经营者入内，常年或实际开业三个月以上，集中、公开、独立地进行生活消费品、生产资料等现货商品交易以及提供相关服务的交易场所，包括各类消费品市场、生产资料市场等。

商品交易市场成交额 指商品交易市场内所有摊位的全年商品成交的总金额。

4．连锁经营

连锁总店（总部） 负责连锁企业资源（商号、商誉、经营模式、服务标准、管理模式等等）的开发、配置、控制或使用等功能的企业核心管理机构。连锁经营是指经营同类商品或服务，使用统一商号的若干店铺，在同一总店（总部）的管理下，采取统一采购或特许经营等方式,实现规模效益的组织形式，包括直营连锁、特许连锁和自愿连锁三种形式。

直营连锁 指连锁店铺由连锁公司全资或控股开设，在总部的直接控制下，开展统一经营的连锁经营形式。

特许连锁 指拥有注册商标、企业标志、专利、专有技术等经营资源的企业（特许人），以合同形式将其拥有的经营资源许可其他经营者（被特许人）使用，被特许人按合同约定在统一的经营模式下开展经营，并向特许人支付特许经营费用的连锁经营形式。

自愿连锁 指若干个店铺或企业自愿组合起来，在不改变各自资产所有权关系的情况下，以同一个品牌形象面对消费者，以共同进货为纽带开展的连锁经营形式。

5．社会消费品零售总额

社会消费品零售总额 指企业（单位、个体户）通过交易直接售给个人、社会集团非生产、非经营用的实物商品金额，以及提供餐饮服务所取得的收入金额。个人包括城乡居民和入境人员，社会集团包括机关、社会团体、部队、学校、企事业单位、居委会或村委会等。

二、对外经济贸易和旅游部分

（一）对外贸易

1．**主要内容**：包括进出口货物的品种、数量、金额、国别（地区）、经营单位、贸易方式、关别等项目。

2．**统计范围**：对外贸易统计范围是按照联合国国际贸易统计原则制定的，即凡能引起中华人民共和国关境内物质资源存量增加或减少的进出口货物，除制度另有规定者外，均列入该项统计。

3．**资料来源**：对外贸易统计资料来源于海关总署，调查方法是全面调查，统计依据是中国各地海关对进出口货物执行实际监管的《进出口货物报送单》。需要说明的是：1979 年及以前为外贸业务统计数字，来源于原对外贸易经济合作部；1980 年及以后为海关进出口统计数字，来源于海关总署。

4．**商品分类**：列入海关统计范围的进出口货物均根据《中华人民共和国海关统计商品目录》进行归类统计。该目录是以海关合作理事会制定的《商品名称和编码协调制度》（HS）为基础编制的。本年鉴也列出按联合国《国际贸易标准分类》（SITC）进行调整的分类表。

5．**进出口国别（地区）**：进口货物统计原产地，出口货物统计最终目的地。原产地是指进口货物生产、开采或加工制造的国家（地区），对经过两个以上国家（地区）加工制造的进口货物，则以最后一个对货物进行经济上可以视为实质性加工的国家（地区）作为该货物的原产地；最终目的地是指出口货物已知的消费、使用或进一步加工制造的国家（地区），包括直接使用或进行加工的国家（地区），最终目的地不能确定时，按货物出口时尽可能预知的最后运往的国家（地区）统计。

6．主要指标解释

进出口总额 指实际进出我国国境的货物总金额。包括中国对外贸易实际进出口货物，通过中国关境的转口贸易货物，加工贸易进出口货物，租赁期一年及以上的租赁贸易货物，外商投资企业进出口货物，国家间和国际组织无偿援助的物资，以及华侨、港澳台同胞和外籍华人的捐赠品；不包括未通过中国关境的转口贸易货物，租赁期在一年以下的进出境货物，暂时进出口尚需复运出进口的货物，进出境运输工具添装的燃料和食品以及经过中国领土的直接过境货物。我国规定出口货物按离岸价格（FOB）统计，进口货物按到岸价格（CIF）统计。

商品经营单位所在地进、出口额 指所有在所在地海关注册登记的有进出口经营权的企业实际进、出口额之和。

（二）利用外资

1．**主要内容**：包括对外借款、外商直接投资和外商其他投资、外商投资企业登记注册情况。

2．**统计范围**：凡经工商行政管理机关核准登记，在中华人民共和国境内所有利用外资的单位和部门，经批准设立的中外合资经营企业、合作经营企业、外资企业、外商投资股份制企业、合作开发项目等具有法人资格的独立核算企业（包括港澳台地区投资企业），在华从事经营活动的外国及港澳台地区企业及外国公司在中国境内设立的分支机构。

3．**资料来源**：利用外资统计资料主要来自商务部，其中外商投资企业的登记注册情况资料来源于国家工商行政管理总局，调查方法是全面调查。需要说明的是：利用外资统计 1985 年及以前为政府统计部门的调查汇总数，1986 年及以后全部来源于对外贸易经济合作部（现为商务部）。2000 年以后利用外资统计中不含对外借款数。

4．主要指标解释

利用外资 指我国政府、部门、企业和其它经济组织通过对外借款、吸收外商直接投资以及其它方式筹措的境外现汇、技术、设备等。

利用外资项目数 指依法批准的外国政府、国际金融组织的贷款项目个数、外商投资企业个数以及海洋石油合作勘探开发合同个数（其它方式签订的利用外资协议只汇总金额，未计算项目个数）。

协议外资金额 指对已正式签订或批准的协议规定的可供我国使用的贷款金额和应由外商提供的项目投资。

利用外资的国家（地区） 指外资来源或投资者的法人注册地所在的国家和地区。除政府贷款按贷款国家名称统计外，其它方式吸收的外资按外国公司、企业或其它经济组织以其法人的注册所在地国家（地区）统计。

实际使用外资金额 指批准的合同外资金额的实际执行数，外国投资者根据批准外商投资企业的合同（章程）的规定，实际缴付的出资额和企业投资总额内外国投资者以自己的境外自有资金实际直接向企业提供的贷款。

（三）对外经济合作

1．主要内容：包括对外承包工程、对外劳务合作、对外设计咨询的合同数、合同金额、完成营业额和按国别、地区分的对外经济合作完成营业额等。

2．统计范围：对外承包工程、对外劳务合作、对外设计咨询。该制度统计单位是经各级商务主管部门批准的从事对外承包和劳务合作业务并具有法人地位的对外承包劳务企业。

3．资料来源：对外经济合作统计资料来自商务部，调查方法是全面调查。

4．主要指标解释

对外承包工程 包括各对外承包公司以招标议标承包方式承揽的下列业务（1）承包国外工程建设项目；（2）承包我国对外经援项目；（3）承包我国驻外机构的工程建设项目；（4）承包我国境内利用外资进行建设的工程项目；（5）与外国承包公司合营或联合承包工程项目时我国公司分包部分；（6）对外承包兼营的房屋开发业务。对外承包工程的营业额是以货币表现的本期内完成的对外承包工程的工作量，包括以前年度签订的合同和本年度新签订的合同在报告期完成的工作量。

对外劳务合作 指以收取工资的形式向业主或承包商提供技术和劳动服务的活动。我国对外承包公司在境外开办的合营企业，中国公司同时又提供劳务的，其劳务部分也纳人劳务合作统计。劳务合作营业额按报告期内向雇主提交的结算数（包括工资、加班费和奖金等）统计。

对外承包工程合同额 指对外承包公司签订的承包工程合同工作量，即在报告期内，我国各个对外承包公司同有关国家和地区签订的由我方承建的建设工程的合同项目和金额，既有对外承包总包工程，也有分包、转包工程（包括新建、扩建、改建、大修等项目）和单项工程项目的合同金额。对外承包工程合同额表明我国各个对外承包公司在有关国家和地区将要承建的工程规模和工作量。

对外劳务合作合同额 指对外承包公司签订的劳务合作合同工作量，即在报告期内，我国各个承包公司同有关国家和地区签订的对该国家（地区）派出我方劳务人员向国外业主提供劳务和技术服务的合同金额。劳务合作合同额表明我国各个对外承包公司在有关国家和地区将要承担的劳务合作规模和工作量。

对外承包工程营业额 指对外承包公司完成承包工程的工作量，即在报告期内，我国各个承包公司完成境外所承包的建设工程的工程量、工作量或实物量的货币表现。完成全部项目的“营业额”，指合同最终结算金额。完成在建项目的“营业额”，指完成工程量、工作量或实物量的预算值，可以按工程预算定额和费用标准计算，也可以按合同总金额乘以报告期内完成的工程量、工作量的百分比计算。

对外劳务合作营业额 指对外承包公司完成劳务合作的工作量，即在报告期内，我国各个承包公司向有关国家（地区）的建设工程和企业所派劳务人员提供劳务和技术服务实际完成的工作量的货币表现。全部完成劳务和技术服务项目的"营业额"，指合同最终结算金额。在计算劳务合作营业额时，一般按合同总金额乘以报告期内完成工作量进度百分比的方法计算。

（四）旅游

1．主要内容：包括旅行社、星级饭店基本情况，入境、出境旅游人数、国内居民旅游人数，以及国际、国内旅游收入等。

2．统计范围：旅行社、星级饭店和旅游者。

3．资料来源：旅游业有关资料主要根据公安部和国家旅游局的资料编制而成。旅游数据中的国际、国内旅游收入和国内出游人数等指标采取抽样调查方法，其余数据均为全面调查统计取得。

4．指标解释

游客　指任何为休闲、娱乐、观光、度假、探亲访友、就医疗养、购物、参加会议或从事经济、文化、体育、宗教活动，离开常住国（或常住地）到其他国家（或地方），其连续停留时间不超过12个月，并且在其他国家（或其他地方）的主要目的不是通过所从事的活动获取报酬的人。游客不包括因工作或学习在两地有规律往返的人，按出游时间分为旅游者（过夜游客）和一日游游客（不过夜游客）。

入境旅客　指报告期内来中国（大陆）观光、度假、探亲访友、就医疗养、购物、参加会议或从事经济、文化、体育、宗教活动的外国人、港澳台同胞等游客（即入境旅游人数）。统计时，入境游客按每入境一次统计1人次。入境旅游人数包括入境（过夜）旅游者和入境一日游游客。

国内游客　指报告期内在中国（大陆）观光游览、度假、探亲访友、就医疗养、购物、参加会议或从事经济、文化、体育、宗教活动的中国（大陆）居民，其出游的目的不是通过所从事的活动谋取报酬。统计时，国内游客按每出游一次统计1人次。

出境人数（出境游客）　指中国（大陆）公民因公或因私出境前往其他国家、中国香港特别行政区、澳门特别行政区和台湾省观光、度假、探亲访友、就医疗养、购物、参加会议或从事经济、文化、体育、宗教活动的人数（即出境游客）。统计时，出境游客按每出境一次统计1人次。

旅游收入　指游客（入境游客和国内游客）在旅游过程中（由游客或游客的代表为游客）支付的一切旅游支出就是国家（省、区、市）的旅游收入。旅游支出应包括（过夜）旅游者和一日游游客在整个游程中行、游、住、食、购、娱，以及为亲友、家人购买纪念品、礼品等方面的旅游支出，不包括为商业目的购物、购买房、地、车、船等资本性或交易性的投资、馈赠亲友的现金及给公共机构的捐赠。旅游收入包括国际旅游（外汇）收入和国内旅游收入。

(1)国际旅游（外汇）收入入境旅游者在中国（大陆）境内旅行、游览过程中用于交通、参观游览、住宿、餐饮、购物、娱乐等全部花费。

(2)国内旅游收入指国内旅游者在国内旅行、游览过程中用于交通、参观游览、住宿、餐饮、购物、娱乐等全部花费。

（五）其他

1．国际收支平衡表：由国家外汇管理局依据国际货币基金组织编写的《国际收支统计手册》第五版编制。

2．历年人民币对美元、日元、港币的年平均汇价：资料来源于国家外汇管理局，各年的年平均汇价是根据当年国家外汇管理局公布的每日汇价进行加权平均计算而得出的。

3．黄金和国家外汇储备：资料来源于国家外汇管理局。

APPENDIX I Brief Introduction and Explanatory Notes on Main Statistical Indicators

Domestic Trade

I Main Content

Data reflect the development and change of China's domestic consumer goods market, wholesale and retail trades, hotels and catering services. Main contents include basic condition, circulation of commodities and financial status of wholesale and retail trades above designated size; basic condition, business and financial status of hotels and catering services above designated size; total retail sales of consumer goods; turnover of huge commodity exchange markets; development of chain stores of retail trades and catering service, etc.

II Coverage of Statistics

1. Wholesale and retail trades, hotels and catering services: corporation enterprises, establishments and getihus of wholesale and retail trades, hotels and catering services above the designated size.

The designated size of wholesale and retail trades, hotels and catering services is defined as follows: wholesale trade, with annual revenue from principal business over 20 million yuan; retail trade, with annual revenue from principle business over 5 million yuan; hotels and catering services, with annual revenue from principal business over 2 million yuan.

2. Total retail sales of consumer goods: corporation enterprises, establishments and getihus engaged in commodity retail activities or providing catering services.

3. Commodity exchange markets: the commodity markets with an annual transaction over 100 million.

4. Chain stores: Chain stores of retail trades and catering services.

III Sources of Data

Data are collected and processed in accordance with the statistical reporting scheme on wholesale and retail trades, hotels and catering services by the Department of Trade and External Economic Relations of the National Bureau of Statistics.

IV Survey Methodology

Data of all enterprises of wholesale and retail trades, hotels and catering services above the designated size (Including corporation enterprises, establishments and getihus, the same below), commodity exchange markets and chain head stores (headquarter) are collected through comprehensive reporting systems. Data of enterprises below the designated size are according to sampling surveys.

V Explanatory Notes on Main Statistical Indicators

1. Wholesale and Retail Trades

Wholesale Trade refers to the activities of wholesaler selling at wholesale commodities for daily use and capital goods to enterprises of wholesale and retail trades and other enterprises, institutions and government offices, including the activities of wholesaler engaged in import and export and acting as a trade agent. The wholesaler may have the right of ownership over the commodities of wholesale and trade in the name of its own's or a company, the wholesaler may not have the right of ownership, only acts an agent.

Retail Trade refers to the activities of department store, supermarket, franchised store, brand store, retail stall and on-the-spot-making-selling store selling commodities to the final consumers (citizens) by any means including internet, post, telephone, sales machine.

Total Purchases of Commodities refers to the total value of purchases of commodities by enterprises (establishments) from other establishments or individuals (including direct import from abroad) for the purpose of re-selling, either with or without further processing of the commodities purchased. The commodities include: (1) commodities purchased from agricultural and industrial producer, wholesaler, retailer, publishing house and other service business; (2) commodities purchased from institutions and government departments; (3) confiscated goods purchased from the customs authorities or market management agencies; (4) second-hand goods and wastes purchased from residents; The commodities exclude 1 commodities purchased by enterprises (establishments) for use in their own business operation, commodities obtained without buying or selling procedures such as materials, consumable goods of low value, office appliances ,etc. 2 received goods without trading, such as goods handed over from others, borrowed goods, preserved goods for others, donated goods from others, processed and retrieved goods, etc. 3. goods of direct settlement between buyer and seller with handling fees introduced by others, 4. goods returned or refused to pay by the buyer, 5. excessive goods.

Total Sales of Commodities refers to value of commodities sold by the establishments to other establishments and individuals (including goods sold for self consumption, including the value-added tax). The commodities include: (1) commodities sold to urban and rural residents and social groups for their consumption; (2) commodities sold to establishments in all industries for their production and operation, including agriculture, industry, construction, transportation, post and telecommunications, catering services, and public utility including commodities sold to wholesale and retail establishments for re-selling, with or without further processing; and (3) commodities for direct export to abroad. Excluded are (1) extended commodities without trading, such as goods handed over to other enterprises and institutions because of the change of organizations, lent goods, returned goods preserved for others, extended processing materials and samples donated to others, (2) goods of direct settlement between buyer and seller with handling fees introduced by others, (3) goods returned after purchase, (4) damaged and spoiled goods, (5) waste and used goods of self use.

Total Stock of Commodities refers to total commodities possessed by wholesaler and retailer of various types of registration status at the end of the reference period, reflecting the commodity stock level of various wholesaler and retailer and the potential for market supply. It includes: (1) commodities located in storage, garages, counters, and shelves of operating places (such as sale stores, wholesale centres, and operating offices); (2) commodities in the process of being selected, sorted, and packed; (3) commodities not arrived but recorded as purchase in the account, i.e. commodities not arrived but payment receipts for the commodities from the sellers or the banks arrived; (4) commodities deposited in other places rather than places mentioned above, for instance: commodities in the hold of purchasers temporarily due to the refusal of payment and commodities not taken back after going through the formalities; (5) commodities entrusted to other units to sell but not sold yet; (6) commodities purchased for other units but not delivered yet. Commodities not included as stock are those not owned by the enterprises (units), commodities on commission for processing but not yet delivered, imported commodities of agency of foreign trade enterprise but not yet delivered to ordering units and finally those put in stock on behalf of the state material reserves units.

2. Hotels and Catering Services

Hotel Services refers to the activities of enterprises providing paid services of lodging to the customer, excluding the activities of providing long period of services of lodging (such as leased house and apartments), which are shown in 7210 (Development and operation of real estate).

Catering Services refers to the activities of enterprises providing on-the-spot services of selling food cooked and prepared to the customer in certain sites.

Business Revenue refers to revenue received from providing services or selling commodities by enterprises and establishments engaged in hotels and catering services, including income from hotels, from catering services, from selling of commodities and from other services.

Income from hotels refers to income of enterprises and establishments engaged in hotels and catering services by providing lodging services.

Income from catering services refers to income of enterprises and establishments engaged in hotels and catering services by providing catering services, including selling of cooked or prepared foods, such as staple food, cooked dishes, or cold dishes.

3. Commodity Exchange Markets

The commodity Exchange markets refers to the markets approved and managed by related departments, where there are fixed sites, facilities, managers and administration offices, where there are a certain number of traders to operate for three month and above or all the year, where the commodities including the articles for daily consumption and capital goods and services are traded in a centralized, independent and open way., Such market includes markets of daily goods and market of capital goods, etc.

Volume of Transaction at Large Commodity Markets with Transaction Value over 100 Million Yuan refers to the commodity markets with an annual transaction of over 100 million.

4. Chain stores

Chain Head Stores (headquarter) refers to the core leading stores responsible for development, allocation, administration and unitization of resources (name of stores, brand of stores, operation model, service standard, management way, ect.) of chain stores. Chain stores refers to the stores engaged in providing homogeneous commodities or services, with the central leadership of head store and guided by common policies, conduct centralized purchase and distributed selling of commodities, in order to gain better efficiency through standardized operation. The chain stores include regular chain stores, franchise chain stores and voluntary chain stores.

Regular Chain store refers to chain stores that are invested or controlled by the headquarters. They operate under direct and unified management from the headquarters.

Franchise chain store refers to the chain stores (franchisees) which are franchised with operation resources such as trade marks, names, patent and operation know-how by the franchisors in form of contract and pay the operation fees to the franchisors.

Voluntary chain store refers the stores operate jointly on the voluntary bases while maintaining their status of independent legal entities with full ownership of their assets. They sell goods of same brand from same channel of resource to the consumers.

5. Total Retail Sales of Consumer Goods

Total retail sales of consumer goods refers to the revenue of non-productive, non-operating physical goods sold to individuals and social groups directly through transaction or the income of catering services provided by corporation enterprises (establishments, getihus). Individuals include urban and rural residents and persons entering the country. Social groups include government agencies, social organizations, army, schools, enterprises and institutions, neighborhood or village committee, etc.

Foreign Trade, External Economic Transaction and Tourism

I. Foreign Trade

1.Data on foreign trade include: varieties of imports and exports, amount (weight), value, countries (regions), imports and exports corporations, mode of trade, types of tariffs and so on.

2.The scope of foreign trade statistics are designed according to United Nations' principles on international trade statistics, that is: all imports or exports that will lead to stock changes of material resources with the territory of People's Republic of China; excluding goods by escape clause.

3.Sources of data on foreign trade are from the General Administration of Customs of the People's Republic of China through a comprehensive reporting system. Special notice: Data in the years prior to 1980 were statistical data of foreign trade and came from the former Ministry of Foreign Trade and Economic Cooperation. Since 1980, the data have been compiled from the statistical data of customs on imports and exports and come from the General Administration of Customs.

4.Import and export commodity classification: commodity imported and exported are classified according to the *Commodity Classification for China's Customs Statistics*, which is based on the *Harmonized Commodity*

Description and Coding System (HS), with some modifications to meet China's special need. The yearbook also displays the figures adjusted according to *UN Standard International Trade Classification (SITC).*

5. Trading partner: the country (region) of origin is recorded for imports while the country (region) of final destination for exports.

The country of origin refers to the country or region where the import goods have been grown, mined or manufactured. If two or more countries (regions) were involved in the manufacture of the products, the place where the last substantial working or processing was carried out will be recorded as the country (region) of origin. However, commodities whose nature or states have not been substantially changed will not be considered as having been processed or remanufactured.

The country of final destination refers to the country or region where the export goods are to be consumed, utilized or further processed or manufactured. In instance where the country of final destination can not be ascertained, the exports will be credited to the final country (region) dispatched to as known at the time of exportation.

6.Explanatory notes on main statistical indicators

Total Value of Imports and Exports refers to the real value of commodities imported and exported across the border of China. It includes goods from abroad entering customs warehouses, bonded areas or special economic zones (SEZ) and goods leaving above mentioned areas to aboard; goods for inward or out ward processing or assembling and subsequent re-exportation or re-importation; goods on lease for one year or more; goods imported or exported by foreign invested enterprises; international aid or donations, etc. They do not cover temporary imports or exports; goods on lease for less than one year; travellers' personal effects; ship's and aircraft's bunkers and stores obtained abroad; monetary gold and coins being legal tender; goods in transit through China. In accordance with the stipulation of the Chinese government, imports are calculated at CIF, while exports are calculated at FOB.

Import Export Value by Location of China's Foreign Trade Managing Units refers to actual value of imports and exports carried out by corporations which have been registered by the local Customs house and are vested with right to run import export business.

II. Foreign Capitals

1.Data on foreign capitals include: foreign loans, foreign direct investments and other foreign investments, and the basic condition of registration of foreign funded enterprises.

2. The scope of foreign capitals: all the units and departments which have utilized foreign capital and all the Sino-foreign joint ventures, Sino-foreign cooperative enterprises, ventures exclusively with foreign investment, foreign-funded stock companies, Sino-foreign cooperative development projects and other corporate enterprises (including the enterprises funded by the entrepreneurs from Hong Kong, Macao and Taiwan) with independent accounting system which have been approved by the Chinese government to set up in the boundary of the People's Republic of China.

3.Sources of data on foreign capitals: data on utilization of foreign capitals are from Ministry of Commerce, of which, data on basic condition of registration of foreign funded enterprises are from State Administration for Industry and Commerce through comprehensive reporting system. Special notice: data on utilization of foreign capitals before 1985 were survey results from governmental statistical agencies, since 1986 all data are from Ministry of Commerce (formerly MOFTEC). Data on utilization of foreign capitals since 2000 do not include foreign loans.

4.Explanatory notes on main statistical indicators

Utilization of foreign capital refers to loans, direct foreign investments, commodity credits and other funds used by domestic institutions that are supplied from abroad and from Hong Kong, Macao and Taiwan.

Agreement number of utilization of foreign capital refers to the project numbers of the loans from the foreign governments and international monetary organization, the numbers of the enterprises with foreign investment and the contract numbers of the joint exploitation on offshore oil which are all approved according to law. The agreements of utilization of foreign capital, which are signed in other ways, are only collected into total amount without project numbers.

Agreement amount of utilization of foreign capital refers to the amount of the loans provided for China to use and the project investments supplied by the foreign businessmen in terms of the approved or signed agreements.

Country (region) of foreign capital refers to the country and region where the investor registers as a juridical Person and the foreign capital and investment comes. In the statistic classification, as the other ways in absorbing foreign investment, country (region) refers to the place where the foreign companies, enterprises and other economic organization register as juridical persons, except government loans just in terms of the name of the country.

Foreign capital actually used refers to the amount which has been actually used according to the agreements and contracts, including cash, materials and invisible capital such as labour service and technology which both parties agree to take as investment.

III. Foreign Economic Cooperation

1.Data on foreign economic cooperation include: contracted projects, labour services cooperation, design and consultation services, contracted volume, complete business turnover, business turnover by countries (regions) and so on.

2.The scope of foreign economic cooperation: the statistics cover contracted projects, labour services cooperation and design and consultation service with foreign countries (regions). The statistical unit in the scheme is the corporate enterprise engaged in contracted projects and labour services cooperation with foreign countries and has been approved by the department of commerce at various levels.

3.Sources of data on foreign economic cooperation: data on foreign economic cooperation are from Ministry of Commerce through a comprehensive reporting system.

4.Explanatory notes on main statistical indicators

Engineering projects refer to projects undertaken by Chinese contractors (project contracting companies) through bidding process. They include: (1) overseas civil engineering construction projects financed by foreign investors; (2) overseas projects financed by the Chinese government through its foreign aid programs; (3) construction projects of Chinese diplomatic missions, trade offices and other institutions stationed abroad; (4) construction projects in China financed by foreign investment; (5) sub contracted projects to be taken by Chinese contractors through a joint umbrella project with foreign contractors; (6) housing development projects. The business income from international contracting is the work of contracted projects completed during the reference period expressed in value terms, including completed work on projects signed in previous years.

Labour service refers to the activities of providing technology and labour services to employers or contractors in forms of collecting salary and wage. Labour services provided by contractual joint ventures of Chinese international contracting corporations, should be taken in statistics of service cooperation with foreign countries. The business income of labour service cooperation is the income of wages and salaries and other expense collected from the employers during the reference Period.

Contractual value of engineering projects refers to the amount of foreign construction projects undertaken by Chinese contractors. The projects and sum of money that are signed by international economic and technical corporations with related nations and regions, including the overall contracted foreign construction projects, the separately contracted projects and the transferred contracted projects (including the newly construction projects, the extension projects, the reconstruction projects and the overhaul projects), and the contracted sum of money of each individual project, contractual volume of engineering projects shows the scale and amount of work of the contracted projects made by each international contracting corporation with selected nations and regions, during the reporting Period.

Contractual value of labour service refers to the contracted amount of work of labour service signed by international economic and technical corporations. That is to say the contracted sums of money are made by providing labour and technique service to foreign employers. Contractual value of labour services shows the scale of labour service and the amount of work will undertake by each international economic and technical corporation, during the reporting period.

Turnover of engineering projects refers to the amount of work that has been completed by the international economic and technical corporations. That is to say the accomplished amount of projects and work, and the physical quantity are reflected in the form of money, during the reporting Period. The total completed turnover of the projects refers to the final settling accounts of the contract. The finished turnover of projects under construction refers to the estimated value of the finished amount of projects and work, and the physical quantity, it can be calculated according to the budget quota and cost standard of the projects, or use the contracted volume time the percentage of the finished amount of projects and work, during the reporting Period.

Turnover of labour service refers to the amount of work of service cooperation with foreign countries completed by the international economic and technical corporations. That is to say the real completed amount of labour and technique service provided to foreign employers in the form of money, by each international economic and technical corporation, during the reporting period. The turnover of the total completed labour and technique service projects refers to the final settling accounts of the contract. While calculating the turnover of the labour service, it is common to use the total contracted volume time the Percentage of the progress of the Amount of work.

IV. Tourism

1.Main Contents: the basic conditions of travel agencies and star-rated hotels; number of international tourists and Chinese residents going abroad, number of domestic tourists and income from international and domestic tourism.

2.Scope of Statistics: data in this chapter cover travel agencies, star-rated hotels and tourists.

3.Sources of Data: the data on tourism are from the Ministry of Public Security and State Tourism Administration. The data on tourism are from the comprehensive reporting form system except those on the earnings from international and domestic tourism and number of domestic tourists going abroad from sample surveys

4.Explanatory notes on main statistical indicators

Visitors refers to any person who travels to a country (or place) other than that of his or her residence for a period not exceeding 12 months for leisure, entertainment, sightseeing, holiday, visiting relatives or friends, medical care, shopping, meeting, or taking part in economic, cultural, sports or religious activities, where the main purpose of the travel is not for remuneration. A visitor does not refer to any person who commutes between two places regularly for career or education. According to the length of stay, visitors are classified as tourists (i.e., overnight visitors) and same day visitors (non overnight visitors).

International visitors (Inbound Visitor Arrivals) refer to foreigners or compatriots from Hong Kong, Macao and Taiwan who come to China within the reporting time frame for sightseeing, holiday, visiting friends and relatives, medical care, shopping, meeting, or taking part in economic, cultural, sports or religious activities. Each time of entry is recorded as one time of arrival, and tne total sum makes up the inbound visitor arrivals. Inbound visitor arrivals (international visitors) include inbound (overnight) tourists and inbound same day visitors.

Domestic visitors refer to Chinese nationals who travel within the country within the reporting time frame for sightseeing, holiday, visiting friends and relatives, medical care, meeting, or taking part in economic, cultural, sports or religious activities. Their purposes of travel are not for remuneration from the activities afore mentioned. Each time of their travel is recorded as one person time. Domestic visitors include domestic (overnight) tourists and domestic same day visitors.

Outbound visitors refer to a Chinese (mainland) citizen who departs from China to a foreign country (or region) for leisure, entertainment, sightseeing, holiday, visiting relatives or friends, medical care, shopping, meeting, or taking part in economic, cultural, sports or religious activities. Each time of departure is recorded as one person time. Outbound visitors include outbound (overnight) tourists and outbound same day visitors.

Tourism receipts refer to all the expenditures made by visitors (inbound visitors and domestic visitors) or by representatives of the visitors in the course of their travel constitute the tourism receipts of a country (province, region, city). Tourism expenditures of visitors should include expenses made by (overnight) tourists and same day visitors throughout their travel on transport, tours, lodging, food, shopping, entertainment, and souvenirs and gifts for friends and relatives. Tourism expenditures do not include purchases of goods, real estate, house, motor vehicle, water vessel for commercial purposes, neither include capital nor transactional investments, cash given to friends and relatives, donations to public organizations. Tourism receipts include international tourism(foreign exchange) receipts and domestic tourism receipts.

1) International Tourism (foreign exchange) Receipts refer to the total expenditure made by inbound tourists within the territory of China (the mainland) in their course of travel on transport, tours and sightseeing, lodging, food and beverage, shopping, entertainment and etc.

2) Domestic Tourism Receipts refer to the total expenditure made by domestic tourists within the territory of China (the mainland) in their course of travel on transport, tours and sightseeing, lodging, food and beverage, shopping, entertainment and etc.

V. Others

1.The Balance of Payments Table is compiled by the State Administration of Foreign Exchanges in accordance with the 5th edition of the *Manual on Balance of Payments* prepared by the International Monetary Fund.

2.The average exchange rates of RMB yuan to US dollar, Japanese yen and Hong Kong dollar over the years come from the State Administration of Exchange Control. The annual average exchange rate is calculated as the weighted mean of the daily exchange rates provided by the State Administration of Foreign Exchange in the year.

3. The data on gold and foreign exchange reserves are also from the State Administration of Foreign Exchange.

附录II　英文缩略语及符号

APPENDIX Ⅱ Abbreviations and Symbols in English

APEC	Asia-Pacific Economic Cooperation
ASEAN	Association of Southeast Asian Nations
Co, Ltd	Corporation Limited
Corp	Corporation
DPR	Democratic People's Republic
EU	European Union
FR	Federal Republic
IMF	International Monetary Fund
Is	Islands
No	Number of items
Prov	Province
RMB	Renminbi Yuan
SDR	Special Drawing Rights
USD	Dollar of United States of America
USSR	Union of Soviet Socialist Republics